발달장애인 부모교육 과정 매뉴얼

보건복지부

발달장애인 부모교육 과정 매뉴얼

▫ 본 교재는 2012년 보건복지부 과업지시에 따라 개발된 발달장애인 부모교육 과정연구의 부록 내용을 2016년 한국장애인개발원 중앙장애아동·발달장애인지원센터에서 기존 연구내용에 최신 업데이트와 보완이 필요한 부분들을 추가하여 만든 자료입니다.

▫ 본 교재는 발달장애인 부모교육을 위한 강사 참고용으로 개발한 것으로 모듈형 발달장애인 부모교육과정 적용을 통하여 부모 양육 핵심 역량을 강화하기 위해 연구되었습니다.

▫ 본 교재를 지역발달장애인지원센터, 장애인 유관기관 등에서 이루어지는 발달장애인 부모교육에서 널리 활용하시기 바랍니다.

구분		참여 연구원
2012년 연구	책임	이명희 (중부대학교 유아특수교육과)
	공동	유영준 (대구가톨릭대학교 사회복지학과) 백은령 (총신대학교 사회복지학과) 전혜인 (건양대학교 초등특수교육과) 최복천 (한국보건사회연구원) 김기룡 (전국장애인부모연대)
2016년 연구 보완 및 개정		권오형 (중앙장애아동·발달장애인지원센터) 조윤경 (중앙장애아동·발달장애인지원센터) 신정란 (중앙장애아동·발달장애인지원센터) 김기룡 (전국장애인부모연대) 최복천 (한국보건사회연구원) 유영준 (대구가톨릭대학교 사회복지학과) 전혜인 (건양대학교 초등특수교육과) 김이경 (한국자폐인사랑협회) 전창훈 (한국자폐인사랑협회) 이명희 (중부대학교 유아특수교육과) 백은령 (총신대학교 사회복지학과)

발달장애인 부모교육 과정 매뉴얼

PART I. 공동

발달장애인 부모교육 과정 매뉴얼

Ⅰ. 공통 ··· 1

　Ⅰ-1. 장애에 대한 이해 ·· 3

　Ⅰ-2. 발달장애 특성 ·· 11

　Ⅰ-3. 발달장애인 관련 법령 ·· 21

　Ⅰ-4. 발달장애인 복지지원 ·· 35

　Ⅰ-5. 부모 역할 이해 ·· 47

　Ⅰ-6. 발달장애인의 건강관리 Ⅰ ·· 55

　Ⅰ-7. 발달장애인의 건강관리 Ⅱ ·· 71

　Ⅰ-8. 발달장애인 실종 예방 및 대처 ·· 85

　Ⅰ-9. 발달장애인 양육·돌봄 ·· 94

　Ⅰ-10. 발달장애인 가족의 권리 옹호 ·· 105

　Ⅰ-11. 적극적 권리옹호 교육 ·· 113

　Ⅰ-12. 지역사회 서비스 활용 ·· 118

　Ⅰ-13. 발달장애인의 의사소통 활용 ·· 125

　Ⅰ-14. 부모의 스트레스 관리 및 정신건강 지원 ·································· 135

　Ⅰ-15. 가족관계 유지 및 개선 ·· 143

　Ⅰ-16. 가족 역량강화 ·· 149

I. 공통

- I-1. 장애에 대한 이해
- I-2. 발달장애 특성
- I-3. 발달장애인 관련 법령
- I-4. 발달장애인 복지지원
- I-5. 부모역할 이해
- I-6. 발달장애인의 건강관리1
- I-7. 발달장애인의 건강관리2
- I-8. 발달장애인의 실종 예방 및 대처
- I-9. 발달장애인 양육·돌봄
- I-10. 발달장애인 가족의 권리 옹호
- I-11. 적극적 권리옹호 교육
- I-12. 지역사회 서비스 활용
- I-13. 발달장애인의 의사소통 활용
- I-14. 부모의 스트레스 관리 및 정신건강 지원
- I-15. 가족관계 유지 및 개선
- I-16. 가족 역량강화

Ⅰ-1. 장애에 대한 이해

과정	공통	영유아기	초등학령기	청소년기	성인기	영역	지식·정보	기술	심리·정서
주제	장애에 대한 이해								

■ 교육의 필요성 ■

○ 장애문제를 바라보는 기본적 관점과 이념은 전체 장애인복지정책과 실천현장을 바라보는 접근시각과 이해의 틀을 제공해 준다는 측면에서 그 의의가 있다. 이해하는 패러다임이 다르면 문제점과 해결책 또한 달라지며, 부모로서의 역할과 장애자녀의 삶에 대하여 어떻게 바라볼 것인가를 결정하기도 한다.

○ 따라서, 장애문제를 둘러싸고 오랫동안 지배적이었던 관점들에 대한 비판적인 이해를 돕고, 장애인복지를 둘러싸고 변화되어온 패러다임의 주요 흐름과 가치를 살펴봄으로써 부모의 장애자녀에 대한 인권 옹호 및 사회의식을 고양할 필요가 있다.

■ 교육내용 ■

1. 장애를 바라보는 기본적 시각

○ 목표
- 장애문제에 대한 근본적 이해 및 실천방식을 둘러싼 논의들은 장애에 대한 '개인적/의료적 모델'과 '사회(정치)적 모델'로 지칭되는 서로 다른 관점에 따라 나뉘어져 왔다고 할 수 있는데, 이에 대한 이해를 통하여 장애문제에 대한 비판적인 시각을 가지도록 함

○ 개인적/의료적 모델의 문제점
- "생물학적 결정론" : 장애문제는 육체적, 정신적 손상으로 인하여 발생한다는 인과적 관계를 상정하고, 장애인의 사회적 역할 상실이 개개인이 갖고 있는 기능적 제약으로 인하여 발생한다고 봄

  ※ 과거 여성 및 흑인에 대한 차별 역사에서 지배적이었던 생물학(우생학)적 설명과 유사성을 보여 왔음

- "사회적 맥락의 간과": 장애문제를 신체적 문제로 환원하고 이에 대한 적절한 개입을 의료적 치료나 재활의 영역으로 축소함으로써 장애문제를 발생, 구성하는 사회적 요건들을 간과하거나 부차적 문제로 취급함
- "정상-비정상의 이분법적 가정": 개인적/의료적 모델을 근간으로 행해진 정책 및 사회행위들은 장애를 갖고 산다는 것은 비극적인 삶이고, 타인 또는 사회에 짐이 된다는 전제하에서 행해져 왔으며, '장애가 없는 신체=정상성'이라는 기준을 부과해 옴

> 예) 안락사에 대한 나찌 프로그램, 북아메리카의 강제불임시술, 게놈 프로젝트 등

○ 장애에 관한 전통적 시각에 대한 사회(정치)적 모델의 비판적 관점
- "장애문제의 사회적 형성 강조": 장애문제가 개인이 지니고 있는 육체적, 정신적 손상에 의해서 결정되지 않는다는 점을 강조하기 위해 사회적 모델은 손상(impairment)과 장애(disability)를 개념적으로 분리하고, 장애를 육체적 손상을 가진 이들에게 가해지는 억압기제, 즉 일상적 삶의 기회를 박탈하는 사회적 제약조건과 그로 인하여 겪게 되는 불이익과 배제를 의미함
- "사회적 환경 변화에 초점": 장애문제의 해결방안에 있어서 장애인이 갖고 있는 신체적 조건의 개선에 초점을 맞추는 것에서 벗어나 장애인이 직면하는 사회문화적 장벽들, 차별과 배제를 재생산하는 사회구조를 변화시키는 것에 일차적 초점을 둠

(※ 이러한 의미에서 장애는 결국 사회적이고 정치적인 문제라고 천명함)

- "역사적/(비교)문화적 관점 강조": 장애에 대한 범주 규정, 장애에 대한 의미규정, 장애인에 대한 사회의 반응 등이 서로 다른 역사적 환경에 따라, 서로 다른 문화들 속에서 다양한 방식으로 이루어져 왔음을 강조함으로써, 현재 우리에게 통념적으로 받아들여지고 있는 장애에 대한 이해를 성찰적으로 살펴볼 필요가 있음을 강조함

2. (발달)장애 정의 및 범주에 대한 이해

○ 목표
- 무엇을 장애로 규정할 것인가? 장애를 어떻게 정의할 것인가? 무엇을 장애라는 범주에 포함할 것인가? 장애를 규정하는 데 있어서 고려되는 구성요소가 무엇인가? 등의 질문들을 던져 보고, 이에 대한 세계적인 흐름이 어떠한지 그리고 국내의 현 상황이 어떤 문제점을 가지고 있는지에 대하여 살펴보기로 함

○ (발달)장애범주 정의에 있어서의 상이한 접근방식
  - 발달장애에 대한 정의와 범위규정은 나라마다 상이한 모습을 띨 수 있고, 시기에 따라 다르게 변경될 수 있음. 또한 발달장애를 의료적 진단에 따라 정의할 것인지, 지원필요성의 특성에 의하여 정의할 것인지에 따라 지원대상자는 매우 좁게 규정될 수도 있고, 반대로 매우 넓은 의미로 규정될 수도 있음. 우리 사회의 경우 발달장애에 대한 정의가 의료적 명명(판단)에 따른 유형화에 아직까지 고착되어 있는 반면에, 세계적인 흐름은 '특별한 필요욕구(지원의 필요성)'에 기초하여 발달장애를 규정하고 있음. 즉, 한국 사회와 비교하여 볼 때 외국의 전체적인 흐름은 발달장애를 규정하는데 있어 '열린 개념'으로, '포괄적인 개념'으로 사용하고 있음(이승기 외, 2011).

> 예) 미국 연방 발달장애인법에서의 발달장애 정의
> '발달장애'는 다음과 같은 만성적인 중증장애를 말한다.
> ① 정신적 또는 신체적 손상, 또는 정신적·신체적 중복손상이 원인이다.
> ② 22세 이전에 명백히 나타난다.
> ③ 무기한으로 지속될 가능성이 있다.
> ④ 자기관리·수용 및 표현언어·학습·이동·자기결정·자립생활능력·경제적 자급자족 등의 7가지 주요생활영역 중 3가지 이상에서 상당한 기능적 한계를 갖는다.
> ⑤ 장기간 또는 평생에 걸쳐 개별적으로 계획·조정된, 통합된 형태의 간학문적이고 포괄적인 특별서비스·개별화된 지원·기타 원조를 필요로 한다.
> 또한 서비스와 지원이 없으면 후에 발달장애를 초래할 가능성이 매우 높은, 특정한 선천적 또는 후천적 상태이거나 상당한 발달지체를 보이는 출생에서 9세까지의 영·유아는 위의 ①에서 ⑤에 언급된 3가지 이상의 기준을 충족하지 않더라도 발달장애인으로 간주함

> 예) 영국의 발달장애 정의
> 영국의 경우 지적장애, 자폐성장애, 중복장애 외에도 우리나라의 틀에서는 장애라고 일컬어지지 않는 학습부진, 학업집중부진, 난독증, 과도한 시험 스트레스, 남 앞에서 발표할 때 나타나는 울렁증, 말더듬 현상 등을 모두 포괄하여 학습곤란(Learning Difficulty) 혹은 학습장애(Learning Disability)로 사용

> 예) 국내 발달장애인법에서의 발달장애 정의
> - 발달장애인 권리보장 및 지원에 관한 법률 제2조에 따르면 발달장애인이란 「장애인복지법」 제2조제1항의 장애인 중 지적장애인 또는 자폐성장애인을 말함
> - 이때 지적장애인은 정신 발육이 항구적으로 지체되어 지적 능력의 발달이 불충분하거나 불완전하여 자신의 일을 처리하는 것과 사회생활에 적응하는 것이 상당히 곤란한 사람을 의미하고,
> - 자폐성장애인은 소아기 자폐증, 비전형적 자폐증에 따른 언어·신체표현·자기조절·사회적응 기능 및 능력의 장애로 인하여 일상생활이나 사회생활에 상당한 제약을 받아 다른 사람의 도움이 필요한 사람을 의미하나,
> - 이와 같은 정의는 「장애인복지법」의 장애인 진단 및 분류 기준을 따르고 있음.

3. 장애운동의 흐름을 통해서 본 장애복지정책 변화 이해

○ 목표
- 국내외 장애운동의 주요 흐름을 짚어봄으로써 장애인의 권리가 사회적으로 어떻게 재규정되어 왔으며, 이에 따른 장애인복지정책의 변화가 어떠한 방향으로 흘러왔는지를 살펴보도록 함. 또한 이러한 장애운동의 전반적인 발전과정에서 부모(단체)의 사회적 역할이 무엇인지를 논의하도록 함

○ 국제 장애운동의 주요 역사적 흐름과 특징 이해

> 예) ① 자조집단운동(Self-help groups)
> ② 교육권 운동 - 통합교육, 개별화 교육
> ③ 탈시설화 운동 - 정상화(일상화) 가치이념, 지역사회 가치이념
> ④ 독립생활운동(Independent Living Movement)
> - 자립(독립)이라는 의미의 재해석. 선택과 통제 가치이념
> ⑤ 지적장애인 권리옹호운동
> - 자기결정권, 자기옹호, 독립적 삶에 대한 가치이념의 확대"
> - "지적장애인의 임파워먼트 강조
> ⑥ Barrier-free 운동
> - "접근성(무장벽의 환경)", "유니버설 디자인", "중증장애인 중심으로의 이동"
> ⑦ 장애인차별금지 입법운동
> - 전 사회적 영역에서의 차별적 행위 금지 및 권리보장 / - 합리적 조치

○ 장애운동 및 복지정책 발전의 서로 다른 역사적 경로 이해

예) 장애복지의 발전과정은 각 나라가 처한 사회정치적 배경, 특히 장애운동의 성장과정과 동떨어져 있지 않았다. 일례로, 미국의 경우 전반적인 발달장애인 지원체계가 그 틀을 마련할 수 있었던 것은 1970년대의 산물이라고 할 수 있다. 1970년대는 장애인부모, 특히 지적장애 자녀를 두고 있던 부모들에 의해서 성장해온 장애운동이 미국 사회 내에 커다란 반향을 일으키고, 장애인에 대한 교육 및 복지정책에 있어서 역사적인 분기점을 만들어 낸 시기로 특성지울 수 있다. 장애인부모운동은 탈시설 운동에 따른 지역사회중심의 재활모델, 가족중심의 장애복지실천 패러다임 등장, 전장애아교육법(Education for All Handicapped Children Act 1975) 제정, 재활법(Rehabilitation Act 1973) 제정 등에 있어서 주도적인 역할을 수행하였으며, 이후 80년대 장애인당사자에 의한 정치세력화가 성장할 수 있는 견인차 역할을 하였다. 이러한 역사적 경험이 (지적장애를 중심으로 한) 발달장애인에 대한 권익옹호나 지원정책이 미국의 장애복지발달과정에서 중심적인 축으로 일찍부터 자리매김 될 수 있었던 배경이 되었다.

한국의 상황을 미국의 역사적 경험에 비추어 볼 때, 일부 역전된 발전경로가 있음을 발견하게 된다. 장애부모운동이 장애운동 성장을 이끌어 냈던 미국의 경험과는 달리, 1980년대 말부터 성장하기 시작한 한국의 장애운동은 장애인당사자에 의하여 촉발되었으며, 부모운동은 장애인당사자에 의해 주도된 장애운동의 영향을 받아 성장해 왔다고 할 수 있다. 이러한 사실은 그동안 한국의 장애복지정책의 발전과정이 누구에 관점에서 주도적으로 이끌어져 왔고 전반적인 틀이 형성되어 왔는지를 일부 가늠하게 한다. 지난 20여년에 걸쳐 발전해 온 한국의 장애복지정책은 지체·시각·청각장애 중심의 신체장애인 당사자, 특히 성인중심으로 이루어져 왔다고 평가할 수 있다. 이러한 과정은 발달장애인과 장애인가족에 대한 정책적 이슈가 장애복지발달과정에서 일찍부터 중심적인 자리를 차지하게 된 외국의 경우와 달리, 한국의 경우에는 장애복지정책의 정책적 이슈 중 가장 늦게 제기되었다는 점을 이해할 필요가 있다. 발달장애인과 장애인가족에 대한 정책적 지원 모색을 최근에서야 하고 있는 한국의 상황은 외국의 경험과 비교하여 볼 때 약 반 세기의 시간적 차이점이 있다. (최복천, 2011)

○ 부모운동 발전 및 부모단체의 변화 이해

예) 세계적으로 장애인부모운동의 뿌리를 1920년대까지 거슬러 올라가는 것이 일반적이지만, 장애인부모가 사회적인 주체로써, 단체를 통한 장애운동으로 성장하고 정책개선 및 사회적 환경을 변화시켜 온 것은 1960년대부터라고 할 수 있다.

서구사회의 경우 약 반 세기 동안에 걸쳐 구현되어 온 장애인복지정책의 발전과정은 장애인부모단체(및 부모활동가들)의 역할 변화 및 기능적 분할을 꾀하는데 영향을 미쳤다고 할 수 있는데, 크게 보면 ① 자조집단 성격의 소규모 부모단체 ② 장애관련 서비스 제공기관으로 전환 ③ 옹호활동, 정책입안 참여 및 모니터링 중심의 부모활동가 단체 ④ 부모활동가(혹은 회원) 개별적으로 (준)정부기관에서 활동 등으로 분화되어 가는 양상을 보였다(최복천, 2011).

○ 부모단체의 역할 이해

예) - 문제 폭로자
  - 권익 대변자
  - 임파워먼트의 교육실
  - 집합적 힘의 매개자
  - 정책이슈 촉발자
  - 정책기획의 참여자
  - 정책실현의 감시자

4. 장애인의 삶과 복지정책의 기본 가치 및 원칙

○ 목표
  - 장애인의 보편적 권리와 특별한 지원욕구를 충족시킬 수 있는 복지실천과 정책구현에 있어서 견지되어야 할 기본적 가치 및 원칙을 공유하도록 함
○ 장애인 복지정책의 주요 가치 및 방향성 이해

> 예) - 권리기반(rights-based)의 복지실천
> - 사회적 통합(inclusion) 지향
> - 사회적 참여(participation) 보장
> - 자기결정권(self-determination) 보장
> - 일상적 삶, 정상적 사회역할 수행(ordinary life / normalization)
> - 지역사회 중심(community-based)
> - 삶의 질(quality of life) 향상
> - 다양성(diversity, recognition of difference)으로서의 시민권
> - 전체적(holistic) 접근

교육방법

○ 강의형 + 토론형 교육
  - 동영상 등을 활용한 강의형 교육을 중심으로 진행하도록 하며, 부분적으로 참여자의 관심과 참여를 촉발하기 위해 소규모 집단 토의를 함께 진행하도록 함
  (※ 관련 동영상은 인권영화제(국가인권위), 다큐멘터리 자료 등을 활용 가능)

유의사항

○ 장애에 대한 기본적 관점에 대한 설명들, 장애인복지정책의 주요 가치 등에 대한 강의가 추상적으로 흐르지 않도록 일상적인 경험과 다양한 실천 예를 들어 설명하도록 할 것
○ 장애운동 및 부모운동의 흐름을 살펴보는데 있어 참여자의 이해를 돕기 위해 주요 특성과 역사적 의미를 논하도록 하며, 관련 미디어 매체를 활용하도록 함
○ 강의를 진행하는 과정에서 발전적인 해외사례를 적극적으로 활용하는 한편 국내의 상황을 이에 대비하여 참여자들의 이해를 돕도록 함

참고자료

○ 참고도서

김도현 (2009). 장애학 함께 읽기. 그린비.

백은령, 김기룡, 유영준, 이명희, 최복천 (2010). 장애인가족지원. 양서원.

이승기, 김기룡, 백은령, 이계윤, 조윤경, 전혜연, 최복천, 최윤영 (2011). 장애아동에 대한 사회적 복지지원체계 연구. 보건복지부.

최복천 (2011). 장애인부모운동의 현재와 미래 토론문. 부모연대.

Oliver, M., & Barnes, C.(1998). Disabled people and social policy: From exclusion to inclusion. London: Longman.

Ⅰ-2. 발달장애 특성

과정	공통	영유아기	초등학령기	청소년기	성인기	영역	지식·정보	기술	심리·정서
주제					발달장애 특성				

■ 교육의 필요성 ■

o 발달장애 자녀를 양육하는 부모들에게 자녀의 장애에 대한 이해는 매우 중요하다. 왜냐하면 장애의 특성에 대한 바른 이해가 부족할 때 적절한 양육방법을 선택하지 못하거나 지원이 필요한 시기를 놓칠 수 있기 때문이다. 뿐만 아니라 지나치게 과도한 노력으로 인해 자녀와 부모 모두가 소진되는 현상이 발생할 수도 있다.

o 본 과정에서는 발달장애에 대한 포괄적인 이해를 도울 수 있는 내용으로 교육과정을 구성하여야 한다.

o 발달장애 자녀를 양육하는 과정에서 부모들이 겪게 되는 어려움중의 하나가 자녀의 성행동과 성관련 문제들이다. 이러한 문제에 직면했을 때 적절하게 대처하기 위해서는 발달장애인의 성(性)에 대한 포괄적인 지식이 필요하므로 이에 도움을 줄 수 있는 내용으로 구성하여야 한다.

■ 교육내용 ■

1. 발달장애의 정의

o 미국의 「발달장애인법(Developmental Disabilities Act, PL 98-527)」에 의하면 "정신적 또는 신체적 손상이나 정신과 신체적 손상의 조합에 기인하며, 22세 이전에 나타나고, 무기한 지속될 수 있으며, 주요 생활활동의 영역, 즉 자기관리, 수용언어와 표현언어, 학습, 이동, 자기지시, 독립생활능력, 경제적 자족의 7개 영역 가운데 3개 또는 그 이상의 영역에 실질적인 기능적 제한을 나타내고, 평생 또는 장기간 개인적으로 계획되고 조정된 특별하고 간학문적이며 일반적인 보호·처치 또는 기타 지원을 위한 개인적 요구를 나타내는 중증의 만성장애"로 정의됨. 그러므로 발달장애는 주로 정신지체, 자폐증, 뇌손상·뇌장애·미소뇌기능장애·과잉행동·

학습장애·지각손상·만성적인 뇌증후·미성숙·발달 불균형·최소 신경학적 장애·인지능력 손상·언어장애·난독증과 같은 신경학적 장애, 간질, 뇌성마비 등을 포함함 (대한특수교육학회, 1986). 이와 달리 발달장애에 대한 정신의학적 분류는 차이가 있음.

○ 미국 정신의학협회(American Psychiatric Association)가 출판하는 서적으로서 정신질환의 진단에 있어 가장 널리 사용되고 있는 정신장애 진단 및 통계 편람(Diagnostic and Statistical Manual of Mental Disorders, DSM-Ⅴ, 2013)에서는 자폐성장애(Autistic Disorder), 레트장애(Rett's Disorder), 아동기붕괴성장애(Childhood Disintegrative Disorder), 아스퍼거장애(Asperger's Disorder)를 모두 자폐 스펙트럼장애(Autistic Spectrum Disorder)로 구분함.

○ 국내 발달장애인 권리보장 및 지원에 관한 법률에서는 발달장애인을 장애인복지법 상의 지적장애인과 자폐성장애인을 말함. 이때 지적장애인은 정신 발육이 항구적으로 지체되어 지적 능력의 발달이 불충분하거나 불완전하고 자신의 일을 처리하는 것과 사회생활에 적응하는 것이 상당히 곤란한 사람을 말하고, 자폐성장애인은 소아기 자폐증, 비전형적 자폐증에 따른 언어·신체표현·자기조절·사회적응 기능 및 능력의 장애로 인하여 일상생활이나 사회생활에 상당한 제약을 받아 다른 사람의 도움이 필요한 사람을 말함.

> ·발달장애인: 지적장애인 및 자폐성장애인
> ·지적장애인: 정신 발육이 항구적으로 지체되어 지적 능력의 발달이 불충분하거나 불완전하고 자신의 일을 처리하는 것과 사회생활에 적응하는 것이 상당히 곤란한 사람
> ·자폐성장애인(自閉性障碍人): 소아기 자폐증, 비전형적 자폐증에 따른 언어·신체표현·자기조절·사회적응 기능 및 능력의 장애로 인하여 일상생활이나 사회생활에 상당한 제약을 받아 다른 사람의 도움이 필요한 사람

2. 지적장애(정신지체)

○ Mental Retardation이라는 용어를 일반적으로 정신지체로 번역하여 사용하고 있지만 본 교육과정에서는 장애인복지법상의 용어인 지적장애로 사용. 아래에서 소개하고 있는 정의와 분류, 진단, 원인과 특성에 대한 내용과 자료를 참고하여 교육과정을 개설할 것을 권유함.

1) 정의와 분류

○ 지적장애에 대한 여러 정의들이 존재. 미국지적장애학회(AAMR)의 정의, 미국심리학회(APA)의 정의, 미국정신의학협회(1994), 세계보건기구(WHO)의 지적장애 정의 등이 있으며 이중 미국지적장애협회의 2002년 정의에서는 지적장애는 지적기능과 개념적, 사회적, 실제적 적응기술로서 표현되는 적응행동의 양 영역에서 심각한 제한성을 갖는 장애임(박승희·신현기 역, 2007).

○ 지적장애에 대해서는 다차원적 이해가 이루어져야 하는데 미국지적장애학회는 이를 5가지 차원으로 제시.

> · 차원 Ⅰ: 지적 능력
> · 차원 Ⅱ: 적응 행동-개념적, 사회적, 실제적 기술
> · 차원 Ⅲ: 참여, 상호작용 및 사회적 역할
> · 차원 Ⅳ: 건강-신체적 건강, 정신건강, 원인론
> · 차원 Ⅴ: 주변상황-환경, 문화, 기회

○ 지적장애는 정도에 따라 경도, 중증도, 중도, 최중도로 구분할 수 있는데 Jacobson과 Mulick(1996)는 지적장애의 정도와 IQ, 적응기능과의 관계를 다음과 같이 정리함(신종호 외 역, 2003).

지적장애의 정도와 IQ, 적응기능과의 관계

정신지체의 정도	IQ점수 범위	IQ분류 표준편차	적응기능 제한의 범위
경도	55~70	-2 SD	두 개 또는 그 이상의 영역
중등도	35~55	-3 SD	두 개 또는 그 이상의 영역
중도	20~40	-4 SD	모든 영역
최중도	20미만	-5 SD	모든 영역

2) 진단과 평가

○ 지적장애의 중요한 특징 중 하나는 평균 이하의 지적기능을 포함하기 때문에 지능이 중요한 평가기준이 됨. 지능은 정신적 능력으로 지능에는 추론, 계획, 문제해결, 추상적 사고, 복잡한 생각의 이해, 신속한 학습 및 경험으로 부터의 학습 등이 포함됨(박승희·신현기 역, 2007). 지적능력을 진단평가하는 것과 관련해서는 여러 가지 논란이 있긴 하지만 일반적으로 지능검사(비네지능검사, 정신연령, 지능지수 및 비율, 지능지수와 편차, 웩슬러 지능검사, 스탠포드-비네 지능검사 등)와 적응행동 검사(AAMR 적응행동 검사도구, 빈랜드 사회성숙도 검사, 바자 적응행동

척도, 아동 적응행동검사도구, 한국판 적응행동검사 개정판)를 통해 진단(백은희, 2005). 이때 미국지적장애협회가 제시한 5가지 가정을 고려할 필요가 있음.

① 현재 기능상의 제한은 반드시 개인의 또래 연령집단과 개인이 속한 문화적 배경을 포함한 지역사회 환경의 맥락 안에서 고려되어야 한다.
② 타당한 평가는 문화적 언어적 다양성뿐 아니라 의사소통, 감각, 운동, 행동상의 차이점도 고려하여야 한다.
③ 개인이 지닌 제한점은 흔히 강점과 함께 나타난다.
④ 개인이 지닌 제한점을 묘사하는 목적은 필요한 지원의 프로파일을 개발하기 위함이다.
⑤ 적절한 개별적 지원을 지속적으로 제공하면 지적장애인의 삶의 기능이 전반적으로 향상될 것이다.

3) 원인과 특성

(1) 원인
ㅇ 지적장애의 발생원인은 생물학적원인, 기타 의학적 지원, 사회심리학적 원 등으로 구분할 수 있음(신종호 외역, 2003; 백은희, 2005).
ㅇ 생물학적 원인으로는 유전적 요인, 염색체 이상(다운증후군, 프레더-윌리 중후군, 기타 성염색체 이상), 두개골의 기형, 기타 선천적 요인(모체에 의한 장애나 유해물질 및 약물의 오·남용), 조산과 출생 시의 문제, 출생 후의 의학적 문제(감염과 중독, 대뇌 손상과 신체적 학대, 소화와 영양상의 문제, 출생전 원인불명, 태내 발달기 장애, 정신의학적 장애, 환경의 영향(환경적 박탈) 등을 중심으로 다룰 것.

(2) 특성
ㅇ 지적장애의 특성을 장애정도에 따라 구분하여 살펴볼 수 있음.
- 경도 지적장애인은 지적장애인중 가장 높은 수준의 적응행동 및 지적기능을 보임. 이들의 인구통계학적 특성뿐만 아니라 지적장애 가운데서는 상대적으로 높은 수준에 있으므로 학교 및 지역사회에서의 수행에 영향을 미치는 동기, 사회적 행동, 학습, 말과 언어, 신체 및 건강 등의 특성을 포함.
- 중도지적장애인은 경도 지적장애인에 비해 보다 확장적(extensive), 전반적(pervasive) 지원을 필요로 하는 사람을 의미함. 이들의 인구학적 특성과 기능적 특성뿐만 아니라 공통적으로 나타나는 행동적 특성(행동문제), 의사소통적 특성(말과 언어의 발달), 신체 및 정서적 특성(의학적 조건, 감각과 운동장애, 정신의학적 이상) 등을 포함함(신종호 외 공역, 2003).

3. 자폐스펙트럼(Autism Spectrum Conditions)장애

아래에서 소개하고 있는 정의와 분류, 진단, 원인과 특성에 대한 내용과 자료를 참고하여 교육과정을 개설할 것.

1) 정의와 분류

(1) 정의

○ DSM-V에서 자폐성 장애는 전반적인 발달장애로 최근에는 '자폐 스펙트럼 장애'(Autism Spectrum Conditions)라고 지칭함. 다양한 상황에서 사회적 의사소통 및 상호작용에서 관계를 발전시키고 지속하며 이해하는 기술의 지속적 결핍, 과도하게 제한되고 반복적인 행동, 흥미, 활동이 특징적이다. 발달단계에 따라 증상이 변하고 보상기전에 의해 증상이 감춰질 수 있기 때문에, 현재의 양상이 뚜렷한 손상을 초래하고 있다고 하더라도 과거 정보에 근거하여 진단기준을 충족해야 한다.

○ 자폐성 장애는 1940년대 미국의 소아정신과 의사인 Leo Kanner(1943)의 논문을 통해 알려지게 됨. 당시 그는 자폐의 주요 특성을 사회적 고립, 동일성의 고집, 비정상적 언어로 제시했는데 현재까지도 설득력 있게 받아들여지고 있으나 자폐아동들이 정상 혹은 정상이상의 지능을 가졌다거나 그 원인이 심인성에 있다는 견해는 지지를 받지 못하고 있음. 이후 Could(1979)는 자폐성장애를 결함의 3요소 즉 사회적 상호작용, 언어적 비언어적 의사소통, 제한된 활동의 관심으로 정의하여 현재까지도 자폐증의 특징 내지는 정의하는 기준으로 활용되고 있음(박현옥 역, 2005).

○ 자폐스펙트럼장애를 진단할 때, 처음으로 자폐증상에 관심을 갖게 된 연령, 과거에 확립된 기술의 상실이 동반되었는지 유무, 심각도 뿐만 아니라 지적 손상의 동반 유무, 구조적 언어 손상 동반 유무, 의학적·유전적 또는 환경적/후천적 조건과 연관 유무, 다른 신경발달과 정신 및 행동 장애와의 연관 유무와 같은 명시자를 사용해야 한다. 이 명시자들은 개인별 진단과 풍부한 임상적 기술을 제공한다. 예를 들어, 과거 아스퍼거장애로 진단받은 사람들은 현재 언어 손상이나 지적 손상이 없는 자폐스펙트럼장애로 진단된다.

○ DSM-IV가 범주로 질환을 나누었다면 DSM-V는 스펙트럼으로 질환을 연속선상에 두었음. 예를 들면, 신경발달장애(neurodevelopmental disorder)라는 명칭을 사용하여 여러 개의 소아정신 질환들, 즉 지적장애, 자폐스펙트럼장애, 의사소통장애, 주의결핍·과잉행동장애, 운동장애를 포함시켰음

- DSM-Ⅴ에서는 신경발달장애를 ① 지적장애(지적장애 또는 지적발달장애, 광범위성 발달지연) ② 의사소통장애(언어장애, 말소리장애, 아동기 발병형 유창성 장애(말더듬), 사회적(실용적) 의사소통장애) ③ 자폐범주성장애 ④ 주의력결핍·과잉행동장애 ⑤ 특정학습장애 ⑥ 운동장애(발달성 협응장애, 상동형 운동장애, 틱장애)로 구분
- 장애인복지법에서는 자폐성장애인(自閉性障碍人)을 소아기 자폐증, 비전형적 자폐증에 따른 언어·신체표현·자기조절·사회적응 기능 및 능력의 장애로 인하여 일상생활이나 사회생활에 상당한 제약을 받아 다른 사람의 도움이 필요한 사람으로 정의하고 있음.

(2) 분류

- DSM-Ⅴ에서 자폐스펙트럼장애(Autism Spctrum Disorder)는 과거에 조기 유아 자폐증, 아동기 자폐, 카너자폐, 달리 분류되지 않는 전반적 발달장애, 아동기 붕괴성장애Childhood Disintegrative Disorder), 아스퍼거장애(Asperger's Disorder)로 불렸던 장애들을 아우르는 진단임.

2) 자폐성장애의 진단과 평가

- 자폐성장애에 대한 생리적 표시나 의학적 검사가 어렵기 때문에 자폐진단은 행동 증상에 기초하여 내리게 됨. 대표적인 진단 기준인 DSM-Ⅴ를 중심으로 소개하고자 함.

> **자폐성 스펙트럼 장애의 진단기준**
> A. 다음과 같은 증상이 분명히, 현재 혹은 과거에, 다양한 맥락에 따른 사회적 의사소통 및 사회적 상호작용에 지속적인 결함이 있다.
> (1) 비정상적인 사회적 접근 및 정상적인 상호 대화의 실패에서부터 흥미, 정서, 애정의 공유 감소, 사회적 상호작용을 시작하거나 반응하기의 실패에 이르기까지 사회-정서적 상호성에서의 결함
> (2) 언어적 및 비언어적 의사소통의 통합 부족에서부터 비정상적인 눈맞춤과 몸짓언어 혹은 몸짓의 이해와 사용의 결함, 얼굴표정의 부족 및 비언어적 의사소통에 이르기까지 사회적 상호작용을 위해 사용되는 비언어적 의사소통 행동의 결함
> (3) 다양한 사회적 맥락에 맞는 적응 행동의 곤란에서부터 상상놀이를 하거나 친구사귀기의 곤란, 또래에 대한 관심 부재에 이르기까지 관계를 맺고, 유지하고, 이해하기 등의 결함
> - 심도는 사회적 의사소통의 손상 및 제한되고 반복적인 양상의 행동을 토대로 결정된다.
> - 수준
>   · 수준 1: 지원 요구
>   · 수준 2: 실질적인 지원 요구
>   · 수준 3: 매우 실질적인 지원 요구

> B. 다음과 같은 증상 중 2개 이상이 분명히, 현재 혹은 과거에, 제한되고 반복적인 행동, 흥미 혹은 활동을 보인다.
>   (1) 상동적이거나 반복적인 근육운동, 물건 사용, 혹은 말(예: 단순 운동적 상동행동, 장난감 일렬로 늘어놓기나 물건 뒤집기, 반항어, 특이한 구 등)
>   (2) 동일성 고집, 융통성 없이 틀에 박힌 일의 집착, 혹은 언어적/비언어적 의식화된 행동(예: 사소한 변화에 극도의 고통, 전환 곤란, 엄격한 사고, 의식적인 인사, 같은 길로 가려고 하거나 매일 같은 음식을 먹으려는 욕구)
>   (3) 관심사의 강도나 세기가 비정상적이고 아주 제한되어 있거나 고정되어 있음(예: 유별난 물건에 대한 강한 애착이나 몰입, 과도하게 고집스런 관심)
>   (4) 감각자극에 대한 과잉행동 혹은 과소행동 혹은 그 환경의 감각적인 면에 유별난 관심(예: 통증/온도에 대한 무관심, 특정 소리나 옷감에 대한 혐오 반응, 과도하게 물건 냄새 맡기와 만지기, 불빛이나 움직이는 것에 대한 시각적 매료)
> • 심도는 사회적 의사소통의 손상 및 제한되고 반복적인 양상의 행동을 토대로 결정된다.
> • 수준
>   ·수준 1: 지원 요구
>   ·수준 2: 실질적인 지원 요구
>   ·수준 3: 매우 실질적인 지원 요구
> C. 이런 증상들이 초기 발달기에 나타난다. (그러나 사회적 의사소통 요구가 제한능력보다 커야 나타날 수 있고, 혹은 나중에 학습된 전략으로 가장될 수 있다.)
> D. 이런 증상들이 사회, 직업 혹은 기타 중요한 현 기능에서 임상적으로 커다란 손상을 일으킨다.
> E. 이런 문제들은 지적장애나 광범위성 발달지연으로 설명할 수 없다. 지적장애와 자폐범주성장애는 흔히 동시에 나타나며, 지적장애와 자폐범주성장애의 공존장애 진단을 위해서는 사회적 의사소통이 일반 발달수준의 기대치보다 저하되어야 한다.
> • 지적 손상 수반형 혹은 비수반형
> • 언어 손상 수반형 혹은 비수반형

○ 자폐성장애인의 치료계획 수립을 위해서 개개인의 현재의 발달 수준을 정확히 평가하는 것이 중요한데 이를 위해 발달검사, 적응행동검사, 사회성평가, 지능검사, 의사소통발달평가 등을 활용할 수 있음을 알려줄 것(김태련 외, 2004).

3) 원인과 특성

(1) 원인

○ 자폐성장애의 원인에 대한 많은 연구들이 진행되어 왔지만 정확한 원인은 밝혀지지 않았음. 원인에 대한 관점은 지속적으로 변화되어 왔으며 최근에는 신경학적 손상에 의해 발생하는 장애의 폭 넓은 범주로 이해되고 있음을 교육내용에 포함할 것.

  - 1950년대 이후 1960년대: 정서장애 또는 양육자와의 잘못된 관계와 양육문제로 보는 정신역동적 접근

- 1970년대: 자폐 특성을 인지적·행동적 측면에서 조명, 자폐행동지도에 있어서 행동주의적 접근지지
- 1980년대 이후: 생물학적 접근을 통해 자폐행동연구가 활발하게 이루어지게 되었으며 자폐행동을 뇌발달장애(disorder of brain development)로 규명하려고 함.

(2) 특성

○ 자폐성장애의 특성은 사회성 및 의사소통의 어려움이 대표적이지만 범위와 개개인이 보이는 특징은 매우 다양함을 알려줄 것. 자폐성장애의 특징은 대략적으로 사회적 상호작용의 결함(social interaction impairments), 의사소통 및 놀이기술 결함(communication and play impairments), 반복행동 및 제한된 행동범위(repetitive and restricted behaviors)로 보고되고 있음(김태련 외, 2004). 한편 Howlin(1998)은 의사소통기술의 문제, 놀이와 상상의 문제, 사회적 손상, 상동적인 관심과 행동으로 자폐장애의 특성을 정의한 바 있음(김혜리 외 공역, 2004). 이를 토대로 인지, 사회 및 의사소통, 행동적 측면의 특성을 중심으로 소개할 것.

4. 발달장애인의 성

○ 성적발달과 성적행동은 청소년기 및 성인기 발달장애인과 관련된 중요한 이슈중 하나임. 발달장애인의 성적 발달이 비장애인에 비해 별반 차이가 없지만 많은 오해들이 존재하고 이 때문에 부모들이 불필요한 염려를 갖게 하기도 하고 무엇보다도 발달장애인의 성적권리가 침해되기도 함.

○ 발달장애인의 성행동을 이해하고 지도하기 위해서는 발달장애인의 성(性)에 대해 알아보고 이를 올바르게 이해하여 지도할 수 있도록 도움을 줄 수 있는 내용으로 구성. 발달장애인의 성에 대해 다루고 있는 부모교육과 관련도서의 주요 내용은 다음과 같음. 자녀의 발달단계에 맞추어 적절한 내용을 취사선택하여 교육내용을 구성할 것.

> 장애인의 성에 대한 부모교육 예시 1 - 장애인의 성(한국지적장애인복지협회)
> 제1강 장애인의 성의미와 성의식
> 제2강 장애 유형에 따른 성문제
> 제3강 장애 유형에 따른 성적 특성과 성교육 방향
> 제4강 장애인의 성적 권리와 재활
> 제5강 장애아동의 발달단계별 성 지도 및 대처방안
> 제6강 발달장애아의 성 심리와 태도
> 제7강 발달장애 아동의 성행동과 태도 및 상담사례

『지적장애인의 성에 대한 이해와 성교육 지도』의 목차(Erik Bosch 저 | 박학사 간)
  제3장 지적장애인의 성과 이성관계에 대한 인식
  제4장 규범과 가치
  제5장 지적장애인의 행동방식과 의미
  제6장 성교육: 모든 사람은 성에 대한 권리가 있다
  제7장 성폭력
  제8장 교사와 부모와의 관계 형성

『윤리적 딜레마: 성과 발달장애(Ethical Dilemmas; Sexuality and Developmental Disability)』
  제1장 성적권리
  제2장 윤리와 구조적 문제점
  제3장 발달장애인 성에 관한 시책
  제4장 성 관계의 동의
  제5장 성교육
  제6장 불임수술과 피임
  제7장 성적 폭행
  제8장 발달장애를 가진 성 범죄자의 판정과 치료
  제9장 성범죄와 법적 체제 등.

교육방법

○ 강의형 교육

- 지적장애와 자폐성장애에 대한 포괄적인 이해를 가질 수 있는데 초점을 둘 것. 정의, 주요 원인과 특성, 진단 등의 내용을 위주로 구성. 또한 발달장애인의 성에 대한 교육은 성에 대해 포괄적인 이해가 가능하도록 내용을 구성하여 전달할 것.

○ 참여형 교육
- 발달장애인의 성과 관련된 쟁점들에 대한 토론을 진행.

참고자료

○ 참고도서

김정휘 역 (2009). 발달장애 아동과 청소년 문제의 예방원리와 실제. 서울: 시그마프레스.

김태련 외 (2004). 발달장애심리학. 서울: 학지사.

김혜리, 정명숙, 박선미, 박영신, 이현진 공역 (2004). 자폐증과 아스퍼거증후군 아동, 서울: 시그마프레스

박승희, 신현기 역 (2007). 정신지체 개념화: AAMR 2002년 정신지체 정의, 분류, 지원체계, 서울: 교육과학사

박현옥 역 (2005). 자폐증개론. 서울: 시그마프레스.

박혜준 외 역 (2008). 장애아동의 가족을 위한 안내서: 자폐아동의 형제자매를 중심으로, 서울: 시그마프레스.

백은희 (2005). 정신지체:이해와 교육. 서울: 교육과학사.

신종호, 김동일, 신현기, 이대식 역 (2003). 정신지체. 서울: 시그마프레스.

양문봉 (2000). 자폐스펙트럼장애. 자폐연구.

Erik Bosch (2010). 지적장애인의 성에 대한 이해와 성교육 지도. 서울: 박학사

American Psychiatric Association(2013). Diagnostic and statistical manual of mental disorders (5th ed). American Psychiatric Press.

장애우권익문제연구소 (2012). '윤리적 딜레마: 성과 발달장애(Ethical Dilemmas; Sexuality and Developmental Disability)'

Ⅰ-3. 발달장애인 관련 법령

과정	공통	영유아기	초등학령기	청소년기	성인기	영역	지식·정보	기술	심리·정서
주제	발달장애인 관련 법령									

■ 교육의 필요성 ■

○ 부모교육을 통해 발달장애 관련 법령을 이해해야 하는 이유는 자신의 자녀가 시혜나 자선의 대상이 아닌 인간답게 살 권리를 가지고 있는 국민의 한사람이며 '권리에 기반한 사회 서비스'를 제공받을 권리가 있다는 점에 대한 인식을 갖도록 하기 위해서이다.

○ 발달장애인은 자기결정 및 선택, 자기옹호 등에 취약하여 인권침해를 당할 소지가 클 뿐만 아니라 자기관리, 의사소통, 이동, 자립생활 등에서의 제한으로 인해 지속적인 지원을 필요로 한다. 또한 이러한 제한들로 인해 함께 생활하는 가족의 돌봄 부담이 그 어느 장애유형보다도 큰 특성을 가지고 있다.

○ 이에 미국, 스웨덴, 호주 등 선진국들은 발달장애인을 위한 특별법을 제정하여 발달장애인의 권리를 보장하고 발달장애인과 가족에 대한 지원 근거도 마련하고 있다. 국내에서도 이와 같은 요구에 부응하여 지난 2014년 4월, 「발달장애인 권리보장 및 지원에 관한 법률」(이하 발달장애인법)이 제정되어, 지난 2015년 11월부터 시행되고 있다.

○ 이와 같은 법률 이외에도 발달장애인을 지원하기 위한 다양한 법률이 제정되어 있으므로 이를 발달장애인법, 장애인 관련 법률 및 일반법 등으로 각각 구분하여 소개한다.

○ 이를 통해 발달장애자녀와 함께 가족이 정당하게 누려야 할 권리에 대해 이해하고 개선되어야 할 조항들을 검토해볼 수 있도록 부모교육의 내용을 구성할 필요가 있다.

■■■ 교육내용 ■■■

○ 부모교육 참여자들이 자녀의 권리에 대한 인식을 갖게 하기 위해서는 발달장애인법 및 장애와 관련된 전반적인 법령에 대한 이해가 필요하고, 각 법령에서 규정하고 있는 발달장애인의 권리와 지원 서비스에 대해 파악할 필요가 있음.
○ 따라서 발달장애인법의 주요 내용, 장애 관련 법령 중 발달장애인과 관련된 법률의 주요 내용에 대해 이해할 수 있는 방향으로 교육 제공

> ○ 발달장애인 권리보장 및 지원에 관한 법률
> ○ 장애 관련 법률
>   - 장애인복지법
>   - 장애인등에 대한 특수교육법
>   - 장애인차별금지 및 권리구제 등에 관한 법률
>   - 장애인고용촉진 및 직업재활법
>   - 장애아동복지지원법
>   - UN장애인권리협약

1. 발달장애인법

○ 주요 내용
 - 발달장애인법은 지적장애 및 자폐성장애 등 발달장애인에게 권리 보장과 복지 서비스를 지원하기 위한 목적으로 제정
 - 이 법률의 주요 내용을 권리 보장 측면과 복지 서비스 측면으로 각각 구분하여 제시하면 다음과 같음.

> ○ 권리 보장 측면
> - 발달장애인법에서는 발달장애인을 대상으로 발생되어온 인권침해 또는 범죄 피해를 최소화하고, 근본적으로 예방할 수 있는 법적 장치를 마련하기 위해 별도의 권리 보장 사항 규정
> - 권리 보장에 관한 구체적인 내용으로는 자기결정권의 보장, 성년후견제 이용 지원, 의사소통 지원, 자조단체의 결성 등이 있음. 또한 형사·사법 절차상 권리 보장, 발달장애인에 대한 전담조사제, 발달장애인 대상 범죄 방지, 인권침해 사건에 대한 신고 의무·현장 조사·보호 조치 등이 있음

◦ 복지서비스 측면
- 발달장애인법에서는 발달장애인에게 개인별 맞춤형 서비스를 제공하기 위해 발달장애인 개개인마다 개인별지원계획을 수립하고, 이 계획에 따라 구체적인 서비스가 제공되는 체계 규정
- 발달장애인법에 따라 발달장애인에게 지원되는 복지 서비스로는 발달장애 의심 영유아에 대한 정밀 진단 비용 지원, 재활치료, 발달재활서비스, 발달장애인 거점 병원 이용 지원, 행동발달증진센터 설치·운영 지원 등을 규정.
- 중증 발달장애인에게 전문적인 직업교육 및 훈련 서비스를 제공하기 위해 별도의 직업재활시설을 설치·운영하도록 규정하고 있으며, 발달장애인에게 평생교육을 지원하기 위해 별도의 발달장애인평생교육시설을 설치·운영하도록 규정
- 발달장애인이 낮 시간에 다양한 활동에 참여하고 여가 문화 생활을 향유할 수 있도록 하기 위해 주간활동, 돌봄 등을 지원하고, 영화, 전시관, 박물관 및 국가·지방자치단체 등이 개최하는 각종 행사 등에 대한 관람·참여·향유 지원, 발달장애인의 특성과 흥미에 적합한 방식으로 설계된 시설, 놀이기구, 프로그램 및 그 밖의 장비 지원, 생활체육 행사 및 생활체육 관련 단체 지원 등에 관한 사항도 추가로 규정

◦ 발달장애인법 관련 FAQ

- 발달장애인법제정추진연대의 발달장애인법 관련 Q&A 자료를 중앙장애아동·발달장애인지원센터의 e-레터에서 수정 보완한 FAQ를 활용하여 발달장애인법 이해 자료로 사용해 볼 수 있음.

1. 왜 이 법률을 만들게 되었습니까?

 발달장애인은 전체 등록 장애인 중 7% 가량에 불과하지만 성인이 되어서도 세수, 화장실 사용 등의 간단한 일상생활조차도 타인의 도움 없이 영위하기 어려워 일생동안 지원이 필요한 경우가 많습니다. 또 최근 염전노예 사건에서와 같이 발달장애인은 인지력, 의사소통능력이 부족하여 자기 권리를 스스로 주장하거나 보호하는 데 큰 어려움이 있어 학대, 성폭력, 노동력착취 등 심각한 인권침해 사례가 지속적으로 발생하고 있습니다.

 그러나 발달장애인에 대한 복지서비스와 인프라는 그 수요에 비해 지원규모가 부족해 발달장애인의 부모나 보호자들의 신체·정신·경제·정서적 부담이 상당히 높고, 발달장애인 직업훈련이나 평생교육 등 능력계발을 위한 지원체계도 매우 미흡합니다.

 따라서 발달장애인의 특성과 요구를 고려한 맞춤형 지원 서비스를 제공함으로써 발달장애인의 권리를 보호하고 그 보호자 등의 삶의 질을 향상시키기 위해 이 법률이 제정된 것입니다.

2. 이 법률은 누가 어떻게 만든 것입니까?

 발달장애인을 위한 별도 법률 제정 요구에 대한 목소리는 2000년대 중반부터 제기됐으나 제정을 위한 운동은 전국장애인부모연대, 한국장애인부모회, 한국지적장애인복지협회, 한국자폐인사랑협회 등 발달장애인 관련 4개 단체가 2011년 말부터 공동연대를 통해 뜻을 모으면서 본격화 되었습니다.

 2012년 2월 발달장애인법제정추진연대가 출범되었고, 같은 해 5월 30일 발달장애인법이 19대 국회 제1호 법안(김정록 의원 대표발의)으로 제출되었습니다. 2013년에는 박근혜 정부가 발달장애인법 제정을 140대 국정과제 중 하나로 발표하는 등 연내 제정계획을 발표하였습니다.

 마침내 4월 20일 발달장애인 권리보장 및 지원에 관한 법률이 국회 본회의를 통과하였고, 2015년 11월21일부터 시행되었습니다.

3. 누가 이 법률의 혜택을 받을 수 있습니까(수혜대상자는 누구입니까)?

법률 명칭에서 알 수 있듯이 이 법률은 '발달장애인'을 위한 법률입니다.

이번에 제정된 우리나라 발달장애인법에서는 발달장애인이 3가지 유형으로 범주화되었는데, 장애인복지법에서 규정하는 지적장애인과 자폐성장애인 외에도 "통상적으로 발달이 나타나지 아니하거나 크게 지연되어 일상생활이나 사회생활에 상당한 제약을 받는 사람으로서 대통령령으로 정하는 사람"이 포함되었습니다.

4. 이 법률에 따라 복지서비스를 이용하려면 어떻게 해야 합니까?

먼저 발달장애인이 스스로 시·군·구에 서비스 신청을 해야 합니다.(다만, 발달장애인의 의사결정능력이 충분치 않다고 판단할만한 상당한 이유가 있다면 보호자가 대신 서비스 신청을 할 수 있으며, 당사자나 보호자 모두 서비스 신청을 하지 않은 경우에는 지역의 사회복지전담공무원이 직권으로 서비스를 신청할 수도 있습니다.)

이 때, 발달장애인은 서비스 신청과 함께 '개인별지원계획의 수립'을 함께 신청할 수 있습니다.

관할 시·군·구는 대상자 선정 여부와 복지서비스 내용을 결정한 후 지역발달장애인지원센터에 개인별지원계획 수립을 의뢰합니다. 지역발달장애인지원센터는 발달장애인의 의견을 반영해 복지서비스 내용, 방법이 포함된 개인별지원계획을 수립해야 하며 이렇게 수립된 개인별지원계획의 승인을 시·군·구에 신청합니다.

시·군·구에서 적합성 심사를 통해 개인별지원계획을 최종 승인하면 발달장애인지원센터는 승인된 개인별지원계획에 대해 발달장애인(및 보호자)에게 통보하며, 서비스 제공기관을 연계받아 복지서비스를 제공받게 됩니다. 단, 발달장애인(및 보호자)가 통지받은 개인별지원계획을 수정 및 변경하고 싶다면, 발달장애인지원센터에 변경·수정신청을 할 수 있습니다.

5. 이 법률을 통해 제공받을 수 있는 서비스는 어떤 것들이 있습니까?

기존 바우처로 지급이 가능했던 서비스(장애인복지법, 장애인활동 지원에 관한 법, 장애아동복지지원법 등)는 물론 이번에 발달장애인법에서 규정한 복지지원들을 함께 제공받을 수 있습니다. 활동지원서비스, 발달재활서비스, 가족지원, 돌봄 및 일시적 휴식지원 서비스, 지역사회 전환서비스, 문화·예술 등 복지지원과 함께 발달장애인법에서 규정하고 있는 재활 및 발달지원, 문화·여가·예술·체육활동 지원, 보호자의 상담지원 및 휴식지원이 포함됩니다.

그 외에도 발달장애 진단비용 지원, 행동발달증진센터 이용, 평생교육 지원, 발달장애인 직업훈련시설 이용 등의 서비스 등도 제공받을 수 있습니다.

6. 기존 장애인 복지서비스는 장애인 등급이나 소득수준 등을 고려해 서비스 종류와 양이 결정되었는데, 이 법률에서는 서비스 종류와 양이 어떻게 결정됩니까?

발달장애인법에서도 장애등급, 소득수준 등에 따른 서비스판정체계가 기본적으로는 유지됩니다. 그러나 발달장애인법이 기존 장애인복지서비스 지원체계와 다른 점은 일차적으로 결정된 서비스 유형과 서비스 총량 안에서 발달장애인 개인별지원계획의 변경·수정을 통해 개인의 복지욕구에 따라 서비스 유형 간 서비스량을 조정해 이용이 가능하다는 것입니다.

7. 발달장애인의 특성과 요구를 고려해 만든 조항이 있다면 어떤 것들이 있습니까?

우선 권리보호와 관련해서는 발달장애인의 자기결정권을 강조하고 있는 제8조(자기결정권), 발달장애인의 의사결정 및 의사소통을 지원하기 위한 제10조(의사소통 지원), 재판과 수사과정에서 발달장애인과 신뢰관계에 있는 사람의 동석을 강제하는 제12조(형사사법절차상 권리보장), 발달장애인 전담 검사와 전담 사법경찰관을 지정하도록 한 제13조(발달장애인에 대한 전담조사제), 유기 등의 심각한 인권침해를 당한 발달장애인의 임시보호를 위한 '위기발달장애인쉼터'의 운영을 규정하는 제17조(보호조치), 발달장애인 자조단체에 대한 지원에 대한 제11조(자조단체의 결성 등)을 들 수 있습니다.

복지지원과 관련해서는 발달장애인의 행동문제 발생 시 전문 지원을 받을 수 있는 행동발달증진센터의 설치운영에 대한 제24조(재활 및 발달지원), 발달장애인에 특화된 직업훈련시설을 운영하도록 규정한 제25조(고용 및 직업훈련 지원), 발달장애인을 위한 평생교육 기관 지정을 규정하고 있는 제26조(평생교육 지원), 소득에 있어 발달장애인의 특수한 어려움을 인정한 제28조(소득보장) 등을 들 수 있습니다.

또 서비스전달체계에 있어서는 발달장애인 개인의 복지욕구가 반영된 서비스 지원체계에 대한 제19조(개인별지원계획의 수립), 발달장애인 서비스 전달체계의 핵심기관으로서 복지지원과 권리옹호활동을 벌일 수 있도록 한 제33,34조(발달장애인지원센터) 등이 특히 발달장애인의 특성과 요구가 잘 반영된 조항들로 볼 수 있습니다.

8. 이 법률에서는 학대 등 발달장애인 인권침해 사건이 발생하면 어떻게 대응하도록 규정하고 있습니까?

우선 제15조(신고의무)에 따라 인권침해 발생사실을 직무상 알게 된 경우 발달장애인지원센터나 수사기관에 반드시 신고해야 할 의무를 지닌 사람들이 있습니다. (*발달장애인과 직·간접적으로 관련된 공적 업무 종사자 대부분 포함 : 사회복지시설 종사자, 활동지원 인력, 의료인, 구조대, 어린이집과 학교 교직원, 학원 종사자, 성폭력 상담소 종사자, 건강가정지원센터 종사자 등)

신고를 접수한 발달장애인지원센터의 직원 또는 수사기관의 경찰관은 곧바로 현장에 출동해야 합니다. 단, 센터나 수사기관이 단독으로 출동하는 것이 아니라 상대 기관에 상호 동행을 요청해 함께 출동하며, 인권침해사건에 대한 현장 조사를 거친 후, 만일 피해 발달장애인을 가해자로부터 분리시킬 필요가 있다고 판단되면 발달장애인을 지정된 쉼터나 의료기관으로 보내서 임시로 보호합니다.(임시보호기간 : 7일 이내~최대 14일 이내)

이 임시보호기간 내에 발달장애인지원센터의 장은 피해 발달장애인이 장애인거주시설이나 보호시설에 입소할 수 있도록 보호조치를 취해야 합니다.

9. 의사소통이 어렵거나 자기결정능력 발휘가 어려운 발달장애인은 어떻게 이 법률에 의거한 서비스를 받을 수 있습니까?

발달장애인법은 원칙적으로 발달장애인이 자신의 신체, 재산에 관한 사항에 대해 스스로 판단하고 결정할 권리를 갖고 있음을 천명하고 있습니다. 따라서 의사결정능력이 부족해 보이는 발달장애인이라도 우선은 의사소통지원을 통해 발달장애인이 이해하기 쉬운 형태로 정보를 제공하고 자기 의사표현을 할 수 있도록 충분한 기회를 제공하는 등 최선의 노력을 다해야 합니다.

그러나 이런 노력에도 불구하고 의사소통이 어려운 경우에는 '발달장애인의 보호자'가 서비스 신청이나 개인별 지원계획의 수립·변경·수정의 신청, 현금지원의 계좌관리 등을 대신할 수 있으며 당사자나 보호자가 서비스신청을 하지 않은 경우에는 '사회복지 전담공무원'이 직권으로 서비스 신청을 할 수 있도록 해 사각지대가 최소화되도록 하였습니다.

10. 발달장애인을 위한 별도의 지원센터는 누가, 어디에서, 어떻게 운영합니까?

발달장애인지원센터는 발달장애인의 권리옹호와 복지지원의 핵심기관으로서 중앙과 지역에 각각 설치·운영됩니다. 전국 17개 시도의 시·도지사는 시·도 단위 지역센터를 반드시 설치해야 하며, 필요성에 따라 시·군·구에도 설치할 수 있습니다.(둘 이상의 지역 통합설치 가능)

발달장애인지원센터에는 특수교사, 사회복지사, 변호사 등 필요 인력이 배치돼 발달장애인과 가족에 대한 복지지원과 권리옹호 활동을 수행합니다. 또 발달장애인 당사자도 고용할 수 있도록 규정돼있는 한편, 당사자와 보호자가 참여하는 운영위원회도 센터에서 설치·운영됩니다.

11. 발달장애인의 보호자를 위한 지원 내용에는 어떤 것들이 있습니까?

본 법에는 발달장애인의 보호자와 가족에 대한 지원의 내용을 별도의 장을 두어 규정하고 있습니다. 발달장애인 가족지원 내용은 크게 4가지로 구성되어 있는데, 먼저 '보호자에 대한 정보제공과 교육'을 국가·지자체가 지원하도록 규정하였고 (관련 비용의 전부 또는 일부) '보호자에 대한 상담지원'은 현재 보건복지부가 실시 중인〈발달장애인 부모 심리상담 서비스〉에 대한 법적 근거를 마련한 것입니다. 또 발달장애인 가족의 양육부담 경감을 위한 '돌봄 및 일시적 휴식지원 서비스'가 규정되었고 '발달장애인의 형제자매에 대한 프로그램 운영 지원'을 규정하고 있기도 합니다.

12. 이 법률에 따라 새로 설치, 운영되는 기관 또는 서비스제공기관으로는 어떤 것들이 있습니까?

[기관]: 발달장애인지원센터, 행동발달증진센터, 발달장애인에게 특화된 직업재활시설(직업훈련 제공), 발달장애인 거점병원, 위기발달장애인쉼터, 발달장애인을 위한 평생교육 기관

[인력]: 발달장애인 전담검사, 전담 사법경찰관

13. 이 법률은 언제부터 시행되었습니까?

2014년 4월 29일 국회에서 의결된 발달장애인법은 오는 5월 16일 이내에 대통령에 의해 공포되며, 공포 후 1년 6개월(*발달장애인법 부칙 제1조)이 지난 2015년 11월부터 시행되었습니다.

14. 기존 장애인복지서비스와의 관계는 어떻게 됩니까?

발달장애인법이 규정하는 복지서비스는 기존 장애인 관련 타 법에 근거한 복지서비스에 아무런 영향을 미치지 않기 때문에 발달장애인은 여러 장애인 관련 법률(장애인복지법, 장애인연금법, 장애인활동지원에 관한 법률, 장애아동복지지원법 등)에 근거한 복지서비스를 현행대로 지원받을 수 있습니다.

15. 이 법률 제정으로 인해 기대되는 효과는 무엇입니까?

먼저 발달장애라는 특정 장애유형을 지원 대상으로 한 별도 법률이라는 점에서 발달장애인 법의 제정은 발달장애인이 가진 권리옹호와 복지의 특별한 욕구들을 사회적으로 인정받았음을 뜻합니다.

넓은 차원에서는 지금까지 신체적 장애 중심으로 운영되어 온 우리나라 장애인복지체계에 인지적, 정신적 장애 영역의 새로운 중심축을 형성하는 주요 사회적 토대가 될 것입니다.

권리옹호 측면에서는 발달장애인의 권리가 보다 체계적이고 섬세히 보호될 수 있는 여러 제도적 장치(의사소통지원, 전담 조사제, 발달장애인지원센터 조사권 부여 등)를 통해 각종 권리침해에 무방비로 노출되어왔던 발달장애인의 인권현실이 크게 개선될 수 있으리라 기대됩니다.

복지서비스 전달체계 측면에서는 개별지원계획의 수립을 통해 발달장애인의 개인적 복지욕구에 맞는 맞춤형 서비스 구현을 기대할 수 있으며 내용적 측면에서는 행동발달증진센터, 전문 직업훈련시설, 평생교육 프로그램 등 발달장애 특성과 복지욕구가 고려된 새로운 시스템이 발달장애인의 지역사회 생활을 지원하게 되리라 봅니다.

○ 발달장애인법과 관련된 더 구체적인 정보

 - 중앙장애아동·발달장애인지원센터에서 발행한 "반갑다. 발달장애인법"은 발달장애인이 읽고 이해하기 쉬운 용어로 제작된 발달장애인법 설명 자료이므로, 보다 쉽고 친근하게 다가갈 수 있는 정보로 활용해 볼 수 있음.

- 발달장애인법에 대한 좀 더 구체적인 이해 자료는 연구보고서로 된 최복천 외 (2014)의 "발달장애인 권리 및 복지지원 방안 연구", 조윤경 외(2015)의 "지역 발달장애인지원센터 운영 매뉴얼 개발 연구", 김진우 외(2014)의 "발달장애인 개인별 지원계획 수립 연구"를 참고해 볼 수 있으며, 이에 대한 자료는 한국장애인개발원 홈페이지 또는 국가정책연구포털사이트 프리즘에서 검색해 다운받을 수 있음. 단행본으로 된 김삼섭 외(2014)의 "발달장애이해"도 참고해 볼 수 있음.

2. 장애 관련 법률

○ 장애인복지법

- 1981년 심신장애자복지법으로 제정된 장애인복지법은 장애인의 인간다운 삶과 권리 보장을 위한 국가와 지방자치단체의 책임을 규정하고 있으며 장애인의 복지와 사회활동 참여 증진을 통하여 사회통합에 이바지하는 것을 목적으로 하고 있음
- 총 9장 90조항으로 구성되어 있는데 장애발생의 예방 및 발생 후 의료와 재활치료, 교육 및 장애에 대한 사회적 인식개선, 장애로 인한 경제적 부담의 경감과 재활상담, 장애유형 및 정도에 따른 재활과 자립서비스, 의료비와 장애아동수당, 활동보조인 등 직접 서비스에 대한 내용을 규정하고 있음

> ○ 장애인복지법의 주요 조항
> 제2조 정의(가족지원 포함)
> 제5조 장애인 및 보호자 등에 대한 의견수렴과 참여
> 제8조 차별금지 등
> 제9조 국가와 지자체의 책임
> 제10조 국민의 책임
> 제17조 장애발생 예방
> 제18조 의료와 재활치료
> 제20조 교육
> 제23조 진로 및 직업교육의 지원
> 제25조 사회적 인식개선
> 제28조 특수교육 관련서비스(가족지원 제공 필요 명시)
> 제30조 경제적 부담의 경감
> 제34조 재활상담과 입소 등의 조치
> 제35조 장애 유형·장애 정도별 재활 및 자립지원 서비스 제공 등
> 제36조 의료비 지급
> 제38조 자녀교육비 지급
> 제50조 장애아동수당과 보호수당
> 제55조 활동보조인 등 서비스 지원

○ 장애인 등에 대한 특수교육법
  - 장애인 등에 대한 특수교육법은 2007년 5월 25일 폐지된 특수교육진흥법을 대신하는 법으로「교육기본법」제18조에 따라 국가 및 지방자치단체가 장애인 및 특별한 교육적 요구가 있는 사람에게 통합된 교육환경을 제공하고 생애주기에 따라 장애유형·장애정도의 특성을 고려한 교육을 실시하여 이들이 자아실현과 사회통합을 하는데 기여함을 목적으로 함
  - 총 6장 38개 조항으로 구성되어 있는데 의무교육, 차별의 금지, 특수교육대상자로서의 권리와 의무, 전달체계로서 특수교육지원센터의 설치 및 운영, 특수교육 실태조사 실시, 장애의 조기발견, 보호자의 의무 등을 포함하고 있으며 주요 조항은 다음과 같음

> ○ 장애인 등에 대한 특수교육법의 주요 조항
> 제3조 의무교육 등
> 제4조 차별의 금지
> 제9조 특수교육대상자의 권리와 의무의 안내
> 제11조 특수교육지원센터의 설치·운영
> 제13조 특수교육 실태조사
> 제14조 장애의 조기발견 등
> 제15조 특수교육대상자의 선정
> 제16조 특수교육대상자의 선정절차 및 교육지원 내용의 결정
> 제17조 특수교육대상자의 배치 및 교육
> 제18조 장애영아의 교육지원
> 제19조 보호자의 의무 등
> 제21조 통합교육
> 제22조 개별화교육
> 제25조 순회교육 등
> 제26조 종일제를 운영하는 유치원 과정의 교육기관
> 제27조 특수학교의 학급 및 각급학교의 특수학급 설치 기준
> 제28조 특수교육 관련서비스

○ 장애인차별금지 및 권리구제 등에 관한 법률
  - 이 법은 2007년 4월 11일 제정된 것으로 모든 생활영역에서 장애를 이유로 한 장애인에 대한 차별을 금지하고 장애를 이유로 차별받은 사람의 권익을 효과적으로 구제함으로써 장애인의 완전한 사회참여와 평등권 실현을 통하여 인간으로서의 존엄과 가치를 구현함을 목적으로 함
  - 이 법은 장애인에 대한 차별금지에 일차적 목적을 두고 있기 때문에 발달장애인

의 일차적인 보호자인 가족을 차별행위를 할 가능성이 있는 주체로 간주하고 있다는 점이 특징적으로 가족 내지는 가정에 의한 장애인차별을 방지하기 위한 조항이 포함되어 있음(29조, 30조). 또한 장애아동을 보호하는 친권자 및 양육책임자에 대한 국가와 지방자치단체의 지원책 마련해야 한다는 조항을 포함하고 있음(제36조 2항)

> ○ 장애인 차별금지 및 권리구제 등에 관한 법률의 주요 조항
> 　제13조 차별금지
> 　제14조 정당한 편의제공 의무
> 　제30조 가족·가정·복지시설 등에서의 차별금지
> 　제31조 건강권에서의 차별금지
> 　제32조 괴롭힘 등의 금지
> 　제35조 장애아동에 대한 차별금지
> 　제36조 장애아동에 대한 차별금지를 위한 국가 및 지자체의 의무

○ 장애인고용촉진 및 직업재활법
- 이 법은 장애인이 그 능력에 맞는 직업생활을 통하여 인간다운 생활을 할 수 있도록 장애인의 고용촉진 및 직업재활을 꾀하는 것을 목적으로 하고 있으며 국가와 지방자치단체와 사업주의 책임뿐 아니라 장애인의 자립노력까지 포함하고 있음
- 발달장애 자체가 중증장애라는 점에서 볼 때 중증장애인의 고용 및 직업재활과 관련된 조항들을 포함하고 있다는 점이 특징적임. 장애인 직업재활 실시 기관, 지원고용, 지원고용, 보호고용, 근로지원인 서비스의 제공 등이 이에 해당됨

> ○ 장애인고용촉진 및 직업재활법의 주요 조항
> 　제2조 정의
> 　제8조 교육과학기술부 및 보건복지부와의 연계
> 　제9조 장애인 직업재활 실시 기관
> 　제10조 직업지도
> 　제11조 직업적응훈련
> 　제12조 직업능력개발훈련
> 　제13조 지원고용
> 　제14조 보호고용
> 　제15조 취업알선 등
> 　제19조의2 근로지원인 서비스의 제공
> 　제21조 장애인 고용 사업주에 대한 지원
> 　제22조 장애인 표준사업장에 대한 지원
> 　제24조 장애인 고용 우수사업주에 대한 우대
> 　제27조 국가와 지방자치단체의 장애인 고용 의무
> 　제28조 사업주의 장애인 고용 의무
> 　제30조 장애인 고용장려금의 지급

○ 장애아동복지지원법

- 이 법은 국가와 지방자치단체가 장애아동의 특별한 복지적 욕구에 적합한 지원을 통합적으로 제공함으로써 장애아동이 안정된 가정생활 속에서 건강하게 성장하고 사회에 활발하게 참여할 수 있도록 하며, 장애아동 가족의 부담을 줄이는데 이바지함을 목적으로 함. 기존의 장애관련 법령들이 전체 장애인을 대상으로 하고 있다는 점에서 발달장애인을 위한 법률이라고 보기에는 한계가 있다는 점은 전술한 바 있음

- 이러한 점에서 볼 때 장애아동복지지원법 제정은 의미가 있음. 이법의 대상인 장애아동의 정의가 18세 미만의 사람 중 「장애인복지법」 제32조에 따라 등록한 장애인을(6세 미만의 아동으로서 장애가 있다고 보건복지부장관이 별도로 인정하는 사람 포함) 의미하나 이 연령대에 장애가 있는 경우는 대부분 발달장애로 간주할 수 있기 때문임

- 그러나 아동에게만 국한되어 있어 성인기 이후 발달장애인들을 위한 지원근거는 여전히 과제로 남아있다고 볼 수 있음. 또한 이법은 장애아동뿐만 아니라 일차적인 보호자인 가족에 대한 지원조항도 포함하고 있음

> ○ 장애아동복지지원법의 주요 조항
> 제6조 국가와 지방자치단체의 임무
> 제8조 중앙장애아동지원센터
> 제9조 지역장애아동지원센터
> 제11조 장애아동 복지지원 실태조사
> 제12조 장애의 조기발견
> 제13조 복지지원의 신청
> 제14조 복지지원 대상자 선정
> 제16조 복지지원 제공기관의 연계
> 제17조 개인별지원계획의 수립
> 제19조 의료비지원
> 제20조 보조기구지원
> 제21조 발달재활서비스지원 .
> 제22조 보육지원
> 제23조 가족지원
> 제24조 돌봄 및 일시적 휴식지원 서비스지원
> 제25조 지역사회 전환 서비스지원
> 제26조 문화·예술 등 복지지원
> 제28조 복지지원의 제공

○ UN장애인권리협약

- UN장애인권리협약은 장애인의 천부적인 존엄성을 증진하고 장애인이 모든 인권과 기본적인 자유를 일반인과 동등하게 향유할 수 있도록 돕는 것을 목적으로 제정된 국제조약임
- 이를 위해 장애여성과 장애아동의 권리 보호, 장애인의 이동권과 문화접근권 보장, 교육권과 일할 권리, 자립생활 권리 등 전 생활영역에서의 장애인 권익보장 등 50개의 조항을 규정하고 있음. 이중 발달장애인과 관련된다고 볼 수 있는 주요 조항들은 다음과 같음

> ○ UN장애인권리협약의 주요 조항
> 제3조 일반원칙
> 제7조 장애아동
> 제8조 인식제고
> 제23조 가정과 가족에 대한 존중
> 제24조 교육

2. 일반법

○ 일반법에서 발달장애인을 직접적으로 고려한 법이나 조항을 찾아보기 힘들지만 아동 및 청소년장애인이나 가족에 대한 지원의 근거를 포함하고 있는 경우는 일부 있음

○ 아동 및 청소년과 관련해서는 「아동복지법」, 「청소년기본법」, 「청소년복지지원법」 등이 있으며, 가족지원과 관련해서는 「영유아보육법」, 「한부모가족지원법」, 「건강가족지원법」 등이 있음

○ 전반적으로 살펴보았을 때, 아동·청소년 관련 일반법의 경우에 있어서는 장애아동에 대한 차별금지 조항, 우선적 배려 조치, 장애아동에 대한 보호조치 등의 규정들을 일부 찾아볼 수 있으나 장애아동의 특별한 욕구와 이에 대한 지원 내용을 구체적으로 제시하고 있지는 않는 것으로 나타남

○ 또한 가족지원과 관련한 일반 법률에서는 장애를 가진 가족에 대하여 부양서비스 등을 지원해야 한다는 조항들이 있지만 장애인을 포괄적으로 규정하고 있어 장애아동을 돌보고 있는 가족에 대한 지원근거로는 미흡한 면이 있으며 이들 가족에 대한 지원의 내용이 매우 단편적 혹은 한정적으로 제시되고 있을 뿐임을 알 수 있음

o 장애아동과 그 가족의 지원과 관련된 사항들을 정리하여 제시하면 다음과 같음(이승기 외, 2011).

법령	관련 조항 및 내용
영유아보육법	- 장애로 인한 차별금지(3조) - 장애아동 무상보육 특례 규정(35조)
아동복지법	- 장애로 인한 차별금지(3조) - 국가와 지방자치단체는 장애아동의 권익보호를 위한 시책 강구(4조) - 정서장애, 아동장애유발 가능성 있는 가정에 대한 조치 및 아동 보호조치(10조)
청소년 기본법	- 청소년 지원정책에서 정신적·신체적·경제적·사회적으로 특별한 지원을 필요로 하는 청소년에 대한 우선 배려(7조, 49조)
청소년복지 지원법	- 특별지원청소년 선정 및 지원 대책 강구(12조, 13조) - 특별지원청소년에 대한 지원은 기초생계비, 요양급여, 학습비, 구직/능력 함양을 위한 훈련비, 활동비로 구성됨(동법 시행령 6조)
한부모 가족지원법	- 국가와 지방자치단체는 장애인 부양서비스 등의 가족지원서비스 제공 노력(17조)
건강가정 기본법	- 국가와 지방자치단체의 장애인가정 등에 대한 지원 책무 규정(21조) - 국가와 지방자치단체의 장애인 부양가족에 대한 지원 및 가족간호 휴가 시책 마련 책무 규정(25조)

교육방법

o 강의+토론형 교육

- 법령의 목적과 전반적인 내용에 대한 강의 진행
- 발달장애인법을 중심으로 설명하되, 기존의 장애 관련 법령을 보충하는 방식으로 진행

유의사항

o 장애와 관련된 전반적인 법령에 대한 포괄적인 이해를 돕는 것이 필요하지만 법 내용이 방대하므로 발달장애인과 관련된 법령 중심으로 소개할 것

o 기존 법령 하에서 발달장애인의 특성과 욕구의 관점에서 미비한 부분은 무엇인지를 검토할 수 있는 토론의 기회를 부여할 것

o 지루하고 딱딱한 강의가 되지 않도록 교재 및 강의자료, 강의방식 등을 면밀하게 준비할 것

참고자료

o 참고도서

김정희, 유경민, 최은성 (2011). 발달장애인의 서비스 욕구와 시장분석-발달장애 영유아를 중심으로. 한국장애인개발원.

백은령, 김기룡, 유영준, 이명희, 최복천 (2010). 장애인가족지원. 서울: 양서원.

이승기, 김기룡, 백은령, 이계윤, 조윤경, 전혜연, 최복천, 최윤영 (2011). 장애아동에 대한 사회적 복지지원체계연구. 보건복지부.

o 관련 법령

법제처 홈페이지: http://www.moleg.go.kr/main.html

Ⅰ-4. 발달장애인 복지지원

과정	공통	영유아기	초등학령기	청소년기	성인기	영역	지식·정보	기술	심리·정서
주제	발달장애인 복지지원									

■ 교육의 필요성 ■

○ 국내 발달장애인을 위한 복지지원정책은 별도로 특화된 정책보다는 전체 장애인 지원 정책의 맥락에서 운영되고 있는 실정으로 최근 들어 시행되고 있는 장애아동 재활치료사업, 언어발달지원사업, 장애아가족 양육지원사업 정도가 발달장애아동 및 가족을 일차적인 정책 대상으로 운영되는 지원제도라고 할 수 있다.

○ 발달장애인 복지지원에 대한 전반적인 이해를 통해 교육 참여자들이 자신의 자녀와 가족이 국민의 한사람으로서 정당하게 제공받아야할 지원제도는 무엇이며 발달장애인과 가족이 살아가기에 보다 편안한 사회를 구성하기 위해 개선되어야 할 제도는 무엇인지에 대한 문제의식을 가질 수 있도록 하는데 교육의 목적을 둔다.

○ 전술한 바와 같이 발달장애인만을 위한 특화된 지원제도는 매우 미비하므로 전반적인 장애인복지지원제도를 포괄적으로 이해하는데 초점을 두도록 교육내용을 구성한다.

○ 장애인을 위한 정부와 지방자치단체 차원에서 운영하고 있는 제도가 매우 다양하므로 본 교육 안에서는 국내 장애인복지지원제도를 경제적·소득지원, 교육·문화·여가활동지원, 의료·재활·건강지원, 심리·사회·정서적 지원, 돌봄·보호·휴식지원 등 5개영역으로 분류하여 제시하고자 한다(백은령·유영준·이명희·최복천, 2010; 이명희·김기룡·백은령·유영준·최복천, 2011)

■ 교육내용 ■

1. 장애인 등록

○ 발달장애인 복지지원대상자가 되기 위해서는 장애인등록절차를 통해 장애인등록을 받아야 한다. 장애인등록을 신청하고자 하는 사람의 주소지 관할 읍·면·동사무소

를 방문하여 장애인등록 및 서비스신청서를 작성하여 제출하면 읍·면·동사무소에서 장애진단의뢰서를 발급하여 신청자에게 교부
○ 신청자는 의료기관의 전문의사로부터 장애진단 및 검사를 통해 장애진단서를 발급받아 주소지 관할 읍면동사무소에 제출하여 장애인등록을 완료하면 됨

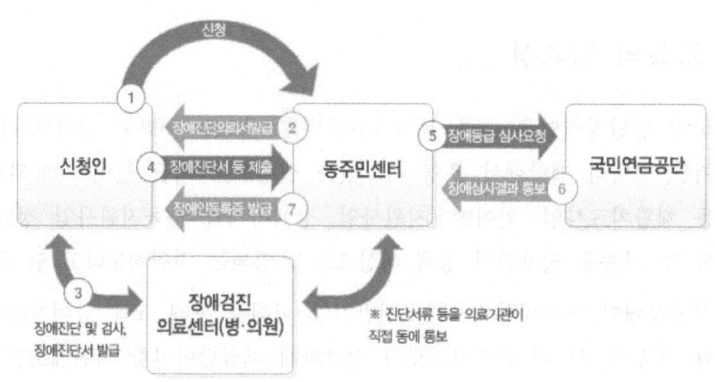

출처: 서울시 장애인홈페이지(http://disability.seoul.go.kr/)

2. 경제적·소득지원

○ 발달장애인은 치료비 및 교육비, 돌봄 비용 등 타 장애유형에 비해 추가비용 지출수준이 높은 특성을 가지고 있음. 발달장애 아동의 치료 및 교육비 부담과 성인발달장애인의 기본적인 생활 유지를 위해서는 경제적·소득보장이 무엇보다도 중요함

○ 경제적·소득지원제도는 크게 현금지원(현금급여)과 감면제도로 구분할 수 있는데 현금지원의 경우 대상자가 되기 위해서는 소득수준(국민기초생활보장 수급자 및 차상위 계층)과 장애등급 요건을 충족해야함

○ 우리나라는 장애인연금, 장애수당, 장애아동수당 등의 현금지원제도를 운용하고 있지만 낮은 급여수준과 자격제한(소득과 장애등급)으로 인해 사각지대가 발생하는 문제점을 안고 있음. 발달장애관점에서 장애인 경제적·소득지원제도의 문제점은 18세 이상의 발달장애인에 대한 지원제도가 효과적인 정책수단으로 기능하지 못한다는 점인데 이는 장애특성에 대한 고려 없이 소득수준만을 고려하여 차등지급하기 때문임

주요 경제적·소득지원제도는 다음과 같음

서비스 종류	현황	서비스 전달			비고
		지원기관	신청 기관	제공 기관	
장애인 연금	○ 지원 대상 - 만 18세 이상 등록한 중증장애인 • 중증장애인 : 1급, 2급, 3급 중복장애 • 3급 중복장애 : 주장애가 3급이며 다른 유형의 장애가 하나 이상 있는 사람 ○ 본인과 배우자의 소득인정액이 선정기준액 이하인 자 • 소득인정액 = 월소득평가액 + 재산의 소득 환산액 • 2016년도 선정기준액 · 단독가구: 100만원 · 부부가구: 160만원 ○ 장애인연금 = 기초급여 + 부가급여 〈표〉 장애인연금 지급 금액 (월, 단위: 원) | 구분		계	기초	부가
---	---	---	---	---
기초	18~64세	284,010	204,010	80,000
	65세 이상	284,010		284,010
차상위	18~64세	274,010	204,010	70,000
	65세 이상	70,000		70,000
차상위 초과	18~64세	224,010	204,010	20,000
	65세 이상	40,000		40,000 | - 개인의 상황에 따라 연금액은 차이가 있을 수 있음	보건 복지부 (국민연금 공단)	시·군·구	국민연금 공단	장애등급 및 소득 수준에 따라 지원
장애수당 및 장애아동 수당 지원	○ 장애수당 : 만 18세 이상 등록 장애인 중 3-6급의 장애등급을 가진 자로 국민기초생활보장수급자 및 차상위계층(기준 중위소득50%이하) - 기초(생계, 의료, 주거, 교육) 및 차상위 : 1인당 월4만원 - 보장시설 수급자(생계, 의료) : 1인당 월2만원 ※ 다만, 만18-만20세로서 「초중등교육법」제2조에 따른 학교에 재학(휴학 및 의무교육대상자 중 유예자도 포함)중인 자는 제외 ※ 경증장애인: 3급, 4급 5급, 6급 ○ 장애아동수당 : 만18세 미만의 등록장애인 중 국민기초생활보장수급자 및 차상위계층(기준 중위소득 50% 이하) 기초(생계, 의료, 주거, 교육) 및 차상위: 1인당 월4만원 보장시설수급자(생계, 의료): 1인당 월2만원	보건 복지부	시·군·구	시·군·구	소득수준에 따른 지원

서비스 종류	현황	서비스 전달			비고
		지원기관	신청 기관	제공 기관	
	기초(생계, 의료)중증: 1인당 월20만원 기초(주거, 교육), 차상위 중증: 1인당 월15만원 기초(생계, 의료, 주거, 교육) 및 차상위 경증: 1인당 월10만원 보장시설(생계, 의료)중증: 1인당 월7만원 ※ 중증장애인: 1급, 2급 및 3급 중복장애 ※ 다만, 만18-만20세로서 「초중등교육법」제2조에 따른 학교에 재학(휴학 및 의무교육대상자 중 유예자도 포함)중인 자는 제외				
장애인 자녀 교육비 지원	○ 현행 지원 대상 : 수급자 및 차상위 계층의 장애인 자녀 교육비 지원 - 입학금 및 수업료, 교과서대, 부교재비, 학용품비	보건복지부	시·군·구	시·군·구	소득수준에 따른 지원
장애인 의료비 지원 (수급자 대상 지원)	○ 지원 대상자 - 의료급여법에 의한 의료급여 2종 수급권자인 등록장애인 건강보험의 차상위 본인 부담 경감 대상자인 등록장애인(만성질환 및 18세미만 장애인) ○ 지원 내용 - 의료기관 이용 시 발생하는 급여항목본인 부담금의 일부 또는 전액지원(비급여 제외) - 1차 의료기관 외래진료 본인부담금 750원 일괄지원 - 2차, 3차 의료기관 진료 : 의료(요양)급여 수가 적용 본인부담 진료비 15%(차상위 14%, 암환자 5%, 입원 10% 등) 전액을 지원하되 본인 부담금 식대 20%는 지원하지 않음	보건복지부	시·군·구	시·군·구	의료 급여증과 장애인 등록증을 제시
장애인 등록진단비 지원 (수급자 지원)	○ 지원 대상 : 국민기초생활보장법상의 생계급여 또는 의료급여 수급자로서 신규 등록 장애인 및 재판정 시기가 도래한 장애인 ○ 지원 내용 : 진단서 발급 비용 지원 - 지적장애 및 자폐성장애 : 4만원 - 기타 일반장애 : 1만 5천원 ※ 장애판정을 위한 검사비용은 본인부담	보건복지부	시·군·구	시·군·구	소득수준 및 장애유형에 따른 지원
세금 및 보험료 감면 (소득세, 상속세, 증여세, 승용자동차에 대한 특별소비세	○ 지원 내용 - 보건복지부: 건강보험 지역 가입자의 보험료 경감, 장애인용 LPG연료 세금인상액 지원 - 기타 중앙행정기관 시행사업: 승용자동차에 대한 개별소비세 면제, 차량구입 시 취득세 및 자동차세 면세와 지역개발공채 구입 면제, 소득세 공제 (장애인 1인당 연 200만원 추가 공제, 장애인 의료비 공제 / 상속세 상속 공제 / 장애인 특수교육비 소득공제 / 증여세 면제 / 장애인 보장구 부가가치세 영세율 적용 / 장애인	보건복지부 기타 중앙 행정기관 지방자치단체	시·군·구/ 해당 사업 기관	시·군·구/ 해당 사업 기관	장애정도에 따른 차등지원

서비스 종류	현황	서비스 전달			비고
		지원기관	신청 기관	제공 기관	
등)	용 수입 물품 관세 감면)				
요금할인 (철도, 도시철도, 고속도로 통행료, 항공, 여객운임, 등)	○ 지원 내용 - 지방자치단체 시행사업: 고궁, 능원, 국·공립박물관 및 미술관, 국·공립 공원, 국·공립 공연장, 공공체육시설 요금 감면, 공영주차장 주차요금 감면 - 민간기관 시행사업: 철도, 도시철도 요금 감면, 유선 및 이동통신 요금 할인, 시·청각 장애인 TV 수신료 면제, 항공요금 할인 / 연안여객선 여객운임 할인, 고속도로 통행료 50% 할인, 전기요금 할인 / 도시가스 요금 할인	지방자치단체 민간기관	지자체 시·군·구/ 해당 사업 기관	지자체 읍·면·동/ 해당 사업 기관	장애정도에 따른 차등지원

3. 교육·문화·여가활동지원

○ 발달장애인의 자기관리, 의사소통, 이동, 자립생활 능력의 제한은 조기교육뿐만 아니라 지속적인 교육지원을 필요로 함. 또한 발달장애인의 지역사회 통합을 촉진하고 자신의 권리를 옹호할 수 있도록 돕기 위해서는 생애 발달주기에 맞는 적절한 일상생활 및 사회생활 참여 기회를 적극적으로 제공해야 함. 이를 위해서는 청소년 및 성인 발달장애인을 위한 주간활동과 생활체육활동을 다양화하고 평생교육을 확대해야 함. 주요 교육·문화·여가활동 지원내용은 다음과 같음

서비스 종류	현황	서비스 전달			비고
		지원기관	신청 기관	제공 기관	
장애아 무상 보육료 지원	○ 지원대상 : 만0세~만12세 장애아동 - 장애소견이 있는 의사진단서(만5세 이하만 해당)제출자 - 특수교육대상자 진단·평가 결과 통지서 제출자(만3세-만8세까지만 해당) ○ 지원 단가 - 종일반 : 43만8천원/월 - 방과후 : 21만9천원/월 - 만3-5세 누리장애아보육:43만8천원/월 ※ 가구소득수준과 무관	보건복지부	시·군·구	지원기관	특수교육대상자 선정 아동 지원
특수교육 지원	○ 특수교육대상자로 선정된 장애아동에 대한 특수교육 지원: 무상교육, 특수교육 관련서비스(가족지원, 치료지원, 통학지원, 보조인력지원, 보조기구 지원 등)	교육과학기술부, 시·도 교육청	학교, 특수교육 지원센터	학교, 특수교육 지원센터	특수교육대상자 선정 아동 지원
여성 장애인 교육지원	○ 지원 대상 : 장애인복지법 제32조(장애인등록)에 의한 등록 여성장애인 ○ 지원 내용 : 여성장애인에 대한 교육지원 : 기초학습, 인문, 사회 및 체험, 보건 및 가족 등	보건복지부	제공기관에 신청		
가족단위 문화 및 여가 생활을 위한 지원서비스 (가족놀이, 가족여행 등)	○ 지원 현황 - 장애아가족양육지원사업의 가족휴식지원의 일환으로 전국의 2,500가정에 1회 20만원 상당의 가족단위 휴식지원 프로그램 제공 - 장애인복지시설, 장애인부모단체 등에서 자체적으로 또는 사업비를 지원받아 가족캠프, 가족여행 프로그램 지원	보건복지부, 시·도	지자체, 장애인복지시설 및 단체	장애아가족양육지원사업 제공기관, 장애인복지시설 및 단체	소득수준에 따른 지원
조기 중재 프로그램	○ 지원 현황: 병·의원, 특수교육지원센터, 보육시설 등에서 장애아동에 대한 발견, 진단평가, 조기치료(교육) 등을 제공하고 있으나 각각의 조기중재 프로그램이 기관별로 분절적으로 이루어지고 있음	지원기관	지원기관	지원기관	지원기관의 공고에 따라 다름

4. 의료·재활·건강지원

o 발달장애인의 재활과 자립생활을 위해서는 조기치료와 지속적인 치료지원이 중요함. 이를 위해서는 의료 및 재활 환경 개선을 위한 다각적인 노력을 통해 발달장애인이 사회·경제적 상태와 무관하게 적절한 재활치료와 보장구 구입 등 부대서비스 지원을 받을 수 있는 제도적 환경을 만드는 것이 무엇보다도 중요함. 주요 지원내용은 다음과 같음

서비스 종류	현황	서비스 전달			비고
		지원기관	신청 기관	제공 기관	
발달재활 서비스	o 지원대상 - 연령기준 : 만 18세 미만 장애아동 - 장애유형 : 뇌병변, 지적, 자폐성, 언어, 청각, 시각 장애아동 - 소득기준:전국가구평균 소득 150%이하 - 기타요건: 장애인복지법상 등록장애아동/다만 등록이 안된 만6세 미만 아동은 의사진단서(검사자료 포함)로 대체가능 o 지원내용 - 매월 14만원 ~ 22만원의 발달 재활 서비스 바우처 지원 - 언어·청능, 미술, 음악, 행동·놀이·심리, 감각·운동 등 발달재활서비스 선택하여 이용	보건복지부 지방자치단체	시·군·구	재활치료 서비스 제공기관	소득수준에 따른 차등지원
언어발달 지원	o 연령기준 : 만12세 미만 비장애아동(한부모 및 조손가정의 한쪽 조부모가 시각·청각·언어·지적·뇌병변·자폐성 등록장애인) o 소득기준 : 전국 가구 평균 소득 100%이하 o 지원내용 - 매월 16만원 ~22만원의 언어재활 등 바우처 지원 - 언어발달진단서비스, 언어·청능 등 언어재활서비스, 독서지도, 수화지도	보건복지부	시·군·구	서비스 제공기관	
장애아동 전문 치과 진료 사업	o 지원 현황 - 장애인구강진료센터(중증장애인 전문 치과진료센터) 설치·운영 중	보건복지부	장애인 구강 진료센터	장애인 구강진료 센터	전체
재활 병원 및 의원 이용	o 지원 현황 - 국립재활원 운영 - 권역별 재활병원 운영 추진 중	보건복지부	재활병원	재활병원	전체
여성장애인 출산비용지원	o 장애등급 1~6급으로 등록한 여성장애인 중 출산한 여성장애인(2015년1월1일 이후 출산한 경우. 임신기간 4개월이상 태아 유산·사산의 경우 포함) o 지원내용: 출산(유산,사산포함) 태아 1인 기준 1백만원 지급	보건복지부	시·군·구	시·군·구	

서비스 종류	현황	서비스 전달			비고
		지원기관	신청 기관	제공 기관	
장애인 보조기구 교부	○ 품목 및 교부대상 - 욕창방지용 방석 및 커버 : 1~3급 뇌병변·심장장애인 - 와상용 욕창예방 보조기구 : 1~3급 심장장애인 - 보행차, 좌석형 보행차, 탁자형 보행차 : 지체·뇌병변장애인 - 음식 및 음료섭취용 보조기구, 식사도구, 젓가락 및 빨대, 머그컵, 유리컵, 컵 및 받침대, 접시 및 그릇, 음식보호대, 기립훈련기 : 1~3급 지체·뇌병변 장애인 - 목욕의자 : 지체·뇌병변장애인 - 휴대용경사로 : 지체·뇌병변장애인 - 이동변기 : 1~3급 지체·뇌병변장애인	보건복지부	보조기구 제공기관	보조기구 제공기관	소득수준에 따른 차등지원

5. 심리·사회·정서적 지원

○ 발달장애인은 평생 동안 집중적인 돌봄을 필요로 하는 경우가 대부분이어서 함께 생활하는 가족의 돌봄 부담이 그 어느 장애유형보다도 큰 특징을 갖고 있음. 발달장애인 가족은 발달장애인을 돌보는 과정에서 발생하는 경제적 및 신체적 어려움도 크지만 돌봄으로 인해 부차적으로 사회활동 및 관계 축소, 가족관계 및 기능 약화, 심리·정서적 어려움이 동반되는 경우가 많음

○ 따라서 발달장애인을 위한 복지지원제도에서는 당사자뿐만 아니라 가족을 일차적인 지원 대상으로 함께 고려하여 이러한 어려움을 경감시켜줄 수 있는 지원방안을 적극적으로 모색할 필요가 있음. 현재 운영되고 있는 주요 심리·사회·정서적 지원 내용은 다음과 같음

서비스 종류	현황	서비스 전달			비고
		지원기관	신청 기관	제공 기관	
장애인복지시설 등에서의 가족상담, 가족치료, 교육 프로그램	○ 지원 현황 - 전국 200여개의 장애인복지시설, 장애인부모단체 등에서 장애아동·청소년 가족을 위한 상담, 치료, 교육 프로그램 제공 - 전문인력 부재 및 예산 부족 등으로 기관 간 서비스 질 격차 발생 - 농·산·어촌 지역의 경우 서비스 접근성이 떨어짐	보건복지부, 지방자치단체	장애인 복지시설	장애인 복지시설	지원 기관의 공고에 따라 다름
아버지를 위한 프로그램 지원	○ 지원 현황 - 장애인복지시설, 장애인부모단체 등에서 장애아동·청소년 아버지를 위한 프로그램이나 교육 등을 산발적으로 제공하고 있으나, 실제 참여율은 저조한 것으로 보고되고 있음	보건복지부, 지방자치단체	장애인 복지시설	장애인 복지시설	지원 기관의 공고에 따라 다름

서비스 종류	현황	서비스 전달			비고
		지원기관	신청 기관	제공 기관	
장애인복지시설 등에서의 장애자녀의 형제·자매 등을 위한 모임, 캠프, 교육	○ 지원 현황 - 장애인복지시설, 장애인부모단체, 가족지원센터 등에서 장애아동·청소년의 형제·자매를 위한 프로그램이나 교육 등을 산발적으로 제공하고 있으나, 실제 참여율은 저조한 것으로 보고되고 있음	보건복지부, 지방자치단체	장애인복지시설	장애인복지시설	지원기관의 공고에 따라 다름
부모교육 및 양육기술훈련	○ 지원 현황 - 장애인복지시설, 가족지원센터, 장애인부모단체 등에서 다양한 부모교육 및 양육기술훈련 등의 프로그램 제공 - 부모의 요구에 기반하여 프로그램을 제공하기보다는 기관의 여건, 전문가 확보 상황, 예산 등을 고려하여 기관에서 미리 정한 프로그램을 제공	보건복지부, 지방자치단체	장애인복지시설	장애인복지시설	지원기관의 공고에 따라 다름
법률에 관한 무료 전문상담	○ 지원 현황 - 대한법률구조공단 등 일반적인 법률 지원 서비스는 제공받을 수 있으나, 추가적인 상담 및 조정 서비스는 없는 실정	법무부	대한법률구조공단	대한법률구조공단	전체

6. 돌봄·보호·휴식지원

○ 대부분의 발달장애인 가족은 자녀의 발달과 성장에 따라 일반 아동의 가족이 직면하는 것과는 비교될 수 없는 돌봄 부담과 스트레스를 반복적으로 경험하게 됨. 돌봄 시간과 교육 및 치료를 위해 소비되는 시간이 추가적으로 발생할 뿐만 아니라 자폐장애의 경우, 장애특성상 가족, 친지에게조차 돌봄 지원을 받기 어려운 것이 현실임

○ 또한 발달장애의 자기관리, 선택 및 자기결정 능력의 제한으로 인해 성인이 된 이후에도 가족의 지속적인 돌봄을 필요로 하는데 성인기로 갈수록 주간활동, 주간보호서비스 이용 기회는 축소되어 가족이 겪는 돌봄 부담은 클 수밖에 없음. 현재 운영되고 있는 주요 돌봄·보호·휴식지원 내용은 다음과 같음

서비스 종류	현황	서비스 전달			비고
		지원기관	신청 기관	제공 기관	
장애인활동 지원	○ 지원 대상 - 만6세 ~ 만64세의 장애인복지법상 등록 1~3급 장애인 중 활동지원 인정 조사표에 의한 방문조사 결과 220점 이상인자	보건복지부 지방자치단체	시·군·구 또는 국민연금공단 각 지사에	장애인 활동서비스 제공기관	장애정도에 따른 차등지원

서비스 종류	현황	서비스 전달			비고
		지원기관	신청 기관	제공 기관	
	○ 지원 내용 - 월한도액 • 기본급여: 등급별 월 43만원(4등급) ~ 월 106.3만원까지 제공 - 추가급여: 독거여부, 출산여부, 취업 및 취학여부 등의 생활환경에 따라 월9.1~2,464천원 추가급여 제공 • 본인부담금 - 생계·의료급여 수급자: 면제 - 차상위계층(생계·의료급여수급자 제외): 2만원 - 가구별 소득수준에 따라 기본 급여의 6~15% + 추가급여의 2~5% 차등 부담 · 기본급여(1-4등급): 25.8~102.2천원 (국민연금 기초연금액으로 상한 설정) · 추가급여(독거, 출산, 학교·직장생활 등): 1.8~123.2천원		신청		
장애아 가족양육 지원	○ 지원 대상 - 만18세 미만 1-3급 장애아와 생계·주거를 같이하는 가정 ○ 지원 내용 - 장애아가족지원사업 중 '돌봄서비스'는 대상자로 선정된 장애아동가정에 일정한 교육과정을 수료한 도우미를 파견하여 장애아동을 보호해 주는 서비스로, 아동의 가정 또는 도우미가정에서 돌봄서비스가 제공되며 1아동 당 연 480시간 범위 내 지원(특별한 경우 연장가능) ※ 월 80시간 이내 원칙	보건복지부 지방자치단체	시·군·구	장애아 가족양육 지원사업 제공기관	소득수준에 따른 차등지원
단기보호 및 주간보호시설 운영	○ 지원 대상 - 등록 장애인 ○ 지원 내용 - 재가 장애인 낮 동안 보호 - 현재 장애인을 위한 주간보호시설은 625개소, 단기보호시설은 141개소 등이 설치·운영 중에 있으나(2015년 12월 현재), - 시설이 부족하여 대기자 수가 급증하고 있고, 예산 및 인력 부족으로 서비스 만족도가 높지 않음 - 주로 성인을 위한 시설임	보건복지부 지방자치단체	장애인 복지시설	장애인 복지시설	해당지역 주간보호 시설 등을 내방 이용
장애인 공동생활가정 (그룹홈) 이용	○ 지원 현황 - 현재 장애인을 위한 장애인공동생활가정(그룹홈)은 총 717개소가 설치·운영 중에 있으나(2015년 12월 현재), - 예산 부족 및 인력 부족으로 운영의 질이 낙후되어 있으며, 시설의 숫자도 부족하여 대기자 수가 많은 실정 - 주로 성인을 위한 시설임	지방자치단체	장애인 복지시설	장애인 복지시설	지원 기관의 공고에 따라 다름

■ 교육방법 ■

о 강의+토론형 교육
  - 국내 장애인복지지원제도의 전반적인 내용에 대한 강의 진행
  - 발달장애인의 관점에서 개선되어야 할 부분에 대한 토론 진행

■ 유의사항 ■

о 발달장애인가족의 경제적·소득지원, 교육·문화·여가활동지원, 의료·재활·건강지원, 심리·사회·정서적 지원, 돌봄·보호·휴식영역에서의 돌봄 부담에 대해 간략하게 논의한 후 각 지원제도에 대해 소개할 것
о 지루하고 딱딱한 강의가 되지 않도록 교재 및 강의자료, 강의방식 등을 면밀하게 준비할 것

■ 참고자료 ■

о 참고도서

백은령, 유영준, 이명희, 최복천 (2010). 장애아동·청소년의 가족지원 서비스 개선방안 연구. 한국청소년정책연구원.

이명희, 김기룡, 백은령, 유영준, 최복천 (2011). 뇌병변장애인 실태 및 욕구조사. 한국뇌병변장애인인권협회.

보건복지부 (2016). 장애인복지사업안내.

보건복지부 (2016). 장애인복지시설 일람표.

참고

○ 보건복지부가 운영하는 복지로 사이트(http://www.bokjiro.go.kr)의 "복지서비스 찾기"
  - 자녀에 맞는 다양한 복지서비스를 찾아보실 수 있습니다. 또는 복지서비스 가이드북을 다운받아 살펴보시면 더 구체적인 서비스 내용과 이용 방법을 알 수 있음

○ 복지서비스 온라인 신청
  - 다양한 복지서비스를 한 곳에서 온라인으로 신청 가능. 복지로 사이트의 온라인 신청을 클릭하시면, 보육료, 양육수당, 장애인 활동지원 서비스 등을 신청할 수 있고, 서비스 이용과 상담을 위한 각종 전화번호를 쉽게 찾아 볼 수 있음.

○ 전화로 한 번에 문의
  - 보건복지부가 운영하는 보건복지콜센터로 전화. 국번 없이 129번

○ 집 근처 장애인복지시설 정보 알아보기
  - 보건복지부 운영 복지로 사이트(http://www.bokjiro.go.kr)의 우리동네 복지시설 사이트 활용
  - 장애아동복지시설에 대한 정보는 중앙장애아동·발달장애인지원센터 홈페이지(http://www.broso.or.kr) 이용. 이 사이트에서는 가족지원·돌봄, 거주, 교육·보육, 권리옹호, 발달재활서비스, 의료, 자립지원, 일자리 지원, 지역사회재활시설(장애인복지관 포함) 등 시설 유형에 따라 구체적인 시설 정보 확인 가능

Ⅰ-5. 부모 역할 이해

과정	**공통**	영유아기	초등학령기	청소년기	성인기	영역	**지식·정보**	기술	심리·정서
주제	부모 역할 이해									

■ 교육의 필요성 ■

○ 발달장애 자녀의 탄생은 부모에게 여러 가지 문제를 야기할 수 있다. 이러한 문제는 장애자녀를 돌보는 현실적인 어려움에만 국한되는 것이 아니라 정서적 문제도 함께 야기한다. 지금까지 경험해 보지 못한 "장애"라고 하는 문제에 대한 갈등과 더불어 새로운 부모의 역할에 대한 습득과 장애인부모로서의 새로운 정체성 확립이 요청되기도 한다.

○ 또한 발달장애자녀가 성장해 감에 따라 이들 부모가 담당하는 과업은 일반적인 부모역할과 더불어 자녀의 생애주기에 따라 보다 특별하고 전문적인 부모역할 수행을 요청받기도 한다.

○ 따라서, 발달장애자녀를 양육하는 부모에게 있어 새롭게 요청되는 자신의 역할과 정체성에 대한 긍정적인 이해를 돕는 한편, 자녀의 발달과정에서 수행하게 되는 특별한 역할과 과제에 대한 전반적인 지식을 전달할 필요가 있다.

■ 교육내용 ■

1. 발달장애 자녀를 둔 부모의 특별한 부모역할에 대한 기본적 이해

○ 자녀에 대하여 부모가 수행하는 기본적인 역할은 크게 '보호적 사랑(돌봄)', '자녀의 발달 촉진', '자녀의 사회화'로 통칭되는데, 발달장애자녀를 두고 있는 부모에게 있어서 이러한 일반적인 부모역할수행은 보다 독특한 혹은 서로 다른 양상으로 발현됨(Kittay, 1999)

 - 첫째, 보호적 사랑(돌봄)과 관련하여 발달장애를 둔 부모의 경우 자녀의 장애특성과 관련하여 기본적인 돌봄과 보호를 계속적으로 수행해야 하며, 이는 '지속적인 부모역할' 수행이라는 어려움을 낳게 됨. 또한, 사회적 돌봄이라는 지지체계가 제

대로 마련되지 못하는 사회 속에서 이러한 지속적 부모역할 수행은 소위 부모역할의 정상적인 패턴에 위배되는 것으로 비추어지게 되며, 발달장애자녀를 둔 가족에게 있어 가장 큰 신체적, 정서적 어려움의 근원이 됨

- 둘째, 자녀의 발달촉진은 모든 부모에게 있어 공통된 역할 수행이라고 할 수 있지만, 발달장애자녀의 부모의 경우 자녀의 장애특성과 특별한 욕구로 인하여 보다 전문적이고 집중적인 부모역할 수행을 요청받게 됨. 이와 관련하여 의료, 교육, 치료 등의 관련 전문가 집단과의 상시적 관계 형성, 이들 집단과 자신의 자녀 사이의 중재역할 수행 등이 부모역할의 중요한 구성요소가 됨
- 셋째, 자녀의 사회화와 관련하여 장애자녀를 양육하는 부모는 이중적인 역할을 수행하게 되는데, 장애자녀가 사회를 배우고 적응해 갈 수 있도록 '자녀의 사회화'를 돕는 역할을 수행하는 것뿐만 아니라 사회가 자신의 장애자녀를 수용하고 이해할 수 있도록 하는 '비장애인의 사회화'를 촉진하는 역할을 수행함(최복천, 2010)

2. 발달장애 자녀를 둔 부모의 다양한 역할수행에 대한 이해

○ 발달장애 자녀를 둔 부모는 일반적인 부모역할 수행과 더불어 장애자녀의 특별한 욕구와 권리를 충족시키기 위하여 보다 특별하고, 다양한 형태의 역할을 수행하기도 하는데, 그 주요 특성을 개념적으로 살펴보면 다음과 같음

> ① "다양한 경험제공자"로서의 부모역할
>   → 장애로 인하여 부족한 감각자극, 또래집단 활동, 여가활동 등의 사회적 경험을 직접 제공하여 사회적 발달 도모
> ② "팀 구성원"으로서의 부모역할
>   → 장애자녀의 요구, 특성, 정보를 제공하고 교육과정 등에 적극적으로 참여, 학교 등에서 배운 기능이 가정에서 적용되는지를 알아보는 역할 등을 수행
> ③ "촉진자"로서의 부모역할
>   → 지원과 격려를 통해 긍정적인 자아개념 발달을 도와주고, 자기주장, 자기결정, 독립심 개발에 장애자녀를 돕는 일
> ④ "의사결정자"로서의 부모역할
>   → 자녀의 평가나 교육, 자녀와 관련된 권리나 사회참여 등에 관한 의사결정 수행
> ⑤ "권리옹호자"로서의 부모역할
>   → 자녀의 요구를 사회나 학교가 책임을 질 수 있도록 주장하고, 자녀가 지역사회의 한 구성원으로서 당연한 권리를 누릴 수 있도록 하는 역할

3. 가족체계적 관점에서 부모역할 변화 및 발달 이해

○ 부모의 역할은 각 가족이 처한 개별적인 상황에 따라, 가족 내 기능 역할 및 관계 특성에 따라, 가족 외적인 지지환경에 따라 다양하게 구성된다는 점을 이해하고 그 특성들에 대하여 살펴보도록 함

> 예)
> - 다양한 가족유형(한부모, 다문화, 조손, 다장애 가족 등)에서의 부모역할 어려움과 특성에 대한 이해
> - 장애자녀 양육에 있어서 아버지와 어머니의 서로 다른 역할 요구
>   (예. 장애자녀의 성정체성 형성, 여가 놀이 등과 관련하여 아버지의 역할 등)
> - 장애자녀를 양육하는 가족 내 부부 간의 역할 분화
>   (예. 전통적인 부부역할 강화, 협조적 부부역할 발달 등)
> - 비공식적, 공식적 지지체계에 의한 부모역할 분담 및 대행

4. 발달장애자녀의 생애주기별 주요 부모역할 이해

○ 생애주기적 관점에서 발달장애자녀를 살펴보면 영유아기, 아동기(학령기), 청소년기, 성인기로 구분할 수 있으며, 장애자녀의 생애주기에 따라 부모가 수행하는 주요 역할은 새롭게 요청받고, 변화되어 감. 발달장애자녀의 생애주기에 따른 부모역할 수행의 주요 특성을 살펴보면 다음과 같음

생애주기	주요 부모역할
영유아기 (0~5세)	정확한 진단 얻기 형제와 친척에게 정보 제공 서비스 결정 및 제공 장애자녀에서 의미를 찾으려는 노력 장애자녀부모로서의 긍정적 기여도 확인하기
초등학교학령기 (6~12세)	가족 기능을 수행하기 위해 일정 수립 장애의 적용에 대한 정서적인 적응 통합에 대한 문제 결정 IEP(개별화교육계획) 회의 참석 지역사회 자원들 탐색 과외활동계획 전문가들과의 긍정적인 관계 형성 가족과 아동에게 적절한 교육 관련 정보 모으기 아동의 미래에 대한 계획 세우기 다른 교수적 전략 이해하기

생애주기	주요 부모역할
청소년기 (13~21세)	만성적 장애에 대한 정서적인 적응 성적인 문제들에 대한 고려 왕따나 또래로부터의 거부 등에 대한 고려 장래 직업에 대한 계획 여가활동에 대한 계획 사춘기로 인한 신체적, 정서적 변화에 대한 대처 중등교육에 대한 계획 학교로부터 성인기의 삶으로의 전이에 대한 계획 학령기 이후 선호하는 삶에 대한 계획
성인기 (21세부터)	성인기에 희망하는 거주 형태에 대한 계획 성인기의 집중적 지원에 대한 정서적 적응 가족 이외의 사회화 기회요구에 대한 계획 직업 프로그램의 시작 가족 의사결정에 따른 성인기 삶의 변화에 대한 적응

* 출처: 백은령 외(2010). 장애인 가족지원. 서울: 양서원. 오혜경 외(2007). 지적장애인 가족지원 방안에 관한 보고서.

5. 장애 자녀 어머니의 역할과 지원요구

○ 과거나 현재의 전통적인 가족의 역할에서 볼 때 일반적으로 어머니는 가정에서 주 양육자로서 자녀의 발달과 교육에 가장 밀접하게 관여하는 역할을 맡고 있음

○ 장애자녀의 어머니는 자녀를 실제적으로 돌보는 역할을 할 뿐 아니라 정서적 욕구도 만족시키는 전통적인 역할에 더욱 강하게 매여있는 경향이 있음

○ 장애아동의 어머니는 자녀의 장애로 인해 이전에 자신이 가지고 있던 정체성에 대한 혼란, 자녀와의 관계, 다른 가족 구성원과의 관계, 사회적 환경과의 관계 등에서 많은 어려움을 겪고 있음. 또한 자녀양육의 과제는 매일 이루어져야 하기 때문에 어머니와 자녀 사이에 심각한 긴장과 갈등이 발생할 수도 있음(노진아 외, 2011)

○ 가정에서 장애 자녀의 양육과 가사분담에 있어서 장애자녀의 아버지를 포함하는 다른 가족구성원들의 적극적인 역할분담과 심리적인 지원이 요구됨

6. 장애 자녀 아버지의 지지 및 양육 참여 중요성

○ 자녀의 발달에 대한 아버지의 중요성이 사회적으로 더욱 강조되는 추세이며, 이는 장애아동과 비장애아동 모두에게 동일하다고 할 수 있음

- 오늘날 유능한 아버지란, 1) 자녀 양육에 참여하는 아버지, 2) 자녀에 대한 지식이 있는 아버지, 3) 일관성 있는 아버지, 4) 보호 또는 경제적 담당을 하는 아버지, 5) 아내를 사랑하는 아버지, 6) 반영적 경청을 하는 아버지, 7) 정신적으로 성숙한 아버지를 의미한다고 함(Roid & Canfield, 1994). 실제로 최근에는 양육에 많이 참여할수록 아버지들은 자신을 유능한 부모라고 인식하는 경향이 있으며, 부모로서 느끼는 자신감과 만족도가 증대되는 경향이 있음
- 오늘날 많은 아버지들이 아버지의 역할에 대한 문화적 기대가 바뀐 것을 감지하고 있으나 실제적으로 자녀의 양육에 할애하는 시간은 절대적으로 부족함. 이와 더불어, 남성들은 보통 자녀와 많은 시간을 보내며 잘 놀아주는 아버지를 좋은 아버지로 여기고 있으나, 자신의 실제 생활은 이와 다르게 전개되기 때문에 갈등을 느낀다고 함(이숙현, 1995)
- 장애자녀의 아버지의 경우에도 아버지의 실제 역할 수행은 기대에 못 미치고 있다. 많은 장애아동 아버지가 직업 활동으로 인해 자녀에게 주어지는 양육이나 조기중재 서비스에서 제외되고 이로 인해 자녀의 장애에 대처하는 경험이 부족하기 때문에 가족 및 장애자녀와 거리감을 느끼는 것으로 나타났음(Kallenbach, 1997)
- 발달장애자녀를 둔 아버지는 어머니와는 달리 활동적이고 직접적인 지원을 할 뿐 아니라 아동의 사회적, 운동 능력 등의 발달에 영향을 미치고, 부부관계의 질에 긍정적인 영향을 미친다고 보고되고 있음(이규옥 외, 2010). 즉, 과중한 양육 스트레스를 겪게 되는 여러 가지 스트레스를 감소시키고 부부간에 일치감을 느끼게 하여 부모 효능감을 높이며, 이는 양육 행동에 직접적인 영향을 미쳐 자녀의 정서적 안정 및 사회 적응에 큰 기여를 하므로, 아버지의 참여는 장애아 양육에 매우 중요하다 할 수 있음

> 예) 장애아동 아버지의 역할 중요성
> - 일반적으로 아버지는 시간적으로 제한된 상황에서 의사와의 면담이나 학교에 자주 방문할 수 없기 때문에 실제 상황보다 더 심각한 것으로 인식하고 있다가 실제로 알게 될 때 더 큰 충격과 상처를 받게 된다. 따라서 자녀의 장애의 발견 초기부터 아버지의 적극적인 참여가 중요하다.
> - 부, 모는 감정을 공유하는 동반자 일 뿐 아니라 정보를 공유하는 동반자가 되어야 한다.
> - 아버지가 장애자녀를 수용하는 정도와 자녀에 거는 기대는 다른 가족구성원의 태도에 영향을 미친다. 즉, 아버지가 긍정적일수록 다른 가족원들도 같은 태도를 갖게 된다.
> - 아버지가 자녀와 가까운 관계를 유지할수록 자녀를 더 이해하게 되며, 더 많은 상호작용을 할수록 자녀의 능력을 촉진하는 역할을 한다.
> - 따라서 아버지의 견해를 반영하고 적극적으로 장애자녀를 위해 역할을 할 수 있도록 아버지 교육 프로그램이나 참여 프로그램을 활성화시키는 것이 절실하다.
> (출처: 김숙경 외 (2000). 특수아동의 이해와 교육)

교육방법

○ 강의형 교육
  - 발달장애자녀를 둔 부모가 수행하는 다양한 부모역할에 대한 이해
  - 발달장애자녀의 생애주기에 따른 부모역할의 주요 특성
○ 그룹 토의 및 발표
  - 내가 행한 부모역할 되돌아보기, 경험나누기, 새롭게 다지는 부모역할 등
  - 발달장애자녀에 대한 계획 세워보기

유의사항

○ 발달장애자녀의 부모가 수행하는 특별한 역할을 살펴보는데 있어서 부모자신에게 과도한 책임을 지우는 양상을 주지 않도록 주의할 것
○ 발달장애자녀의 부모로서 가지는 긍정적인 정체성과 부모역할 수행에 있어서 새로운 의미를 발견할 수 있도록 강점 중심의 교육이 이루어지도록 노력할 것

참고자료

○ 참고도서

노진아, 홍은숙, 이미숙, 박현주, 정길순, 김정민, 강미애, 이나래 (2011). 장애영유아 가족지원. 학지사

이규옥, 한성희, 박혜준 (2010). 장애자녀 양육에 대한 아버지와 어머니의 경험을 중심으로 살펴 본 가족의 성숙과 변화. 정서행동장애연구, 26(4), 137-163.

백은령, 김기룡, 유영준, 이명희, 최복천 (2010). 장애인가족지원. 양서원.

오혜경, 백은령, 한민우 (2007). 지적장애인 가족지원에 관한 보고서. 한국지적장애인복지협회.

이숙현 (1995). 남성의 취업과 가족 상호작용: 대기업 사원을 중심으로. 한국사회학, 29, 271-289.

최복천 (2010). Exploring parental experiences and practices associated with disabled children: From a disability studies perspective. 특수교육저널: 이론과 실천, 11(2), 281-309.

Kallenbach, K. (1997). *Vaer schwertbehinderter Kinder*. Wien: Jigend & Volk.

Kittay, E. F. (1999). *Love's Labor: Essays on women, equality, and dependency*. New York: Routledge.

Roid, G. H., & Canfield, K. R. (1994). Measuring the dimensions of effective fathering. *Educational and Psychological measurement, 54*, 212-217.

Ⅰ-6. 발달장애인의 건강관리 Ⅰ

과정	공통	영유아기	초등학령기	청소년기	성인기	영역	지식·정보	기술	심리·정서
주제	발달장애인의 건강관리 Ⅰ									

■ 교육의 필요성 ■

○ 장애인의 건강 실태를 이해하고 건강관리의 필요성을 이해한다.

■ 교육내용 ■

1. 장애인 건강문제의 특성

○ 높은 만성질환 유병률
 - 전국민을 대상으로 한 국민건강 및 보건의식행태조사(최정수 등, 1995)에서 만성질환 유병률은 29.9%인 반면, 장애인실태조사에서는 우리나라 재가 장애인 중 58.9%가 만성질환으로 인해 지난 1년 동안 아팠던 적이 있는 것으로 나타남(정기원 등, 1995). 즉, 일반 국민에 비해, 장애인의 경우 만성질환 유병률이 2배 정도 높은 편임.
 - 장애인들의 경우 신체적 만성질환뿐만 아니라 우울과 같은 정신적인 문제도 중요하게 다루어야 할 건강문제로 나타나고 있는데, 최근 발표된 연구에서는 장애인의 67.7%가 우울한 것으로 보고함(김계하 등, 2005).
 - 장애인은 비장애인보다 더 많은 건강문제에 직면하게 되고, 취약한 건강상태로 인해 만성질환이 조기 발병할 수 있으며, 이차적인 기능장애가 발생하는 경향이 있음(박종혁 외, 1999).
 - 장애인들은 요로계 감염, 신부전, 욕창 등 뿐만 아니라 상기도 감염, 폐렴과 같은 일반적인 질병에도 감수성이 높고(박종혁 외, 1999), 여성장애인의 67.1%는 만성유병자로 일생동안 건강문제를 가지고 있음(보건사회연구원, 2002)고 보고되고 있음. 또한 장애발생 시기로부터 20~25년이 지난 후에 갑자기 기능이 감퇴되고 건강이 악화되는 경우도 종종 있음(Kemp, 1997).

○ 주관적 건강지각
- 여성 장애인은 장애로 인한 건강 악화가 가장 큰 관심사였으며, 주관적인 건강상태는 67%가 나쁘다고 인식하는 것으로 나타남(보건사회연구원, 2002). 남자 장애인의 경우 스스로 인지한 주관적 건강상태는 나쁘다고 응답한 군이 38.4%였음.
- 연령이 증가할수록 나쁘다는 응답이 많았고, 장애 유형별로는 지체 장애와 시각 장애인 경우 다른 장애 유형에 비해 주관적인 건강상태가 나쁘다는 응답하는 비율이 더 높았음(박기수 외, 1999).
- 주관적 건강상태는 경제적 상태가 좋을수록, 의료급여 적용자보다는 건강보험 적용자에게서, 교육수준이 높을수록, 직업이 없는 경우보다는 직업이 있는 경우에서 좋다고 응답한 군이 많았음(박기수 외, 1999). Havercamp 등(2004)은 발달 장애 성인은 18.4%가 건강상태가 좋지 않다고 하였고, 기타 장애 성인의 경우 47.8%, 장애가 없는 성인은 5.9%가 주관적 건강상태가 좋지 않다고 하였음.

○ 일상생활 혹은 사회생활상의 문제
- 대다수의 장애인들은 일상생활 혹은 사회생활에서 많은 문제들을 경험하고 있음. 편마비 장애인의 경우 일상생활에서 장애와 건강상의 문제를 겪고 있으며, 생활수준이 낮고 발병기간이 오래될수록 일상생활 및 사회생활에서의 문제점이 크게 나타났고, 직업과 의료 서비스에 대한 욕구도 높았음(최용암, 2002).

○ 삶의 질의 저하
- 많은 장애인들은 자신의 삶의 질이 저하되어 있다고 느끼고 있는데 김계하 등(2005)은 장애인 복지법에 의해 지체 장애인으로 판정을 받은 서울 및 경기도에 거주하는 96명의 지체장애인을 대상으로 한 연구결과, 건강관련 삶의 질은 월수입과 경제 상태에 따라 유의한 차이가 있었고, 경제상태가 어려운 대상자들의 건강관련 삶의 질이 더 낮았다고 보고하였음.
- 서현희(1999)는 재활서비스를 받고 있는 정신 장애인과 재활서비스를 받고 있지 않는 정신 장애인을 비교하였는데, 재활서비스를 받지 않은 집단은 '신체적 안녕', '안정성' 등에서 만족도를 나타냈고, 재활서비스를 받은 집단은 '정신적 안녕'에서 만족도를 나타냄.

2. 장애인의 건강관리 실태
○ 우리나라 장애인의 건강수준

- 건강인식 및 건강위험요인

항목		장애인	일반인
주관적 건강상태	나쁘다	51.9%	22.0%
	보통이다	25.7%	35.6%
	좋다	22.4%	42.4%
스트레스 인지율	남	31.5%	26.8%
	여	36.6%	31.0%
비만	성인 남	64.2%(인지도)	35.6%
	성인 여	54.1%(인지도)	26.5%
	소아청소년 남	30.3%†	13.7%*
	소아청소년 여	31.3%†	7.5%*
음주율	남	41.2%	85.8%
	여	18.3%	65.4%
흡연율	남	27.6%	47.7%
	여	2.4%	7.3%

*) 질병관리본부, 대한소아과학회. 소아·청소년 신체발육 표준치 제정위원회. 2007 소아청소년 성장도표. 2007.
†) 장애아동들의 비만실태와 관련요인 분석 및 장애비만아동 건강관리프로그램 개발. 연세대학교, 한국장애인복지진흥회, 2009.

- 만성질환 유병율

· 2014년 장애인실태조사에 의하면, 3개월 이상 계속되는 만성질환 유병률이 75.8%이며, 주요 만성질환으로는 고혈압, 골관절염, 뇌졸중, 당뇨병 등인 것으로 조사됨

· 여성장애인은 남성장애인보다 골절, 관절염, 우울증 등의 질환의 유병률이 높으며, 장애의 중증도가 더 큰 것으로 나타남

항목	장애인	일반인
고혈압 유병율	52.6%	26.9%
뇌졸중 유병율	12.9%	2.0%
골관절염(퇴행성 관절염)	29.7%	11.4%
류마티스성 관절염	3.5%	2.2%
당뇨병	25.1%	10.0%

- 장애인의 의료이용

· 장애인들은 일반인들에 비해 취약한 건강상태로 인한 예방적 보건의료서비스가 필요하지만, 장애의 중증

도나 이동성 장애여부에 따라 예방의료 서비스 이용에 제한을 받고 있는 것이 현실임.

- 이러한 현실을 반영한 자료로 장애인 건강검진 수검률은 일반인에 비해 낮음

항목		장애인	일반인
건강검진 수검율	남자	44.0%	52.6%
	여자	34.0%	45.2%

- 장애인가구의 소득대비 보건의료비용지출

항목	장애인 가구	일반인 가구
보건의료비용지출 비율	11.2%	4.1%

○ 주요 국가의 장애인 건강수준

- 건강위험요인 및 각종 만성질환 유병률 비교

항목		장애인	일반인
비만	미국	31.4%	19.8%
	캐나다	24%	18.0%
	일본	28.2%	3.9%
흡연	미국	29.5%	22.4%
	캐나다	22%	18.0%
	일본	35.2%	36.8%
관절염	미국	49.0%	12.1%
	캐나다	24.0%	10.8%
	일본	42.0%	30.0%
고혈압	미국	49.0%	32.0%
	캐나다	35%	27%
	일본	29%	22%
당뇨	미국	9.9%	7.0%
정신질환	미국	28.1%	26.2%
협심증	미국	19.9%	6.8%
암	미국	9.5%	4.9%
뇌졸중	미국	5.4%	4.2%
폐렴	미국	29.9%	22.4%

출처: Annual Disability Statistics Compendium(2009), Health Insurance Coverage(2008), Participation and Activity Limitation Survey(2007), 한국장애인복지시설협회 정책자료실 등

3. 장애인의 생애주기별 건강증진 요구 현황

○ 영유아기

- 출생 첫해는 가장 극적이고 성장과 발달이 빠른 시기임. 영아는 전적으로 의존하는 존재에서 환경과 상호작용하며, 주변의 사람들과 가까운 관계를 형성하게 됨.

영아는 생리적 발달과 심리 사회적 발달을 하게 되고, 인지 발달을 이루게 된다. 또한 영아는 전체운동 기술, 미세운동 기술, 언어기술 등 행동 발달을 이루게 되며 개인 사회적 기술을 익히게 됨.
- 오늘날 의료기술의 발달로 출생 시 저체중이더라도, 많은 경우 생존이 가능하게 되었는데, 출생 시 심한 저체중이었을 경우 성장 후에 발달 장애를 나타내는 경우가 많음. 또한 출생 시의 손상으로 인해 장애를 갖게 되기도 하며, 선천적 결함을 가지고 태어나기도 함. 이런 경우 신체 성장이 지연되고 운동, 사회성, 표현성 등 연령에 적합한 자가 조절 활동을 하지 못하게 됨.
- 우리나라의 경우 장애를 가진 영유아에 대한 연구가 많지 않음. 어용숙(2007)은 장애를 가진 아동을 양육하는 데에 있어, 가족이 지각하는 스트레스에 영향을 미치는 요인을 조사한 결과, 아동의 일상생활수행능력, 가족의 지지, 가족의 힘의 증진 등이 유의한 영향요인이며 장애를 가진 아동의 일상생활수행능력을 향상시킬 중재와 가족의 스트레스를 완화시킬 중재가 필요하다고 함.
- 박종혁 등(1999)은 장애가 어린나이에 발생할수록 일반인들에 비해 만성질환이 조기발병 할 수 있다고 함. Avchen 등(2001)은 출생시 저체중아의 267,213명에 대한 cohort 연구를 한 결과, 이 아이들이 자란 12-15세의 학령기에 17%가 학습장애 등 학교 관련 장애를 경험하고 있다고 함.
- Tessier 등(2002)은 신체적 장애를 가진 유아와, 장애를 가지지 않은 유아에 대한 애착행위를 비교함. 그 결과, 비율에는 차이가 없었으나 안전지수(security score)는 장애를 가진 유아의 경우 더 낮았고 신체적 장애를 가진 유아의 경우 어머니에 대한 신체적 접촉과 안전기초행위(secure base behavior)가 낮았다고 함.
- 선별검사를 통하여 발달 장애를 나타내는 아동을 조기에 발견하는 노력이 필요하며, 발견된 즉시 이들에 대한 중재가 필요함. 또한 장애아를 출생한 부모에 대한 중재서비스가 필요하며, 장애아를 위한 건강증진 프로그램을 성공적으로 수행하기 위해서는 부모의 참여를 적극적으로 유도하는 것이 매우 중요하다고 볼 수 있음.
○ 아동기
- 배현숙(2000)은 일반적으로 정신장애 아동은 비장애 아동에 비하여, 높은 치아우식증을 보이고 있으며 구강 위생상태도 불량하다고 보고함. 가정에서 구강보건관리는 아동에게 있어서 필수적인 것으로, 아동에 대한 구강보건교육과 동시에 보호자들에게도 자녀의 구강보건관리를 교육할 필요가 있음. 보호자 중에서도 특히 아동과 가장 가까이 있는 어머니의 구강보건에 대한 인식 및 행동이 많은 영향

력을 가지므로 이들에 대한 교육의 중요성이 인식되어야 함. 정신장애 아동의 치과 의료이용에 영향을 미치는 요인이 장애 아동에 대한 부모의 관심과 구강보건에 대한 인식도이므로, 지역사회기관이나 학교에서 정신장애 아동을 대상으로 한 구강보건교육사업의 개발이 필요하다고 하겠음.

○ 청소년기

- 청소년기는 변화가 빠른 시기이며, 신체적, 감정적 그리고 사회적 변화를 보인다. 소년들은 천천히 그리고 꾸준히 성장하는 한편, 소녀들은 빠른 성장을 보임. 또한 이 시기는 이차 성징이 나타나고, 자녀 간의 유대에서 점차 떨어져나가기 시작하며, 자신의 정체성을 확립하는 시기임. 이들에게는 친구들이 중요하게 되며 또래집단을 형성하게 됨. 장애를 가진 청소년들도 장애를 가지지 않은 청소년들과 같은 변화를 갖게 되지만, 발달과정상 다양한 어려움을 겪을 수 있음. 장애로 인해 부모로부터 신체적인 돌봄을 받고 있는 청소년들은 자아정체성 확립과 독립에 어려움을 겪으며, 자신의 역할과 친구 또는 또래 집단과의 관계에서의 소외, 장애에 대한 주변 환경의 편견이나 낙인 등은 한계와 수치심을 초래하기도 함. 그러나 이를 잘 극복할 수 있도록 해주는 지지체계와 좋은 역할 모델 등은 긍정적인 자아상을 확립할 수 있게 해주며, 새로운 미래를 준비할 수 있게 해주기도 함.

- 오늘날 많은 장애인들은 선천적 원인보다 중도에 장애가 발생하는 경우가 많음. 오토바이 사고나 자동차 사고 같은 안전사고로 인해 청소년기에 장애를 얻은 사람들은 장애를 가지지 않은 청소년들과 다른 도전에 직면하게 됨. 따라서 청소년기 장애인들의 교육과정에서 보다 많은 신체활동을 포함시키는 것이 필요함. 학생들의 신체활동은 장차 그들이 사회생활을 적극적으로 해나가는데 필요한 활력감과 자긍심을 키워줄 수 있는 유일한 장으로서의 역할을 하게 할 것임.

- 박진서(2002)는 공공 사회체육단체나 특수체육센터 또는 구청의 생활체육과에서 실시하는 프로그램에 장애인들을 위한 신체활동이나 운동프로그램을 의무적으로 한가지씩 개설하는 방안을 제안하였음. 또한 일반인과 장애인들과의 공조할 수 있는 체육프로그램의 개발 또한 필요하다고 하였음.

○ 성인기

- 성인기 초기는 가족으로부터 독립적인 생활을 추구하며, 경력이나 직업을 확립하고 배우자를 선택하고, 결혼관계에서 협력하는 것을 학습하게 됨. 친구들을 만들고 사회적 집단을 형성하며 공적인 책임을 고려하고, 지역사회에서 시민이 되어감. 부모역할을 시작하게 되면, 삶에 대한 의미 있는 철학을 수립하게 됨. 장애인들은 이 시기에 결혼 및 직업 등 다양한 면에서 많은 도전에 직면하게 될 수

있음. 이들이 성공적이고 독립적인 삶을 영위해 나가려면 사회체계와 지지체계 등 자원의 제공이 무엇보다도 중요함. 장애를 가진 사람들이 교육을 받을 수 있는 기회와 직업을 가질 수 있는 기회를 가질 수 있도록 사회적으로, 제도적으로 보장되어야 함. 이 시기에 결혼과 자녀 출생 등의 가족 관계의 변화는 장애를 가진 사람들에게 더 심각한 문제를 가져올 수 있으며, 배우자의 장애발생은 결혼관계에 어려움을 야기 시키기도 함. 따라서 지역사회나 가족 및 동료들의 지지체계, 전문가의 도움 등은 이들이 장애를 받아들이고 적응함으로서, 새로운 삶을 성공적으로 영위할 수 있도록 해줄 수 있음.

- 성인기 중기는 더 이상 젊지 않다는 것을 느끼기 시작하는 시기이며, 신체적으로 노화가 시작되는 시기이기도 함. 성인중기 사망의 주된 원인은 암, 심장질환, 상해 등임. 이 시기에는 당뇨, 고혈압 등 소위 성인병 이환율이 증가하는 데 이들은 비만과도 밀접한 관계가 있다. 비만은 고혈압, 심혈관질환, 당뇨, 관절염 등과 같은 활동기능 부전과 관련이 있으며 음주와 흡연은 성인중기 만성적인 건강문제를 증가시킴. 내부기관 장애인들의 대다수가 이 시기에 발생하게 됨. Havercamp 등(2004)은 장애인의 만성적 건강문제에 대하여 조사한 결과, 고혈압은 장애가 없는 경우 20.7%에 비하여, 장애를 가진 성인은 47.5%로 매우 높게 나타남. 심장질환은 장애가 없는 경우 3.5%에 비하여 장애를 가진 성인의 경우 22.9%로 나타났고, 발달장애를 가진 성인의 경우 7.1%이었음. 관절염은 장애가 없는 경우 15.3%, 기타장애를 가진 성인의 경우 47.1%이었음. 당뇨병은 장애가 없는 경우 3.9%, 기타장애를 가진 성인 15.2%, 발달장애를 가진 성인 7.9%이었음. 만성통증은 장애가 없는 경우 1.8%, 기타장애를 가진 경우 28.8%, 발달장애를 가진 경우 3.0%이었다고 보고하였음. 또한 기타장애를 가진 성인의 경우 장애가 없는 경우보다 전반적인 건강이 더 나쁘다고 하였으며, 장애를 가진 성인의 약 30%이상이 지난 1개월 동안 운동은 전혀 하지 않는 운동이 부족한 생활양식을 영위하고 있었다고 보고하였음. Kemp(1997)의 연구에서는 척수손상을 입은 장애인의 경우, 심혈관계 질환, 당뇨병, 골다공증에 걸릴 확률이 매우 높은 것으로 나타나고 있음. 비장애 성인보다 장애를 가진 성인에서 만성질환의 높은 이유는 흡연, 신체활동, 식이 등의 문제와 관련이 있음(McDermott 등, 2007). 장년기나 노년 초기에 발생할 수 있는 성인병, 스트레스로 인한 만성질환, 과도한 노동으로 인한 퇴행성 질환 등 노인성 질환으로 발전할 수 있는 위험요인을 제거할 수 있는 방법을 찾아 지속적인 관심과 노력을 기울여야 함(김형수, 1996). 특히 척수 손상, 뇌손상 장애인의 경우, 신체활동량이 적고, 직업 활동 또한 매우 낮게 보고되었으므로(박관수, 2006), 이를 높여 줄 수 있는 중재 프로그램이 필요함.

- Phillips(2005)는 만성 장애를 가진 대상자의 건강증진과 삶의 질에 관한 모형을 구축하였는데 장애인을 위한 건강증진행위를 향상시키기 위해서는 자기 효능감을 증진시키며, 수용성을 증진시키는 방향으로 중재프로그램을 개발해야 할 것이라고 하였음. 이에 장애를 가진 성인을 위한 건강증진 프로그램으로는 신체적 및 사회적 활동 증진, 자기 효능감 증진, 스트레스 관리, 금연 및 절주에 대한 것이 필요하다고 하겠음.

○ 노인기
- 의료기술의 발달로 인해 평균수명이 늘고 노인 인구의 비율은 계속 증가추세에 있음. 이와 같은 고령화 현상과 더불어 각종 만성퇴행성 질환과 노인성 질환의 발생도 증가함에 따라, 장애노인의 수도 크게 증가하고 있음. 60세 이상 노인의 11%가 장애인으로 추계되고 있으며, 전체 장애인 중에서 60세 이상 노령 장애인이 차지하는 비율이 80년에는 12%에서, 90년에는 34.6%, 95년에는 무려 44%에 달하고 있다고 보고되고 있음(권선진, 1997).
- 나이가 들어감에 따라 만성질환의 발생률이 높아짐. 이에 따른 다양한 상태의 장애를 가지게 되면 이로 인해 독립적인 생활을 영위하기 어렵게 됨. 노년기에 장애를 가지게 된 사람들은 장애를 가지고 살아온 사람들에 비해, 노년기에 나타나는 문제들을 잘 준비하기 어려움. 노년기는 신체적 기능 쇠퇴, 은퇴와 경제력 감소, 친구나 배우자와의 사별, 자신의 죽음을 위한 준비, 삶을 돌아보기, 조부모 역할 하기 등 적응해야 할 많은 변화들을 겪게 됨. 장애를 가진 노인은 사회적으로 두 가지의 문제 즉, 노인의 문제와 장애인의 문제를 동시에 경험하게 되는 것이므로, 이를 고려한 건강증진 프로그램이 더욱 필요하다고 하겠음.

4. 장애인의 건강증진 관련 정보

○ 일반 건강검진 관련 정보(출처: 국민건강보험 건강iN)

- 영유아 건강검진 제도

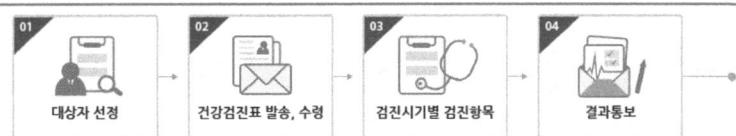

1. 대상자 선정(국민건강보험공단): 생후 4개월부터 71개월까지의 영유아를 대상으로 검진시기별 선정

〈표〉 검진시기

1차	건강검진	생후 4~6개월
2차	건강검진	생후 9~12개월
3차	건강검진	생후 18~24개월
	구강검진	생후 18~29개월
4차	건강검진	생후 30~36개월
5차	건강검진	생후 42~48개월
	구강검진	생후 42~53개월
6차	건강검진	생후 54~60개월
	구강검진	생후 54~65개월
7차	건강검진	생후 66~71개월

2. 건강검진표 발송 및 수령: 영유아 건강검진표는 공단에서 직장가입자 및 세대주 주민등록주소지로 우편 발송. 전국 영유아 검진기관에서 검진 가능
3. 검진시기별 검진항목

검진시기			취학전준비
1차	건강검진	생후 4~6개월	문진 및 진찰, 신체계측, 건강교육
2차	건강검진	생후 9~12개월	문진 및 진찰, 신체계측, 발달선별검사 및 상담, 건강교육
3차	건강검진	생후 18~24개월	문진 및 진찰, 신체계측, 발달선별검사 및 상담, 건강교육
	구강검진	생후 18~29개월	구강문진 및 진찰, 구강보건교육
4차	건강검진	생후 30~36개월	문진 및 진찰, 신체계측, 발달선별검사 및 상담, 건강교육
5차	건강검진	생후 42~48개월	문진 및 진찰, 신체계측, 발달선별검사 및 상담, 건강교육
	구강검진	생후 42~53개월	구강문진 및 진찰, 구강보건교육
6차	건강검진	생후 54~60개월	문진 및 진찰, 신체계측, 발달선별검사 및 상담, 건강교육
	구강검진	생후 54~65개월	구강문진 및 진찰, 구강보건교육
7차	건강검진	생후 66~71개월	문진 및 진찰, 신체계측, 발달선별검사 및 상담, 건강교육

〈표〉 건강검진 항목별 검진방법

검진항목	검진방법
문진 및 진찰	문진표, 진찰, 청각및 시각문진, 시력검사
신체계측	키, 몸무게(체질량지수), 머리둘레
건강교육	안전사고예방, 영양, 영아돌연사증후군 예방, 구강, 대소변 가리기, 전자미디어노출, 정서 및 사회성, 개인위생, 취학전 분비
발달평가	한국 영유아 발달선별검사(K-DST)를 통한 평가 및 상담

4. 건강검진 결과통보 (검진기관): 영유아 건강검진 결과는 검진완료 후 수검자의 보호자에게 직접 통보
5. 비용부담: 건강보험가입자: 공단 전액 부담, 의료급여수급권자: 국가 및 지자체에서 부담

- 일반건강검진

1. 대상자 선정(국민건강보험공단): 일반건강검진 대상자는 지역세대주, 직장가입자 및 만 40세 이상 세대원과 피부양자
    * 매 2년마다 1회, 비사무직은 매년 실시
    * 만 40세, 66세는 생애전환기건강진단 대상자로 건강검진 대상에서 제외
2. 건강검진표 발송 및 수령(국민건강보험공단): 지역가입자와 직장 피부양자는 주소지로 우편 발송. 직장가입자의 경우 해당 사업장으로 통보
3. 1차 검진(검진기관): 진찰, 상담, 신장, 체중, 허리둘레, 체질량지수, 시력, 청력, 혈압측정, 총콜레스테롤, HDL콜레스테롤, LDL콜레스테롤, 트리글리세라이드, AST(SGOT), ALT(SGPT), 감마지티피, 공복혈당, 요단백, 혈청크레아티닌, 혈색소, 흉부방사선촬영, 구강검진
4. 1차 검진 결과 통보(검진기관): 1차 건강검진 후 15일 이내 검진기관에서 주소지로 발송. 건강위험평가(HRA). 1차 검진 결과 질환의심자에게 2차 검진 실시
5. 2차 검진 접수(검진기관): 1차 검진 결과 통보서 확인
    1차 검진 결과 고혈압, 당뇨병 질환의심자로 판정된 자 및 만 70세와 74세 1차 검진 수검자 중 인지기능장애 고위험군
6. 2차 검진(검진기관)
    공통 - 건강검진 진찰, 상담
    고혈압성질환 - 1차검진 결과 고혈압 질환의심자 : 혈압측정
    당뇨병 - 1차검진 결과 질환의심자 중 희망자 : 공복혈당 측정
    인지기능장애 - 1차검진 수검자 중 인지기능장애 고위험군 : KDSQ-C 선별검사 및 상담
    KDSQ-P 선별검사 (치매선별검사 : 만70, 74세만 해당)
7. 2차 건강검진 결과 통보서 발송(검진기관): 2차 건강검진 후 15일 이내 검진기관에서 주소지로 발송

- 이외에 암 검진, 생애전환기 건강진단, 학교밖청소년 건강검진 제도 등이 있으며 이에 대한 구체적인 정보는 국민건강보험 건강iN 웹사이트를 통해 확인 가능

※ 장애유형별 건강검진 항목

구분	일반건강검진	문진(필수)	검사	권장
척수장애	신체검사, 임상병리검사, 영상의학적 및 특수검사, 이학적 문진 및 상담조사, 암검진	욕창-피부진찰 치질-항문검사 근골격계 평가 상담조사 (불면증, 우울증, 알코올 의존, 자살)	소변검사 (U/A 기본 10종) 소변배양검사 갑상선호르몬 (혈액) 심전도 골밀도검사 위내시경	경정맥 신우 조영술(IVP) 방광검사 비디오 방광요도 조영(VCUG)
뇌병변장애		근골격계 진찰 및 평가 피부진찰 상담조사(불면증, 우울증, 알코올 의존, 자살)	당화혈색소 심전도 복부촬영 (flat/abdomen) 골밀도검사 위내시경	심장초음파 뇌CT
청각장애		상담조사(불면증, 우울증, 알코올 의존, 자살)	이경검사 순음청력검사(500Hz, 1K, 2K) 임피던스검사 (Impedance)	언어청력검사 (역치, SDS)
시각장애		상담조사(불면증, 우울증, 알코올 의존, 자살)	안압검사(녹내장) 세극등현미경검사 안저검사 사시검사	시야검사 암슬러격자검사 빛간섭단층촬영 형광안저촬영 인도사이아닌그린안저촬영 눈 초음파검사

자료: 국립재활원 장애인 건강 및 재활 정보 사이트. http://www.nrc.go.kr

○ 장애인 건강증진 지원 체계(강정배 외(2015) 자료 활용)

- 권역별 재활병원 설치·운영: 장애발생 초기 적절한 재활치료, 퇴원 후 지역사회재활로 이어지는 지속적인 재활의료서비스 제공을 위한 권역별 장애인 재활병원을 설치, 운영하고 있음(전국 6개 권역, 경인(인천), 영남(양산), 충청(대전), 호남(광주), 강원(춘천), 제주에서 운영, 아래 표 참조)

<표> 권역별 장애인 재활병원 설치 현황

구분	경인	강원	충청	호남	영남	제주
명칭	경인의료재활센터병원	강원재활병원	대전충청권역의료재활센터	호남권역재활병원	영남권역재활병원	제주권역재활병원
위치	인천광역시 연수구	강원도 춘천시	대전광역시 중구	광주광역시 북구	경상남도 양산시	제주특별자치도 서귀포시
규모	지하1층, 지상4층	지하 1층, 지상 5층	지하 3층, 지상 8층	지하 1층, 지상 4층	지하 2층, 지상 6층	지하 2층, 지상 7층
병상수	150병상	165병상	152병상	156병상	150병상	150병상
건축기간	2007년 ~ 2009년	2006년 ~ 2012년	2010년 ~ 2012년	2010년 ~ 2012년	2009년 ~ 2011년	2009년 ~ 2013년
운영기관	대한적십자사, 인천광역시	강원대학병원	충남대학병원	조선대학교병원	양산부산대학병원	서귀포의료원

- 지역사회중심재활사업 실시: 국립재활원, 권역재활병원, 거점보건소 간 연계체계를 구축하고, 보건소를 중심으로 한 지역사회중심재활사업을 실시하며, 이를 위해 장애인 건강증진프로그램 운영 보건소를 2012년 60개소에서 2017년 200개소로 확대 실시

- 장애인구강진료센터 설치·운영

• 설치 목적: 자가 구강위생관리 및 이동진료가 힘든 장애인의 치과의료서비스 전문성 및 접근성 향상을 도모하고자 치과(대학)병원 등에 전문적인 장애인 구강진료 서비스(중증장애인 진료 포함)가 가능한 '장애인구강진료센터' 설치 및 운영 (전국 9개 지역에서 운영 중).

• 주요 서비스: 장애인에 대한 전문적인 치과진료서비스(전신마취 후 진료 등 가능) 및 구강질환 예방사업(저소득 장애인 및 치과적 중증장애인에 대한 진료비 지원 감면), 장애인에 대한 전문적인 치과진료서비스(전신마취 후 진료 등 가능) 및 구강질환 예방사업, 장애인 진료전문인 양성을 위한 교육 프로그램 및 장애인 구강보건 연구·개발 사업 등

<표> 주요 운영 기관 현황

지역	설치병원	소재지	연락처
광주장애인구강진료센터	전남대치과병원	광주광역시 북구 용봉로 33	062-530-5780
충남장애인구강진료센터	단국대천안치과병원	충남 천안시 동남구 단대로 119	041-550-0291~2
부산장애인구강진료센터	부산대학교병원	부산시 서구 구덕로 179 부산대학교병원 장애인구강진료센터	051-240-6800
전북장애인구강진료센터	전북대치과병원	전북 전주시 덕진구 건지로 20(금암동 634-18)	063-250-2881~2
경기장애인구강진료센터	단국대죽전치과병원	경기도 용인시 수지구 죽전동 126 단국대학교 內 복지관 2층	031-8005-2508

- 장애인 등록 진단 비용 지원
· 장애인 등록 진단비 지원 사업에는 장애인 등록에 따른 진단서 발급 비용 지원 사업과 별도의 검사 실시에 따른 검사비 지원 사업이 있음
· 진단서 발급 비용의 경우, 「국민기초생활보장법」상의 수급자로서 신규 등록 장애인 및 재판정 시기가 도래한 장애인을 대상으로 실시. 지적장애 및 자폐성장애 등 발달장애인의 경우 4만원의 진단서 발급 비용을 지원하고 있고, 기타 일반장애인의 경우 1만 5천원 지원
· 검사비 지원 사업의 경우 기존 등록장애인 중 장애인연금, 활동지원 및 중증장애아동수당 신청 등으로 재진단을 받아야 하는 기초생활수급자 및 차상위계층인 자, 행정청 직권으로 재진단을 받는 자를 대상으로 별도 진단에 따른 소요 비용을 지원하기 위해 추진하기 위한 사업. 수당신청 및 재판정대상 장애인 중 기초생활수급자의 경우 검사에 따른 소요비용이 5만원 이상 초과금액 범위 내에서 최대 10만원까지 지원하고, 차상위계층의 경우 검사에 따른 소요비용이 10만원 이상 초과금액 범위 내에서 최대 10만원까지 지원하며, 직권 재진단 대상 장애인의 경우 소요비용과 관계없이 최대 10만원 범위 내에서 지원

- 장애인 의료비 지원
· 장애인 의료비 지원은 생활이 어려운 저소득 장애인에게 의료비를 지원하여 생활안정 및 의료보장을 도모하는 사업.
· 지원대상은 등록장애인 중 「의료급여법」에 의한 의료급여 2종 수급권자에 해당되거나 「국민기초생활보장법」에 의한 수급권자 중 근로능력이 있는 세대의 등록장애인(구체적인 내용은 아래 표 참조)

〈표〉 장애인의료비 지원내용

구분	의료급여기관		구분	본인부담금	장애인의료비 지원내용
외래	제1차 의료급여기관 (의원, 보건의료원)		원내 직접 조제	1,500원	750원
			그 이외의 경우	1,000원	750원
	제2차 의료급여기관	제17조 만성질환자	원내 직접 조제	1,500원	전액
			그 이외의 경우	1,000원	전액
			특수장비촬영 (CT, MRI, PET)	특수장비총액의 15% (차상위 14%)	전액
		만성질환자 외	의료(요양)급여비용 총액의 15% (차상위 14%)		전액
	제3차 의료급여기관		의료급여비용 총액의 15%(차상위 14%)		전액
입원	제1·2·3차 의료급여기관		의료급여비용 총액의 10%(차상위 14%)		전액
			본인부담 식대		없음
약국	약국에서 의약품을 조제하는 경우		처방조제	500원	없음
			직접조제	900원	

※ 2015.7월부터 장애인보장구 구입 본인 부담금이 전액건강보험(의료급여)으로 지원됨에 따라 장애인 의료비 지원사업에서 장애인보장구 구입비 지원하지 않음

교육방법

○ 강의형 교육
  - 장애인의 건강관리의 실태 및 중요성
  - 건강증진을 위한 지역사회 의료지원 체계 이용 방법
○ 현장실습형 교육
  - 지역사회에 설치·운영 중인 보건소, 재활원 또는 장애인구강진료센터 등을 직접 방문하여, 해당 기관의 이용방법 및 장애인 건강관리 정보를 습득한다.

유의사항

○ 장애인은 건강하지 못하다는 편견이 생기지 않도록 하고, 예방 차원의 건강관리의 중요성을 제시한다.

참고자료

○ 참고도서

김주현 (2007). 장애인 생애주기별 건강증진 프로그램 개발. 강원대학교 건강증진사업지원단.
　　　서울: 보건복지부.

강정배 외 (2015). 발달장애인 재활 및 의료지원 체계 구축 방안 연구. 서울: 한국장애인개발원.

보건복지부 (2016). 2016년 보건복지부 사업안내.

○ 참고사이트

국민건강보험 건강in 웹페이지: https://hi.nhis.or.kr

국립재활원 장애인 건강 및 재활정보 사이트: http://www.nrc.go.kr

보건복지부 건강증진 웹페이지: http://www.mw.go.kr

Ⅰ-7. 발달장애인의 건강관리 Ⅱ

과정	공통	영유아기	초등학령기	청소년기	성인기	영역	지식·정보	기술	심리·정서
주제	발달장애인의 건강관리 Ⅱ									

▰ 교육의 필요성 ▰

○ 일상생활에서의 건강관리 방법을 이해한다.

▰ 교육내용 ▰

1. 자녀와 함께 하는 운동

   ○ 나의 상태에 맞게 운동하기

   - 상지운동

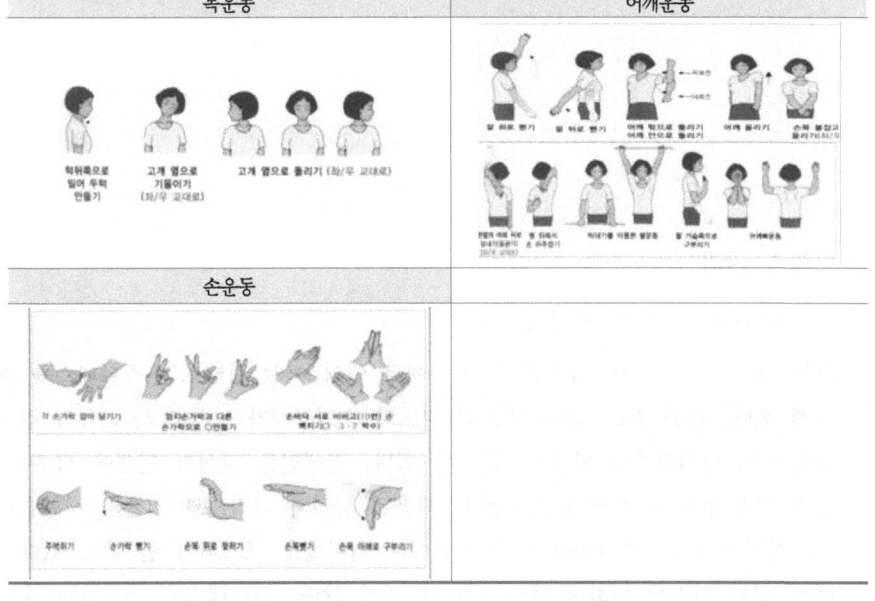

- 하지운동

무릎강화운동	발운동
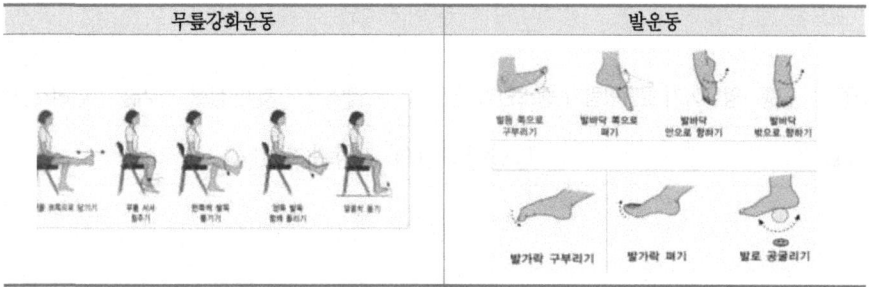	

○ 장애 특성에 맞는 운동방법 익히기
- 누워서 하는 운동

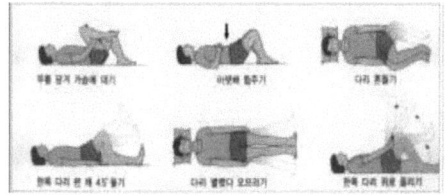 

- 서서하는 운동

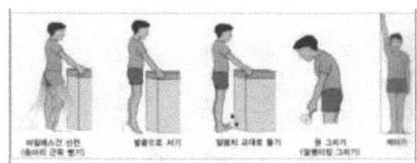

2. 스트레스 관리

○ 스트레스관리가 왜 중요한가요?
- 보통 대부분은 자신이 가지고 있는 장애로 인해 어떤 형태로든 스트레스를 경험하게 된다. 심한 스트레스를 받으면 피로와 수면장애가 발생되고, 근육의 긴장이 많아지고, 면역체계에 이상이 생길 수 있다. 장애인은 자신의 인생에 새로운 도전과 일상에 대한 적응이 요구된다. 제한된 능력과 동작으로 기존의 생활습관을 변화시켜야 하고, 즐겨하던 여러 활동이나 취미들을 포기해야 할 때도 있다. 장애로 인한 이러한 변화에 대한 적응이 쉽지 않다. 스트레스를 조절하는 방법을

습득하여 이러한 변화에 쉽게 적응해야 한다.
○ 스트레스가 인체에 어떤 영향을 미치나요?
- 신체적인 영향
  - 머리 – 두통, 어지러움, 불면증
  - 눈 – 시력이 희미해짐, 동공확대
  - 입 – 건조해지고 침 삼키기 힘듦
  - 목, 어깨 – 근육 긴장
  - 심맥관계 – 빠른 호흡, 심계항진, 혈압상승
  - 간 – 글루코스 방출 혈당량 증가
  - 소화기관 – 소화불량, 궤양
  - 피부 – 땀이 많이 남
- 정신적인 영향
  - 불안, 공포, 분노, 좌절감, 괴로움, 불만과 갈등, 긴장, 우울증, 정신분열증
  - 심인성 장애 : 귀가 잘 들리지 않는다. 팔, 다리의 마비현상 유발

○ 스트레스는 왜 관리해야 하나요?
- 스트레스를 너무 오래 경험하면, 우리의 건강에 나쁜 영향을 입게 된다. 스트레스성 질환인 긴장성 두통, 편두통, 고혈압, 관상동맥질환, 당뇨, 소화기 질환, 과민성 대장증상, 피부염 등이 발생할 수 있고, 정신적으로도 우울증, 불안장애, 불면증, 성기능장애 등을 겪을 수 있다. 따라서 자신의 스트레스 정도를 정확히 파악하고 이를 잘 관리하는 것이 정신적 신체적 건강에 매우 중요하다.

○ 스트레스는 어떻게 관리해야 하나요?
- 스트레스는 환경적, 사회적, 신체적 뿐만 아니라, 정신적인 것이며 지각·사고와 관련된 총체적인 것이므로 어느 한 가지 기법으로 조절되거나 통제, 감소될 수 있는 것이 아니다. 따라서 스트레스를 감소시키기 위해서는 개인적, 사회·환경적 상호작용을 변화시키는 다양한 접근이 필요하다. 스트레스 관리 방법은 사회공학적, 성격공학적, 그리고 신체공학적 방법으로 구분한다.
  - 우선 자신의 스트레스 정도를 측정한다.
  - 아래의 스트레스 점검표를 사용하여 3가지 영역에서 스트레스 증상이 각각 4개 이상이면 비교적 심각한 스트레스 상태에 있음을 말한다.
  - 이 표는 스트레스증상을 신체적, 심리적, 행동적으로 분류하여 사람들이 스트레스를 경험할 때 몇몇 가지의 증상이 나타나는지를 점검하여 스트레스의 정도를 측정한다.

o 스트레스 점검표

영역	스트레스 증상
신체적 증상	1. 숨이 막힌다. 2. 목이나 입이 마른다. 3. 불면증이 있다. 4. 편두통이 있다. 5. 눈이 쉽게 피로해진다. 6. 어깨나 목이 자주 결린다. 7. 가슴이 답답해 토할 기분이다. 8. 식욕이 떨어진다. 9. 변비나 설사를 한다. 10. 신체가 나른하고 쉽게 피로를 느낀다.
심리적 증상	1. 언제나 초조해지는 편이다. 2. 흥분이나 화를 잘 낸다. 3. 집중력이 저하되고 인내력이 없어진다. 4. 건망증이 심하다. 5. 우울하고 기분이 침울해지기 쉽다. 6. 뭔가를 하는 것이 귀찮다. 7. 매사 의심이 많고 망설이는 편이다. 8. 하는 일에 자신이 없고 쉽게 포기하곤 한다. 9. 뭔가 하지 않으면 진정할 수 없다. 10. 성급한 판단을 내리는 경우가 많다.
행동적 증상	1. 반론이나 불평, 말대답이 많아진다. 2. 일의 실수가 증가한다. 3. 음주량 증가한다. 4. 필요 이상으로 일에 몰입한다. 5. 말수가 적어지고 생각에 깊이 잠긴다. 6. 말수가 많고 조리에 맞지 않는 주장을 한다. 7. 사소한 일에도 화를 잘 낸다. 8. 화장이나 복장에 관심이 없어진다. 9. 사무실에서 사적인 전화를 하거나 화장실에 가는 횟수가 증가한다. 10. 결근, 지각 또는 조퇴횟수가 증가한다.

o 스트레스 관리 방법

- 사회공학적 방법: 사회공학적 방법은 스트레스원에 대한 노출을 감소시키기 위하여 개인의 생활양식 혹은 환경을 변화시키는 방법이다. 정규적인 일상생활에서부터 스트레스가 발생하는 사람들은 다음과 같은 전략이 도움이 된다.
  · 가능하면 매일 매일의 일상적인 생활에 대한 규칙을 세운다 : 에너지를 보존하고, 항상성을 유지하는데 도움이 되므로 스트레스를 감소시킨다.
  · 특정 업무에 할애하는 시간에 대해 계획을 세운다 : 업무수행 시간을 내려고 할 때 발생하는 스트레스를 감소시킨다.
  · 일주일 중 하루는 정신건강일로 정한다 : 가능하면 매주 같은 요일을 정하여 자신을 이완시킬 수 있는 행동을 하도록 하는데, 이 요일은 가능한 한 엄격히 지키도록 한다.
  · 휴가를 함으로써 스트레스를 감소시키려고 하지 않는다 : 휴가는 공간과 시간의 변화들

때문에 그 자체가 스트레스를 유발시킨다.
  - 일상생활에 상당한 변화가 있다고 느낄 때에는 이완훈련을 증가시키고 가능한 다른 변화는 피한다.
- 성격 공학적 방법: 성격공학적 방법은 개인의 성격을 변화시킴으로써 스트레스에 대한 대처방안을 변화시킨다.
  - 눈 마주치기 : 자기주장이 강하지 못한 사람들은 다른 사람과의 눈 마주치기를 매우 어려워한다. 그러므로 2~3초 정도의 간격으로 상대방을 마주쳐다 보는 시간을 증가시켜 나간다. 눈 마주치기가 끊어질 때는 밑을 내려다보지 말고 기본적인 눈의 위치를 유지한다.
  - 자기감정 표현 : 상대방이 옳지 않다고 느낄 때에는 그 사람에게 동의하지 않는다는 것을 표현하도록 하여 자신의 감정을 나타낸다.
  - 자기주장 강화 : 자신의 위치에서 볼 때 자신보다 상위 위치에 있다고 생각하는 사람에게 매일 최소한 두 번 이상 '왜'라는 의문을 제기한다.
  - '나' 표현 증가 : 자기주장이 적은 사람은 '나'라는 말의 사용을 두려워한다. 자신의 입장을 분명히 하여 자신의 뜻을 남에게 알리도록 한다.
- 신체공학적 방법: 신체공학적 방법은 스트레스 상황에서 신체변화를 통해 신체적 반응을 변화시켜 주는 스트레스 이완법이다.
  - 명상법 : 명상으로 개인의 집중력에 중점을 두어 개인의 스트레스에 대한 인지수준을 바꾸는 방법이다.
    - 편안한 자세로 조용히 앉는다.
    - 눈을 감는다.
    - 얼굴에서 시작하여 다리까지 모든 근육을 이완시킨다.
    - 코로 숨을 쉬는 것을 인식하며 숨을 쉰다. 숨을 내쉬면서 '하나'라고 조용히 말한다.
    - 10~20 분간 지속한다.
    - 끝나면 몇 분간 조용히 눈을 감고 앉아 있다가 눈을 뜬다.
    - 몇 분간은 일어서지 않도록 한다.
  - 점진적 이완법 : 신체의 큰 근육조직을 긴장하고 이완시키는 방법이다 (통증관리 참조).
  - 숫자세기를 통한 이완법 : 숫자세기와 호흡을 같이 적용하는 것으로 숫자를 10부터 1까지 거꾸로 세면서 신체 각 부분의 큰 근육을 이완시킨다. 숫자를 머릿속에 그리며 의식적으로 숫자를 말하고, 천천히 부드럽게 숨을 쉬면서 신체의 각 부분에 집중하여 몸 전체를 이완시킨다.
  - 바이오피드백 : 특정한 생리적 반응에 대한 정보를 지속적으로 제공하여 자신의 생리적 반응을 조절할 수 있도록 학습시키는 방법이다. 바이오피드백에서 이용되는 생리적 기능에 대한 정보는 주로 기계적인 장치에 의해 시각이나 청각으로 인지될 수 있는데, 피드백을 통하여 조절되거나 수정되는 생리적 지수는 심박동수, 심장리듬, 혈압, 말초혈관반응(피부표면온도), 근 긴장(근 수축성), 뇌파형태(α파 활동), 경련성 피부반응, 성 반응(성적자극의 증감) 등이다. 바이오피드백의 궁극적 목적은 자율적 반응을 통제할 수 있는 자기

통제를 확립하는 것으로 변화를 위하여 자율적인 훈련을 계속하여야 한다. 바이오피드백 도구는 훈련기간 동안 학습을 촉진하는 코치역할을 할 뿐이고, 대상자는 도구의 도움 없이 신체의 신호를 읽고 해석하며 전기적으로 수정할 수 있어야 한다.

- 기타 스트레스 관리방법: 운동요법, 복식호흡법, 지압법, 취미활동
  · 운동요법; 운동을 하면 마음이 진정되고 통증을 억제하는 화학물질이뇌 속에서 분비되어 쾌적한 이완감이 자연스럽게 야기된다(운동요법 참조).
  · 복식호흡법; 좋은 호흡습관(복식호흡)은 마음을 평안하게 하고 신체를 이완시킨다. 호흡법은 근육긴장, 두통, 피로 등 다양한 스트레스 증상에 효과가 있는 방법으로, 처음 해보면 안정감이 생기고, 반복할수록 예상했던 것보다 훨씬 더 효과가 커진다. 복부근육을 사용하여 코를 통해 하나를 셀 동안 숨을 천천히 들이쉬고 셋을 셀 동안 내쉰다. 이 때 배 위에 있는 손은 숨을 마실 때 올라가게 되고 내쉴 때는 내려간다. 신체를 이완시켜 천천히 하는 것이 효과적이며 잠자기 전에 하면 좋다.
  · 지압법; 눌러주는 강도는 엄지손가락이나 그 밖의 손가락으로 지그시 누르는 정도로 한다. 누를 때는 편안하게 20번 정도를 눌러준다.
  · 취미활동; 진정으로 좋아하는 일거리를 하루 30분씩만 규칙적으로 실천한다면 효과적으로 스트레스를 완화할 수 있다. 예, 종교 활동, 정원 가꾸기, 노래 부르기, 청소하기, 그림 그리기 등을 할 수 있다.

○ 일상생활 속에서 스트레스를 관리하는 방법이 있나요?
  - 충분한 수면을 취한다.
    · 충분한 수면을 취해야만 매일의 생활이 활기차고 의미 있다.
  - 시간을 현명하게 활용한다.
    · 매일 할 일을 목록화해 두면 순서에 따라 효과적으로 잘 할 수 있다.
    · 목표는 언제나 현실성에 바탕을 두고 설정한다.
  - 화를 내지 않는다.
    · 화내는 대신 왕성한 신체활동이 요구되는 일을 한다.
    · 화를 낸다거나 억지로 참는다는 것은 정신적으로나 신체적으로 가장 해로운 것이다.
  - 올바른 음식을 취한다.
    · 설탕, 염분, 지방의 섭취를 줄이고, 과일, 채소, 현미 등의 자연식을 많이 섭취한다.
  - 걱정거리는 털어놓는다.
    · 믿을 수 있는 친구나 상담자에게 고민거리를 털어놓으면 스트레스가 이완된다.
  - 휴식을 취한다.
    · 행하던 일을 잠시 중단하고 휴식을 취한다.
    · 보다 신선해지고 이완되는 것을 느낄 수 있다.

3. 비만과 식생활 관리

○ 비만

- 비만은 몸에 지방이 많이 쌓인 상태이다. 뚱뚱하면 비만일 가능성은 높지만 체중이 많이 나간다고 모두 비만이라고 할 수 없다. 비슷한 체중이어도 지방보다 근육이 많은 사람은 비만이 아닌 경우가 많다.

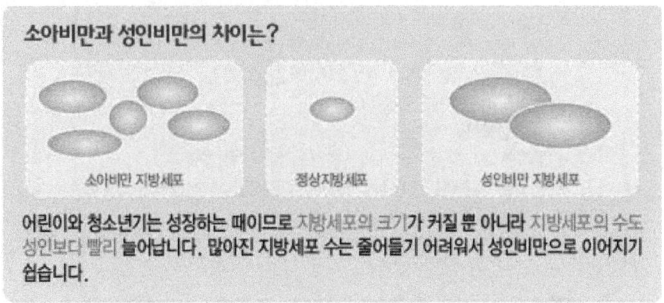

- 비만은 왜 문제일까?
  - 성인비만으로 이어지기 쉽다: 어린이나 청소년기에 비만이 되면 살을 빼기가 쉽지 않아 커서 비만이 되기 쉽다.
  - 질병에 걸릴 수 있다: 고혈압, 당뇨병, 심장병 등 질병에 걸리기 쉽다.
  - 신체활동이 줄어든다: 몸을 움직이는 것이 귀찮아져 비만이 더 심해지고 게을러질 수 있다.
  - 자신감이 없고 우울해진다: 외모에 자신감이 없어지고 또래로부터 놀림을 받을 것 같은 마음 때문에 우울해질 수 있다.
  - 일상생활이 즐겁지 않을 수 있다: 학교 생활에 잘 적응하지 못하고 공부에도 집중하기 어려울 수 있다.

- 비만이 생기는 이유
  - 우리가 섭취하는 에너지와 소비하는 에너지가 비슷해야 건강한 몸을 유지할 수 있다. 영양소 중 지방은 우리 몸을 보호하는 좋은 역할을 하지만 적게 먹어도 에너지를 많이 낸다. 그리고 탄수화물을 많이 먹으면 우리 몸에서 소비되고 남은 탄수화물이 지방으로 변한다. 그래서 탄수화물이나 지방 등 에너지를 내는 영양소가 들은 식품을 많이 먹고 신체활동이나 운동으로 에너지를 충분히 쓰지 않으면 몸에 지방이 많이 쌓여 비만이 생기게 된다.

- 비만이 되기 쉬운 습관

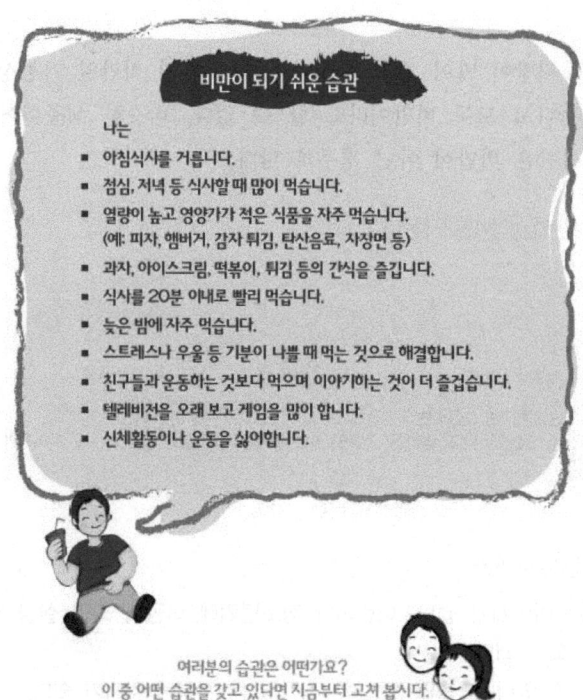

- 자녀의 비만 정도 알아보기

체질량지수(BMI) 판정법

$$체질량지수 = \frac{체중(kg)}{신장(m) \times 신장(m)}$$

정상	과체중	비만
연령별 체질량지수 곡선에서 체질량지수가 5~84 백분위수	연령별 체질량지수 곡선에서 체질량지수가 85~94 백분위수	연령별 체질량지수 곡선에서 체질량지수가 95 백분위수 이상 또는 체질량지수 25 이상

자료: 대한비만학회(2009), 비만치료 지침 2009

○ 식생활 관리

- 골고루 먹는다.
  · 음식에는 다른 역할을 하는 여러 영양소가 있어서 다양한 음식을 골고루 먹어야 한다. 영양소에는 활동에 필요한 에너지를 내는 탄수화물, 단백질, 지방과 우리 몸의 여러 기능을 조절해 주는 비타민과 무기질이 있다.
  탄수화물: 에너지를 내고 특히 두뇌 활동에 필요

단백질 : 몸을 구성하고 에너지를 내는데 필요
지방 : 에너지를 내고 체온을 조절하는데 필요
비타민과 무기질 : 몸이 제 기능을 하도록 돕고 병에 걸리지 않게 함
물 : 몸에서 영양소를 운반하고 노폐물을 배출시킴.
- 영양소가 하는일: 영양섭취기준은 건강한 몸을 위해 하루에 먹어야 할 영양소의 양을 알려준다.

영양섭취기준
영양섭취기준은 건강한 몸을 위해 하루에 먹어야 할 영양소의 양을 알려 줍니다.

영양소	어린이 (9~11세)		청소년 (12~14세)	
	남	여	남	여
에너지 (kcal)	1,900	1,700	2,400	2,000
단백질 (g)	35	35	50	45
비타민 A (μgRE)	550	500	700	650
비타민 C (mg)	70	80	100	100
칼슘 (mg)	800	800	1,000	900
철 (mg)	11	10	14	13
나트륨 (g)	1.3	1.3	1.5	1.5

자료: 한국영양학회(2010). 한국인 영양섭취기준 개정판

식품구성자전거
식품구성자전거는 우리가 매일 먹어야 할 6가지 식품군을 알려줍니다.
자전거의 뒷 바퀴에서 가장 면적이 큰 곡류를 제일 많이 먹고, 반찬으로 먹는 채소류, 고기·생선·계란·콩류를 충분히 먹습니다.
유지·당류는 면적이 가장 작으므로 제일 적게 먹어야 합니다.
앞 바퀴는 수분을 충분히, 신체활동과 운동을 적절히 해야 함을 보여 줍니다.

식품군별 1인 1회 분량과 1일 권장 섭취 횟수

각 식품군의 식품을 한 번 먹을 때 기준이 되는 양입니다.
권장 섭취 횟수는 연령과 성별로 각 식품군의 식품을 하루에 몇 번 먹을지 보여 줍니다.

식품군	대표식품 및 1인 1회 분량	1회 분량의 열량(kcal)	권장 섭취 횟수 9~11세 남(여)	권장 섭취 횟수 12~14세 남(여)
곡류	밥 1공기(210g), 국수 1그릇(건면 100g), 식빵 2쪽(100g), 떡 1인분(130g), 감자 중 1개(130g), 고구마 중 1/2개(130g), 시리얼 1그릇(40g)	300	3(2.5)	4(3)
고기·생선 계란·콩류	고기 1접시(생 60g), 생선 1토막(생 60g), 계란 중 1개(60g), 콩 2큰술(20g), 두부 2조각(80g), 땅콩 15알*, 호두 1.5알*(10g)	100	3	6(4)
채소류	생채소(70g), 나물 1접시(70g), 배추김치 1접시(40g), 오이소박이 1접시(60g), 물미역 1접시(생30g), 버섯 1접시(30g)	15	5	7
과일류	사과 중 1/2개(100g), 귤 중 1개(100g), 바나나 중 1개(100g), 포도 1.0송이(100g), 참외 중 1/2개(200g), 수박 1쪽(200g), 주스 1/2컵(100㎖), 딸기 10개(200g)	50	1	2
우유 유제품류	우유 1컵(200g), 치즈 1장*(20g), 떠먹는 요구르트 1/2컵(100g), 마시는 요구르트 3/4컵(150g), 아이스크림 1/2컵(100g)	125	2	2
유지·당류	식용유 1작은술(5g), 마요네즈, 버터 1작은술(5g), 설탕, 꿀 1큰술(10g), 사탕 2개(10g)	45	3	6(4)

*표시된 식품 : 이 분량을 먹으면 0.5회 섭취한 것입니다.

자료: 한국영양학회(2010), 한국인 영양섭취기준 개정판

- 알맞게 먹는다.
  - 식사할 때, 어린이와 청소년기에는 연령과 성별에 따라 하루에 1,700~2,400kcal 정도 먹도록 권장한다. 이는 아침, 점심, 저녁의 세 끼 식사와 간식으로 나누어 먹는다. 하루에 2,000kcal를 섭취하는 경우 간식을 제외하고 한 끼에 500~600kcal 정도로 먹는다.
  - 간식을 선택할 때, 간식은 성장기에 필요한 에너지와 영양소를 제공하며 하루에 1~2회, 하루에 필요한 에너지의 10~15% 정도 먹는 것이 좋다. 청소년 여자의 경우 하루에 2,000kcal 섭취를 권장하므로 하루에 200~300kcal 정도로 간식을 먹는다.
- 제때에 먹는다.
  - 어릴 적부터 제때에 식사하는 습관을 갖도록 한다. 식사를 거르면 다음 식사때 과식하게 되어 비만이 생기기 쉽다. 그러나 요즘 어린이와 청소년들은 늦잠을 자거나 등교 준비로 시간이 부족하여 아침식사를 거르는 경우가 흔하다. 성장기의 어린이와 청소년들은 아침식사를 꼭 하도록 지도해야 한다.

○ 비만을 예방하기 위한 운동

운동, 이렇게 해 봐요

어린이와 청소년기는 동작이 민첩하고 신체발달이 왕성하므로 심폐지구력, 근력을 키우는 운동이 필요합니다. 적어도 1주에 3회 이상, 1회에 30분~1시간 정도 꾸준히 운동합니다.

심폐지구력을 높이는 유산소 운동
유산소 운동은 대화가 가능한 정도의 강도로 30분 이상 하는 운동을 말합니다.
유산소 운동을 하면 활동하는 근육에 산소를 공급해 주는 심폐지구력을 키울 수 있습니다.

걷기 - 언제 어디서나 할 수 있습니다. 빠른 걷기는 에너지 소비를 더 늘리고 혈액 순환이 잘 되게 합니다. 장시간 하면 몸의 지방과 체중을 줄입니다.

달리기 - 체중과 몸의 지방량을 줄이는데 가장 효과적입니다. 발과 무릎 보호를 위해 조깅화를 착용하고 합시다.

줄넘기 - 좁은 공간에서 다양한 형태의 줄넘기를 즐깁니다. 음악을 곁들이면 더 재미있습니다.

자전거타기 - 자연을 즐기며 재미있게 합니다. 무릎 관절에 무리가 덜 가며 다리의 힘을 키웁니다. 무릎이나 다리 힘이 약한 친구들에게 추천합니다.

근력, 근지구력을 키우는 운동
근력은 최대로 낼 수 있는 힘을, 근지구력은 근육 운동을 오랫동안 지속할 수 있는 능력을 말합니다. 쉽게 할 수 있는 것은 팔굽혀펴기, 윗몸일으키기, 앉았다 일어서기 등입니다.

팔굽혀펴기 - 팔과 가슴 근육의 발달에 좋습니다. 하기 어려운 친구들은 무릎을 땅에 대고 하면 훨씬 쉽게 할 수 있습니다.

윗몸일으키기 - 배 근육을 단련시킵니다. 바른 자세로 해야 다치지 않습니다. 손을 가슴에 대고 하면 어렵지 않게 할 수 있습니다.

앉았다 일어서기 - 다리 근육을 단련시킵니다. 의자나 벽을 잡고 하면 쉽게 할 수 있습니다.

유연성을 길러주는 운동
유연성은 관절이 움직일 수 있는 범위를 말하고 몸의 부드러움을 나타냅니다.
유연성을 위해서는 스트레칭이 가장 효과적입니다. 스트레칭은 준비운동으로 활용되고 본 운동에서 다치지 않게 몸의 움직임을 부드럽게 해줍니다.

목 당기기 - 목을 왼쪽, 오른쪽, 앞쪽, 뒤쪽으로 천천히 당겨요.

몸 좌우로 당기기 - 머리 위로 어깨 펴기를 한 다음 좌우로 몸을 당겨요.

상체 숙이기 - 두 발을 적당히 벌리고 가능한 만큼 허리를 숙여요.

무릎 당기기 - 무릎을 가슴으로 당겨요. 넘어지면 안 되어요.

발 뒤로 젖히기 - 발 뒷꿈치를 엉덩이에 닿도록 당겨요.

100kcal를 소모하기 위한 운동			
운동량, 활동량	소요시간 또는 횟수	운동량, 활동량	소요시간 또는 횟수
걷기	30분	빨리 걷기	20분
자전거타기	20분	계단 오르기	120계단
등산	24분	수영	14분
달리기	1.2km	축구	15분
줄넘기	10분	배드민턴	12분

자료: http://www.klda.go.kr/nutrition/foodlile/index.htm
손숙미 등(2011), 임상영양학

교육방법

o 실습연계형 교육
  - 가정에서 할 수 있는 운동을 선택하여 실제 따라하도록 지도
  - 자녀에 대한 비만 수준을 진단하고, 예방 방법에 대해 토의
  - 가정에서의 식생활관리 수준을 진단해 보고, 개선 방법에 대해 토의
o 시청각 교육
  - 운동재활프로그램 관련 동영상 시청 및 토의
  - 식사관리 관련 동영상 시청 및 토의

유의사항

o 자녀를 위한 건강관리 방법을 교육할 것인지, 부모를 위한 건강관리 방법을 교육할 것인지에 대해 대상을 명확히 선정한다.

참고자료

o 참고도서

김주현 (2007). 장애인 생애주기별 건강증진 프로그램 개발. 강원대학교 건강증진사업지원단. 서울: 보건복지부.

식품의약품안전청 (2012). 어린이·청소년을 위한 비만과 식사장애 가이드. 오송: 저자.

○ 참고사이트 : 보건복지부 건강증진 웹페이지: http://www.mw.go.kr

Ⅰ-8. 발달장애인 실종 예방 및 대처

과정	공통	영유아기	초등학령기	청소년기	성인기	영역	지식·정보	기술	심리·정서
주제	발달장애인 실종 예방 및 대처									

■ 교육의 필요성 ■

○ 2000년대를 접어들면서 각종 실종 사건과 관련 범죄 등으로 인해 실종아동의 문제가 사회문제로 등장하게 되었다. 또한 실종아동으로 인한 가족들의 적극적인 대책 요구로 인해 실종에 대한 사회적 인식이 바뀌면서 2005년 「실종아동 등의 보호 및 지원에 관한 법률」이 제정되었다.

○ 실종아동에 대한 대책으로 실종아동전문기관이 개소되었으며, 경찰청과 함께 공조하는 체계를 구축하고 있다. 그러나 경찰청은 실종아동의 접수와 수사, 수색을 통한 실종아동의 발견과 복귀의 업무를 맡고 있고, 보건복지부는 예방과 홍보, 데이터베이스 구축, 가족지원 및 정책 개발의 사업에 치중하고 있다. 그러나 이러한 노력에도 불구하고 실종 발생건수는 매년 증가하는 추세에 있으며, 실종에 대처하는 통합적 지원시스템의 미비점과 비효율성이 지적되고 있다. 이를 반영하듯 장기실종아동 등에 대한 대책이 미흡함에 대한 지적은 지속되고 있고, 기존 대책의 점검과 개선을 요구하는 목소리가 점차 확산되고 있다.

○ 지적·자폐성·정신 장애인들은 연령과 관계없이 실종 사건이 발생할 경우 비장애인에 비해 가정으로 복귀하는 경우가 낮으며, 장기실종으로 이어질 가능성이 높다. 따라서 장애부모와 가족들은 장애인의 실종이 발생하지 않도록 예방할 필요성이 있으며, 실종사건이 발생하였을 경우 즉각적인 관계 기관의 협조와 실종 장애인을 발견하고 가정으로 복귀할 수 있도록 조치를 취할 수 있어야 하겠다.

교육내용

○ 실종아동 등의 정의

> 약취·유인·유기·사고 또는 가출하거나 길을 잃는 등의 사유로 인하여 보호자로부터 이탈된 실종신고 당시 14세 미만 아동을 의미한다. 또한 장애인복지법 제2조의 장애인(연령제한 없음) 중 지적장애인(정신지체인), 자폐성 장애인(발달장애인), 정신장애인이 포함된다.

○ 실종아동 등의 발생원인
- 집근처 또는 공공장소(마트, 놀이공원, 백화점 등)에서 길을 잃는 경우
- 낯선 사람을 따라가 길을 잃는 경우
- 타인이 금전 또는 양육의 목적으로 유괴하는 경우
- 아동이 스스로 집을 나가는 경우
- 사고로 인해 행방을 알 수 없는 경우

○ 실종아동·장애인 발생 및 발견현황

(단위: 명)

연도	일반아동			장애인(연령불문)		
	발생건수	발견현황		발생건수	발견현황	
		보호자인계	미발견		보호자인계	미발견
2011	28,099	28,075	4	7,377	7,372	5
2012	27,295	27,293	2	7,224	7,220	4
2013	23,089	23,087	2	7,623	7,613	10
2014	21,591	21,585	6	7,724	7,716	8
2015	19,428	19,410	18	8,311	8,296	15
2016.7	12,095	11,912	183	545	532	13

※ 경찰청 '16년 7월말 기준/ 보건복지부위탁 실종아동전문기관

- 장애인은 가정복귀율이 비장애아동에 비해 상대적으로 낮게 나타나고 있다는 점에 유의할 필요가 있음. 장애인의 경우 신원확인 과정에 어려움을 겪을 수 있고, 경찰 등 협력기관과의 연계를 위한 비장애아동에 비해 데이터베이스 구축 등 실종아동 발생 이후 조속한 발견과 복귀가 현실적으로 어렵다는 것을 보여줌

○ 실종아동 등의 발생 후 문제점

- 자녀를 잃어버린 데 따른 충격과 죄책감 등 과도한 스트레스 발생
- 실종자녀를 찾기 위해 직장생활에 소홀해져 실직 및 이직 증가
- 실종아동 찾기 비용 및 실종가족대상의 사기피해 등 경제적인 어려움
- 가정불화 및 가족관계 악화에 따른 가정해체
- 실종아동 등 보호양육 및 실종가족지원에 따른 사회적 경비 증가
- 실종가족의 심리적 경제적 문제와 더불어 가족 간의 문제로 인해 가정해체에 따른 사회적 손실 발생 그에 따른 사회적 비용 증가

* 출처 : 장애인교사·부모교육 매뉴얼 (http://www.missingchild.or.kr/MCPEdu/장애인매뉴얼.pdf)

○ 지적장애아동의 가출·실종과 관련된 일반적 특성

실종 장애인의 일반적 특성	가출·실종 관련 특성
○ 비슷한 수준의 지적장애인이라도 각각의 개성이 다양하여 지적 장애인의 특징을 하나로 일반화하기는 어려움	○ 주의집중력이 낮음 - 선호자극에 대해서는 높은 주의집중력을 보임 - 본인의 관심분야가 있으면 상황을 고려하지 않고 길을 감 - 타인의 이끌림에 쉽게 순응함 - 낯선 길을 배회하기도 함
○ 기억력이 빈약하고, 협응 동작에 어려움이 많음	○ 기억력이 낮음 - 정보의 단기 또는 장기 회상을 돕는 전략들을 사용하지 않음 - 길을 잃어버린 경우 현재 자신이 서있는 자리가 어디인지를 기억 못하는 경우가 빈번함
○ 때때로 격분행동이나 문제행동을 일으키기도 함	○ 충동 통제력이 낮음 - 낯선 상황에서 지나치게 흥분하거나 격분함 - 자해를 하거나 폭력행동이 발생할 수 있음 - 지나친 긴장으로 인한 위축이 발생할 수 있음
○ 신변처리가 어려운 경우가 있고, 적응능력이 낮음. 신발 등 적절한 의복 착용을 하지 않을 수 있음	○ 일반화 능력이 낮음 - 학습한 것을 새로운 상황에 적용하는 데 어려움을 보임 - 상황 예측 혹은 향후 발생 할 수 있는 일을 예측하는데 어려움을 보임
○ 원만한 대인관계 형성이 어려움 ○ 집단생활에 어려움을 보이고 의존심이 많음	○ 언어 및 의사소통의 어려움 - 상동행동과 반복어를 사용하기도 함 - 갑작스러운 상황에 당황하여 알고 있는 말도 정확하게 발음하지 못할 수 있음
○ 가출·실종 연령은 아동기, 소년기에 걸쳐 전반적으로 나타남 ○ 자폐성 장애와 지적 장애, 정신장애영역에서의 가출·실종이 빈번함	○ 사회적 상호 작용의 어려움 - 길을 잃었을 때 낯선 사람에게 도움을 요청하지 않음 - 타인의 도움에 경계하거나 지나치게 순응하고 겁을 먹는 등 적절한 상황대처가 어려움
○ 이러한 일반적 특징들도 연령별 발달 단계에 따라 다르게 나타남	○ 연령의 증가와 신체적 성장에 따른 행동 및 활동 반경의 범위가 증가함

○ 가출·실종 지적장애아동을 발견했을 때의 대처법
  ① 겁먹은 아동을 잘 달래어 진정시키기
  ② 그 자리에서 함께 서서 아동의 부모를 기다리기
  ③ 아동의 이름, 전화번호 등을 묻거나 몸에 지니고 있는 미아 예방용 목걸이 혹은 팔찌를 점검하여 연락처를 찾아보기
  ④ 안내 방송이 가능하면 도움을 요청하기
  ⑤ 경찰청 실종아동찾기센터 182에 신고하고 아동을 가까운 경찰서에 데려다 주기
  ⑥ 아동을 발견했을 때의 상황을 정확히 설명하기

○ 장애아동 부모 및 보호자가 꼭 알아야 할 원칙
  ① 특징을 적어 두기
   · 눈 모양, 얼굴색, 수술 자국, 점 위치, 흉터 등 아동의 신체적 특징을 적어 둠
   · 줄을 가지고 돌리기, 무의미한 소리 반복하기 등 아동의 습관과 관련된 행동 특징을 기록
  ② 좋아하는 장소와 그 경로를 파악하고 기록하기
   · 잘 갈만한 곳, 혹은 전철이나 버스 등을 이용해 자주 다니는 경로를 기록해 둠
  ③ 옷차림을 파악해 두기
   · 항상 그날 입은 아동의 옷(상의와 하의)이나 모자, 신발, 안경 등을 파악해 둠
  ④ 사진을 촬영해 두기
   · 6개월에 한 번씩은 아동의 얼굴 (정면)사진을 찍어 둠
  ⑤ 치과 기록을 보관해 두기
   · 아동의 치과 기록과 엑스레이 사진을 보관해 둠.(치과 치료 시 요청하면 자료를 받을 수 있음)
  ⑥ DNA 견본을 보관해 두기
   · 아동이 사용했던 칫솔, 아동 혼자 한 달 이상 사용한 빗, 붕대나 밴드에 묻은 아동의 마른 피 등에는 아동의 DNA가 남아 있음
   · DNA 견본은 공기 중에 말려서 갈색 봉투에 넣어 직사광선이 닿지 않는 건조한 곳에 보관하면 6~7년 정도 사용할 수 있음
  ⑦ 지문사전등록방법
   · 지문사전등록이한 아동 등의 지문과 사진, 보호자 연락처 등을 경찰 시스템에 미리 등록하여 실종아동 발견 시 등록 정보를 활용해 신속히 신원을 확인, 보호자에게 인계하기 위한 제도

○ 가출·실종 대처 방법
  ① 1단계 : 찾아보기

- 집 안에서 실종되었을 때
  - 온 가족이 집 안 구석구석을 찾아봄 – 장롱 속이나 침대 밑 등도 살펴봄
- 집 근처에서 실종되었을 때
  - 인근 편의점, 마트, 놀이터, 지하철 역 혹은 정류장 주변 등과 같이 아동이 잘 갈만한 곳이나 자주 다니는 경로를 따라 살펴봄
  - 일부 지적장애아동의 경우, 집과 다소 먼 거리에 위치한 특별한 장소일지라도 이동 경로를 기억하고 교통수단을 이용하여 그 곳을 찾아갈 수 있으므로 이와 관련된 이동 경로를 우선적으로 살펴봄 ex) 패스트푸드점, 동물원, 대형 음반 판매점 등
- 코드아담[Code Adam] 대상시설에서 실종되었을 때
  - 코드아담 시스템은 미국에서 시작된 선진국형 실종아동 찾기 시스템으로 미국의 유명 방송인의 자녀가 백화점에서 실종되어 살해된 채 발견된 사건이 사회적 반향을 일으키며 이 사건을 계기로 어린이 실종예방을 위한 코드 아담(Code Adam) 시스템이 법으로 제정되고 실행됨.
  - 우리나라는 2014년 7월부터 한국형 코드 아담인 '실종예방지침'을 마련, 전면 시행중임. 코드아담 대상 시설로는 현재 대규모 점포, 유원시설, 박물관 및 미술관, 철도역사, 버스터미널, 공항 및 항만터미널, 전문체육시설, 공연장, 경마장 등 총 1,532곳에서 운영 중이며 현재까지 총7,742건의 실종 발생 경보가 발령되었고
  - 대상시설에서는 보건복지부애서 제공하는 실종 아동 등 조기발견지침을 참고하여 신고접수요령, 실종아동 등의 발생상황 전파, 출입구 감시 및 수색절차 등에 관한 교육과 훈련을 연 1회 이상 실시하고 교육내용들을 관할 경찰서의 장에게 보고하게 되어 있음. 이러한 제반사항을 위반할 시 400만원 이하의 과태료가 부과되는 등 제재가 따르게 됨
  - 경찰에 신고 전 10분 아동을 찾을 수 있는 골든타임을 놓치지 않기 위해서 '코드 아담' 제도에 대한 관심과 인지가 필요함

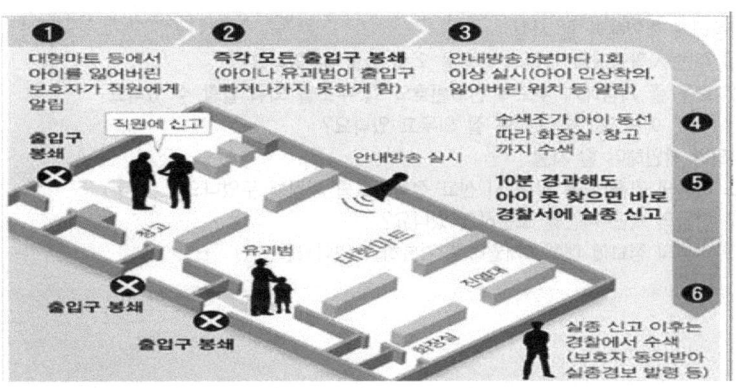

- 기타 공공시설에서 실종되었을 때
  · 지적장애인의 경우 소리와 색깔에 민감하게 반응하는 경향이 있으므로 이와 관련된 물건이 있는 곳 혹은 집착했던 장소를 중심으로 왔던 길을 되짚어 살펴봄
  · 안내 데스크나 미아보호소 등을 찾아 아동의 이름과 인상착의 등을 말하고 안내방송을 부탁함

② 2단계 : 지역네트워크 및 부모자원 활용하기
- 평상시 아동의 행동반경을 중심으로 한 주변 지역 자원(편의점 직원, 옷 가게, 패스트푸드점, 정류장 근처 가판대 상인, 역무원 등)과의 교류를 통해 아동의 수상한 행동 발생 혹은 가출·실종 시 협조를 구함.
- 학교 내 부모회(어머니 모임, 아버지 모임)를 통한 비상 연락망을 구축하여 가출·실종 시 협조를 구함.

③ 3단계 : 즉시 신고하기
- 1단계대로 아동을 찾아도 발견하지 못한 경우, 경찰청 실종아동찾기센터에 전화하여 상황을 차근차근 설명함
- 특히, 실종아동이 정신지체, 발달장애, 정신장애 등을 갖고 있어서 예전에도 여러 차례 잃어버린 경우, '시간이 지나면 들어오겠지'하는 생각으로 신고를 늦게 하거나 안 하는 경우가 있음. 그러나 시간이 지날수록 실종아동의 이동 경로가 길어지거나 변동사항이 발생할 수 있으므로 가출·실종으로 판단된다면, 망설이지 말고 즉시 신고

○ 체크리스트
[평상시]

```
- 아동에게 확인해야 할 사항
  ① 주변 사람들에게 자신의 이름을 외워 말할 수 있나요?
  ② 도움 줄 사람에게 부모의 전화번호와 집 주소를 외워 말할 수 있나요?
  ③ '미아 예방 3단계 구호'를 잘 외우고 있나요?
- 부모가 확인해야 할 사항
  ① 아동의 가출·실종 발생 시 신고 전화번호를 저장해 두었나요?
  ② 아동의 최근 사진을 보관하고 있나요?
  ③ 아동의 정보에 대해 6개월마다 기록하고 있나요?
```

[외출하기 전]

- 아동에게 확인해야 할 사항
  ① 자신과 부모의 이름, 전화번호를 잘 기억하고 말할 수 있나요?
- 부모가 확인해야 할 사항
  ① 미아방지용 목걸이 혹은 팔찌를 하고 있나요?
  ② 실종 발생 시 신고 전화번호를 휴대전화에 저장해 두었나요?
  ③ 아동의 정보에 대해 6개월마다 기록하고 있나요?
  ④ 아동의 최근 사진을 보관하고 있나요?

○ 실종아동 등의 보호 및 지원에 관한 법률의 주요 내용
 - 실종아동 등의 신고접수(경찰청 실종아동찾기센터 182)는 보호시설의 장 또는 종사자, 아동복지지도원, 청소년보호센터 및 청소년재활센터의 장 또는 종사자, 사회복지전담공무원, 의료법 제3조의 규정에 따른 의료기관의 장 또는 의뢰인, 업무·고용 등의 관계로 사실상 아동 등을 보호·감독하는 자로 규정되어 있다(위반 시 200만원 이하의 과태료 부가)
 - 신상카드 작성·제출의무 : 아동·장애인을 보호조치하는 때에는 신상카드를 작성하고 보호자가 확인되지 아니한 아동 등에 대하여는 지체 없이 전문기관의 장에게 신상카드를 보내야함
 - 미신고 보호행위 금지 : 누구든지 정당한 사유 없이 실종아동 등을 국가 경찰관서 또는 지방자치단체의 장에게 신고하지 아니하고 보호할 수 없음
 - 수색 또는 수사 : 국가경찰관서의 장은 실종아동 등의 발생 신고를 접수한 때에는 지체 없이 수색 또는 수사의 실시 여부를 결정하여야 함
○ 실종아동전문기관 소개 및 실종아동 일시보호센터 현황
 - 설립목적 : 실종아동 등의 발생예방, 조속한 발견·복귀와 복귀 후 사회생활의 적응 지원을 통한 아동의 건전한 육성을 도모하기 위해 보건복지부로부터 실종아동 등 관련 업무를 위탁 수행. 2005년 「실종아동 등의 보호 및 지원에 관한 법률」 제정 이후 『실종아동전문기관』이 출범

- 가족지원사업
  - 가족사례관리 실시 : 다양한 유형의 실종사례에 대한 분석 및 개입방법에 따른 상황적 합맞춤형 가족사례관리 모형을 개발하여 가족사례관리 업무를 수행하고, 체계적으로 서비스를 제공한다.
  - 가족지원비 지원
  • 상담비 지원 : 실종아동 및 장애인, 실종가족에 대한 개별상담 및 복귀 이후 상담을 위한 심리검사 및 심리치료 지원
  • 의료비 지원 : 실종발생으로 인한 신체적 질병에 대한 지원
  • 부모 활동 지원 : 실종아동 및 장애인 찾기 위한 부모활동비 지원
  • 전단 제작 지원 : 실종발생으로 인한 전단제작 지원
  • 위기가정 구호 : 실종발생으로 인하여 극심한 위기상황에 처한 가정 지원

○ 향후 정책 방향
- 실종아동 등의 신속 안전한 발견을 위해 경찰청과 보건복지부간 연계 전산망 구축 추진 및 유괴·실종경보시스템 참여기관 확대 등 관련 대책 역점 추진하고, 실종아동 등 프로파일링 시스템을 구축 중이다.
- 유괴·실종 경보시스템 구축 : 아동 실종, 유괴사건 발생 시 방송 등에 신속한 공개수배로 국민의 관심 및 신고 유도를 강화한다.

교육방법

○ 강의형 교육
- 실종아동의 관련된 특징과 장애아동 부모가 아동의 실종에 대비해서 미리 알아야 할 사항, 실종 시 대처 방법, 신고기관, 관련 법령 등에 대해 인지할 수 있도록 교육한다.
○ 참여형 교육
- 장애아동이 실종될 수 있는 상황에 대해 논의하고, 실재 장애아동 실종 시 대처 방안에 대해 논의한다.
○ 실습연계형 교육
- 실종아동전문기관에서 실시하는 부모교육에 직접 참여할 수 있으며, 실종아동전문기관과 유관기관의 전달체계를 직접 파악할 수 있도록 교육한다.

유의사항

o 장애아동의 실종은 비장애아동과 달리 실종 시 신속한 신고와 조기발견이 중요하다. 경우에 따라서는 장애아동의 경우 미발견되는 확률이 높기 때문에 주의할 필요가 있으며, 장애아동에 대한 실종 예방과 실종 시 대처방법을 위해 필요한 조치들을 수시로 점검할 수 있도록 부모교육이 이루어질 필요가 있다.

참고자료

o 참고도서

김성천·이웅혁 (2008). 실종아동사업 발전방안에 관한 연구. 중앙대학교 사회과학연구소.

어린이재단 (2011). 지적장애아동 가출·실종아동을 위한 교사·부모교육매뉴얼.

o 참고사이트

실종아동전문기관: 초록우산 어린이재단 http://www.missingchild.or.kr/

사단법인 실종아동찾기협회: http://www.fmca.kr/

실종아동지킴연대: http://www.182safe.org/

Ⅰ-9. 발달장애인 양육·돌봄

과정	공통	영유아기	초등학령기	청소년기	성인기	영역	지식·정보	기술	심리·정서
주제	발달장애인의 양육·돌봄									

■ 교육의 필요성 ■

○ 발달장애인은 적응행동의 한계, 사회적 상호작용의 결함, 의사소통의 어려움, 다양한 문제행동 등 다른 사람들과 다른 독특한 심리, 행동적 특성을 보이기 때문에, 자녀에게 발달장애가 있음을 인지한 어머니들은 자녀의 반응양식에 적절히 대처하고 자녀와의 관계를 형성하는데 어려움을 겪고 있다.

○ 자녀의 장애특성으로 인해 추가적인 양육 부담을 경험하고 있는 부모들에게 발달장애자녀 양육의 중요성 및 양육자로서의 올바른 역할을 이해하고, 부모의 양육역량을 전반적으로 향상시킬 수 있는 교육지원이 필요하다.

■ 교육내용 ■

1. 발달장애자녀 양육의 이해

○ 교육적 측면에서의 자녀양육

- 부모가 자녀를 양육하고 교육하는 것은 가족의 기능 중에서 중요한 부분을 차지한다. 부모는 자녀교육에 직·간접으로 참여하며 자녀의 성격, 태도, 동기, 가치, 능력 등에 지대한 영향을 끼침. 뿐만 아니라 부모와 자녀간의 상호작용은 그 작용 속에 내포된 의미와 행동양식을 자녀가 내면화하여 발달시켜 나가기 때문에 부모의 교육방식이나 태도, 내용 등은 자녀의 발달과정에 중요한 의미를 가짐(정성목, 2002). 또한 부모가 자녀를 어떻게 양육하느냐에 따라 자녀의 성취동기, 사회적응력, 생활습관 등에 큰 변화를 가져올 수 있으며, 가정환경과 부모의 양육태도 여하에 따라 교육의 성패가 좌우되기도 함(염동문 외, 2004).

○ 경제적 측면에서의 자녀양육
  - 한 가정의 재정적 자원은 자녀에 대한 부모의 역할을 효과적으로 수행하는데 중요한 요인이 될 수 있음. 특히 빈곤한 가정의 경우, 부모가 자녀를 양육할 수 있는 가능성을 제한시킬 수도 있는데, 일부 연구에서는 가정의 경제적 수준에 따라 자녀의 저조한 학교성적과 비행, 낮은 자존감, 자녀 방임과 학대 등과 관련이 있고(조흥식, 2001), 특히 장애를 가지고 있을 경우에는 그 연관성이 더 높을 수도 있음(염동문 외, 2004). 또한 재활치료비, 의료비, 보조기구 구입비 등 자녀가 장애를 가졌기 때문에 추가로 발생되는 비용으로 인하여 가정의 경제에 영향을 줄 수 있으며, 이로 인해 자녀에 대한 양육 지원을 효과적으로 수행하는데 어려움을 가중 시킬 수도 있음.
○ 심리·사회적 측면에서의 자녀양육
  - 부모의 심리적 스트레스나 정신장애가 자녀의 양육에 부정적으로 영향을 줄 수도 있음. 특히 부모의 사회적 관계망 속에서 발생되는 스트레스와 이로 인한 심리적 부담은 자녀 양육에 부정적인 영향을 줄 수 있음(Belsky & Vondra, 1993). 부모의 정신건강은 자녀에 대한 장애수용태도, 양육태도나 양육효능감 등 자녀 양육에 필요한 역량, 가족의 안정과 행복 등에 영향을 미칠 수 있음(고일영외, 2011). 또한 부모가 정신적, 심리적 어려움을 갖고 있는 경우 자녀의 분노, 수치심 등의 감정을 유발할 수 있고, 사회생활 부적응, 행동의 어려움 및 정신적 어려움을 일으킬 수도 있음.
  - 이에 따라 부모는 자녀의 올바른 성장을 위하여 자녀와의 동시적인 상호작용이 이루어질 수 있도록 하고, 이를 바탕으로 부모와 자녀간의 애착을 형성하여 자녀에게 안정적인 지지와 안식처를 제공할 수 있어야 함. 부모는 자녀와의 상호작용으로 자녀의 정서적인 안정과 사회성 발달에 영향을 미칠 수 있기 때문에(조용학, 2000),자녀의 양육에 필요한 지식과 기술을 획득하고 심리적, 정서적 태도를 긍정적으로 형성하여 전반적인 양육 역량을 향상시키기 위한 노력이 필요함.

2. 발달장애자녀 부모의 양육부담

○ 양육부담은 장애자녀의 양육과 관련하여 파생되는 여러 가지 제약을 의미한다. 장애유형이나 정도에 따라 양육에 소요되는 시간과 노력이 다르겠지만 일반적으로 장애자녀들은 보호자의 도움을 많이 필요로 함. 특히 주 양육자인 어머니는 장애자녀의 양육은 물론 비장애자녀의 양육과 교육도 책임져야 함. 그리고 장애자녀를 위한 병원 및 치료실 방문에 동행해야 하며, 자녀가 통학할 때 동행하기도 해야

하고 부모 모임이나 기타 장애자녀와 관련하여 자문을 구하려 다니기도 해야 함. 이런 일상을 소화한다는 것은 휴식이나 취미 활동을 위한 개인적 시간이 거의 없다는 것을 의미함. 개인적 시간의 부족과 함께 나타나는 양육부담은 다음과 같음(노진아 외, 2011).

- 육체의 피로
- 휴식의 부재(경우에 따라서는 밤에도 휴식 부재)
- 자녀가 받는 서비스가 집에서 멀리 떨어져 있을 때 시간 소요 증대
- 자녀양육에의 인적 도움 필요
- 다른 자녀를 위한 시간 부족
- 불만족스러운 사회적 지원
- 평생 장애자녀를 돌봐야 한다는 부담감

○ 이외에도 양육 및 교육과 관련하여 어려운 점은 자녀가 성장하고 발달함에 따라 계속적으로 새로운 과제의 도전을 받는데 이것은 부모가 자신이 성장할 때 경험해 보지 못한 것이기 때문에 많은 혼란과 갈등을 겪게 됨. 특히 자녀가 성장할수록 교육적인 면에서 부모가 받는 스트레스는 더욱 가중됨(노진아 외, 2011).

○ 한편, 아동의 문제행동도 부모의 양육부담을 가중시키기도 하는데 문제행동이나 인지적 장애를 갖고 있는 장애아동의 어머니는 일반아동의 어머니에 비해 더 많은 시간을 아동중심적 활동에 할애하기도 하고, 자신의 자녀를 양육하고 함께 놀아주는데 많은 시간을 할애하고 있음(백은령외, 2010).

3. 장애아동 부모의 양육태도

○ 양육태도는 부모 또는 주 양육자가 자녀를 양육하면서 나타내는 태도를 말함. 가정이라는 울타리 안에서 부모 역할을 수행하면서 사회·문화적 영향, 성격, 태도, 행동, 교육 수준 등에 의하여 양육태도는 다양해질 수 있음. Schaefer(1959)는 부모의 정상적인 양육태도에 근거하여 PARI(ParentalAttityde Research Instrument)를 개발하였음. 그는 신생아기부터 초기 청년기에 이르는 동안 발달과 부모의 양육태도를 함께 연구하여 양육태도를 애정-적대, 자율-통제의 두 차원으로 하여 애정적-자율적 태도, 애정적-통제적 태도, 거부적-자율적 태도, 거부적-통제적 태도로 분류하였음(김용기, 1994).

○ 애정적-자율적인 태도
  - 애정적이고 동시에 자율을 허용하는 태도는 민주, 협동적 양육태도로서 가장 권

고할 만한 부모의 양육태도이다. 부모가 자녀에게 자유적, 허용적, 민주적, 수용적, 협동적인 태도를 가짐을 의미한다. 이러한 양육행동 및 태도를 지닌 부모 밑에서 성장한 유아는 능동적, 외향적이고 독립적이며 사회적응을 자신 있게 하고 사회적 유회의 규칙에 익숙해지며, 사교적이고 창의적이다. 자신이나 타인에 대해 적대감이 없고, 자기 자신의 행위에 대한 성찰적 사고의 능력이 형성된다.

○ 애정적-통제적 태도
- 애정을 주면서도 자녀의 행동에 제약을 많이 하는 과잉보호적 양육태도이다. 이런 유형의 부모는 자녀를 소유물로 생각하고 자녀가 독립적인 행동을 하면 좌절감을 느끼며, 새로운 탐색을 제한함으로써 새로운 반응의 습득을 축소시키게 된다. 이러한 가정에서 자란 유아들은 애정적-자율적인 가정에서 성장한 유아보다 더 의존적이고 사교성, 창의성이 적은 편이며 상상적인 적대감정을 품을 수 있게 되고 불안정한 정서를 지니게 된다. 의지와 관찰력이 부족하며 인내심에 있어서 극단적이고, 자기중심적인 성격이 형성될 가능성이 있다. 그러나 도전적 행동이 낮고 비행을 하지 않으며, 학교일에 열성적이다. 애정적이면서 통제적인 부모는 체벌을 수반한 통제는 아니더라도 심리적 통제를 쓸 수 있다.

○ 거부적-자율적 태도
- 방임적 양육태도로서 자녀를 수용하고 받아들이지 못하는 동시에 자녀 마음대로 행동하도록 하는 무관심한 태도이다. 이러한 태도를 지닌 부모에게서 성장한 어린이는 공격적이고 자신의 행동을 조절하지 못하며, 타인들의 주의나 관심을 자기에게 집중시키려는 행동을 한다. 또한 불안한 정서와 움츠려드는 행동을 나타내게 된다.

○ 거부적-통제적 태도
- 권위적, 독재적 양육태도로서 자녀를 따뜻하게 용납하지 않을 뿐 아니라 자녀의 행동을 체벌 또는 심리적 통제로 규제하는 태도이다. 이러한 부모 밑에서 자란 아동들은 부모에 대하여 적대감을 유발시키게 되고, 자아에 대한 분노와 내면화된 갈등, 고통을 많이 갖고 있다. 경우에 따라서는 자학적, 퇴행적이 되기도 한다. 또한 수줍어하고 사회적으로 움츠리고, 선입관적 편견과 흑백논리의 사고 방법이 형성되기 쉽다. Becker(1964)는 양육태도의 요인을 애정, 거부, 통제로 나누어 설명하고 있다. 애정은 수용과 인정의 자세로 자녀를 대하는 것으로 이해, 자녀 중심적 배려, 충분히 설명해주기, 의존행동에 대한 긍정적인 반응, 칭찬 자주 하기, 신체적 처벌 덜하기 등을 그 특징으로 하는데, 이것은 자존감, 원만한 대인관계, 확고한 자아정체감에 긍정적인 영향을 미친다.

4. 발달장애자녀 부모의 장애에 대한 수용 태도

- 발달장애의 경우 적응행동의 한계, 사회적 상호작용의 결함, 의사소통의 어려움, 다양한 문제행동 등 다른 사람들과 다른 독특한 심리, 행동적 특성을 보이기 때문에, 자녀에게 발달장애가 있음을 인지한 어머니들은 자녀의 반응양식에 적절히 대처하고 자녀와의 관계를 형성하는데 어려움을 겪고 있음. 특히 발달장애아 부모가 자녀의 장애를 어떻게 인식하고 수용하는가에 따라 자녀의 발달 특성이 달라지고(심소연, 2007; 황경열, 고일영, 용홍출, 2010), 자녀가 가족에게 기여할 수 있는 역할이 달라질 수 있다(주현숙, 2000)는 다양한 연구 결과를 종합해 볼 때, 발달장애아 부모가 자녀의 장애를 긍정적으로 수용하는 태도를 가지는 것은 자녀의 학교생활 적응과 진로를 설계하는 데 도움을 줄 수 있음.

- 장애아 어머니가 장애를 수용하는 과정은 연구자들마다 다른 단계를 제시하고 있지만, 대체로 부정적 반응 단계에서 긍정적 반응 단계까지 비슷한 과정을 거쳐 가는 것으로 보고되고 있음(고일영, 2010; 최정은, 2012). 장애아 어머니가 장애자녀에 대해 반응하는 감정에는 우울함, 변화, 상처, 죄의식, 증오, 포기 등으로 다양하게 나타나고 있으며(Perkse, 1973), 지적장애아 부모들의 경우 심리적 문제와 반응을 중심으로 하여 충격의 단계, 부정 단계, 수치심 단계, 죄책감 단계, 시기를 느끼는 단계, 배척이나 보호 단계, 수용 단계 등의 감정적 변화 과정을 거침(Levinsin, 1962).

- 장애아 어머니가 자녀의 장애를 수용하는 단계
  - 쇼크단계 → 부인의 단계 → 장애의 인식과 죄의식 단계 → 혼란 단계 → 정동반응(분노, 슬픔, 불안)의 단계 → 절망 대 적응의 단계 → 재기 단계 → 심신의 피로단계 → 장벽의 단계 → 선택의 단계 → 자아가 회복되는 단계 → 적극적으로 참여하는 단계(서화자, 1998)
  - 아무런 생각이나 감정을 가질 수 없는 초기의 반응 단계 → 불신과 부정 단계 → 감정적 격동 단계 → 책임감과 죄책감 단계 → 분노 단계 → 우울 단계 → 협상과 수용 단계 → 현실적 계호기와 교육 등의 심리적 변화 단계(홍강의, 1998)
  - 충격, 부정의 단계 → 분노, 원망의 단계 → 좌절, 우울의 단계 → 수용의 단계 (서명옥, 2008)

- 자녀의 장애를 수용하는 과정은 순환적, 역동적 과정
  - 모든 장애아 부모가 동일하게 정해진 반응의 단계를 보이는 것은 아니며(이소현,

2005), 장애아 부모는 가정환경, 교육환경 및 사회환경 등의 다양한 요인에 따라 장애수용태도의 각 단계들을 순환적이거나 역동적으로 경험하고 있음(Wilker, Wasow, & Hatfield, 1981; Bray, Coleman, & Bracken, 1981).

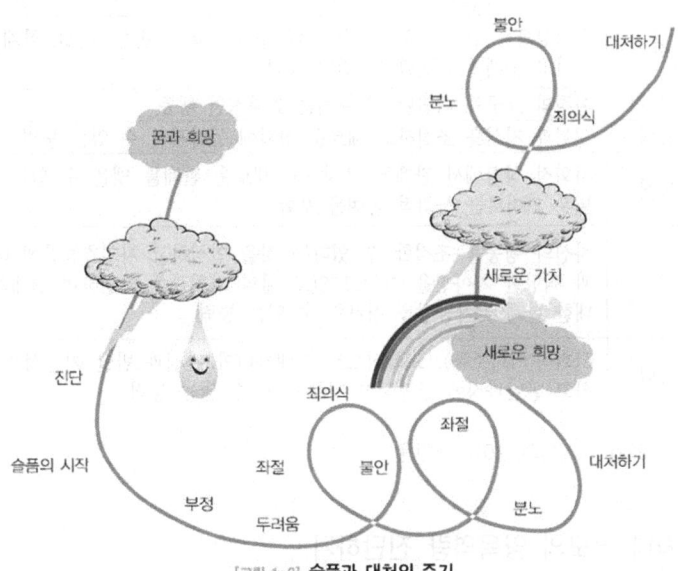

[그림 1-2] 슬픔과 대처의 주기

출처: Printed with permission of J. S. Ransdell(1992), The Different Drummer, Inc.

○ 장애수용태도가 부모의 양육에 미치는 영향

- 장애아 부모의 장애수용태도는 부모의 양육스트레스, 양육태도, 양육기술 및 양육효능감 등과 관련이 있는 것으로 나타나고 있음. 장애수용태도가 부정적이거나 불안한 수준에 있는 경우 부모의 양육스트레스 수준이 높고, 양육태도가 부정적으로 형성되거나 양육효능감이 낮으며, 장애수용태도가 긍정적이거나 안정적 수준에 있는 경우 부모의 양육스트레스 수준이 낮고, 양육태도가 긍정적으로 형성되거나 양육효능감이 높음(심소연, 2007; 배연숙, 2012). 또한 어머니의 장애수용태도는 자녀의 연령(Bristol, 1979; 이숙자, 1993), 자녀의 장애정도(Friedrich & Friedrich, 1981; 정청자, 1989), 자녀의 성(Farber, 1969; Korn, Chess, & Frenandes, 1978), 어머니의 연령(김영미, 1990; 김리진, 1999), 어머니의 사회경제적 수준(Gallagher, Beckman, & Cross, 1983) 등에 따라 차이가 있거나 영향을 미칠 수 있음.

5. 발달장애자녀 부모에게 필요한 능력

○ 발달장애자녀 부모의 역량강화에 필요한 능력의 유형

역량	내용
대처능력	위기상황을 잘 극복하고 체념이나 우울감 없이 손상, 손실, 한계 등을 직시하고 문제를 해결할 수 있는 능력.
일상생활 능력	환경의 요구와 대면할 때 보이는 효과적인 행동.
인지적 능력	경험과 지식을 조절하고 새로운 상황에 동화시킬 수 있는 능력
사회적 능력	사회적 상황에서 관계를 유지하고 새로운 관계를 맺을 수 있는 능력으로 넓은 의미로는 사회적 참여를 포함
평가능력	자신의 행동을 조절할 수 있다는 것을 인식하고 자기효능감에 대한 믿음과 적당한 자아상을 가지고 있고 삶의 가치관을 확립하여 현재의 상황에 대한 한계와 가능성을 평가할 수 있는 능력
교육적 능력	사회적(의사소통), 교육적으로 장애자녀의 관심과 발달 가능성에 잘 적응하고 발달과정에 긍정적인 영향을 줄 수 있는 능력

출처: Olbrich(1992), 노진아외, 2011, 재인용.

6. 발달장애자녀 부모의 양육역량 진단하기

○ 부모의 역량강화의 이해

- 장애아동 부모의 역량강화란 가족이 스트레스나 위기상황에서 통제력을 발휘하고 높은 내적 동기를 갖고 능동적인 문제해결을 할 수 있도록 돕는 개념으로, 자신들의 삶에 능숙하게 대처하고 통제하며, 필요한 자원과 지지를 동원하는 능력을 가지게 하는 것임(설진화, 2005). 그렇기 때문에 장애아동 부모가 양육에 필요한 역량을 갖추는 것은 자녀양육을 효과적으로 수행하도록 하여 장애아동 뿐 아니라 부모 자신의 삶도 행복하고 풍요롭게 가꾸도록 하는 기반이 될 수 있음. 부모가 양육에 필요한 역량을 보유하고 있을 때 자녀 양육으로 인한 스트레스에 대처하는 힘이 생기고 효능감을 경험할 수 있게 되며, 부모 자녀간 관계가 증진되고 자녀의 문제행동이 개선될 수 있음(박재국외, 2011).

○ 장애아동 부모의 양육핵심역량

- 박재국외(2011)는 장애아동 부모가 자녀를 양육하는 데 필요한 중요한 능력을 '양육핵심역량'이라고 명명하고, 이 역량에는 양육지식, 양육기술, 양육태도, 양육효능감, 가족협력, 사회적 협력 등의 요인으로 구성된다고 하였음. 이러한 양육핵심역량은 장애아 어머니의 삶의 질 또는 양육스트레스와 밀접한 관련이 있는 것으로 나타나고 있으며, 아동의 적응행동이나 자아존중감 등에도 영향을 미치고 있

는 것으로 확인되고 있음(김기룡외, 2011).
○ 부모의 양육역량 진단하기
- 박재국외(2011)가 타당화한 장애아 부모의 양육핵심역량 척도를 사용하여 측정한 후 그 결과를 요인에 따라 분류한 후 프로파일 분석 방법을 통해 대상 부모의 현 수준에서의 양육역량 수준을 체크해 볼 수 있음
- 측정 도구 안내: 이 척도는 양육태도, 양육기술, 양육지식, 가족협력, 양육효능감, 사회협력 등 6개 요인, 총 41개 문항(양육효능감 6문항, 양육태도 10문항, 양육기술 9문항, 양육지식 7문항, 가족협력 5문항, 사회협력 4문항)으로 구성되어 있고 5점 리커트 척도로 응답하도록 되어 있음.
- 측정 방법: 측정 도구를 사용하여 설문지를 작성하듯이 측정을 원하는 부모를 대상으로 측정하면 됨.
- 결과 처리 및 해석: 측정 결과는 통계처리하여, 요인별 점수(T점수)를 확인한 후, 전체 장애아 부모의 평균과 비교하여 어느 정도 수준인지에 대해 프로파일 분석 방법을 통해 결과를 확인함

〈그림〉 3명의 발달장애자녀 부모에 대한 양육핵심역량 프로파일 분석 결과(예)
(전체 평균은 50점(T점수))

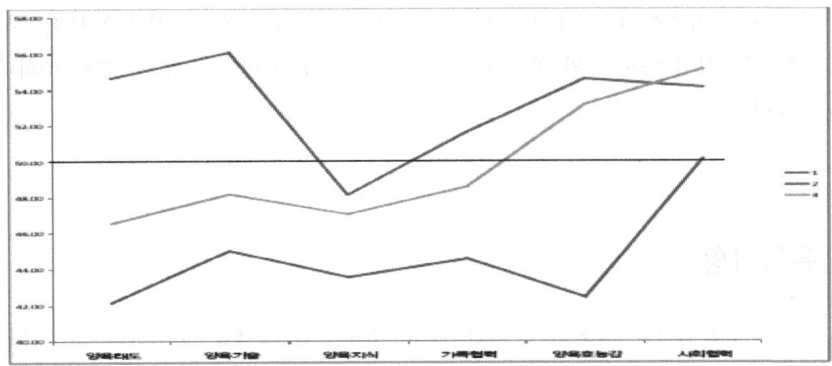

교육방법

○ 강의형 교육
- 발달장애자녀 부모의 양육과 돌봄의 이해
- 발달장애자녀 부모의 양육태도와 양육스트레스

- 발달장애자녀 부모의 양육역량 증진하기
○ 참여형 교육
- 나의 양육핵심역량 진단하기
- 양육 경험 이야기 주고받기(양육경험 사례 공유)
- 해결중심상담을 활용한 참여형 교육
○ 실습 연계형 교육
- 양육 경험이 많거나 양육역량이 높은 부모가 양육에의 어려움을 호소하는 부모의 멘토가 되어 상담을 하고 정보 공유 및 정서적 지지를 받는 부모 결연 프로그램 운영 가능(전혜연, 2005).
○ 모듈형(시리즈) 집단 교육
- 부모의 역량강화를 위한 집단 프로그램은 주로 기관 중심 프로그램으로써 장애유형이나 요구가 비슷한 부모집단을 대상으로 프로그램을 실시하여 부모에게 전문성 증가, 심리적 지원, 정보적 지원을 제공하고 가족의 역량을 강화할수 있도록 돕는 긍정적 양육지원 프로그램 운영 가능
- 예) SSTP(Stepping Stones Triple-P): (1)장애아동들에게서 발견된 발달적 이슈들과 문제행동을 관리하는 부모의 능력 증가 (2)아동을 훈육하는데 있어 강압적이고 처벌적인 방법의 사용 감소 (3)부모 자신만의 대처기술 향상과 양육스트레스 감소 (4)양육역할에 있어 부모가 서로 지원하는 것을 돕고 양육에 대한 부모의 의사소통 향상 (5)부모의 독립적인 문제해결 기술 개발 등으로 구성된 10회기 프로그램

유의사항

○ 부모의 양육역량을 강화하기 위한 교육 또는 프로그램을 운영하는 경우 다음과 같은 역량 강화 원리를 고려하여야 한다.
- 결함 중심의 시각으로부터의 탈피
- 타인에 대한 무조건적인 수용
- 개인적·사회적 자원에 대한 신뢰
- 낙인을 찍고 용기를 저하시키며 폄하적인 전문가들의 판단 중지
- 다른 사람의 시각과 결정에 대한 존중

- 다른 사람이 존재하는 모습을 그대로 존중
- 다른 사람의 요구에 대한 관심

■ 참고자료 ■

○ 참고도서

노진아, 홍은숙, 이미숙, 박현주, 정길순, 김정민, 강미애, 이나래 (2011). 장애영유아 가족지원. 서울: 학지사

백은령, 김기룡, 유영준, 이명희, 최복천 (2010). 장애인 가족지원. 서울: 양서원.

○ 참고사이트

건강가정지원센터: http://www.familynet.or.kr

학부모지원센터: http://www.parents.go.kr

Ⅰ-10. 발달장애인 가족의 권리 옹호

과정	공통	영유아기	초등학령기	청소년기	성인기	영역	지식·정보	기술	심리·정서
주제	발달장애인 가족의 권리 옹호									

■ 교육의 필요성 ■

○ 발달장애인뿐만 아니라 그 가족은 사회적 참여제한, 차별경험 등 이차적 장애(secondary disability)을 경험하고 있다. 이러한 현실 속에서 자신의 장애자녀의 권리와 필요를 충족시키기 위해서 권리옹호의 역할을 수행할 필요성이 제기된다. 하지만, 발달장애자녀 및 장애인 일반에 대한 권리옹호 방법과 기술을 습득하는 부모교육은 제대로 이루어지지 못한 실정이었다.

○ 따라서, 발달장애인자녀를 위하여 부모 혹은 다른 가족구성원이 실천할 수 있는 권리옹호에 대한 기본적인 개념과 다양한 실천기술들을 습득하여 가족의 역량강화를 꾀하는 한편 지역사회의 변화를 가져올 수 있도록 이에 대한 부모교육이 요청된다.

■ 교육내용 ■

1. 발달장애인 가족의 권리옹호에 대한 이해

    ○ 권리옹호(Advocacy) 개념과 정의

    - 권리옹호에 대한 개념적 정의는 학자들에 따라 다양하게 정의되어 왔는데, 주요 정의 내용을 살펴보면 다음과 같음

학자	정의
사회복지대백과사전(1999)	사회정의를 확보, 유지하기 위한 목적에서 개인이나 집단 또는 지역사회를 대신해서 일련의 조치를 직접 주장, 방어, 개입, 지지, 추천하는 행위
Thomas(1995)	서비스 이용자의 상황을 향상시키기 위하여 그들의 권리를 대변하는 것

학자	정의
Lizelfeiner & Pale(1997)	옹호는 특정계층이나 집단의 모든 사람들에게 영향을 미치는 정책적, 실천적, 법적체계의 변화를 위한 노력임
엄병용외(2011)	옹호는 지식이나 사회적 자원 등의 부족으로 자기권리를 주장하기 어려운 클라이언트를 위해 대신하여 설득이나 강제력을 동원해 영향력을 행사하는 것
김종일(2004)	옹호란 클라이언트의 이익을 지키고 대변하는 모든 활동을 총칭하며 직접서비스와는 구분되며 반드시 대결이나 갈등이 수반되는 것은 아님. 옹호는 클라이언트가 권리를 가지고 있으며 그 권리의 보장은 법적으로 요구할 수 있다는 가정에서 출발

* 출처: 한국자폐인사랑협회

- 이와 같은 권리옹호의 정의를 살펴보면, 결국 옹호란 개인 또는 집단의 이익 혹은 권리를 위해 싸우거나(championing), 대변하거나, 방어하는 실천적 활동이라고 할 수 있음. 또한 옹호는 "개별적 문제"를 "공공의 쟁점"으로, 혹은 "개인적 문제"를 "사회적 문제"로 전환시키는 역할을 함. 그런가 하면 "비인간적 상황"에 미시적 또는 거시적 수준에서 도전하거나 혹은 문제제기를 하는 역할을 수행하는 것이기도 함

○ 발달장애인가족의 권리옹호에 대한 개념적 정의 및 특징
- 이러한 전반적인 권리옹호에 대한 정의에 비추어볼 때, 가족의 관점에서 발달장애인 권리옹호를 다음과 같이 개념화할 수 있음

> 발달장애인을 위한 가족의 권리옹호란? 자신의 권리를 주장하기 어려운 발달장애인의 권리를 보장하고 부당한 차별문제를 해결하기 위하여 발달장애인의 역량을 강화하는 한편, (지역사회 구성원들과 함께) 가족이 대변, 보호, 개입, 지지활동을 통해 영향력을 행사하여 지역사회의 환경변화를 이끌어 내는 실천적 행위이다.
> (출처: 최복천, 2010)

- 발달장애인가족의 권리옹호를 이렇게 정의하는 것은 가족의 관점에서 다음과 같은 특징을 권리옹호활동에 내포하고 있기 때문임

> 첫째, 발달장애인가족의 권리옹호는 자신의 의사를 적절히 표현할 수 없는 발달장애인을 대신하여 그 권리를 대변해주는 "직접옹호"방식과 발달장애인 당사자 스스로가 자신의 의견을 주장할 수 있도록 교육하고 지지하는 "간접옹호"방식을 모두 띠고 있다.
> 둘째, 발달장애인가족의 권리옹호는 발달장애인 개인의 이익과 권리를 보장하는 것에 그치는 것이 아니라 전체 발달장애인이 동등한 권리와 참여가 보장될 수 있도록 지역사회를 변화시키는 것에 궁극적인 목적이 있다.
> 셋째, 발달장애인가족의 권리옹호활동은 미시적인 차원에서, 일상적인 측면에서 행하는 것뿐만 아니라 사회제도, 법, 정책적 측면과 연계되어 행해지는 거시적인 차원까지 다양하게 행해질 필요가 있다.
> (출처: 최복천, 2010)

2. 권리옹호의 유형과 차원

○ 발달장애인가족의 권리옹호는 자신이나 다른 개인을 돕는 방법에서부터 법적, 정책적 제도를 변화시키는 것에 이르기까지 다양한 수준에서 이루어질 수 있음. 예를 들어, 특수학급 과밀문제를 해결하기 위해서 부모는 자녀를 대신하여 자기옹호를 할 수 있으며, 동시에 부모는 학교장이나 학부모회에 서신을 보내 특수학급 문제해결을 호소할 수 있음. 또한 비슷한 문제를 안고 있는 부모들을 모이게 하여 기자회견을 할 수도 있고, 다른 장애자녀 부모와 함께 등교거부운동을 할 수도 있음. 더 나아가서 부모는 동맹을 형성하여 특수교육 지원정책을 바꾸거나 법 개선을 요구할 수도 있음

○ 이와 같이 발달장애인가족의 권리옹호는 ① 자기옹호(self-advocacy) ② 개인옹호(individual advocacy), ③ 집단옹호(group advocacy), ④ 지역사회옹호(community advocacy), ⑤ 정책 또는 정치적 옹호(political/policy advocacy) 등으로 다양하게 행해질 수 있으며, 어떤 수준의 옹호전략을 선택하는가는 결국 문제를 어떻게 규정하는가에 따라서 다르며, 옹호의 수준에 따라 사용되는 옹호방법과 기술이 다름

> * Schneider(2001)가 제시한 권리옹호의 11가지 차원
> ① 대신하여 말하거나 탄원하기: 다른 사람의 명분을 호소하거나 어떤 것에 대해 찬성하는 발언이나 글을 쓰는 행위, 공적인 지지를 하는 것으로 타인의 입장을 대변하거나 명분을 위해 싸워주는 것
> ② 다른 사람을 대표하여 행동하는 것: 다른 사람의 이익이나 복지를 마치 자신의 것처럼 직접적으로 대표하는 것을 의미하는 것으로 당사자에 대한 적극적인 지지자의 역할 수행
> ③ 조취를 취하는 것: 사회적으로 소외된 개인이나 집단의 권리를 옹호하기 위해 그들을 대신하여 행동하는 것을 의미
> ④ 변화를 촉진하는 것: 당사자나 집단의 이익을 위해 사회나 지역사회의 조건을 개선하는 활동
> ⑤ 권리와 혜택에 접근하는 것: 서비스, 혜택, 권리에 사람들이 접근할 수 있도록 촉진시키는 것으로, 당사자가 거부당한 상황에서 특정서비스를 획득할 수 있도록 도움을 주거나 혜택을 보장받을 수 있도록 취하는 활동
> ⑥ 동지로써 행동하는 것: 당사자와 함께 동지로써 행동한다는 것은 당사자가 필요한 서비스를 획득하거나 서비스의 질을 높여주기 위해 자신의 전문성을 당사자의 이익을 위해서 활용하는 것으로, 협력자의 역할을 의미함
> ⑦ 영향력과 정신적 기술들을 과시하는 행동: 옹호자는 정치적 전술가로서의 실천가 기능을 필요로 하고 있으며 당사자의 이익을 위해서 특별한 결정, 법, 정책 등에 영향을 주려는 의도적이고 전술적인 실천 행위
> ⑧ 사회정의 보장
> ⑨ 당사자의 역량을 강화하는 것: 당사자의 역량을 강화하는 옹호활동은 개인이나 지역사회가 힘을 갖도록 하는 방법으로 직접개입 및 임파워먼트를 통해 개인이나 지역사회의 권리를 주장하는 것
> ⑩ 당사자 문제를 동일시하는 것: 당사자 입장에서 같은 목적의식을 갖고 당사자가 자신들의 명분을 주장하고 그들의 권리를 획득할 수 있도록 하는 것
> ⑪ 법적인 기반 사용하기
>
> (자료출처: 한국자폐인사랑협회, 2011)

3. 권리옹호 실천기술에 대한 이해

○ 발달장애인자녀의 권익옹호 및 자기옹호에 필요한 기본적 태도 논의
  - 일상생활 속에서 발달장애인 자녀의 이익과 권리를 보호하기 위해서, 그리고 다양한 서비스 제공자와의 관계 속에서 자녀를 대신하여 표현하고, 부모자신의 의견을 효과적으로 주장하기 위해서 갖추어야 할 기본적인 태도와 기술을 열거하고 이에 대하여 토의해보는 시간을 가지도록 함

---

* 자녀의 권리옹호를 위한 기본적 태도 및 기술
- 발달장애인자녀와 관련된 법률, 제도, 서비스 내용들에 대해 익숙해지도록 한다.
- 발달장애인자녀의 교육, 재활치료, 복지서비스를 담당하고 결정하는 사람과 정기적인 만남을 가지며, 필요한 사항에 대하여 적극적으로 요구하고 논의하도록 한다.
- 발달장애자녀와 관련하여 중요한 사안, 정보 및 진행과정들을 기록하고 보관한다.
- 발달장애자녀와 관련된 정보를 수집하고, 관련 부모교육, 토론회, 세미나 등에 적극적으로 참여하도록 한다.
- 발달장애자녀와 관련하여 만나게 되는 전문가에게 많은 것들을 물어보고, 질문하는 것에 두려워하지 말자.
- 효과적으로 의사소통을 할 수 있는 방법을 배우자. 중요한 미팅을 가지기 전에 미리 준비하고, 원하는 결과가 무엇인지를 명확히 하는 시간을 가진다. 필요한 사항을 명확히 하고, 자녀의 권익을 위해서 단호한 태도를 취하는 것은 필요하지만 상대편의 감정을 불필요하게 해치는 행위는 삼가도록 한다.
- 발달장애자녀의 강점(장점), 관심(선호도), 잠재적 역량을 드러내고 그것을 다른 이와 공유하도록 함으로써 남들이 당신 자녀를 전인간적 존재로 바라볼 수 있도록 노력한다.
- 문제발생시 해결가능성에 초점을 맞추고, 긍정적인 태도를 취하도록 노력한다.
- 사소한 것에 매몰되지 말고, 발달장애인자녀의 삶과 관련하여 중요한 것들을 항상 염두하고 전체적인 모습을 그리도록 노력한다.
- 가능한 한 발달장애인자녀가 자신의 삶과 관련하여 중요한 사항들을 스스로 선택하고 결정할 수 있도록 격려하고 지지하도록 노력한다.

(자료출처: National Center for Learning Disabilities)

*주: 학습장애자녀 부모를 위한 내용을 발달장애자녀 부모에게 적용하여 수정하였음

---

* 효과적인 대화법 – 자기주장 기술
- 나의 목표에 집중한다.
- 적절한 장소와 시간을 정한다.
- 문제상황을 구체적으로 정의한다.
- 자신의 감정을 설명하라.
- 요구사항을 이해하기 쉬운 짧은 문장으로 명확하게 표현한다.
- 자신의 의견이 상대방에게도 좋은 점이 있음을 설명한다.

(자료출처: National Center for Learning Disabilities)

○ 발달장애인가족의 권리옹호 실천 방법 및 기술

- 옹호활동에 사용할 수 있는 기술은 설득하기와 같은 협의적인 측면에서 집단행동과 같은 광의적인 측면까지 다양한 형태가 있는데, 여기서는 자주 사용되는 중요한 기술 몇 가지를 간략하게 소개하도록 함. 이 때 옹호기술은 당사자를 대표할 수 있고 당사자의 욕구를 상대방에게 명확하게 전달할 수 있도록 상황에 따라 선택하여야 함

발달장애인 가족에 의한 권리옹호 실천 방법 및 기술들

① 설득(persuasion) 또는 직면하기
→ 변화표적체계가 발달장애인과 가족에게 호의적인 결정을 내릴 수 있도록 문제제기, 정보제공 등
② 대변하기(representation)
→ 다른 사람의 의견을 대신해서 표현, 공통의 명분과 목적을 전달하는 행위
→ 구체적인 예로는 공청회, 법적 호소 등
③ 표적체계(집단)를 당황케 하는 것
→ 상대방이 합의된 사항을 준수하지 않거나 다른 의사결정을 내릴 때 주로 사용
→ 구체적인 예로는 기관 앞에서 피켓 시위, 잘못된 사실에 대한 지역신문 투고 등
④ 정치적 압력
→ 변화가 일어나지 않을 때 변화를 강요하기 위해서 정치적 권력을 공무원, 정부기관 등에게 행사하는 것
⑤ 미디어 활용
⑥ 탄원서 서명 전략
→ 변화를 촉구하는 사항에 대해 탄원서를 사람들에게 돌려 서명을 받는 방법
⑦ 로비활동
→ 특정 사안이나 정책사업 등을 관철시키기 위하여 (사적인 접촉을 통하여) 정치인이나 관료를 설득하는 행위
⑧ 집단시위활동 → 행진, 집회, 농성 등
⑨ 교육홍보전술 → 대규모 교육과 선전을 펼치는 것으로 특정 문제를 드러내고 해결책을 제시하는 것

---

4. 해외 발달장애인가족 권리옹호 교육 프로그램 사례들

1) Partners in Policymaking

○ 개요

- 영국의 "Partners in Policymaking(이하 PP)"는 1996년부터 발달장애자녀를 둔 부모의 '리더쉽 훈련 프로그램(leadership training program)'의 일환으로 실시되고 있으며, 발달장애인가족의 사회적 역량강화(empowerment)를 주된 목적으로 하고 있음
- 이 부모훈련 프로그램을 통하여 참가자들은 사회복지서비스의 역사, 통합 교육, 장애정책 이슈들, 권리옹호 기술, 발달장애자녀의 평생계획수립 등에 관한 교육과정을 이수하는 한편, 서비스 제공자, 담당 공무원, 정책 입안자 등과의 관계 속에서 발달장애인의 복지와 권리를 충족시킬 수 있는 훈련을 수행함

- 교육 과정 후 많은 부모들은 발달장애자녀의 필요를 충족시키기 위해 자신의 목소리를 내는 것에 대해 자신감을 표출하였고, 이후 발달장애인의 복지개선과 관련된 각종의 모임이나 위원회 활동에 자발적이고 적극적인 활동을 수행하는 등 긍정적 효과를 가져왔음(Beresford et al. 1996)

○ 진행 방식
- PP는 보통 한 달마다 1박2일의 워크샵 형태(하나의 섹션으로 통칭됨)로, 총 8개월 간 진행(총 8개 섹션)되고 있음
- 하나의 섹션이 끝나고 다음 섹션이 이루어지는 중간기간에는 참여자들에게 적절한 과제가 주어지는데, 이들이 수행하여야 하는 과제들로는 적절한 정보를 찾는 방법, 정책입안자 및 사회서비스 제공자와의 관계 맺기, 정책관련자에게 자신의 의견 표출하기, 정책 결정 및 입안과정에 대한 이해 등 실질적인 훈련을 수행하는 것들로 구성되어져 있음

○ 교육 프로그램 주제 및 세부 내용

주제	세부 내용
역사	● 장애인을 사회적으로 다루어져 왔던 방식들에 대한 역사적 고찰 ● 장애관련 서비스의 발전과정 ● 자기옹호, 부모운동, 자립생활운동 등에 대한 역사
교육	● 통합교육의 필요성 및 효과 ● 장애아동 통합 전략
평생계획	● 자녀가 성인이 되었을 때의 삶에 대하여 예견하고 계획을 세워보는 것 ● 개별중심계획, 지원관계망(circles of support), 거주지원, 장애친화적 지역사회 환경 조성 등을 다룸
고용	● 장애인이 직업을 가질 수 있도록 하는데 필요한 훈련 및 지원방법 ● 전환교육 등을 다룸
정책발전	● 장애관련 서비스에 대한 정책적 결정이 국가적으로 지방자치 차원에서 어떻게 이루어지며, 이러한 결정에 대하여 어떠한 영향을 미칠 수 있는가에 대하여 살펴봄 ● 의회 입안 과정, 법률에 의거한 정책실행 과정 등을 다룸
보조공학	● 어떻게 (보조)기술이 장애인의 이동, 소통, 자가보호, 고용 등에 적용될 수 있는지, 어떠한 상태의 기술지원이 최적의 환경을 창출할 수 있는지에 대하여 살펴봄
권리옹호	● 미래의 삶에 대한 비전 개발, 관련 법령 지식 습득, 정책 변화 방법, 연합체 구성, 언론매체 활용 기법, 지역사회단체 조직 등을 다룸

2) Hft's Workshops for family carers

○ 개요
- 본 부모교육 프로그램은 주로 지적장애(learning disabilities)를 가진 청소년 혹은 성인자녀를 두고 있는 가족을 대상으로 Hft 단체에서 가족역량강화를 목적으로 시행되고 있는 프로그램으로, 강의 및 그룹 토론의 방식이 결합된 워크샵 형태로 제공되고 있음
- 본 교육 프로그램은 총 5개의 세션으로 구성되어 있는데, 각 세션에서 다루는 주제들은 공통적인 요소가 있기도 하지만, 해마다 중요한 정책이슈가 떠오르면 그 내용들을 다루는 등 유연한 방식으로 진행되고 있음

○ 교육 프로그램 내용
- 2007년도에 진행되었던 교육 프로그램 내용을 하나의 예로 제시하면 다음과 같음

세션	주제	세부 내용
1	Valuing People	• 지적장애인에 대한 정부의 정책백서 "Valuing People" 이해
2	서비스 신청 방법	• 사회서비스 신청, 사정, 제공 절차에 대한 이해 • 장애관련 서비스 내용 • 지적장애관련 주요 법령 이해
3	주간활동 및 돌봄지원	• (성인)지적장애인에게 적합한 주간 활동의 내용 및 필요한 서비스 • 돌봄자의 필요욕구 사정(Carer's assessment) 내용 및 절차
4	옹호 및 지원네트워크	• 권리옹호의 이해 및 훈련 • 지역사회 내 지원네트워크(circles of support) 운영 방식
5	주거 및 지원	• 지적장애인에게 제공되는 주거지원의 방식 및 내용 (care homes, supported living networks, shared lives, social housing, renting, shared ownership, use of family property)

교육방법

○ 강의형 교육
- 발달장애인가족의 권리옹호에 대한 이해(개념적 정의 및 특성 등)
- 권리옹호의 유형과 차원
- 권리옹호 실천 방법 및 기술에 대한 이해

○ 참여형 교육
  - 다양한 현장(학교, 지역사회 등)에서 겪었던 차별 혹은 권리침해 경험과 이에 대한 자신의 옹호활동 경험 나누기
  - (비슷한 경험을 가진 동료부모와 함께 집단적인 옹호활동을 한 경험이 있는 경우), 그 내용과 효과에 대해 이야기 나누기
  - 발달장애인부모단체 부모활동가 초청하여 이야기 나누기
○ 실습연계형 교육
  - 권익옹호 편지 쓰기, 성명서 쓰기, 탄원서 쓰기 등
  - 공무원, 시의원 등과의 면담 갖기

유의사항

○ 일상적인 생활 속에서, 다양한 현장에서 발생하는 문제점들을 해결하기 위하여 활용 가능한 권리옹호 방법 및 실천기술을 중심으로 교육이 이루어지도록 함
○ 발달장애인가족에 의한 권리옹호실천의 효과가 무엇인지 사례중심으로 설명하여 참여자의 이해를 높이도록 함

참고자료

○ 참고도서

한국자폐인사랑협회 (2011). 성인기 자폐성장애인 옹호 매뉴얼: 지역사회 옹호인만들기.

최복천 (2010). Exploring parental experiences and practices associated with disabled children: From a disability studies perspective. 특수교육저널: 이론과 실천, 11(2), 281-309.

○ 참고사이트

National Center for Learning Disabilities (http://www.ncld.org/parent-child-disabilities)

Hft (http://www.hft.org.uk)

Ⅰ-11. 적극적 권리옹호 교육

과정	공통	영유아기	초등학령기	청소년기	성인기	영역	지식·정보	기술	심리·정서
주제			적극적 권리옹호 교육						

교육의 필요성

○ 학교현장에서 장애학생의 교육권을 보장하기 위해서 장애인 등에 대한 특수교육법과 장애인 차별 금지 및 권리구제 등에 관한 법률에서는 차별금지 사항, 권리구제 절차 등에 대한 내용을 명확히 명시하고 있다.

○ 따라서 장애학생과 장애부모, 장애학생 관련자는 법적으로 보장되고 있는 장애인 교육권에 대한 내용을 이해하고 활용함으로써 장애학생의 교육의 질을 높일 수 있다.

교육내용

1. 학교현장에서 권리옹호 방법

○ 법적으로 금지하고 있는 차별의 종류

　- 장애학생과 부모들이 특수교육 현장에서 겪을 수 있는 차별에 대해 장애인 등에 대한 특수교육법과 장애인 차별금지 및 권리구제 등에 관한 법률 등에서는 그 범위를 명확히 정하고 있음. 장애인 등에 대한 특수교육법에서는 ▲장애를 이유로 입학의 지원을 거부하거나 입학전형 합격자의 입학을 거부하는 행위, ▲가족지원, 치료지원, 보조인력 지원, 통학지원, 정보접근지원, 기숙사 지원 등 특수교육 관련서비스 제공에서의 차별을 하는 행위, ▲특수교육대상자의 수업 참여 배제 및 교내외 활동의 참여를 배제하는 행위, ▲개별화교육지원팀 회의에서의 참여 등 보호자 참여에서의 차별, ▲개별 대학의 입학전형절차에서의 장애를 이유로 별도의 면접이나 신체검사를 요구하는 등 입학전형과정에서의 차별을 차별로 규정하고, 이에 대한 권리 구제 절차를 규정하고 있음

* 장애인 등에 대한 특수교육법에서 규정하고 있는 차별행위의 대상
  - 장애를 이유로 입학의 지원을 거부하거나, 입학전형 합격자의 입학을 거부하는 행위
  - 특수교육 관련서비스 제공에서의 차별
  - 수업 참여 배제 및 교내외 활동 참여의 배제
  - 개별화교육지원팀에의 참여 등 보호자 참여에서의 차별
  - 대학의 입학전형절차에서의 장애를 이유로 별도의 면접이나 신체검사를 요구하는 등 입학전형 과정에서의 차별

- 장애인 차별금지 및 권리 구제 등에 관한 법률에서는 장애인 차별을 크게 직접차별과 간접차별로 분류하고 있는데 직접차별이란 '정당한 사유 없이 장애를 이유로 한 제한, 배제, 분리, 거부 등에 의하여 불리하게 대하는 경우'를 말하고, 간접차별이란 '형식상으로 제한, 배제, 분리, 거부 등에 의해 불리하게 대하지 않았지만 정당한 사유 없이 장애를 고려하지 않은 기준을 적용함으로써 장애인에게 불리한 결과를 초래하는 경우'를 말한다. 장애인차별금지법에서 교육 현장에서의 차별 범위도 제13조에서 별도로 규정하고 있는데 ▲입학거부 금지, 전학강요 금지 ▲각급 학교의 지정·배치 요구 시 특별한 사유가 없는 한 받아들일 것을 명시 ▲참여 배제 금지 ▲진로 및 직업교육 제공 ▲장애인을 비하, 모욕 금지 ▲입학전형 과정에서의 차별 금지 ▲순회교육에서의 초중등교육법에 의거한 수업시수·수업일수 준수 요구 등이 있음

* 장애인 차별금지 및 권리구제 등에 관한 법률에서 규정하고 있는 차별행위의 대상
  - 입학거부 금지, 전학강요 금지
  - 각급 학교의 지정·배치 요구 시 특별한 사유가 없는 한 받아들일 것을 명시
  - 장애학생지원부서 또는 담당자 배치
  - 특정 수업이나 실험·실습, 현장견학, 수학여행 등 학습을 포함한 모든 교내외 활동에서 장애를 이유로 장애인의 참여를 제한, 배제, 거부 금지
  - 취업 및 진로교육, 정보제공에 있어서 장애인의 능력과 특성에 맞는 진로교육 및 정보 제공
  - 교육기관에 재학 중인 장애인 및 장애인 관련자, 특수교육 교원, 특수교육보조원, 장애인 관련 업무 담당자를 모욕하거나 비하 금지
  - 입학전형 과정에서의 차별 금지
  - 순회교육에서의 초중등교육법에 의거한 수업시수·수업일수 준수
  - 정당한 편의 제공을 요청할 때 정당한 사유 없이 이를 거절 금지

  ※ 정당한 편의제공의 종류
  · 장애인의 통학 및 교육기관 내에서의 이동 및 접근에 불이익이 없도록 하기 위한 각종 이동용 보장구의 대여 및 수리
  · 장애인 및 장애인 관련자가 필요로 하는 경우 교육보조인력의 배치
  · 장애로 인한 학습 참여의 불이익을 해소하기 위한 확대 독서기, 보청기기, 높낮이 조절용 책상, 각종 보완·대체 의사소통 도구 등의 대여 및 보조견 배치나 휠체어의 접근을 위한 여유 공간 확보
  · 시·청각 장애인의 교육에 필요한 수화통역, 문자통역(속기), 점자자료, 자막, 큰 문자자료, 화면낭독·확대프로그램, 보청기기, 무지점자단말기, 인쇄물 음성변환 출력기를 포함한 각종 장애인보조기구 등 의사소통 수단
  · 교육과정을 적용함에 있어서 학습진단을 통한 적절한 교육 및 평가방법의 제공
  · 그 밖에 장애인의 교육활동에 불이익이 없도록 하는 데 필요한 사항으로서 대통령령으로 정하는 사항

○ 관련 법률에 따라 차별을 당했을 때 보호받을 수 있는 절차
- 「장애인 등에 대한 특수교육법」에서는 이와 같은 차별을 당했을 때 관한 시·군·구 교육청(중학교 이하) 또는 관한 시·도 교육청에 설치·운영 되고 있는 특수교육운영위원회를 통해 심사청구를 할 수 있다. 차별을 당한 부모는 특수교육운영위원회를 통해 심사청구를 할 수 있음. 차별을 당한 부모는 특수교육운영위원회에 심사청구서를 작성하여 심사청구를 신청할 수 있고, 특수교육운영위원회는 30일 이내에 이를 심사하여 결정하여야 함. 그리고 특수교육운영위원회의 심사청구 결과에 이의가 있을 경우 90일 이내에 관할 법원에 행정심판을 청구할 수 있음

> ○ 장애학생 또는 그 보호자의 교육받을 권리를 구제받을 수 있는 방법
> - 「장애인 등에 대한 특수교육법」은 다른 교육법과 달리, 장애학생과 그 보호자가 교육 현장에서 차별을 당하였을 때, 이에 대한 이의신청(법률에서는 심사청구로 명시)을 지역 교육청마다 설치되어 있는 특수교육운영위원회에 제기할 수 있음. 〈장애인 등에 대한 특수교육법 제36조 (고등학교 과정 이하의 심사청구)〉
> - 이의신청(심사청구)의 대상
>   · 특수교육을 필요로 하는 사람으로 선정
>   · 특수교육대상자 선정 여부 통지시 교육지원 내용 : 특수교육, 진로 및 직업교육, 관련서비스 등
>   · 특수교육대상자의 학교 배치
>   · 장애를 이유로 입학의 지원을 거부하거나, 입학전형 합격자의 입학을 거부하는 행위
>   · 특수교육 관련서비스(가족지원, 치료지원, 보조인력 지원, 통학지원, 정보접근지원 등) 제공에서의 차별
>   · 수업 참여 배제 및 교내외 활동 참여의 배제
>   · 개별화교육지원팀에의 참여 등 보호자 참여에서의 차별
>   · 대학의 입학전형절차에서 장애를 이유로 별도의 면접이나 신체검사를 요구하는 등 입학전형 과정에서의 차별
> - 이의신청(심사청구) 절차
>   · 영유아 교육기관 및 초·중·고 교육기관에 재학하는 학생 및 보호자의 경우는 영유아 교육기관 및 초·중학교 교육기관에 재학하는 학생 및 보호자는 관할 시·군·구 특수교육운영위원회에 심사청구 서류 제출 (고등학교의 경우 시·도특수교육운영위원회에 서류 제출). 관할 특수교육운영위원회는 30일 이내에 심사하여 결정사항을 청구인에게 통보. 심사 과정에는 반드시 청구인(학생 또는 보호자)의 의견을 수렴하도록 함. 결정된 사항에 대하여 해당자(예를 들어 교육감, 교육장, 각급학교의 장, 관계자)는 반드시 따라야 하고, 이를 이행하지 않을 경우 학생 또는 보호자는 90일 이내에 행정심판을 제기할 수 있음
>   · 대학에 재학하고 있는 학생 및 보호자의 경우는 대학에서 설치한 특별지원위원회에 심사청구 서류 제출. 특별지원위원회는 2주 이내에 심사를 완료하여 결정사항을 청구인에게 통보

- 「장애인차별금지법」의 경우, 법률에서 명시된 차별을 당했을 경우 국가인권위원회를 통해 진정서를 제출할 수 있도록 되어 있음. 차별을 당한 부모들은 진정 서식을 작성하여 국가인원위원회에 팩스, 이메일 등으로 서류를 접수하면, 국가인권위원회의 장애차별조사과에서 이를 처리하게 됨. 국가인권위원회는 진정서를 심사하여 차별이라고 판단할 경우 해당 기관 또는 개인에게 시정을 권고할 수 있고, 해당 기관 또는 개인이 그 시정을 이행하지 않을 경우 법무부의 장애차별시정위원회에서 시정명령을 내릴 수 있음. 시정명령에 불복할 경우 해당 기관 또는 개인은 과태료를 부과 받게 됨.
- 이와 같은 절차적 보호 조치 이외에 법적 근거만으로 민·형사상 소송을 제기할 수도 있고 경찰에 고소·고발을 할 수도 있음. 하지만 이와 같은 소송의 경우 비

용이 발생할 수 있고, 전문성을 요구하기 때문에 관련 단체나 전문가의 도움을 받는 것이 적절함.
○ 기타 제도적 방법을 활용하는 경우
- 본인이 겪은 사례가 법적으로 명확한 근거를 찾기 어려울 경우, 우선 본인의 갈등 사례가 실제 장애학생의 교육권이나 학습권에 피해를 주고 있는지, 장애학생이나 본인에게 모욕감이나 수치심을 주고 있는지, 억울하게 피해를 받았는지 등을 꼼꼼하게 따져 본 후, 관련한 제도적 방법을 찾아 대응해 볼 수 있음.
- 대응방법으로는 국가인권위원회의 일반 진정을 하는 방법이 있고, 국민권익위원회를 통해 민원을 접수하는 방법이 있음. 국가인권위원회의 일반적인 진정은 정부나 기관 등이 국민의 인권을 침해하거나 부당하게 대했을 때 그 권리를 구제받기 위해 운영하는 제도로 위의 진정서 접수와 같은 방식으로 국가인권위원회의 인권상담센터를 통해 진정서를 접수하면 됨. 국민권익위원회의 경우 국가의 정책이나 제도 등으로 인해 국민이 피해를 입거나 피해를 입을 가능성이 있을 때, 국가를 상대로 민원을 제기하는 통합 민원 제도인데, 학교 현장에서 발생할 수 있는 학교와 부모의 관계 속에서 부당한 문제가 발생했을 때 민원을 신청할 수 있음.
- 한편, 관할 교육청이나 특수교육지원센터를 통해 본인의 문제를 알리고 그 해결 방안을 요청할 수도 있고, 홈페이지 민원 게시판에 본인의 사연을 탑재할 수도 있음.

교육방법

○ 강의형 교육
- 적극적인 권리 옹호 활용 방법에 대해서는 법에 근거해서 한다.
- 학교현장에서 장애학생의 구체적인 갈등사례, 차별사례를 활용해서 한다.
○ 참여형 교육
- 발달장애학생에게 필요한 보조공학에는 어떤 것들이 있는지 조별 토론을 통해 정리해서 발표한다.
- 조별로 발표한 구체적인 사례를 가지고 「장애인 등에 대한 특수교육법」, 「장애인 차별 금지 및 권리구제 등에 관한 법률」에서 보장하고 있는 권리 구제 방법을 활용해서 정리 강연한다.

○ 실습연계형 교육
  - 심사청구서나 진정서를 직접 작성한 후 교육청, 국가인권위원회, 국민권익위원회에 직접 방문해서 제출해보고 구제절차 방법에 대한 교육을 받아본다.

유의사항

○ 「장애인 등에 대한 특수교육법」 및 「장애인 차별 금지 및 권리구제 등에 관한 법률」에서 명시하고 있는 권리와 권리구제방법을 활용하기 위해 구체적인 갈등사례, 차별사례를 가지고 강의하여야 함

참고자료

○ 참고도서

김원경, 이석진, 김은주, 권택환 (2008). 장애인 등에 대한 특수교육법 해설서. 서울: 교육과학사
전국장애인교육권연대, 전국장애인부모연대 (2010). 장애인과 장애인 가족을 위한 인권상담 길라잡이. 서울: 민들레출판사
장애인차별금지추진연대 (2011). 장애인 차별금지법을 따라 걷는 올레길. 서울: 장애인차별금지추진연대

○ 참고사이트

한국장애인고용촉진공단 보조공학센터: http://www.atc.or.kr

국립특수교육원: http://www.knise.kr

국가인권위원회: http://www.humanright.go.kr

국민권익위원회: http://www.acrc.go.kr/acrc/

전국장애인교육권연대: http://www.eduright.or.kr

전국장애인부모연대 : http://www.bumo.or.kr

장애인차별금지추진연대: http://www.ddask.net

Ⅰ-12. 지역사회 서비스 활용

과정	공통	영유아기	초등학령기	청소년기	성인기	영역	지식·정보	기술	심리·정서
주제	지역사회 서비스 활용									

■ 교육의 필요성

o 장애자녀를 둔 부모는 육체적으로, 정신적으로, 재정적으로 힘든 경험을 하게 된다. 지속적으로 치료, 교육, 돌봄 비용 등의 직접적인 비용 이외에도 경제활동 중단으로 인한 손실과 같은 드러나지 않는 비용부담도 크기 때문이다. 따라서 의료적, 교육적, 재정·경제적, 문화적 서비스를 이용하지 않는 상태에서 자녀와 가족을 적절하게 돌볼 수 있는 부모는 거의 없다. 뿐만 아니라 장애 자녀를 양육하는 과정에서 치료, 교육, 전환 및 진학, 일상생활 지원 등 비장애 자녀 양육과는 전혀 다른 경험으로 인해 다양한 정보와 자원을 필요로 하게 된다. 따라서 자녀와 가족의 삶의 질을 향상시키기 위해서는 지역사회 서비스를 적절하게 활용해야 하지만 이에 대한 정보와 활용에 대한 접근이 그리 쉽지 않아 곤란을 경험하는 부모들이 많다.

o 자녀를 양육하는 과정에서 전문가와의 협력도 필요하지만 부모들 자신이 자녀의 전문가가 되어야 한다. 장애자녀를 양육하는 과정에서 겪는 독특한 경험과 어려움 때문에 절망감을 느낄 수도 있지만 누구도 부모만큼 자녀에 대해 잘 알지는 못한다는 점이 중요하다. 부모 스스로가 자녀와 가족에게 필요한 적절한 정보와 자원을 구하고 찾아서 활용할 수 있는 역량을 강화할 수 있는 방향으로 교육의 내용을 구성한다.

■ 교육내용

1. 지역사회 서비스에 대한 정보 얻기

  o 다양한 지역사회 서비스를 활용하기 위해서는 이러한 서비스에 대한 종합적인 정보를 체계적으로 얻을 수 있는 경로를 찾는 것이 중요함. 인터넷 검색이나 다른

부모들과의 교류를 통해서도 정보를 얻을 수 있지만 보다 유용한 정보를 얻기 원한다면 공식적인 접촉 경로를 찾을 필요가 있음

○ 국내에서 발달장애인 및 가족에게 필요한 지역사회 서비스와 관련된 정보를 얻을 수 있는 곳으로는 보건복지콜센터 129, 중앙 및 지역 장애아동·발달장애인지원센터, 발달장애인관련 협회 등이 있음. 안타까운 것은 외국과 같이 정부에서 지원하는 부모훈련 기관이 아직 없다는 점임

> ○ 보건복지콜센터 129
> 전국 어디서나 국번없이 129번으로 전화하면 이용할 수 있다. 평일 오전9시부터 오후 6시까지 상담원과 연결하여 상담이 가능하며 업무시간 중 통화가 전화 연결이 안 될 경우나 업무시간 이후에 상담예약을 하면 업무시간 중 연락을 해준다. 실명인증 또는 아이핀(i-PIN) 인증 후에 인터넷 채팅으로도 상담이 가능하다(http://www.129.go.kr/)
>
> ○ 중앙 및 지역장애아동·발달장애인지원센터
> 중앙장애아동·발달장애인지원센터는 2013년부터 현재까지 보건복지부로부터 한국장애인개발원이 위탁운영 중에 있음. 중앙센터는 장애아동 및 발달장애인을 위한 연구수행지원, 프로그램 개발 및 교육지원, 장애인식개선 및 홍보, 권리침해 모니터링 및 권리구제 지원, 후견인 후보자 추천, 지역센터 운영지원 등의 업무를 담당한다. 지역 센터는 개인별 지원계획 수립, 복지지원 정보제공 및 연계, 발달장애인 조기 발견 및 인식개선, 후견인 감독지원 및 후견업무 지원, 상담지원, 신고접수, 현장조사 및 보호조치 등의 권리구제 지원역할을 한다.(http://www.broso.or.kr).

> * 미국의 경우 부모들의 훈련, 지원, 정보를 정부차원에서 제공하고 있다. 정보를 제공하는 기관들로는 부모 훈련 및 정보 센터(Parent training and information centers, PTI), 주정부 및 연방정부의 지원을 받는 지역사회 부모 자원 센터(community parent resource centers, CPRC)가 있다. PTI는 IDEA 2004 (장애인 교육법)하에 만들어 졌으며 미교육청의 특수교육 프로그램국(OSEP) 소속이다. 미국 연방교육부는 주의 장애아동 부모를 위한 훈련 및 정보 센터(Parent Training and Information, PTI Centers)와 지역학부모정보센터에(Community Parent Resource Centers, CPRCs)에 재정지원을 통해 모든 장애가 있는 신생아~21세의 아동 및 청소년과 가족을 돕고 있다. 이곳에서는 부모 및 전문가에게 다양한 주제에 대한 훈련과 정보를 제공하고, 가족과 학교 또는 다른 기관 사이의 문제를 해결하며, 장애 아동을 그들의 필요에 맞는 지역 사회 기관과 연결해준다.

2. 지역사회 서비스

○ 지역사회 서비스란 개인 또는 사회전체의 복지증진 및 삶의 질 향상을 위해 사회적으로 제공되는 서비스로 집합적 대응이 필요하다고 사회적으로 인정되고 개인과 국가가 공동으로 책임지는 국가 혹은 지역서비스를 의미한다. 이는 서비스 제공주체에 따라서 공식적 서비스와 비공식적 서비스, 공(공)적 지원서비스와 민간지원서비스로 분류할 수 있으며 그 범위가 광범위함

○ 또한 분야 면에서도 복지, 교육, 고용, 주택, 문화 등 매우 다양함. 이중 비공식적

서비스 내지는 순수 민간지원의 경우 종합적으로 정리된 정보를 구하기란 쉽지 않고 발달장애인의 개개인의 상황과 욕구에 맞추어 연계해야 하기 때문에 본 교육 안에서는 제외하기로 하고 중앙정부부처, 중앙행정기관, 지방자치단체의 조례, 민간기관의 자체운영규정 등에 근거를 두고 시행되고 있는 각종 공식적(공적)서비스를 중심으로 소개하고자 함

○ 이를 간략하게 정리하면 다음의 표와 같음(이와 관련된 지원대상, 지원내용, 신청 절차 등 보다 상세한 정보는 매년 보건복지부에서 발간하는 장애인복지사업안내를 참조할 것). 각각의 제도나 시설 서비스는 기본적으로 본인이나 가족의 신청에 의해 이용자격 여부를 결정하는 절차를 진행하게 됨. 이때 적용되는 기준은 주로 소득기준과 장애등급이 되기 때문에 실제로 지역사회서비스를 이용할 수 있는 대상자의 범위가 그리 넓지 않은 문제점은 지속적으로 지적되고 있음

주요 지역사회서비스	주요 내용
연금 등 소득지원	장애인연금, 경증장애인수당, 장애아동수당, 자녀교육비, 장애아보육료지원, 자립자금대여, 장애인근로자 자동차 구입자금대여, 장애인 의료비 지원, 장애인등록시 진단비 및 검사비 지원, 장애인보조기구 교부, 장애인보장구 의료급여, 실비장애인 생활시설 입소 이용료 지원
자립 및 취업관련	장애인활동지원, 중증장애인자립지원센터 운영, 거주시설 장애인의 지역사회 자립지원, 장애인 취업지원
주거지원	공동주택 특별공급 알선, 저소득 중증장애인 전세주택 제공, 저소득 장애인 맞춤형 집수리 지원
아동·여성지원	장애아동 재활치료 지원, 장애부모 아동 언어발달치료 지원, 여성장애인 홈헬퍼, 여성장애인 출산비용지원
특별교통수단	장애인콜택시, 장애인심부름택시, 무료셔틀, 저상버스
감면 및 공제	장애인용 차량 취득세, 자동차세 면제, 승용자동차 개별소비세 면제, 차량구입시 도시철도채권 구입면제, 공영주차장 주차 감면, 각종 세금 감면 등
각종할인	전기요금, 도시가스, 철도 및 도시철도, 유선 및 이동전화요금, TV수신료, 항공 및 여객선, 국공립공연장, 인터넷, 고속도로 통행료 등
기타지원	방송수신기, 무료보급, 승용자동차, LPG연료 사용허용, 장애인방송 시청지원, 장애인문화바우처, 무료법률 구조제도
장애인관련 시설 서비스	장애인복지관, 장애유형별 거주시설, 중증장애인거주시설, 장애영유아거주시설, 장애인공동생활가정, 장애인단기거주시설, 주간보호시설, 재활병·의원, 장애인직업재활시설, 장애인전용체육관, 장애인정보화교육기관, 장애아동보육시설, 장애인자립지원 센터 등

3. 사회서비스 전자바우처

o 최근 국내에서는 노인, 장애인, 산모, 아동 등 사회서비스를 필요로 하는 사람들에게 전자 이용권(바우처)을 발급하여 서비스를 이용할 수 있도록 하고 있음. 이는 기존의 서비스 공급자를 지원하던 방식에서 수요자를 지원하는 방식으로 전환함으로써 수요자의 선택권을 보장하고, 단일한 제공기관을 지원하던 방식에서 복수의 제공기관을 지원함으로써 공급자간의 경쟁을 유도하여 사회서비스의 질을 향상하겠다는 의지를 담고 있음

o 전자바우처는 사회서비스를 편리하게 이용할 수 있도록 현금카드의 형태로 지급되며 서비스 신청에서 이용과 비용지급, 정산 등 전 과정이 전자시스템으로 처리됨. 향후에도 사회서비스 전자바우처제도는 지속적으로 확대될 전망이므로 발달장애부모들에게는 유용한 지역사회서비스 정보가 될 수 있으므로 이를 교육내용에 포함하도록 한다. 현재 보건복지부에서 시행하고 있는 주요 사업은 다음과 같음

> * 사회서비스 바우처 사업의 종류
> - 노인돌봄종합서비스: 65세 이상 노인 중 일상생활이 어려운 분들에게 제공하는 가사 활동지원 서비스
> - 장애인활동지원사업: 활동이 어려운 중증 장애인에게 제공하는 일상 생활 및 사회활동보조 서비스
> - 산모·신생아도우미사업: 저소득 가정 산모와 신생아에게 제공하는 건강관리 및 가사지원 서비스
> - 가사간병방문사업: 소년소녀 가장, 한부모 가정, 장애인과 중증질환자에게 제공하는 간병 및 가사지원 서비스
> - 지역사회서비스투자사업: 전국을 대상으로는 취학 전 아동 인지능력향상 서비스가 있으며, 각 지역별로는 문제아동조기개입서비스 등 700여개의 다양한 서비스가 있음
> - 임신출산진료비지원사업: 임산부에게 임신과 출산에 관련된 진료비용 등을 지원하는 서비스
> - 장애아동재활치료사업: 장애의 조기발견 및 중재를 위한 부모상담 서비스, 언어, 미술, 음악, 심리행동 치료 등의 서비스
> - 언어발달지원사업: 장애인 부모를 둔 아동들을 위한 언어발달진단, 언어, 청능, 독서 치료 등의 서비스

○ 사회서비스 전자바우처 사업 현황

업명		바우처 시작 연도	대상	선정기준	지원수준	본인 부담금 (월/원)
노인 돌봄 서비스	노인돌봄 종합서비스	07.5월	만65세 이상 노인	노인장기요양등급 외 A,B 판정자로서 평균 소득 150% 이하	•방문서비스 월 27/36시간 •주간보호서비스/월 9, 12일	면제 ~64,000원
	노인단기 가사서비스	14.2월	만65세 이상 독거노인 또는 부부모두 75세이상	평균소득 150%이하로골절(인공관절포함) 또는 중중질환 수술자로 최근 2개월 이내의 진단서(소견서) 필요	월24시간 (최대2개월)	면제 ~42,000원
	치매환자 가족휴가 지원서비스	14.7월	노인돌봄종합 서비스 이용자 중 치매노인	최근 6개월 이내에 발급받은 의사진단서(상병 코드F00~F03, G30) 및 의사소견서로 치매노인임을 확인	연 6일	면제 ~6,500원
장애 인사 업	장애인 활동지원	11.11월	등록1~3급 장애인(만6세이상~만65세미만)	장애인복지법상 등록 1~3급 장애인으로 인정 점수가 220점 이상(소득수준과 무관)	등급에 따라 47~118시간 (추가급여 10~273시간)	면제 ~102,200원
	시·도 추가지원	10.10월	등록1~6급 장애인(시도별 등급상이)	시·도별 상이	시도 및 등급에 따라 20~868시간	시도 및 등급별 상이
지역 자율 형 사회 서비 스투 자 사업	지역사회 서비스투자	07.8월	사업별로 상이	전국가구 평균소득 100%이하(노인, 장애인 대상 사업의 경우 120% 이하)	사업별로 상이 (월1~월20회)	사업별로 상이
	산모신생아 건강관리 지원	08.2월	출산 가정	기준중위소득 80% 이하 /단, 소득기준을 초과하는 예외지원대상에 대하여 시·도와 협의 후 시·군·구(보건소)에서 결정하여) 지역별 예외 기준을 적용	등급에 따라 12~24일간 건강관리사 파견	기관별 상이
	가사간병 방문지원	08.9월	기초수급자 및 차상위 계층(만65세미만)	국민기초생활보장수급자, 차상위계층 중 가사·간병이 필요한 자	월24/27시간	면제 ~19,710원
장애 아동 가족 지원	발달재활 서비스	09.2월	만18세 미만 장애 아동	전국가구평균소득 150% 이하(소득별차등지원)	월 14~22만원 내에서 포인트 지원(월8회 주2회/회당50분)	면제~최대 8만원
	언어발달 지원	10.8월	만12세 미만 비장애 아동	전국가구평균소득 100% 이하(소득별차등지원)	월 16~22만원 내에서 포인트 제공(월8회 주2회/회당50분)	면제~최대 6만원

업명	바우처 시작 연도	대상	선정기준	지원수준	본인 부담금 (월/원)
발달장애인 부모심리 상담서비스	14.2월	발달장애인 자녀의 부모	전국가구평균소득 150% 이하 가정	월 16만원포인트 제공(회당50분, 월4회 이상)	4천원~최대 4만원
임신출산 진료비지원	08.12월	임신확인서로 임신이 확진된 임신·출산 진료비 지원 신청자	임신확인서로 임신이 확진된 건강보험 가입자	임신 1회당 50만원(일 한도 없음, 쌍태아의 경우 70만원)	면제
청소년산모 임신출산 진료비지원	12.1월	임신확인서로 임신이 확인된 청소년모 임신·출산 의료비 지원 신청자	임신이 확인된 청소년 산모로서 만 18세(신청일 기준) 이하	임신1회당 120만원(일 한도 없음)	면제

※ 각 사업별로 신청 방법, 이용 절차, 지원 금액 등이 상이하므로, 사회서비스 전자바우처 홈페이지(www.socialservice.or.kr) 또는 서비스별 운영 기관 홈페이지에 접속하여 구체적인 이용 방법 등을 통해 관련 정보를 확인해야 함.

4. 문화체육관광부 문화·스포츠·여행바우처

- 경제적 어려움 등 여러 가지 제약으로 문화·스포츠·여행 기회를 갖기 어려운 취약계층(기초생활수급자, 법정차상위계층)에게 문화, 여행, 스포츠바우처 및 관람바우처를 지급하는 사업임

- 문화·스포츠·여행바우처 홈페이지 참조(http://www.tvoucher.kr)

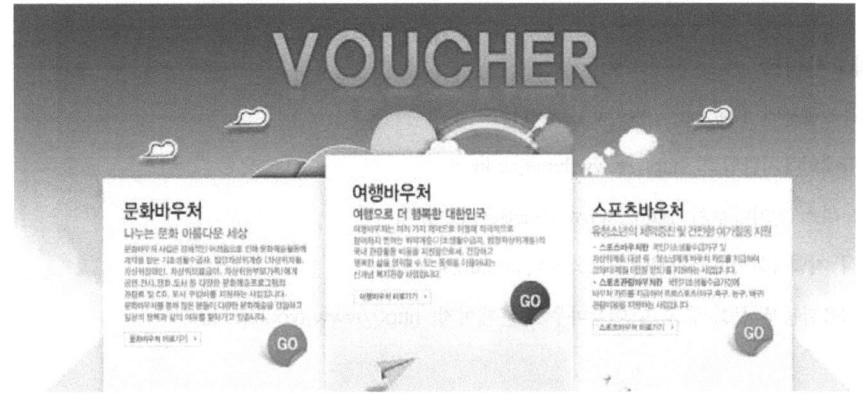

교육방법

○ 강의+토론형 교육
  - 주요 지역사회서비스의 전반적인 내용에 대한 강의 진행
  - 발달장애인의 관점에서 개선되어야 할 부분에 대한 토론 진행

유의사항

○ 발달장애인가족의 경제적·소득지원, 교육·문화·여가활동지원, 의료·재활·건강지원, 심리·사회·정서적 지원, 돌봄·보호·휴식영역에서의 돌봄 부담에 대해 간략하게 논의한 후 지역사회 서비스에 대해 소개할 것
○ 지루하고 딱딱한 강의가 되지 않도록 교재 및 강의자료, 강의방식 등을 면밀하게 준비하고 관련 사이트를 방문하여 직접 정보를 접할 수 있도록 할 것

참고자료

○ 참고도서

보건복지부(2016). 장애인복지사업안내.

○ 참고사이트

보건복지콜센터 129: http://www.129.go.kr
한국장애인복지관협회: http://www.hinet.or.kr
사회서비스 전자바우처: http://www.socialservice.or.kr
서울시 지역사회서비스지원단: http://csi.welfare.seoul.kr
문화체육관광부 문화·스포츠·여행바우처 홈페이지: http://www.tvoucher.kr

Ⅰ-13. 발달장애인의 의사소통 활용

과정	공통	영유아기	초등학령기	청소년기	성인기	영역	지식·정보	기술	심리·정서
주제	발달장애인의 의사소통 활용									

■ 교육의 필요성 ■

○ 발달장애인에 대한 의사소통은 구어(말)만으로 불가능한 경우가 있다.

○ 발달장애인에 대한 구어를 중심으로 한 장기간의 언어치료로 부모와 장애인 당사자의 많은 노력과 경제적 부담이 매우 크다.

○ 부모들에 따라서는 자녀들이 반드시 구어를 하도록 해야한다고 생각하며 구어가 아닌 의사소통은 인정하지 않으려는 경향이 있다.

○ 그러나 언어의 목적은 의사소통이므로 발달장애인이 구어로 의사소통이 가능할 지의 여부를 판단하여, 장기적 언어치료로도 구어발달이 어려운 경우는 보완적이고 대체적인 방법으로 계획을 세울 필요가 있다.

○ 구어만이 아닌 제스츄어, 그림, 보조기기 등을 이용하여 의사소통하게 하는 보완대체 의사소통 방법은 발달장애인과 그 주변인이 의사소통이 가능하게 하여 그들의 삶의 질을 향상시킬 수 있다.

○ 보완대체 의사소통(Augmentative and Alternative Communication: 이하 AAC)의 최근 동향과 사용방법을 알아 발달장애인들에게 적용하게 하는 것이 필요하다.

■ 교육내용 ■

1. 보완대체 의사소통의 최근 동향: 해외, 우리나라

○ 1990년대 중반 이후 국내의 AAC 연구는 장애학생들의 단순한 의사소통 능력의 신장뿐만 아니라 장애 학생의 삶의 질을 증진하는데 기여해왔음. AAC 성과는 타인과의 의사소통 능력 외에 학교, 지역사회 및 여가생활(강고은, 박은혜, 김정연, 2007)의 참여를 증진시켰으며, 사회적 역할의 수행을 돕고 개인적인 요구를 충족

시킬 수 있는 기회와 능력을 제공해주었음(박은혜, 김영태, 2007; 박은혜, 김정연, 2010).

- 미국의 경우 교육청과 성인 서비스 기관, 장애인 관련 시설에서 근무하는 전문가들의 자격 조건에 AAC 서비스 지원 역량에 대한 내용이 필요함을 강조하고 있음. 1980, 90년대에 이르러서 AAC에 대한 사회의 인식과 전문가들의 태도가 긍정적으로 변화되기 시작하면서 지적장애를 가진 사람들도 점차적으로 포괄적이고 역동적인 환경에서 의사소통을 할 수 있도록 필요한 기회와 기술을 제공받아야 하며, 이를 지원할 것이 강조되었음

- 2000년 이후에 들어서는 AAC에 대한 학문적 관심이 높아지고 사용자 범위가 발달장애인을 포함한 다양한 장애유형으로 확대됨에 따라 의사소통의 어려움을 지원하기 위해 보조공학을 이용한 AAC 접근이 계속 확대되고 있음(Wilkinson & Henning, 2007)

- 어떤 이유에서건 구어나 문어 사용을 위한 도움이 필요한 사람은 모두 AAC 사용 대상자가 됨. 일시적으로라도 구어/문어/제스처 등이 의사소통 필요를 충족시키지 못할 때는 AAC를 사용할 수 있음. 따라서 일시적 구어 장애를 보이는 뇌졸중 같은 경우도 해당되며, 약간의 구어능력을 가지고 있더라도 AAC를 사용하여 혜택을 볼 수 있는 대상이 됨. 최근에는 정신지체 및 자폐, 발달장애 학생 등 인지적 문제가 있는 많은 장애학생들이 구어 사용에 어려움을 갖기 때문에 AAC 적용이 점차로 확대되고 있음

- 특히 표현언어가 부족하며 수용언어능력에도 어려움이 있는 발달장애 학생의 경우, 교사가 구어적 지시나 설명을 할 때도 AAC 상징을 활용하여 언어이해를 촉진할 수 있으며, 구어와 함께 병용하는 방법으로서 AAC를 많이 사용하는 추세임

- 비구어 발달장애 학생들은 음성언어로 상대방과 의사소통을 하는데 많은 어려움을 경험하게 되어 정서적 위축과 생활에서의 소극적 태도로 인해 학교나 사회생활에서 소외되고 고립되는 경우가 많으며, 주로얼굴표정, 몸짓, 주시하기, 지적하기 등의 비상징적인 의사소통방법에 의존하기 때문에(Siegal & Wetherby, 2000) 효과적으로 자신의 의사를 표현할 수 있는 의사소통 체계의 개발과 적용이 필요함

- 비구어 발달장애 학생의 경우 의사소통의 의도성이 낮고 자발성이 부족하여 체계적인 교수를 통한 의사소통 중재가 필요함. AAC는 구어로 자신의 생각이나 감정을 표현하기 어려운 발달장애 학생이 구어를 이용한 의사소통을 보완하거나 대신하기 위하여 사용되는 여러 가지 형태의 비구어적 의사소통 방법이므로, 의사소통에 대한 동기유발을 촉진할 수 있으며, 의사소통 상호작용을 촉진할 수 있는 방법임

2. 사례 소개(중고등 학생 사례)

1) 의사소통 중재 시의 교육환경의 구성

○ 학생이 사용할 수 있는 의사소통판을 제작하여 필요한 어휘에 대한 그림카드(10X10cm)를 벨크로로 붙여 제시한다. 대상 학생의 수용이해 능력에 따라 어휘의 수를 조정해준다.

2) 의사소통 방법의 선택

○ 의사소통 방법은 발성을 이용한 네/ 아니오의 표현과 손으로 직접 지적하기의 두 가지를 같이 지도한다. 의사소통 방법을 선택하기 위한 팁은 다음과 같다.

> *Tips!*
> - 음성, 제스츄어, 사인, 의사소통판, 의사소통책, 컴퓨터 공학 기구 등. 다중양식도 권장함
> - 다른 사람에게 메세지를 전달하는 데 효과적이어야 한다.
> - 가능한 빠르게 전달할 수 있게 효율적이어야 한다.
> - 사회적으로 수용 가능해야 한다.

3) 의사소통 상징의 선택

○ 처음에는 실질적인 사물에서→ 사진 상징→ 그림 상징을 가지고 지도한다. 실물과 상징을 연결시킬 수 있도록 같이 제시하는 것이 효과적이며 그림 의사소통 상징(Picture Communication Symbol)(Mayer-Johnson, 2005)과 같은 소프트웨어 프로그램을 이용하면 용이하다. 상징은 학생의 능력에 맞는 이해하기 쉽고 사용하기 쉬운 것이어야 하며 동시에 미래의 의사소통 기능의 범위와 폭이 향상될 것을 고려하여 장기적으로 사용과 확장이 가능한 상징을 사용하는 것이 바람직하다. 사용할 수 있는 상징의 예는 다음과 같다.

〈그림 상징의 예〉

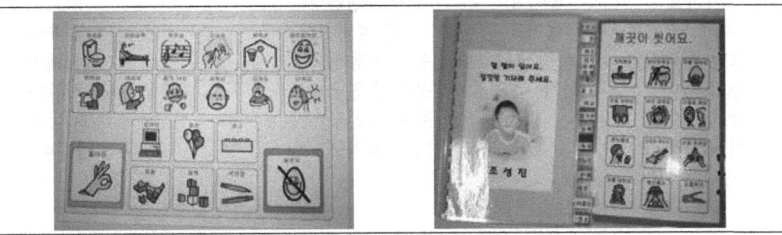

<글자 상징의 예>

 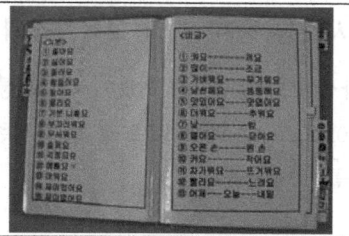

4) 의사소통 어휘의 선정

○ 지도해야 할 어휘는 어머니와 담임교사, 교과지도교사 등 학생의 주변사람들과의 브레인스토밍과 관찰을 통해 학생에게 친숙한 기능적인 항목들을 알아낸다.

○ 어휘를 선정하기 위한 방법은 아래와 같이 제시할 수 있다.

> Tips!
> - 학생의 주변사람들과 브레인스토밍을 통해 수집하기(또래, 친구, 가족, 양육자, 교사, 치료사 등)
> - 자연적인 상황에서 상호작용하는 것을 관찰하여 수집하기
> - 매일의 일상 일지 기록하기
> - 장애가 없는 또래가 같은 상황에서 사용하는 어휘 수집하기

○ 어휘는 일상생활에서 사용 빈도수가 높은 것, 교과서에서 자주 언급되는 것, 연령에 적절한 것을 선정하여 의사소통의 기회를 가능한 많이 제공할 수 있는 것들로 선정한다. 어휘목록은 학생에게 의미 있고, 주목할 만한 상황의 활동과 흥미 거리들을 반영하는 것이어야 한다. 선정된 어휘는 다음과 같다.

요구사항	감정	사람	장소	사물
목 말라요 불편해요 아파요 나가고 싶어요 그만 할래요 눕고 싶어요 앉고 싶어요 안녕하세요? 도와주세요	좋아요 싫어요 사랑해요 화가 나요	엄마 담임선생님 최선생님 유선이(동생) 웅상이(친구) 형욱이(친구) 미영이(친구)	학교 베드로의 집	휴대폰 키보드 카메라 휠체어 컴퓨터 자동차 텔레비전

○ 수집 시 고려할 사항은 다음과 같다.

> Tips!
> - 생활 속에서의 사용빈도수
> - 생활연령 적절성
> - 학생의 성별, 흥미, 관심분야
> - 사회 문화적 배경, 이해수준 등

○ 기본적인 어휘에 포함될 수 있는 내용은 다음과 같다.

> Tips!
> - 명사(사람, 장소, 물건)
> - 관계를 나타내는 말(커요/작아요)
> - 움직임을 나타내는 말(먹어요, 자요, 가요)
> - 감정을 나타내는 말(좋아요/슬퍼요/화가 나요)
> - 긍정, 부정을 나타내는 말(네/아니오)
> - 중지를 나타내는 말(그만 할래요)
> - 반대되는 말(더워요/추워요, 깨끗해요/더러워요)
> - 색상을 나타내는 말
> - 위치를 나타내는 말

5) 의사소통 기술의 지도

○ 기본적인 요구하기, 대답하기 등 1:1의 반응지도가 필요하다. 그림판을 이용한 표현하기 기술의 지도는 다른 사람과 상호작용을 하기 위해 반드시 습득해야 할 기술들이다. 교사의 질문을 듣고 그에 적절한 자신의 의사에 표현하는 그림을 손가락이나 신체의 일부분으로 지적하여 표현하게 한다.

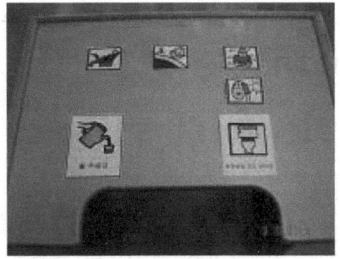

○ 학생의 선호도 조사를 통해 좋아하는 것과 싫어하는 것을 동시에 제시하여 선택의 의욕을 높여주고 선택에 대한 보상을 알게 한다. 예를 들어 색종이를 제시하며 동그라미 모양으로 오려보자고 한 뒤 "무엇이 필요하지?"라고 물으며 가위와 풀

그림을 나타낸 그림판을 제시하고 선택하게 한다. 이 단계에서는 자연스러운 상호작용 상황에서 실물을 이용하여 선택할 수 있는 기회와 필요를 제공한 뒤 자연적인 강화로 의사표현 행동을 촉진하며 선택의 폭은 4개로 제시한다.

○ 그림판의 사용에 익숙해지도록 하기 위해 교사가 질문을 할 때에는 그림판의 그림에 시선을 집중할 수 있도록 지도한다. 이때는 학생의 신체적 기능 여부와 운동기능(움직임의 범위, 미칠 수 있는 거리, 방향 등)과 지각 능력을 고려하고 그림을 쉽게 지적할 수 있도록 고려한다. 일상생활 중 자주 사용하는 고빈도 어휘와, 선호하는 활동에 대한 어휘를 선정하여 4개 세트씩 제시하여 지도한다. 일상어휘와 사물의 개념을 확장시키는 것이 필요하다.

○ 의사소통 기술을 지도하기 위한 교수 방법은 다음과 같다.

> *Tips!*
> - 학생에게 기술을 설명한다.
> - 기술사용에 대해 어떻게 왜 사용하는지 모델을 보여준다.
> - 각 상황에서 기술을 잘 표현했는지 설명해준다.
> - 기술을 사용하는 것을 연습하게 한다.
> - 수행정도에 대한 피드백을 제공한다.
> - 연습할 기회를 충분히 제공한다.
> - 능숙하게 사용할 수 있을 때까지 지속적으로 연습하게 한다.
> - 단순한 상황이나 과제로 시작하여 점차 어려운 상황이나 과제로 요구사항을 늘려 교수한다.
> - 실생활에서 일반화될 수 있도록 지도한다.

6) 의사소통 어휘(의사소통판의 그림 상징)의 지도

○ 의사소통에 필요한 어휘는 다른 교과 시간에도 지도할 수 있으며 어휘의 이해와 확장을 위해 학습과 연결하여 지도한다. 그림의사소통 상징을 지도하기 위해서는 그림과 실물 짝짓기, 그림을 색칠하거나 오리고 붙이기, 같은 그림 찾기 등 학습지 활동을 이용하여 그림 상징의 의미를 인식할 수 있도록 지도한다. 사용할 수 있는 학습지의 예는 다음과 같다.

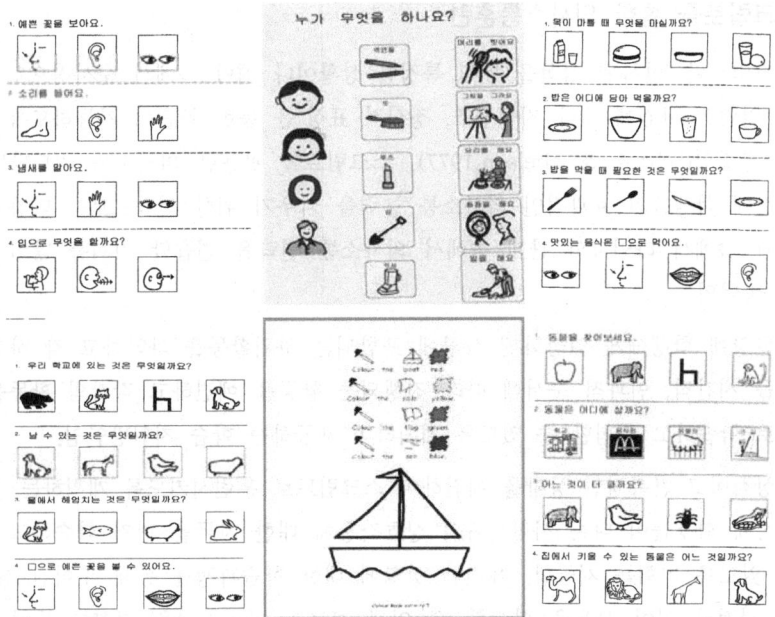

3. 대안적 의사소통 지도: 지도방법 등

1) 기회요인을 확대해주는 의사소통 지원

- 발달장애를 가진 사람을 위한 의사소통 중재를 계획할 때에는 자연스러운 의사소통 기회를 만드는 능력의 부족에 접근하는 것이 중요함. 이러한 기회들은 인위적인 환경이 아닌 실제 가정, 학교, 그리고 지역사회 환경에서 상호작용할 때만 존재할 수 있음.
- 자연스러운 환경에서의 의사소통의 기회를 만들기 위해서는 분리된 환경 등의 제한적인 환경이 아닌 통합된 환경에서의 자연스러운 일과 중심으로 지도되어야 함.
- 발달장애인들은 일반화 능력이 부족하기 때문에 실제 환경에서의 의사소통 지도가 중요함.

2) 문제행동에 대한 대체행동으로서의 의사소통 지도

- 발달장애 학생들은 장애가 없는 학생에 비해 문제행동이 일어날 가능성이 더 높음. 이들의 문제행동은 기능을 가지고 있으며, 가고 싶은 장소, 함께하고 싶은 사람들, 하고 싶은 일 그리고 그 밖의 의사소통하는 방법이 결여되었기 때문에 나타남.

3) 스크립트를 통한 의사소통훈련

○ 스크립트란 "반복된 경험을 통해 특정한 상황이나 맥락 속에서 순서적으로 진행되는 일련의 사건에 대한 지식구조, 정신적 표상"을 통한 학습이 가능하도록 훈련하는 방법임(Schank & Abelson,1977). 스크립트를 활용한 의사소통 지도방법은 발달장애 학생들의 효과적인 의사소통 능력을 키우기 위한 전략으로는 다양한 실제 상황 속에서 타인과의 관계 속에서 의사소통 전략을 연습할 기회를 많이 제공하는 방법임.

○ 발달장애 학생에게 일상화된 상황에 포함되는 하위활동을 파악하고 각 하위 활동들을 시간적, 인과적 순서에 따라 진행되는 활동을 예견하고 각각의 활동을 순서대로 학습하고 경험할 수 있도록 계획하여 제공하는 학습 지원방안임.

○ 일상적이고 반복적인 상황을 예견하여 스크립트로 훈련시키도록 계획하는 것은 발달장애 학생들이 다른 사람들과의 상호작용에 대한 자극을 먼저 학습하고 대처할 수 있도록 기회를 제공함. 예견한 상황에 대한 학습과정을 통해 주어진 상황에서의 적절한 언어 사용을 학습할 수 있게 하므로 자연스러운 기회를 통해 익숙한 상황 속에서 언어를 학습하게 됨.

○ 스크립트를 통한 의사소통훈련은 친숙하고 일상화된 상황의 중요성을 강조하며, 스크립트의 순서적 구조, 인과적 관계와 같은 특성들이 언어 발달과 습득에 긍정적으로 기여하는 것으로 보고되었음.

교육방법

○ 강의형 교육
 - 보완대체 의사소통의 적용
 - 보완대체 의사소통 적용을 위한 진단 및 방법 선정
 - 보완대체 의사소통 대화상대자
○ 참여형 교육
 - 가정에서 할 수 있는 보완대체 의사소통 훈련
○ 실습연계형 교육
 - 가정에서 사용할 수 있는 아동에게 맞는 의사소통 기기 선정 및 적용

유의사항

○ 가정에서 부모가 할 수 있는 중재와 기관에서 하는 AAC 중재를 생각해본다.

참고자료

○ 참고도서

박은혜, 김정연 (2011). 지체장애아교육. 학지사.

박현주 역 (2005). 보완대체 의사소통. 학지사.

박은혜, 김영태 (2007). 보완대체 의사소통에 대한 언어치료사들의 인식 및 사용 실태 조사 연구. 특수교육. 6(1), 27-39.

○ 참고사이트

AAC 관련 사이트 1: http://www.adaptivation.com

AAC 관련 사이트 2: http://www.enablebox.com

네브라스카 대학(University of Nebrasca)의 AAC 관련 사이트: http://aac.unl.edu

요약비고

본 연구는 장애인의 보조기기 사용에 관한 AAC 활용에 대한 연구이다.

참고문헌

1. 국내문헌

박에스더, 김영희 (2011). 기초학습능력 향상.
이숙정 외 (2009). 재활복지 기술공학개론.
박은혜, 김정연 (2007). 보완대체 의사소통 판 적용에 대한 특수교육 교사 및 학부모 요구, 특수교육학, 2011, 20호.

2. 참고사이트

AAC 관련 사이트 1: http://www.aackorea.com
AAC 관련 사이트 2: http://www.ablenetinc.com
국립특수교육원(National Institute of Science) 관련 AAC 활용 사이트: http://aac.nsi.net

- 134 -

Ⅰ-14. 부모의 스트레스 관리 및 정신건강 지원

과정	공통	영유아기	초등학령기	청소년기	성인기	영역	지식·정보	기술	심리·정서
주제	부모의 스트레스 관리 및 정신건강 지원								

■ 교육의 필요성 ■

○ 발달장애 부모는 자녀 양육과정에서 다양한 심리·정서적 스트레스 상황에 처한다. 이러한 심리·정서적 스트레스는 장애아동의 출생에서부터 시작하여, 자녀의 생애주기에 따라 다르게 경험된다. 자녀 양육과정에서 경험하는 심리·정서적 문제에 적극적으로 대처하기 어려운 경우 신체적·심리적 소진은 더욱 촉진된다. 따라서 발달장애 부모는 자신이 경험하는 심리·정서적 상황을 스스로 인식하면서, 정서적으로 자신을 지지해 줄 수 있는 공식적·비공식적 지원체계를 마련하는 등 심리·정서적 스트레스에 적극적으로 대처할 필요가 있다.

○ 자녀의 생애주기에 따라 발달장애아 부모가 경험할 수 있는 심리·정서적 스트레스 는 장애아동의 임신과 출산에서부터 시작된다. 특히 장애아의 임신과 출산은 장애부모에게 심리적 상실감, 죄책감, 무력감, 책임감 등을 동반시킬 수 있으며, 아동의 출생 전·후 장애를 수용하는 과정은 부정적 감정으로 경험하기 쉽다. 장애부모는 아동이 성장하면서 시댁이나 친정 가족, 배우자와의 관계 유지가 어려울 수 있고, 다른 가족구성원의 돌봄 문제에 많은 시간을 할애하기 어려운 점, 이웃이나 친척 혹은 기존 사회관계망의 축소, 경제활동 중단, 재활치료와 교육을 위한 비용 발생, 장애아동의 학교생활관리와 진학 결정, 학령기 이후 자녀의 진로 계획 등 일상생활 속에서 강도 높은 스트레스를 경험할 수 있다.

○ 장애부모의 스트레스를 적절하게 관리하고, 건강한 심리상태를 유지하는 것은 장애아동과의 양육과 상호작용에 직접적인 영향을 미치기 때문에 장애부모는 신체적인 건강뿐만 아니라 정신적인 어려움에 적극적으로 대처하는 것이 중요하다. 또한 장애부모가 심리·정서적인 문제에 효과적으로 대처하는 것은 장애아동뿐만 아니라 부모 자신의 정신건강을 위해서도 반드시 필요하다. 따라서 발달장애 부모는 자신의 심리·정서적 상황을 스스로 이해하고, 자녀 양육과정에서 경험할 수 있는 심리·정서적 문제를 공감해줄 수 있는 가족이나 배우자, 전문가 집단 등 지지체계를

마련하는 것이 무엇보다도 중요하다.

교육내용

○ 장애부모들이 경험하는 심리·정서적 어려움의 발단들
- 장애부모들이 일상생활에서 경험하는 심리·정서적인 문제는 다양하게 드러날 수 있음. 발달장애 자녀의 생애주기에 따라 부모들은 유사한 심리적 어려움들을 경험할 수 있음
- 첫째, 장애아동에 대한 과도한 책임감과 의무감. 장애부모가 경험하는 과도한 책임감과 의무감은 부모 자신들을 위해 필요한 휴식과 여가 시간을 포기하게 함. 장애아동의 주양육자는 양육에 많은 시간과 노력을 쏟다보면 장기적으로 사회생활에 지장 초래(남연희, 2000)
- 둘째, 장애아동의 치료와 교육은 단기간에 필요한 것이 아니라 장기적인 접근이 필요함. 장애아동에게 필요한 치료와 교육을 지속적으로 제공해야 하기 위해서는 이에 따른 비용문제가 발생. 장애아동의 주양육자는 자녀 양육에 전담함으로서 취업을 포기함에 따른 기회비용이 발생
- 셋째 장애아동의 미래에 대한 불확실성을 해소하기 어렵다. 이는 장애자녀를 양육하는 과정동안 장애부모를 심리적으로 압박할 수 있음
- 넷째, 장애부모는 장애 자녀를 양육이 갖는 특성으로 인해 끊임없는 긴장감, 열등감, 죄책감 등을 가질 수 있음. 육체적으로 건강문제 발생, 수면시간의 부족, 외부 관계망으로부터의 단절, 아동의 문제행동으로 인한 스트레스 등을 경험할 가능성이 높음

○ 발달장애 자녀의 생애주기에 따른 부모의 요구

생애주기 단계	부모
유아기 (0~5세)	정확한 진단 형제자매와 친척들에게 장애 알리기 지원서비스결정
초등학교학령기 (6~12세)	가족 기능을 수행하기 위한 일과 세우기 장애의 적용에 대한 정서적인 적응 통합에 대한 문제 결정/ IEP(개별화교육계획) 회의 참석 지역사회 자원들 탐색/ 과외활동계획 전문가들과의 긍정적인 관계 형성 가족과 아동에게 적절한 교육 관련 정보 모으기

생애주기 단계	부모
	아동의 미래에 대한 계획 세우기/다른 교수적 전략 이해하기
청소년기 (13~21세)	만성적 장애에 대한 정서적인 적응 성적인 문제들에 대한 고려 왕따나 또래로부터의 거부 등에 대한 고려 장래 직업에 대한 계획/여가활동에 대한 계획 사춘기로 인한 신체적, 정서적 변화에 대한 대처 중등교육에 대한 계획 학교로부터 성인기의 삶으로의 전이에 대한 계획 학령기 이후 선호하는 삶에 대한 계획
성인기 (21세부터)	성인기에 희망하는 거주 형태에 대한 계획 성인기의 집중적 지원에 대한 정서적 적응 가족 이외의 사회화 기회요구에 대한 계획 직업 프로그램의 시작 가족 의사결정에 따른 성인기 삶의 변화에 대한 적응

* 출처 : 백은령 외. 2010 『장애인 가족지원』. 오혜경·심진례. 2003. 『청소년기 장애아동의 양육 부담과 가족지원』 p. 97-98 재구성.

○ 가족스트레스와 대처이론
- Hill(1958)은 가족 스트레스를 가족위기 혹은 스트레스 상황발생을 인과모델로 설명하였으며, ABCX 모델을 제시
- a요인은 스트레스원(Stressors)이 되는 사건, b요인은 가족이 처한 위기상황에서 활용할 수 있는 가족자원(Resources), c는 가족이 경험하는 생활사건에 대한 가족의 인지(Perception of Stressors), x는 ABC의 상호작용결과로 위기상황이나 비위기상황(Crisis)을 의미
- McCubbin(1980)은 가족스트레스 ABCX 모델을 발전시켜 Double ABCX 모델 제시
- 이 모델은 가족이 처한 상황에 시간 개념을 추가
- McCubbin은 Hill이 제시한 ABCX에 의해 생긴 위기를 aA로 누적된 스트레스원(pile-up of stressors)으로 대체
- 가족의 새로운 자원을 B, 가족의 인지를 cC, 적응을 순적응과 부적응으로 구분
- McCubbin은 가족이 가진 강점에 초점을 둔 모델로써 가족이 직면한 위기와 위기에 대처하는 가족적응유연성(Family resilience)의 개념을 추가

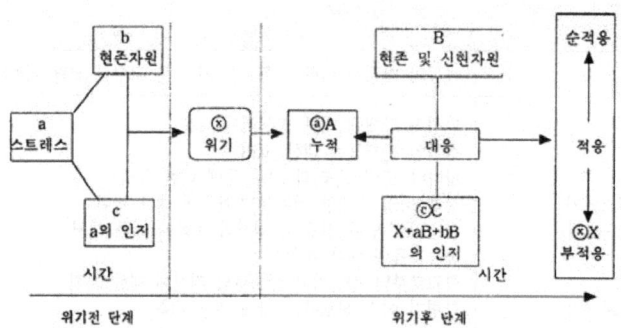

〈그림〉 Double ABCX 모델(김대복. 2002. p.12 재인용).

- Family-Adjustment and Adaptation Response model(FAAR)은 McCubbin(1980)의 Double ABCX 모델을 토대로 하여, Patterson (1988)이 제시
- 이 모델은 가족이 직면하는 위기사건을 조정하고 적응해가는 과정을 설명하는 과정모델로 설명
- 역경상황에도 정신적·신체적 건강의 평형상태를 유지하려는 가족의 적응유연성과 능력을 강조하는 모델(김정득, 2010)

○ 장애인가족의 스트레스 수준 평가

> 예) 발달장애아동을 양육하는 부모는 심각한 수준의 스트레스를 경험하며, 가족관계에서도 다양한 문제상황과 대면할 수 있다. 특히 장애아동을 양육하는 부모는 일반가정과 비교하였을 대 건강상의 문제, 우울감, 불안감이 높고, 낮은 자존감 등의 특성을 갖는 것으로 보고하고 있다. 또한 장애아동을 양육하는 부모들의 관계나 의사소통에 어려움은 가족스트레스를 가중시킬 수 있다. 사회적 수준에서는 발달장애부모는 사회적 고립감과 주변사람들에서의 소외감을 느끼고, 사회적 관계나 활동에 제약을 받을 수 있다(김정득, 2010). 발달장애인 가족의 스트레스는 다양하게 측정할 수 있으나 김정득(2010)은 발달장애를 양육하는 과정에서 다른 가족 구성원에게 미칠 수 있는 영향에 초점을 두어 10문항으로 축소시켜 제시하고 있다.

가족 스트레스 측정 문항

1. 장애인 가족으로 인한 경제적 부담이 힘들다
2. 장애인 가족을 돌보기 위해 나는 내가 하고 싶은 것들을 포기하곤 한다
3. 장애인 가족은 함께 어울리는 데 지장이 없다
4. 내가 친구를 만나고 싶을 때는 대부분의 경우 언제라도 나갈 수 있다
5. 휴가 때 장애인 가족을 데리고 가면 온 가족이 휴가를 즐길 수 없다
6. 장애인 가족 때문에 당황하거나 부끄러울 때가 있다
7. 우리 가족은 장애인 가족과 함께 다니며 즐길 때가 많다
8. 나는 피곤할 때 대부분의 경우 휴식을 취할 수 있다
9. 우리 가족은 늘 불화가 많다
10. 우리가족에게 장애인 가족은 항상 문제가 될 것이다

* 채점 : 아니다(1)', '보통이다(2)', '그렇다(3)' 등의 3점 리커트 척도로 총점수가 높을수록 장애인 가족으로 인해 스트레스를 인식하는 정도가 높은 것을 의미(김정득, 2010).

○ 정신건강의 개념

> 예) 정신건강은 다양하게 정의 내릴 수 있으나 세계보건기구(WHO)에서는 건강이란 육체적·정신적·사회적 안녕의 상태로 보고 있다. 특히 정신적 건강은 인간이 외부 환경에 적합한 사회적 기능을 충분히 수행할 수 있는 것까지 포함하는 넓은 개념으로 볼 수 있다. 따라서 정신건강이란 정신적 질병 유무로 파악하기 어려우며, 인간관계를 만족스럽게 유지할 수 있는 능력을 의미한다. 이는 인간이 어떤 환경에도 대처할 수 있는 능력이 있고, 균형 있고 통합된 성격의 발달을 가리킨다(이화숙, 2009).

○ 정신건강 검사

- 정신건강 측정은 Derogatis 외 등(1973)이 Hopkins System Check List(HSCL)를 발전시켜 90개의 문항으로 System Check List(SCL-90)로 발전시켜 개발
- 국내에서도 정신보건기관이나 관련 논문 등에서 다수 사용되고 있는 측정도구
- 정신건강 검사는 9개의 하위영역으로 영역별 10문항씩, 모두 90개 문항으로 구성
- 정신건강정도를 파악하는 9개의 하위영역은 신체화, 강박증, 대인예민성, 우울증, 불안, 적대감, 공포불안, 편집증, 정신증 등으로 구성

하위영역	정신건강 개념
신체화	자율신경계의 영향 하에 있는 순환기, 소화기, 호흡기 및 기타 기관의 장애와 두통, 동통 등 신체적 기능 이상을 주관적으로 호소하는 증상
강박증	강박장애의 증상을 드러내는 것으로 자신은 원치않는데도 어쩔 수 없이 되풀이 하게 되는 사고충동 행동 등
대인예민성	타인과의 관계에서 나타나는 불편감, 부적합감, 열등감 등
우울증	기분이나 감정이 저조해지고, 매사에 흥미가 없어지고, 의욕이 없으며, 절망감, 자살에 대한 생각 등 임상적으로 우울증의 증상과 일치되는 증상
불안	신경과민, 긴장초조, 두려움 및 불안과 관련된 신체적 증상 등
적대감	분노, 공격성, 자극과민성, 울분 등 부정적인 정서 상태를 내표하는 사고감정 행동 등
공포불안	광장공포증의 정의와 일치하는 것으로 특정한 사람, 장소, 상황에 대해 지속적이고도 불합리한 두려움이 생겨 회피행동을 하게 되는 상태 등
편집증	편집증적 사고를 재려는 것으로 특정한 사람, 장소, 상황에 대해 지속적이고 불합리한 두려움이 생겨 회피행동을 하게 되는상태 등
정신증	가벼운 신경증적 증상으로부터 정신분열 증상에 이르기까지 비교적 넓은 영역의 정신증 증상을 반영. 가볍게는 대인관계의 소원, 심하면 열성적 생활양식 및 환각과 사고 등도 포함됨

* 출처 : 이화숙(2009). p.31 재인용.

교육방법

○ 강의형 교육
- 장애인가족이 경험할 수 있는 심리·정서적 문제는 장애아동의 성장과 가족의 생애주기에 따라 차이를 보일 수 있음에 유의해야 한다. 가족의 생애주기에 따라 가족이 대면할 수 있는 다양한 문제들에 대해 교육 가능하며, 개별 가족이 발달장애 자녀를 양육하면서 경험하는 어려움에 어떻게 대처할 수 있는지에 대해 충분히 논의할 필요가 있다. 또한 심리적 어려움을 경험하는 장애부모들에게 적극적인 정서적 지지를 할 필요가 있다.

○ 참여형 교육
- 발달장애아동을 양육하는 부모들이 경험할 수 있는 심리·정서적인 문제에는 어떤 것들이 있는지 살펴보고, 이에 대처할 수 있는 방안은 무엇인지 토의할 수 있다. 부모교육에 참여하고 있는 장애부모들을 대상으로 가족스트레스나 양육스트레스를 측정할 수 있는 척도를 활용하여 자신의 심리·정서적 상황이 어떠한지 파악

할 수 있으며, 장애인 가족이 경험하는 스트레스 뿐만 아니라 이에 대처할 수 있는 다양한 방안에 대해 논의하고 이를 평가하면서 장애인부모를 직접 참여시키는 것이 중요하다.

○ 실습연계형 교육
- 장애인복지관이나 장애인가족지원센터 등에서 사회복지사는 장애부모를 대상으로 스트레스 대처방안에 대한 프로그램을 기획할 수 있으며, 장애인부모를 보조진행자로 참여시킬 수도 있으며, 장애인 부모집단이나 자조집단을 대상으로 초기면접을 통해 라포를 형성하고, 나아가 개별상담이나 집단상담을 실시하는 것도 가능하다. 장애인가족을 양육하면서 경험하는 어려움에 대해 필요한 경우 지역사회 내에서 활용할 수 있는 공식적 자원이나 정보 제공할 수 있으며, 장애인부모 중 자신의 경험을 토대로 다른 장애인부모가 경험하는 심리·정서적 문제에 적극적으로 지지하고 심리적 문제에 개입할 수 있는 역량을 가진 부모가 다수 있다. 또한 장애인부모를 대상으로 동료상담이나 자조집단을 운영할 수 있으며, 장애인부모가 경험하는 스트레스에 대처할 수 있는 방안을 함께 모색할 수 있다.

유의사항

○ 장애인가족이 발달장애 자녀를 양육하면서 경험하는 문제는 다양하고 심각한 스트레스를 줄 수 있다. 장애인가족은 이러한 어려움들에도 불구하고 가족이 활용할 수 있는 자원을 갖고 있으며, 가족이 부여하는 의미를 통해 이를 극복할 수 있다는 점을 강조하는 것이 중요하며, 정서적 어려움을 경험하는 부모를 지원할 수 있는 공식적인 지원체계에 대한 정보를 제공하고, 배우자나 동료 부모집단 형성 등 비공식 자원을 활용할 수 있는 방안을 충분히 모색할 필요가 있다.

참고자료

○ 참고도서

김대복 (2002). 신장장애인 가족스트레스와 대응방법에 관한 연구. 경성대학교 대학원 석사학위 논문.

김미경 (2009). 지적장애아 부모와 지체장애아 부모의 양육스트레스와 대처방식 비교 연구. 단국대학교 대학원 석사학위논문.

김정득 (2010). 발달장애인 부모와 비장애형제의 가족적응성: 대처전략의 매개효과를 중심으로. 충남대학교 대학원 박사학위논문.

남연희 (2000). 장애아 가족을 위한 사회복지서비스 지원 방안에 관한 연구. 사회복지개발연구. 16. 121-143.

백은령, 김기룡, 유영준, 이명희, 최복천(2010). 장애인가족지원. 서울: 양서원

이화숙 (2009). ADHD 성향 아동과 정상 아동의 부모 양육태도 및 정신건강. 경북대학교 대학원 석사학위논문.

Ⅰ-15. 가족관계 유지 및 개선

과정	공통	영유아기	초등학령기	청소년기	성인기	영역	지식·정보	기술	심리·정서
주제	가족관계 유지 및 개선									

■ 교육의 필요성 ■

○ 발달장애아동의 양육에 있어서 가족의 지지 및 협력의 중요성이 매우 중요하며, 부부관계의 양상 및 질이 장애아동 가족 전체의 삶의 질 및 자녀 양육에 큰 영향을 준다.

○ 장애자녀를 자녀로 지닌 부부들의 부부관계 특성과 부부관계 유지 및 개선을 위한 방안에 대해 알아보아야 하며, 특히 발달장애아동 아버지의 심리와 특성에 대해 이해하고 지원 방안을 모색하고자 한다.

○ 장애 자녀가 그 가족에게 미치는 영향은 대상에 따라 다양하게 나타날 수 있으며, 개별 가족들이 갖게 되는 어려움과 관심도 다양함. 모든 장애아동의 부모들이 동일하게 정해진 적응의 단계를 보이는 것이 아니고 개인마다 다른 적응의 양상을 보이기도 하므로 개별 가족의 특성을 이해하고 적응을 돕는 것이 필요하다.

■ 교육내용 ■

○ 지금까지 많은 연구들이 장애아동 부모의 삶에서 장애가 있는 자녀로 인한 어려움과 부정적인 영향을 당연한 것으로 받아들이고, 문제중심의 부정적인 관점에서 양육스트레스, 부모의 우울감 등에 관한 연구들이 많이 이루어짐. 그러나 이제는 장애아동의 부모와 관련된 새로운 시각 즉, 고통과 슬픔 사이에 존재하는 낙관적이고 긍정적인 경험에 보다 많은 관심을 기울일 필요가 있음(이규옥, 한성희, 박혜준, 2010)

○ 장애아동 가족은 나름대로의 장점과 잠재력을 지니고 있으며, 아무리 문제가 심각하더라도 그들의 삶에는 문제만이 아니라 장점, 가능성, 환경적인 자원 등도 있기 때문에 이들을 활용함으로써 문제를 잘 극복할 수 있다고 함(이미애, 2009)

- 장애아동 가족은 스트레스와 어려운 위험 상황이나 환경에도 굴하지 않고 이를 극복할 수 있는 회복력을 가짐(Snyder & Lopez, 2005)
- 여러 연구를 통해 장애아 가족 가운데에서도 높은 적응력을 보이는 가족은 구성원 간의 결속력과 응집력이 높고, 스트레스가 증가하는 상황에서도 영향을 덜 받는 것으로 밝혀지고 있음(홍정애, 2007)
- 가족 간의 응집력, 가족의 지지 및 협력에 대해 다루고자 함

1. 가족의 지지 및 협력의 중요성

- 장애 자녀가 그 가족에게 미치는 영향은 대상에 따라 다양하게 나타날 수 있으며, 개별 가족들이 갖게 되는 어려움과 관심도 다양함
- 모든 장애아동의 부모들이 동일하게 정해진 적응의 단계를 보이는 것이 아니고 개인마다 다른 적응의 양상을 보이기도 함
- 부모들에게 주어지는 자원과 압력, 환경의 특성에 따라 장애아동 부ㅇ의 적응의 과정이 서로 다름
- 장애아동 가족의 주요 구성원인 장애아동의 부모와 장애아동의 형제자매들은 가족 간의 관계에 의해 적응 상의 많은 영향을 서로 주고받음. 따라서 가족 구성원들의 특성과 가족 구성원들 간 관계와 지지에 대해 알아볼 필요 있음

2. 부부관계

- 장애자녀를 가진 가족의 스트레스는 그 가족을 육체적으로 또한 심리적으로 지치고 건조하게 만들 수 있으며 특히 장애아동의 어머니는 가족의 스트레스를 모두 받아들여야 하고 그 스트레스로부터 다른 가족을 보호해야 한다는 어려움을 가질 수 있음(박진영, 박태영, 2001)
- 장애자녀는 아버지와 어머니의 역할에도 각각 영향을 주지만, 부부관계에도 상당한 변화를 초래함
- Seligman과 Darling(1997)에 따르면 장애아동을 가진 가족들 사이에서 더 많은 부부 간 스트레스가 존재한다고 함. 특히 아동이 어릴 때 혹은 유아기에 장애를 지녀 양육의 어려움이 클 때 배우자로부터 제공되는 지지체계가 없다면 그 어머니는 배우자로부터 거리감을 느끼게 되고 좌절된 감정을 느끼게 될 가능성이 큼
- 일부 연구에 의하면 실제로 자녀의 장애로 인해 부부 사이의 갈등이 심화되어 결

국 이혼하는 부부도 많이 있다고 함(Beckman, 1983)
- 장애자녀를 가진 가족의 역기능으로 자주 부부간의 친밀감, 성 관계, 커뮤니케이션, 가치의 공유 등의 어려움을 보고함
- 한편 아동의 장애상태에 따라 가족의 스트레스의 정도가 달라짐. 특히 지적장애를 동반하는 발달장애아동의 경우 성장 이후에 자립도가 떨어지기 때문에 더욱 많은 스트레스를 받게 됨. 이와 같이 발달장애아동의 부모들은 아동의 복합적인 실패로 인해 가족 전체 체계가 영향을 받으며 이로 인해 부부간의 정서적인 문제를 연속적으로 갖게 될 가능성이 많음. 발달장애아동의 어머니의 경우 장애자녀의 특수한 상황으로 인해 발생될 수 있는 부부문제에 노출될 가능성이 많기 때문에 배우자에 대한 지지체계 및 결혼만족 여부는 이들에게 매우 중요한 의의를 지님 (박진영, 박태영, 2001)
- 장애자녀를 둔 부모는 자녀의 발달 및 가족의 건강한 적응을 위해서 서로 죄책감과 책임전가 등과 같은 방해 요소를 제거하고 대화를 통해 건설적인 해결방안을 모색하고 부부가 서로에게 지지가 될 수 있도록 부부관계를 개선해야할 필요가 있음
- 왜냐하면 부부관계의 질은 자녀에 대한 애정적인 양육 태도 및 행동에 큰 영향을 주기 때문

3. 부부관계 유지를 위해 필요한 사항들

1) 부부 간의 의사소통

- 가정생활의 지속과 안정이 부부관계에 의해 좌우되고 있는 요즈음 부부상호간의 의사소통 패턴이 결혼만족도에 중요한 요소임
- 부부가 모두 일자리를 가지고 있든지 없든지에 상관없이 부부들이 상대편의 배우자에게 일상생활에 대해 이야기하는 시간의 양이 결혼생활 만족도와 확실히 관련이 있음

2) 역할분담 및 결정권

- 전통적으로 성에 따라 엄격하게 역할구분을 하여 '권위적인 가장으로서의 남편 vs 순종이 요구되어지는 아내'의 철학이 지배적인 한국의 전통가족체제에서 최근 여성들의 성 역할 태도가 변하고 좀 더 평등한 부부관계를 원하는 경향에 따라 이러한 차이에서 오는 갈등이 종종 부부문제의 원인으로 나타나고 있음

- 불균형적인 가사분담이 결혼생활에서 불공평성을 느끼게 하고 그 결과 여성의 결혼만족도에 부정적인 영향을 줌
- 가사 일의 50:50의 분담여부나 책임지는 가사량 자체가 결혼만족도를 설명한다기보다 분담이 공평한지에 대한 인식이 결혼만족도를 예측하는 중요한 요소

3) 부부가 함께하는 시간
- 장애아동을 가진 부부는 장애아동에 대한 항시보호로 인해 부부간 친밀감을 공유할 수 있는 시간적 여유가 부족함
- 성공적인 가족의 적응을 위해서는 부부간 친밀감을 나눌 수 있는 공동여가활동이 중요함

4. 장애아동 아버지 지원

- 장애자녀의 출생은 어머니에게도 심리적 부담을 주지만 아버지가 받는 심리적 부담도 매우 크며, 일반아동의 아버지보다 더 많은 스트레스를 받는 것으로 나타남
- 자녀의 장애로 인한 부담은 어머니와 비슷하지만 아버지의 고유한 역할로 인해 다른 양상으로 나타남
- 시대가 변함에 따라 아버지의 역할도 변화함. 변화의 두드러진 특징은 아버지가 자녀의 양육에 소극적이었던 전통적인 역할에서 벗어나 양육 및 가사에 적극적으로 참여한다는 데 있음
- 자녀의 발달에 대한 아버지의 중요성이 점점 강조되고 있음. 이는 장애아동과 비장애아동 모두에게 동일함
- 장애아동 아버지의 심리적 부담과 스트레스는 직간접적으로 자녀와의 상호작용 및 가족의 기능에 부정적인 영향을 줄 수 있지만, 긍정적인 역할행동은 장애자녀의 발달 및 가족기능에 기여할 수 있음(Benson & Turnbull, 1986)
- 아버지에게 기대되는 역할이 변하고 그 중요성이 강조되었음에도 장애자녀 아버지의 실제 역할수행은 기대에 못미침
- 많은 장애아동 아버지가 직업 활동으로 인해 자녀에게 주어지는 양육이나 조기중재 서비스에서 제외되고, 이로 인해 자녀의 장애에 대처하는 경험이 부족하기 때문에 가족 및 장애자녀와 거리감을 느끼는 것으로 나타남(Kallenbach, 1997)
- 아버지들은 자녀의 장애가 가족의 이미지에 부정적인 영향을 준다는 생각 때문에 더 스트레스를 받음으로써 자녀의 양육에 전적으로 참여하거나 회피하는 등의 극

단적인 반응을 보이기도 함
○ 장애자녀 아버지가 보이는 양육 및 조기중재 서비스와 관련된 일반적인 특징은 다음과 같음(노진아 외, 2011)

- 자녀와 관련된 중요한 일정에 잘 참여하지 않거나 소극적이다.
- 양육에 있어 중요하고 본질적인 부분에서는 제외된다.
- 전문가와의 접촉이 적다.
- 자녀와 관련된 서비스에의 접근이 적다.
- 사회적 시선을 의식하여 자녀와 관련된 일을 회피한다.

○ 아버지들은 가족과의 상호작용을 중요하게 인식함에도 불구하고 가족 외에서 요구되는 기대, 특히 직장생활과 관련된 요구가 많기 때문에 가족의 일이나 자녀의 양육에 있어 회피하는 경향을 보일 수 있음
○ 그러나 이것이 현실이기 때문에 실제 가족지원을 실행하는 전문가는 아버지의 사회적 역할을 인정해 주는 동시에 가족 내에서 할 수 있는 역할을 찾아주어야 함 (노진아 외, 2011)

교육방법

○ 강의형 교육
 - 가족의지지 및 협력의 중요성에 대해 설명
 - 장애아동 아버지의 특성에 대해 설명
 - 장애아동 가족의 부부관계 특성과 부부관계 유지를 위해 필요한 사항들에 대해 설명
○ 참여형 교육
 - 자신의 가족의 경우 가족 간의 협력 정도와 협력 양상에 대해 서로 이야기를 나눔
 - 자신의 가족의 경우 배우자와의 관계에 대해 이야기를 나누고, 부부관계 개선을 위한 노력에 대해 이야기를 나눔

유의사항

o 장애 아동 가족마다 가족들이 갖게 되는 어려움과 관심도 다양하고, 가족마다 가족 간 관계의 특성도 다양하므로 개별 가족의 특성 별 적응을 돕는 것이 필요함

참고자료

o 참고도서

노진아, 홍은숙, 이미숙, 박현주, 정길순 (2011). 장애영유아 가족지원. 학지사.

박지연, 김은숙, 김정연, 김주혜, 나수현, 윤선아, 이금진, 이명희, 전혜인 역 (2006). 장애인 가족지원. 학지사.

박진영, 박태영 (2001). 발달장애아동 자녀를 둔 어머니의 결혼만족도에 영향을 미치는 변인들에 대한 연구: 특수학교에 재학 중인 발달장애 아동의 어머니를 중심으로. 한국가족복지학, 7, 113-137.

이규옥, 한성희, 박혜준 (2010). 장애자녀 양육에 대한 아버지와 어머니의 경험을 중심으로 살펴 본 가족의 성숙과 변화. 정서 행동장애연구, 26(4), 137-163.

이소현 (2006). 유아특수교육. 학지사.

이미애 (2009). 장점중심중재가 장애유아의 통합학급 활동참여에 미치는 효과. 공주대학교 대학원, 박사학위 논문.

홍정애 (2007). 가족치료놀이를 적용한 가족탄력성 증진프로그램 효과. 숙명여자대학교 대학원, 박사학위 논문.

Beckman, P. J. (1983). Influence of selected child characteristics on stress in families of handicapped infants. American Journal of mental Deficiency, 88(2), 150-156.

Benson, H. A., & Turnbull, A. P. (1986). Approaching families from an individualized perspective. In. R. H. Hornor, L. H. Meyer & H. D. B. Fredericks (Eds.), Education learners with severe handicaps: Exemplary service strategies. Baltimore: Paul H. Brookes.

Kallenbach, K. (1997). Vaer schwertbehinderter Kinder. Wien: Jigend & Volk.

Seligman, M., Darling, R. (1997). Ordinary families, special children(2nd ed.). New York: Guilford Press.

Snyer, C. R., & Lopez, S. J. (2005). Handbook of positive psychology. NY: Oxford university Press.

Ⅰ-16. 가족 역량강화

과정	공통	영유아기	초등학령기	청소년기	성인기	영역	지식·정보	기술	심리·정서
주제	가족 역량강화									

■ 교육의 필요성 ■

○ 장애인 가족의 역량강화는 장애인 당사자에 대한 지원에 초점을 두기보다는 장애인 가족의 힘을 강화시킴으로써 장애인의 성장과 발달에 긍정적인 영향을 미치게 하는 것에 초점을 둔다. 장애인 가족은 장애인의 일상적 삶과 지역사회 통합에 가장 중요한 역할을 수행하는 체계이다. 따라서 장애인 가족의 역량강화는 장애인과 장애인 가족이 지속적인 영향을 주고받는 관계임을 고려할 때 중요성이 부각된다. 장애인 가족의 역량을 강화하는 과정은 가족이 지닌 장점들과 자원들을 확인하고, 가족과 지역사회를 변화시킬 수 있는 힘을 발견하는 것에서부터 시작한다.

○ 전통적으로 가족에 접근하는 실천방법은 가족문제가 가족의 질서를 유지하는 데 실패하였을 때 드러난다고 본다. 따라서 가족문제를 해결하기 위해서는 전문가 집단이 가족문제의 원인을 진단하고, 이를 해결하기 위해 전략을 계획한다. 가족문제에 대한 전통적 접근방법은 가족을 사회질서를 유지하는 기본 단위로서 본다. 따라서 가족기능이 적절히 수행되지 못할 때 가족문제가 발생하고 이러한 문제로 인한 가족해체를 심각한 사회문제로 간주한다(이영분·양심명, 1999). 가족문제를 해결하기 위해서는 전문가가 주도하는 개입이 필요하며, 이때 가족은 직·간접적으로 가족문제의 원인을 제공하는 것으로 간주된다. 전통적으로 가족을 대상으로 한 실천들은 가족의 역기능적 증상들을 치료하거나 완화시키는 것이 목표가 되며, 가족문제는 가족구성원의 병리적인 문제이거나 역기능적인 가족의 결과로 보는 결핍모델(deficient-model)을 반영하고 있다.

○ 장애인 가족역량은 전문가를 중심으로 제공되어 왔던 기존의 문제중심 접근방식에 비판적인 입장에 있다. 가족역량은 가족이 서비스 전달과정에서 중요한 의사결정의 권한을 소유하고 있으며, 서비스 제공과정에 적극적으로 참여할 수 있는 기회를 권리로서 받아들인다. 장애인 가족역량은 가족에 대한 병리적 관점에서 벗어나 강점관점의 입장에 있으며, 가족중심실천(Family-Centered Practice)의 필요성을 제고한다.

교육내용

○ 가족 역량강화의 의미

> 예) 가족역량강화는 가족이 경험하고 있는 다양한 어려움들과 문제상황에서 가족 스스로 통제력을 발휘하고, 가족성원이 문제를 해결할 수 있는 힘이 있음을 가정하고 있다. 이는 가족역량강화의 접근방법이 이미 가족성원이 자신들의 문제해결에 필요한 힘과 능력을 갖고 있다고 전제하기 때문이다. 따라서 가족역량강화는 전문가 주도의 방식이 아니며, 지원이 필요한 이들의 욕구에 적극적으로 반응하는 것이라고 볼 수 있다. 이는 기관주도의 결과와 산물중심의 개입이라기 보다는 과정중심의 개입을 강조할 필요가 있다는 것을 의미한다(양숙미, 2000).

○ 가족 역량강화의 전제

> 예) 발달장애인 가족의 역량이 발휘되기 위해서는 사회서비스 전달체계에서 가족이 핵심적인 구성원으로 참여할 수 있어야 한다. 이를 가능하게 하기 위해서는 가족의 선택권과 참여가 확보되어야 하며 이러한 전제들은 가족 역량을 강화하기 위한 필수적인 요소가 된다. 나아가 가족 역량강화는 기존의 수동적 수혜자의 입장과 무기력에서 벗어나 서비스 제공기관과 동등한 권한을 행사할 수 있도록 파트너십을 형성하고, 지역사회에서 장애인 가족이 정치적인 영향력을 발휘할 수 있도록 돕는다.

○ 병리관점과 강점관점의 비교

 - 전통적 병리모델은 역기능, 질병, 결함을 비롯하여 문제, 부적응, 스트레스, 상처 학습된 무기력 등에 초점
 - 강점관점은 건강을 증진시키는 건강모델이며, 기존의 치료모델과 임파워먼트 관점의 차이는 패러다임의 전환으로 이해(양옥경, 최명민, 2005)

〈표〉 병리적 관점과 강점관점의 비교

병리관점	차원	강점관점
개인 = 사례 진단에 따른 증상 가진 자	개인에 대한 관점	개인 = 독특한 존재 강점(기질, 재능, 자원)을 가진 자
문제	치료의 초점	가능성
사회복지사는 이에 대해 회의적	클라이언트의 진술	사회복지사는 이를 인정
이때의 상처가 성인기의 병리를 예측할 수 있는 전조	어린 시절	이때의 상처는 개인을 약하게 할 수도 있고, 강하게 할 수도 있다.
실무자에 의해 고안된 치료계획	치료의 핵심	개인, 가족, 지역사회의 참여
사회복지사	전문가	개인, 가족, 지역사회
병리에 의해 제한됨	개인적 발전	항상 열려있음
전문가의 지식과 기술	변화를 위한 자원	개인, 가족, 지역사회의 장점, 능력, 적응기술
행동, 감정, 사고, 관계의 부정적인 개인적, 사회적 결과와 증상의 영향을 감소하는 것	원조목적	그 사람의 삶에 함께 하며 가치를 확고히 하는 것

* 출처: Saleebey(1996), The Strength Perspective in Social Work Practice: Extensions & Cautions. 양옥경·최명민(2005), 사회복지실천모델의 재검토: 전통모델과 임파워먼트(Empowerment Model)의

재검토. 한국사회복지학회 학술대회 자료집(pp. 114-115), 재인용
○ 가족 역량강화의 효과
 - 가족 역량강화는 장애아동과 청소년의 기능적인 측면과 서비스 만족도에 긍정적인 영향력을 미침(Miriam et, al., 2000)
 - 가족 스트레스에 적극적으로 대처하고 가족이 활용할 수 있는 자원을 확보하는 능력을 향상(McCubbin & Thomson, 1991)
 - 가족 역량강화는 가족의 강점을 발견하고, 이미 가족이 가지고 있는 자원을 강조하기 때문에 가족의 긍정적인 힘과 잠재력에 주목(Early, 2001)
 - 가족 역량강화는 가족 구성원이 삶의 질을 향상시킬 수 있는 지식, 기술, 자원에 접근할 수 있도록 국가나 서비스 제공기관이 지원하고, 가족 구성원이 스스로 삶을 통제할 수 있는 힘을 얻게 함(Miriam et, al., 2000; 김수진 외 2008 재인용)
○ 가족 역량강화를 위한 가족중심실천(Family-Centered Practice) 방안
 - 생태체계적 관점은 가족의 필요와 욕구를 해결하는 과정에서 가족을 중요한 자원으로 인식
 - 사회체계적 관점도 가족의 문제를 사회적 자원에 접근성이 결여되어 있는 사회구조의 문제로 봄(Dunst, 1994)
 - 현재 가족이 당면하고 있는 다양한 사회문제는 가족이 지닌 역량을 발휘할 수 없게 만드는 사회환경에 있다고 봄
 - 전문가가 중심이 되는 개입 중심의 실천에서 가족중심(family-centered)의 서비스 전달체계로의 전환을 통한 가족 역량을 강화하는 데 초점(유영준, 2007, 재인용)

(1) 가족과 전문가의 협력체계 구축

가족중심실천에서 전문가의 중요한 역할 중의 하나는 가족을 실천과정에 참여시키면서 가족의 변화를 촉진하는 것이다. 전문가 중심의 파트너쉽은 부모상담, 부모교육, 정신분석에 적용되었으며, 전문가들이 대부분의 정보와 자원을 통제하고, 전문가의 결정이 가족보다 우월하다고 전제하고 있다. 가족과 전문가의 상호협력관계는 의사결정과정을 가족과 전문가와 함께 하는 것이 요구되고, 전문가는 가족에게 중요한 사항에 대해 가족의 의사결정을 존중하고, 가족에게 필요한 정보들을 공유하며 협력관계를 유지하는 역할을 수행한다. 동반자적 관계는 의사결정과정에 가족과 전문가들뿐만 아니라 이웃과 가족들의 친척들이 동참할 수 있으며, 의사결정에 참여한 모든 당사자들이 공동작업을 통해 결정한다.

〈표 2〉 가족-전문가의 권한유형과 의사결정

권한의 유형	가족-전문가 파트너십 모델	의사결정
전문가중심(power-over)	부모상담, 부모교육, 정신분석	전문가의 영향력 행사
상호 협력(power-with)	가족중심실천	가족과 협력(collaborating)
동반자 관계(power-through)	임파워먼트 모델	공동작업(synergizing)

(2) 강점관점 실천(Strengths approach)

강점관점은 모든 사람들은 강점을 갖고 있으며, 장애인 가족을 지원하는 실천가는 가족의 내재된 힘을 지지하는 역할을 수행한다. 가족의 강점을 활용할 수 있을 때 가족은 긍정적인 성장 가능성을 고양시킬 수 있다(장인협, 1999). 가족중심실천에서 강점관점은 가족을 존중하고, 기관에서 제공하는 서비스의 참여여부의 선택권이 가족에게 있음을 전제한다. 강점관점을 실천하기 위한 구체적인 방안들은 클라이언트의 과거 성공경험, 재능, 기술, 인간관계, 문화적 신념이나 유대, 영성 등을 가족의 유용한 자원으로 인식하고 가족의 긍정적인 능력을 의식적으로 찾는다. 가족에 대한 강점관점이 주는 효과는 가족 스스로가 긍정적인 가족정체성을 형성하도록 돕고, 가족구성원들의 상호작용을 촉진시킨다. 또한 가족에 대한 강점관점은 가족이 경험하는 스트레스와 위기를 효과적으로 다룰 수 있도록 가족의 능력을 촉진시킨다(양숙미, 1998).

(3) 개입단위로서의 가족

가족중심실천은 가족을 개입단위로 하기 때문에 장애인 당사자에게 접근하는 실천방안과 차별화된다. 또한 가족중심실천의 개념에 관한 연구에서 가장 많이 인용된 구성요소는 '가족을 개입단위로 인식한다'(Allen 외, 1996)이기도 하다. 가족을 개입단위로 인식한다는 것은 가족에게 개별화된 서비스를 제공하거나 통합적 서비스를 제공하기 위해서 필수적으로 요구되는 전제조건 중의 하나이다. 장애인 가족에게 사회복지서비스를 제공하는 실천가는 개입단위로서 가족을 상정할 때 가족구성원의 욕구를 파악하는 데 효율적이며, 가족에게 통합된 서비스를 제공할 수 있게 된다.

○ 역량강화의 과정
  - 1단계(대화단계): 실천가는 클라이언트의 현재 상황, 주요 욕구, 강점을 대화를

통해 알아간다. 실천가와 클라이언트는 협력적인 관계를 형성하고, 목표를 결정
- 2단계(발견단계): 실천가는 클라이언트와 함께 사정하면서 해결책을 마련하기 위해 자원을 발견. 자원은 클라이언트의 가족, 접근할 수 있는 사회집단, 조직, 지역사회 등에서 확인. 발견단계에서는 구체적 목표를 달성할 수 있는 활동 계획을 수립
- 3단계(발달단계): 실천가는 클라이언트가 활용가능한 자원을 활성화시키고, 사회적 관계망과 자원망을 확대시키는 단계. 새로운 힘을 강화할 수 있는 기회와 자원을 개발하고, 성공적 변화의 노력을 긍정적으로 평가하고 종결하는 단계

〈표〉 역량강화의 과정

단계	과정	활동
대화단계	동반자 관계 형성	실천가는 클라이언트의 권리와 특성을 존중하는 관계를 구축.
	도전상황을 사정	클라이언트의 경험, 상호교류적 차원, 목적달성에 도전하고 있는 상황을 사정.
	목표를 분명히 설정	클라이언트 동기 부여, 자원 탐색, 일차 목표 결정.
발견단계	강점을 확인	클라이언트의 상황 대처 능력, 문화적 정체성, 역경을 극복하는 강점 확인.
	자원능력을 분석	클라이언트의 가족, 사회집단, 조직, 지역사회에서 자원 탐색.
	해결책을 고안	클라이언트와 환경적 자원을 이용하여 구체적 목적을 달성할 수 있는 활동 계획 세우기.
발달단계	자원을 활성화	이용 가능한 자원을 협의, 자원 관리, 동원을 통해 달성할 수 있는 활동 계획 실행.
	결연을 창출	클라이언트간 클라이언트의 지지망, 서비스 전달체계 내에서 결연
	기회를 확장	프로그램 개발, 지역사회 조직, 사회행동을 통한 새로운 기회와 자원을 개발.
	성공을 인식	성공적인 변화의 노력을 평가.
	결과를 통합	긍정적 변화를 안정시키는 방식으로 변화과정 종결.

출처 : 전재일 외(2007).「사회복지실천론」. 형설출판사. p. 382

○ 가족 역량강화의 측정
- 가족임파워먼트 척도는 코렌 외(Koren, et al, 1992) 등이 중중 정서장애아동을 둔 장애인 가족의 임파워먼트를 파악하기 위해 개발. 본 척도는 가족구성원의 임파워먼트, 서비스 조직과의 관계에서 임파워먼트, 지역사회 내에서의 임파워먼트 등 3가지 영역으로 구성되어 있으며, 5점 리커트 척도로 구성

〈표〉 가족 임파워먼트 측정 문항 예

가족에 대한 임파워먼트
- 자녀가 가진 문제를 다룰 때, 가능한 한 긍정적인 측면에 초점을 두게 되었다.
- 전문가들은 자녀를 위해 어떤 서비스를 원하는지 반드시 나와 상의해야 한다고 생각한다.
- 자녀의 성장과 발달에 도움이 되는 것을 배우기 위해 노력하게 되었다.
- 내 자녀가 문제를 일으켰을 때 잘 다룰 수 있게 되었다.
- 내가 좋은 부모라고 느끼게 되었다.

서비스 제공 조직에 대한 임파워먼트
- 자녀가 현재 제공받고 있는 서비스를 받을 권리가 있다고 생각하게 되었다.
- 자녀에게 무엇이 필요한지를 결정할 때, 나의 의견도 중요하다고 생각하게 되었다.
- 자녀에게 필요한 서비스들이 무엇인지 분명하게 결정할 수 있게 되었다.
- 자녀에게 제공되고 있는 서비스에 대해 전문가에게 나의 견해를 이야기할 수 있게 되었다.

지역사회 및 정치적 임파워먼트
- 지역사회에서 서비스를 개선시키기 위한 활동에 참여할 수 있겠다고 생각하게 되었다.
- 부모의 지식과 경험이 서비스 개선에 기여할 수 있다고 느끼게 되었다.
- 특수교육이나 치료서비스와 관련된 법령에 포함된 부모와 아동의 권리를 알게 되었다.
- 다른 부모들과 함께 서비스 확대에 필요한 영향력을 미칠 수 있다고 믿게 되었다.
- 다른 가족이 필요한 치료서비스를 얻을 수 있도록 그들을 도울 수 있게 되었다.

교육방법

○ 강의형 교육

- 임파워먼트에 대한 의미는 역량강화, 권한부여, 세력화 등으로 임파워먼트를 바라보는 관점에 따라 다양하게 정의내릴 수 있음을 확인
- 장애인 가족의 역량강화를 위한 가족중심실천방안에 대해 논의
- 장애인 가족역량을 강화하기 위한 과정을 정리

○ 참여형 교육

- 장애인 가족을 바라보는 전통적 관점과 강점 관점을 비교하면서 서로의 차이점에 대해 논의
- 장애인 가족의 역량강화를 실천하는 데 장애가 되는 요인들이 무엇인지 가족과 지역사회 로 구분하여 논의
- 장애인 가족의 역량강화를 위한 구체적인 실천 계획 수립
- 부모 교육에 참여한 장애인 부모에게 각자 가족이 가진 장점과 자원이 무엇인지 확인

○ 실습연계형 교육

- 장애인 가족의 역량강화를 위한 가족사례관리의 사례를 다루어 봄
- 장애인 가족의 자원을 확인하고 확장하는 방법이 장애인 가족의 역량을 어떻게 강화시킬 수 있는지 논의

유의사항

○ 장애인 가족의 역량강화는 구체적인 실천 계획을 수립하고, 장애인 가족의 적극적인 참여가 전제 되어야 함. 장애인 가족의 역량강화는 가족이 가진 다양한 자원을 확인하고 이를 확대시켜 나감으로써 가족의 힘을 강화시키는 데 목적이 있기 때문에 장애인 가족의 역량강화가 정치적 수사에 그치지 않도록 유의할 필요가 있음
○ 장애인 가족의 역량강화는 가족 내, 지역 내 사회복지기관, 지역사회 내 정치적 역량 등을 강화시키는 것임으로 구체적인 가족 구성원의 변화와 연결

참고자료

○ 참고문헌

김수진, 유영준, 윤철수, 서은경, 김기룡 (2008). 장애아동 재활치료서비스 사업의 성과 및 운영모형에 관한 연구 - 2008 지역사회서비스혁신사업을 중심으로. 전국장애인부모연대.

양숙미 (1998). 성인 발달장애인 가족의 능력고취를 위한 가족지원 프로그램. 사회복지연구, 12.

양숙미 (2000). 발달장애인 보호제공자(caregiver)를 위한 가족지지모델(family support model) 고찰. 사회복지리뷰, 5(1), 73-93.

양옥경, 최명민 (2005). 사회복지실천모델의 재검토: 전통모델과 임파워먼트(Empowerment Model)의 재검토. 한국사회복지학회 학술대회 자료집(pp. 111-142)

유영준 (2007). 가족중심실천의 구성요인에 관한 고찰. 사회복지리뷰, 12, 83-103.

전재일 외 (2007). 사회복지실천론. 형설출판사.

장인협 (1999). 사회복지실천론(중). 서울: 서울대학교 출판부.

Allen, R. I. & Petr, C. G. (1996). Toward developing standards and measurements for family-centered practice in family support programs. In S. Singer, L. E. Powers, & A. L. Olson (Eds.), Redefining family support: Innovations in public-private partnerships.

pp.57-86. Baltimore: Paul H. Brooks

Dunst, C. J., Trivette, C. M., Deal A. G. (1994). Supporting & Strengthening Family: Methods, Strategies and Practices. Cambridge: Brookline.

Early, T (2001). Measures for Practice With Families From a Strengths Perspective. Familes in Society, 82(2), 225-232.

McCubbin and Thomson (1991). Family Assessment Inventories for Research and Practice. Madison, WI: University of Wisconsin.

Miriam et al. (2000). A Longitudinal Analysis of Family Empowerment and Client Outcomes. Journal of Client and Family Studies, 9(4), 449-460.

발달장애인 부모교육 과정 매뉴얼

PART II. 영유아기

목차

발달장애인 부모교육 과정 매뉴얼

Ⅱ. 영유아기 ··· 1

　Ⅱ-1. 영유아기 발달 특성 ··· 3

　Ⅱ-2. 영유아기 장애특성 및 조기중재 ··· 13

　Ⅱ-3. 발달장애유아 조기개입 ··· 19

　Ⅱ-4. 발달장애유아의 교육 ··· 27

　Ⅱ-5. 발달장애인의 재활 ··· 35

　Ⅱ-6. 발달장애 영유아의 양육·돌봄 ··· 41

　Ⅱ-7. 부모-유아의 상호작용 기술 ·· 47

　Ⅱ-8. 유아기의 양육기술 ··· 53

　Ⅱ-9. 발달장애유아 가정지도 ··· 61

　Ⅱ-10. 영유아기 발달장애인의 문제행동 중재 ······································· 69

　Ⅱ-11. 발달장애유아 부모의 심리적 특성과 양육스트레스 ················· 75

　Ⅱ-12. 부모양육기술훈련 프로그램 ··· 83

Ⅱ. 영유아기

Ⅱ-1. 영유아기의 발달 특성

Ⅱ-2. 영유아기의 장애특성 및 조기중재

Ⅱ-3. 발달장애유아 조기개입

Ⅱ-4. 발달장애유아의 교육

Ⅱ-5. 발달장애인 재활

Ⅱ-6. 발달장애 영유아의 양육·돌봄

Ⅱ-7. 부모-유아 상호작용 기술

Ⅱ-8. 유아기의 양육기술

Ⅱ-9. 발달장애유아 가정지도

Ⅱ-10. 발달장애인 문제행동 중재

Ⅱ-11. 발달장애유아 부모의 심리적 특성과 양육스트레스

Ⅱ-12. 부모양육기술훈련 프로그램

Ⅱ-1. 영유아기 발달 특성

과정	공통	영유아기	초등학령기	청소년기	성인기	영역	지식·정보	기술	심리·정서
주제	영유아기의 발달특성							

■ 교육의 필요성 ■

○ 인간의 발달은 매우 복잡한 현상임. 특히 생애초기 몇 년간의 변화는 매우 크며 이러한 발달 변화에 대한 이해는 장애 영유아 부모들이 그들의 자녀를 양육하고 지원하기 위해 반드시 필요하다.

○ 발달지표와 관련된 정상성의 범위(range of normalcy)는 유아의 발달과 그에 따른 기대 수준을 이해하기 위해서 반드시 필요한 개념이다. 발달지표와 정상성의 범위에 대한 이해는 유아가 기대되는 속도로 발달하고 있는가를 알려주는 척도라 할 수 있다.

○ 발달에 있어서의 전형적 발달과 비전형적 발달에 대한 정의 및 개념을 이해하고 장애 유아 양육에서 실제적인 적용을 하여 생태학적인 지원체계 마련이 필요하다.

○ 장애 영유아를 양육하는 모든 부모들은 발달상의 지체나 장애를 예방하고 발달을 최대한으로 촉진하기 위해 전형적인 발달을 먼저 이해하고 이러한 발달과정에서 나타날 수 있는 모든 비전형적인 현상, 또는 장애를 이해하는 것이 필요하다.

■ 교육내용 ■

1. 발달의 원리

> 예) 첫째, 모든 발달상의 수준은 일련의 복잡한 기술이나 능력을 포함함. 둘째, 인간은 적극적 학습자임. 셋째, 모든 영역의 기능은 다른 영역들과 상호 연관되어 나타남. 넷째, 기술의 발달은 미분화된 기능에서 분화된 기능으로 진행됨. 다섯째, 인간 발달은 예측 가능한 순서로 이루어짐. 여섯째, 인간 발달은 특정 시기의 개인의 상태와 그 개인이 속해 있는 환경과의 상호적인 과정을 나타냄.

2. 영유아기의 발달특성 이해

1) 사회·정서적 발달 특성

> 예) 사회-정서적 기술은 유아가 성인이나 또래 등 타인들과 어떻게 상호작용을 시작하고 타인에 의해서 시작된 상호작용에 반응하는 기술을 포함함(일반적으로 상호적 관계에 참여하는 기술이 필요함. 특히 또래와의 상호작용을 위해서는 협동적으로 놀이하고 놀잇감을 공유하고 차례를 지키는 등의 구체적인 기술들을 필요로 함). 정서적 기술은 감정을 인식하고 의사소통하는 능력과 함께 타인의 권리를 존중하면서 자신의 감정에 대해서 행동하는 능력을 모두 포함함.
> 즉, 영유아기의 바람직한 사회-정서적 기술의 습득은 자기 자신에 대한 좋은 감정을 지니고 자신의 감정과 느낌을 다른 사람들에게 적절한 방법으로 표현할 수 있게 하는 것임(이소현, 2006).

※ 참고자료: 영유아기 사회적 기술 발달지표

2) 운동 기능 발달 특성

> 예) 운동 기능은 움직임과 자세, 균형을 위한 신체적인 기반을 제공함. 이러한 기능은 지식을 습득하고, 말을 하고, 주변 환경을 탐색하고 일상생활에서의 자조 기술들을 수행하고, 다른 사람들과의 사회적 관계를 형성해 가는 데 필요한 선수 기술들임. 이러한 운동 기능은 대근육 운동 기술과 소근육 운동 기술의 두 가지로 나누어짐. 대근육 운동 기술은 환경 내에서 이동하거나 돌아다니는 기술을 의미하며 구르기, 앉기, 기기, 서기, 걷기, 던지기, 제자리 뛰기 등에 사용되는 움직임과 근육의 조절을 포함함. 소근육 운동 기술은 손이나 발, 얼굴 등에 있는 작은 근육들을 사용하는 능력으로 잡기, 놓기, 쌓기, 끈매기, 자르기, 쓰기 등의 동작에 사용되는 기술을 포함함.
> 영아기에는 주로 반사적인 기술을 사용하지만 뇌가 발달하고 근육이 강화되기 시작하면서 자신의 움직임을 조절하거나 주변 환경을 돌아다니는 능력도 함께 향상됨.

※ 참고자료: 영유아기 운동기능 발달지표

3) 의사소통 발달 특성

> 예) 의사소통 기술은 말(speech), 언어(language), 의사소통(communication)의 세 가지로 나누어짐. 말은 의사소통을 위해서 사용되는 구강 운동적인 행동을 의미하며, 언어는 다른 사람과 의사소통하기 위해서 상징과 문법을 사용하는 것을 말함. 또 의사소통은 말하는 사람과 듣는 사람 간의 생각이나 의견, 감정 등의 의사교환을 의미함.
> 언어는 수용언어(receptive language)와 표현언어(expressive language)로 나눌 수 있는데, 수용언어는 자신에게 주어진 구어적/비구어적 정보를 수용하고 이해하는 능력을 의미하며 표현언어는 자신의 사고나 감정을 의사소통할 수 있는 능력으로 발성, 단어, 몸짓이나 기타 정보를 전달하기 위해서 사용되는 행동을 의미함.

※ 참고자료: 영유아기 의사소통 발달지표

4) 인지 발달 특성

> 예) 인지 능력이란 아동의 정신적 지적 능력을 의미함. 인간은 생후 2년간 놀라운 속도로 인지적 기술이 발달하는데 이는 다양한 행동특성들을 통해서 평가할 수 있음. 인지발달은 기타 영역의 발달과 밀접하게 관련되므로 인지 발달에서 정상적인 진보를 보이지 못하면 사회적 기술 발달, 의사소통 발달에 부정적인 영향을 미치게 됨.

※ 참고자료: 영유아기 인지 발달지표

5) 적응행동 발달 특성

> 예) 적응행동 발달은 주로 먹기, 옷 입고 벗기, 대소변 가리기, 양치하기, 손 씻기 등의 자조기술(self-help skill) 발달 및 습득에 초점을 둠. 영유아들은 기타 영역의 기술들(예: 대·소근육 운동 기술)을 습득해 감에 따라 점점 더 진보된 자조기술 및 적응행동들을 수행할 수 있게 되며, 이를 통해 좀 더 독립적인 한 사람으로 성장해 감.

3. 장애유아 발달 촉진을 위한 가정에서의 활동

○ 가정의 일상적인 생활에서 하는 많은 활동들이 장애유아의 발달촉진 활동으로 적용·사용될 수 있음

1) 가정연계 놀이 활동

〈가정에서 할 수 있는 인지 발달 촉진 활동의 예〉

활동명	이름이 뭐니?		
영역	인지	대상 연령	만 4세
활동목표	1. 사물에 관심을 가지고 이름을 말해 보는 경험을 갖는다. 2. 물건들의 이름을 알 수 있다. 3. 글쓰기 도구를 바르게 잡고 도움을 받아 글씨를 쓸 수 있다.		
준비물	종이, 펜, 테이프		
활동방법	1. 집안에 있는 물건의 이름을 알아본다. 　- 이 물건의 이름은 무엇일까? 2. 부모의 도움을 받아 물건들의 이름을 종이에 써본다. 　　　　책상　　　　　　　거울 3. 종이에 쓴 이름들을 물건에 붙인다. 4. 물건을 가리키면 그 물건의 이름을 말한다. 　(이름을 말하면 그 물건을 가리킨다.) 　- 냉장고는 어디 있나?		
비고	☞ 자기 물건에 이름을 써 본다. ☞ 수수께끼를 통해 물건의 이름을 맞춰본다. ☞ 다른 사람의 물건을 빌릴 때 '빌려 주세요' 하며 말한다.		

〈가정에서 할 수 있는 인지 발달 촉진 활동의 예〉

활동명	색깔 블록 담기
영역	인지　　　　　　　대상 연령　　만 4세
활동목표	1. 빨강, 파랑, 노랑, 초록색을 구분하여 이름을 말할 수 있다. 2. 말하는 수만큼 블록을 바구니에 담을 수 있다. 3. 놀이가 끝난 후 놀잇감을 정리할 수 있다.
준비물	빨강, 파랑, 노랑, 초록색의 블록, 각 색깔 바구니
활동방법	1. 여러 가지 블록의 색을 알아본다. 2. 제시하는 블록의 색을 보고 이름을 말한다. 　- 이 블록은 무슨 색이니? 　- 빨간색하면 무엇이 생각나니? 3. 블록의 색깔을 구별하여 색깔 바구니에 넣는다. 4. 말하는 수만큼 블록을 바구니에 넣는다. 　- 빨간 블록1개와 노란 블록 1개를 바구니에 넣어줄래?
비고	☞ 블록을 달라고 할 때 '주세요'라고 말한다. ☞ 블록을 받은 후 '감사합니다'라고 말한다.

〈가정에서 할 수 있는 사회성 발달 촉진 활동의 예〉

활동명	과자 까나페 만들기
영역	사회성　　　　　　대상 연령　　만 4세
활동목표	1. 재료의 모양에 관심을 갖는다. 2. 재료의 모양을 구분하여 도형의 이름을 말할 수 있다. 3. 음식을 다 만들 때 까지 기다릴 수 있다.
준비물	과자, 치즈, 딸기쨈, 오이, 햄 등
활동방법	1. 과자 까나페를 만드는 재료를 알아본다. 2. 네모난 과자, 세모난 치즈, 동그란 오이, 네모난 햄 등 여러 가지 모양에 관심 가진다. 3. 과자 까나페를 만드는 방법을 알아본다. 　- 과자위에 딸기쨈을 바른다. 　- 세모난 치즈를 올린다. 　- 동그란 오이를 올린다. 4. 집에 있는 여러 가지 도형의 사물을 찾아보고 도형의 이름을 말해본다.
비고	☞ 식빵에 같은 방법으로 만들어 본다.(얼굴 꾸미기)

<가정에서 할 수 있는 사회성 발달 촉진 활동의 예>

활동명	내가 좋아하는 음악		
영역	사회성·정서	대상 연령	만 3세
활동목표	1. 아동이 자신의 의사표현을 할 수 있다. 2. 동요 가사의 단어를 말 할 수 있다.		
준비물	동요 플래시 영상, 가사, 컴퓨터		
활동방법	1. 여러 가지 동요가 있음을 알려주고, 그 중에 몇 가지를 들려준다. 2. 아동이 익숙해 질 수 있도록 여러 번 들려 준 후 아동이 따라 할 수 있도록 간단한 율동이나 박수를 치며 함께 불러본다. 3. 여러 가지 동요를 들은 후에 좋아하는 동요를 선택할 수 있도록 지도한다. 4. 동요를 선택한 후에 가사 중에 단어 한 가지 또는 두 가지를 정하여 말할 수 있도록 지도한다. 5. 즐겁게 동요를 함께 불러본다.		
비고	☞ 아동이 좋아하는 동요 선택 시 혼란스럽지 않도록 너무 많은 동요를 들려주지 않는다. ☞ 단어 선택 시 아동의 현행수준을 고려하여 선택한다. ☞ 아동과 함께 활동하면서 칭찬과 격려를 해주어 즐겁게 활동 할 수 있도록 한다.		

<가정에서 할 수 있는 운동 기능 발달 촉진 활동의 예>

활동명	색 밀가루 놀이		
영역	소근육운동	대상 연령	만 4세
활동목표	1. 긴장된 근육을 이완시킨다. 2. 색깔에 관심을 가진다.		
준비물	밀가루, 물, 식용색소, 접시		
활동방법	1. 색 밀가루를 만든다. - 밀가루를 큰 그릇에 넣는다. - 물에 원하는 색의 식용색소를 약간 넣어 색 물을 만든다. - 밀가루가 있는 그릇에 색 물을 넣어 반죽한다. 2. 아동에게 만져보고 느낌이 어떤지 묻는다. - 만져보니 느낌이 어떠니? - 두드리면 모양이 어떻게 될까? - 또 어떻게 해볼 수 있을까? 3. 완성된 작품에 이름을 붙이고 그늘에 말린다. - 어떤 이름을 붙여주면 좋을까? 4. 가지고 놀았던 점토를 다시 뭉쳐서 밀폐용기에 넣고 주변을 정리한다.		
비고	☞ 자신이 만든 물건을 가지고 가게 놀이를 한다. ☞ 아동이 만든 작품에 이름을 붙여본다. ☞ 밀가루가 아닌 소금으로 만들어 본다.		

〈가정에서 할 수 있는 운동 기능 발달 촉진 활동의 예〉

활동명	종이컵놀이		
영역	대·소근육운동	대상 연령	만 3~5세
활동목표	1. 색에 따른 가르기와 모으기를 할 수 있다.(수학의 기초) 2. 종이컵을 삼각형 구도로 쌓을 수 있다. (협응능력 및 소근육 발달)		
준비물	색 종이컵		
활동방법	1. 색 종이컵을 준비한다. 색이 없다면 같은 종류의 그림을 종이컵에 붙여도 된다. 2. 종이컵을 불규칙적으로 배치하고 특징에 따라서 아동은 분류하기를 실시한다. 3. 종이컵의 특징에 따라 분류하기를 한다. 4. 종이컵을 포개어 모아보기를 한다. 5. 종이컵을 삼각형 구도로 쌓아 본다. 6. 조금 더 높이 쌓아 본다.		
비고	☞ 분류하기, 가르기, 모으기의 개념도 학습 할 수 있다. ☞ 아동이 좋아하는 색 종이컵을 활용하면 좋다.		

〈가정에서 할 수 있는 적응행동 발달 촉진 활동의 예〉

활동명	옷 입기2		
영역	적응행동	대상 연령	만4세
활동목표	단추와 똑딱이 단추, 벨크로를 스스로 채운다.		
준비물	천(50cmX80cm)3장, 단추, 똑딱이 단추, 벨크로, 실		
활동방법	〈제작〉 1. 천을 길게 놓고 한쪽 끝에 단추를 일정한 간격(10cm)으로 달아준다. 이때 단추 크기는 손가락 한마디 정도 되는 크기로 한다.) 2. 천을 2번 접어 끝과 끝이 만나게 하고 단추를 넣을 구멍을 만든다. (구멍이 커야 아동이 처음에 활동하기 쉽다) 3. 같은 방법으로 똑딱이 단추와 벨크로(크기가 제일 큰 벨크로)를 달아준다. 4. 윗부분을 꿰매고 목이 나올 수 있는 구멍을 만들어 준다. 〈활용〉 1. 유아에게 이 옷들을 보고 기능을 습득할 수 있도록 지도한다. (크기가 일부로 크게 제작되어 눈·손협응이 더 잘 일어 날 수 있고 난이도가 최대한 쉽게 설정되었음) 2. 유아가 이 천을 둘러 옷 입듯이 걸치고 기능을 습득할 수 있도록 지도한다. 3. 기능이 어느 정도 숙달되면 구멍의 크기를 줄이고, 단추의 크기도 점점 줄여준다.(똑딱이 단추와 벨크로도 마찬가지) 4. 단추와 똑딱이 단추, 벨크로가 있는 옷을 스스로 입는 연습을 해본다.		
비고	☞ 이와 같은 방법을 응용해서 문고리, 자물쇠 열고 잠그기 등 실생활에 필요한 기술들을 익힐 수 있다.		

<가정에서 할 수 있는 적응행동 발달 촉진 활동의 예>

활동명	상황에 맞는 옷 입기		
영역	적응행동·의사소통	대상 연령	만5세
활동목표	날씨에 따라 계절에 따라 특별한 날의 상황에 맞게 옷을 선택할 수 있다.		
준비물	여러 상황이 설정될 수 있는 잡지, 여러 가지 옷들(잡지 가능)		
활동방법	1. 날씨에 맞는 옷이 따로 정해져 있다는 것을 사진이나 동영상, 잡지 등을 이용하여 충분히 아동이 인식할 수 있도록 알려주도록 한다. (예: "○○야, 비가 오는 날에는 슬리퍼나 장화를 신고 우산을 들거나 우비를 입어야 돼." "눈이 오는 날에는 부츠나 장화, 운동화를 신어야해. 그리고 비 오는 날처럼 우산을 쓸 수도 있어." "아주 더운 날에는 모자를 써야 돼. 그리고 운동화 보다는 샌들이나 슬리퍼가 더 시원하겠지?") 2. 계절에 따라서 옷이 달라지는 것을 다양한 방법으로 알려준다. (예: "봄과 가을에는 가볍지 만 따뜻하게 입을 수 있도록 긴팔, 긴바지를 입어." "여름에는 챙이 있는 모자를 쓰거나 반팔, 반바지나, 짧은 치마처럼 얇고 짧은 옷을 입는 거야." "겨울에는 파카나 두꺼운 외투를 입고 털모자나 목도리, 마스크 등으로 추위를 이길 수 있도록 해야 해.") 3. 특정한 상황에 맞는 옷이 따로 정해져 있다는 것을 다양한 방법으로 알려준다. (예: "결혼식에는 웨딩드레스를 입거나 정장을 입어.", "명절에는 한복을 입는단다.") 4. 여러 옷과 패션용품이 그려지거나 사진으로 찍힌 것을 준비하여 펼쳐 놓는다. (가능하면 대file:///C:/Users/ridrik01/Downloads/Telegram Desktop/면지 (16).pdf표할 수 있도록 잘나온 사진들을 준비하고, 어려운 경우 그림으로 대신한다. 또한, 그림이나 사진 밑에는 무엇인지 글자로 써주거나 부착하여 준다.) 5. 날씨와 관련되거나 계절, 상황에 관련된 배경 그림을 한 장 아동에게 제시하고, 이때 아동은 그에 맞는 옷과 소품들을 골라서 그림에 붙이도록 한다.		
비고	☞ 일반화가 어려운 아동의 경우에는 상황을 설명한 후에 사진이나 그림이 아닌 실제 옷을 입어보는 것이 좋다. ☞ 사람 모양의 인형이 있으면 인형에 옷을 입혀보는 동작을 해주거나, 의상이 있는 인형의 경우 옷을 입히면 아동이 더 재미있게 참여할 수 있다.		

교육방법

○ 강의형 교육
  - 발달 개념의 이해
  - 전형적 발달과 비전형적 발달의 이해
  - 발달 촉진활동 활용 방법
○ 참여형 교육
  - 전형적 발달의 이해(각 발달영역을 소개하는 Youtube의 동영상 감상 및 토론)
  - 가정에서 경험할 수 있는 발달 촉진 활동들(시범 및 따라 해보기 등)
○ 실습연계형 교육
  - 가정에서의 실습연계형 체크리스트 사용(영유아 발달척도 배부: 가정에서 체크해 보기)
  - 가족 차원의 발달장애자녀 각 영역 운동능력 증진 계획 수립, 적용, 평가하기

유의사항

○ 중등도 이상의 발달장애자녀 부모의 경우 발달척도에서 적용점을 다양하게 가질 수 있도록 한다(발달지표와 연속적 지표에만 매달릴 경우 선수기술 목표에 문제가 생겨 진행이 어려울 수 있음).

참고자료

○ 참고문헌

김경숙, 백유순, 최민숙 역 (2008). 자연적 환경에서의 장애유아 교육방법. 학지사.
이명희, 김지영, 이지연 (2011). 장애 유아 통합 프로그램의 실제. 학지사.
이소현 외 (2010). 유아특수교육. 학지사.
이소현 역 (2000). 장애영유아를 위한 교육. 이화여자대학교출판부.

○ 참고사이트

각종 발달지표(운동기능발달, 언어발달, 인지발달, 사회적기술발달, 자조기술발달)

Ⅱ-2. 영유아기 장애특성 및 조기중재

과정	공통　**영유아기**　초등학령기　청소년기　성인기	영역	**지식·정보**　기술　심리·정서
주제	영·유아기의 장애특성 및 조기중재		

■ 교육의 필요성 ■

○ 성인기 장애특성과는 다른 영유아기의 독특한 개념인 발달지체 개념의 특성에 대한 파악이 필요하다.

○ 장애 범주별 장애명은 그 정의나 기준이 학령기 특수아동에게 적합한 것으로 영유아들에게 그대로 적용하기에는 문제가 발생할 수 있다(kilgo, Danaher, McLean, McCormick, Smith, & Schakel, 1996). 특히 유아특수교육 대상자의 적격성을 판정하기 위한 범주별 장애 분류에 의한 표찰은 대부분 영유아에게 적절하지 않음. 장애명에 따른 표찰의 부정적 영향의 심각함에 대한 논의가 있다. 따라서 영유아기 발달장애 아동에 대한 발달지체 개념의 적용이 필요하다.

○ 따라서 영유아기에는 적절한 진단도구 및 방법을 통하여 신체발달, 인지발달, 의사소통발달, 사회적 또는 정서적 발달, 적응행동 발달 중 하나 이상의 영역에서 지체를 보임으로써 특수교육 및 관련서비스를 필요로 하는 아동으로 평가되는 것이 필요하다.

○ 장애 및 장애위험 영유아들에게 적절한 교육적 접근을 통해서 장애로 인한 부정적 영향을 최소화하는 것이 필요하다.

○ 장애 영유아를 위한 중재는 가정이나 다양한 기관에서 이루어지고 있으므로 각 중재 기관별 특성을 알아 적절한 곳을 선택하는 것이 필요하다.

■ 교육내용 ■

1. 발달지체의 독특한 개념 특성

　○ 발달지체(developmental delay)란 「장애인등에 대한 특수교육법」에서 특수아 조기

교육 대상자의 적격성을 판정하기 위해 기준으로 제시하고 있는 개념임.

> 예) 발달지체나 유아기지체(preschool delay) 등의 용어로 사용되고 있음. 또한 조기교육을 받지 않을 경우 앞으로 발달지체를 보일 가능성을 지니고 있는 장애위험 아동(at-risk children)을 대상자로 포함할 수도 있음.

○ 「장애인 등에 대한 특수교육법」(2007)에서는 다음과 같이 특수아동을 분류하여 발달지체라는 범주를 특수교육대상자 선정기준에 포함시킴.

「장애인등에 대한 특수교육법」에서의 특수아동 분류

장애명	진단 기준
시각장애	시각계의 손상이 심하여 시각기능을 전혀 이용하지 못하거나 보조공학기기의 지원을 받아야 시각적 과제를 수행할 수 있는 사람으로서 시각에 의한 학습이 곤란하여 특정의 광학기구·학습매체 등을 통하여 학습하거나 촉각 또는 청각을 학습의 주요 수단으로 사용하는 사람
청각장애	청력손실이 심하여 보청기를 착용해도 청각을 통한 의사소통이 불가능 또는 곤란한 상태이거나 청력이 남아있어도 보청기를 착용해야 청각을 통한 의사소통이 가능하여 청각에 의한 교육적 성취가 어려운 사람
정신지체	지적기능과 적응행동상의 어려움이 함께 존재하여 교육적 성취에 어려움이 있는 사람
지체장애	기능·형태상 장애를 지니고 있거나 몸통을 지탱하거나 팔다리의 움직임 등에 어려움을 겪는 신체적 조건이나 상태로 인해 교육적 성취에 어려움이 있는 사람
정서·행동 장애	장기간에 걸쳐 다음 각 목의 어느 하나에 해당하며, 특별한 교육적 조치가 필요한 사람 가. 지적·감각적·건강상의 이유로 설명할 수 없는 학습 상의 어려움을 지닌 사람 나. 또래나 교사와의 대인관계에 어려움이 있어 학습에 어려움을 겪는 사람 다. 일반적인 상황에서 부적절한 행동이나 감정을 나타내어 학습에 어려움을 겪는 사람 라. 전반적인 불행감이나 우울증을 나타내어 학습에 어려움을 겪는 사람 마. 학교나 개인 문제에 관련된 신체적인 통증이나 공포를 나타내어 학습에 어려움이 있는 사람
자폐성 장애	사회적 상호작용과 의사소통에 결함이 있고, 제한적이고 반복적인 관심과 활동을 보임으로써 교육적 성취 및 일상생활 적응에 도움이 필요한 사람
의사소통 장애	다음 각 목의 어느 하나에 해당하여 특별한 교육적 조치가 필요한 사람 가. 언어의 수용 및 표현능력이 인지능력에 비하여 현저하게 부족한 사람 나. 조음능력이 현저히 부족하여 의사소통이 어려운 사람 다. 말 유창성이 현저히 부족하여 의사소통이 어려운 사람 라. 기능적 음성장애가 있어 의사소통이 어려운 사람
학습장애	개인의 내적요인으로 인하여 듣기, 말하기, 주의집중, 지각, 기억, 문제해결 등의 학습기능이나 읽기, 쓰기, 수학 등 학업성취에서 현저하게 어려움이 있는 사람
건강장애	만성질환으로 인하여 3개월 이상의 장기입원 또는 통원치료 등 계속적인 의료적 지원이 필요하여 학교생활 및 학업수행에 어려움이 있는 사람
발달지체	신체, 인지, 의사소통, 사회·정서, 적응행동 중 하나 이상의 발달이 또래에 비하여 현저하게 지체되어 특별한 교육적 조치가 필요한 영아 및 9세 미만의 아동

2. 발달지체유아의 조기 진단

○ 장애 영유아는 발달선별검사를 통하여 전형적 발달범주에 들어가지 않는 유아를 선별함.
○ 장애 및 장애 위험 영유아 선별에는 여러 도구들이 사용되고 있는데, 교육현장에서는 한국판 덴버 발육선별검사, A&Q 부모작성형 아동 모니터링 검사, 유아용 발달 선별검사(DIAL-3) 등이 사용되고 있음.
○ 영유아의 능력에 대한 정보수집에서 주요한 방법 중 하나가 관찰임. 이는 검사도구로 측정하기 어려운 기술을 알아낼 수 있고, 다른 측정방법에 의해 수집된 정보의 타당도를 높여주며, 진단을 다른 환경과 일과로 확장하게 해줌(이소현, 2006).
○ 자연적인 상황에서의 관찰을 통해 영유아의 실제 상황에서 특정 기술을 사용할 수 있는지에 대한 정보수집이 이후의 중재계획 및 양육에 매우 중요함.

〈자연적인 상황에서의 관찰을 통한 진단〉

종 류	방 법
일화기록법	특정 상황에서의 유아의 행동을 모두 기록하는 방법으로 초기 진단의 일부분으로나 진도 점검에 사용됨
체계적인 관찰	가정이나 유치원 등의 자연적이거나 구조된 환경에서 관찰을 통하여 유아의 행동을 기록하고 수량화하는 방법
판단을 근거한 진단	전문가나 부모 등의 양육자가 유아의 관찰을 근거로 유아의 기능에 대한 견해를 기록하는 방법
놀이-중심의 진단	자연적인 환경에서의 유아의 놀이를 관찰함으로써 행동을 평가하는 방법으로 자유놀이나 반구조화된 놀이 상황에서 촉진자가 유아의 행동을 유도함으로써 관찰이 이루어짐
생태학적 진단	가정, 유치원, 어린이집 등의 유아의 전형적인 환경에 대한 물리적, 사회적 요소들을 관찰하여 정보를 제공함
상호작용적 진단	생태학적 진단의 한 구성 요소로 유아와 가족 구성원, 또는 유아와 또래들 간의 사회적 상호작용에 초점을 맞추어 진단하는 방법으로 주로 평가척도, 점검표, 체계적인 관찰에 의해서 이루어짐
수행 및 사실진단	성취도 검사와 같은 집단 검사 대신 실제 수행 상황에서의 유아의 노력에 근거해서 진단하는 방법으로 유아의 작업샘플이나 사진, 비디오테이프 등이 활용됨

*출처: 이소현(2006). 유아특수교육. 서울: 학지사. p 225.

○ 놀이 관찰에 의한 진단

> 예) 초학문적 놀이-중심의 진단(Transdisciplinary Play-Based Assessment: TPBA)
> 놀이-중심의 진단방법은 90년대 중반부터 유아특수교육 현장에서 널리 사용되기 시작한 진단방법이다. 가장 자연스럽고 발달에 적합한 진단방법으로 알려지고 있는데, 즉 유아기의 자연스러운 놀이 상황에서 부모나 전문가가 유아의 놀잇감을 사용해서 유아의 놀이 기술을 관찰하는 것임. 이 방법은 장애나 장애위험을 가진 유아들을 평가하는 자연적인 방법으로 알려져 있음. 놀이는 유아기 전체에 걸쳐 발달상의 순서에 따라 나타나므로 유아의 놀이행동은 그 유아가 얼마나 성숙했는가와 어느 정도의 능력을 가지고 있는지에 대한 측정을 가능하게 함. 놀이-중심 진단으로 가장 잘 알려진 진단은 초학문적 놀이-중심 진단인데, 이는 가족과 전문가를 포함하는 팀이 부모, 또래, 놀이촉진자와 놀이하고 있는 유아를 약 한 시간 정도 관찰하면서 진단을 하게 되는 방법임. 이는 어떠한 놀이 상황도 진단을 위한 환경이 될 수 있음. 그러나 진단이 진행되는 환경 내의 놀잇감들은 선별되어 제시되는데, 이것은 유아의 인지, 운동 기능, 언어, 자조기술, 정서-사회성 영역과 같은 다양한 발달 영역들을 관찰하기 위해서임(이소현, 2006).

3. 발달지체의 개념에 의한 조기중재

○ 일반 특수교육과 달리 유아특수교육은 장애 발생이나 유아교육기관 생활의 실패를 예방하는 측면을 포함하고 있음(이소현, 2006; 유수옥, 2010).

> * 조기학습의 중요성-생애초기 환경과 경험이 중요. 인간발달이 환경에 의해 영향 받음.
> * 장애의 예방 및 최소화-장애 및 장애 위험 영유아들에게 적절한 교육적 접근을 통해 장애가 미칠 수 있는 영향을 최소화함. 가족들에게 적절한 지원체계를 미리 제공하여 부수적 장애를 예방하게 함.
> * 가족의 필요 지원-가족은 영유아의 발달에 영향을 미치므로, 가족참여 및 지원을 통해 가족이 장애 영유아에게 필요한 지원을 충분히 할 수 있도록 함. 양육기술 습득, 상담 등이 있음
> * 사회-경제적 혜택-발달지체 유아에 대한 조기중재는 유아와 가족을 넘어 사회적이고 경제적인 혜택으로 이어짐.

4. 발달지체의 개념에 의한 중재 기관 선정: 유아교육기관별 특성

○ 장애 영유아와 그 가족들을 위한 교육프로그램의 유형은 서비스 전달방식에 따라서 다양함. 이는 어느 장소에서 제공되는 가에 따라서 나눌 수 있는데 장애 영유아의 다양한 필요와 욕구에 맞는 프로그램 제공이 되는지의 여부, 부모의 선호도에 따라 결정됨.

○ 서비스 전달유형(이소현, 2006)

> 1) 가정-중심 프로그램:
> 가정에서 중재가 제공되는 프로그램을 말함. 신생아, 영아 등은 가정이 가장 많은 시간을 보내며 편안한 환경이므로 가정에서 전문가의 방문에 의한 중재를 실시함. 부모의 협력이 중요함.
> 2) 기관-중심 프로그램:
> 기관에서 중재가 제공되는 프로그램-유치원, 어린이집, 유아특수학교, 복지관 조기교실, 사설 조기교실 등 다양함. 3세 이상의 유아들에게 가장 많이 적용되는 서비스 형태임. 유아들이 기관에 와서 전문가로부터 중재를 받는 형태임.
> 3) 혼합형 프로그램
> 장애 영유아에게 최상의 중재 프로그램을 제공하기 위해 가정-중심 프로그램과 기관-중심 프로그램을 혼합해서 운영하는 형태임. 즉, 일주일에 한 번은 기관에서 한 번은 가정에서 중재를 실시하는 유형이 있음.
> * 이외: 병원중심 프로그램, 치료실 중심 프로그램

○ 기관 유형(이명희·김지영·이지연, 2011)

> 1) 유아특수학교
> * 특징: 장애 유아만을 대상으로 교육하는 유치원 특수학교이다. 전국에 9개교가 있으며 유아만을 대상으로 하는 교육과정 운영상의 특성상 유아발달에 적합한 교육과정, 교수방법, 치료지원이 이루어짐
> 2) 유치원(통합 유치원, 일반 유치원)
> * 만3세 이상의 유아를 교육하는 기관으로 일반 유치원 일반학급에 통합하거나 특수학급에서 교육받음
> 3) 어린이집(통합어린이집, 장애전문어린이집)
> * 0~12세까지를 대상으로 교육 및 보육이 이루어지며 영아부터 초등학생 방과후반까지 편성되어 있음. 장애 영·유아가 일반 유아와 통합되어 교육받는 통합어린이집과 장애 영유아만 교육하는 장애전문어린이집이 있음.
> 4) 특수학교 유치부
> * 특수학교에 편성된 유치부 과정의 학급임. 특수학교의 다양한 제도 및 치료지원을 함께 받을 수 있음.
> 5) 특수교육지원센터
> * 각 시도 교육지원청 산하기관으로 장애 영유아 선별 및 중재에 관한 업무를 함. 영아 조기중재를 하는 곳도 많음. 진단 평가를 받기 위해서는 보호자가 특수교육지원센터를 직접 방문하여 신청하거나 보호자 동의를 받아 원장이 의뢰하여 검사를 받아 볼 수 있음.

5. 가정에서 활용할 수 있는 간단한 발달지체 검사 이해

○ A&Q 진단도구(부모보고형검사) 소개

교육방법

- ○ 강의형 교육
  - 발달지체 개념의 이해
  - 조기중재의 개념 및 종류, 목적
- ○ 참여형 교육
  - 놀이 관찰(유아의 놀이 동영상을 사용)
- ○ 실습연계형 교육
  - 가정에서 간단한 발달체크리스트 사용

유의사항

- ○ 발달지체에 개념 사용에 의한 혜택도 함께 언급이 필요함(무상교육, 추후 기록이 남지 않음 등).
- ○ 부모는 교사가 아니므로 너무 자세한 중재방법 소개까지는 필요하지 않을 것임.
- ○ 기관에서의 중재를 소개할 시 어린이집이나 유치원에서의 교육장면을 동영상으로 소개하면 좋을 것임

참고자료

- ○ 참고문헌

유수옥 (2010). 특수유아교육. 서울: 창지사.

이명희, 김지영, 이지연 (2011). 장애유아 통합프로그램의 실제. 서울: 학지사.

이소현 (2006). 유아특수교육. 서울: 학지사

- ○ 참고사이트

국립특수교육원: http://www.knise.kr

Ⅱ-3. 발달장애유아 조기개입

과정	공통	영유아기	초등학령기	청소년기	성인기	영역	지식·정보	기술	심리·정서
주제	발달장애유아 조기개입								

■ 교육의 필요성 ■

○ 발달장애유아에 대한 장애 예방적 차원에서의 조기개입이 필요하다.

○ 신생아나 영유아들에게 제공되는 특수아 조기교육 서비스는 교정적 차원에서의 특수교육을 필요로 하는 학생의 수를 감소시키고 그러한 특수교육 프로그램이 이미 너무 늦었다고 판단되기 전에 주어지는 서비스라는 측면에서 장애 예방의 의미를 지닌다.

○ 부모들에 따라서는 자녀들의 비전형적 발달에 대해서 전혀 의식하지 못하기도 하며, 의식을 하지만 어떤 서비스가 있는지 모르는 경우도 많음. 또한 어떤 부모들은 문제를 인정하지 않으려고 하며, 사회적인 분위기 때문에 자녀의 장애 사실을 숨기려 한다. 따라서 부모들에게 초기 선별을 통해 조기에 중재를 하는 것이 발달장애 자녀의 발달에 매우 중요하고 효율적임을 인식케 할 필요가 있다.

○ 조기개입을 위한 선별진단, 교육진단의 개념과 내용을 인식하여 부모들이 조기중재의 방향성을 알고 효율적인 조기개입 계획을 세울 필요가 있다.

○ 장애 진단 후 교육프로그램에 연계하여 적절한 교육적 중재를 하는 것은 2차적인 문제를 예방하고 장기적인 안목에서 경제적인 효율성을 가져온다.

■ 교육내용 ■

1. 발달장애유아 조기개입

○ 조기개입(Early Intervention): 조기개입은 장애 신생아 및 영아들을 위한 포괄적인 서비스(부모와 자녀 사이의 관계를 지원하는 것을 포함한 교육목표 이외에 건강관리 및 사회 서비스를 포함하는 것)를 의미하는 용어임. 여기서 말하는 개입이란

장애나 발달지체의 방향이나 결과를 교정하기 위한 목적으로 어린 아동과 그 가족들의 삶을 간섭하는 과정을 의미함. 우리나라에서는 조기 개입을 조기 중재라고도 사용하는데, 일반 특수교육에서 중재(intervention)라는 용어가 교수의 의미로 폭 넓게 사용되고 있는 점을 고려해서 조기교육에서는 조기 중재보다는 조기개입이라는 용어가 더 선호됨.

- ○ 조기개입 방법: 중재의 시행은 목표 및 의도된 성과들을 계획된 활동으로 전환시키는 것임. 두 명의 유아가 같은 목표를 갖더라도 목표를 도달하기 위한 서비스의 실행은 각 개별 유아의 독특한 환경, 프로그램의 철학과 자원, 개입·중재자에 따라 달라짐.
  - 자원: 가족자원, 전문적인 지원(전문가와 부모협력이 중요), 중재 전문가들(교사, 의사, 심리치료사, 언어치료사, 물리치료사, 작업치료사, 사회복지사 등)
- ○ 조기개입은 최대한 적절한 범위에서 가정과 일반 유아들이 참여하는 모임 같은 자연적 환경에서 제공되어야 함.
- ○ 조기개입 중재 장소
  - 분리환경: 병원학급이나 장애아로 구성된 특수학교, 특수학급, 장애전문어린이집 등
  - 정상화 환경: 미국연방법은 가능하면 최소제한환경(LRE)에서 중재를 제공하도록 요구하고 있음.
  * 신생아와 걸음마기 유아에게 최소제한환경이란 가정일 것임. 가정중심중재란 중재자(유아특수교사, 언어재활사, 물리치료사 등)가 IEP, IFSP의 목표 및 필요에 따라 매 주 또는 격주로 가정을 방문하여 치료를 제공하고 주양육자와 상담을 제공하는 것임
  * 유아기에는 유치원 또는 어린이집에서 정규적인 교육 및 보육이 제공될 수 있음.
  - 통합교육 환경: 조기중재와 특수교육의 최대목적이 장애유아가 일반유아가 생활하는 모든 환경, 장소에 다 참여하게 하는 것으로 일반 유치원, 어린이집에서 제공됨.
- ○ 영유아기 조기개입을 위해 대상자 발견 및 선별이 조기에 이루어지는 것이 필요함.
  - 5개 발달영역평가: 인지, 운동, 의사소통, 사회성 및 놀이, 자조기술 및 적응기술.

2. 조기개입을 위한 발달장애유아 진단

- ○ 영유아기 진단: '부모와 전문가가 함께 참여하는 팀이 어린 아동과 그 가족의 발달적, 교육적, 의학적, 정신건강 서비스의 변화하는 필요에 대하여 반복적으로 그 판단을 수정하고 합의를 이루어 나가는 융통적이고 협력적인 의사결정 과정'(이소현 외, 2009)

진단	특정 결정을 내리기 위하여 정보를 수집하는 과정
평가	수집된 정보에 근거한 판단과 해석을 통하여 특정 결정을 내리는 총체적인 과정

* 출처: 이소현 외(2011), P. 21.
- ○ 진단의 기능에 따른 정의 및 목적

진단	정의	목적
선별	전문적인 장애진단에 의뢰할 대상자 발견을 위한 절차	전문적인 진단에 의한 의뢰 여부 결정
장애진단	장애의 유무를 확인하기 위한 종합적인 평가 절차	장애의 여부 및 그 성격과 정도 결정
교육진단	교육목표를 선정하고 교육계획을 세우기 위한 절차	교육목표 선정 및 교육 활동을 위한 일과, 교재, 교구, 교육방법 등의 결정

3. 조기중재를 위한 교육 진단(Assessment: 평가)

- 목적: 유아의 능력과 잠재력 및 발전 가능성을 최대한 발휘할 수 있는 양육환경과 학습환경을 깊이 있게 이해하기 위해서 고안된 과정
- 원칙: 미국유아교육협회(NAEYC)와 미국유아교육전문가협회(NAECS) 지침(노진아 외, 2011)
  1. 전문가와 가족들은 다학문적 팀 평가를 계획하고 실행하기 위해 협력해야 한다.
  2. 평가는 개별화되고, 대상유아와 가족의 발달 및 문화에 적절해야 한다.
  3. 평가는 중재에 유용한 정보를 제공하고 유아와 가족에게 혜택을 준다.
  4. 평가방법은 타당성과 신뢰성의 기준을 충족시켜야 한다.
  5. 전문가는 정중하고 유용한 방법으로 정보를 공유해야 한다.

4. 진단 방법

- 우리나라에서 개발된 장애영유아용 교육진단 도구는 거의 없는 실정임. 미국에서 개발된 몇 가지 도구가 번역·출간되어 사용되고 있음. 대부분 아동이 혼자 놀잇감을 갖고 놀거나 부모 또는 또래와 노는 것을 관찰하여 체크하여 진단하게 됨.

  (cf. 아래의 진단 방법들은 부모들에게 자세하게 교육할 필요는 없으며 방향성, 종류 등을 간단하게 소개하면 될 것임)

  〈진단 방법〉
  - 포테이지 지침서(「조기교육을 위한 포테이지 지침서」): 본래 가정방문 프로그램에 적용하기 위해 개발됨. 교사가 아동의 집을 방문해 부모와 함께 아동의 교육프로그램을 작성하고 이를 부모가 일정 기간 동안 가르치고 기록해 교사와 함께 평가하기 위한 도구로 사용됨.
  - 캐롤라이나 교육과정(「장애 유아를 위한 캐롤라이나 교육과정」): 0~3세용, 3세~6세로 나누어 개발됨. 평가기록표와 발달진전표가 제시되어 있어 아동의 영역별 기술 변화를 한 눈에 알 수 있음.
  - AEPS(「영유아 진단, 평가 및 프로그램 체계」: Assessment, Evaluation, and Programing System for Infants and Children): 교육과정중심 진단도구로서 개별 유아에게 발달적으로 적절한 교수목표를 확인하고 개별화된 중재를 계획할 수 있도록 교사 및 치료사, 부모를 돕기 위한 목적을 가짐. 개발단계에서부터 활동중심중재와 잘 연계될 수 있게 제작되었음. 0~3세용, 3세~6세로 나누어 개발됨.
  - 관찰: '매일의 일상적인 맥락 내에서 관심 있는 특정 행동을 조사하는 엄격한 행위'로 정의됨. 또래와의 상호작용, 자조기술, 운동기술, 읽기기술, 감정표현, 주의집중 등 유아의 광범위한 행동을 평가하는 적절함. 부모, 교사뿐만 아니라 놀이를 포함한 일상의 다양한 활동을 함께 하는 사람 모두가 관찰자가 될 수 있으며, 원하면 언제든지 자연스러운 상황에서 발생하는 아동의 행동을 통해 지속적으로 진단할 수 있는 장점이 있음(이소현 외, 2009).

- 참고: 가정에서 활용할 수 있는 간단한 발달지체 검사 이해

  - A&Q (부모보고형검사)

5. 조기개입의 실제: 중재 프로그램

○ 기관중심 중재 프로그램

> **예) 정신지체 유아 영희의 사례:**
> 유치원 토끼반의 등원시간입니다. 일반 유아들이 선생님께 인사를 드리며 등원하고 있는데 다운증후군 유아인 영희는 선생님께 인사를 하지 않습니다. 김교사는 영희가 얼굴을 보고 눈을 마주치며 웃으면서 인사를 하도록, 교사가 먼저 눈을 마주치고 인사하기의 모델링을 보입니다. 교실에 들어간 영희는 날짜판을 보고 출석카드에 도장을 찍지 못합니다. 김교사는 장애 유아 영희에게 개인용 월과 일이 표시된 그림판을 준비하여 출석카드에 도장을 찍을 수 있도록 했습니다.
> 곧 자유선택활동 시간이 되었습니다. 친구들이 미술영역에서 사람을 그리고 있는데 영희는 사람을 그리지 못합니다. 김교사는 사람의 몸통과 팔다리를 그려주고 얼굴을 위쪽에 그리게 하였습니다. 이야기 나누기 시간에는 말로 발표를 할 수 없는 영희를 위해서 음성출력이 되는 의사소통도구를 사용하여 교사가 녹음해 둔 내용을 발표하게 했습니다.

○ 혼합형(기관+가정) 중재 프로그램

> **예) 청각장애 영아 민수의 사례**
> 민수는 8개월이 된 청각장애 유아입니다. 민수네 집 부근에는 유치원이나 어린이집이 없습니다. 민수네 집에는 1주일에 한 번 1시간 정도 떨어진 교육지원청 특수교육지원센터에서 선생님이 집에 오십니다. 선생님은 민수를 직접 가르치기도 하시고 어머니에게 양육법을 알려주기도 하십니다. 민수는 한 달에 한 번은 특수교육지원센터에 가서 같은 순회교육을 받는 친구들과 만나 함께 놀이하며 선생님의 중재를 받는다.

○ 가정 중심 중재 프로그램

> **예) 지체장애 유아 철수의 사례**
> 24개월 된 최중도 뇌성마비 유아 철수는 아직 고개도 가누지 못하고 앉지도 못하며, 인지능력도 아주 낮아 측정이 불가능합니다. 산촌마을에 사는 철수네 근처에는 복지관이나 장애유아 교육기관이 없습니다. 물리치료, 언어치료 등 관련서비스가 필요하지만 철수네 집은 자동차가 없어 엄두도 못 내고 있습니다. 철수네 집에는 2주일에 한 번 지역교육지원청 특수교육지원센터에서 유아특수교사가 오셔서 어머니에게 철수의 발달을 촉진하는 양육방법, 관련서비스를 적용한 가정에서의 중재방법을 알려주시고 철수와 직접 놀이를 하며 중재도 해주십니다.

6. 가정에서의 조기중재의 실제(1)

○ 가정 중심 프로그램

> **예) 〈장애영아와 양육자간 상호작용 프로그램〉(이효신, 1998)**
> - 목적: 양육자에게 장애자녀를 양육하는 구체적인 기술습득이 필요함. 즉, 실질적 기술습득, 즉각적 피드백을 동시에 제공하는 구체적인 프로그램이 필요함.
> - 대상 아동: 만 2세 5개월 발달지체 유아
> - 중재방법:
>   1) 아동의 요구표현(눈 마주치기) 유도과정: 아동에게 장난감 선택하도록 하기, 상호작용하기, 보상하기, 다른 활동 권유하기
>   2) 아동의 요구표현(지적하기) 유도과정: 아동을 강하게 동기화 시킬 수 있는 강화물(과자) 선정하기, 상호작용하기, 보상하기, 다른 활동 권유하기.
> - 중재내용
>   * 형태 퍼즐을 선택했을 때 퍼즐의 구멍을 막고 퍼즐을 넣을 수 없게 하기
>   * 크레파스 통을 열고 자 할 때 도와주지 않고 기다리기
>   * 크레파스를 선택하고자 할 때 크레파스를 누르고 잡지 못하게 하기
>   * 누르면 열리는 장난감을 아동이 눌러도 안 열릴 때 도와주지 않고 기다리기
>   * 고무찰흙의 뚜껑을 열고 자 할 때 뚜껑을 눌러 못 열리게 하기
>   * 스케치북을 다음 장으로 넘기고자 할 때 누르고 있기
>   * 찰흙을 가지고 놀고 자 할 때 모든 찰흙을 연구자가 가지고 있기
>   * 밖으로 나가려고 할 때 문을 열어주지 않기
>   * 높은 곳(예, 미끄럼틀)에 올라갔을 때 내려오는 곳을 막고 서있기
>   * 볼풀에 들여보내고 나오는 것을 도와주지 않기
>   * 돌아가는 시계바늘을 빡빡하게 조여서 못 돌아가도록 해놓기
>   * 높은 곳에 올라가고자 할 때 도와주지 않기

7. 가정에서의 조기 중재의 실제(2)

○ 가족들을 위한 조기 문해기술 촉진을 위한 제안

> **예) 아동에게 큰 소리로 책을 읽어줄 때**
> ○ 가능하다면 아동을 무릎에 앉히고 읽어 준다.
> ○ 신생아 때부터 읽어 주기 시작한다. 아동은 당신의 책 읽는 음성의 음률적인 소리에 친숙하게 될 것이다.
> ○ 아동의 나이가 6-12개월일 때 화려한 색상의 삽화와 음률적인 문장이 있는 책을 선정한다.
> ○ 같은 이야기를 반복해서 읽어 준다. 연구결과에 의하면 아동이 스스로 선택하는 책은 한 번 이상 읽어준 책들이다. 내용이 반복적이거나 예측 가능한 경우에는 손가락으로 활자를 가리키면서 읽고 아동들로 하여금 함께 읽도록 격려한다.
> ○ 이야기 속에서 진행되고 있는 일에 대해서 아동에게 질문하고 다음에 일어날 일이 무엇인지 생각하게 한다.
> ○ 책을 읽어 줄 때마다 제목, 저자, 삽화를 손가락으로 가리킨다.
> ○ 정기적으로 도서관을 방문하여 다양한 책들을 대여한다. 집 전체에 책들을 배치한다.

○ 감각운동기술 및 상호작용적인 능력 촉진을 위한 교육 전략

〈아동에게 큰 소리로 책을 읽어줄 때〉
○ 아동의 행동에 민감하게 반응한다. 아동의 관심을 일으키고 유지하는 것에 대해서 주의를 기울이고 초점을 맞춤으로써 상호작용적인 사건을 설정할 수 있다.
○ 아동의 행동을 상호작용적인 의도로서 받아들인다. 아동의 주의집중적인 능력을 사회적 비사회적 환경과 상호작용 하고자 하는 의도로 해석하는 것은 아동의 시작행동에 반응하도록 해준다.
○ 아동의 시작행동에 반응한다. 아동의 시작행동에 대한 반응으로서 강화적인 후속자극을 제공하는 비사회적 환경의 구성은 사회적 행동에 대한 일관성 있는 반응과 마찬가지로 아동에게 높은 수준의 후속성을 경험하게 해준다.
○ 진행 중인 아동의 시작행동을 격려한다. 성인-주도의 상호작용과 반대되는 개념으로서 높은 수준의 아동-시작의 상호작용을 강조하는 사건들을 학습시키는 것은 아동의 능력이 더 많이 표현되도록 도와준다.
○ 능력을 지지하고 격려한다. 아동이 자신의 능력 이상으로 시도하는 행동을 격려하고 지지하는 상호작용적인 사건들은 아동의 행동을 더욱 정교화 시키고 전통적인 모습으로 변화시킨다.

〈상호작용 팁〉
○ 다음은 매일 10분 동안 할 수 있는 몇 가지 활동의 예이다.
1. 마사지를 해 준다. 우선 손을 따뜻하게 하고 로션 및 파우더를 묻힌 후에 아이의 배, 다리, 팔, 등을 문질러 주면서 아이에게 이야기를 들려주고 몸의 명칭을 이야기 해준다.
2. 다양한 촉감의 사물을 아이의 피부에 문질러 보라.
3. 아이에게 노래를 불러주라.
4. 아이에게 이야기를 하며 목소리를 활용해 놀아 보라. 천천히 또는 빠르게, 높은 톤 또는 낮은 톤으로 말해 보라. 아이가 웃으며 소리를 내면 당신도 웃으며 동일한 소리를 내어라.
5. 아이의 머리를 빗겨 주어라.
6. 나를 포함한 가족 또는 친구의 사진을 꺼낸 후 아이에게 사진 속 사람들이 누구인지, 무슨 일을 하는지, 어떻게 알게 되었는지에 대해 이야기해주어라. 아이가 당신의 말을 다 이해하지 못해도 당신의 목소리를 듣고 사진을 보는 것을 좋아할 것이다.
7. 거울 가까이에 아이를 안고 선 후에 아이와 당신에 대해 말해 보라. "엄마가 아이를 안고 있어요. 예쁜 눈이 보여요? 코도 여기 있네요."

* 출처: 노진아 외 (2011). p. 363

교육방법

○ 강의형 교육
 - 조기개입의 이해
 - 조기개입(중재)를 위한 진단
 - 조기중재 유형 및 가정중심 프로그램의 이해

○ 참여형 교육
  - 가정에서 할 수 있는 진단: 관찰(관찰방법 또는 ASQ 등 간단한 체크리스트)
○ 실습연계형 교육
  - 가정중심 조기중재 계획 수립, 적용, 평가하기
  - 가정에서 부모가 할 수 있는 개입(중재)의 예 실행해보기

유의사항

○ 가정에서 부모가 할 수 있는 중재와 기관에서 하는 중재사이의 균형을 생각해본다.

참고자료

○ 참고문헌

노진아, 김연하, 김정민 공역 (2011). 영유아 특수교육. 학지사.
김경숙, 백유순, 최민숙 (2011). 자연적 환경에서의 장애유아 교육방법. 학지사.
이명희, 김지영, 이지연 (2011). 장애유아 통합프로그램의 실제. 서울, 학지사.
이소현 (2006). 유아특수교육. 학지사.
이소현 (2009). 장애 유아 진단 및 평가. 학지사.
이효신 (1998). 장애영아와 양육자간 상호작용 프로그램 개발. 정서학습장애연구, 14(2), 139-155.
Bricker, D. (1998). An activity-based approach to early intervention.. Baltimore, ML; Paul Brookes.

○ 참고사이트

누리놀이 웹사이트: http://www.nurinori.com
국립특수교육원 '장애유아 통합교육 교수학습 자료 활용을 위한 일반교사용 지침서': http://knise.kr

Ⅱ-4. 발달장애유아의 교육

과정	공통	영유아기	초등학령기	청소년기	성인기	영역	지식·정보	기술	심리·정서
주제			발달장애유아의 교육						

■ 교육의 필요성 ■

○ 발달장애유아의 일상생활 적응 및 학교생활로의 안정적 진입을 위하여 적절한 특수교육을 제공받을 수 있는 교육기관 또는 보육시설의 특성과 이용 절차에 대해 이해할 필요가 있다.

■ 교육내용 ■

1. 유아특수교육의 이해

  ○ 특수교육이란?
  - 특수교육이란 국가 및 지방자치단체가 특수교육대상자의 교육적 요구를 충족시키기 위하여 장애유형·장애정도와 특성을 고려한 교육과정 및 특수교육관련서비스를 제공하는 것을 말함.
  - 유아특수교육은 특정 영역에서 일반적이지 않은 발달을 보이는 유아의 개별적인 필요를 충족시키기 위해서 특별히 고안된 교수로, 도움을 필요로 하는 유아와 그 가족을 위한 다양한 서비스를 포함하는 개념임. 유아특수교육의 대상은 장애아동만을 의미하는 것이 아니며 장애 위험을 가지고 있는 유아와 발달상의 지체를 보이는 유아들을 포함하고 있음. 이렇듯 유아특수교육은 장애나 학교생활의 실패가 발생하지 않도록 하는 예방적 측면을 가지고 있음.

  ○ 특수교육 관련서비스란?
  - 특수교육대상자의 교육을 효율적으로 실시하기 위하여 필요한 인적·물적 자원을 제공하는 서비스로서 상담지원·가족지원·치료지원·보조인력지원·보조공학기기지원·학습보조기기지원·통학지원 및 정보접근지원 등을 말함.

○ 특수교육대상자란?

- 교육장 또는 교육감이 다음 각 호의 어느 하나에 해당하는 사람 중 특수교육을 필요로 하는 사람으로 진단·평가된 사람을 특수교육 대상자로 선정함.
  · 시각장애
  · 청각장애
  · 정신지체
  · 지체장애
  · 정서·행동장애
  · 자폐성장애(이와 관련된 장애를 포함)
  · 의사소통장애
  · 학습장애
  · 건강장애
  · 발달지체
  · 그밖에 대통령령으로 정하는 장애

○ 특수교육의 효과

- 장애의 조기발견 및 예방: 유아특수교육을 통하여 장애영유아나 장애위험영유아에게 적절한 치료 및 교육을 제공함으로써 장애나 장애위험을 지닌 영·유아에게 장애가 미칠 수 있는 부정적인 영향을 최소화 할 수 있음.
- 가족의 필요지원: 가족들에게 장애유형 및 장애정도에 따라 적절한 상담 및 교육을 제공함으로써 정상발달을 촉진하고 부모의 능력이 향상되도록 다각적인 측면에서 지원함으로 가족의 스트레스를 경감시킬 수 있음.
- 사회 경제적 혜택: 성인기 이후의 독립적인 생활을 돕기 위해 사회적응훈련과 직업훈련을 실시함으로 시설수용률을 감소시키고 고용률을 증가시켜 궁극적으로 특수교육 및 사회복지 예산을 절감할 수 있음.

2. 특수교육대상자의 선정

○ 특수교육대상자 선정·배치

- 장애등록이 곧 특수교육대상자 선정을 의미하지는 않음. 특수교육을 필요로 하는 장애가 있는 영유아 중 진단·평가를 통해 특수교육대상자로 선정함.

○ 법적 근거

- 「장애인 등에 대한 특수교육법」 제14조 제3항: 보호자 또는 각급학교의 장은 장

애를 가지고 있다고 의심되는 영유아 및 학생을 발견한 때에는 교육장 또는 교육감에게 진단·평가를 의뢰하여야 하고, 각급학교의 장이 진단·평가를 의뢰하는 경우에는 보호자의 사전 동의를 받아야 함.

○ 제출 서류
  - 특수교육대상자 진단평가 의뢰서·진단평가 의뢰자 명단·기본정보 각 1부
  - 기타서류 : 장애인복지카드, 장애인증명서, 의사진단서 등(해당자에 한함)
○ 선정절차
  - 유아특수교육을 제공받기 위해서는 다음과 같은 특수교육대상자 선정 절차를 밟아야 함.

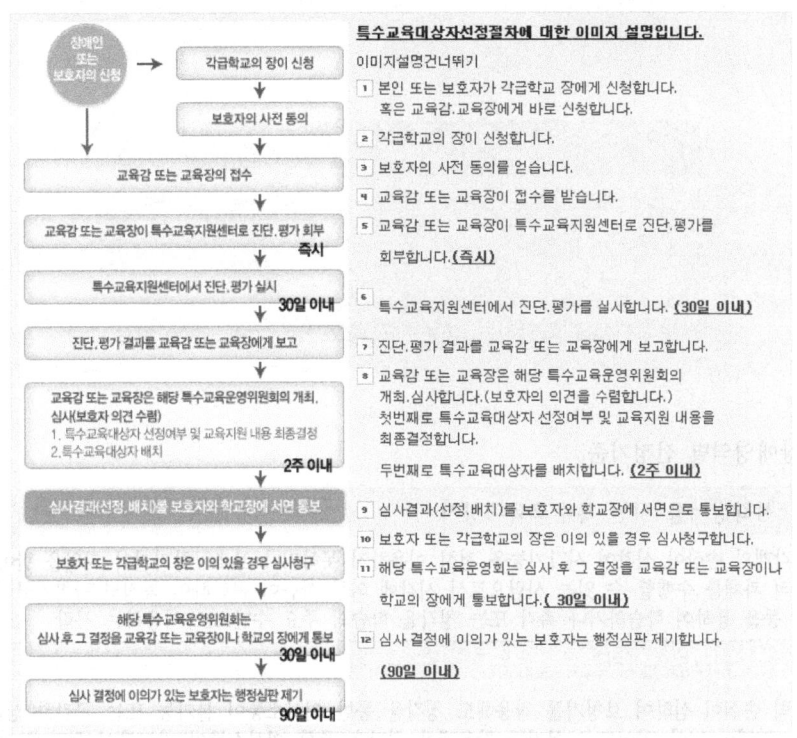

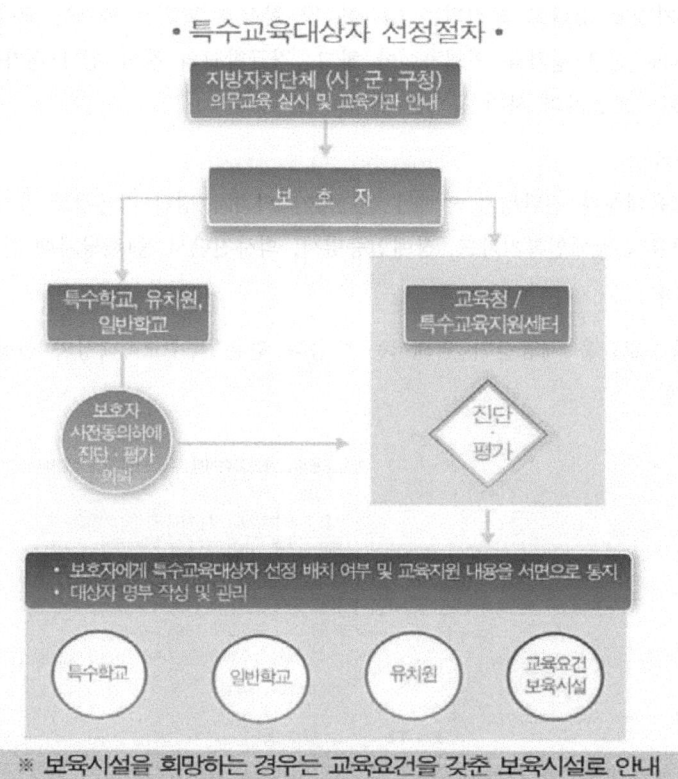

○ 장애영역별 선정기준

1. 시각장애를 지닌 특수교육대상자

시각계의 손상이 심하여 시각기능을 전혀 이용하지 못하거나 보조공학기기의 지원을 받아야 시각적 과제를 수행할 수 있는 사람으로서 시각에 의한 학습이 곤란하여 특정의 광학기구·학습매체 등을 통하여 학습하거나 촉각 또는 청각을 학습의 주요 수단으로 사용하는 사람

2. 청각장애를 지닌 특수교육대상자

청력 손실이 심하여 보청기를 착용해도 청각을 통한 의사소통이 불가능 또는 곤란한 상태이거나, 청력이 남아 있어도 보청기를 착용해야 청각을 통한 의사소통이 가능하여 청각에 의한 교육적 성취가 어려운 사람

3. 정신지체를 지닌 특수교육대상자

지적 기능과 적응행동상의 어려움이 함께 존재하여 교육적 성취에 어려움이 있는 사람

4. 지체장애를 지닌 특수교육대상자

기능·형태상 장애를 가지고 있거나 몸통을 지탱하거나 팔다리의 움직임 등에 어려움을 겪는 신체적 조건이나 상태로 인해 교육적 성취에 어려움이 있는 사람

5. 정서·행동장애를 지닌 특수교육대상자

장기간에 걸쳐 다음 각 항목의 어느 하나에 해당하여, 특별한 교육적 조치가 필요한 사람
  가. 지적·감각적·건강상의 이유로 설명할 수 없는 학습상의 어려움을 지닌 사람
  나. 또래나 교사와의 대인관계에 어려움이 있어 학습에 어려움을 겪는 사람
  다. 일반적인 상황에서 부적절한 행동이나 감정을 나타내어 학습에 어려움이 있는 사람
  라. 전반적인 불행감이나 우울증을 나타내어 학습에 어려움이 있는 사람
  마. 학교나 개인 문제에 관련된 신체적인 통증이나 공포를 나타내어 학습에 어려움이 있는 사람

6. 자폐성장애를 지닌 특수교육대상자

사회적 상호작용과 의사소통에 결함이 있고, 제한적이고 반복적인 관심과 활동을 보임으로써 교육적 성취 및 일상생활 적응에 도움이 필요한 사람

7. 의사소통장애를 지닌 특수교육대상자

다음 각 항목의 어느 하나에 해당하여 특별한 교육적 조치가 필요한 사람
  가. 언어의 수용 및 표현 능력이 인지능력에 비하여 현저하게 부족한 사람
  나. 조음능력이 현저히 부족하여 의사소통이 어려운 사람
  다. 말 유창성이 현저히 부족하여 의사소통이 어려운 사람
  라. 기능적 음성장애가 있어 의사소통이 어려운 사람

8. 학습장애를 지닌 특수교육대상자

개인의 내적 요인으로 인하여 듣기, 말하기, 주의집중, 지각, 기억, 문제 해결 등의 학습기능이나 읽기, 쓰기, 수학 등 학업 성취 영역에서 현저하게 어려움이 있는 사람

9. 건강장애를 지닌 특수교육대상자

만성질환으로 인하여 3개월 이상의 장기입원 또는 통원치료 등 계속적인 의료적 지원이 필요하여 학교생활 및 학업 수행에 어려움이 있는 사람

10. 발달지체를 보이는 특수교육대상자

신체, 인지, 의사소통, 사회·정서, 적응행동 중 하나 이상의 발달이 또래에 비하여 현저하게 지체되어 특별한 교육적 조치가 필요한 영아 및 9세 미만의 아동

3. 장애유아 의무교육

○ 의무교육 실시 절차

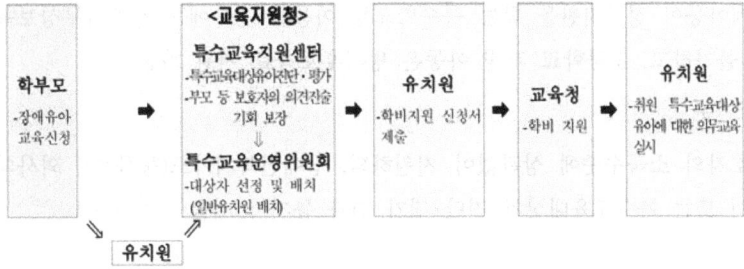

○ 의무교육 대상
- 「장애인 등에 대한 특수교육법」에 따라 만 3세부터 만 5세까지의 장애유아는 특수교육대상자로 선정되면 의무교육 대상 유아가 됨.
- 장애유아 및 장애위험이 있는 유아는 집에서 가까운 교육청 또는 특수교육지원센터에서 특수교육대상자 여부에 대해 무상으로 진단·평가를 받을 수 있음.
- 진단·평가 결과 특수교육대상 유아로 선정되면 보호자는 자녀를 특수학교 유치부, 특수학급이 설치된 유치원, 일반유치원 또는 교육요건을 갖춘 보육시설에 취학시켜야 할 의무가 생기게 됨.

4. 장애아 보육 지원

○ 지원 대상
- 지원대상은 장애인복지카드(등록증)를 소지한 미취학 만 5세 이하의 장애아동으로 하되, 예외적으로 다음과 같은 아동에 대해서는 지원할 수 있음
- 「장애인 등에 대한 특수교육법」제15조에 따라 발달지체를 보이는 특수교육대상자로 선정된 만 3,4,5세 유아가 특수교육대상자 진단·평가 결과 통지서를 제출한 경우 지원
- 취학연령이 되었음에도 부득이하게 질병 등의 사유로 일반 초등학교 및 특수학교에 취학하지 못한 장애아동은 무상보육 대상에 포함
- 장애가능성이 있는 영아(만 0~2세) 및 장애인복지카드(등록증)를 미소지한 만 5세 이하 장애아도 장애진단서를 제출할 경우 지원 가능
- 장애아가 부득이하게 휴학한 경우에도 보육료를 지원할 수 있으며, 이 경우 장애인복지카드 소지자는 만 6세 이상 만 12세까지 지원할 수 있고, 특수교육대상자 진단·평가 결과 통지서를 제출한 경우 만 6세 이상 만 8세까지 지원할 수 있음.
- 장애아동이 정부지원을 받는 특수학교를 이용할 경우에는 장애아무상보육료 지원이 불가하고, 초등학교 과정 아동은 방과후보육료 지원 가능

○ 선정기준
- 보호자의 소득수준에 상관없이 지원하되, 장애인복지카드(등록증), 의사의 장애진단서 또는 특수교육대상자 진단·평가 결과 통지서 제출

교육방법

○ 강의형 교육
  - 발달장애유아의 특수교육과 보육의 이해
  - 발달장애유아의 의무교육의 이해
○ 실습 연계형 교육
  - 실제 특수교육기관, 특수교육지원센터 또는 어린이집을 직접 방문하여 각 기관의 장, 단점을 이해하는 견학 프로그램 운영 가능

유의사항

○ 특수교육의 특성을 이해하고, 기관을 선택할 수 있도록 유도

참고자료

○ 참고문헌

이소현 (2006). 유아특수교육. 서울: 학지사.

김경숙, 김미숙, 김성애, 김수진, 박숙영 (2009). 유아특수교육개론. 서울: 학지사.

○ 참고사이트

국립특수교육원 에듀에이블: http://eduable.knise.kr

보건복지부 임신육아종합포털 아이사랑: http://www.childcare.go.kr

Ⅱ-5. 발달장애인의 재활

과정	공통	영유아기	초등학령기	청소년기	성인기	영역	지식·정보	기술	심리·정서
주제	발달장애인의 재활								

■ 교육의 필요성 ■

○ 재활의 개념은 장애인에 대한 개념을 어떻게 정의하느냐에 따라 달라지는 상대적이며 복합적인 개념이다. 장애인의 개념 또한 사회나 문화에 영향을 받아 형성되기 때문에 재활의 개념도 시대적 상황이나 사회의 특성에 따라 다양하게 정의될 수 있다. 따라서 재활의 개념은 장애인에 대한 개념의 변화와 함께 살펴볼 필요가 있으며, 영유아기 발달장애아동을 위한 재활분야와 내용을 살펴봄으로써 장기적인 측면에서 영유아기 발달장애인의 재활의 의미를 어떻게 구성할 것인가에 대해 논의할 필요가 있다.

○ 장애에 대한 개인적·개별적 모델은 장애를 신체적·정신적 측면의 손상이나 능력의 저하라는 측면을 강조해 왔다. 따라서 장애인의 재활은 손상된 신체적·정신적 기능과 능력을 비장애인의 수준으로 끌어 올리는 것을 의미한다. 또한 재활의 성과는 장애인 당사자의 노력과 의지, 전문가들의 전문성에 따라 결정되는 것으로 본다. 그러나 장애에 대한 사회적 모델에 대한 인식이 점차 확산되고 있으며, 장애의 사회적 모델의 주요 논점은 장애인이 살아가는 환경의 중요성을 강조하는 데 있다. 따라서 사회적 모델에 근거한 장애인의 재활은 장애인 당사자의 선택과 자립생활을 중시하고 있으며, 지역사회서비스 모델 등 국가와 사회의 적극적인 역할을 강조하는 경향을 보인다(김용득, 2006). 이에 따라 장애인의 재활에 대한 개념은 내용과 구체적 방법이 점차 변하고 있으며, 이러한 과정은 장애인복지 패러다임을 어떻게 설정할 것인가에 대한 비전을 찾는 과정이기도 하다.

■ 교육내용 ■

1. 장애인의 재활에 대한 이해

> 예) 장애인의 재활(rehabilitation)에 대한 전통적 개념은 장애인에게 의료·사회·교육·직업·재활공학 훈련을 통합적, 협동적으로 실시하여 장애인이 가진 잠재능력을 개발시켜 독립적인 삶을 살아가도록 하는 것으로 정의내리고 있다. 이러한 재활사업은 장애로 인한 빈곤문제를 예방하고, 국가와 지역사회가 장애인에 대한 사회경제적 지원을 통하여 장애인이 스스로 사회생활을 영위하여 사회구성원의 일원이 될 수 있도록 지원하는 데 목적이 있다.

2. 재활의 다양한 영역

○ 의료재활
- 의료재활이란 질병이나 사고에 의한 후유증, 만성질환, 노인병 등 장기치료를 요하는 환자의 잠재능력을 개발하는 내과적, 외과적 치료의 응용과 함께 모든 물리적, 심리적 수단을 보충적으로 병용하는 일련의 의료조치를 의미함. 의료재활과 관련된 전문가들은 재활의료 전문의, 물리치료사, 작업치료사, 보장구제작사, 언어재활사, 청능치료사, 보행훈련사 등이 있으며, 의료재활서비스의 범위도 물리치료, 작업치료, 일상생활 동작훈련, 언어치료, 보행훈련, 보장구에 의한 처지와 이를 통한 훈련, 의료사회사업에 의한 지원 등을 포함

  => 의료재활 시설 : 재활병원, 장애인복지관, 사설특수치료센터 등

○ 직업재활
- 장애인의 직업재활은 직업적 서비스 제공을 포함한 종합적 재활과정으로 장애인의 적절한 취직과 사회복귀 및 그 유지를 가능케 하도록 계획된 원조 과정임. 영유아의 발달장애아동에 대한 재활서비스와는 무관하나 아동의 성장함에 따라 청소년기와 청년기에는 가장 중요한 재활의 영역이 될 수 있음. 국내에서는 1990년 「장애인 고용촉진 등에 관한 법률」이 제정되면서 장애인고용촉진을 위한 국가 차원의 정책들이 수립되기 시작

  => 직업재활시설 : 장애인복지관, 직업재활시설, 장애인보호작업장, 장애인근로사업장 등

○ 교육재활
- 교육재활이란 장애인이 가지고 있는 능력을 최대한도로 향상시키고 발휘하게 하며 잠재능력인 가능성을 개발하여 사회생활에 스스로 적응해가도록 도움을 주는

교육제도와 교육적인 방법, 기술을 총칭하는 말임. 발달장애아동의 교육재활은 「특수교육진흥법」의 제정(1977)으로 많은 발전을 가져 왔으며, 2007년 「장애인 등에 관한 특수교육법」이 제정됨.

=〉 교육재활시설 : 유치원 통합학급, 장애전문이나 통합어린이집, 특수교육지원센터, 유아특수학교, 특수학교 유치부, 장애인복지관 조기교육실 등

○ 사회재활
- 사회적 재활은 장애인의 완전 참가와 평등의 이념에 입각하여 차별 없이 장애인이 속한 사회의 주류 문화를 공유하면서 직업생활, 가정생활 등 사회생활을 영위할 수 있도록 국민의 수용적 태도와 사회적 인식의 개선을 의미함. 장애인이 의학적으로 치료되고 직업기술 습득만으로는 충분하다고 할 수 없으며, 장애인이 사회의 한 성원이 될 수 있도록 장애인과 사회의 관계를 물심양면으로 개선하는 것을 목표로 함

=〉 사회재활시설 : 장애인복지관, 장애인가족지원센터, 지역사회재활시설에서 운영하는 프로그램

○ 심리재활
- 장애인은 자기 신체나 정신영역의 일부분에 장애가 있음으로 해서 심리적 문제를 가지기 쉬움. 이러한 장애를 없애고 사회적 기능을 최대한으로 수행할 수 있도록 하는 것이 심리적 재활임. 직업재활, 의료재활, 교육재활 등은 장애인의 사회적응을 용이하게 하지만 심리적 재활이 이루어지지 못하면 사회활동이 어려운 경우가 발생

=〉 심리재활시설 : 국립의료원, 장애인복지관 등에서 운영하는 전문상담실, 재활치료실에서 실시하는 음악치료, 미술치료, 표현예술치료 등

3. 사회적 모델에 근거한 재활의 의미와 자립생활

○ 장애에 대한 사회적 모델은 장애에 대한 개인적 모델과 달리 장애 개념이 사회적 구성물로 간주. 장애의 문제는 장애인 개인의 문제가 아니라 사회적 문제가 되며, 이를 해결하는 방안도 개인의 재활이 아닌 사회적 인식변화가 주 관건

○ 자립생활(Independent Living)은 '기존 장애인 프로그램의 일방적인 제공에서 장애인 스스로 자기개발과 환경개선의 중심에 서도록 정보를 제공하고 지원, 조력하는 새로운 서비스의 지평을 열게 하여 준다' 는 의미. 이는 장애인이 타인의 도움없이 일상생활과 사회생활을 영위하기 어렵다는 관점에서 벗어나 장애인이 자신의

삶에 주인이 되도록 사회적 지원이 선결되어야 가능. 따라서 장애인의 자립생활은 장애인들이 스스로 자신의 삶을 선택하고 관리할 수 있도록 필요한 기술과 원조를 제공하는 일이 필수적으로 요구됨(오혜경, 1999)

〈표〉 재활모델과 자립생활모델의 비교

항목	재활모델 (Rehabilitation Model)	자립생활모델 (Independent Living Model)
문제의 정의	신체적 손상, 직업기능의 결핍	사회적 억압, 전문가, 친척 등에의 의존
문제의 위치	개인에게	환경안에, 재활과정에
문제의 해결	의사, 물리치료사, 작업치료사, 직업재활상담원 등의 전문가 개입	동료 상담원, 권익옹호, 자조, 소비자주권, 사회적 장애제거 등
사회적 지위	환자, 클라이언트	소비자
관리·조정자	전문가	소비자 자신
최종목표	최대한의 ADL(일상생활활동)	자립생활

4. 자립생활 서비스의 예

예) * 동료상담(Peer Counseling)
　　* 개호서비스(Personal Assistance Service)
　　* 교통편의 제공(Transportation)
　　* 자립생활기술훈련(Independent Living Skill Training)
　　* 정보제공과 의뢰(Information/Referral)
　　* 권익옹호(Advocacy)
　　* 주택서비스(Assistance in Obtaining and Modifying Accessible Housing

5. 지역사회중심재활의 등장

예) 지역사회중심재활은 시설중심의 재활에 대한 한계점을 극복하기 위한 대안으로 등장하였다. 시설중심의 재활은 장애인을 수용하는 데 한계가 있으며, 전문가 중심의 시설 수용 서비스가 비효율적이라는 문제에 당면하고 있다. 또한 장기적 시설수용이 갖는 최대의 문제점은 재활의 궁극적인 목표인 지역사회 참여에 역행하며 사회적 격리를 초래할 수 있다는 지적을 받고 있다.

6. 지역사회중심재활의 개념과 특징

예) 지역사회중심재활은 전문가 개입 없이 지역사회의 가용자원을 활용하여 지역사회의 참여와 협력으로 재활의 욕구를 수용하는 것을 의미한다. 또한 지역사회중심재활은 지역사회의 자원을 최대한 활용하며, 훈련된 전문 인력 뿐 만 아니라 준전문가에 의한 일반화된 기술을 통해 장애인에게 통합된 서비스를 제공하는 것이다.

예) 지역사회중심재활이 갖는 특징은 첫째, 지역사회중심재활은 기존에 존재하는 지역사회의 자원을 이용한다. 둘째, 지역사회 내에 축적된 기술을 사용하거나 간단한 기술을 활용한다. 셋째, 기존의 지역사회에 이미 존재하는 관련서비스의 전달체계와 협력체계를 도모한다. 넷째, 정상화와 사회통합을 그 이념으로 한다는 점으로 요약할 수 있다..

〈표〉 시설중심재활과 지역사회중심재활 비교

시설중심재활	지역사회중심재활
· 의료적, 전문가 중심적	· 문제해결적, 인간중심적
· 수입된 이론적 기술의 사용	· 이용가능한 자원을 활용
· 정규적이고 체계화된 훈련제공	· 비공식적이며 자연발생적인 훈련
· 제도나 법을 중심으로 차별을 해소	· 모든 차원에서 인간의 권리를 보호하려는 방식으로 차별을 해소.
· 공급자에 의한 일방적 서비스	· 욕구에 의한 참여서비스
· 서비스 전달의 중앙집권적	· 서비스전달의 지역사회중심
· 재활의 특정분야에 집중	· 여러 가지 분야를 함께 추구

7. 지역사회중심재활의 과제

예) 지역사회중심재활의 성공 여부는 첫째, 장애인복지와 관련된 자원을 확보하는 일이다. 또한 지역사회중심재활이 가능하기 위해서는 활용 가능한 자원을 효과적으로 사용할 수 있도록 서비스 연계망을 구축해야 한다. 이를 위해서 지역사회 재활기관 간의 상호교류 및 업무연계추진 등의 적절한 역할 분담이 이루어져야 함. 둘째, 장애인 당사자와 가족의 적극적인 참여가 필요하다. 셋째, 지역사회중심재활은 지역사회주민의 인식 변화를 필요로 한다.

교육방법

o 강의형 교육
 - 장애인의 재활에 대한 개념 변화에 주목하여 시대적 흐름에 따라 어떤 차이가 있는지 정리
 - 장애인의 자립생활과 지역사회중심재활에 대한 등장배경과 주요 특징들에 대해

      학습
- ○ 참여형 교육
  - 장애인의 자립생활을 지원하기 위한 다양한 대안들과 사회적 지원체계를 수립
- ○ 실습연계형 교육
  - 장애인 자립지원센터 등에서 장애인 사례관리나 가족사례관리에 직접 참여
  - 지역사회재활시설에서 운영하고 있는 다양한 재활사업 영역을 탐색해보고, 장단점을 논의

유의사항

- ○ 영유아기의 발달장애인의 재활은 의료적 재활과 교육재활에 집중되기 쉽다. 따라서 장애아동의 전반적인 발달과 성장을 돕기 위한 심리·사회적 재활을 함께 고려하는 것이 중요
- ○ 장애인의 진정한 재활은 사회통합을 목표로 하는 것이며, 이를 위해서는 국가나 지역사회의 장애에 대한 인식변화가 요구
- ○ 장애인의 재활은 장애인 당사자의 노력에 의해 달성되는 것이 아니라 국가와 사회가 함께 변화를 위한 노력을 시도할 때 달성되는 목표가 된다는 점에 유의할 필요가 있음

참고자료

- ○ 참고문헌

김용득 (2006). 장애개념 변화와 장애인복지관 지역사회중심재활 실천의 재구조화. 한국장애인복지학, 4, 49-74.

오혜경 (1999). 장애인과 사회복지 실천. 아시아미디어리서치

II-6. 발달장애 영유아의 양육·돌봄

과정	공통	영유아기	초등학령기	청소년기	성인기	영역	지식·정보	기술	심리·정서
주제	발달장애 영유아의 양육·돌봄 - 운동방법 및 신변처리 지도 -									

■ 교육의 필요성 ■

○ 2000년~2009년의 최근 10년간 발달지체 영유아의 가족지원에 관하여 발표된 연구논문의 분석결과, 부모들은 발달지체유아의 발달적 특성에 대한 이해와 그에 따른 가정에서의 자녀교육 방법, 문제행동 및 일상생활기술 지도방법 등에 대하여 높은 교육욕구를 나타낸다(이병인, 조현근, 2010).

○ 발달지체 또는 발달장애 영유아를 키우는 부모의 적절한 양육기술과 양육태도는 자녀의 발달에 직접적인 영향을 미칠 뿐만 아니라 부모가 느끼는 부모로써의 자기효능감에도 커다란 영향을 미침으로써 가족의 전반적 기능과 정서적 안정에도 필수적인 요소이다.

○ 영유아 시기는 자녀의 발달지체 또는 발달장애가 최초로 의심되고 그에 대한 부모의 대응이 시작되는 때이며, 따라서 일반적인 발달에서 벗어난 자녀의 발달양상에 대한 이해와 더불어 적절한 양육기술의 습득이 가장 크게 요구되는 시기이다.

○ 발달장애 영유아의 운동방법 및 신변처리 지도는 영유아 시기의 신체운동과 적응행동을 발달시키기 위한 기초적인 양육기술에 해당하며, 발달장애 영유아가 자신의 몸을 외적·내적으로 통제하고 다루는 능력을 키울 수 있도록 부모가 적절하게 돕는데 필요한 정보와 기술을 습득하는 교육과정이다.

■ 교육내용 ■

1. 발달장애 영유아의 운동방법

○ 발달장애 영유아의 신체운동발달 특성
 - 발달장애 영유아의 신체운동발달은 비장애 영유아와 다른 특성을 보이며, 특히

인지적 장애가 심할수록 신체운동발달의 지체도 심함
- 지적장애(또는 정신지체)를 가진 영유아의 경우 외관상으로는 비장애 영유아와 큰 차이점이 없을 수 있으나, 신체기능상에서는 운동의 세밀성이나 민첩성에서 차이가 드러나며, 특히 대근육운동에 비해 소근육운동기능에 더 큰 발달지체를 보이는 경향이 있음
- 자폐성장애를 가진 영유아의 경우 근골격상의 문제나 신체기능상의 문제는 적은 반면에 촉각이나 후각, 청각 등 감각지각에서 과도하게 예민한 반응을 보이거나 과도한 활동을 보일 수 있음
- 뇌성마비 영유아의 경우에는 신체발육이 비장애 영유아에 비해 현저하게 지체될 수 있으며, 과도한 근육의 긴장이나 반대로 과도한 근육의 이완을 나타낼 수 있어서, 몸의 자세유지와 운동에 큰 어려움을 겪는 일이 많으며, 적절한 물리치료, 작업치료나 운동지도가 이루어지지 않으면 몸의 자세가 더욱 나빠질 수 있음
o 영유아 신체운동발달의 원리와 영역
- 영유아 신체운동발달의 원리
  · 신체운동발달은 머리 쪽에서 아래쪽으로 발달함. 즉, 머리→몸통→팔·다리→손가락·발가락의 방향으로 발달이 이루어짐
  · 신체운동발달은 몸의 중심에서 말초방향으로 이루어짐
  · 신체운동발달은 분화와 통합의 과정을 통하여 이루어짐
- 영유아 신체운동발달의 영역
  · 대근육운동(Gross-motor skill): 대근육운동은 모든 운동의 기초가 되는 기기, 구르기, 앉기, 서기, 걷기, 뛰기, 들기, 던지기, 차기 등을 말하며, 이는 실생활에 필요한 모든 활동의 근간을 이룸
  · 소근육운동(Fine-motor skill): 소근육운동은 식사나 옷입기, 용변처리, 학습활동 등 일상생활에 필요한 섬세한 조작활동으로서 주의집중력, 눈과 손의 협응력 등과도 밀접한 관련을 맺음
o 부모와 함께하는 발달장애 영유아의 운동방법
- 발달장애 영유아와 운동 시 고려할 점
  · 놀이형식으로 함께 즐길 수 있도록 하라
  · 자녀의 자발적 참여와 자기주도성을 보장하라
  · 자녀가 성공의 경험을 쌓도록 활동의 난이도를 조절하라
  · 자녀를 다그치지 말고 정서적인 안정과 편안함을 우선시하라

・ 자녀가 좋아하고 흥미있는 자료와 도구를 이용하라
・ 운동시간의 길이를 미리 자녀와 함께 정하라
- 대근육운동의 예
  ・ 걷기: 음악에 맞추어 자유롭게 걷기, 등산하기, 산책하기, 보도블록 위를 선 밟지않고 걷기 등
  ・ 달리기: 장애물 넘어 달리기, 깡충깡충 달리기, 앞사람과 줄지어 달리기, 앞사람과 끈 잡고 달리기 등
  ・ 점핑: 트램폴린 위에서 뛰기, 머리 위 풍선 터뜨리기, 높은 벽면에 손자국 찍기 등
  ・ 기기: 장애물 피해 기어가기, 터널 지나가기 등
  ・ 구르기: 잔디밭 구르기, 김밥말이, 앞구르기 등
  ・ 뛰어내리기: 계단뛰어내리기, 한발 뛰어내리기, 줄 뛰어넘기
  ・ 휘두르기: 호스돌리기, 끈에 물건달아 돌리기 등
  ・ 던지기: 야구, 농구, 바구니에 공 던져넣기, 고리던지기 등
  ・ 차기: 축구놀이, 제기차기 등
  ・ 매달리기: 철봉에 매달리기 등
- 소근육운동의 예
  ・ 낮은 난이도: 핑거페인팅, 찰흙놀이, 도장찍기, 그림그리기, 종이찢기, 블록쌓기. 블록끼우기 등
  ・ 중간 난이도: 점선따라 선긋기. 모형따라 그리기, 종이접기, 단순한 구슬꿰기, 단추끼우기, 가위질하기 등
  ・ 높은 난이도: 형태대로 가위질하기, 실뜨릭, 구슬 꿰어 목걸이 만들기, 복잡한 퍼즐, 바느질하기 등
- 수중운동의 예
  ・ 물놀이하기, 수중에서 공놀이하기, 엎드려 뜨기, 물속에서 뛰기 등

2. 발달장애 영유아의 신변처리 지도방법

○ 발달장애 영유아의 신변처리 평가 및 평가도구의 이해
  - 사회성숙도검사 (김승국, 김옥기, 1985)
  - 한국판 적응행동검사 (김승국, 1990)
  - 발달장애 아동을 위한 적응행동검사 (CALS) (백은희, 박용수, 2005)
  - 정신지체 아동을 위한 적응행동 평가도구 (SIB-R) (백은희, 이병인, 조수제, 2005)

- 장애영유아를 위한 캐롤라이나 교육과정 (The Carolina Curriculum for Infants and Toddlers with Special Needs, 1991)

o 발달장애 영유아의 특성 이해 및 목표행동의 설정
  - 발달장애 영유아의 근육긴장도, 구강근육의 강도, 대근육 및 소근육운동 발달수준 등을 파악해야 함
  - 파악된 발달장애 영유아의 특성을 토대로 식사, 옷입고 벗기, 용변처리 등에 있어 구체적인 목표행동을 설정함
  - 목표행동은 과제분석(task analysis)을 통해 설정하는데, 이는 자녀가 아직 수행하지 못하는 행동을 해낼 수 있는 수준까지 그 수행단계를 세분화하여 차근차근 접근하는 방식임

o 발달장애 영유아의 신변처리 지도방법
  - 용변처리
    · 자녀의 방광조절능력이나 괄약근조절능력 등 생리학적 기능의 상태를 먼저 고려해야 함
    · 야간보다는 주간에 배변훈련을 시작함
    · 배변훈련은 변기에 앉는 훈련부터 시작하며, 처음에는 용변을 볼 때가 되었다고 부모가 판단하는 시간에 맞춰 화장실로 데려가는 것으로 출발함
    · 가정뿐만 아니라 자녀가 다니는 어린이집, 유치원 등에서도 동일한 방식으로 일관성 있게 훈련하는 것이 바람직함
    · 용변처리는 변기뚜껑을 열고, 옷을 내리고, 용변 후 물을 내리는 등의 일련의 과정을 모두 포함하여 차례대로 가르침
    · 용변처리 기술과 함께 배변욕구를 표현하도록 가르치는 것이 매우 중요함
  - 옷입고 벗기
    · 자폐성장애를 가진 영유아의 경우 거친 촉감의 옷이나 목에 달린 Tag에 과민한 반응을 보일 수 있으므로 자녀의 촉각예민성을 고려해서 옷 입고 벗기에 적합한 옷을 선정함
    · 옷을 입고 벗는 일이 자연스럽게 일어나는 상황에서 지도함
    · 옷은 입기보다 벗는 것이 쉽기 때문에 부모가 옷을 벗겨줄 때 자녀가 돕는 행동을 가르치는 것으로부터 출발함
    · 옷을 벗고 입을 때 자녀가 돕는 행동에서 차츰 스스로 할 수 있도록 격려함
  - 식사지도
    · 지적장애를 가진 영유아의 경우 구강근육의 발달지체로 씹는 힘이 부족한지를

먼저 파악해야 함
- 자폐성장애를 가진 영유아의 경우 딱딱한 음식이나 특정한 냄새에 대한 거부반응이 있는 지를 먼저 파악해야 함
- 뇌성마비장애를 가진 영유아의 경우 구강근육뿐만 아니라 목과 혀근육의 발달지체로 음식을 씹고 넘는 것이 어려울 수 있으므로 이를 먼저 파악해야 함
- 식사를 위해서는 앉아있는 자세를 적절하게 유지해야 하므로 자세유지를 확보해야 하며, 필요한 경우 자세유지보조기구를 사용하여야 함
- 식사지도는 가정과 어린이집 또는 유치원에서 일관성 있게 지도해야 함
- 식사시간은 음식섭취뿐만 아니라 많은 상호작용이 일어나는 시간이므로 최대한 즐거운 분위기를 유지할 필요가 있음
- 식사지도는 음식뿐만 아니라 자녀가 좋아하는 식사도구를 적절하게 이용하는 것도 도움이 됨
- 가능한 자녀가 최대한 독립적으로 식사를 할 수 있도록 지도함

교육방법

○ 강의형 교육
 - 발달장애영유아의 신체운동발달의 특성
 - 영유아 신체운동발달의 원리와 영역
 - 발달장애 영유아 운동 시 고려할 점
 - 발달장애 영유아의 신변처리 평가 및 평가도구의 이해
 - 발달장애 영유아의 특성 이해 및 신변처리 목표행동의 설정
○ 참여형 교육
 - 모둠활동
 - 가정에서 하고 있는 운동놀이 리스트 작성 및 발표
 - 내 자녀의 신체운동발달의 특성 리스트 작성 및 발표
 - 내 자녀의 신변처리 수준표 작성 및 발표
○ 실습형 교육
 - 운동지도 및 신변처리지도 시의 상호작용 발표 (연극형식)
 - 운동지도 및 신변처리 계획 작성 및 가정에서 시행 후 토론

유의사항

o 발달장애 영유아의 운동지도와 신변처리 지도는 적절한 평가와 계획, 시행 및 시행 후의 피드백이 중요하며, 자칫 역효과가 날 수도 있으므로 물리치료사와 작업치료사를 포함한 전문가와의 상담이 함께 이루어져야 함

참고자료

o 참고문헌

국립특수교육원 (2005) 발달장애아 조기교육 지도자료.

김광웅, 마주리, 여문환, 전병운, 최세민, 김은경, 채기화, 류왕효, 구본권, 조광순, 박소영, 장혜원, 김경미 (2002). 영유아발달심리치료. 도서출판 범한.

이병인, 조현근(2010). 발달지체 영·유아 가족의 요구에 따른 가족지원 프로그램 내용구성 및 활용방안 탐색. 특수교육저널, 11(2), 216-250.

Ⅱ-7. 부모-유아의 상호작용 기술

과정	공통	영유아기	초등학령기	청소년기	성인기	영역	지식·정보	기술	심리·정서
주제	부모-유아 상호작용 기술 Ⅰ								

■ 교육의 필요성 ■

o 부모는 자녀의 조기발달에 일차적 영향을 미치며, 최근에는 부모-자녀간의 반응적 상호작용을 촉진하는 조기 중재 프로그램에서는 부모를 매개로 하여 아동의 능동적 학습과정을 촉진함으로써 궁극적으로 아동의 발달적 기능을 증진한다.

o 부모와 자녀간의 관계에 근거한 상호작용은 일차적으로 부모나 아동 모두에게 즐거움을 주며, 아동의 사회성, 의사소통 및 인지 능력을 발달시키는데 있어서 주된 상황을 제공한다.

o 아동의 인지, 언어/의사소통, 사회, 적응능력 발달과 어머니의 행동변인들 간의 상관 연구 결과에 의하면, 어머니의 민감성(sensitivity), 반응성(responsiveness), 지시성(directiveness), 성취지향성(achievement orientation), 온정성(warmth), 그리고 즐거움(enjoyment)과 같은 행동 유형들이 아동발달과 관련되며, 부모들이 자녀와 매우 반응적, 온정적, 그리고 지지적으로 상호작용 할 때, 아동들이 능동적으로 부모와 상호작용하고 아동의 발달적 기능이 촉진된다.

■ 교육내용 ■

1. 영유아기 부모-자녀 간 상호작용의 중요성

1) 영유아기 부모의 영향

o 최근 유아교육 특히 장애유아 발달에 대한 가족의 중요성을 인식하고 아동에 대한 초점은 아동-중심 접근에서 아동에 대한 총체적으로 접근하는 가족-중심 접근으로 변화함.

o 가족들은 서비스의 단순한 수용자로서가 아니라 서비스 전달 과정 전반에 걸쳐

계획하고 실행하는 적극적인 파트너로서 역할임.
○ 최근에는 아동의 기능을 최대화시키려는 중재접근으로서 부모와 그의 장애 자녀 간에 일상생활에서 발생하는 상호작용의 중요성을 인식함.
○ 자녀와 상호작용하는 어머니의 유형과 아동발달 간에 많은 관련성이 있음.
○ 가족-중심 중재는 가족이 가지고 있는 효율성을 촉진하도록 고안된 서비스를 제공함으로서 아동의 기능을 최대화함.
○ 아동의 일차적인 양육자가 반응성(responsive), 아동 중심적(child-oriented)인 상호작용 유형을 채택할 때 장애아동들은 바람직한 발달적 성숙을 이루며, 아동들의 흥미와 기능수준에 균형을 맞출 때, 장애아동은 인지, 언어/의사소통, 사회성, 그리고 적응능력 발달을 효과적으로 촉진하려는 잠재능력을 가짐.

2) 영유아기 부모의 중요성

○ 모든 부모는, 생물적 부모이든 또는 양부모이든, 다른 사람이 대신할 수 없고 또한 대신해서도안 되는 자녀와의 특별한 사회-정서적 유대와 애착관계가 있음.
○ 아동의 학습과 발달은 아동이 능동적으로 참여하는 상황이면 어느 상황에서나 발생할 수 있는 지속적인 과정임.
○ 부모는 다른 전문가나 어른들 보다 아동 발달에 영향을 미치고 함께 상호작용하는 기회가 훨씬 더 많음.

3) 부모-아동 상호작용의 의미

○ 아동의 학습은 두 사람이 함께 하는 과정 속에서 이루어진다.
  - 부모가 자녀의 발달에 미치는 영향력은 유치원, 어린이집, 특수교육, 치료지원, 또는 특별한 학습적 목적을 가진 장난감이나 교구가 가져다주는 발달적 영향력보다 훨씬 큼.
  - 부모가 아동의 인지발달에 미치는 영향은 아동이 놀이할 때 부모가 무엇을 하는가 보다는 부모가 얼마나 많이 아동에게 반응해 주는가와 더 밀접한 관계가 있음.
○ 부모와 함께 하는 사회적 놀이는 아동의 발달을 촉진하는데 중요한 요인이다.
  - 아동은 놀이에 참여하면서 인지적 성숙을 촉진하는데 필요한 정보와 이해를 습득함.
  - 부모는 아동과 놀이를 할 때 놀이 지침을 알려주고, 제안하고, 그리고 아동이 현재 하고 있는 것과 관련된 정보를 제공함.

- 부모는 아동이 흥미를 가지고 발견한 활동을 계속하고 주도할 수 있도록 지지하고 격려함.
○ 부모는 아동을 사회적 놀이에 참여시키는 비계역할을 한다.
- 비고츠키(Vygotsky)는 아동발달에 있어서 부모의 역할을 아동의 학습을 위한 비계 역할로 설명함.
- 부모는 건축에 있어서 비계와 같이, 아동이 현재 사용하고 있는 행동이나 언어보다 조금 앞서는 자극을 제공함으로써 아동의 발달을 지원함.
- 효율적인 부모는 아동에게 반응적인 놀이 상대자가 되어 주고, 아동이 하는 것은 무엇이든 수용하고 인정하며, 상호작용을 재미있게 만들며, 새로운 아이디어나 정보를 제공하면서 상호작용을 흥미있게 유지하면서 비계로서의 역할을 수행함.

2. 부모의 바람직한 상호작용 유형

○ 마호니와 맥도널드(Mahoney & MacDonald, 2007)의 반응성교수 이론에 근거한 상호작용 접근에서는 아동의 발달적 성숙을 촉진하기 위해 특별히 제작된 장난감이나 교육활동을 제시할 필요가 없으며, 아동이 다른 사람과 놀이하고, 의사소통하고, 상호작용하면서 보내는 매일 매일의 일상적인 활동에 참여하고 즐거움을 느끼도록 지지해주고 촉진해주는데 초점을 둠.

○ 반응성 상호작용이란 다른 말로 아동 중심적(child-oriented)이며, 아동의 주도적인 참여를 지지하고 촉진하는데 중점을 두는 상호작용임.

○ 반응성 유형을 가지고 있는 부모의 특성
- 자녀들 뒤에 앉아 아동의 행동을 감독하는 것이 아니라 능동적으로 아동의 활동에 개입
- 아동의 행동이 부적합한 것으로 거절하는 일은 거의 드물며 합리적이고 의미 있게 자녀가 하는 것 대부분을 수용
- 아동에게 무엇을 하도록 기대하거나 요청하는 것은 아동의 발달 수준이나 상태(예, 졸리운, 까다로운), 또는 행동유형(예, 민첩한, 느린)에 따라 적응적임
- 부모의 흥미나 예정과는 상관없이 아동이 주도하는 활동을 격려하고 지지
- 상호작용의 초점이나 주제를 아동이 관리하도록 격려하는 면에서는 비 지시적임
- 자녀와 관계를 맺는 상호작용 대부분의 맥락은 놀이적임

1) 부모의 반응성 상호작용

○ 부모가 자녀들과 일상적인 상호작용을 하는 동안 부모들과 그 밖의 어른이 보다 반응적이 됨으로써 아동의 발달기능, 학습 또는 인지기능을 포함하여; 의사소통과 언어기술, 그리고 사회-정서적 안정, 양상을 보다 효과적으로 촉진함.

○ 반응성은 간단히 반응적인 것 이상의 의미가 있음
 - 반응성이 아동발달에 인과적으로 관련이 있는 영향력을 나타내는 한 차원인 한편, 이러한 상호작용 유형들은 한 가지 현상으로만 나타나는 것이 아님.

○ 반응적인 부모는 아동이 흥미로워 하는 것에 민감하고 자녀의 협력을 얻는데 상호적이고 또 효율적임
 - 민감성(Sensitivity)은 자녀가 흥미로워 하는 활동이나 놀이를 부모가 인식하는 정도를 의미함.
 - 상호성 또는 효율성(Reciprocity/effectiveness)은 자녀를 상호작용에 개입시키도록 하는 부모의 능력을 말함.

○ 반응적인 부모는 또는 알맞은 보조속도와 낮은 지시성을 나타냄.
 - 알맞은 보조속도(Moderate pace)란 종종 반응에 대해 아동이 불충분한 시간을 제공하는 빠른 불같은 행동과는 대조적으로 부담 없이 진행하는 상호작용 속도로 특징지을 수 있음.
 - 낮은 지시성(Low directiveness)은 가끔씩 만 아동의 행동을 제지하거나 또는 일반적으로 자녀들이 주도하는 활동을 제지함 없이 협력하는 부모의 특성을 말함.

○ 반응적인 부모는 수용적이고, 즐겁고, 온정적인 특성을 나타냄.
 - 수용성(acceptance)은 자녀의 언어적, 비언어적 행동에 대해 부모가 인정한다는 것을 전하는 정도를 말함.
 - 즐거움(enjoyment)은 어린이 아동을 대할 때 나타나는 활기와 외현적인 표현정도를 나타냄.
 - 온정성(warmth)은 어른이 다정하고 신체적으로 애정 어린 표시를 함.

교육방법

○ 강의형 교육
 - 영유아기 부모의 중요성에 대한 이해

- 반응적인 부모의 특성에 대한 이해
- 반응성 상호작용에 대한 이해
○ 참여형 교육
- 유아 발달에 부모는 왜 중요한가? 얼마큼 중요한가? 에 대한 토론
- 반응적인 부모특성에 대해 논의하기
○ 실천연계형 교육
– '부모-아동 상호작용'유형에 대한 평가
– 집에서의 상호작용을 동영상으로 찍어서 평가

유의사항

○ 부모의 반응성 상호작용은 어른주도에 따른 교수적 방법보다는 아동 주도에 따른 아동중심적 접근에 강조점을 둔다.
○ 부모의 반응성 상호작용은 아동의 궁극적인 발달 촉진을 위해 필요하나 여기서 강조하는 것은 아동의 독립적 행동발달 보다는 중심축 행동발달에 초점을 둔다.

참고자료

○ 참고문헌

김정미 역 (2008). 부모와 교사를 위한 반응성교수 교육과정. 학지사.

김정미 (2013). 부모교육. 창지사.

김정미, 제럴드 마호니 (2009). 부모-아동 상호작용 행동평가. 박학사.

Ⅱ-8. 유아기의 양육기술

과정	공통	영유아기	초등학령기	청소년기	성인기	영역	지식·정보	기술	심리·정서
주제	유아기의 양육기술									

■ 교육의 필요성 ■

○ 가정이나 기관에서의 환경구성은 기술습득, 기술 촉진, 일반화, 양육을 위해서 중요하다.
○ 발달 촉진을 위한 가정에서의 환경구성에 대하여 알아 실제 생활에 적용하여 발달장애유아의 발달을 최적화하는 것이 중요하다.
○ 발달 촉진을 위한 식생활 등 건강 증진에 대한 정보를 알아 발달장애 유아의 발달을 향상시키도록 하는 것이 필요하다.
○ 발달장애 유아를 위한 언어, 인지, 사회성 촉진기술을 알아 실제 양육에 적용하여 유아의 발달을 최적화하도록 한다.

■ 교육내용 ■

1. 조기중재자로서의 부모

   ○ 부모 역할의 중요성, 가정환경의 중요성

   > ○ 자연적 조기중재 환경인 가정
   > - 자연적 환경이란 장애 유아가 생활하는 공간을 말함(예; 가정, 유아교육기관).
   > - 가족은 유아를 다른 치료공간으로 데리고 가는 것과 관련된 스트레스를 받지 않아도 됨.
   > - 주양육자는 가정에서 장애아와 함께 지내면서 일상생활(신변처리, 음식 먹기 등) 훈련을 하루 종일 반복하는 것이 가능함.

2. 발달장애 유아를 위한 환경구성

○ 환경의 중요성

- 환경이 유아발달에 크고, 기초적인 영향을 줌: Locke는 영아기의 마음상태를 '백지 상태'라고 묘사함. Watson 등 여러 이론가들(예, 스키너)은 환경적인 입장을 강력하게 옹호함.

○ 유전과 환경의 상호작용

- 유전이나 환경 단독으로는 아동의 성장과 발달을 설명할 수 없다는 인식이 생김. 개인의 특성, 재능, 신체적 능력들을 유전과 환경의 상호작용으로 봄. 유전과 환경의 상호작용은 발달에 관한 현대적인 관점들을 반영하지만 상호작용이 정확하게 어느 정도 그 역할을 하는지는 아직 미지수임. 향후 유전학 등의 연구를 통해 환경과 유전의 상호작용이 인간발달에 작용하는 범위와 정도에 대해 더 많은 정보가 나타날 것으로 기대됨.

> 예)
> ○ 스키너는 인간과 환경과의 상호작용의 결과가 주어진 행동을 반복할 가능성에 영향을 미친다고 말하면서 행동의 형성에 있어서 환경의 중요성을 말함.
> ○ 피아제는 환경과의 상호작용이 기존의 지식구조를 견고하게 하거나 부인하게 하거나 도전하게 한다고 설명하며 지식의 발달에 있어서 환경의 역할을 강조함.

○ 발달장애 유아를 위한 환경의 기본적인 기준

> 예)
> ○ 환경은 유아가 세상과의 관계에 있어서 자신이 누구인지를 알도록 도와줌으로써 개인적인 주체성을 신장시켜야 함.
> ○ 환경은 아동이 '자신을 둘러싸고 있는 물리적인 공간을 학습하고 통제할 수 있도록 기회를 허용함으로써' 능력 발달을 조성해야 함.
> ○ 환경은 풍부하고 자극적인 환경을 제공하여 성장을 위한 기회를 제공해야 함.
> ○ 환경은 안전하고 따뜻하고 수용적이고, 안정감이 있고 예측이 가능하여 안정감과 신뢰감을 형성해야 함.
> ○ 환경은 또래와의 상호작용을 위한 기회와 개인적인 시간을 모두 제공할 수 있어야 함.

○ 중재를 위한 환경구성

> 예)
> ○ 물리적으로 반응적인 환경: 물리적으로 반응적인 환경은 인지발달과 관련이 있음. 물리적으로 반응적인 환경의 중요성은 유아가 자신의 행동이 환경에 영향을 미칠 수 있다는 사실을 인식하는 것에 있으며, 이는 유아로 하여금 환경과 더 많은 상호작용을 하도록 해주고 그럼으로써 다른 학습들도 촉진해주는 역할을 함. 특히 발달장애 영유아는 스스로를 무기력하다고 느끼게 되기 쉽기 때문에 성취감과 독립성을 느끼도록 해주는 것이 매우 필요함.
> ○ 운동중재: 참여 극대화
> – 가구를 원형으로 배치하여 그 주위를 돌게 하여 안전하게 걷기 연습을 하게 함
> – 넘어지는 것에 대비하여 가구주변은 놀이공간으로 만들 음.
> – 바닥에는 사물을 놓아 바라보게 만들 음.
> – 일상생활에서 안전하게 걷기, 계단 오르내리기, 쪼그려 앉고 일어나기, 바닥에서 일어나기, 가구에 오르기, 유아용 의자에 앉기 등의 활동을 할 수 있도록 집과 주변 환경을 활용함.
> – 보조공학도구(예, 단순한 자세교정기구, 워커, 스탠더 등)를 비치하여 활용함.

○ 놀잇감 선정기준

> ○ 놀잇감은 안전해야 한다.
> ○ 놀잇감은 견고해야 한다.
> ○ 놀잇감은 현실성의 정도에 따라서 고려되어야한다: 영아들을 위한 장난감과 놀이교재는 비교적 현실적이어야 한다: 유아들의 경우에는 덜 현실적인 놀잇감들은 상상놀이를 촉진하기도 한다.
> ○ 놀잇감은 놀이의 구조화를 제안해주는 정도에 따라서 고려되어야 한다: 어린 아동들에게 있어서 놀잇감은 놀이하는 방법을 제시해주어야 한다. 좀 큰 아동들에게는 덜 구조화된 놀잇감이 상상놀이를 촉진한다.
> ○ 놀잇감은 반응적이어야 한다: 이는 놀잇감을 건드렸을 때 반응을 해야 한다는 것이다.
> ○ 놀잇감은 동기유발적인 요소를 지녀야한다: 이는 아동의 관심을 근거로 선정되어야 한다는 것을 의미한다.

* 출처: 이소현 역(2000). 장애 영유아를 위한 교육. 이화여자대학교출판부.

○ 발달장애 유아를 위한 양육기술의 예: 놀이 환경구성

- 정신지체아의 놀이 지도 및 환경구성

○ **정신지체아를 위한 놀이 환경의 조건**(유수옥, 2010)
- 정신지체아의 능력, 흥미 및 주위 여건에 맞는 놀이 환경을 조성한다. 놀이 시설은 한 가지 용도 이상으로 사용될 수 있으며 지체 정도가 다양한 어린이가 함께 사용할 수 있도록 설계되어야 한다.
- 정신지체아의 호기심과 탐구심을 자극하는 놀이 환경이어야 한다.
- 정신지체아들의 각기 다른 인지적, 지각 운동적, 놀이 발달적 요구를 만족시키고 학습을 촉진시키는 놀잇감과 놀이 활동이 제공되는 환경이어야 한다.

○ **연습놀이 단계에 적절한 놀잇감**
- 감각과 근육을 자극하는 놀잇감과 시설물: 촉감을 자극하고 던질 수 있는 놀잇감, 물·모래 놀이 용품, 그네, 시소, 미끄럼틀
- 체력을 강화할 수 있는 놀잇감 : 뚜껑이 있는 빈 용기, 기어오르거나 속에 들어가 앉을 수 있는 빈 상자, 블록
- 상징놀이 단계에 적절한 놀잇감
- 대근육을 강화시키는 놀잇감 : 바퀴 달린 놀잇감, 큰 공, 속이 빈 블록
- 지적 능력과 문제해결력을 촉진시키는 놀잇감 : 퍼즐, 나무 구슬과 끈, 어항과 동물 사육장
- 여러 역할놀이에 필요한 용품 : 인형, 소꿉놀이용품, 각종 의상
- 감정과 생각을 창의적으로 표현할 수 있는 자료 : 크레파스, 분필, 찰흙, 콜라주 재료, 타악기 종류

○ **규칙 있는 게임 단계에 적절한 놀잇감**
* 팀워크 및 집단 참여를 자극하는 게임 용구 : 자전거, 스케이트 등 스포츠 용품
* 자존심, 확신감, 의사 결정 능력 및 모험심, 창의력을 기르는 데 필요한 용품 : 미술 자료, 바느질, 목공 용구, 모형 제작, 카메라, 악기
* 지적 능력을 촉진시키는 용품 : 측정 도구, 확대경, 현미경, 쌍안경
  - 정신지체아가 성공의 기쁨, 확신감과 자긍심을 갖도록 도와주는 환경이어야 한다.
  - 정신지체아의 학습에 모델이 되는 연장자(年長者)와 성인들이 함께 참여하는 환경이어야 한다.
  - 견고하게 구성되고 융통성 있게 변화시킬 수 있는 환경이어야 한다.
  - 정신지체아들이 현실에 대처해 나갈 수 있도록 도와주는 환경이어야 한다.

○ 장애 유형에 따른 놀이지도

장애명	놀이특성	놀이 지도 방법
시각 장애	• 손상되거나 낮은 시력으로 인해 주변 환경과 사물 탐색 능력 지체 • 주로 단순한 물리적 조작과 청각적 자극놀이 • 시력 손상으로 인해 사회적 상호작용에 참여 기회 감소와 낮은 상상력 보임	• 다른 감각을 사용할 수 있는 놀이 활동 필요 • 복잡한 형태나 부드러운 것보다 명확한 모양과 쉽게 촉각으로 파악할 수 있는 놀잇감 사용 • 균형을 잡을 수 있는 놀이 활동 필요 • 줄거리가 있는 사회극적 놀이가 이해하기 용이함
청각 장애	• 손실되거나 낮은 청력은 언어적 기술과 대화 능력 감소와 협동놀이와 사회극적 놀이 방해 • 표현 언어에 문제가 있으므로 한 사물을 다른 사물로 대치하는 가작화 어려움 • 놀이 시 또래와 언어적 상호작용 적고 대집단보다 두 명 정도의 소집단 선호 • 주로 혼자놀이이며 연령이 높아질수록 상징 놀이 지체	• 운동 기술은 지체되지 않으므로 다양한 운동 놀이 지도 • 언어가 사용되지 않는 줄다리기, 릴레이 경주 등과 같은 게임 통해 경쟁심과 협동심 촉진 • 사회 극적 놀이 통해 친구와 많은 의사소통적 상호작용 경험 필요 • 변화나 새로운 게임을 원하지 않으므로 다양한 게임 격려
지체 장애	• 운동 기술 부족으로 사물놀이나 구성놀이에서 사물 조작 어려움 • 놀이보다 여기저기 돌아다니거나 멍하니 무엇인가 바라보기 • 이동과 활동적 놀이 참여가 어려우므로 사회적 놀이를 할 기회 적음 • 일반 유아보다 더 수동적이고 인내심도 적고, 동기 유발도 잘 안 됨	• 놀이 자료는 가벼워야 하며, 영역을 제한하는 것도 필요 • 활동인 활동일 때 헬멧 사용 • 휠체어를 타고 어느 자유선택활동 영역이나 시설물에 접근 가능하도록 배치 • 또래와 사물과의 상호작용을 촉진하기 위해 적응적 기구를 사용하거나 규칙이나 환경수정
정신 지체	• 상징놀이보다 단순한 탐색 활동에 더 많이 참여 • 외부인 암시나 강화 없이 자발적으로 놀이자료 사용 안함 • 인지 능력의 부족으로 사물 지배적인 기능놀이를 많이 하고 구성놀이, 극적 놀이, 규칙 있는 게임놀이 같은 추상적이고 진보된 놀이 하지 않음 • 낮은 단계의 가상놀이 매일 반복-카우보이, 인디안, 순경, 도둑	• 모방 능력이 제한되어 있으므로 놀잇감 모방 훈련 필요-먹을 것이나 칭찬과 같은 보상 사용 • 흥미있는 사물 배치와 이야기, 그림, 재미있는 소품으로 자극함으로써 좀 더 상상놀이 촉진 • 특정 놀이 기술의 시도와 연습 기회가 더 많이 필요 • 놀이행동을 작은 단계로 분리하는 과제 분석 사용하여 지도 • 좀 더 능력을 가진 또래나 성인의 모델링을 통해 지도
학습 장애	• 언어, 인지, 주의 집중의 문제는 또래 상호작용에 대한 추론이나 단서를 발견하는 데 저해 요인이 되어 또래에게 거부당함 • 사회 인지 면에서 정신지체 유아보다 낮음	• 교사와 부모는 생애 초기 동안에 사회적 결손을 치료하는 데 도움이 되는 놀이와 상호작용에 민감하여 예방적 처치에 관심 가져야 촉진 • 인지적 성취 목적뿐만 아니라 사회적 인지와 기술을 신장시킬 수 있는 놀이 프로그램 필요
정서 행동 장애	• 기본적인 심리적 기능의 문제로 왜곡된 놀이 • 놀이 활동 집중의 어려움과 새롭거나 특별한 놀이 자료 사용 거부 • 부적절한 사물놀이 반복과 연습놀이 많이 함 • 현실 표상이 왜곡된 상징놀이 • 타인에 대한 지속적 회피로 사회적놀이 부족	• 특별히 고안된 공간과 음식이나 사회적 강화를 통해 지도 • 게임은 어려우나 흥미를 가지고 있을 때 간단한 게임은 유용 • 신체적 접촉을 요구하는 경쟁 놀이 피함
자폐 성장 애	• 사회적 손상과 언어능력 부족으로 상징놀이 나타나지 않음 • 반복적이고 판에 박힌 수·조작놀이 • 부적절적한 사물놀이/혼자놀이와 탐색놀이	• 언어 기술에 제한이 있는 경우 의사소통 카드를 제시할 때 놀잇감을 제공하여 놀이지도 • 놀이 순서가 그려져 있는 시각판을 이용하여 순서가 있는 놀이 지도

* 출처: 유수옥(2010). 특수유아교육.

○ 장애 영유아의 발달 수준에 적합한 놀잇감

발달수준	적합한 놀잇감
감각운동기의 연습 놀이 수준	1. 감각과 근육을 사용하는 놀잇감 : 감촉을 느낄 수 있고, 누를 수 있고, 던질 수 있는 부드러운 놀잇감, 모래나 물놀이를 할 수 있는 장난감, 그네, 시소, 미끄럼틀 2. 힘을 기르도록 하는 놀잇감 : 꺼내거나 담을 수 있는 뚜껑이 있는 용기, 기어 올라가거나 안으로 들어갈 수 있는 상자, 쌓기 블록
상징, 상상 놀이를 할 수 있는 수준	1. 대근육을 강화하는 놀잇감 : 바퀴가 달린 놀잇감, 커다란 공, 커다란 블록 2. 문제 해결을 위한 놀잇감 : 퍼즐, 끼울 수 있는 나무 구슬, 수족관, 동식물 기르기 3. 가작화하고, 가장하고, 성인 역할을 할 수 있는 놀잇감 : 인형, 주방용구, 성인 역할 옷 4. 감정과 생각을 창조하고 표현하고 상징적 구성을 할 수 있는 놀잇감 : 크레용, 분필 그림물감, 진흙, 조각을 붙이거나 구성할 수 있는 재료, 다양한 레코드와 타악기
규칙이 있는 게임을 할 수 있는 수준	1. 기술 습득, 팀 그리고 집단 참여를 발달시킬 수 있는 놀잇감 : 자전거, 스케이트, 스포츠 기구, 놀이 기구, 게임 2. 창조, 의사 결정, 위험에 대처하는 기회와 자신감과 자기 존엄성을 기를 수 있는 재료들 : 미술 재료, 바느질, 카메라, 악기, 목공 3. 사고력을 키울 수 있는 놀잇감 : 측정 도구, 확대경, 현미경, 망원경, 판 게임, 학문적 기술을 발달시킬 수 있는 게임, 그림물감과 그리기 재료, 찰흙과 모양을 만들 수 있는 재료, 물과 모래, 블록, 소리 만들기와 악기, 책과 잡지, 주방놀이 장난감, 퍼즐, 자석, 차

* 출처: 유수옥(2010). 특수유아교육.

- 부적절한 놀잇감과 놀이 자료는 장애영유아의 놀이 발달을 방해함. 장애영유아는 일반영유아보다 놀잇감 사용 기술을 습득하는 데 오랜 시간이 걸리며 반복적으로 사용해야 하므로 특히 견고한 놀잇감이 필요함.

3. 발달촉진을 위한 식생활

○ 정신지체, 자폐 및 뇌성마비 아동과 일반아동의 영양소 섭취 비교(김은경 외, 2004).

○ 각 발달장애아동의 특성에 따른 적절한 영양 및 섭식지도가 필요함.

> ○ 다운증후군 아동 등 다양한 정신지체 아동 및 자폐 아동은 지나친 편식으로 인한 편중된 식품 섭취, 식욕조절의 어려움, 저작행위 곤란 등의 특정 영양문제를 나타냄.
> ○ 뇌성마비 아동은 일련의 섭식행위(음식을 집어서 입에 넣고, 씹고, 삼키고, 숨을 쉬고 등)에 장애를 가져와 정상적인 영양소 섭취가 어려움. 식사시간은 정상아동에 비해 2~15배 가량 길었으나 식품섭취량은 오히려 정상아동보다 낮아 전반적인 영양 섭취량이 절대적으로 부족함.
> ○ 장애 아동에게 제공되는 식사가 질적으로는 양호하나 양적으로 부족함. 뇌성마비는 저영양 상태의 위험요인을, 자폐아동은 과잉 영양상태의 위험요인을 가짐. 따라서 장애아동의 정상적 성장을 위해서 특별한 영양적 배려가 필요하며, 이들을 위한 영양권장량이 별도로 제정되고 이에 대한 식사지침이 필요함.

교육방법

○ 강의형 교육
  - 가정이나 기관에서의 환경구성의 중요성
  - 발달 촉진을 위한 가정에서의 환경구성 및 생활에 적용
  - 발달 촉진을 위한 식생활 등 건강 증진에 대한 정보
  - 발달장애 유아를 위한 언어, 인지, 사회성 촉진기술 양육에 적용
○ 실습연계형 교육
  - 가정의 물리적 환경구성 점검: 체크리스트 사용
  - 식사량 열량 및 영양계산: 하루의 식단 점검 후 개선

유의사항

○ 각 장애 영역에 따른 특성도 소개

참고자료

○ 참고문헌

이소현 역 (2000). 장애영유아를 위한 교육. 이화여자대학교 출판부.

노진아 외 역 (2011). 장애 영유아 특수교육. 학지사.

유수옥 (2009). 유아특수교육. 양서원.

김은경, 김은미 (2004). 정신지체, 자폐 및 뇌성마비 아동과 비장애아동의 영양소 섭취량 비교. 대한지역사회영양학회지, 9(2), 121~134.

○ 참고사이트

국립특수교육원: http://www.knise.kr

Ⅱ-9. 발달장애유아 가정지도

과정	공통	영유아기	초등학령기	청소년기	성인기	영역	지식·정보	기술	심리·정서
주제	발달장애유아 가정지도 -언어발달을 위한 가정에서의 교육-									

■ 교육의 필요성 ■

○ 발달장애유아는 가정이나 유치원에서 노출되는 언어자극만으로는 일반유아와 같은 언어발달을 이루는데 어려움이 있다. 그러므로 이들의 언어발달을 위해서는 보다 계획적이고 풍부한 언어환경을 제공해줄 필요가 있다. 가정은 이들 유아에게 가장 많은 언어자극을 제공해줄 수 있는 중요한 환경이므로 이들의 언어발달을 촉진시키기 위해서는 부모교육이 필수적이다.

○ 의사소통이란 대화 당사자 간의 상호적 행위이므로 유아의 의사소통 빈도가 감소되거나 그 방법이 부적절한 경우, 대화상대자인 부모의 의사소통 빈도와 방법도 영향을 받게 된다. 그러므로 발달장애유아의 언어특성에 맞추어 더 많은 언어자극을 줄 수 있도록 의도적인 노력이 필요하다.

○ 언어장애유아의 언어촉진을 위한 부모교육이 많이 이루어져왔고 오랜 기간 연구를 통해 그 효과가 입증되었다.

■ 교육내용 ■

1. 발달장애유아의 언어발달 특성에 대한 지식

○ 발달장애유아의 언어발달 교육을 위해서는 유아를 가르치는 주양육자나 전문가가 발달장애유아의 언어발달 특성에 대한 지식을 가지고 있어야함.

○ 따라서 이들을 대상으로 하는 교육내용에는 정상 언어발달과정과 발달장애유아의 언어특성에 대한 교육이 포함되어야 함. 특히 영유아기에서 학령 전 시기의 언어지도는 일반아동의 언어발달을 그 모델로 하여 언어지도가 이루어지므로 정상언어발달과정을 알고 있어야 언어지도 목표를 체계적으로 결정할 수 있음(Paul &

Norbury, 2011).

○ 영유아기 아동의 언어발달을 위해 인지발달이 선행되어야 할 필요는 없지만, 몇몇 인지발달은 언어발달의 기본이 되므로 언어발달 촉진을 위해 필요시 해당 인지개념의 발달을 촉진시켜야 함 ; 수단-목적 및 인과관계 개념, 사물영구성 개념, 동작 및 말소리 모방능력, 상징놀이 개념 등(이승복·이희란, 2006). 따라서 해당 인지개념의 발달 촉진을 위해 가정에서 지도할 수 있는 다양한 방법에 대한 교육이 제공되어야 함.

○ 정상 언어발달과정에 대한 지식과 더불어 장애영유아가 보이는 장애특성에 따른 언어특성을 알고 있어야 함. 발달장애영유아가 보이는 장애특성을 반영한 언어지도를 실시하도록 함.

> 예: 1) 지적능력이 낮을 경우, 충분히 반복적인 언어자극을 제공. 시각이나 촉각적 자극 등을 활용한 다양한 교수방법. 2) 의사소통 의도를 가지고 있는 반향어를 보이는 경우, 의사소통 기능의 유형과 빈도를 증가시키며 보다 관습적인 방법으로 의사표현 할 수 있도록 지도함(김영태, 2002).

2. 발달장애영유아와 바람직한 상호작용하기

○ 구어발달 이전에 의사소통 발달이 이루어져야 함. 성인은 유아와 바람직한 의사소통적 상호작용을 통해 의사소통과 언어가 발달할 수 있는 환경을 조성해 함.

○ 의사소통과 나아가 구어발달을 촉진하기 위해 다음과 같은 상호작용이 기본적으로 이루어져야 함(Paul & Norbury, 2011).

> 1) 차례 주고받기(Turn Taking) ; 부모가 노래 부르기나 까꿍 놀이 같은 게임, 장난감 놀이 등을 통해 유아와 주고받으면서 상호작용에 참여하도록 지도함. 먼저 부모가 유아와 즐길 수 있는 것을 하고, 성인이 다음 순서를 하기 전 유아가 무언가를 할 것을(무엇이든지!) 기다리도록 권하도록 함.
> 2) 모방하기(Imitation) : 유아의 행동이나 유아가 산출한 소리를 그대로 흉내 내기 놀이를 하도록 지도.
> 3) 사물 주목하여 가리키기(Point things out) ; 유아가 좋아하는 사물을 보이는 곳에 가져오거나, 그 사물이 움직이거나/소리를 내거나/작동하기 전에 유아가 그것을 보고 있는지를 모니터함으로써, 가족이 유아를 '함께 주의하기'에 참여하게 하도록 지도함. 이후 유아가 6개월에서 10개월 정도 되었을 때에는 유아의 근처에 있는 사물을 가져오는 것에서 더 나아가 좀 더 떨어진 사물에 주의하도록 유도하기 위해 손가락으로 '가리키기' 같은 몸짓을 사용하도록 지도.
> 4) 활동의 단계 설정하기(Set the stage) ; 유아가 좋아하는 단순한 노래나 게임을 반복하면서 그 다음에 어떤 활동을 할지 유아가 '예측 가능한 활동'들을 확립하도록 지도. 유아가 이러한 활동에 충분히 익숙해졌을 때 유아로 하여금 다음 행동이 무엇인가 예측하고 요구하게 할 수 있게 부모에게 활동 중간에서 갑자기 멈추도록 지도함.

- 가정에서의 언어교육을 위해서는 상호작용 행동을 직접 시범보이기는 방법 사용이 중요함. 시범을 보인 후 부모에게 시연하게 하고, 이후 부모와 유아의 의사소통적 상호작용 모습을 비디오로 찍어서 부모 스스로 모니터하는 능력을 키워주는 방법이 바람직함. 비디오 모니터를 할 때에는 교사가 부모의 잘못을 지적하기보다는 부모 스스로 판단하도록 함으로써 부모와 협력적인 관계를 유지하도록 주의해야 함.
- 장애영유아의 경우 성인과 상호작용하려는 의도가 적은 경우가 많고 이에 따라 유아의 부모나 가족도 유아와의 상호작용 내용이나 빈도가 달라지게 됨. 발달장애 영유아의 가정지도 시에는 이러한 역학관계를 충분히 이해하여 부모의 탓으로 돌리지 않도록 충분히 주의하여야 함.
- 영유아의 상호작용할 준비 여부에 대해 민감하도록 지도해야 함. 발달장애 영유아와 의사소통적인 상호작용을 시도하기 위해 하루 중 특정 시간을 따로 내는 것은 불가능한 일임. 영유아가 온전히 깨어있고, 부모를 바라보고, 편안히 소리 내는 상태 등을 통하여 상호작용할 준비가 되었다는 신호를 보낼 때마다 부모는 동참할 준비가 되어있어야만 함. 그러므로 유아가 신호를 보냈을 때 부모가 이 신호를 인식하고 반응할 수 있음을 확실히 해두는 것이 중요함. 부모들은 이런 신호가 언제든지 - 먹을 때, 기저귀 갈 때, 목욕할 때, 일상적인 하루 일과 중에 - 일어날 수 있다는 사실을 알아야 함.
- 영유아의 발성을 모방하는 것은 의사소통 발달뿐 아니라 구어발달 촉진에도 매우 중요함. 영유아에게 발성을 권장하는 것은 가족의 모든 구성원, 심지어 형제도 참여할 수 있는 활동임. 가족이 영유아에게 말이나 옹알이를 들려주도록 하는 것이 좋음. 지도교사는 발달장애 영유아가 산출하기 위해 배울 준비가 되어 있는 발성의 유형을 시범보일 수 있음.
- 만일 영유아가 매우 낮은 빈도로 발성을 한다면, 가족 모두를 격려하여 유아가 산출하는 편안한 소리를 언제, 어느 때든 모방하도록 해야 함. 딸랑이나 간지럼 태우기, 거울을 사용하여 아기 발성을 유발하도록 시범보임. 또한 높은 음도의 말, 과장된 억양, 쉬운 단어, 짧고 반복적인 문장을 직접 시범보이며 지도하도록 함.

3. 초기 의사소통 발달을 위한 구어 및 비구어적 환경 조성방법

- 발달장애 영유아의 초기 의사소통 발달을 위해 유아가 의도를 전달할 필요성을 느끼도록 유도해야 함. 구어를 사용하기 시작한 유아의 경우에는 구어를 사용하여 의사를 전달하도록 유도해야함. 가정에서 영유아의 의사소통을 유발하기 위해 의사소통 유혹 기법을 지도하도록 함

○ 의사소통 유혹(communication temptation) 기법의 구체적인 사례(한국언어병리학회, 1996)

> 1. 유아가 좋아하는 음식을 유아에게 주지 않고 유아 앞에서 먹는다.
> 2. 태엽 감는 장난감을 작동시킨 후 작동이 멈추면 유아에게 건네준다.
> 3. 비눗방울을 분 후에 비눗물 병을 꼭 닫고 유아에게 건네준다.
> 4. 풍선에 바람을 불어 넣은 다음 잠시 만져보게 하고, 풍선의 바람을 뺀다. 바람이 빠진 풍선을 유아에게 준다.
> 5. 속을 볼 수 있는 투명한 통에 유아가 좋아하는 음식물이나 장난감을 넣고 유아가 열 수 없도록 뚜껑을 꼭 닫고 유아에게 건네준다.
> 6. 도구를 필요로 하는 흥미로운 활동을 함께 하면서 필요한 도구를 유아에게 주지 않는다(예, 함께 그림을 그리면서 유아에게는 크레파스를 주지 않고 성인만 재미있게 색칠을 함).

○ 언어 이전기 환경언어중재(Prelinguistic Milieu Teaching: PMT) 프로그램을 활용한 가정에서의 교육(McCauley & Fey, 2006)

> 1) 대상 ; 12~18개월의 언어이전 의사소통이 빈번하게 그리고 확실하게 나타나지 않는 영유아. 몸짓이나 발성의 빈도를 증가시킬 필요가 있는 영유아에게 적합. 1분에 1~2회 이상의 자발적인 의도적 의사소통 행동이 나타나는 유아의 경우는 EMT 프로그램 실시. 그 이전 단계의 유아에게 PMT 실시함
> 2) PMT 중재를 위한 맥락 제공을 위해 앞에서 언급한 의사소통 유혹 기법을 활용한 환경을 구조화하기, 아동의 관심사 따라가기, 예측 가능한 활동을 통한 사회적 루틴 확립하기가 필요
> 3) 비구어적인 발성과 시선 맞추기, 관습적인 몸짓을 사용한 요구하기와 언급하기 기능을 발달시키기 위한 프로그램
> 4) 목표 달성을 위해 촉진, 모델, 자연스러운 연계강화를 사용

○ 강화된 환경언어중재(Enhanced Milieu Teaching: EMT) 프로그램을 활용한 가정에서의 교육(McCauley & Fey, 2006; 김영태, 2002)

> 1) 대상 ; 구어 모방이 가능한 유아. 최소 10개 단어를 말할 수 있는 유아.
> 2) 환경언어중재를 위한 부모교육은 24~36회기 정도 권장됨. 주 2회 실시 시 3~5개월 정도 소요. 가능한 가정에서 일대일 지도가 바람직함.
> 3) 유아의 언어사용 시작을 증진시키기 위해 의사소통 유혹 기법을 활용하여 환경을 구조화하고, 유아가 말을 시작했을 때 유아 수준에 적합한 목표 말로 촉진하면서 반응해주도록 함. 이후 유아의 의사소통 시도에 기능적으로 강화해주고 피드백을 제공하도록 함.
> 4) 유아의 구어사용 촉진을 위해 시범, 선반응요구-후시범, 시간지연법, 우발학습의 4가지 전략 사용을 지도함

4. 발달장애유아의 구어 수준에 맞는 언어자극 제시방법-언어촉진기법의 교육

- 언어이해능력에 문제가 있는 장애영유아의 경우 간접적으로 언어자극을 제시하는 방법이 도움이 됨.
- 구어발달이 시작된 경우에는 지속적인 언어이해능력 발달을 위해서 그리고 구어를 통한 언어표현능력 발달을 위해서 다양한 언어촉진기법을 사용해야함
- 언어촉진기법을 사용하기 위해서는 발달장애 영유아가 관심 있어 하는 활동에 함께 참여하는 것이 좋음. 주로 유아가 좋아하는 놀이를 함께 하면서 언어자극을 주게 됨
- 성인은 장애유아의 관심사가 무엇인지 늘 관찰하고, 유아의 관심사에 따라 활동을 하며 그 활동에 대한 언어자극을 제시하는 것이 중요함
- 장애유아의 관심사를 따라가며 유아가 표현한 행동이나 말소리, 단어를 모방하고, 유아가 바라보는 사물의 이름을 말해주고, 유아 행동에 해당하는 단어를 알려주도록 함
- 장애유아가 말한 것에 대해서는 확장, 확대, 문장의 재구성 등의 언어촉진기법을 사용하여 언어발달을 촉진시킴(김영태, 2002)

5. 언어발달을 촉진시키기 위한 책 읽어주기(Paul & Norbury, 2011)

- 책 읽기는 언어발달을 위한 좋은 환경이 될 수 있음. 매일 반복되는 책 읽기 시간은 유아와 성인과의 바람직한 상호작용에 도움이 되고, 풍부한 언어자극을 제공할 수 있으며 초기 읽기발달을 위한 중요한 활동임
- 그림책은 비언어적인 그림과 밀접한 연관이 있는 문장을 반복적으로 읽어줄 수 있으므로 스크립트를 습득할 수 있음. 이에 따라 성인은 영유아에게 점차 높은 수준의 참여를 유도할 수 있게 됨. 또한 성인과 영유아가 함께 책을 읽는 활동은 공동주의, 어휘습득, 문법발달, 의사소통에의 참여를 도움.
- 발달장애유아에게는 단순히 책을 읽어주는 것만으로는 도움이 되지 않음. 성인은 유아의 언어발달에 도움이 될 내용의 책을 신중하게 선택해야함. 예를 들어, 일상생활에서 자주 쓰이는 어휘를 가르치고 싶을 경우에는 일상적인 집이나 놀이터를 배경으로 유아의 일상을 다루고 있는 내용의 그림책을 선정하는 것이 좋음. 또한 두 낱말로 이루어진 간단한 문장을 연습시키려면, 단순한 문장이 반복적으로 사용된 그림책을 선택하는 것이 좋음.
- 성인은 신중하게 선정된 그림책들을 집에 비치하고, 그 중에서 유아가 선호하는

책을 선택하게 하여 책읽기 활동을 동기화시키도록 해야 함. 그리고 책을 읽는 과정에서 유아와 대화를 시도해야 함. 즉, 책읽기 활동을 유아와 성인과의 의사소통 맥락으로 활용해야함.
- 발달장애 영유아의 경우 책에서 나오는 어휘는 유아가 이해했는지 확인하고, 부연 설명을 해주고, 가능하면 유아에게 의미 있는 문장을 사용하여 새로운 어휘를 실생활에서 어떻게 사용하는지 시범 보여 줘야만 쉽게 습득할 수 있음.

교육방법

- 강의형 교육
- 참여형 교육
  - 교사의 모델링 제공
  - 시연
- 실습연계형 교육
  - 가정에서 교육내용을 실시하고 동영상으로 촬영하기
  - 동영상을 보며 스스로 수행정도를 평가하고 토의하기

유의사항

- 발달장애유아를 대하는 방법을 지도함에 있어서 부모가 유아를 잘 못 대하고 있다는 죄책감을 느끼게 하는 일이 없도록 주의해야 함
- 충분한 연습을 통해 부모 스스로 모니터링하는 능력을 키워주지 않을 경우, 새로 배운 교육내용을 유지하지 못하는 경우가 많으므로 주의해야 함

참고자료

- 참고문헌

  김영태 (2002). 아동언어장애의 진단 및 치료. 학지사.

이승복, 이희란 (2006). 언어발달. 시그마프레스.

한국언어병리학회 (1996). 언어장애 아동의 가정지도. 한학사.

R. J. McCauley & M. E. Fey(2006). Treatment of Language Disorders in Children. Paul. H. Brookes.

R. Paul & C. Norbury(2011). Language Disorders from Infancy through Adolescence: Listening, Speaking, Reading, Writing, and Communicating(4rd). Mosby. (박학사에서 번역본 출간 예정)

○ 참고사이트

국립특수교육원: http://www.knise.kr

Ⅱ-10. 영유아기 발달장애인의 문제행동 중재

과정	공통	영유아기	초등학령기	청소년기	성인기	영역	지식·정보	기술	심리·정서
주제	영유아기 발달장애인의 문제행동 중재									

교육의 필요성

○ 학령전의 영유아기 아동들의 경우 특수교육의 장애범주에 따라 진단받지 않더라도 부모와 교사들을 걱정하게 할 문제행동들을 보일 수 있다. 또한 학령 전에 문제행동을 보였던 아동들이 초등학교 이후에도 계속 문제를 나타낼 가능성이 높다.

○ 문제행동이 발달장애아동에게 장기적인 부정적인 영향을 끼치지 않도록 조기중재 하는 것이 필요하다.

○ 문제행동을 지닌 아동을 가정에서 효과적으로 중재하기 위해서는 가정과 학교 등에서 일관적인 중재가 이루어져야 한다.

○ 본 강의에서는 영유아기 발달장애아동에게서 자주 보일 수 있는 정서 행동상의 문제 및 문제행동에 대해 소개를 하고 이에 대한 중재를 제안하고자 한다.

교육내용

○ 영유아기 외현화 정서행동 문제
  - 외현화 문제의 가장 대표적인 유형은 주의력결핍과잉행동장애(ADHD), 적대적 반항장애(ODD), 품행장애(CD)임
  - 심각한 특성을 가진 품행장애는 드문 편이나 덜 심각한 품행장애로 간주되는 적대적 반항장애는 학령 전 아동에게 가장 흔한 정서행동 문제임
○ 주의력결핍과잉행동장애(ADHD)
  - 주의력결핍과잉행동장애(ADHD)의 경우 학령 전 아동에게 점차 흔해지는 진단범주이나 어린 아동에게 이런 진단범주를 적용하는 것과, 진단방법에 대해서는 논쟁 중임

- 주의력결핍과잉행동장애(ADHD)는 아동의 약5%의 유병율을 보이고, 여아보다는 남아에게서 많이 출현됨
- 주의력결핍과잉행동장애(ADHD) 아동은 지속적으로 부주의하거나 과잉행동-충동성이 같은 발달기에 있는 다른 아동에 비해 심하게 나타남
- 주의력결핍 과잉행동의 특성은 학령 전이나 초등학교 저학년에서 관찰되어야 하며, 이러한 특성들이 적어도 두 가지 다른 환경에서 나타나야 하고 아동의 기능을 저해할 만큼 심각한 수준으로 나타나야 함
- 어릴수록 일반적으로 더 부주의하고 활동적이므로 DSM-Ⅴ에서는 "과잉행동은 나이와 발달수준에 따라 다르므로 어린 아동을 진단할 때에는 주의를 기울여야 하며", "특히 4~5세 이전의 아동에게 이러한 진단범주를 부여하는 것은 매우 조심스런 일이다."라고 기술하고 있음(American Psychiatric Association, 1994)
- DSM-Ⅴ에 따르면, 주의력결핍과잉행동장애에는 크게 두 가지 유형이 있음

  * 첫 번째 하위 유형은 부주의형으로 9개 증상 가운데 6개 이상이 적어도 6개월 동안 발달 수준에 적합하지 않고 사회정, 학업정, 직업적 활동에 직접적으로 부정적인 영향을 미칠 정도로 지속됨
  * 두 번째 하위 유형은 과잉행동-충동성 유형으로 과잉행동 충동성의 9개 증상 가운데 6개 이상이 적어도 6개월 동안 발달 수준에 적합하지 않고 사회적, 학업적, 직업적 활동에 직접적으로 부정적인 영향을 미칠 정도로 지속됨

○ 적대적 반항장애
- 적대적 반항장애는 "권위를 가지고 있는 사람에 대해 부정적이고 반항적이며 불순종적이고 적대적 행동을 반복해서 보이는 것"(American Psychiatric Association, 1994).
- 적대적 반항장애는 2~16%의 출현율을 보이고 초등학교 저학년에 많이 나타나기 시작하고, 전형적으로 집에서 먼저 나타남
- 상당히 많은 적대적 반항장애 아동들이 더욱 심각한 품행장애로 발전하게 되며, 많은 연구자들은 적대적 반항장애가 품행장애의 발달적 전조라고 믿음

○ 품행장애
- 품행장애는 "다른 사람의 기본적 권리나 나이에 적절한 사회적 규준과 규칙을 반복적이고 지속적으로 침해하는 것"(American Psychiatric Association, 1994)
- 일반적으로 품행장애는 유아기에 시작되지는 않음. 품행장애가 5~6세에도 시작될 수 있으나 일반적으로는 아동기 후반기나 청소년기의 전반기에 나타나기 시작함

- 품행장애가 어린 아동에게 해당되는 진단범주는 아니지만 학령 전 아동을 가르치는 교사들도 적대적 반항장애와 품행장애의 관계에 대해 충분히 이해해야 함.
o 영유아기 내면화 정서행동 문제
- 일반적으로 어린 아동에게 있어서 내면화 문제는 외현화 문제에 비해 덜 진단되는 경향이 있음
- 그러나 어린 아동에게 있어서 내면화 문제와 외현화 문제가 유사하게 나타남
o 분리불안장애(separation anxiety disorder: SAD)
- 분리불안장애는 "집이나 애착대상으로부터 분리되는 것을 과도하게 불안해 하는 것"(미국정신의학협회, 1994)으로, 분리불안장애를 가지고 있는 아동은 애착대상으로부터 분리될 때나 분리될 때가 다가오면 심한 고통을 겪음
- 애착대상이 해를 입거나 자신이 유괴되는 등의 나쁜 일이 일어날지도 모른다는 두려움을 가지고 있음
- 아동의 행동이 그의 발달수준을 고려하여도 비전형적이고, 분리불안이 아동의 기능에 심각한 장애를 일으키는 경우여야 함
- 어느 정도의 분리불안은 6세 이전의 아동의 발달적 특성이므로 분리불안장애로 진단받기 위해서는 같은 연령의 다른 아동이 경험하는 것보다 훨씬 심해야 분리불안장애로 진담됨
o 분리불안장애 외의 여러 가지 내면화 장애
- 아동은 분리불안장애 외에도 DSM-V에서 명시하고 있는 특정 공포증, 사회적 공포증, 범불안장애, 강박 충동장애, 우울장애 등 다른 불안장애 유형으로 진단받을 수 있음
- 많은 아동이 두려움과 부끄러움 등을 포함한 불안 증상을 보이지만 특정 불안장애 유형의 진단기준을 충족시킬 만큼의 특성을 보이지 않을 수 있음
- 장애로 진단을 받지 않았다 할지라도 증상이 심각하면 중재를 고려해야 함
o 영유아기 기타 정서행동 문제
- 선택적 함묵증은 다른 상황에서는 말을 함에도 불구하고, 말하는 것이 기대되는 특정 사회적 상황(예: 학교, 놀이 친구)에서 말하는 것을 지속적으로 실패하는 것을 의미함
- 배변장애(유뇨증, 유분증)도 유아에게서 흔히 관찰됨. 유뇨증은 낮에 옷에 소변을 보는 주간 유뇨증과 밤에 침대에 소변을 보는 야간 유뇨증으로 구분됨. DSM-IV

에 따르면 유뇨증으로 진단되기 위해서는 아동이 최소한 5세이여야 함. 유분증은 부적절한 곳에 대변을 보는 것으로 유뇨증보다는 덜 흔함. 유분증으로 진단받기 위해서는 아동이 4세 이상이어야 하며 정기적으로 부적절한 곳에 대변을 봐야 함
- 섭식장애는 음식이 아닌 것을 먹는 이식증과 삼킨 음식물을 토해서 다시 씹는 반추, 영유아기에 적절하게 먹는 것을 실패하는 것을 포함함. 이 외에도 진단을 받을 만한 장애는 아니어도 편식을 하거나 음식을 씹다 뱉는 문제행동을 보이기도 함
- 수면장애도 유아에게서 흔히 보이는 문제임. 유아기 아동의 25%가 수면장애를 가지고 있으며, 아동기에 수면장애를 나타내는 아동은 성인기에도 수면장애를 나타내기 쉬움. 유아들에게 흔히 나타나는 수면장애는 몽유병과 잠들기 어려워하는 것임.

○ 영유아기 외현화 정서행동 문제에 대한 중재
- 행동주의 관점에서 영유아기 아동의 외현화 행동문제에 대한 중재는 부모훈련 프로그램을 통해서 제공되는 경우가 많음
- 아동의 행동은 아동의 생활에 중요한 영향을 미치는 타인(예: 부모)와의 상호작용과 관련이 있다고 보며, 아동의 행동을 변화시키기 위해서는 아동의 생활에 중요한 영향을 미치는 타인의 행동을 먼저 변화시키고자 함
- 부모가 아동의 문제행동을 다룰 수 있는 기술을 습득하도록 부모에게 중재를 제공함
- 부모에게 양육기술을 가르치는 절차

> 첫째, 양육기술에 대해 언어적으로 설명함
> 둘째, 부모에게 양육기술과 적용방법에 대한 문서화된 자료 제공
> 셋째, 임상가가 부모에게 양육기술 시범보임
> 넷째, 부모는 시범을 통해 배운 양육기술을 연습하면서 임상가로부터 피드백 받음
> 다섯째, 임상가는 부모에게 습득한 새로운 기술을 집에서 적용하여 자신의 향상도를 점검하도록 요구함

○ 행동중재 지침: 아동의 바람직한 행동에 긍정적 관심 제공하기(Gimpel & Holland, 2003)
- 아동의 바람직한 행동을 증가시키기 위해서 아동의 바람직한 행동에 긍정적 관심을 제공함으로써 강화시키는 것이 중요함

○ 바람직한 행동에 긍정적 관심을 주는 놀이상황 지침

1. 시간 정하기: 매일 아동과 놀아 줄 5~15분의 시간을 정함
2. 한 번에 한 자녀와 상호작용 하기
3. 적절한 장난감 선택하기(3~4가지의 건설적이며 비폭력적인 장난감 선택)
4. 아동주도의 언어표현 사용하기
 - 아동의 행동을 진술하기: 아동이 하고 있는 놀이가 재미있어 보인다는 억양으로 아동의 행동을 진술함(예: 레고로 집을 짓는구나! 창문과 문도 만들고 있네.)
 - 아동의 말을 재진술하기: 아동이 하는 말에 관심이 있으며 듣고 있다는 것을 전달할 수 있도록 아동의 말을 재진술해야 함(예: 아동-'나는 강아지를 그릴거야.' 부모-'강아지를 그리려고 하는구나. 네가 그린 강아지를 빨리 보고 싶구나.')
 - 칭찬과 인정해주기: 아동의 적절한 행동을 칭찬해주며 아동의 행동 중 부모가 인정해 주는 부분에 대해 언급해 주어야 함(예: 철수가 의자에 조용히 앉아있으니까 정말 좋구나.)
 - 아동의 활동에 참여하기: 부모가 아동의 활동에 참여하거나 아동의 활동을 모방함(예: 아동이 적목으로 탑을 쌓고 있으면 부모도 적목으로 무엇인가를 만듦)
5. 지시적인 말을 피하기: 지시적이거나 비판적인 말은 피하여야 함
 - 피하여야 할 표현(예): 무엇을 그리고 있니? 집을 그리지 그러니? 우리 집을 잘못 그렸구나. 우리 집은 하얀색이지 빨간색이 아니잖니?
6. 놀이상황에서 아동이 문제행동을 보일 경우, 문제행동이 심하거나 지속될 경우에는 놀이상황이 종료되었음을 알려야 함. 문제행동이 심하지 않은 경우에는 아동을 쳐다보거나 말을 걸지 않고 혼자 놀다가 아동이 적절한 행동을 하기 시작하면 다시 관심을 기울여 줌

○ 행동중재 지침 : 효과적으로 지시하기(Gimpel & Holland, 2003)

(아동에게 지시를 할 때 다음과 같은 지침을 따르면 아동의 지시 따르기가 향상됨)

1. 지시는 후속결과를 제시할 수 있을 때 하라
2. 아동의 주의를 끌어라
3. 아동이 완수할 수 있는 과제나 행동에 대해서만 지시하라
4. 지시는 직접적으로 하되 간단히 하라
5. 한 번에 한 가지씩만 지시하라
6. 긍정적인 말로 지시하라
7. 지시에 대한 이유는 간단히 설명하라
8. 가능하면 선택의 여지가 있는 지시를 하라

○ 행동중재 지침: 공공장소에서 문제행동 다루기(Gimpel & Holland, 2003)

(아동이 집에서 규칙과 지시를 따르는 것을 학습한 후에 상점이나 식당 등에서 기대되는 행동을 학습하는 것이 좀 더 쉬움. 공공장소에서도 부모는 집에서와 마찬가지로 적절한 행동을 칭찬하고 부적절한 행동에 대해서도 일관성있는 후속결과를 제시해야 함)

1. 공공장소에 가는 연습을 하라
2. 규칙을 미리 정하라
3. 아동의 적절한 행동을 칭찬하라
4. 부적절한 행동에 대한 후속결과를 정하라
5. 아동에게 할 일을 줘라
6. 아동이 심술을 부려도 요구를 들어주지 마라

교육방법

○ 강의형 교육
  - 영유아기 외현화 정서행동 문제에 대해 설명
  - 영유아기 내현화 정서행동 문제에 대해 설명
  - 영유아기 기타 정서행동 문제에 대해 설명
  - 영유아기 문제행동 중재방안에 대해 설명
○ 참여형 교육
  - 자신의 자녀가 문제행동을 지니고 있다면 그에 대한 중재 방안에 대해 서로 이야기를 나눔
  - 효과적인 문제행동 중재방법에 대해 사례를 공유함

유의사항

○ 문제행동에 대한 중재는 아동 개별적인 상황에 따라 적용 방법과 효과가 다양할 수 있기 때문에 획일적인 중재원칙을 제시하는 것이 아니라, 수강생 가정의 자녀들의 특성에 대한 충분한 토의와 중재 제의가 이루어지도록 함

참고자료

○ 참고문헌

방명애, 이효신 역 (2007). 유아기 정서 및 행동장애. 시그마프레스

이소현, 박은혜 (2011). 특수아동교육. 학지사

American Psychiatric Association(2013). Diagnostic and statistical manual of mental disorders (5th ed). American Psychiatric Press.

Carr, E. G., Levin, L., McConnachie, G., Carlson, J. I., Kemp, D. C., & Smith, C. E. (1997). Communication-based intervention for problem behavior.

Gimpel, G, A., & Holland, M. L. (2003). Emotional and behavioral problems of young children. Guilford Press.

Janney, R., & Snell, M. E. (2000). Behavioral support. Baltimore : Brookes.

Ⅱ-11. 발달장애유아 부모의 심리적 특성과 양육스트레스

과정	공통	영유아기	초등학령기	청소년기	성인기	영역	지식·정보	기술	심리·정서
주제	발달장애유아 부모의 심리적 특성과 양육스트레스								

■ 교육의 필요성 ■

○ 영유아기에서 영아기는 만 3세 미만의 아동을 지칭하며, 유아기는 만 3세부터 학령기 전까지의 어린이를 말한다. 이 시기의 발달장애 자녀를 양육하는 부모는 일상생활에서 다양한 양육스트레스를 경험한다. 특히 발달장애 자녀가 영·유아기인 경우 부모는 자녀의 출생으로 상실감과 같은 심리적 충격을 경험할 수 있으며, 장애아동의 신체 및 인지발달 수준에 맞는 특수교육이나 재활서비스 등을 지속적으로 준비하기에 분주하다. 또한 가족구성원 중에 비장애 자녀가 있다면 이들에 대한 돌봄도 함께 해결해야 하는 어려움에 처한다. 따라서 이 시기의 부모는 양육스트레스로 인해 신체적·심리적으로 힘겨운 시기를 겪을 수 있다.

○ 발달장애 영유아를 양육하고 있는 부모는 발달장애 자녀의 돌봄을 보완·대체할 수 있는 사회서비스를 이용할 수 있는 자원을 확보하여야 한다. 이와 함께 발달장애 자녀를 양육하는 과정에서 가족구성원의 긍정적 지지, 부모자조집단 등 사회적 관계망의 확충 등이 가능해지면 심리적으로 안정을 유지하는 데 크게 도움을 얻을 수 있다. 따라서 재활관련 전문가는 장애아동 부모에게 자녀 양육을 지원해 줄 수 있는 지역사회 자원과 정보에 접근할 수 있도록 돕거나 직접적으로 자녀양육에 도움을 받을 수 있는 기회를 찾을 수 있도록 지원하는 것이 중요하다. 특히 장애아동 부모가 자녀양육에 필요한 부모자조모임이나 지역사회 자원을 활용하는 방안을 스스로 찾고, 다양한 전문가들이 파트너십을 형성할 수 있도록 지원할 수 있어야 하겠다.

교육내용

○ 양육부담감 개념 이해

> 예) 양육부담은 부모나 주 양육자가 자녀를 양육하면서 경험하는 어려움과 부담감을 뜻한다. 장애아동을 양육하는 부모는 비장애아동과는 달리 자녀 양육과 관련된 특별한 요구들이 있으며, 이로 인해 경험하게 되는 부정적인 영향들을 양육부담이라고 정의내릴 수 있다. 따라서 발달장애 아동을 양육하는 부모의 양육부담이란 장애아동을 양육하는 과정에서 부모뿐만 아니라 가족원들이 경험할 수 있는 신체적, 심리적, 경제적, 사회적 측면의 부정적 반응이라고 할 수 있다.

○ 양육스트레스에 대한 이해

> 예) 양육스트레스는 부모 또는 주양육자가 자녀를 양육하며는 과정에서 느끼는 스트레스를 의미한다. 양육스트레스에 영향을 미치는 요인으로는 부모관련, 아동관련 특성으로 구분할 수 있으며, 사회적 지지나 사회서비스 확충 정도 등 지역사회 요인 등이 영향을 미칠 수 있다. 가족체계론적 관점에서 장애아동의 양육스트레스에 영향을 미칠 수 있는 요인으로 부모관련 요인은 부모의 연령, 학력, 부모의 내적자원, 부부간의 관계, 정서적 상태 등이 있으며, 아동관련 요인으로는 장애아동의 연령, 장애유형, 장애정도 등이 양육스트레스에 영향을 미칠 수 있다.

○ 발달장애아동 영유아기 부모 양육스트레스

> 예) 발달장애아동의 영유아기에 부모가 경험하는 양육스트레스는 발달장애아동의 특성에서 기인할 수 있으나 사회적 관계 안에서도 다양한 양육스트레스가 발생할 수 있다. 따라서 장애아동을 지원하는 전문 인력은 장애아동의 성장과 발달을 위한 접근도 중요하게 다루어야 하지만 장애아동을 양육하는 부모와 가족의 양육스트레스를 해소할 수 있는 지원도 함께 고려하는 것이 요구된다.

첫째, 발달장애아동의 부모는 영·유아기 시기의 자녀가 보이는 특별한 행동이나 신체적·인지적 발달상의 제약이 발생하면 스트레스를 경험할 수 있다.
둘째, 장애아동이 영·유아기인 경우 부모로부터 양육에 대한 요구가 비장애아동보다 크다. 장애아의 일상생활에서 부모에 대한 의존도가 높아지면 양육부담이 커지고, 스트레스를 경험하게 된다. 또한 장애아동의 주양육자는 장애아동에게 할애해야 할 시간이 많아지기 때문에 다른 가족구성원에 대해 소홀해질 수 있고, 사회·문화적 활동이 제한된다.
셋째, 장애아의 재활서비스나 교육은 자녀의 성장에 따라 지속적으로 이루어져야 하며, 이는 장애부모에게 경제적·심리적인 압박으로 작용할 수 있다. 특히 발달장애아동이 영·유아기인 경우 장애아동의 주양육자가 경제활동을 병행하기 어려운 경우가 빈번하며, 결과적으로 주양육자 이외의 수입원에 전적으로 의존하게 된다. 따라서 가족 전체의 경제적인 문제가 발생할 수 있다.
넷째, 장애아동의 탄생은 부모 스스로가 아동에 대해 과중한 책임감을 가질 수 있으며, 부모로서의 죄의식, 낮은 자아존중감, 개인의 능력부족으로 탓을 돌리기도 한다. 이런 경우 장애부모는 심각한 우울증을 경험하거나 심리적으로 위축될 수 있으며, 이로 인한 사회적 관계망의 축소를 경험할 수 있다.

○ 영유아기 발달장애아동 양육스트레스에 대한 대처 방안

> 예) 장애부모의 양육스트레스는 부모가 어떻게 대처하느냐에 따라 달라질 수 있다. 특히 영유아 발달장애아의 양육스트레스에 적절히 대처하기 위해서는 아동의 주양육자뿐만 아니라 다른 가족구성원의 협조와 지지가 중요하다. 또한 장애아동의 양육스트레스에 대처하는 방안으로는 사회적 관계망을 활용하거나 종교, 개인적 신념, 신체적 정신적 건강을 유지하는 등의 방안이 있을 수 있다.
> 첫째, 영·유아기 발달장애아동에 대한 재활서비스 확대 : 재활서비스는 장애아동에게 필요한 시기에 충분히 제공될 필요가 있으며, 재활서비스가 적절히 제공될 때 영·유아기 발달장애아동의 성장과 발달을 도울 수 있다. 재활서비스의 구체적인 예로는 장애아동재활치료사업, 치료지원서비스 등이 있다.
> 둘째, 영·유아기 발달장애아동 돌봄서비스 확대 : 장애아동 주양육자가 신체적·정신적으로 쉴 수 있는 기회를 제공하고, 주양육자의 사회활동과 경제활동을 가능하게 할 수 있다. 발달장애아동의 돌봄서비스로는 주·단기보호, 통합어린이집 등을 들 수 있다. 특히 장애아동부모가 활용할 수 있는 비공식적 자원이 무엇인지 탐색하는 과정도 요구된다.
> 셋째, 영·유아기 발달장애아동 가족을 위한 휴식서비스 확대 : 장애아동의 주양육자의 돌봄을 대체할 수 있는 사업으로는 장애인활동보조사업, 장애아동통합교육보조원제도 등이 있다.
> 넷째, 정보제공 및 상담서비스 강화 : 지역사회 내 장애아동관련 정보와 자원을 공유하고, 장애아동 양육과정에 대한 상담서비스 지원은 장애인복지관 내 상담실, 재가봉사센터, 자조집단 등을 활용할 수 있다.
> 다섯째, 장애인 및 가족에 대한 경제적 지원 : 장애아동수당 및 양육수당의 현실화.

○ 영유아기 발달장애부모의 양육스트레스에 대한 대처 프로그램

> 예) 발달장애 부모의 대처기술 훈련을 위한 집단 프로그램(Gammon, 1989)
> ○진행 : 8~10회기 프로그램 운영으로 부모의 대처능력강화와 사회적지지 강화를 위한 프로그램
> ○내용 : 발달장애와 관련된 정보 공유, 장애아의 양육과정에서 부딪치는 어려움들에 대한 논의, 장애아의 부모 대처방식에 대한 논의

○ 장애아동과 부모간의 상호작용 수정을 위한 부모교육 프로그램

> 예) Mahoney & Powell(1988) TRIP(Transactional Intervention Program)
> ○내용 : 부모가 자녀의 행위를 모방하고, 자녀의 주도에 따르도록 유도, 자녀와 대화하면서 상호작용을 할 수 있도록 훈련하여 자녀에게 민감하게 반응하도록 교육.
> ○성과 : 가족중심적 프로그램은 부모가 발달장애 아동에 더 민감하게 반응하고 상호작용할 수 있도록 도와줌으로써 장애아동의 발달을 효과적으로 촉진할 수 있도록 유도. 아동의 흥미와 발달수준 중점을 둔 반응적 상호작용의 중요성을 인식시켜주었음. 지시적 교육 프로그램은 장애아동의 발달을 촉진하는 데 크게 영향력을 발휘하지 못하였음.
>
> 예) 오세란(1997) : 문제해결 능력 증진을 위한 인지행동 집단프로그램
> ○진행 : 주 1회, 1회에 1-2시간씩 8주 동안 실시
> ○내용 : 부모의 성공적인 대청 도움이 되는 요인을 찾고, 부모 스스로에 대한 인지 변화를 유도 장애부모의 사고패턴이나 행동유형을 스스로 깨닫고, 구성원간의 모델링을 통해 변화 시도 자신의 행위에서 긍정적인 경험을 인식하도록 노력할 때 성공적인 대처방안을 획득할 수 있음.
> 예) 임숙빈(1997) : 25개월-41개월 발달장애아 부모를 대상으로 애착증진 프로그램 실시

○ 발달장애아 어머니의 양육행동 변화를 위한 부모교육 프로그램

예) 최인경(2008) : 장애아동 주 양육자인 어머니의 양육행동 변화 프로그램
○ 부모교육 프로그램 내용
1회기 : 프로그램 소개, 동기부여, 어머니들 간에 친밀감 형성
2회기 : 어머니의 양육특성에 대해 이해하기
3회기 : 아동발달 및 아동의 문제에 대한 이해
4-6회기 : 아동의 특성을 이해하고, 아동의 세계에 적응, 순응할 수 있는 방법 익히기
7회기 : 아동과의 상호작용 수준 높이기
8-12회기 : 개별활동과 코칭 및 활동 분석으로 구성

○ 양육스트레스를 측정할 수 있는 도구 활용

예) Abidin(1995)이 개발하였고, 한국 실정에 맞게 정경미·이경숙·박진아 등(2008)이 개발한 한국판 부모양육스트레스 검사(Parent Stress Index; PSI)
○ 양육스트레스는 아동과 부모 등 두 가지 영역으로 구성되어 있음(김미경, 2009).
○ 전체 측정도구의 문항 수는 아동영역 47문항, 부모영역 54문항으로 하위영역별로 축소하거나 대표 문항을 선별해서 측정하는 것이 효율적임.

	하위영역	내용
아동영역	적응/수용/요구 기분/주의산만/보상	- 아동의 물리적·사회적 환경변화에 대한 적응능력 - 부모가 아동에게 갖는 기대와 아동 특성의 일치정도 - 아동의 정서표현 정도 - 아동을 통해 부모가 경험하는 기쁨 등
부모영역	우울/애착/역할제한 유능감/고립 배우자/건강	- 부모가 양육의 책임을 이행하는 데 심리적·신체적 어려움 - 부모역할이 부모 자신의 자유와 정체성을 제한하는 정도 - 부모가 아동을 다루는 능력이나 통제할 수 있는 능력 정도 - 사회적 고립감, 배우자의 정서적지지, 건강과 스트레스 정도

○ 양육스트레스 척도 하위영역별 문항

문항 내용
1. 아이는 너무 활동적이어서 나를 지치게 한다
2. 아이가 원하는 것은 끝내 들어 주어야 한다
3. 아이는 나를 좋아하지 않으며 나와 가까이 있기를 원하지 않는다
4. 아이는 다른 아이들보다 많이 울고 짜증을 잘낸다
5. 아이의 행동이 내가 기대하는 것과 다를 때 나는 매우 화가 난다
6. 아이는 나에게 요구하는 것이 너무 많다
7. 나는 아이에게 좋은 부모가 될 수 있을지에 대해 확신이 없다
8. 나는 아이와 친밀하고 따뜻한 느낌을 갖는데 오랜 시간이 걸린다
9. 아이를 위해 나 자신에 대한 것들을 포기한다
10. 아이가 태어난 이후에 시댁식구나 친척들과 관련된 문제가 많아졌다
11. 나는 신체적으로 건강이 좋지 못한 편이다
12. 나는 아이로 인해 좋은 느낌을 갖거나 흐뭇한 적이 거의 없다
13. 아이는 장난감을 보통 10분 이상 가지고 놀지 못한다
14. 아이는 다른 이들보다 뭐든지 빨리 배우지 못한다
15. 아이는 가정주변이나 일과의 변화에 적응하는데 많은 어려움을 가진다
16. 나는 부모역할을 하는 것이 어렵다
17. 나는 아이가 무엇을 원하는지 쉽게 이해할 수 없다
18. 나는 아이가 뭔가 잘못했을 때마다 그것이 내 잘못이라고 느낀다
19. 아이가 태어난 이후로 부부간에 사소한 일에도 말다툼이 잦다
20. 나는 대부분의 다른 아이들보다 내 아이를 돌보는 일이 더 힘들다고 생각한다
21. 아이를 돌보는데 문제가 생겼을때, 도움이나 충고를 해 줄 사람들이 거의 없다
22. 나는 아이가 태어난 이후로 잠자는 시간이 불규칙해졌다
23. 아이가 태어난 이후로 친구를 나거나 새로운 친구를 사귀는 것이 어려워졌다
24. 나는 아이에게 어떤 일을 시키거나 저지시키는 일이 어렵다

* 출처 : 김수경(2010), "장애유아 어머니의 양육스트레스, 사회적 지지 및 양육효능감이 양육행동에 미치는 영향", 경북대학교 대학원 박사학위논문.
* 활용방법: 측정도구의 1-12번은 아동특성과 관련된 양육스트레스를 측정하며, 13-24번은 부모의 특성과 관련된 양육스트레스를 측정할 수 있다.

○ 양육스트레스 대처를 측정할 수 있는 도구 활용

예) 전경구 외(1994), McCubbin과 Patterson(1983), 조인수·김환규(2000) 개발한 도구를 김미경(2009)이 재구성. 문항수는 개인적 대처 35문항, 사회적 대처 10문항, 종교적 대처 5문항으로 문항수가 많다고 판단되면 대표적인 질문을 선별해서 사용하는 것이 유용할 것임.

대처방식	하위영역	대표 질문 내용
개인적 대처	· 적극적 대처 · 정서표출 · 적극적 망각 · 자제 · 고집 · 긍정적 해석 · 긍정적 비교 · 체념 · 자기비판 · 정서적 진정 · 가족	· 나는 문제를 해결하기 위해 계획을 세우고 그것을 실행한다 · 문제로 인해 생기는 감정을 가족에게 솔직하게 이야기한다. · 나는 문제를 잊기 위해 다른 일을 하거나 다른 활동을 한다. · 나는 문제 상황이 끝나기를 바라며 참고 기다린다. · 나는 문제해결과 상관없이 평소에 하던 대로 한다. · 나는 현재 벌어지고 있는 상황에서 좋은 점을 찾으려고 한다. · 나는 나보다 못한 사람을 생각하고 나와 비교한다. · 나는 이것도 내 팔자려니 하고 받아들인다. · 나는 문제의 원인이 나에게 있다고 본다. · 나는 기분을 풀고 편안한 마음을 가지도록 한다. · 나는 가족의 안정을 유지하려고 노력한다.
사회적 대처	· 문제해결적 지원 추구 · 정서적 지원 추구 · 사회자원 접근 추구	· 나는 문제를 해결하기 위해 가족에게 도움을 요청한다. · 나는 마음이 편해지는 친구나 사람을 만난다. · 다른 부모와의 대화를 통해 배운다.
종교적 대처	· 종교적 추구	· 나는 종교를 통해 올바른 판단이나 인생의 의미를 얻고자 한다.

교육방법

○ 강의형 교육
- 장애아동의 양육과정과 양육스트레스에 대한 개념 정리
- 양육스트레스에 대처할 수 있는 사회적 자원 활용에 대한 정보제공

○ 참여형 교육
- 양육스트레스와 스트레스 대처방안에 대한 측정(측정도구를 간략하게 사용하여 자신의 스트레스 정도와 대처방안에 대해 스스로 되돌아볼 수 있게 할 수 있다)
- 장애아동을 양육하면서 경험하는 다양한 양육스트레스는 어떤 것이 있는지 논의해보고, 양육스트레스에 대처하는 효과적인 방법이 있다면 소집단을 구성하여 그

룹 토의를 진행
- 양육스트레스에 대처할 수 있는 다양한 방법들에 대해 토론하고, 서로 공유할 수 있는 시간을 갖는다. 장애아동 자녀 양육에 도움이 되는 정보, 양육스트레스에 대처할 수 있는 방법들에 대한 경험에 대해 논의

○ 실습연계형 교육
- 영유아기 발달장애 부모들이 경험하는 양육의 어려움에 어떻게 대처하고 있는지 다양한 대처방법에 대한 학습과 장단점 분석
- 영유아기 발달장애 아동과 가족의 개별 특성에 맞는 양육스트레스 대처방안 찾아보기
- 영유아기 장애자녀를 양육하는 부모에게 필요한 지역사회 자원에 대해 알아보기

유의사항

○ 장애아동을 양육하고 있는 장애부모는 사회적으로 무력하고, 장애수용과정에서 적극적으로 대처하지 못한다는 인식에서 벗어날 필요가 있음. 장애와 재활의 개념이 의료적·개인적 모델에서 생태학적·사회적 모델로 전환되고 있으며, 이는 장애부모가 경험하는 양육스트레스를 해결하기 위해 국가나 사회의 적극적인 노력이 필요하다는 점을 강조

참고자료

○ 참고도서

김미경 (2009). 지적장애아 부모와 지체장애아 부모의 양육스트레스와 대처방식 비교 연구. 단국대학교 대학원 석사학위논문.

김수경 (2010). 장애유아 어머니의 양육스트레스, 사회적 지지 및 양육효능감이 양육행동에 미치는 영향. 경북대학교 대학원 박사학위논문.

오혜경, 정소영 (2003). 영유아기 장애아동의 양육부담과 가족지원. 서울: 신정.

최인경 (2008). 발달 장애아 어머니의 양육행동 변화를 위한 부모교육 프로그램 개발. 전남대학교 대학원 박사학위 논문.

오세란 (1997). 발달 장애아동 부모의 문제해결능력 증진을 위한 인지행동 집단 프로그램의 효

과성 연구. 서울대학교 대학원 박사학위논문.

임숙빈 (1989). 부모교육 프로그램 참여집단과 비참여 집단 자폐아동간의 행동병리 및 발달기능에 대한 비교연구. 서울대학교 석사학위논문.

Mahaney, G., Powell, A. (1988). Modifying parent-child interaction: Enhancing the development of handicapped children. Journal of Special Education, 22, 82-96.

Gammon, E, A.(1989). The coping skills trainning program for parents of children with disabilities: an assessment. Doctoral Dissertation. University of Wisconsin-Madison.

Ⅱ-12. 부모양육기술훈련 프로그램

과정	공통	영유아기	초등학령기	청소년기	성인기	영역	지식·정보	기술	심리·정서
주제	부모양육기술훈련 프로그램									

■ 프로그램의 필요성 ■

○ 부모 및 양육자는 발달장애아동의 치료에 영향을 미치는 중요한 요인이다. 발달장애의 경우, 다양한 특성과 발달의 정도에 따라 양육에 필요한 기술은 개별적이어야 한다. 또한 양육기술에는 부모 및 양육자의 욕구가 반영되어야 하며, 이를 통해 부모 및 양육자의 양육역량은 강화되고, 아동의 발달은 촉진될 것이다.

○ 양육기술을 가정에서 적용하기 위해서는 교육의 내용이 실천 가능한 것이어야 하고, 과학적이어야 한다. 가정에서 적용 가능한 양육기술 교육이 되려면, 실습을 통하여 교육 내용을 확인하는 과정이 필요하다. 이를 통해 습득한 양육기술은 유지될 수 있다.

○ 양육기술은 매뉴얼을 통해 교육되어야 한다. 이것은 교육 효과의 지속적인 유지를 위해 반드시 필요한 것으로, 이와 더불어 실제 적용에서 전문가의 피드백을 통해 교육 효과가 유지될 수 있도록 지원하여야 한다.

○ 발달장애에 대한 이해와 정보의 부족 등으로 인하여 발달장애를 초기에 발견하지 못할 경우, 이로 인해 부모 및 양육자는 양육에 상당한 어려움을 겪게 된다. 이 교육은 부모 및 양육자들에게 양육에 대한 포괄적이고 체계적인 정보와 교육을 제공하고, 지역사회 기반에서 필요한 서비스의 접근성을 높임으로써, 부모 및 양육자가 발달장애아동에게 적절한 양육을 할 수 있도록 양육역량을 증진시켜줄 것이다.

■ 프로그램의 필요성 ■

○ WHO-Autism Speaks의 PST(Parent Skills Training:부모양육기술훈련)의 교육과정 안의 내용을 바탕으로 만 2세에서 만 9세까지(학령전기)의 발달장애 및 발달지체

아동의 부모 및 주 양육자의 양육기술을 높일 수 있도록 재구성한 양육기술훈련 프로그램
○ PST도입 과정에서 수용가능성 평가를 위한 시범 프로그램으로 운영(2016년)
○ 영유아기(학령전기) 부모양육기술훈련 프로그램
  - 생애주기별: 영유아기 총 11회기
  - 양육영역별: 양육기술 이론 4회기, 양육기술 실습 4회기, 가정방문 3회기

회기	주제
1	부모(양육자) 웰빙
2	가정방문 1
3	양육기술 1(일과 및 놀이)
4	양육기술 2(의사소통)
5	양육기술 3(문제행동)
6	가정방문 2
7	일과 및 놀이 (실습)
8	의사소통 (실습)
9	문제행동 (실습 1)
10	문제행동 (실습 2)
11	가정방문 3

1. 부모(양육자) 웰빙

예) 부모가 된다는 것은 매우 기쁜 일이기도 하지만, 동시에 굉장히 힘든 일이기도 함. 종종 부모로서의 역할에 지지를 받지 못하거나, 그 역할에 압도당하는 느낌을 느끼기도 함. 또한 자신이 양육을 잘 하고 있는지 아닌지를 잘 모르는 느낌이 들며, 자신의 양육을 다른 사람에게 심판받는 느낌이 들기도 함. 발달장애아동의 양육으로 인한 피로감은 가족과 다른 형제아동이나 자신을 돌보는 시간을 부족하게 함. 이러한 양육과정은 부모로 하여금 많은 좌절을 겪게 함.

〈부모(양육자) 웰빙의 예〉

활동명	현실에 있기(Getting present) 연습		
영역	부모(양육자) 웰빙	대상	부모 및 양육자
활동목표	1. 부모가 되는 것에 대한 기쁨을 말할 수 있다. 2. 양육에 대한 즐거움과 어려움을 말할 수 있다. 3. 양육에 대한 가치를 찾아 발표할 수 있다.		
준비물	의자, 교재, 펜		
활동방법	1. 현실에 있기(Getting present)를 연습한다.(순서대로 하기) ① 의자에 등을 편안히 기댄다. ② 지금 이 자리, 이 공간, 이 순간에 내가 어디에 있고, 무슨 일이 일어나고 있는지에 대해 생각한다. ③ 다리는 꼬지 않고, 두 발은 바닥에 닿도록 한다. ④ 호흡을 천천히 코로 깊이 들이쉰 후, 완전히 내쉰다. ⑤ 호흡이 드나드는 것에 주목한다. ⑥ 다시 천천히 호흡하기를 반복한다. 2. 즐거운 순간 떠올리기를 연습한다.(순서대로 하기) ① 양육으로 인해 힘들고 어려웠던 순간을 잠시 멀리한다. ② 아이와 함께 한 의미 있었던 순간들을 떠올린다. ③ 양육에서 즐거웠던 순간들을 말한다. 3. 양육을 하면서 느꼈던 스트레스를 표현한다.(순서대로 하기) ① 어떤 것이 스트레스인지 말한다. ② 스트레스를 느낄 때 어떻게 표현하는지 발표한다. ③ 생각과 느낌에 주목하며 느낌에 이름을 붙여준다.		
비고	☞ 짝이나 그룹을 만든다. ☞ 모든 활동은 짝이나 그룹과 함께 한다.		

2. 일과와 놀이

> 예) 모든 아동은 새로운 기술을 배울 수 있으며 발달할 수 있음. 매일의 활동이 아동의 발달을 도울 수 있는 기회임을 이해함. 아동의 일과를 이해하고, 일과를 설정하며, 실제로 해 봄. 놀이가 아동의 학습과 다른 사람과의 관계형성에 도움이 됨을 앎. 이를 위해 놀이에 적당한 시간과 놀이의 순서를 정함. 아동의 놀이 발달 단계와 놀이에 참여하는 방법을 알고, 놀이 순서에 새로운 단계를 더하거나 순서를 바꾸는 방법을 익힘.

〈일과와 놀이의 예〉

활동명	가정에서 아동의 일과 참여 돕기		
영역	양육기술 1	대상	부모 및 양육자
활동목표	1. 가정에서 아동이 흥미 있어 하는 것을 찾아 기록할 수 있다. 2. 아동의 일상에서 일과(루틴) 과정을 구상할 수 있다. 3. 가정 일과에서 아동과 함께 참여할 수 있다.		
준비물	교재, 펜		
활동방법	1. 아동이 집에서 할 수 있는 활동에 대해 적는다. - 이미 하고 있는 활동 - 좋아하는 활동 - 하고 싶은 활동 2. 아동이 일상에서 반복하면서 일정한 방법으로 반응하고 수행할 수 있는 활동의 목록을 만든다. - 아동과 함께 할 수 있는 일상생활을 중심으로 기록한다. - 활동은 명확하여야 하며, 작은 단계로 이루어져야 한다. - 아동이 즐겁게 익힐 수 있고 반복할 수 있어야 한다. 3. 아동의 참여를 유도할 수 있는 방법을 찾는다. - 아동이 흥미 있어 하는 방법을 찾는다. - 아동에게 긍정적인 영향을 주는 활동을 찾는다. 4. 아동의 참여가 이루어지면 지속적으로 할 수 있는지, 어떻게 확장할 것인지를 구상하여 적는다.		
비고	☞ 모든 활동은 아동과 함께 할 수 있는 활동들로 구성한다. ☞ 하나의 활동 안에 작은 단계의 활동들을 포함하도록 한다. ☞ 아동을 칭찬할 수 있는 활동으로부터 시작한다.		

3. 의사소통

예) 아동의 언어적, 비언어적 의사소통 방식을 확인하고, 아동의 관심사와 아동이 의사소통 하고자 하는 메시지를 알아내기 위해 아동의 행동을 관찰함. 아동의 의사소통을 이해하고 바른 의사소통의 예를 '보여주기'를 통해 알려줌. 불명확하거나 적절하지 않은 의사소통 방법을 사용하더라도, 아동의 입장에서 아동이 사용하는 의사소통의 시도에 적절한 동작이나 언어를 사용하여 반응함으로써, 아동의 의사소통을 촉진함. 아동이 의사소통을 위해 반응할 시간과 시도할 기회를 주기 위하여 잠시 기다림.

〈의사소통의 예〉

활동명	아동의 의사소통 방법 알기		
영역	양육기술 2	대상	부모 및 양육자
활동목표	1. 아동이 의사소통하고자 하는 메시지를 관찰하여 발표할 수 있다. 2. 아동의 관심과 의사소통 방식을 관찰한 후 반응할 수 있다. 3. 아동의 의사소통 방법을 확인한 후 기록할 수 있다.		
준비물	교재, 펜, 칠판, 큰 종이		
활동방법	1. '아동이 무언가를 원한다는 것을 어떻게 압니까?, 이 때 아동은 어떤 행동을 합니까?'에 대해 종이에 적는다. 2. 아동의 관심사와 아동의 의사소통 방식에 대해 기록한다. 3. '현재 아동이 어떻게 의사소통 하는가?'에 대해 아동의 의사소통의 예를 들어 칠판이나 큰 종이에 적는다. 4. 아동의 의사소통 단계를 확인하고, 단계에 맞추어 반응하는 방법을 그룹별로 토론한 후, 발표한다.		
비고	☞ 그룹별로 진행한다. ☞ 칠판이나 큰 종이를 이용하여 전체의 의견을 모은다. ☞ 부모 및 양육자가 스스로 아동의 의사소통 방법을 찾을 수 있고, 반응할 수 있도록 유도한다.		

4. 문제행동

예) 문제 행동의 기능을 이해하고, 행동에 대한 기능평가를 위해 선행사건, 문제행동, 후속결과를 구분할 수 있음. 문제행동의 발생 전, 문제 행동의 전조현상을 찾아낼 수 있음. 문제행동과 관련하여 아동이 스스로의 감정 상태를 알 수 있도록 감정 온도계를 사용하는 법을 알려줌. 문제 행동을 줄이기 위해 환경을 구조화함. 아동에게 환경의 변화가 일어나기 전에 시각적, 언어적으로 알려줌으로써 아동이 침착상태를 유지하도록 도와줌. 문제행동의 예방을 위해 아동이 규칙적인 생활을 이해하고 실행할 수 있도록 그림 계획표를 사용함.
바람직한 대체기술을 가르침. 관심을 끌기 위한 문제 행동에는 반응하지 않는 방법, 회피와 거절, 거부에 대한 문제 행동을 다루는 방법, 감각자극을 위한 행동을 사회적으로 용인되는 행동으로 대체시키는 방법 등을 알려줌으로써 문제 행동을 줄일 수 있음.

〈문제행동의 예〉

활동명	아동의 문제행동 기능 알기		
영역	양육기술 3	대상	부모 및 양육자
활동목표	1. 아동의 문제행동이 전하려는 메시지를 알 수 있다. 2. 아동의 감정조절을 도울 수 있는 방법을 찾을 수 있다.		
준비물	교재, 펜, 칠판, 큰 종이		
활동방법	1. 발달장애 아동의 경우 자신의 몸이나 행동을 조절하는데 어려움이 있음을 안다. 　- 발달장애의 특성에 대해 이야기 나누기 　- 아동의 감정변화에 대해 이야기 나누기 　- 아동이 속상하거나 화가 났을 때 보이는 행동에 대해 이야기 나누기 2. 아동이 침착하고 차분한 상태로 돌아올 수 있도록 돕는 방법에 대해 칠판이나 큰 종이에 적는다. 3. '아동은 그 행동을 통해 무엇을 말하고자 합니까?'에 대한 의견을 칠판이나 큰 종이에 적는다. 　- 예시를 통해 아동의 행동에 대한 기능 알기		
비고	☞ 아동의 의사소통에 대한 복습 후, 진행한다. ☞ 문제행동(Challenging behavior)과 조절(Regulation)에 대한 이해가 필요하다.		

교육방법

○ 강의형 교육

    양육자 웰빙에 대한 이해
    일과 및 놀이, 참여에 대한 이해
    의사소통에 대한 이해
    문제행동에 대한 이해

○ 참여형 교육

  - 양육의 즐거움과 어려움에 대해 토론 및 발표하기
  - 일상에서 아동 참여에 대해 토론 및 발표하기
  - 의사소통 방법과 촉진에 대해 토론 및 발표하기
  - 문제행동의 기능과 대처방안에 대해 토론 및 발표하기

○ 실습형 교육(아동 참여)

  - 현실에 있기(getting present) 실습
  - 가정에서 아동의 일과와 놀이 참여하기 실습
  - 의사소통 촉진을 위한 전략 사용하기 실습
  - 행동에 대한 기능평가해보기 실습
  - 대체기술 찾기 실습

유의 사항

○ 이 프로그램은 부모 및 양육자가 가정이라는 양육 환경에서 실행 가능한 양육기술을 전달하기 위해 개발된 것으로, 전문적인 개입이 필요한 경우에는 반드시 전문가에게 의뢰하여야 한다.

참고자료

○ 참고문헌

WHO(2015). WHO Parent(Caregiver) Skills Training Programme for Families of Children with Developmental Disorders or Delays. WHO.

발달장애인 부모교육 과정 매뉴얼

PART Ⅲ. 초등학령기

목차

발달장애인 부모교육 과정 매뉴얼

Ⅲ. 초등학령기 ··· 1

  Ⅲ-1. 초등학령기 특수교육 ·· 3

  Ⅲ-2. 초등학령기 지역사회 복지지원 ·· 15

  Ⅲ-3. 초등학령기 학교에서의 적응 ·· 23

  Ⅲ-4. 보조공학기기의 이해 ·· 29

  Ⅲ-5. 발달장애인 양육돌봄 ·· 37

  Ⅲ-6. 초등학령기 발달장애인의 행동문제 중재 ···································· 43

  Ⅲ-7. 초등학령기 가정에서의 학습지도 ·· 51

  Ⅲ-8. 아동기 가정에서의 성교육 실제 ·· 59

  Ⅲ-9. 초등학령기 발달장애인의 형제자매에 대한 지원 ······················ 69

  Ⅲ-10. 초등학령기 발달장애인 부모의 심리적 특성과 양육스트레스 ············· 77

Ⅲ. 초등학령기

Ⅲ-1. 초등학령기 특수교육

Ⅲ-2. 초등학령기 지역사회 복지지원

Ⅲ-3. 초등학령기 학교에서의 적응

Ⅲ-4. 보조공학기기의 이해

Ⅲ-5. 발달장애인 양육·돌봄

Ⅲ-6. 초등학령기 발달장애인의 문제행동 중재

Ⅲ-7. 초등학령기 가정에서의 학습지도

Ⅲ-8. 아동기 가정에서의 성교육 실제

Ⅲ-9. 초등학령기 발달장애인의 형제자매에 대한 지원

Ⅲ-10 초등학령기 발달장애인 부모의 심리적 특성과 양육스트레스

Ⅲ-1. 초등학령기 특수교육

과정	공통	영유아기	**초등학령기**	청소년기	성인기	영역	**지식·정보**	기술	심리·정서
주제	초등학령기 특수교육									

■ 교육의 필요성

○ 특수교육대상자로 선정된 이후 학령기 특수교육대상자에게 제공되는 특수교육 및 특수교육 관련서비스의 종류와 지원 방법에 대해 알아볼 필요가 있음.

■ 교육내용

1. 특수교육 지원

○ 특수교육대상자로 선정된 학령기 아동을 위한 특수교육 지원
  - 특수교육대상자로 선정된 학령기 아동은 특수학교, 특수학급 설치 일반학교, 일반학교의 일반학급 및 가정·시설·병원(순회교육) 등에서 특수교육을 지원받을 수 있음.
  - 개별화교육 등 효과적인 특수교육 지원을 위하여 학급당 학생수 기준 및 특수교사 배치 기준을 바탕으로 맞춤형 교육 지원 제공

〈과정별 학급당 학생수 배치 기준〉

과정	학급당 학생수 기준
유치원 과정	1인이상 4인이하 - 1학급, 4인초과 - 2학급 이상
초등학교 과정	1인이상 6인이하 - 1학급, 6인초과 - 2학급 이상
중학교 과정	1인이상 6인이하 - 1학급, 6인초과 - 2학급 이상
고등학교 과정(전공과 포함)	1인이상 7인이하 - 1학급, 7인초과 - 2학급 이상

※ 특수교사는 특수교육대상 학생 4명당 1명의 비율로 배치.

○ 2014년 특수교육 주요 현황

(단위:명, 개)

배치별		특수학교	일반학교		특수교육지원센터	계
			특수학급	일반학급 (전일제 통합학급)		
전체		25,288	45,803	15,648	539	87,278
장애 유형 별	시각장애	1380	333	411	6	2,130
	청각장애	976	808	1,779	18	3,581
	정신지체	15,235	28,452	3,912	68	47,667
	지체장애	3,615	4,251	3,180	163	11,209
	정서·행동장애	217	1,685	703	-	2,605
	자폐성장애	3,531	5,113	678	12	9,334
	의사소통장애	76	931	958	1	1,966
	학습장애	23	2,321	1,018	-	3,362
	건강장애	29	280	1,719	1	2,029
	발달지체	206	1,629	1,290	270	3,395
학교 과정 별	장애영아	141	-	-	539	680
	유치원	837	1,675	1,707	-	4,219
	초등학교	6,556	20,586	6,042	-	33,184
	중학교	6,358	11,973	3,828	-	22,159
	고등학교	7,448	11,454	4,071	-	22,973
	전공과	3,948	115	-	-	4,063

○ 개별화교육

- "개별화교육"이란 각급 학교의 장이 특수교육대상자 개인의 능력을 계발하기 위하여 장애유형 및 장애특성에 적합한 교육목표·교육방법·교육내용·특수교육 관련서비스 등이 포함된 계획을 수립하여 실시하는 교육을 말함. 단일의 교육과정으로 개개인의 독특한 교육적 요구를 충족시킬 수 없는 특수교육대상자들에게 개인의 개별적인 특성을 고려한 교육을 제공함으로써 학습효과를 극대화하고 나아가 사회에서 자신의 역할을 수행할 수 있게 하기 위함
- 개별화교육의 운영

- 각각의 특수교육대상자에 대한 개별화교육지원팀을 구성하여, 학기 시작일부터 30일 이내에 개별화교육계획을 작성
- 개별화교육지원팀은 보호자, 특수교육교원, 일반교육교원으로 구성
- 개별화교육계획에는 특수교육대상자의 인적사항과 특별한 교육지원이 필요한 영역의 현재 학습수행수준, 교육목표, 교육내용, 교육방법, 평가계획 및 제공할 특수교육관련서비스의 내용과 방법을 포함.
- 매 학기마다 개별화교육계획에 따른 각각의 특수교육대상자의 학업성취도평가를 실시하고, 그 결과를 특수교육대상자 혹은 그 보호자에게 통보

- 개별화교육계획에 포함되는 내용

- 인적사항
- 교육지원이 필요한 영역의 현재 학습수행수준, 교육목표, 내용, 교육방법, 평가계획 등
    * 교수학습방법 – 대집단, 또래교수, 최소촉진법, 직접교수, 모델링 등
    * 평가계획 – 평가방법(관찰법, 지필법, 수행평가), 평가시기(매월 1회), 평가자(특수교사)
- 특수교육관련서비스의 내용과 방법
    * 특수교육관련서비스: 통학지원, 치료지원, 보조인력 등
- 효율적인 교육을 위한 기타 사항
    * 창의적 재량(체험)활동 등

○ 특수교육 관련서비스

- 특수교육대상자의 교육을 효율적으로 실시하기 위하여 필요한 인적·물적 자원을 제공하는 서비스로서 상담지원·가족지원·치료지원· 보조인력지원· 보조공학기기지원· 학습보조기기지원· 통학지원 및 정보접근지원 등을 말함.

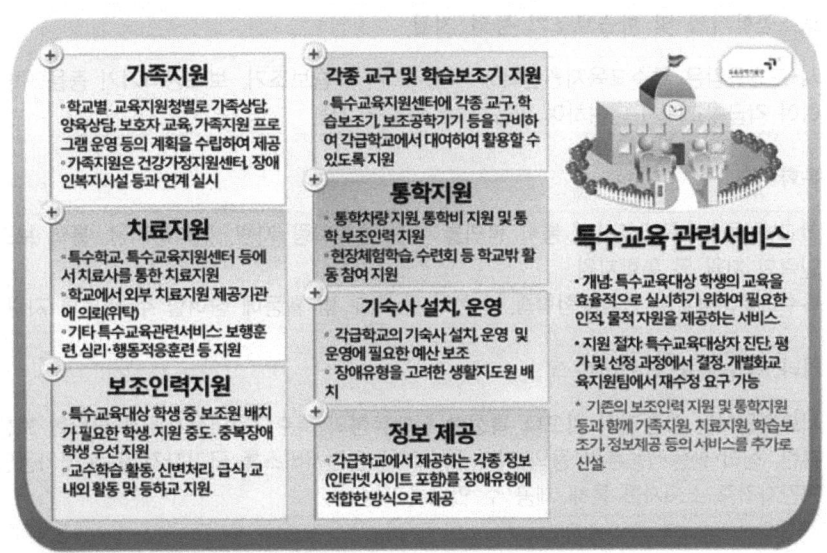

- 치료지원

  - 2008년도부터 시행된 치료지원 제도는 법 제정과정에서 치료교육제도가 폐지됨에 따라 2008년 개정 특수학교교육과정의 순차적 적용을 고려하여 물리치료, 작업치료 및 언어재활 등의 치료지원 제공.

    〈표〉 연도별 치료지원 적용 학년

연 도	2009	2010	2011	2012	2013
적용학년	초1, 2	초3, 4	초5,6		
		중1	중2	중3	
			고1	고2	고3

  - 2현행 치료지원은 특수교육지원센터나 특수학교에 자체 치료실을 설치·운영하는 형태가 있고, 특수교육지원센터나 특수학교 이외의 별도로 선정된 치료지원 제공기관에서 치료지원을 제공하는 형태 등으로 시행되고 있음

- 보조인력 지원

  - 특수교육대상자의 교수학습 활동, 신변처리, 급식, 교내외 활동, 등하교 등의 학교 활동에 대하여 보조인력 지원
  - 중도·중복장애학생을 우선적으로 지원하고, 학급담임이 학부모 동의를 얻어 학교장이 관할 특수교육운영위원회에 계획서를 제출하여 지원

- 가족지원

  - 학교별·교육지원청별로 가족상담, 양육상담, 보호자 교육, 가족지원 프로그램 운영 등의 계획을 수립하여 제공
  - 건강가정지원센터, 장애인복지시설 등과 연계하여 실시

- 보조공학기기 및 학습보조기 등의 지원

  - 시·도교육감은 특수교육지원센터에 각종 교구, 학습보조기, 보조공학기기 등을 구비하여 각급학교에서 대여하여 활용할 수 있도록 지원

- 통학지원

  - 학교별 특수교육대상자의 통학 편의를 위한 통학차량 지원, 통학비지원, 통학 보조인력의 지원 등 통학지원
  - 특수교육대상자가 현장체험학습, 수련회 등 학교 밖 활동에 참여할 수 있도록 지원

- 기타 특수교육 관련서비스

  - 치료지원에는 포함되지 않으나 특정한 장애유형의 특수교육대상자에게 필요한 보행훈련, 심리·행동적응훈련 등의 기타 특수교육 관련서비스를 국가자격 또는 국가공인 민간자격증 소지자를 통해 제공 수 있도록 지원

○ 통합교육

- 통합교육이란

> · 특수교육대상자가 일반학교에서 장애유형·장애정도에 따라 차별을 받지 아니하고 또래와 함께 개개인의 교육적 요구에 적합한 교육을 받는 것을 말함(「장애인 등에 대한 특수교육법」제2조)
> · 통합교육에 있어서 간과할 수 없는 것은 반드시 일반아동과 장애아동을 최소로 제한된 환경에서 하나의 프로그램에 "체계적으로" 포함시키는 것을 의미함. 최소제한 환경이란 각 아동에게 가장 적절한 교육과 서비스가 제공되도록 아동 개개인의 특성과 욕구, 가능한 교육환경, 가족의 욕구 등이 고려된 통합환경을 의미.

- 통합교육의 필요성

> · 법적인 측면 – 인간은 어떤 이유라도 한 시민으로서 한 인간으로서 분리된 교육을 받는 것은 불평등하다
> · 윤리적 측면 – 인간은 태어날 때부터 사회인으로 살 권리가 있다. 장애아동도 사회에서 적절히 어울려 살아가도록 최대한 도움을 받아야 하는 사회의 구성원인 것이다.
> · 사회화 측면 – 통합교육은 장애아동에게는 사회의 바람직한 구성원이 될 수 있는 기회를 제공하고 일반아동에게는 다른 사람을 이해하고 성숙한 사회인으로 성장하는 밑거름이 된다.
> · 발달적 측면 – 아동기의 놀이는 아동의 인지, 사회성, 언어, 도덕성 발달에 있어 중요한 역할을 하므로, 장애아동도 마찬가지로 또래아동과의 놀이와 상호작용을 통해 많은 발달을 이룰 수 있다.
> · 경제적 측면 – 장애아동을 위한 시설을 새로 만들거나 집 근처의 특수교육 지원을 두고 멀리 있는 특수교육기관을 다니는 것은 시간적, 경제적 낭비이다. 적절한 특수교육적 서비스가 지원되면서 가능한 한 많은 장애아동을 기존의 일반아동 교육에 통합시키는 것이 더 경제적이며 효율적이다.

- 통합교육의 시기

> 통합교육의 시기는 일반적으로 나이가 어리면 어릴수록 좋다고 함. 그 이유는 장애아동이나 비장애 아동 모두 나이가 어릴수록 장애에 대한 편견이 없고 쉽게 동화될 수 있기 때문임. 실제로 장애아동에 대한 일반아동의 태도변화에 대한 연구결과를 살펴보면 초등학교 고학년보다 저학년에서 상호작용이 더 많이 나타난다고 보고하고 있음. 장애아동을 위한 특별한 교구, 교재, 교육방법이 있는 것이 아니며 일반적인 다양한 교구, 교재, 교육방법이 장애아동에게도 모두 유용하기 때문에 학업의 성과에 중심을 두는 학령기보다는 아동이 흥미를 가지고 탐색하며 환경과 상호작용하는데 중점을 두는 학령전기가 더 통합에 적절하다. 단, 장애아동이 일반통합에서 성공하기 위해서는 독립적인 신변처리 능력과 사회성 기술이 필요하므로 무조건적인 조기 통합교육보다는 아동의 발달연령과 생활연령을 고려하고 아동이 통합을 위한 충분한 준비기능을 획득하였는지를 신중히 판단한 후에 이루어져야 함.

- 통합교육의 장점

> *** 장애아동이 일반아동을 통해 배울 수 있는 점**
> 장애아동의 입장에서 통합교육은 정상발달을 보이는 또래 모델을 통해 적절하고 나이에 맞는 행동을 관찰할 수 있는 기회가 되며, 정상적 행동을 보이는 또래들과 상호작용하여 무엇보다도 사회적인 상호작용 행동을 습득하고 의사소통에 있어서 발달을 촉진할 수 있다.
> ① 장애아동이 함께 놀고 싶은 친구를 선택할 기회를 갖는다.
> ② 장애아동이 갖고 있는 잠재적인 능력을 발휘할 기회를 갖는다. 제한된 가정이나 교육 환경에서는 장애아동의 능력에 맞지 않을 수 있다. 그러나 일반아동을 위해 고안된 다양한 자료들이 장애아동의 흥미를 유발하고 기대하지 않았던 여러 기술을 습득할 수 있는 기회가 될 수 있다.
> ③ 일반아동에게서 배울 수 있는 기회를 갖는다. 또래의 일반아동들이 장애아동의 경험을 증가시킬 수 있으며, 장애아동들이 일반아동의 행동을 관찰하고 모방하며, 일반아동과의 바람직한 상호작용을 통해 고정적인 행동양식을 감소시키고 사회적으로 수용될 수 있는 다양한 행동양식을 배울 수 있다.
>
> *** 통합이 일반아동들에게 줄 수 있는 긍정적 영향**
> 비장애 아동의 입장에서는 장애아동을 통해 사람들마다의 개인차를 인식하고 수용·이해할 수 있게 되며 이로써 발달적, 행동적, 태도적 측면에서 이타적인 사고와 태도를 갖는 등 긍정적인 영향을 받게 된다.
> ① 장애아동과의 긍정적인 상호작용을 통해 장애아동에 대한 두려움을 감소시킬 수 있다.
> ② 사람간의 차이점과 유사성을 이해하고 장애인을 수용하는 것을 학습할 수 있다.
> ③ 사람들을 돕고 돌보는 것을 배울 수 있다. 즉 장애아동과 함께 생활하게되면서 그들을 도울 기회를 갖게되고 더욱 다양한 사회적 행동을 발달시킬 수 있다.
> ④ 타인을 언제 어떻게 돕는가를 학습할 수 있다. 대부분의 아동들은 다른 사람이 고통을 받을 때 동정심을 갖게되고 이로 인해 부적절한 도움을 줄 수도 있다. 그러나 장애아동에게 도움을 줄 때에는 장애아동이 가능한 독립적으로 성장하도록 보다 적절하게 도움을 주는 것이 필요하므로 일반아동은 적절한 때에 필요한 만큼의 도움을 주는 사회성 기술을 배울 수 있다.

2. 방과후학교

○ 장애학생을 위한 방과후학교는 특수교육대상학생의 소질·적성 계발 및 취미·특기 신장 교육 활동 기회 제공하고자 특수학교 초·중·고·전공부 학생을 대상으로 학생의 소질 및 적성 계발 그리고 취미·특기 신장의 기회를 제공하고 동아리 중심의 학교 문화를 창달하고자 운영하는 교육 활동을 말함(광주광역시교육청, 2008).

○ 장애학생을 위한 방과후학교는 특수학교와 특수학급에서 이루어지고 있는 교육과정의 보완을 위해 혹은 교육과정 이외에 학생의 개별적인 발달 요구에 맞게 이루어지는 프로그램으로 궁극적으로 학생이 일상생활에 적응하는 능력을 길러 독립적으로 기능을 수행할 수 있도록 돕는 것임(김은경, 2003)

○ 특수교육대상학생을 위한 방과후학교 프로그램은 크게 치료교육(활동)과 특기·적성 교육활동이 높은 비중을 차지하고 있는데, 이러한 프로그램 내용에 대하여 장

애학생의 교육적 요구에 따라 프로그램이 편성되지 않고, 학교와 지역사회의 환경에 따라 프로그램이 제한적으로 선정되고 운영되고 있어 프로그램에 대한 자유로운 선택이 어려운 실정이며, 편도식(2007)은 프로그램이 다양하지 못해 학부모들의 만족도가 떨어지고 있음(편도식, 2007; 조성국, 2010)

○ 장애학생을 위한 방과 후 교육은 발달시기에 조화롭고 전인적인 발달을 위해서 특히 다양한 자극이 필요한 장애학생들에게 학교에서 이루어지고 있는 교육과정의 보완 혹은 교육과정 이외의 학생의 개별적인 발달 요구에 맞게 일상생활 적응능력 향상 및 전인적인 발달을 도모하는데 있는데, 방과후학교의 내용에는 기초학습기능 지도, 지역사회 중심의 체험활동, 사회적 상호작용 및 의사소통을 발달시킬 수 있는 내용, 장애보상(치료교육)활동 등 기존의 교육과정을 보완하는 프로그램이 포함되어야 함(김희규, 2007)

○ 특수교육대상 학생 방과후학교 운영 현황
  · 학교 단위 또는 특수교육지원센터 직접 운영
  · 외부 위탁기관 지정, 운영(강좌 운영비 지원)
  · 개인에게 방과후학교 비용 지급(1인당 강좌 수강료 지원) - 교육청별 지원 금액 다양(5만원 ~ 15만원)

○ 토요 방과후학교(프로그램) 운영 현황: '12년부터 주 5일제 수업 전면 실시로 인하여 나홀로 집에 있는 일반학생의 돌봄을 지원하기 위하여 토요 방과후학교 프로그램 운영.
  · 체육, 문화예술 등 특기적성 중심으로 토요 방과후학교 운영: 초·중학교 토요 방과후학교 중 체육·문화예술 등의 특기적성 분야 프로그램은 전원 무료 운영
  · 토요 스포츠데이 활성화: 스포츠 강사 및 스포츠 리그 지원

○ 서울시교육청의 경우 토요일 프로그램을 '교과 교육활동이 없는 날'의 취지에 따라 운영하도록 권장하고 스포츠, 문화·예술·체육 체험학습, 나눔과 배려의 자발적 봉사활동, 학생회 주관의 동아리 발표 및 자치활동 등 창의·인성 교육에 집중할 수 있도록 지원하고 있음.

○ 특수교육대상 학생에 대한 토요 프로그램 운영에 대해서는 구체적인 지원 방안이 제안되고 있지 않으나, 일부 시·도교육청에서는 자체적인 프로그램 계획을 수립하여 운영하고 있음.

3. 특수교육지원센터의 활용

- 2001년 특수교육지원센터가 처음 설치된 이래로, 2002년 「교육공무원법」 개정에 따른 특수교육지원센터에 전담교사 배치, 2004년 특수교육지원센터 운영을 지역교육청 특수교육 담당 장학사의 책임 하에 두도록 하는 행정지침 마련, 2005년 경기, 강원, 충북, 충남, 전북, 전남, 경북, 경남, 제주 소재 18개 특수교육지원센터에 대한 지원 실시.

- 2008년 「장애인 등에 대한 특수교육법」 시행에 따라 특수교육지원센터의 설치 및 운영에 대한 법적 근거가 마련(제11조). 각 지역청별로 특수교육지원센터의 설치를 의무화하였고, 특수교육지원센터의 기능으로 특수교육대상자 선정 및 배치, 교수학습활동의 효율화를 위한 교수전략 및 방법 지원, 지역 내 특수교육 관련서비스 제공, 지역사회 장애인 및 장애학생 가족상담 지원, 순회교육 지도 및 치료교육 서비스 제공, 방과 후 활동 지원, 통합교육 지원, 특수교육에 관한 정보수집 등 7가지 기능 담당.

- 설치 현황: 현재 187개 지역 교육지원청에 199개의 특수교육지원센터 설치·운영(교육지원청에 설치하는 것을 원칙으로 하되, 지역중심지 특수학교나 일반학교 등에도 설치 가능하며, 향후 지역, 수요, 여건 등을 고려한 지역실정에 적합한 센터 모형으로 발전).

- 운영

> - 시·도별 특수교육지원센터 담당 장학관의 총괄 책임하에 교육지원청별 특수교육지원센터 운영
> ※ 시·도별 특수교육지원센터 담당 장학관(사)은 지역내 특수교육지원센터 사업추진 총괄 관리 및 실무총괄
> - 특수교육 교사의 배치로 상시 운영
>   · 유·초·중·고등학교 일반학급 배치 특수교육대상학생에 대한 교육 지원 강화
>   · 재택 순회교육 대상학생 교육활동 지원 담당
>   · 지역사회 장애인 및 특수교육대상학생과 가족 상담 담당

○ 기능

> 1) 특수교육 활동 지원
>   - 통합학급·특수학급 및 특수학교 교수전략 및 방법 지원
>   - 통합학급과 특수학급에 특수교육 및 치료지원 제공
>   - 지역사회 장애인 및 특수교육대상학생 가족 상담
>   - 순회교육 대상학생 지도 및 치료지원 제공
>   - 특수교육 지원 보조공학기기 및 학습보조도구 대여
>   - 특수교육보조원 연수 및 관리 지원
>   - 특수교육 관련서비스 지원
>   - 유관기관 관계자 특수교육 관련 연수 제공
>
> 2) 특수교육대상학생 발견 정보 관리 지원
>   - 장애영유아 조기발견 관련 유관기관 협의체 구축 및 정보 수집관리
>   - 유아 발달진단 결과 정보 관리
>
> 3) 특수교육대상학생 진단·평가 지원
>   - 장애아동 발달진단검사 및 진단검사 지원
>   - 중등 특수교육대상학생 전환능력 평가 지원
>
> 4) 특수교육대상학생 선정·배치 지원
>   - 특수교육대상학생의 진단·평가 결과 분석 지원
>   - 특수교육대상학생의 학교배치, 지원서비스의 내용과 범위 결정 지원
>
> 5) 장애학생 범죄예방 및 인권보호를 위한 「상설모니터단」운영
>   - 장애학생 대상 범죄예방을 위한 교육 및 이해 활동
>   - 장애학생의 자기관리 능력 신장을 위한 교육 및 지원
>   - 장애학생의 범죄예방을 위한 상시모니터링 기능 수행
>   - 상황 발생 시 유관기관과 긴밀한 협력으로 장애학생 피해 최소화
>   - 특수기타 지역별 여건과 특성을 반영한 장애학생 대상 범죄(성범죄 포함)예방을 위한 사항

○ 활용 방법: 학부모가 직접 관할 교육지원청의 특수교육지원센터를 통해 직접 문의 가능

○ 특수교육지원센터 배치 인력: 센터장, 특수교사, 상담사, 치료사, 보조인력, 행정요원 등 배치

교육방법

○ 강의형 교육
 - 장애학생 특수교육 지원의 이해
 - 개별화교육계획의 이해와 활용
 - 특수교육 관련서비스의 이해와 실제
 - 방과후학교의 운영 현황과 활용 방법
 - 특수교육지원센터의 운영 현황과 활용 방법
○ 실습 연계형 교육
 - 개별화교육지원팀을 가상으로 구성하여 개별화교육계획을 구안해 볼 수 있다.
 - 특수교육지원센터를 직접 방문하여 현지 교사로부터 운영 현황에 대한 설명을 듣고 질의, 응답을 갖는 시간을 마련해 볼 수 있다.

유의사항

○ 장애학생이라고 해서 반드시 특수교육을 지원받아야 하는 것은 아니다.
 - 특수교육대상자의 선정 요건과 이에 따른 책임에 대해 이해할 수 있다.
○ 적절한 특수교육 지원을 합리적인 방법을 통해 요구할 수 있어야 한다.
 - 특수교육 관련서비스에 대한 과도한 요구가 학교 내 갈등을 일으킬 수 있으므로, 이를 사전에 예방할 수 있는 대처기술을 함께 제시해 볼 수 있다.
○ 학교 차원의 특수교육 관련서비스와 지역 차원의 장애아동 복지지원의 차이를 이해하고, 활용 방법에 대해 이해할 수 있어야 한다.
 - 중복된 서비스 요구로 인하여 갈등이 생기지 않도록, 특수교육 관련서비스와 장애아동 복지지원의 차이를 이해할 수 있는 정보를 제공해 볼 수 있다.

참고자료

○ 참고문헌

김원경, 이석진, 김은주, 권택환 (2009). 특수교육법 해설. 서울: 교육과학사.

교육과학기술부 (2013). 제4차 특수교육발전5개년계획. 서울.

교육과학기술부 (2016). 2016년도 특수교육 운영계획.

○ 참고사이트

국립특수교육원 연수자료: http://www.knise.kr

Ⅲ-2. 초등학령기 지역사회 복지지원

과정	공통	영유아기	초등학령기	청소년기	성인기	영역	지식·정보	기술	심리·정서
주제	초등학령기 지역사회 복지지원									

■ 교육의 필요성 ■

○ 초등학령기 지역사회 복지지원이 별도로 존재 한다기보다는 전체 장애인 지원 및 장애아동지원의 맥락에서 운영되고 있는 실정이다.

○ 장애아동 복지지원에 대한 전반적인 이해를 통해 교육 참여자들이 자신의 자녀가 정당하게 이용할 수 있는 복지지원은 무엇이며 초등학령기의 발달특성의 관점에서 개선되어야 할 사항과 제도의 사각지대에 대한 문제의식을 가질 수 있도록 하는데 교육의 목적을 둔다.

○ 지역사회 복지지원이라 하면 공공과 민간부문에서 제공하는 복지지원을 포괄하는 개념이지만 본 교육과정에서는 정부(중앙 및 지방)나 공공기관이 직접 관리 운영하거나 사적(민간)기관을 매개로 제공하는 지원제도에 국한하여 소개한다.

○ 공통영역의 발달장애인 복지지원과 내용이 중복되지 않도록 초등학령기에 필요한 주요 복지지원을 중심으로 개요, 대상자 선정기준, 이용절차 등을 위주로 교육내용을 구성한다.

○ 교육 참여자의 이해를 돕기 위해 초등학령기 아동과 가족이 지원대상이 될 수 있는 다양한 장애인복지제도를 나열적으로 제시하기 보다는 일정 영역으로 분류하여 제시하는 것이 효과적이다. 이에 본 교육안에서는 경제적, 양육·돌봄, 의료·재활치료·사회·정서적, 가족관련 영역으로 구성하였다.

교육내용

1. 경제적 영역

○ 장애아동수당

- 만 18세 미만의 등록장애인 중 국민기초생활보장수급자 및 차상위계층(기준 중위소득 50%이하)

> **1. 지급대상**
> *중증장애인 : 1급, 2급 및 3급 중복장애
> *경증장애인 : 3급, 4급, 5급, 6급
> ※ 다만, 만8~만20세로서「초·중등교육법」제2조에 따른 학교에 재학(휴학 및 의무교육대상자 중 유예자도 포함)중인 자는 포함
>
> **2. 지급금액**
> ● 장애아동수당
> - 기초(생계,의료,주거,교육) 및 차상위 : 1인당 월4만원
> - 보장시설수급자(생계, 의료) : 1인당 월 2만원
> - 기초(생계, 의료) 중증 : 1인당 월20만원
> - 기초(주거, 교육), 차상위 중증 : 1인당 월15만원
> - 기초(생계, 의료, 주거, 교육) 및 차상위 경증 : 1인당 월10만원
> - 보장시설(생계, 의료) 중증 : 1인당 월7만원
>
> **3. 지급원칙**
> 매월 20일 지급하고 지급일이 토요일, 공휴일인 경우 그 전일에 지급
>
> **4. 지급기간**
> 지급개시 : 장애아동수당을 지급하기로 결정한 달이 속한 달부터 지급함
>
> **5. 지급방법**
> 수급자의 계좌에 입금
>
> **6. 지급절차**
> 장애인의 보호자(대리인)는 읍면동에 신청

○ 장애인 자녀교육비

- 초등학생, 중학생, 고등학생인 1~3급 장애인을 지원

- 1급~3급 장애인의 초등학생, 중학생, 고등학생 자녀를 지원

- 선정기준 : 가구의 범위, 소득 및 재산의 범위, 조사 방법 등은 국민기초생활보장 사업의 선정기준을 적용. 부양의무자 기준은 적용하지 않고, 장애인이 속한 개별 가구의 소득인정액만으로 장애인 자녀교육비 수급 여부 판단함

・가구별로 산정된 소득인정액이 가구 규모별 기준 중위소득 52% 이하이면 선정함

〈참고〉 2016년도 기준중위 소득

구 분	가구 규모	소득기준 범위						
		1인	2인	3인	4인	5인	6인	7인
소득인정액	(월/원)	1,624,831원	2,766,603원	3,579,019원	4,391,434원	5,203,849원	6,016,265원	6,868,680원

※ 8인 가구 이상 가구의 기준중위소득은 1인 증가시마다 812,415원씩 증가
(8인가구 7,641,095원)
※ 상기조건을 충족하더라도 지원제외 대상자 있음.

2. 지원내용 및 지원기준(2016년)

구 분	입학금·수업료	교과서대	학용품비	부교재비	비 고
초등학교**	×	×	×	○ 39,200원 지원	의무교육
중 학 교	×	×	○ 53,300원 지원	○ 39,200원 지원	의무교육 (* 특수교육 고교생 포함)
고등학교	○	○ 131,300원 지원	○ 53,300원 지원	× (교과서대 포함)	

3. 신청방법
  - 거주지역 읍/면/동 주민센터에 방문하여 신청합니다.

○ 장애인 의료비 지원 : 의료급여증과 장애인등록증을 제시
  - 지원대상 : 의료급여법에 의한 의료급여 2종 수급권자인 등록 장애인, 건강보험의 차상위 본인 부담 경감 대상자인 등록장애인(만성질환 및 18세 미만 장애인)
  - 지원내용 : 의료기관 이용시 발생하는 급여항목 본인부담금의 일부 또는 전액지원(비급여 제외)
    ■ 1차 의료기관 외래진료 본인부담금 750원 일괄지원
    ■ 2차, 3차 의료기관 진는 의료(요양)급여수가적용 본인부담 진료비 15%(차상위 14%, 암환자 5%, 입원 10% 등) 전액을 지원하되 본인 부담금 식대 20%는 지원하지 않음

○ 장애인 검사비 지원
  - 지원대상 : 기존 등록장애인 중 장애인 연금, 활동 지원 및 중증장애 아동수당 신청으로 인한 서비스 재판정 및 의무 재판정 등으로 재진단을 받아야 하는 수급자 및 차상위계층인 자, 행정청 직권으로 재진단을 받는 자
  - 지원내용

- ■ 생계급여, 의료급여수급자 : 소요비용이 5만원 이상 초과금액 중 최대 10만원 범위 내에서 지원
- ■ 주거급여, 교육급여 수급자 또는 차상위 계층 : 소요비용이 10만원 이상 초과금액 중 최대 10만원 범위 내에서 지원
- ■ 직권 재진단 대상 : 소요비용과 관계없이 10만원 이하의 범위 내에서 지원
- 신청방법 : 읍·면·동에 신청

2. 양육·돌봄영역

○ 장애인활동지원제도

- 신체적·정신적 이유로 원활한 일상생활과 사회활동이 어려운 장애인에게 활동지원급여를 제공하여 장애인의 자립생활을 지원하고 그 가족의 부담을 줄이기 위한 목적으로 실시되는 제도임. 지원대상이 만 6세 ~ 만 64세의 등록 1~3급 장애인 중 활동지원 인정 조사표에 의한 방문조사 결과 220점 이상인자. 초등학령기의 1급장애아동이면 지원대상이 됨.

1. **신청자격**
   만 6세 ~만64세 등록 1~3급 장애인으로 소득수준이나 장애유형에 관계없이 누구나 신청할 수 있음

2. **신청방법**
   주소지 읍.면.동 주민센터 또는 국민연금공단 지사에 연중 수시로 신청가능하며, 본인 통장사본, 건강보험증 등을 가지고 가셔서 비치된 작성서류(사회복지 서비스 및 급여 제공·변경 신청서, 바우처 카드 발급·재발급 및 개인정보 제공·활용 동의서)를 작성하여 제출

3. **활동지원 급여 종류**
   - 활동보조 : 신체활동지원, 가사활동지원, 이동보조 등
   - 방문목욕 : 목욕차량 등 이용
   - 방문간호 : 간호, 요양에 관한 상담, 구강위생서비스 등

4. **월 한도액**
   - 기본급여 : 등급별 월43 ~ 106.3만원
   - 추가급여 : 독거여부, 출산여부, 취업 및 취학여부 등의 생활환경에 따라 월9.1~2,464천원 추가급여 제공

5. **본인부담금**
   - 생계·의료급여수급자 : 면제
   - 차상위계층(생계·의료수급자 제외): 2만원
   - 가구별 소득수준에 따라 기본급여의 6-15% + 추가급여의 2-5% 차등부담
     ▪ 기본급여(1-4등급): 25,8-102,2천원(국민연금 기초연금액으로 상한 설정)
     ▪ 추가급여(독거, 출산, 학교·직장생활 등) : 1,8-123,2천원

6. **신청방법**
   - 읍·면·동 국민연금공단 각 지사에 신청

○ 장애아가족양육지원사업

- 상시적인 돌봄이 요구되는 장애아 가정의 돌봄부담 경감 및 이를 통한 가족안정성을 강화하기 위한 목적으로 시행되는 제도로 돌봄 서비스의 경우, 일정 교육과정을 수료한 도우미를 파견하여 아동을 보호해줌

> 1. 사업대상 및 지원시간
>   ○ 만18세미만 자폐성·지적·뇌병변 장애아 등 모든 중증 장애아와 생계·주거를 같이하는 가정
>   ※ 장애인고용촉진및직업재활법에 근거한 중증장애아동(1급, 2급, 3급 일부)에 대한 서비스 지원 실시
>   ○ 한 아동당 연480시간 범위내 지원(월80시간 이내 원칙, 특별한 경우 연장가능), 도우미 지급단가: 시간당 6,500원
> 2. 소득기준
>   ○ 전국가구평균소득 100% 이하
>   - 맞벌이 가구의 경우, 맞벌이 합산 소득의 25% 감경 적용
>   ※ 단, 농어촌 등 지역적 특성에 따라 취업 증명 및 소득 증빙이 어려운 경우 지자체별 증명완화 기준 마련 가능
> 3. 지원절차
>   ○ 읍·면·동에 신청서 접수 후 시·군·구에서 소득조사 결과 및 기타 자격요건 조사·확인 후 대상자 선정
> 4. 휴식지원프로그램
>   ○ 돌봄서비스 받는 가정을 우선 지원
>   ※ 가급적 돌봄서비스 대상가정 50%이상에 휴식지원프로그램 제공
>   ○ 단순 캠프, 소풍 형식은 지양하고 자조모임, 가족치료·상담, 부모교육, 휴식 박람회 등 전문 프로그램을 포함하여 구성

3. 의료·재활치료 영역

○ 장애아동 재활치료사업

- 성장기의 정신적·감각적 장애아동의 기능 향상과 행동 발달을 위한 적절한 재활치료 서비스 지원 및 정보 제공

> 1. 서비스대상
>   ○ 연령 : 만 18세 미만 장애아동, 대상아동이 초·중·고등학교 또는 이에 준하는 특수학교 및 각종학교에 재학중인 경우에는 만 20세 이하까지 지원대상에 포함
>   ○ 장애유형 : 뇌병변, 지적, 자폐성, 청각, 언어, 시각 장애 아동(장애등록이 필요하며, 만6세 미만의 영유아의 경우 의사진단서로 대체 가능)
> 2. 소득기준 : 전국가구 평균소득의 100% 이하
>   ※ 단, 소득기준이 전국가구평균소득 100% 초과 150% 이하인 장애아 2명 이상 가구, 부모 중 1명 이상이 중증장애인(1,2급 및 3급 중복장애) 가정에 대하여 시·군·구청장이 인정하는 경우에는 예산범위 내에서 지원할 수 있음
> 3. 서비스 내용
>   ○ 언어·청능치료, 미술·음악치료, 행동·놀이·심리운동 치료 등 재활치료서비스 제공 (장애아동 및 부모의 수요에 따라 사업 실시 기관이 자율적으로 결정), 장애 조기 발견 및 발달진단서비스, 중재를 위한 부모 상담 서비스
> 4. 서비스 가격(정부지원금 및 본인부담금)
>   ○ 서비스 제공기관별로 단가가 상이하며, 1회당 치료 서비스 제공시간은 50분이 기본(치료시간 40분 이상)

4. 사회·정서적 영역

○ 초등학령기 아동을 위한 사회·정서적 영역의 서비스는 주로 장애인복지관과 장애인부모단체를 중심으로 제공되고 있음. 이들 기관들은 비단 장애아동에게만 국한하지 않고 부모, 형제·자매 등 가족전체를 대상으로 사회·심리·정서지원을 위한 프로그램을 운영하고 있음

○ 장애인복지관의 경우 사회심리재활사업, 스포츠 및 여가활동 사업의 명칭으로 사회·정서적 서비스 지원이 이루어지고 있으며 장애인부모단체의 경우는 주말학교, 방학캠프, 계절학교 등의 아동대상사업을 운영하고 있음. 다음은 장애인복지관에서 실시하고 있는 서비스의 예임(보건복지부, 2012)

장애인복지관 예시)		
사회심리재활사업	장애인의 사회참여 확대를 위한 각종 사회심리재활 서비스 제공	사회적응훈련(캠프, 방과후 활동, 사회기술훈련 등), 심리치료(놀이치료, 심리 운동치료, 음악치료, 미술치료, 치료레크레이션 등), 성교육 등
스포츠 및 여가 활동사업	신체적, 정신적 건강증진을 위한 스포츠 및 여가 활동 지원	장애유형에 맞는 체육교실 운영, 취미·여가·오락 프로그램 운영 등

5. 가족관련 영역

○ 초등학령기 아동 가족관련 복지지원의 제공역할은 주로 장애인부모단체 및 장애인복지관 등에 의해 이루어짐. 특히 장애인부모단체들의 경우 장애인가족지원센터를 매개로 하여 가족지원서비스를 제공하는 경우가 확대되고 있음

1. 장애인가족지원센터
  형제자매프로그램, 가족나들이, 가족운동회, 수련회, 부부결속지원, 장애부모교육, 부모여가활동, 장애자녀부모동아리, 동료상담 등(전국장애인부모연대 내부자료, 2010)

2. 장애인복지관
  재활상담(개별, 집단, 가족, 동료 등), 장애가족지원(장애형제 기능강화, 부모 스트레스대처훈련, 장애인의 자녀 지원 등), 부모교육, 부모 동아리, 부모취미교실, 부모회 육성 등(보건복지부, 2012)

교육방법

○ 강의 + 토론형 교육
- 초등학령기 아동에게 제공되는 지역사회 복지지원제도의 전반적인 내용에 대한 강의 진행
- 초등학령기의 발달적 욕구와 가족의 돌봄부담의 관점에서 개선되어야 할 부분(서비스 대상자 선정기준, 서비스 제공대상, 지원 수준 등)에 대한 토론을 병행하여 진행
※ 이때 직접적 지원대상자가 아닌 경우 서비스 이용 경험이 없어 토론에서 소외될 수 있다는 점을 인지하고 참여를 지지, 격려해야 한다.

> 예) 장애아동수당: 지급대상확대 및 지급액 인상
> 　　의료비: 지원대상자 범위 확대 유사돌봄서비스의 통합(장애인활동보조서비스, 장애아가족양육지원사업 중 돌봄서비스)

유의사항

○ 교육참여자가 직접적인 지원대상자가 아닌 경우 지원제도에 대한 이해가 낮을 수 있음을 감안하여 교육을 구성·진행할 것
○ 지루하고 딱딱한 강의가 되지 않도록 교재 및 강의자료, 강의방식 등을 면밀하게 준비할 것

참고자료

백은령, 유영준, 이명희, 최복천 (2010). 장애아동·청소년의 가족지원 서비스 개선방안 연구, 한국청소년정책연구원·총신대학교

이명희, 김기룡, 백은령, 유영준, 최복천 (2011). 뇌병변장애인 실태 및 욕구조사, 한국뇌병변장애인인권협회.

이승기, 김기룡, 백은령, 이계윤, 조윤경, 전혜연, 최복천, 최윤영 (2011). 장애아동에 대한 사회적 복지지원체계연구, 보건복지부.

보건복지부 (2016). 장애인복지사업안내.

보건복지부 (2016). 장애아동 가족지원사업안내.

Ⅲ-3. 초등학령기 학교에서의 적응

과정	공통	영유아기	**초등학령기**	청소년기	성인기	영역	**지식·정보**	기술	심리·정서
주제	초등학령기 학교에서의 적응								

■ 교육의 필요성 ■

○ 발달장애를 지녔다는 이유로 자신의 잠재력을 개발할 기회를 상실해서도 안 되며, 사회에서 분리되어서도 안 된다.

○ 장애인이 사회에서 온전하게 수용되기 위해서는 빠른 시기에 폭넓은 통합교육이 이루어져야 하는데, 세심한 교육적 배려가 없는 물리적인 통합교육은 교육적 효과를 이끌어내기 힘들다.

○ 따라서 발달장애아동의 통합을 위해서 지원이 필요하므로, 본 강의에서는 발달장애인이 초등학령기에 통합된 학교상황에 적응하는 방안에 대해 다루고자 한다.

○ 특수교육 현장에 배치된 특수교육실무사 제도를 이해하고 이 제도를 효과적으로 활용하기 위한 방안을 다루고자 한다.

■ 교육내용 ■

1. 비장애 또래들과의 사회적 통합의 중요성

○ 일반아동과 장애아동을 동일한 교육환경에 배치하였는가 하는 장소 문제를 넘어서 교육 프로그램의 내용과 교수방법을 얼마나 잘 계획하고 실시하고 있는가 하는 교육의 질이 중요한 문제임

○ 통합의 물리적인 배치만을 강조하기보다 장애아동이 또래에게 수용되고 사회적 상호작용이 발생하도록 도와줌으로써 실질적인 통합이 이루어지도록 도와주어야 함

○ 장애아동은 또래와 상호작용을 할 기회를 갖게 될 때 적절한 사회적 행동을 많이 학습할 수 있으며 나아가 우정을 발전시킬 수 있음

- 일반아동도 장애아동과 상호작용 경험을 통하여 장애아동들도 나와 비슷한 점을 많이 지니고 있는 한 사람의 인격체라는 사실을 인식하게 되며, 학교가 장애 여부와 상관없이 모든 학생을 포함하고 수용하여야 한다는 사회적 책임감을 학습하게 됨
- 이와 같은 사회적 통합이 먼저 이루어지고 난 후에야 진정한 의미에서 통합 환경이 조성될 수 있으며, 장애아동과 일반아동이 각각 나름대로의 교육적 혜택을 누리게 됨
- 세심한 교육적 배려가 없는 물리적인 통합교육은 교육적 효과를 이끌어내기 힘듦. 통합교육을 통한 교육적 혜택이 단순히 장애아동을 일반아동과 함께 교육한다고 해서 얻어지는 것은 아님

> **일반학급에 통합된 장애아동이 경험하는 어려움의 이유**
> - 장애아동의 지니고 있는 행동적 특성 때문
> - 과거 경험한 좌절감이나 사회적 거부 등의 이유로 인한 사회적 위축
> - 사회적 기술의 결함 때문
> - 교사와 또래의 부정적이거나 일관성 없는 태도 때문
> - 과잉보호적인 부모로 인한 사회적 어려움 때문

출처: 이소현 박은혜(2011). 특수아동교육. 학지사

2. 비장애 또래들과의 관계형성 및 사회적 통합 전략

- 통합을 위한 일반아동 준비
  - 일반아동은 장애인을 접할 수 있는 기회가 많지 않기 때문에 학교에서의 통합교육이 장애를 지닌 또래를 만나게 되는 첫 번째 경험일 수 있음
  - 장애아동을 만나는 것에 대한 제한된 경험이나 지식은 장애아동을 자신과 다른 사람이라는 편견을 갖게 하기도 함
  - 장애아동과 같은 학급에 소속됨으로 인해서 단순한 접촉을 하는 것 만으로는 궁극적인 관계를 개선시킬 수 없음
  - 교사는 단순한 접촉을 넘어서서 아동들 간 실제적 관계가 형성되고 유지될 수 있도록 관심을 기울여야 함
  - 장애아동은 단순히 또래 및 성인과 상호작용할 수 있는 기회를 갖는 것 만으로 적절한 사회적 기술을 습득할 수 없으며 모델링이나 직접교수 등 특별하게 계획된 교수를 필요로 함

○ 통합을 위한 장애아동 준비
- 일반학급에 통합된 장애아동의 수용 또는 거부는 장애아동의 외모, 장애의 유형 및 정도, 상호작용 대상자의 성별 등 다양한 요인에 영향을 받으나, 이들의 또래관계에 영향을 미치는 가장 중요한 요인은 장애아동이 보이는 사회적 행동임
- 공격행동과 같은 외현적인 행동이나 사회적 위축과 같은 내재적인 행동을 모두 포함하는 부적절한 행동은 이들의 또래관계에 가장 큰 영향을 미침
- 교사는 장애아동이 적절한 또래관계를 형성하고 유지하기 위해서 필요로하는 사회적 행동을 갖추고 있는지 관심을 가지고 살펴봐야 하며, 부족한 경우 이러한 행동을 직접적으로 교수해야 함

○ 일반아동과 장애아동의 상호작용 촉진
- 일반아동과 장애아동 간의 상호작용은 물리적 통합만으로는 저절로 이루어지지 않기 때문에 교사의 세심한 배려와 실제적인 지침이 필요함
- 장애아동을 향한 일반아동의 접촉시도가 잘 구조화된 상황에서 의도적으로 행해질 때 이들의 지속적인 상호작용의 가능성이 높아지고 서로를 향상 태도도 긍정적으로 향상될 수 있음
- 성공적 통합을 위한 구조화된 상황을 제공하기 위하여 협동학습, 집단강화, 특별친구 프로그램, 또래교수, 봉사학습 등 여러 가지 다양한 전략을 사용할 수 있음

협동학습
◦ 협동학습이란 일반아동과 장애아동이 한 팀을 이루어 수업 중 활동이나 과제를 공동으로 수행하게 하는 방법임
◦ 비교적 경쟁적인 교실 상황에서 특정 아동이 고립되는 것을 막아주고, 수용적인 분위기를 만들어주며, 아동 간 상호작용과 공동목표를 향한 협력적인 작업을 증진시키는 목표를 지님
◦ 특히 협동학습은 장애아동에게 협동을 위한 기술을 교수하고 사회적 상호작용의 기회를 제공한다는 측면에서 효과적인 교수로 인식되며, 통합교육을 위한 필수적인 구성요소로 추천되고 있음

협동학습 수행단계
◦ 교수목표 정하기 → 교수목표 및 활동에 따라 적절 인원 수 정하기 → 일반아동과 장애아동이 다양하게 포함되도록 모둠 구성하기 → 모든 아동이 적절한 역할 수행하도록 구조화하기 → 장애아동이 수행할 과제 부여 → 각 모둠에 적절한 교재 제공 → 과제를 설명하고 완수할 협동 목표 제시 → 모든 아동이 도와주기 가르치기, 나누기 등의 기술을 잘 사용하도록 훈련 → 활동 중 상호작용 관찰

집단강화
- 집단강화란 특정 상황에 강화물을 제공하기로 미리 규칙을 정한 후 학급의 아동 모두가 모든 강화물을 모아 전체학급이 함께 보상받는 방법임

집단강화 받는 경우의 〈예〉
- 학급 내 아동이 장애아동과 긍정적인 상호작용을 할 때
- 행동문제를 보이는 장애아동이 바람직한 행동을 하도록 강화할 때
- 장애아동의 바람직하지 못한 행동을 무시할 때
- 장애아동이 바람직한 행동을 보일 때

일반아동의 긍정적인 상호작용을 증가시키고 결과적으로 장애아동에 대한 태도를 향상시키는 데 효과가 있음

또래지원프로그램
- 일반교육환경에서 장애아동의 상호작용은 다음의 지원체계가 필요함. (1) 장애아도이 참여하게 될 활동, (2) 활동 참여 중 상호작용을 할 수 있는 대상자, (3) 교육과정 수정, (4) 지원체계를 구조화하는 방법, (5) 지원체계를 감독할 책임자
- 이러한 지원체계는 주로 또래와의 상호작용이 증진될 수 있도록 활동이나 대상자 등을 구조화함으로써 이루어지며, 또래지원프로그램으로 불림

또래지원프로그램은 대상아동의 연령에 따라 다양한 방법으로 운영됨
- 유아나 초등 저학년: 또래에게 시작행동을 교수하여 소집단을 중심으로 적절한 놀이행동을 시범 보이게 하는 등의 또래주도전략 사용
- 초등학생: '특별 친구 프로그램'이나 '단짝 프로그램'등의 친구 만들기 프로그램도 많이 사용됨. 친구 만들기 프로그램에 참여하는 아동은 친구의 자격으로 도움을 필요로 하는 장애 친구에게 지원과 보조를 제공함

또래교수
- 또래교수는 일반아동을 또래교수자로 사용함으로서 촉진됨. 또래교수는 또래학습자로 참여하는 장애아동 뿐 아니라 또래 교수자에게도 긍정적인 영향을 미치는 것으로 알려짐
- 일반적으로 또래 교수자는 교수자 역할수행을 통해 학업이 증진될 뿐만 아니라 대인관계 기술 등의 사회성 측면에서도 긍정적인 변화를 경험하게 됨
- 일반아동은 장애아동과의 접촉과 상호작용을 통하여 이들에 대한 인식과 관계가 개선됨
- 장애아동은 일반아동의 교수활동 뿐 아니라 적절한 행동에 대한 모델을 접하게 됨으로써 학업성취를 높이고 사회적 상호작용이 증진되는 두가지 목표를 달성하게 됨

3. 특수교육보조원(또는 특수교육실무사) 제도 소개

○ 특수교육 팀의 중요한 구성원으로 특수교육보조원이 포함됨. 특수학급 교사가 일반학급에 통합된 장애아동을 항상 따라다니며 지원할 수 없는 상황에서 보조원의 역할이 매우 중요함

- 우리나라에서는 특수교육보조원의 역할을 특수교육법 시행규칙(교육과학기술부령 제5호 2008)에 명시하고 있음. 이에 따르면 학교에 배치되는 보조인력은 교사의 지시에 따라 교수-학습활동, 신변처리, 급식, 교내외 활동, 등하교 등 특수교육대상자의 교육 및 학교 활동에 대해 보조역할을 담당함
- 특수교사는 보조원의 역할을 적절히 활용하여 통합교육의 효과를 높일 수 있음
- 보조원에게 단순히 신체적인 노력을 요하는 화장실 보조나 식사 보조 등만을 맡겨서도 안 되지만, 보조원에게 일반학급에서의 지원을 전적으로 일임해서는 안 됨
- 아동이 특수교사와 떨어져서 보조원과 일반학급에 있게되는 경우에는 지원의 내용과 깊이에 대해 사전에 충분한 계획이 세워지고 보조원 교육 및 평가가 이루어져야 함
- 보조원을 효과적으로 활용하기 위해서는 (1) 학교에서 개별화교육 팀과 협력하여 보조원의 직무에 대한 정확한 설명과 연수계획을 만들고, (2) 관리감독 일정을 계획하고, (3) 매일의 일과표와 문서로 된 직무 지침을 제공하고, 이를 관리감독 및 연수프로그램과 연계하며, (4) 보조원이 지원하는 대상 아동의 협력 팀 회의에 적극적으로 참여하도록 지도해야 함

■ 교육방법 ■

- 강의형 교육
  - 초등 학령기 시기 발달장애아동 통합의 중요성에 대해 설명
  - 통합이 어려운 이유에 대해 알아봄
  - 초등시기 발달장애아동 통합을 위한 일반아동의 준비사항 및 장애아동의 준비사항에 대해 알아봄
  - 성공적인 통합을 위한 구체적인 전략에 대해 설명함
- 참여형 교육
  - 발달장애 자녀가 초등시기를 경험한 경우 자녀의 초등시기 학교에서의 적응에 대해 이야기를 나눔
  - 초등시기 적응의 어려움이 있었던 경우, 그 사례에 대해 이야기를 나누며 대처방안을 모색

유의사항

○ 강의에서 통합상황에서의 초등시기 학교에서의 적응을 주로 다루고 있으나, 특수학교 상황에서의 초등시기 학교에서의 적응에 대해서도 적용하여 토의하도록 유의한다.

참고자료

○ 참고도서

이소현, 박은혜 (2011). 특수아동 교육. 학지사

김진화, 박재국, 방명애, 안성우, 유은정, 윤치연, 이효신 역 (2006). 최신 특수교육. 시그마프레스

방명애, 이효신 역 (2004). 정서 및 행동장애 이론과 실제. 시그마프레스

김진호, 노진아, 박지연, 방명애, 황복선 역 (2011). 정서행동장애. 시그마프레스

Ⅲ-4. 보조공학기기의 이해

과정	공통	영유아기	**초등학령기**	청소년기	성인기	영역	**지식·정보**	기술	심리·정서
주제	보조공학기기의 이해							

■ 교육의 필요성 ■

○ 보조공학은 장애학생의 전자·정보접근, 의사소통, 앉기·자세, 이동, 일상생활 기능을 가능하게 하거나 보다 효율적으로 할 수 있도록 돕는 하드웨어와 소프트웨어를 포함한 모든 기술적·공학적·과학적 방법 및 서비스를 말한다.

○ 따라서 장애학생은 적절한 보조공학을 사용함으로써 자기주도적 학습활동 이 가능하고 독립성·환경·정보 접근성을 확보할 수 있으며 이를 통해 삶의 질 높일 수 있다.

■ 교육내용 ■

1. 보조공학의 개념

1) 보조공학

○ 「장애인 등에 대한 특수교육법」에서는 장애학생의 효율적인 교육을 위해 인적·물적 자원을 제공하는 서비스로 보조공학기기 지원·학습보조기기 지원 및 정보접근 지원을 제공하도록 하고 있음(제2조 2항)

○ 이에 필요한 장애인용 각종 교구, 학습보조기, 보조공학기기 등의 설비 제공과 장애학생의 장애 유형에 적합한 정보의 제공 책임을 학교장에게 명하고 있음(제28조)

○ 통합교육 상황에서도 정보접근을 위한 기기, 의사소통을 위한 보완대체 도구 등 교재·교구를 갖추어야 한다고 명시하고 있음(시행령 제16조)

○ 「보조공학은 일반적으로 장애인들의 활동과 생활을 돕거나 지원하기 위하여 첨단 기술에서부터 기초 기계 원리들을 이용하여 개발된 기기나 도구로 이해되고 있음.

- 보조공학의 정의는 일반적으로 미국의 장애인교육법에서 규정하고 있는 것을 따르는데, 여기에서는 보조공학을 보조공학 기기와 보조공학 서비스로 나누어 정의하고 있음

2) 보조공학 기기

- 장애인들의 기능적인 능력들을 개선, 유지, 확대될 수 있도록 상업적으로 생산되었거나, 기존의 기기나 도구를 변경 혹은 새롭게 만든 도구나 물품, 혹은 생산 시스템으로, 여기에는 기계적, 전자적, 마이크로프로세서 기반의 도구에서부터 비기계적 혹은 비전자적인 도구와 특별한 목적을 위하여 설계·제작된 교수·학습 매체, 콘텐츠, 서비스와 전략들을 모두 포함하고 있음
- 또한 보조공학 기기는 상업적으로 출시 및 판매되는 것에서부터 장애학생들이나 담당 교사들의 특별한 요구에 의해 설계 및 제작된 것, 그리고 부모가 가정에서 간단하게 만든 것까지 광범위하게 포함됨
- 보조공학 기기는 첨단 공학기기, 일반 공학기기, 기초 공학기기, 노테크와 같이 연속적인 범위로 설명할 수 있음

> **보조공학 기기의 예**
> - 첨단 공학기기: 컴퓨터와 같은 디지털 기반의 기기 혹은 정교하게 제작되어진 고기능을 가진 기기
> - 일반 공학기기: 첨단 공학과 비교하여 정교함이나 기능적 측면에서의 복잡함이 상대적으로 적은 기기로 휠체어와 같이 기계적으로 작동하는 기기 혹은 학교와 가정에서 사용되는 일반 전기제품들이 여기에 포함될 수 있음
> - 기초 공학기기: 일반적인 도구나 기구에 약간의 수정이나 변화가 가미되어진 기기로 예를 들면 잡기 기능이 현저히 떨어지는 지체장애학생을 위한 손잡이가 변형된 숟가락이나, 양손으로 잡을 수 있도록 손잡이가 추가되거나, 손잡이 각도가 일반적인 것과 다른 컵 등이 있음
> - 노 테크: 기기 혹은 도구의 사용 방법 및 물리치료 혹은 작업치료와 같은 형태가 없는 서비스들이라 할 수 있음

3) 보조공학 서비스

- 보조공학 기기를 적절하게 선택하고 획득하여 사용할 수 있도록 하는 과정으로 즉, 보조공학 기기를 준비, 적용, 관리, 지원 등의 활동이 포함된 사용상을 위한 직접적이고 전반적인 서비스라 할 수 있음

보조공학 서비스의 예
- 장애인의 일상생활 환경에서의 기능적 요구를 포함하는 평가
- 장애인이 보조공학 기기를 사용할 수 있도록 준비하는 과정 즉, 구입, 임대, 기타 제공할 수 있는 방법
- 보조공학 기기 사용할 때 일어나는 활동들로 보조공학 기기의 선택, 설계, 사용자의 요구에 따른 조정, 기능 설정, 사용하기 위한 적응 과정, 적용과 유지, 사용 시 부주의로 인한 지원 방법
- 장애인, 가족, 보호자 등을 위한 교육 및 훈련 서비스와 관련 기술 지원 서비스
- 교육 및 재활전문가, 기타 관련 서비스 제공자 등 장애인의 생활에 연관되어 있는 이들을 위한 교육 및 훈련 서비스와 관련 기술 지원 서비스

4) 보조공학 유형별 접근 방법

○ 보조공학은 장애아동이 가지고 있는 특징과 요구, 배치되어 있는 환경, 생활 및 활동 장면 등을 고려하여 분류할 수 있는데, Wisconsin Assistive Technology Initiative (WATI), National Assistive Technology Research Institute(NATRI), Washington Assistive Technology Alliance(WATA)에서는 장애학생들의 신체적·인지적 특성, 기능적 요구, 그리고 학교와 가정, 지역사회 환경과 장애학생들이 수행하는 주요 활동 등을 고려하여 분류하고 있음

(1) 일상생활 지원

○ 실생활과 관련된 기능들 즉 식사, 배설, 세면, 목욕, 착·탈의, 수면 등과 같은 신변자립 활동을 지원할 수 있는 기기와 서비스를 말함. 손잡이가 개조된 숟가락이나 포크, 높낮이가 조절되는 세면대, 쉽게 물을 조절할 수 있는 수도꼭지, 손쉽게 단추나 지퍼를 끼거나 올릴 수 있는 도구, 청각장애학생을 위한 진동 알람시계, 양말을 신도록 도와주는 보조기기 등이 있음.

예) 일상생활 지원 보조공학기기

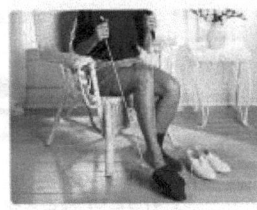

양말신기 보조기기

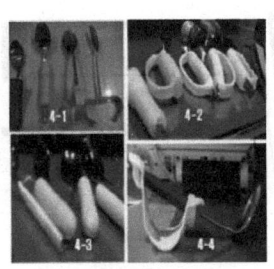

숟가락과 포크

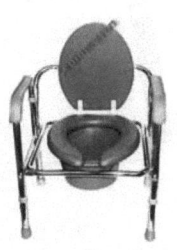

이동식 좌변기

(2) 의사소통 지원

○ 말이나 글로 의사표현을 할 수 없는 학생들에게 말 이외에 제스처, 얼굴표정, 눈 응시, 지적하기 등 비언어적 방법을 사용하여 표현하도록 하거나 글 이외에 그림, 사진, 낱말판 등 의사소통 판이나 보완대체의사소통기기를 활용하여 표현하도록 하는 보조기기를 사용함. 의사사통의 어려움을 겪는 장애학생은 의사소통판이나 의사소통책 뿐만 아니라 상징과 함께 음성출력이 가능한 다양한 기기를 통해 대인관계에서 자신의 의사를 표현할 수 있음. 청각장애학생은 휴대폰으로 문자를 전송하거나 영상전화기를 이용한 영상통화를 통해 의사소통이 가능함.

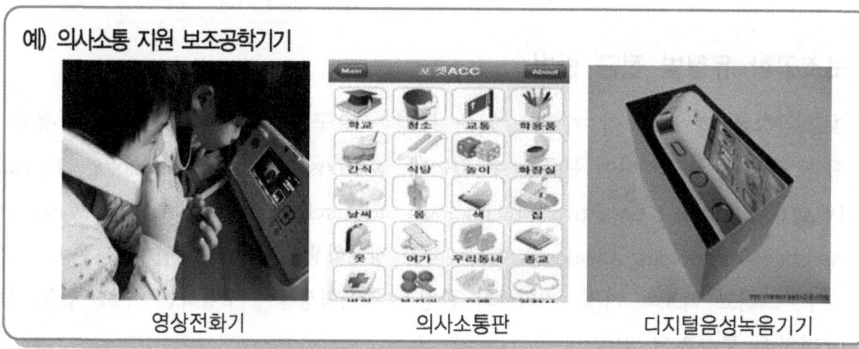

예) 의사소통 지원 보조공학기기 — 영상전화기 / 의사소통판 / 디지털음성녹음기기

(3) 정보접근 지원

○ 장애학생의 신체 중 움직임이 가장 원활한 부위를 사용하여 전자 및 정보에 접근할 수 있도록 지원하기 위한 다양한 기기가 보급되고 있음. 키즈보이스, 터치스크린, 각도와 높이 조절이 가능한 맞춤형 마운팅 컴퓨터 시스템, 헤드스틱 등이 정보접근을 가능하게 하는 보조기기임

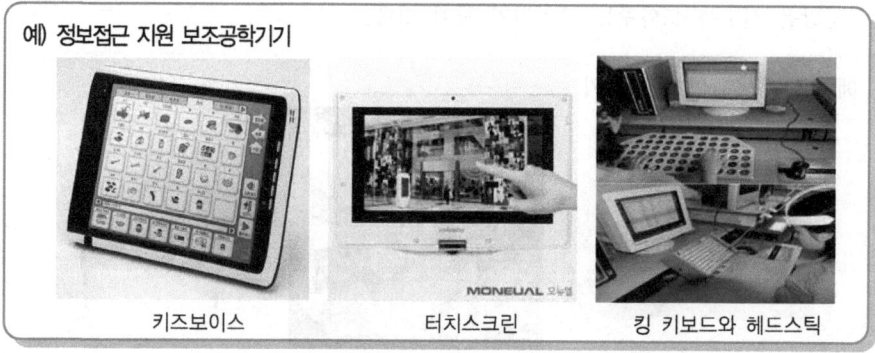

예) 정보접근 지원 보조공학기기 — 키즈보이스 / 터치스크린 / 킹 키보드와 헤드스틱

(4) 이동 지원
  ○ 장애학생들의 장·단거리 이동을 용이하게 할 수 있도록 하는 기기 및 서비스로는 수동 및 전동 휠체어, 전동스쿠터, 흰지팡이 등이 있음. 장애학생에게 적합한 이동 보조기기를 선택할 때는 움직임, 내구성, 구입 가격, 이동 목적 등을 세심하게 고려해서 선정할 필요가 있음.

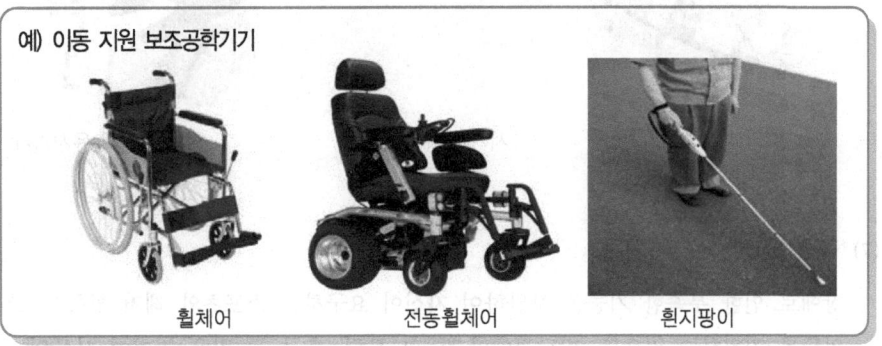
예) 이동 지원 보조공학기기
휠체어   전동휠체어   흰지팡이

(5) 학습 지원
  ○ 연필을 쥐고 글씨를 쓰기가 가능한 발달장애학생이라도 쓰는 활동을 통해 피로도가 누적되면 경련을 일으킬 수 있고, 쓰는 속도가 느려 학습 진도에 방해가 된다면 필기하는 대신에 타블렛 PC를 이용해 입력할 수 있음. 간단한 긋기 등을 지도한다면 얇은 연필이나 색연필을 약한 근육으로 쥐는데 어려움이 없도록 두께를 조절해 주거나 떨어뜨리는 것을 방지하기 위해 손에 고무테이프 등을 활용해 고정시켜주면 도움이 됨

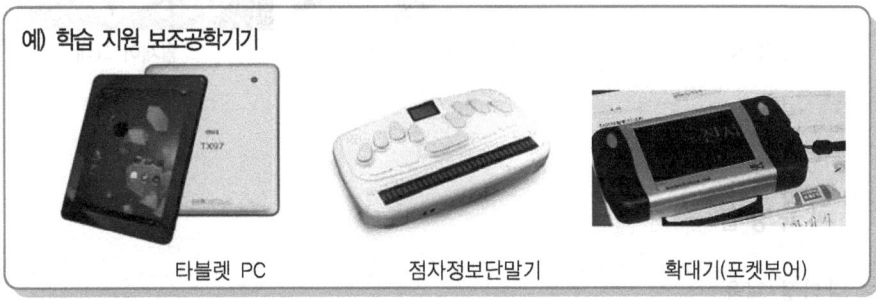
예) 학습 지원 보조공학기기
타블렛 PC   점자정보단말기   확대기(포켓뷰어)

(6) 자세유지 지원
  ○ 신체활동 및 운동 능력이 부족한 발달장애학생들이 안정된 자세를 유지할 수 있

도록 신체의 전부 혹은 부분적인 보조를 할 수 있는 기기로는 눕기 자세 유지기기, 엎드린 자세 유지기기, 서기 자세 유지기기, 앉기 자세 유지기기 등이 있음

예) 자세유지 지원 보조공학기기

눕기 자세 유지기기

서기 자세 유지기기

엎드린 자세 유지기기

(7) 놀이 및 여가생활 지원

○ 장애로 인한 부족한 기능을 보완하여 자신이 요구하는 스포츠와 레저 활동을 할 수 있도록 지원하는 것으로, 발달장애학생들의 볼링, 축구 등 많은 놀이에 사용되는 홈통, 지체장애인용 자전거인 핸드 바이크, 점자가 가미된 놀이카드, 시각장애인을 위한 소리나는 공, 산악용 휠체어 지체장애학생을 위한 휠체어 그네 등이 있음

예) 놀이 및 여가생활 지원 보조공학기기

핸드바이크

던지기 게임을 위한 홈통

휠체어 그네

교육방법

○ 강의형 교육
- 보조공학에 대한 개념 설명을 법에 근거해서 한다.
- 발달장애인학생에게 지원 가능한 보조공학 유형을 설명한다.

○ 참여형 교육
  - 보조공학을 무엇이라고 생각하는지 참여자들의 의견을 듣는다.
  - 발달장애학생에게 필요한 보조공학에는 어떤 것들이 있는지 조별 토론을 통해 정리해서 발표한다
  - 보조공학의 개념과 발달장애학생에게 지원 가능한 보조공학 유형에 대해 정리강연 한다.
○ 실습연계형 교육
  - 발달장애학생에게 적합한 보조공학 지원을 받을 수 있도록 경기도재활공학서비스연구지원센터에 방문해서 보조공학서비스 절차를 직접 체험해 본다.

유의사항

○ 「장애인 등에 대한 특수교육법」및 「장애인 차별 금지 및 권리구제 등에 관한 법률」에서 보장하고 있는 장애학생에 대한 보조공학지원의 권리를 고려하여 강의하여야 함
○ 보조공학 유형별로 설명할 때 발달장애학생에게 필요한 보조공학을 중심으로 강의하여야 함

참고자료

○ 참고문헌

교육인적자원부 (2007). 「장애인 등에 대한 특수교육법」. 법률 제8483호
교육인적자원부 (2008). 「장애인 등에 대한 특수교육법」. 시행령. 대통령령 제20790호
김남진, 김용욱 (2010). 특수교육공학. 서울:학지사.
김용욱 (2005). 장애학생을 위한 특수교육공학의 활용. 서울:집문당.
김영걸, 김용욱 (2006). 특수학교 보조공학 환경과 전달체계에 대한 연구. 특수교육연구, 12(1), 3-26.
장지영 (2011). 보조공학기기 사용이 장애인의 삶의 질에 미치는 영향. 석사학위논문. 대구대학교.

○ 참고사이트

한국장애인고용공단 보조공학센터: http://www.atc.or.kr
국립특수교육원의 장애이해사이트의 보조공학: http://www.knise.kr
경기도재활공학서비스연구지원센터: http://www.atrac.or.kr
국립재활원 재활연구소: http://www.nrc.go.kr
서울장애인종합복지관 보조공학센터: http://www.seoulats.or.kr
대구광역시 보조기구센터: http://datc.daegu.ac.kr
노틀담복지관 테크니컬에이드센터: http://www.ntd.or.kr

Ⅲ-5. 발달장애인 양육돌봄

과정	공통	영유아기	**초등학령기**	청소년기	성인기	영역	지식·정보	**기술**	심리·정서
주제	발달장애아동의 양육·돌봄 - 운동방법 및 신변처리 지도 -									

■ 교육의 필요성 ■

○ 비장애아동의 경우 초등학교 입학할 시기의 아동은 대근육과 소근육의 기본적인 운동기능이 거의 발달하고 운동의 속도와 강도도 증가하며 이후에는 운동능력이 더 빠르고 정교하게 발달하며, 운동의 기본기술뿐만 아니라 놀이와 스포츠게임에도 참여함으로써 또래아 우정관계를 형성하고 팀의 구성원과 협동하고 게임규칙을 지키는 태도를 배우고, 자아개념의 한 측면인 신체상(body image)을 형성함(조성연 외, 2010)

○ 그러나 발달장애아동의 경우 비장애아동에 비해 건강도와 운동기술이 낮음이 보고되고 있음(Hezkiah, 2005)

○ 또한 발달장애아동의 일상생활활동(Activity of Daily Living; ADL)은 가정생활에서 학교와 지역사회로 그 범위가 넓혀지면서 또래 등과의 사회적 관계와 자아형성에 지대한 영향을 미치게 됨

○ 발달장애아동의 운동과 건강 및 신변처리는 자신의 신체적 건강뿐만 아니라 아동기에 적절히 형성해야 할 사회적 관계와 자아개념에 크게 영향을 미침으로 이에 대한 부모의 양육기술 습득이 매우 중요함

■ 교육내용 ■

1. 발달장애아동의 운동방법

○ 학령초기 발달장애아동의 운동에 있어 고려해야 할 점
  - 이 운동이 발달장애아동의 건강을 증진시키는가
  - 이 운동이 발달장애아동의 부정적인 행동을 감소시키는가

- 이 운동이 발달장애아동의 사회성을 향상시키는가
- 이 운동이 발달장애아동의 자존감을 향상시키는가
- 이 운동이 발달장애아동에게 동기를 불러일으키는가
- 발달장애아동이 운동기술을 발전시킬 수 있도록 충분한 기회를 제공하는가

○ 운동의 4가지 핵심기능
  - 심폐기능 강화
  - 신체 지방도 감소
  - 신체 유연성 향상
  - 근육 강화
  - 지구력 강화

○ 발달장애아동을 위한 일반운동의 수정전략 (Modification Strategy)
  - 시간
    · 발달장애아동에 맞게 운동의 템포를 조절
    · 운동 속도를 낮춤
    · 운동시간을 늘이거나 줄임
    · 휴식시간을 자주 갖음
  - 운동장소 및 거리
    · 운동 거리를 줄임
    · 운동장소의 경계를 확실히 정함
    · 운동장소의 환경을 단순화함 (예를 들어 운동장애물 제거)
  - 활동
    · 운동패턴을 바꿈
    · 손으로 잡는 방법을 바꿈
    · 몸의 위치나 자세를 바꿈
    · 활동의 수를 줄임
    · 몸의 다른 부위를 사용함
  - 운동의 규칙 및 촉진단서
    · 발달장애아동에게 활동을 먼저 시연해줌
    · 부모가 발달장애아동 옆에서 자세나 움직임을 도와줌
    · 시간제한을 적용하지 않음
    · 부모가 말로 발달장애아동의 활동을 촉진함
    · 게임에서 아웃제도를 적용하지 않음

- 공을 정지시켜서 차거나 때림
- 운동기구의 이용
  - 예를 들어 야구놀이 시 더 크거나 가벼운 배트를 사용하게 함
  - 운동복에 단추 대신 벨크로를 부착함
  - 골문이나 타겟의 크기를 크게 만듦
  - 골문이나 타겟의 위치를 낮춤
  - 공의 크기나 무게, 색깔, 촉감 등을 바꿈
○ 부모와 함께하는 발달장애아동의 운동방법 지침
  - 발달장애아동과 부모에게 모두 흥미롭고 재미있는 활동일 것
  - 발달장애아동이 할 수 없는 활동을 무리하게 요구하지 말 것
  - 발달장애아동의 주요근육의 강화에 도움이 될 것
  - 기어오르기, 점프하기, 달리기 등 큰 근육을 사용하고 연속적인 움직임을 갖는 운동을 할 것
  - 수중운동을 포함할 것 (특히 감각-지각운동에 어려움이 있는 아동의 경우)
  - 발달장애아동이 가진 개인의 강점에 기초할 것 (예를 들어 시각적 단서에 잘 반응하는 아동의 경우 시각적 모델링을 활용)
  - 발달장애아동이 다시 하고 싶도록 긍정적인 경험을 줄 것
  - 일회성이 아닌 지속적인 운동종목을 개발할 것
  - 운동의 시작과 끝, 장소와 시간을 미리 잘 구조화할 것 (특히 기다리거나 낯선 환경을 힘들어하는 아동의 경우)
  - 하루를 잘 시작하기 위하여 조깅, 산책, 자전거 타기 등을 가능한 아침에 할 것
  - 감각-지각적 어려움이 있는 발달장애아동의 경우 점핑이나 그네타기, 스트레칭 등의 시간을 하루 중간에 적절히 배치할 것
  - 발달장애아동과 시장을 함께 보고 무게가 나가는 짐을 들거나 밀도록 할 것

2. 발달장애아동의 일상생활활동(ADL) 및 신변처리 지도방법

○ 발달장애아동의 신변처리 평가 및 평가도구의 이해
  - 사회성숙도검사 (김승국, 김옥기, 1985)
  - 한국판 적응행동검사 (김승국, 1990)
  - 발달장애 아동을 위한 적응행동검사 (CALS) (백은희, 박용수, 2005)
  - 정신지체 아동을 위한 적응행동 평가도구 (SIB-R) (백은희, 이병인, 조수제, 2005)
  - 일상생활활동지표 (ADL Index) (Barthel, 1965)

○ 발달장애아동의 특성 이해 및 목표행동의 설정
  - 발달장애아동의 근육긴장도, 구강근육의 강도, 대근육 및 소근육운동 발달수준 등을 파악해야 함
  - 파악된 발달장애아동의 특성을 토대로 식사, 옷입고벗기, 개인위생, 용변처리 등에 있어 구체적인 목표행동을 설정함
  - 목표행동은 과제분석(task analysis)을 통해 설정하는데, 이는 자녀가 아직 수행하지 못하는 행동을 해낼 수 있는 수준까지 그 수행단계를 세분화하여 차근차근 접근하는 방식임
○ 발달장애아동의 신변처리 지도방법
  - 용변처리
    · 자녀의 방광조절능력이나 괄약근조절능력 등 생리학적 기능의 상태를 먼저 고려해야 함
    · 야간보다는 주간에 배변훈련을 시작함
    · 가정뿐만 아니라 자녀가 다니는 학교에서도 동일한 방식으로 일관성 있게 훈련하는 것이 바람직함
    · 용변처리는 변기뚜껑을 열고, 옷을 내리고, 용변 후 물을 내리는 등의 일련의 과정을 모두 포함하여 차례대로 가르침
    · 용변처리 기술과 함께 배변욕구를 표현하도록 가르치는 것이 매우 중요함
  - 옷입고벗기
    · 자폐성장애를 가진 아동의 경우 거친 촉감의 옷이나 목에 달린 Tag에 과민한 반응을 보일 수 있으므로 자녀의 촉각예민성을 고려해서 옷 입고 벗기에 적합한 옷을 선정함
    · 옷을 입고 벗는 일이 자연스럽게 일어나는 상황에서 지도함
    · 옷은 입기보다 벗는 것이 쉽기 때문에 부모가 옷을 벗겨줄 때 자녀가 돕는 행동을 가르치는 것으로부터 출발함
    · 옷을 벗고 입을 때 자녀가 돕는 행동에서 차츰 스스로 할 수 있도록 격려함
  - 개인위생 지도
    · 세수하기, 이닦기, 목욕하기, 머리 손질하기 등의 개인위생 지도는 발달장애아동의 자세유지 능력과 소근육운동의 발달수준을 고려하여 계획·시행하여야 함
    · 세수하기의 경우 세수대야를 너무 높지않게 발달장애아동이 편하게 접근할 수 있는 위치에 두어야 함
    · 이닦기의 경우 소근육운동에 어려움이 있다면 장애아동을 위해 개발된 변형된

　　　　모양의 칫솔을 이용하도록 함
　　　・ 그 밖에 욕실도구의 경우에도 발달장애아동이 쉽게 잡을 수 있도록 설계된 용품을 적절히 제공하고 이후 일반용품을 차츰 이용할 수 있도록 유도함
　- 식사지도
　　　・ 지적장애를 가진 아동의 경우 구강근육의 발달지체로 씹는 힘이 부족한지를 먼저 파악해야 함
　　　・ 자폐성장애를 가진 아동의 경우 딱딱한 음식이나 특정한 냄새에 대한 거부반응이 있는 지를 먼저 파악해야 함
　　　・ 뇌성마비장애를 가진 아동의 경우 구강근육뿐만 아니라 목과 혀근육의 발달지체로 음식을 씹고 넘는 것이 어려울 수 있으므로 이를 먼저 파악해야 함
　　　・ 식사를 위해서는 앉아있는 자세를 적절하게 유지해야 하므로 자세유지를 확보해야 하며, 필요한 경우 자세유지보조기구를 사용하여야 함
　　　・ 식사지도는 가정과 학교에서 일관성 있게 지도해야 함
　　　・ 식사시간은 음식섭취뿐만 아니라 많은 상호작용이 일어나는 시간이므로 최대한 즐거운 분위기를 유지할 필요가 있음
　　　・ 식사지도는 음식뿐만 아니라 자녀가 좋아하는 식사도구를 적절하게 이용하는 것도 도움이 됨
　　　・ 가능한 자녀가 최대한 독립적으로 식사를 할 수 있도록 지도함

교육방법

○ 강의형 교육
　- 발달장애아동의 운동에 있어 고려할 점
　- 운동의 핵심기능과 발달장애아동을 위한 수정전략
　- 발달장애아동 운동방법의 지침
　- 발달장애아동의 일상생활활동 및 신변처리 평가와 평가도구의 이해
　- 발달장애아동의 신변처리 목표행동의 설정
○ 참여형 교육
　- 모둠활동
　- 가정에서 하고 있는 운동놀이 리스트 작성 및 발표
　- 내 자녀의 신체운동발달의 특성 리스트 작성 및 발표

    - 내 자녀의 신변처리 수준표 작성 및 발표
○ 실습형 교육
    - 운동지도 및 신변처리지도 시의 상호작용 발표 (연극형식)
    - 운동지도 및 신변처리 계획 작성 및 가정에서 시행 후 상호토론

유의사항

○ 발달장애아동의 운동지도와 신변처리 지도는 적절한 평가와 계획, 시행 및 시행 후의 피이드백이 중요하며, 자칫 역효과가 날 수도 있으므로 물리치료사와 작업치료사를 포함한 전문가와의 상담이 함께 이루어져야 함

참고자료

○ 참고문헌

조성연, 이정희, 천희영, 심미경, 왕혜정, 나종혜 (2010). 아동발달. 신정

김삼섭 외 (2012). 특수교육학개론. 신정

G. C. Frey (2007) Physical activity and youth with developmental disabilities in Handbook of developmental disabilities. edited by S. L Odom et. al., The Guilford press

W. L. Heward 저, 김진호 외 번역 (2006). 최신특수교육. 시그마프레스

○ 참고논문

Hezkiah, A. (2005). Adapted physical activities for the intellectually challenged adolescent: Psychomotor characteristics and implications for programming and motor intervention. International Journal of Adolescent Medicine and Health, 17(1), 33-47.

○ 참고사이트

전미 건강, 신체활동 및 장애 센터 (National Center on Health, Physical Activity, and Disability): http://www.ncpad.org

Ⅲ-6. 초등학령기 발달장애인의 행동문제 중재

과정	공통	영유아기	초등학령기	청소년기	성인기	영역	지식·정보	기술	심리·정서
주제	초등학령기 발달장애인의 행동문제 중재									

■ 교육의 필요성 ■

○ 행동문제를 보이는 아동을 지도하는 것은 쉽지 않은 일이다. 자해행동, 자리이탈, 또래아동 공격, 기물파손, 상동행동을 심하게 보이는 아동을 적절히 중재하기 위해서는 중재방법에 대한 학습과 훈련이 이루어져야 한다.
○ 행동문제를 지닌 아동을 가정에서 효과적으로 중재하기 위해서는 가정과 학교 등에서 일관적인 중재가 이루어져야 한다.
○ 본 강의에서는 최근 장애아동 행동지원에 있어서 주목을 받는 경향 중 긍정적 행동지원에 대한 소개를 함으로써 가정과 학교에서 행동문제의 예방과 중재방안에 대해 살펴보고자 한다.

■ 교육내용 ■

1. 행동문제에 대한 이해

   ○ 아동이 행동문제를 보일 때 아동의 교사와 부모는 아동의 행동문제에 집중하여 특정 행동을 교정하는 것에만 관심을 갖기 쉬움
   ○ 최근 행동지원에서 강조되는 주요한 가정은 "모든 행동문제에는 기능이 있다"라는 것(Janney & Snell, 2001)
   ○ 아동이 문제행동을 보일 때에는 문제행동을 통해 아동이 얻는 것이 있음

2. 행동문제의 기능(Carr, et al., 1997)

   ○ 타인의 주의를 끌기 위한 기능

○ 원하지 않는 자극이나 활동을 회피하기 위한 기능
○ 구체적인 사물을 얻기 위한 기능
○ 자기조절의 기능
○ 놀이나 오락의 기능

3. 행동문제 중재의 방향

○ 아동의 행동문제를 중재함에 있어서 개별 아동의 문제행동이 지닌 기능을 알아내고 이를 바탕으로 행동문제의 예방과 중재를 실시하는 것이 필요

○ 아동의 행동을 형성하는 데 있어서 주위 사람들과 환경적인 요인이 중요하므로 중재 또한 이러한 주변사람들과 환경을 고려한 중재가 이루어져야 함

○ 중재는 기본적으로 따스하고 배려하는, 존중하는 분위기 속에서 이루어져야 함

○ 행동중재는 예방적이고 교육적이고 아동의 개별적 특성에 맞는 중재이어야 함

○ 행동중재는 행동문제 자체를 감소시키는 것 뿐 아니라 그 아동이 속한 환경의 질을 전반적으로 향상시키려는 노력 속에서 이루어져야 함

4. 개별학생을 위한 행동중재 절차

〈1단계〉: 행동문제를 정의하고 중재할 문제행동의 우선순위 정하기

○ 행동문제가 무엇인지 정의하기
  - 행동문제를 정의할 때에는 관찰 가능한 용어를 사용해야 함
  "지영이는 언제나 화가 나있다"
    ─〉우는지, 소리 지르는지, 책상 밑에 숨는지 등의 구체적인 행동 묘사

○ 가장 심각한 행동문제를 중재 목표행동으로 설정
  - 아래 세 가지 행동이 모두 나타날 때는 해로운 행동, 방해하는 행동, 분산적인 행동 순으로 우선적인 중재 목표행동을 정하게 됨

  (1) 해로운 행동: 본인이나 다른 사람의 건강이나 생명을 위협하는 행동(깨물기, 눈 찌르기, 머리 치기, 할퀴기, 음식 거부하기 등)

  (2) 방해하는 행동: 학습을 방해하거나 학교나 집 지역사회의 매일의 활동에 참여하는 것을 방해하는 행동(울기, 말하기 거부, 도망가기, 가족이나 급우들이 일상생활에 참여하는 것을 방해하는 행동 등)

  (3) 분산적인 행동: 해롭지는 않지만 방해가 되는 행동(공공장소에서 반향어, 손뼉치기, 틱, 흔들기, 책이나 종이 찢기 등)

〈2단계〉: 행동문제의 기능 파악하기

○ 행동문제를 보이는 아동들은 자신 나름대로 문제행동기능이 있다는 전제 하에서, 행동에 문제 지닌 아동을 도우려면 아동이 무엇을 하고자 하며 무엇을 말하려는지 이해해야 함

○ 아동의 행동을 이해하기 위해서는 아동의 행동과 관련된 정보를 조심스럽게 관찰하고 수집하는 '탐정'의 역할을 담당해야 함

○ 기능 진단은 특별한 형식이 정해져 있는 것은 아니나, 크게 다음과 같은 유형으로 행해짐

> 1) 학생의 과거 및 삶의 질에 대한 정보 수집을 위한 면담
> - 지원하는 사람들이 누구인지, 좋아하는 것, 관심사, 과거에 효과적이었던 중재 방법, 효과적이지 않았던 중재방법, 주된 의사소통 방법이 무엇인지, 건강상의 특징이나 복용 약물 등의 지금까지 학생 개인의 생활과 관련된 사항을 알아내기 위하여 학생의 부모와 같은 양육자, 교사 등과 면담을 실시
>
> 2) 직접관찰
> - 행동문제 관찰을 위한 직접 관찰: ABC 기록방법, 행동문제가 일어나는 시간적 분포를 알아보는 산점도 (scatter plot) 등이 사용된다.
> - 아동의 특성을 파악하기 위한 직접 관찰: 아동의 강점, 선호도, 학습 스타일 등을 알아보기 위한 관찰(학습특성 검사, 선호도 체크리스트 등)
>
> 3) 기능분석
> - 직접관찰과 면담을 통해 설정한 가설을 확인하는 과정으로, 문제행동의 전후사건을 변경시켜 보면서 문제행동의 기능이 예상과 같았는지 살펴보는 단계
> - 기능 분석 후 아동이 왜 그러한 행동을 하는지, 행동의 목적은 무엇인지, 선행사건은 무엇인지, 행동의 결과가 학생의 문제행동을 조장하는지 등에 대해 살펴서 가설을 세움
> - 가설은 선행사건-행동-결과 간의 관계를 설명할 수 있어야 함

〈3단계〉: 행동지원 계획 세우기

○ 예방 전략
- 배경사건과 선행사건에 변화를 주어 행동문제를 예방하는 전략. 예방이 중요한 이유는 한번 행동문제가 고착되고 난 후 습관을 변화시키고 새로운 기술을 배우는 것이 어렵기 때문에 사전에 행동문제의 발생을 줄이는 것이 필요함
- 예방전략에 있어서 배경사건과 선행사건이 중요함

> (1) 배경사건(setting events): 문제행동의 직접적인 유발요인은 아니지만 문제행동 발생 가능성을 높일 수 있는 사회적 환경적 생리적 조건들
> (2) 선행사건(antecedents): 문제행동의 직접적인 원인이 된 일이나 문제행동 직전의 사건

○ 교수 전략
  - 행동문제에만 집중하다 보면 "안돼" "하지마"등의 말만을 많이 사용하게 되고, 정작 아동이 해야 할 바람직한 행동에 대한 교수는 이루어지지 쉽지 않음
  - 행동문제가 많은 아동은 학습해야 할 상황에서도 문제행동을 보이기 때문에 학습의 기회를 놓치는 경우가 많음
  - 행동문제를 보이는 아동에 있어서 문제행동과 같은 효과를 보이면서 더 효율적인 대체행동을 교수하는 것도 중요한 행동지원 방법임
  - 문제행동이 많은 아동에게 바람직한 대체행동을 가르치기 위해서는 아동이 주의를 끌 수 있는 교재를 사용하고 아동이 흥미를 느낄 수 있는 교수 방법을 활용하여 행동을 가르치는 것이 필요함
  - 아동은 자신이 달성하고자 하는 것을 사회적으로 용인되는 방법으로 얻는 방법을 모르기 때문에 자신 더욱 편리하다고 생각하는 행동문제로 요구를 표현하는 경우가 많음
  - 사회성 기술, 분노나 갈등 조절, 문제 해결 기술, 타인 이해 기술, 의사소통 기술(도움 요청하기, 거절 의사 표현하기, 요구하기) 등을 가르치는 것이 요구됨
  - 행동문제를 대체하기 위해서는, 새로이 배운 행동이 행동문제보다 쉬우면서도 더욱 효율적이어야 함
- 대표적 대체행동
  · 선호하는 것, 요구하는 바를 표현하기
  · 사회성 기술
  · 강화가 지연될 때 기다리기
  · 독립적인 과제 수행
  · 대처 기술(coping skills)
○ 반응 전략
  - 아동의 행동문제에 대한 성인의 반응은 그 행동이 다시 일어날지의 여부에 영향을 미침
  - 결과(consequences)는 행동문제를 중단시킬 수도 있고 유지시킬 수도 있음
  - 후속결과를 고려할 때는 바람직한 행동이 효과적으로 행동문제와 경쟁할 수 있도록 하기 위해 어떻게 결과를 바꾸어야 할지에 초점을 두어야 함

- 만약 행동문제가 바람직한 행동보다 더 강화가 된다면 행동문제는 계속될 것
- 행동문제로는 목적을 달성할 수 없음을 알려주고, 그 행동문제 대신 어떤 행동을 해야 할지 재지도(redirection) 함으로써 행동문제가 다시 일어날 가능성을 최소화 하는 것이 후속결과를 통한 행동지원임
- 행동문제에 대한 반응전략으로 불가피하게 부정적인 결과를 적용해야 할 때 주의할 점
- 부정적인 결과를 사용할지 결정에 신중해야 함
- 어떤 경우에도 고통이나 모욕감을 주는 형태의 지도가 되지 않아야 함
- 공정하고 일관적이고 즉각적이어야 함
- 평소 학생과 긍정적인 관계를 형성해 온 사람이 사용해야 함

> **위기 관리 계획**
> ○ 학생들이 자신이나 다른 사람을 다치게 하거나 위험한 방법으로 재산에 손해를 입히거나 교수나 학습이 방해가 될 정도로 많은 방해 행동이 발생될 때 위기관리 계획을 별도로 준비해야 한다.
> ○ 위기관리계획은 이미 위기상황에 이른 행동문제에 직면하였을 때 시작단계에서 회복기에 이르는 시간 동안 학생 본인과 주변의 사람들을 안전하게 보호하는 것을 주요 내용으로 하는데, 위기관리계획에 포함되는 내용은 다음과 같다. 위기를 예상할 수 있는 신호 알아내기, 위기가 예상될 때 취할 조치 계획하기, 위기가 발생했을 때 취할 조치 계획하기, 위기단계의 행동을 경감시킬 전략세우기, 위기발생부터 회복기까지 일어난 모든 상황을 기록할 양식과 기록 책임자 정하기 등이다.

〈4단계〉 행동지원 실행 및 평가하기

○ 행동지원 계획을 실제로 수행하고, 수행과정이 얼마나 잘 진행되고 있는지, 그리고 아동에게 적합한 지원계획인지를 끊임없이 확인하면서 계획을 수정, 정교화하는 과정으로 다음과 같은 질문에 답해 보게 됨
  - 그동안 일어난 바람직한 변화는 무엇인가?
  - 예방, 새로운 기술 교수, 결과중재가 계획한 대로 잘 이루어 졌는가?
  - 행동의 기능(목적)에 대한 가설이 적절했는가?
  - 수정 또는 정교화해야 하는 전략에는 어떤 것들이 있는가?
  - 완전히 철회해야 하는 전략은 어떤 것들이 있는가?

○ 행동 중재에 있어서 가족과의 협력
- 효과적인 행동중재를 위해서는 가정과 교육기관의 협력이 필수적
- 아동의 행동문제는 어느 장소에서든 발생할 수 있고, 행동문제의 성격에 따라 가정에서의 행동문제 발생이 더욱 높은 경우도 많기 때문에 교육기관에서의 중재만으로는 충분하지 않음
- 또한 행동문제의 중재를 위한 관찰과 기능진단에 있어서도 아동과 가장 많은 시간을 보내고 또한 아동을 가장 잘 아는 가족이 행동문제 중재에 참여함이 중요
- 장애아동의 가족은 아동이 행동문제를 지녔을 경우에 아동의 행동상의 문제로 누구보다도 어려움을 크게 경험하지만, 한편으로는 다른 누구보다도 아동의 행동중재에 있어서 중요한 역할을 할 수 있음

교육방법

○ 강의형 교육
- 발달장애아동의 행동문제 중재에 대한 기본적인 이론 및 중재방향에 대한 이해를 할 수 있도록 설명 들음
- 구체적인 행동중재 절차에 대해 설명 듣고 자녀의 행동문제에 적용하여 이해함
○ 참여형 교육
- 가정에서의 행동문제 중재방법에 대해 서로 이야기를 나눔
- 효과적인 행동문제 중재방법에 대해 사례를 공유함

유의사항

○ 행동문제에 대한 중재는 아동 개별적인 상황에 따라 적용 방법과 효과가 다양할 수 있기 때문에 획일적인 중재원칙을 제시하는 것이 아니라, 수강생 가정의 자녀들의 특성에 대한 충분한 토의와 중재 제의가 이루어지도록 함

참고자료

○ 참고문헌

Beukelman, D., & Mirenda, P. (1998). Augmentative and Alternative Communication. Management of severe communication disorders in children and adults. Baltimore: Paul H. Brooks Publishing Co.

Brown, K. A., Wacker, D. P., Derby, K. M., Peck, S. M., Richman, D. M., Sasso, G. M., (2000). Evaluatind the effects of functional communication training in the presence and absence of establishing operations. Journal of Applied behavior Analysis, 33, 53-71.

Campbell, R. V., & Lutzker, J. R. (1993). Using functional equivalence training to reduce severe challenging behavior: A case study. Journal of Developmental and Physical Disabilities, 5, 203-216.

Carr, E. G., Levin, L., McConnachie, G., Carlson, J. I., Kemp, D. C., & Smith, C. E. (1997). Communication-based intervention for problem behavior.

Day, H. M., Horner, R. H., & O'Neill, R. E. (1994). Multiple functions of problem behavior: Assessment and intervention. Journal of Applied Behavior Analysis, 27, 279-289.

Janney, R., & Snell, M. E. (2000). Behavioral support. Baltimore : Brookes.

O'Shea, D., O'Shea, L., Algozzine, R., & Hammitte, D. (2001). Families and teachers of individuals with disabilities: Collaborative orientations and responsive practices. Needham Heights, MA: Allyn & Bacon.

Wacker, D. P., Steege, M. W., Northup, J., Sasso, G., Berg, W., Reimers, T., et al. (1990). A component analysis of functional communication training across three topographies of severe behavior problems. Journal of Applied Behavior Analysis, 23, 417-429.

Ⅲ-7. 초등학령기 가정에서의 학습지도

과정	공통	영유아기	**초등학령기**	청소년기	성인기	영역	지식·정보	**기술**	심리·정서
주제	초등학령기 가정에서의 학습지도									

■ 교육의 필요성 ■

○ 교사와 장애학생의 가족들은 장애학생의 진보와 발전에 가장 관심이 많은 사람들이다. 교사와 장애학생의 가족과 긴밀한 협력이 이루어질 때 장애학생의 교육이 성공적으로 이루어질 수 있다.

○ 교사와 가정의 협력이 학습에 도움이 되는 이유를 알아보고, 가정에서 기초적인 학습능력을 향상시키는 방법에 대해 소개하고자 한다. 이를 통해 가정과 학교의 협력을 통해 초등학령기 발달장애인의 학습능력 향상을 기하고자 한다.

■ 교육내용 ■

○ 교사에게 학생가족과의 협력의 필요성
 - 학생이 교실에서 보이는 행동에 대해 가족이 정보를 제공해 줌
 - 가족은 교사에게 아동에 대한 배경정보와 의학적인 과거력을 제공해 준다.
 - 교사가 학생에게 제공하는 과제물이나 지시에 대해 가족이 강화하며 도와줄 수 있다.
 - 가족이 교수활동에 자원봉사자로 지원할 수 있다.
 - 학생의 장기교육목표나 직업목표를 세울 때 가족이 참여하여 도울 수 있다.
 - 가족은 학생에게 어떤 유형의 교육과 교수전략이 효과적인지에 대해 교사에게 정보를 제공할 수 있다.
 - 가족은 학생 개인의 강점과 요구를 알려주어 적절한 교육목표를 세우는데 도움을 줄 수 있다.

- ○ 가족에게 교사와의 협력의 필요성
  - 교사는 가족에게 학생의 진보에 대한 정보를 제공하여 준다.
  - 교사는 가족이 활발하게 학생 교육에 참여할 수 있도록 도와준다.
  - 교사는 가족이 학생의 관심사를 파악하여 적절한 목표를 세울 수 있도록 도와준다.
  - 교사는 학생에게 적절한 사회적 기술을 가르치고 강화하여 가족이 사는 지역사회에 기여할 수 있도록 도움을 준다.
  - 교사는 학생이 부적절한 행동을 보이거나, 학업의 어려움을 보일 때 이를 가족에게 알려줄 수 있다.
  - 교사는 가족에게 중요한 지역사회 정보를 제공한다.
- ○ 교과지도 및 교수방법
  - 장애아동을 교육하기 위해서는 무엇인가 매우 특수한 방법을 사용해야한다고 생각하기 쉬움
  - 장애아동을 위한 효과적인 교수방법이 많이 개발되고 있으나, 일반아동을 위한 교육학적인 교수원리 역시 장애 아동에게 적용될 수 있음
  - 교과내용별 교수법은 각 과목의 기본적인 교수방법과 더불어 첨가되거나 수정되어야 함

1. 국어

- ○ 듣기
  - 대상 발달장애아동이 듣고자하는 동기 및 의도가 있는지 먼저 살펴봐야 함
  - 아동의 주의집중 능력을 높이기 위한 전략 사용
  - 언어적 정보 짧게 제공
  - 시각적 보조물 사용
  - 기타 자극 줄이기
  - 교사와의 거리 좁히기
  - 수업 진행 속도 빠르게 하기
  - 교사나 친구의 시범 보이기
  - 강화하기

- 언어적 요소를 이해하기 어려운 아동을 위한 전략
- 어휘와 문장구조의 난이도 낮추기
- 문장을 다시 반복해 줌
- 어휘, 구문론적 지식을 높이도록 교수
- 들은 내용을 잘 기억하도록 하기 위한 전략
- 들으면서 시연하기
- 정보를 묶어서 기억하기
- 시각화하기

○ 말하기
- 발달장애아동은 여러 가지 이유로 말하기에 어려움 겪을 수 있음
- 언어습득과 인지능력이 밀접한 관계 있음
- 인지능력이 떨어지는 아동들은 할 말이 없어서 말을 못하는 현상이 나타나기도 함
- 다양한 언어경험을 통하여 말할 내용을 만들어 주고, 말하는 기회를 많이 갖도록 함
- 특히 발달장애아동은 자신을 표현하는 것에 자신감이 없는 경우가 많으므로 세심한 배려와 많은 칭찬과 격려가 필요함

○ 읽기
- 일반아동의 경우 초등학교 1학년 정도면 문자해독을 모두 습득하게 되나, 발달장애아동은 초등학교 고학년 및 그 이상의 시기에서도 문자해독을 위해 시간과 노력을 들이게 됨
- 새로운 어휘를 가르치기 위한 방법
- 시범보이기 또는 모델링
- 학생이 이해할 수 있는 더 쉬운 동의어를 사용하여 설명
- 단어의 정의를 사용
- 기능적 읽기 지도
- 교과서 이외의 꼭 필요한 것들을 읽을 수 있게 지도
- 거리의 표지판, 지하철 지도읽기, 등

○ 가정에서 적용할 수 있는 읽기 기술 향상 방법
- 단서사용

- 해독하기 어려운 단어 해독을 위해 단서 사용
- 예를 들어 읽기 어려운 글자 및 낱자를 붉은색 표시하거나 점을 찍어 표시
- 줄 따라가기
- 읽기 도중 줄을 놓치는 아동을 위해 손가락으로 따라갈 수 있는 선을 문장 밑에 그음
- 내용 미리 알려주기
- 읽기의 목적과 읽은 후에 무엇을 할 것인지 미리 알도록
- 이야기의 주요 등장인물과 사건순서를 알도록 미리 알려줌
- 또래교수
- 또래와의 놀이를 활용해 단어 연습을 시킴
- 교재의 난이도 및 흥미도 조절
- 내용은 흥미롭지만 어휘는 쉬운 교재를 사용
- 녹음 교재 사용
- 녹음 교재를 이용하여 단어의 정확한 발음과 문장의 흐름을 들으면서 읽게 함
- 컴퓨터 활용
- 기초 읽기 기술의 교수를 위하여 컴퓨터 사용. 예를 들어 컴퓨터 프로그램을 통하여 일견 단어를 읽고 들으면서 학습함
- 반복 읽기
- 유창하게 읽게 하기 위해 문단을 여러 번 반복하여 읽게 함. 반복읽기는 읽는 속도와 정확도를 증진시켜 어려운 문단으로 넘어가는 데 도움 줌
- 읽기 이해력 연습위한 교재
- 읽기 이해력 연습 위한 교재 사용. 본문에서 단어 찾아 활용하기, 질문에 대한 대답 찾기, 지시 따르기, 주제 찾기, 결론 찾기 등을 할 수 있도록 교재에 다양한 활동을 포함시켜 읽기 이해력 연습시킴
- 이해력 증진 전략
- 특정 전략을 사용하여 읽기 이해력 증진시킴. 예를 들어, 각 문단을 읽을 때마다 '가장 중요한 사람 이름대기', '중요한 사건 이야기 하기'을 하도록 함
- 대화 사용한 상호교류적 교수
- 교사와 아동이 대화를 통하여 상호 교류적으로 교수함. 내용 읽고 난 후 교사는 문단의 내용 요약, 주제 질문하기, 이해하기 어려운 부분 찾기, 다음에 일어날 사건 예측하기의 네 단계 대화통해 이해력 증진시킴
- SQ3R 방법
- 내용 중심의 설명문의 교재를 읽을 때 도움이 되는 방법으로 조사(survey), 질문(question), 읽기(read), 암송(recite), 검토(review)의 방법을 통해 이해력을 증진시킴

- ○ 쓰기
  - 쓰기에는 글자쓰기, 철자법, 여러 가지 목적을 위한 글짓기가 포함됨
  - 글쓰기는 주로 관찰과 경험으로부터 시작되므로 다양한 쓸 거리를 만들어 주고, 생각을 정리해 주는 등의 도움을 줄 수 있음
  - 컴퓨터를 활용하여 글자쓰기를 보조할 수 있으며, 수정을 쉽게 할 수 있고 글 쓰고자 하는 의욕을 높일 수 있음
- ○ 가정에서 적용할 수 있는 쓰기 기술 향상 방법
  - 시각적 촉진
    · 쓰기방향, 글자모양 점선, 글자 칸 등에 대한 시각적 단서 등을 사용하여 쓰기보조하고, 이후에 촉진을 제거함
  - 작문연습
    · 일기 쓰기, 편지쓰기, 짧은 이야기 만들기 등의 활동으로 작문 연습시킴
  - 맞춤법 교정 프로그램 사용하기
    · 워드프로세서에 내장된 맞춤법 교정 프로그램 등을 이용하여 스스로 맞춤법을 점검하게 함. 컴퓨터가 지적한 맞춤법 오류에 대해 스스로 정확한 단어를 찾도록 교수함

2. 수학

- ○ 수학은 교과 특성 상 매우 위계적인 특성을 지니므로, 먼저 개별적인 진단을 통해 아동의 수준과 강약점을 정확히 알아내는 것이 중요함
- ○ 수세기 및 기본적인 수학 개념형성이 부족한 경우 구체물을 조작하는 경험을 많이 제공하는 것이 필요함
- ○ 실생활에 필요한 기능적 수학위주로 수학내용을 구성하는 것이 효과적임(돈 사용하여 물건 사기 등)
- ○ 가정에서 적용할 수 있는 수학 학습 방법
  - 구체물 조작
    · 아동에 따라 기본적인 수 개념 및 관계를 학습하기 위하여 구체적인 조작물을 사용하는 것이 도움이 됨. 예를 들어 콩, 블록, 나무젓가락, 사탕 등의 사물을 직접 조작하면서 셈하기 등 학습하는 것이 효과적임
  - 실제 상황 활용
    · 문제해결 계산문제에 실제 상황을 활용하여 아동의 이해를 도움
  - 모의 상황 활용

- ・가게나 은행 등의 모의 상황을 설정하고 다양한 활동을 연습하게 함
- 언어적 촉진
- ・직접 말로 도와주는 방법으로 언어적 촉진을 사용함
○ 발달장애아동을 위한 자기주도전략
  - 아동 스스로 독립적인 학습을 도모하기 위해 많이 사용되는 자기주도적 교수방법에는 자기점검(self-monitoring), 자기교수(self-instruction), 자기강화(self-reinforcement), 선행조직자(advanced organizer) 등이 포함함

교육방법

○ 강의형 교육
  - 발달장애아동들에게 적용 가능한 국어과의 듣기, 말하기, 읽기, 쓰기 학습전략을 설명
  - 발달장애아동들에게 적용 가능한 수학 학습전략을 설명
○ 참여형 교육
  - 성공적으로 가정과 학교 간 협력을 실행한 사례에 대해 서로 이야기를 나눔
  - 가정에서 자신의 자녀를 대상으로 듣기, 말하기, 읽기, 쓰기, 수학 면의 교수학습을 실행하여 학습의 효과를 크게 얻은 경우에 대해 서로 이야기를 나눔

유의사항

○ 발달장애아동 개인의 인지능력 및 언어능력의 차이에 따라 교수 학습 지도방법 및 지도 내용이 크게 달라짐을 고려하여 강의하여야 함
○ 발달장애아동을 대상으로 교수학습 지도를 실행하여 가시적인 학습의 효과를 얻기 위해서는 많은 경우 장기간의 시일이 소요됨을 인식하여야 함

참고자료

○ 참고문헌

이소현, 박은혜 (2006). 특수아동교육. 학지사

서선진, 안재정, 이금자 역 (2010). 학습문제가 있는 학생들을 위한 특수교육 교수방법. 학지사

박지연, 김은숙, 김정연, 김주혜, 나수현, 윤선아, 이금진, 이명희, 전혜인 역 (2006). 장애인 가족지원. 학지사

Ⅲ-8. 아동기 가정에서의 성교육 실제

과정	공통	영유아기	**초등학령기**	청소년기	성인기	영역	지식·정보	**기술**	심리·정서
주제	아동기 성교육 지도							

■ 교육의 필요성 ■

o 초등학령기 아동을 위한 가정에서의 성교육 지도 방법에 대해 이해한다.

■ 교육내용 ■

1. 발달장애인 성교육의 목적

   o 장애의 특성에 따라 장애인의 성을 논할 때 발달장애인의 특성과 성교육을 두드러지게 논의한다. 이는 지체장애인과 시각장애인에 비해 발달장애인은 저하된 인지 능력과 적응능력이 성교육과 관련성이 있기 때문이다.

   o 발달장애인 성교육의 궁극적인 목적은 정신적·육체적·성적인 인간교육, 인간관계 훈련을 하여 건전한 성 의식을 배양하는 것이다. 개인의 성에 대한 긍정적인 수용, 즉 자신과 타인의 성에 대한 긍정적인 태도를 갖는 것이다.

   o 자신과 타인의 성에 대한 긍정적인 수용은 자아개념이 성장하는 것인데 이는 자기 자신에 대한 전체 상을 의미하는 것으로, 첫째 다른 사람도 가치있다고 생각하며 그들의 의견을 존중하는 것, 둘째 다른 사람을 있는 그대로 받아들이고 그의 장단점을 객관적으로 바라보는 것, 셋째 신뢰받을 수 있게 행동하는 것, 넷째 건강한 선택을 할 수 있도록 행동을 조절하는 것 등이다.

   o 또한 발달장애인에게 성교육을 하는 것은 자신의 성적인 요구를 표현하고, 이해하고, 충족시키고자 하는 기본권리를 갖는 동시에 스스로 책임 있게 행동하도록 하는 것이다. 즉 부모, 친구의 의견과 사회의 법을 존중하며, 자신의 건강과 안전에 가치를 두고 있다는 것을 나타낸다. 그러므로 성교육은 이러한 책임 있는 행동으로 자신에 대한 자아개념을 더욱 향상시키며 장래에 만족스러운 가정생활을 할

수 있도록 돕는 과정이라고 할 수 있다.

○ 발달장애인 성교육의 목적을 구체화시키면 다음과 같다.

> 1) 성에 대한 긍정적 태도 육성: 자신의 생리적 육체적 기능을 이해함으로써 자신의 신체 이미지를 개발하여 자존감 성장의 토대 구성
> 2) 자신의 행위에 대한 책임감 배양: 인간으로서 성적 기쁨을 느낄 뿐 아니라 이에 따른 책임감을 인식
> 3) 자신의 성을 수용: 동성 간의 관계 개발과 기술증진 뿐만 아니라 이성과 관계를 시작하고 유지하는 방법에 대한 인간관계 기술 습득
> 4) 사춘기에 발생하는 성문제(원치 않는 임신과 출산, 성병, 성폭력 등) 예방: 대인관계 기술을 획득하여 성적으로 희생되거나 착취당하는 기회 차단
> 5) 성과 관련된 지식과 정보 제공: 성에 대한 정확한 정보 습득
> 6) 성인이 된 후 만족한 가족생활(부모역할, 부부관계)을 할 수 있는 사전 준비: 결혼의 책임, 부모로서의 역할, 가족구성원으로서의 위치와 책임에 대해 이해한 후 자신에게 맞는 현실적이며 실현 가능한 계획 수립

2. 장애정도에 따른 성교육 내용

○ 발달장애인의 성 발달은 전체적으로 비장애인과 같은 발달단계를 따르나, 성교육을 할 때는 비장애인보다 더 많은 지원과 도움이 필요하다. 장애정도에 따라 성교육에서 학습할 수 있는 내용과 이에 따른 교육지침도 조금씩 다르다. 이 글에서는 춘천밀알재활원에서 발행한 교사를 위한 성교육 안내서 '두려움을 넘어서'에서 제시한 것을 바탕으로 경도, 중등도, 중도로 나누어 성교육에서 학습할 수 있는 내용과 교육내용을 알아본다.

장애정도	성적 특징과 성교육을 통해 학습할 수 있는 것
경도	• 사회적·성적 행동이 보통 수준의 비장애인과 유사하여 비장애인과 같은 방식으로 성적 충동과 욕구를 탐색하고 적응하며 통제하는 것을 배울 수 있다. • 언어로 성상담·성교육이 가능하다. • 수용할 만한 사회규범에 적응할 때 수용할 만한 적절한 적응행동 수준에 도달할 수 있다. • 성교육과 상담방법으로 이성이나 동성과 적절하게 상호작용하는 것을 배울 수 있다.
중등도	• 2차 성징 시작이 늦을 수 있다. • 성행동, 자기자극, 동성·이성간의 성교문제 등 비장애인보다 더 빈번하게 문제가 발생할 수 있다. • 지적 결함과 지역사회에서의 이동성 결함 때문에, 사회적·성적 행동에 대해 보상과 강화가 필요하다. • 언어적 단서, 시각적 단서 그리고 학습적인 교육방식을 포함하는 성교육이 효과적이며 환경이 더 구조화되어야 한다.

장애정도	성적 특징과 성교육을 통해 학습할 수 있는 것
중도	· 2차 성징 시작이 늦다. · 성적 충동을 통제하는 일이 어려울 수 있다. · 사회적, 성적 행동 발달이 부족하며 자신의 행동을 사회기준에 맞추기 위해 수정하는 능력에 결함이 있다. · 해로운 방법으로 자위행위하는 경우가 있어 이를 지도해야 한다. · 자신들의 기능수준과 내재화하는 능력이 부족하기 때문에, 특별한 행동 수정은 이들의 행동을 바꾸는데 효과적이다.

3. 초등학령기의 성교육 내용

○ 초기

- 주제: 우리들의 몸과 마음에의 성장에 관하여 이해하기
  · 아이 때 신체
  · 신체의 성장과 남녀간의 특성
  · 사춘기의 심리적 양상
  · 남녀의 협력

○ 중기

- 주제: 우리들의 탄생에 관하여 알기
  · 생일의 의미와 기쁨 알기
  · 자기 이름의 유래
  · 생명의 소중함
  · 이성 친구에 대한 바른 태도

- 주제: 남녀 차이에 대하여 알기
  · 학교에서 남, 여 대립을 지도
  · 남, 여의 특징 지도
  · 남, 여 특징에 따른 역할 분담과 협력 지도
  · 아버지와 어머니의 역할 분담

- 주제: 성폭력(유혹, 유괴) 등에 대한 예방 방법 지도
  · 유혹의 여러 가지 방법을 알게 한다.
  · 유괴와 성적 이용, 피해를 알게 한다.
  · 자기 몸을 왜 지켜야 하는 가를 가르친다.
  · 지키는 마음을 가지도록 지도한다.

○ 말기

- 주제: 남녀의 성 역할 이해

    · 학교, 가정, 사회에서의 남·여 역할
    · 남·여 성 차이에 따른 역할 차이
    · 심신의 기능 차이와 이에 따른 행동의 차이
  - 남녀의 생리현상에 대하여 알기
    · 월경과 몽정의 의미 알기
    · 실제 현상과 바르게 대응하는 방법 지도
    · 생리대 사용법 지도

※ 생애주기에 따른 성교육 지도 내용(일본성교육협회)

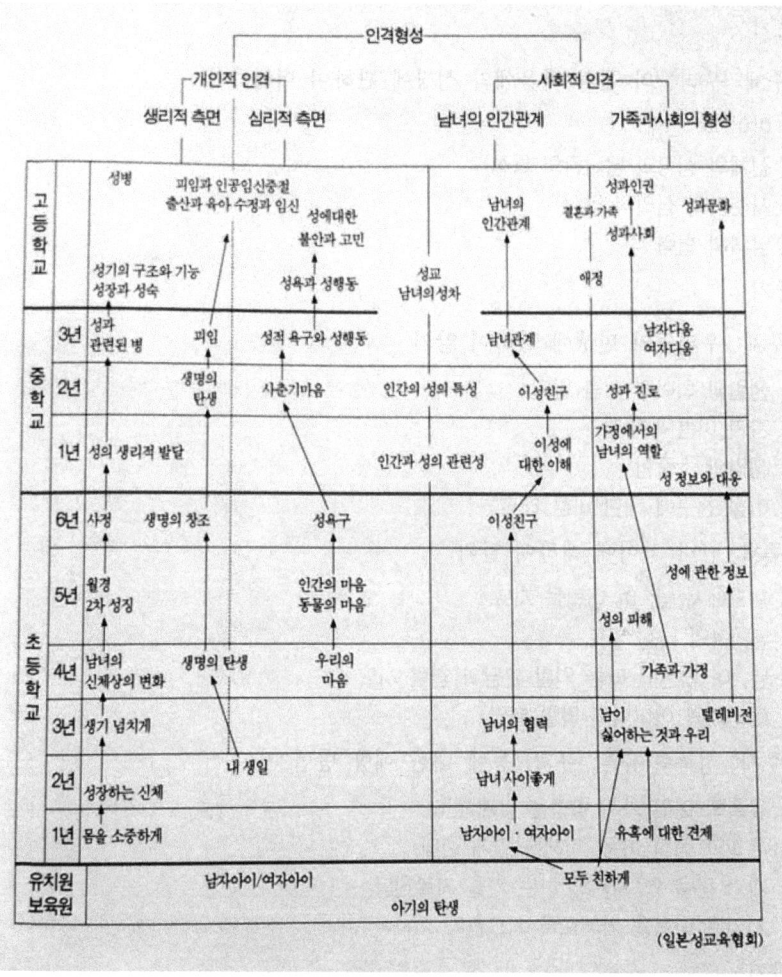

4. 발달장애인의 성교육

○ 발달장애인의 행동특성

- 미숙한 사회행동 / - 충동적 행위
- 관찰한 사물에 대한 판단이나 이해 부족 / - 집중력 부족과 짧은 집중력
- 참고 견디는 소양 부족 / - 어려움에 직면했을 때의 문제해결능력 부족
- 신체적 조절 또는 통제 능력 부족 / - 과도하게 산만하거나 위축된 행동

○ 성교육의 현실

- 우리사회의 성기 중심적인 성문화, 장애인에 대한 편견, 성교육의 연구와 자료 부족 등으로 인하여 형식적인 교육에서 벗어나지 못하고 있다.
- 장애인의 장애정도와 성에 대한 관심과 흥미의 다양성을 고려하여 내용과 정도를 계열화하거나 단계화 하여야 하는데 기초적인 내용들이 중복되거나 반복되어 가르쳐지고 있다.
- 정신지체인들을 무성 취급함으로 인해 이들의 성적행동을 통제하기 위한 성교육을 실시하여 내용 면에서 제한적이고 편협적이어서 포괄적인 성인식을 갖게하지 못한다.

○ 기본적으로 다루어야 할 내용

- 생물학적 지도: 인간의 몸과 생리, 남녀의 특징, 성숙과 신체변화, 생식기, 몽정과 월경, 자위행위, 건강관리, 성관계, 피임법, 성병, 낙태, 성적행동, 임신, 출산 등
- 심리학적 지도: 생명의 소중함, 성 정체성, 긍정적 자아형성, 남녀의 성심리, 감정표현, 존중감, 도덕적 책임감 등
- 사회학적 지도: 남녀의 차이와 역할, 양성 평등, 성행동에 대한 책임, 자기관리, 자기주장, 예의범절, 공동체 의식, 우정, 이성교제, 결혼, 가정, 자녀양육, 가족 관계에서의 역할, 성폭력 예방과 피해 대처법, 자립적인 일상생활지도, 청결지도, 생리대 처리 지도, 대화기법, 대인관계 기술, 공공장소 이용방법, 취미생활 지도 등

○ 어떻게 시작할 것인가?

- 성에 대해 자유롭게 말하고 표현할 수 있는 시대가 왔지만 아직도 사회는 장애와 성에 대해서만큼은 모두들 경직된 사고를 가지고 있다. 그리하여 사람들은 정신지체인은 모든 면에서 가능성이 없다고 치부해버려 어떤 행동도 기대하지 않았고 거기에 따른 교육의 기회도 주지 않았다.
- 정신지체인이 성에 대한 지식을 알고 있다면, 생활 중에서 많은 문제를 감소시킬

수 있으며 자발적이고 자신 있게 행동하는데 도움을 줄 수 있다. 오히려 위험한 것은 너무 많은 정보가 아니라 너무 적은 정보에 있다는 것이다.
- 대부분의 정신지체인들은 성적욕구를 지니며 다소 늦더라도 순서적으로 발달하므로 이들에게 성교육은 필수적이며 발달단계에 맞게 정기적이고 순서적으로 이루어져야 한다, 그러므로 교사는 정신지체인의 성교육에 대한 두려움을 넘어 이들을 성적인간이라는 인식을 가지고 어릴 때부터 생애주기에 맞추어 꾸준히 성교육을 제공해 주어야 한다.
- 성교육은 장애 당사자뿐 아니라 부모와 교사 모두의 참여와 역할이 중요하며, 서로서로 연계하여 일관성 있는 지도가 있어져야 교육의 효과를 높일 수 있다. 복지관에서는 이들에게 장애로 인해 인간관계가 침해되지 않도록 적극적인 교육의 기회를 제공해 주어 성교육이 매일 매일의 프로그램이 되어 생활이 되도록 해야 한다.

- 안 된다는 것을 가르치지 말 것
긍정적인 것을 먼저 배운 사람은 자신이 어떻게 처신해야 하는지에 대하여 판단할 줄 안다. 따라다니면서 조정 받는 사람은 늘 자기행동에 자신감이 없기 마련이다. 이들이 마땅히 알아야 할 행동을 구체적으로 가르칠 필요가 있다.
"네 제가 할 수 있습니다!"라고 말할 수 있도록 가르쳐야 하고, 어려서부터 "예"와 "아니오"를 정확히 말할 수 있게 하여 성적자기결정권을 갖게 할 필요가 있다.

- 눈높이를 맞추어 줄 것
눈높이를 맞추라는 말은 장애 속으로 들어가라는 뜻이다. 장애인의 성교육은 장애 때문에 힘든 것이 아니라 성교육자가 준비하지 못했기 때문에 어려운 것이다. 성교육자가 발달장애인의 행동을 보지 말고 눈을 맞추어 줄 수 있다면, 이들은 곧 자신 안에 숨어 있는 가능성을 발견하게 될 것이다.

- 실수 할 수 있는 기회를 줄 것
실수하지 않으면 배울 수 없다. 이들은 자신이 상황에 따라 어떻게 대처해야 하는 것을 정확하게 알고 있어야 하며, 잘못을 했을 때는 바로 그 자리에서 가르쳐 주어야 한다. 이들에게 필요한 것은 자신의 적절한 행동을 배울 수 있는 기회와 훈련이다.

○ 유용한 지도방법 및 내용
- 발달장애인의 성교육은 자신의 의견을 발표할 수 있는 시간을 충분히 주고 기다려 주는 인내가 필요하다. 그러므로 무엇보다 가르치는 자의 성인식의 변화와 성교육에 대한 확신이 중요하다. 발달장애인들은 단기기억에 결함이 있으며, 인지구조가 미분화되어 있다. 그래서 반복학습과 여러 가지 기억을 증진할 수 있는 프로그램이어야 하며, 특히 행동수정이론을 적절하게 적용할 수 있어야 한다. 교

육은 발달장애인의 발달순서에 따라 맞게 설정되어야 하며 단기적이 아닌 장기적으로, 계통적으로 이루어져야 한다. 그리고 다양한 교수방법으로 구체적이고 반복적으로 실시하여 발달장애인의 이해도를 높여야 한다.
- 아래의 다양한 성교육 방법을 정신지체인의 인지 수준에 따라 활용할 수 있다. 성교육에 있어 몇 가지 구체적인 테크닉을 소개하면 다음과 같다.

(1) 점토 모델링
 - 신체기관의 부분들을 만들고 그 부분을 느껴본다.

(2) 인체해부그림
 - 신체기관의 중요한 장기들을 분리하여 위치를 확인, 생식기 역시 인체의 한 부분임을 전체적인 내부 장기를 통해 연결하여 확인할 수 있게 한다.
 - 생식기의 정확한 명칭과 기능을 알게 한다.
 - 생식기가 있는 인형을 이용하여 신체구조를 익히고 성별 구분을 하게 한다.

(3) 그림 그리기
 - 옷을 입은 남녀와 옷을 입지 않은 남녀를 설명하고 남녀의 신체에 대한 정보를 알게 한다.
 - 남녀의 신체구조를 그리고 설명하게 한다.

(4) 시청각 자료이용
 - 성교육 비디오, 슬라이드, OHP.
   특히 비디오는 시청 후 설명 및 같이 토론하는 시간을 갖는다.

(5) 성적활동과 생리현상에 사용되는 용품들을 직접 다룰 수 있게 한다.
 - 성문화센터의 전시관을 이용한 성교육

(6) 사회적 발달을 개선하고 대인관계기술을 발달시키기 위하여 사회적 활동과 레크레이션 활동을 실시한다.

(7) 드라마의 활용
① 인형극: 인형극을 활용한 성교육은 자기신뢰, 긍정적인 자아상, 사회적 유대관계, 협동심, 신체기능, 상상력 등을 개발하도록 도와준다. 또한 교사들에게는 쉽게 대화를 끌어내고 즐거운 학습 분위기를 만들 수 있도록 도와준다. 인형극을 통해 성역할의 정체성과 적절한 행동 및 감정적 반응을 극적으로 표현할 수 있다.
② 역할극: 역할극은 성교육 프로그램의 전체에 걸쳐서 다양하게 사용할 수 있으며, 학생들의 참여도가 매우 높다. 다양한 상황에서 적절한 행동을 습득(성폭력피해 및 가해예방)과 사회적응 훈련에 효과적이다. 역할극을 할 때, 교사는 각 단계를 자세히 설명한다. 각 역할극의 상황을 학생들과 토의하여 그 다음 상황을 어떻게 대처할 것인가를 결정하고 그 행동을 반복 연습한다. 역할극을 통하여 자기조정능력과 긍정적인 자기상을 갖도록 학생이 칭찬 받는 안정된 분위기에서 실시한다.

(8) NIE(Newspaper in Education)를 이용한 성교육
신문에는 거의 매일 성문제와 관련된 기사들이 나오므로 NIE 활동을 하면서 학생들의 연령과 반응에 따라 적절하게 설명할 수 있다. 또 관련자료들을 신문에서 미리 스크랩 해 놓고 활용하면 더욱 효과적이다.

(9) 만화를 이용한 성교육

(10) 광고를 이용한 성교육
무의식의 세계를 공략하는 광고에 나타난 상품화 된 성을 비교하고 그 유해성을 알게 한다.
* 대중 매체속의 고정관념 조사: 남성과 여성을 묘사하는 광고나 포스터내용, 신문기사, 등을 모아 어떤 느낌들을 받았는지 조사하여 발표한다.

(11) 퀴즈를 이용한 성교육
알고 싶은 성, 궁금한 성에 대해 즉석에서 쪽지 질문을 받아 설명해 준다.
* 틀려 틀려! 베스트 10: 잘못된 성지식과 고정관념을 효과적으로 바꾸고자 할 때 이용할 수 있다.
예) 자위행위를 하면 키가 자라지 않는다.

(12) 사회적 발달, 대인관계기술을 발달시키기 위한 사회적 활동
예) 은행에 저금하기, 물건사기, 데이트, 공중시설 이용하기 등

○ 성교육자의 자세

- 성교육자는 성에 관하여 긍정적인 사고를 갖고 편안하게 가르치는 자세를 지녀야 한다. 또한 사람들마다 얼마나 다르며 성적으로 어떻게 관계를 가지는지를 계속적으로 배워가야 한다. 교사나 부모는 발달장애아동에게 가장 가까이에서 영향을 줄 수 있으며, 이들이 자신을 어떻게 인식해야하고 타인에게 어떻게 행동해야 하는지를 생활 속에서 가르쳐야 하는 책임이 있다. 성교육을 하기 전에 교사와 부모는 자신의 성에 대한 태도와 생각들을 정리할 필요가 있다. 왜냐하면 교사와 부모의 성 가치관이 이들의 성 행동을 결정하기 때문이다. 일반적으로 교사나 부모 역시 발달장애인에게 관대한 태도를 이상적인 것으로 주장하면서도 성본능에 대해서는 사회적 관습에 따라 제약하고 억제시켜야 할 필요성과 부정적인 주장으로 모순의 혼란스러움을 가지고 있는 경우도 보게 된다. 그러므로 모든 성교육자들은 성적행동에 대한 일관성 있는 자세와 지도방안을 강구해야만 효과적으로 이들을 지도할 수 있을 것이다. 성교육자가 인간관계 훈련이 미흡한 상태에서 성적인 주제를 다루게 되면, 교육은 피상적일 수밖에 없으며 결국은 성교육에 대한 부정적인 인식을 심어 주게된다. 성교육 방법론과 자료에 대한 것들 보다 더 중요한 것은 성교육을 하는 성교육자의 가치관과 자세라고 할 수 있겠다.

성교육을 하기 전에 아래의 내용을 생각해 보자.

① 나는 왜 성교육에 관심을 갖는가?
- 성교육은 생명에 관한 것이다. 나는 성을 긍정적으로 수용하고 있는가?
- 나는 성교육을 받는 사람들에게 긍정적인 태도와 분위기를 조성할 수 있는가?

② 중립적이어야 한다.
- 성교육자 자신의 가치관이나 종교관에 매여서는 안 된다. 나는 성에 관한 질문을 받을 자격이 있는가? 다시 말하면, 상대방이 말하는 것을 비판적으로 듣지 않고 자세히 들어 줄 수 있는가?

③ 과학적이어야 한다.
- 나는 성적인 내용에 대해서 정확한 지식이 있는가? 섹스행위는 성의 극히 일부분이다. 성에 대한 생각과 정보를 폭넓게 가져야 한다. 최근 새로운 정보에 대해 알고 있어야 한다.

④ 성급한 결정과 판단을 하지 말아야 한다.
- 성교육을 가르치는 목적이 성적반응을 제거하려는 것이 아니고 건강하고 올바른 성적태도를 조성하려는 것인지를 파악하여야 한다. 사람은 누구나 배우고 자기만의 비밀을 가질 수 있고 자기가 좋아하는 방식대로 성적 표현을 할 수 있는 권리가 있다고 인정하고 있는가?

⑤ 성적느낌을 표현하는 것을 통제하지 말아야 한다.
- 성적인 관심과 행동은 죄스러운 것도, 본능적으로 악하거나 병적인 것이 아니다. 성적 필링이나 환상, 공상은 극히 자연스러운 것이다. 성적가치관은 개개인마다 다르다는 것을 인정해야 한다. 상대의 욕구에 대해 충분히 이해해줘야 하지만 절대로 그것을 이용해서는 안 된다.

⑥ 성적행동에 과잉반응을 보이지 말아야 한다.
- 성은 가장 자연적인 본능이다. 민감한 부분은 둔감화하고, 둔감한 것은 민감화하는 훈련이 필요하다. 성에 관한 기술적인 용어와 속어 모두를 알아서 사용할 수 있으며 다른 사람들이 한 말을 편안히 수용할 수 있어야 한다. 우리 인간은 누구나 성에 대한 모든 양상에 대해 알 권리가 있고 모두 수용해야 한다. 성에 대한 문제를 절대 피해가지 말고 해결하려는 자세가 필요하다.

⑦ 발달장애인의 장애에 대한 특성을 알아야 한다.
- 발달장애인의 특성을 알고 그 특성들에 효과적으로 도달하기 위한 방법을 충분히 알고 있는가? 이들의 전반적인 성적인 문제, 특히 이들의 성에 대한 나의 태도를 점검해 보았는가? 그리고 이들의 성적권리를 옹호하는가? 나는 성교육 방법을 이들에게 적합하도록 조정할 능력이 있는가? 그리고 이들의 특유한 일상생활을 이해하고 있는가? 교육은 상상력이 있고, 독창적이며, 융통성이 있어야 하며 개별적이어야 한다.

⑧ 도와주기 전에 자신의 성에 대해 정확히 알아야 한다.
- 다른 사람을 도와주기 전에 자신의 성에 대해서 100% 받아들이고 긍정적인 가치관을 가지고 있어야 하므로 늘 자기 분석을 해야 한다. 유머 감각을 지녀야 하며, 정서적으로 안정되어 있어야 한다. 성에 대한 느낌과 태도가 사람에 따라서 큰 차이가 있다는 것을 알고 있어야 하며 그리고 그러한 차이점을 올바른 태도로 대할 수 있어야 한다.

○ 인간에 대한 끝임 없는 탐구와 애정
  - 성교육자는 성에 대한 새롭고 중립적인 태도를 가져야 한다.
  - 성에 대한 지식을 확고하게 가져야 한다.
  - 성교육, 상담가로서 테크닉이 있어야 한다.
  - 눈높이를 맞출 수 있어야 한다.

교육방법

○ 강의형 교육
  - 가정에서 할 수 있는 성교육 내용을 전달

○ 시청각 교육
  - 국립특수교육원의 성교육 프로그램을 자녀와 함께 시청해 보도록 지도

유의사항

○ 잘못된 정보나 정확하지 않은 지식을 제공하지 않도록 노력하고, 장애인의 성에 대해 편견이나 선입견을 가지지 않도록 유의한다.
○ 전문가를 동원하거나 경험이 있는 사람을 교육자로 배치하도록 한다.

참고자료

○ 참고문헌
  김한경, 박용숙 (2005). 발달장애인을 위한 성교육. 서울: 나눔의 집
○ 참고 사이트
  국립특수교육원 장애학생 성교육 프로그램: http://www.knise.kr

Ⅲ-9. 초등학령기 발달장애인의 형제자매에 대한 지원

과정	공통	영유아기	초등학령기	청소년기	성인기	영역	지식·정보	기술	심리·정서
주제	초등학령기 발달장애인 형제자매에 대한 지원									

■ 교육의 필요성 ■

○ 발달장애인의 형제자매는 영유아기, 혹은 아동기부터 평생에 걸쳐 장애형제와 밀접한 관계를 맺고 서로 영향을 주고받는 중요한 가족구성원이다.

○ 발달장애인의 형제자매들은 가정에서 장애를 지닌 형제로 인해 관심 밖으로 밀려난 상태에서 적응상의 어려움을 겪을 수 있다.

○ 특히 초등학령기에는 형제자매의 장애에 대해 잘 알지 못하는 상태에서 두려움과 분노 등의 어려움이 생길 수 있다.

○ 가정에서 부모들이 발달장애인의 형제자매들이 경험하는 어려움과 획득 가능한 이점에 대해 이해하며, 적절한 지원을 제공하는 방법에 대해 아는 것이 필요하다.

■ 교육내용 ■

○ 가정에서 장애를 지닌 자녀가 유아기 및 초등 학령기인 경우에는 그의 형제자매도 유아기나 초등 학령기인 경우가 많음

○ 장애를 지닌 자녀의 연령에 따라 또한 형제자매의 연령에 따라 적합한 지원이 이루어져야 함

1. 발달장애인의 초등시기 비장애 형제자매가 경험할 수 있는 어려움

　○ 가정에서 공평하지 않은 대우에 대한 분노
　　- 부모님이 장애형제를 더 좋아하며, 자신은 뒷전이라고 생각하고 분노함
　　- 부모님과 함께 보내는 시간의 부족

- 부모님이 장애형제에게만 허용적인 태도에 분노
○ 우울감, 당혹감
- 형제자매들의 분노는 종종 우울감으로 이어짐
- 스트레스를 많이 받지만 이러한 감정을 표현하지 않으며, 감정의 기복이 커지기도 함
○ 두려움과 걱정
- 형제자매들은 장애에 대해 제대로 이해하지 못하면 두려움과 불안을 느낌
- 자기도 장애를 갖게 되거나 언젠가 장애가 나타날까봐 두려워 함
- 장애를 지닌 형제자매가 아플까봐 걱정함
- 자신이 부모님을 실망시킬까봐 걱정함
○ 죄책감
- 형제자매들은 부모님을 만족시켜 드리지 못할 때에 죄책감을 느낌
- 장애형제를 미워하거나 시기 질투하면서 죄책감을 느낌
- 자신만 즐겁고 좋은 시간을 보낸다고 생각할 때에도 부적절한 죄책감을 느낌

2. 발달장애인의 초등시기 비장애 형제자매가 얻을 수 있는 이점

○ 성숙함
- 형제자매들은 또래의 다른 아이들에 비해 훨씬 인정이 많고 남을 잘 도와주며, '다름'을 잘 받아들임
- 나이에 비해 성숙해지고, 자신이 받은 축복을 확실히 인지함
○ 책임감과 리더십
- 형제자매들은 자신이 속한 집단에서 책임감을 가지고, 리더십을 발휘하는 경우가 많음
○ 진로에 대한 구체적 탐색
- 형제자매들은 자신의 장래의 직업에 대해 일찍 구체적인 고민과 탐색을 하는 경우가 많음
※ 장애아동의 형제자매들이 모두 동일한 어려움을 경험하는 것도 아니며, 모두 동일하게 이점을 얻는 것도 아니다. 장애아동 형제자매들이 경험할 수 있는 어려움을 최소화하고 얻을 수 있는 이점을 최대화하기 위해서는 적절한 중재가 제공되어야 한다.

○ 장애아동 형제자매의 장애 관련 관심 영역

관심영역	관련질문들
장애 형제자매에 대한 관심	·장애의 원인은 무엇일까? ·왜 내 동생은 저렇게 이상하게 행동할까? ·누나는 과연 혼자 살 수 있을까?
부모에 대한 관심	·왜 부모님은 형이 저렇게 방해하도록 놔두시는 걸까? ·왜 항상 나한테만 언니를 돌보라고 하는 것일까?
자신에 대한 관심	·나는 왜 누나에 대해서 이렇게 혼돈된 감정을 가지게 될까? ·나도 장애를 갖게 되는 것이 아닐까? ·우리가 정상적인 형제(자매) 관계를 유지할 수 있을까?
친구에 대한 관심	·오빠에 대해서 가장 친한 친구에게 뭐라고 설명해야 할까? ·친구들이 학교의 모든 사람에게 말하지는 않을까? ·다른 사람들이 장애인을 놀리면 나는 어떻게 해야 하나?
학교와 지역사회에 대한 관심	·특수학급에서는 무슨 일이 진행되고 있을까? ·혹시 나도 언니하고 비교되는 것은 아닐까? ·낯선 사람에게 뭐라고 말해야 하나?
성인기에 대한 관심	·부모님이 돌아가시면 내가 오빠를 책임져야 하는 것은 아닐까? ·나도 유전상담을 받아야 하나? ·장애인 형제자매 모임에 가입해야 할까?

출처: 이소현(2006). 유아특수교육. 학지사

3. 가정에서 발달장애인의 초등시기 비장애 형제자매를 도울 수 있는 방법

○ 형제자매의 욕구 파악하기
- 형제자매가 지닌 욕구를 확인하고 도와줄 계획을 세우기 위해 다음 질문을 해볼 수 있다.

○ 진심으로 경청하기: 형제자매의 감정 이해하기
- 장애아동의 형제자매에게는 자신의 어려움을 표현해도 된다는 부모의 허용과 위로가 필요함
- 장애형제에게 당황스러움, 분노 같은 감정을 느끼는 것이 당연하고 자연스러운 일이라는 것을 알려야 하고, 부모가 이를 이해하고 있음을 알려줘야 함

○ 정확한 장애명칭 사용하기
- 부모들은 흔히 장애자녀의 장애진단명을 입 밖에 내는 것을 두려워할 수 있음

- 아이들은 언젠가 다른 사람에게 장애를 지닌 형제자매의 진단명을 듣게 될 것이고, 그 전에 부모가 자연스럽게 설명해 주는 것이 좋음
- 부모가 진단명을 사용하지 않으면, 형제자매들은 오히려 장애에 대해 입에 담을 수도 없을 정도로 끔찍한 것으로 여겨서 더 부정적인 인식을 할 수도 있음

> **형제자매의 욕구 파악하기**
> ✓ 장애를 지닌 형제나 자매의 장애에 대해 이해하고 있는가?
> ✓ 장애를 지닌 형제나 자매와 함께 자발적으로 시간을 보내는가?
> ✓ 장애를 지닌 형제나 자매와 가족활동을 하고 싶어하는가?
> ✓ 장애를 지닌 형제나 자매에게 새로운 것을 가르쳐주는가?
> ✓ 슬픔, 분노, 당황스러움과 같은 감정을 느껴본 적이 있는가?
> ✓ 부모가 장애가 있는 형제나 자매와 함께 있을 때 종종 화를 내는가?
> ✓ 위축된 것처럼 보이는 행동을 하는가?
> ✓ '착한' 아이가 되려고 의식적으로 노력하는가?
> ✓ 장애를 지닌 형제나 자매를 지나치게 열심히 도와주려고 하는가?
> ✓ 과격하게 움직이면서 문제행동을 하는가?
> ✓ 수면문제나 복통과 같은 신체적 증상이 있는가?
> ✓ 학교에서 행복하게 생활하는가?
> ✓ 다른 사람들이 형제나 자매에 대해 물어볼 때 대답할 수 있는가?
> ✓ 친구와 다른 친척들과 사회적 관계를 맺고 있는가?
> ✓ 가족 외부에서 하는 여가활동에 참여하는가?

출처: 전혜인, 정평강 역(2009). 장애아의 형제자매. 한울림출판사

○ 장애관련 궁금증 풀어주기
- 형제자매들은 부모가 장애를 지닌 자녀에 대한 질문을 감당할 수 있을 만큼 강하다고 생각될 때 장애형제의 장애 관련 질문을 한다고 함
- 부모가 아직 자기 자신의 감정과 씨름하고 있는 단계라면 다른 가족 구성원이나 전문가가 대신 장애형제에 대한 것을 설명해 줄 수도 있음

○ 감정을 표현하는 방법 알려주기
- 다른 사람에게 상처를 주지 않으면서 감정을 표현하는 방법 배우기
- 화난 감정에 대해 적어보거나, 다른 사람에게 자신의 감정을 이야기 하는 등 대안적 방법을 알려줌
- 자신의 감정에 대해 그림을 그리게 할 수도 있음(그린 그림에 대해 이야기를 하지 않더라도 그림을 그리는 것 만으로 의미 있을 수 있음)

- ○ 자녀가 성취한 것 인정해 주기
  - 부모는 흔히 장애자녀가 성취한 것에 대해서 큰 관심을 보이면서 장애가 없는 자녀가 성취한 것은 그냥 지나가 버리곤 함
  - 모든 자녀가 이루어 낸 일을 균형 잡힌 관점에서 바라보려고 노력해야 함
  - 개개인에게 모두 강점과 약점이 있다는 것을 알려줘야 함
- ○ 장애 형제 돌보는 일에 가치 부여하기
  - 아이는 크게 부담을 느끼지 않는 선에서 부모를 도울 때 돕는 일을 통해 많은 것을 얻음
  - 부모를 도우면서 자신의 도움이 가치 있다고 느끼도록 해야 함
  - 장애형제를 단순히 돌보기감 하는 것보다 가르치는 역할을 맡아보면 자신이 기여한 것을 보면서 자부심을 느끼기도 함

4. 장애아동의 형제자매에 대한 이해를 돕는 질문들

- ○ 형제자매들이 왜 지원을 제대로 받지 못할까?
  - 형제자매들은 때로 자신들은 장애가 없어 행운이라는 식의 이야기를 듣고, 장애 형제자매에 비한다면 자신들의 문제는 대수롭지 않게 보일 수 있음
  - 장애아동의 형제자매들은 부모님들에게 근심을 더해 드릴 수 없기 때문에 항상 '착한아이'가 되려고 노력함
  - 이러한 이유로 이들은 자신의 고통이나 혼란스러움을 표현하길 주저하고 자신을 위한 지원에 참가하기를 꺼려할 수 있음
- ○ 가족들은 왜 형제자매의 어려움을 잘 알지 못할까?
  - 부모들은 장애자녀의 문제에 관심이 집중되어 있어서 형제자매의 어려움을 인식하지 못할 수 있음
  - 부모들이 자신의 스트레스와 슬픔 등의 정서적 문제로 괴로워하는 것에만 집중되어 있을 수 있음
  - 부모들은 비장애 자녀가 스트레스로 인해 보이는 신호들을 놓칠 때가 많아서 이들에게 지원을 제공하기도 어렵게 됨
- ○ 서비스 제공자들은 형제자매의 어려움을 잘 알까?
  - 건강 전문가들, 교사들, 다른 서비스 제공자들은 장애아동의 형제자매에게 관심을

갖지 않을 때가 많음
- 정신건강 전문가들은 알콜중독이거나 정신장애를 지니고 있는 부모를 가지거나, 육체적 정신적인 학대를 당하는 아동들의 피해를 알기는 쉬우나, 장애인의 형제자매들의 문제는 보다 복잡하고 명확하지 않음
- 적응을 잘 하고 있는 듯이 보이는 가족일지라도 장애아동의 형제자매들은 속으로 문제를 키우고 있으며 지원을 받고 있지 못하는 경우가 많음

교육방법

○ 강의형 교육
 - 발달장애인의 초등시기 비장애 형제자매가 경험할 수 있는 어려움
 - 발달장애인의 초등시기 비장애 형제자매가 얻을 수 있는 이점
 - 가정에서 발달장애인의 초등시기 비장애 형제자매를 도울 수 있는 방법
○ 참여형 교육
 - 자신의 가정에서 비장애자녀 양육 경험에 대해 서로 이야기 나누기, 장애자녀와 비장애자녀 사이의 갈등이나 비장애자녀 양육의 어려움 이야기 나누기
 - 제시된 '형제자매의 욕구 파악하기'체크리스트를 적용하여 가정의 비장애자녀에 대해 체크해 보기
○ 실습연계형 교육
 - 감정을 표현하는 방법 실습해보기('나 전달법'을 사용하여 자신의 감정을 표현해 보기)

유의사항

○ 비장애 형제자매를 위한 지원의 목적이 장애자녀에게 비장애 형제자매가 잘 도와주도록 하게 하는 것이 아니고, 비장애 형제자매의 심리적 적응을 돕고 건강한 자아를 갖도록 하는 것임을 이해하도록 함
○ 가정에서 다양한 방법으로 비장애 형제자매를 이해하고 지원하는 것 뿐 아니고, 같은 입장에 있는 또래의 비장애 형제자매들이 만날 수 있는 기회를 제공하도록

노력하도록 함

■ 참고자료 ■

○ 참고문헌

박지연, 김은숙, 김정연, 김주혜, 나수현, 윤선아, 이금진, 이명희, 전혜인 역 (2006). 장애인 가족지원. 학지사

이소현 (2006). 유아특수교육. 학지사

전혜인, 박은혜 (1998). 장애아동의 형제를 위한 형제지원프로그램의 효과. 교육과학연구, 27(1), 129-144.

전혜인, 정평강 역 (2009). 장애아의 형제자매. 한울림스페셜

Ⅲ-10. 초등학령기 발달장애인 부모의 심리적 특성과 양육스트레스

과정	공통	영유아기	초등학령기	청소년기	성인기	영역	지식·정보	기술	심리·정서
주제	초등학령기 발달장애인 부모의 심리적 특성과 양육스트레스									

■ 교육의 필요성 ■

o 발달장애아동 부모는 아동이 초등학령기를 맞이할 때 새로운 과업들과 마주하게 된다. 발달장애아동은 가정의 테두리에서 벗어나 학교라는 새로운 공간에 익숙해져야 하며, 또래들과 교사와의 상호작용을 하게 되는 중요한 시기를 맞는다. 이에 따라 초등학령기를 맞이한 발달장애 아동은 자신의 의견을 표현할 수 있는 언어능력이 요구되며, 학습과정을 습득할 수 있는 운동능력과 인지능력도 요구된다. 그러나 발달장애아동의 경우 운동능력, 인지능력, 언어활용수준이 또래들에 비해 상대적으로 낮은 경우가 많기 때문에 교사는 물론 부모의 역할이 중요해지고, 지역사회 내 다양한 사회적 지지체계의 지원이 필요해진다. 그러나 발달장애아동의 학교 내 생활을 지원할 수 있는 지역사회 내 자원과 학교 내에서 활용할 수 있는 자원은 여전히 부족한 현실이다. 따라서 발달장애 아동의 특성에 맞는 사회적 자원의 활용방법과 가정과 학교에서의 생활지도 등에 대한 부모교육의 필요성이 제기된다.

■ 교육내용 ■

o 초등학령기 발달장애아동의 부모가 경험하는 문제들과 양육스트레스

발달장애 아동의 취학 결정

발달장애 아동이 초등학교에 입학할 시기가 되면, 부모는 아동을 초등학교에 입학을 할 것인지 아니면 취학 유예를 할 것인지 고민하게 된다. 또한 초등학교 입학을 결정하였다 하더라도 특수학급이 있는 학교에 보낼 것인지 혹은 특수학교에 입학할 것인지 결정해야한다. 그러나 발달장애아동이 학교 생활을 영위하기 위해서는 또래와의 관계에서 적절하게 상호작용을 할 수 있어야 하고, 학습진도에 맞는 수업을 할 수 있는 신체적인 능력, 인지능력, 의사소통능력이 요구되기 때문에 부모는 다양한 요인들을 고려하여 발달장애아동의 취학을 결정해야 한다. 그러나 발달장애아동의 취학결정은 학교 내에서 장애아동을 지원할 수 있는 지지체계가 없다면 아동의 부모가 취학결정을 독자적으로 결정하는 것은 어려운 결정이다. 따라서 장애부모는 장애아동이 학교생활에 필요한 것이 무엇인지 명확히 인식하고, 학교 내에서나 혹은 지역사회 내에서 장애아동의 학교생활을 지원해 줄 수 있는 지원체계를 확인하는 것이 필요하다. 예를 들어, 발달장애아동이 입학하게 될 학교에 특수교사가 운영하는 특수학급이 있는지 확인하고, 특수교육 보조원제도를 이용할 수 있는지 여부도 확인해야 하며, 이를 위해서는 특수학급 담당교사, 장애인복지관 및 교육청 산하 특수교육지원센터의 도움을 받는 것이 좋다.

발달장애아동의 학교 생활

발달장애아동의 초등학령기 학교생활적응에서 가장 중요한 부분은 학교 내에서 발달장애아동과 관계하는 다양한 사람들과의 관계를 형성하는 일이다. 특히 발달장애 아동은 또래와의 관계형성이 어려운 경우 일상적인 학교생활을 영위하는 데 어려움이 뒤따른다. 발달장애아동은 교실 내에서 활동뿐만 아니라 교실 밖에서도 또래들의 도움이 필요한 경우가 많다. 따라서 장애아동부모는 담임교사와 상의해서 장애아동의 학교생활을 도와줄 수 있는 학생들을 선정해서 도움을 받도록 하는 것도 좋은 방법이다. 또한 발달장애아동을 담당하고 있는 교사는 아동이 또래와의 관계를 잘 형성하여 통합교육이 가능할 수 있도록 지도하는 것이 중요하며, 이 과정에서 발달장애아동의 부모는 교사와 의사소통이 원활하게 이루어질 수 있도록 노력하는 것이 필요하다

초등학령기 발달장애아동의 사회적 특성

장애아동의 통합교육에 관한 중요성이 강조되는 상황에서 일반학교에서 통합교육을 받게 기회는 확대되고 있다. 그러나 발달장애아동의 경우 또래와의 상호작용과 참여율이 낮은 경우 발달장애아동의 행동을 위축시킬 수 있으며, 학교생활을 영위하는 데 어려움으로 작용할 수 있다. 초등학령기의 발달장애아동의 경우 또래에 비해 학교 내에서 교사가 선호하는 행동, 또래가 선호하는 행동, 학교적응력 등이 낮게 나타난다. 따라서 초등학령이 발달장애아동은 긍정적인 사회적 상호작용, 자아인식 등 사회적 능력을 키우는 것이 요구되며, 장애아동의 부모나 가족은 발달장애아동의 사회적 상호작용을 활발하게 할 수 있도록 지원하는 것이 필요하다(김형일, 2004).

○ 초등학령기 발달장애아동의 발달주기별 가족지원서비스 분류

> 예) 장애아동의 발달주기별 가족지원서비스 분류(김성천·심석순, 2011; 정무성 외, 2006, 재인용)
> 장애아동의 발달주기별 가족지원서비스 분류는 발달장애아동의 생애주기에도 적합할 수 있을 것이다. 장애아동에 대한 가족지원서비스는 크게 직접적 서비스와 간접서비스로 구분하여 제시할 수 있다. 여기서 직접서비스는 지역사회재활시설에서 아동과 가족을 대상으로 직접 제공하는 서비스를 의미하며, 간접서비스는 지역사회와의 연계를 통해 제공할 수 있는 서비스를 말한다. 특히 발달장애아동의 영·유아기 시기보다 학령기에 이르러서는 직접서비스로는 발달장애아동의 생활적응훈련 프로그램이 추가될 수 있으며, 간접서비스로는 학교와 가정환경에 대한 원조, 비장애형제들을 위한 프로그램 등을 고려할 수 있다.

발달주기	직접서비스	간접서비스
영유아기 (0-6세)	· 장애사정 및 재활계획수립 · 장애 및 가족관련 상담 · 각종 교육, 재활프로그램	· 권익옹호프로그램 · 부모자조 네트워크 형성지원 · 이용가능한 자원의 개발과 연결 · 각종 특수상황에 대한 자문과 정보제공
학령기 (7-18세)	· 장애사정 및 재활계획수립 · 장애 및 가족관련 상담 · 각종 교육, 재활프로그램 · 생활적응훈련 프로그램	· 권익옹호프로그램 · 부모자조 네트워크 형성지원 · 이용가능한 자원의 개발과 연결 · 각종 특수상황에 대한 자문과 정보제공 · 학교 및 가정환경에 대한 원조 · 비장애 형제을 위한 프로그램

○ 초등학령기 발달장애아동의 교육 관련 서비스

> 예) 교육과학기술부의 특수교육 관련서비스(원상화, 2010)
> 교육과학기술부에서 특수교육대상자를 위한 특수교육 관련서비스는 가족지원과 치료지원, 보조인력지원, 학습보조기기나 보조공학기기 제공, 통학지원, 기타 등으로 분류하여 제시할 수 있다.

〈표〉 특수교육 관련서비스

지원영역	지원방법
가족지원	가족상담, 양육상담, 보호자 교육, 가족지원 프로그램 운영
치료지원	의료기사 등에 관한 법률에 따른 공인자격을 소지한 전문가 지원
보조인력지원	학교장은 특수교육보조원 등 보조인력 수급에 대한 계획을 수립하고 운영에 필요한 업무를 수행
학습보조기기/ 보조공학기기	각종 교구, 학습보조기, 특수교육지원센터에서 지원
통학지원	통학차량 지원, 현장체험학습, 수련회 등 학교 밖 활동 지원
기타	사회기술훈련 등 특수교육 대상자에게 필요한 서비스 제공

예) **독일 Sachsen-Anhalt주, Bayem주의 특수교육지원센터의 지원서비스(원상화, 2010)**
독일의 경우 학령기 특수교육이 요구되는 학생들을 지원하기 위해 학교 적응상의 문제를 최소화하기 위한 지원을 제공하고 있다. 특히 장애아동뿐만 아니라 가족, 학교, 지역사회에서 요구되는 지원을 통합적으로 지원하기 위한 전달체계를 구축하고 있으며, 또한 특이한 점은 장애아동의 학교진학 전에 사전에 특수교육을 위한 진단을 실시하고, 학교입학준비반 등을 운영하고 있는 점이다. 이밖에 장애아동 특별지원 서비스 내용에는 장애아동의 휴가를 위해 인적·경제적 지원을 하고 있으며, 부모와 가족의 휴가도 지원하고 있다.

구분	지원방법
교육지원/ 개별학습지원	학습, 지적능력, 정서 및 사회적 발달 수준에 맞도록 개별화
지원내용	- 순회교육서비스(일반유치원이나 통합유치원 지원) - 학교입학준비반 운영 - 특수교육을 위한 진단 및 지원학급 서비스 - 만성질환 아동을 위한 병원 순회교육 서비스 - 치료지원서비스 - 지역사회기관과의 협력적 관계 유지 - 특수상황 지원

예) **발달장애아동을 위한 중재방안(이명희, 2011)**
발달장애아동의 학습과 생활지도를 위한 다양한 중재방안들을 제안할 수 있다. 이러한 접근방법은 주로 발달장애아동의 약물치료와 교육적 중재를 동시에 병행하는 방안을 강조하며, 다양한 부가적 치료방법을 제시할 수 있다.

일차적 접근	지원방법
약물치료	중추신경흥분제나 항우울제를 통하여 과잉행동을 감소시키는 방안
부모교육	가정에서 아동의 행동을 통제할 수 있도록 지도하고, 장애부모로 하여금 아동이 사회적 상호작용과 자기조절 능력을 향상시킬 수 있도록 교육
교육적 중재	교육적 중재는 교실 내에서 행동을 관리하고, 학업수행에 집중하기, 또래관계 개선, 자기조절 행동 지도한다.
부가적 접근	**지원방법**
가족상담	발달장애아동의 정서적 문제나 장애부모의 스트레스 요인 등에 대한 가족상담
지지집단	다른 장애아동부모와 연계하기, 정서적 지원체계 마련하기, 정보공유
사회기술훈련	발달장애아동이 또래와의 긍정적인 상호작용 향상을 위한 지원 프로그램
자기통제훈련	발달장애아동이 스스로 문제상황을 확인하고 적응을 할 수 있도록 지원
개인상담	장애부모와 장애아동의 개인적 관심과 감정을 토의할 수 있도록 상담

교육방법

o 강의형 교육
 - 발달장애아동이 초등학령기를 맞이하였다면 이때 발달장애아동의 성장과 발달에 중요한 요인이 무엇인지 필요한 정보를 제공하고, 발달장애아동의 학교생활을 위해 또래와의 상호작용을 맺는 방법이나 아동의 학습지도, 일상생활지도에 필요한 내용을 교육한다.

o 참여형 교육
 - 초등학령기를 맞이한 발달장애아동의 부모를 대상으로 자신의 아이에게 적합한 학교를 선정하는 기준은 무엇인지 서로 논의하는 기회를 갖도록 하는 것이 중요하다. 또한 초등학교에 입학한 장애아동의 학교생활을 잘 영위하는 데 필요한 것은 무엇인지 논의. 특히 또래와의 관계, 교사와의 관계, 학교의 환경적인 요인을 변화시킬 수 있는 방안에 대해 토의할 수 있을 것이다. 이와 함께 장애자녀의 학교 입학은 가족 전체의 삶에 커다란 변화를 초래함으로 장애아동의 아버지는 자신의 역할을 충분히 수행하면 자녀 양육과정에서 경험하는 어머니의 양육스트레스를 최소화할 수 있을 것이다. 학령기를 맞이한 장애가족의 양육스트레스를 줄일 수 있는 방안에서 부모의 역할분담을 위한 계획을 수립해 보도록 집단 토의 실시할 수 있다.

o 실습연계형 교육
 - 초등학교내 특수학급이 있는 학교를 선정하여, 담임교사, 특수교사, 특수교육보조원 등과 협력하여 아동의 원반교실과 특수학급에서 일상활동을 보조하거나 학습을 지원하는 실습 계획을 수립할 수 있다. 실습과 연계할 경우 장애아동의 등·하교를 지원하거나 장애아동이 방과후에 지역사회 재활기관의 이용할 수 있도록 통학 지원하는 것도 배려할 필요가 있다.

유의사항

o 발달장애아동의 성장은 단시일 내에 이루어지는 것이 아니다. 장애아동을 양육하는 부모는 아동이 새로운 환경과 대면하고, 스스로 성장할 수 있는 기회를 갖도록 지원하는 것이 중요하다. 또한 장애관련 전문가나 실천가는 발달장애아동의 부모가 지역사회 내 다양한 지원체계를 활용할 수 있도록 정보 제공하고, 지속적인 사

레관리나 지역사회재활기관을 연계할 수 있도록 지원하는 것이 중요하다.

참고자료

o 참고문헌

김형일 (2003). 초등부 발달장애아의 사회적 특성에 관한 연구. 특수아동교육연구, 5(2), 81-95.

원상화 (2010). 발달장애아동을 위한 독일의 특별지원서비스 현황 및 한국에서의 시사점. 발달장애연구, 14(2), 21-41.

이명희 (2011). ADHD 아동을 위한 학습과 생활지도, 상담과 지도, 46, 379-390.

발달장애인 부모교육 과정 매뉴얼

PART Ⅳ. 청소년기

PART IV. 생소법기

목차

발달장애인 부모교육 과정 매뉴얼

Ⅳ. 청소년기 ·· 1

　Ⅳ-1. 청소년기 발달장애인 진로지도 ·· 3

　Ⅳ-2. 발달장애인 취업준비 ··· 11

　Ⅳ-3. 청소년기 진학 준비 ·· 21

　Ⅳ-4. 발달장애인 행동문제 중재 ·· 29

　Ⅳ-5. 발달장애인의 지역사회 전환 준비 ··· 35

　Ⅳ-6. 청소년기 발달장애인에 대한 가정에서의 성교육 실제 ············· 45

　Ⅳ-7. 발달장애인 자기결정기술 향상 ·· 57

　Ⅳ-8. 청소년기 발달장애인의 형제자매에 대한 지원 ························· 65

　Ⅳ-9. 발달장애청소년 부모의 심리적 특성과 양육스트레스 ··············· 73

Ⅳ. 청소년기

Ⅳ-1. 청소년기 발달장애인 진로지도

Ⅳ-2. 발달장애인 취업준비

Ⅳ-3. 발달장애인 진학 준비

Ⅳ-4. 발달장애인 문제행동 중재

Ⅳ-5. 발달장애인의 지역사회 전환 준비

Ⅳ-6. 청소년기 발달장애인에 대한 가정에서의 성교육 실제

Ⅳ-7. 발달장애인 자기결정기술 향상

Ⅳ-8. 청소년기 발달장애인의 형제자매에 대한 지원

Ⅳ-9. 발달장애청소년 부모의 심리적 특성과 양육스트레스

Ⅳ-1. 청소년기 발달장애인 진로지도

과정	공통	영유아기	초등학령기	청소년기	성인기	영역	지식·정보	기술	심리·정서
주제	청소년기 발달장애인 진로지도									

■ 교육의 필요성

○ 상급학교 진학 또는 취업과 직업훈련을 받으려는 학생들에게 자기자신을 바르게 알고 이해하며 잠재능력 개발과 더불어 자기결정 능력이 신장될 수 있도록 지원하여 구체적인 진로계획을 수립하고 올바른 진로선택이 되도록 지원할 필요가 있다.

■ 교육내용

1. 자기이해

○ 의미와 목적
 - 사람은 자신에 대한 이미지를 형성하고 자신을 평가하면서 주변세계에 적응해 나간다. 다른 사람들이 자기를 평가하는 관점을 수용하거나 거부하면서 자신에 대한 이해와 인식을 하게 됨. 자기 자신에 대한 이미지를 형성하거나 평가하고 수용하는 것을 자기이해라고 함. 자기이해의 목적은 발달장애청소년의 적성, 학업성취도, 흥미, 성격, 가치관, 신체적 조건, 가정환경 및 사회환경 등을 이해하게 하며 이러한 요인들이 발달장애청소년의 진로 및 직업과 어떻게 관련되는지 알도록 하는 것임.

○ 자기이해 영역
 - 인지적 영역: 지능이나 적성요인 이외에도 여러 면에서 독특한 특성을 나타내는 창의력을 파악하여 자신에 대한 진로의 가능성 예견
 - 정의적 영역: 성격, 흥미, 태도, 가치관, 적응력, 자아개념 및 욕구 등을 말함
 - 신체적 영역: 체력과 건강진단 등으로 구분하여 파악하고 이를 진로와 연계

      - 환경적 요인: 가정환경, 학교환경 및 사회환경으로 구분하여 파악
  ○ 자기이해방법
    - 자기관찰방법: 스스로 자신의 뛰어난 면을 살리고 자신의 특성을 이해하고 소질을 찾아내는 방법. 자신의 성장과정, 가정환경, 가족의 직업, 취미 및 흥미, 좋아하는 교과목, 학교성적, 신체적인 조건, 능력수준, 적성분야, 성격 등을 최대한 객관적으로 평가하여 진로를 선택하게 하는 방법
    - 제3자 관찰법: 여러 가지 경험을 해 봄으로써 자신의 능력을 탐색하는 방법으로 자기 자신에 대해 자신을 평소에 잘 알고 있는 부모, 형제, 스승, 친구 등으로부터 자신이 어느 직업분야에 적합한지에 대해 관찰평을 듣고서 적성을 파악하는 방법
    - 각종 심리검사를 이용하는 방법: 표준화된 검사를 통해 자신의 적성에 대한 객관적인 정보를 얻을 수 있고, 시간도 절약할 수 있는 방법으로서 심리검사에 의한 자신의 능력수준, 성격유형, 적성분야, 가치관, 동기수준 등을 파악하는 방법
  ○ 자기이해 지원에 포함되어야 할 활동
    - 흥미와 능력을 이해하는 활동
    - 태도와 가치를 명료화하는 활동
    - 학업성취도와 적성을 이해하는 활동
    - 적응 및 대처기술을 확인하는 활동
    - 대인관계 및 사회성을 이해하는 활동
    - 신체적 조건, 정서안정, 가정환경을 이해하는 활동

2. 나의 적성

  ○ 의미와 목적
    - 자신의 적성, 학업성취도, 흥미, 성격, 가치관, 신체적 조건, 가정환경 및 사회환경 등을 이해하며 이러한 요인들이 개인의 진로 및 직업과 어떻게 관련되는지를 알도록 해야 함. 적성은 어떤 활동 분야에서 교육이나 훈련의 영향을 비교적 덜 받고 향상적인 특징을 지니며, 어떤 분야에서 성공할 수 있는 특수적 잠재능력 요인으로 직업선택과 발달에 중요한 요인이 될 수 있음. 또 나아가서 적성이란 어떤 특수한 부문에 대한 능력의 정도나 그 능력의 발현 가능성을 뜻함.
    - 적성은 현재의 능력을 의미하기보다는 장래의 성공가능성을 말해주는 잠재적인

능력이기 때문에 적성의 발견을 위한 신중하고 꾸준한 탐색 필요. 자신의 적성을 잘 파악하여 직업을 선택하는 경우에 사회적 조건과 개인적 조건을 종합적으로 고려하여 진로·직업을 선택하여야 함에도 불구하고 자신의 능력이나 적성을 고려하지 않고 사회적 고정 관념상 인기 있는 직업이나 현실적 필요에 치우쳐 자기 진로를 결정한다면 그 진로결정은 그 개인에게 좋은 진로가 될 수 없음.

○ 적성 탐색 내용
- 흥미가 아닌 진실로 내가 잘 할 수 있는 것을 발견
- 사소한 것이라도 내가 자신 있게 잘 할 수 있는 것 발굴
- 가능한 일과 관련된 활동을 말하도록 함
- 내가 잘 하고 싶은 일이나 내가 경험한 멋진 일에 대해서도 말함.
- 학교나 사회기관에서 실시한 적성 검사 결과 참고
- 적성검사의 결과와 흥미검사의 결과의 일치 확인

○ 적성평가방법
- 적성을 알아보는 일반적인 검사법으로는 특수적성검사와 종합적성검사가 있고, 발달장애청소년의 일상적 활동을 직접 관찰하며 그 적성을 파악해 볼 수 있음.

○ 적성 개발 방법
- 취미 프로그램: 가정의 가족구성원이나 지역사회 복지시설을 활용하여 발달장애청소년의 취미를 계발하도록 장려하고, 이러한 취미생활에 대해 지속적으로 정보를 교환하여 적성과 능력을 파악해 볼 수 있음.
- 장기 프로그램: 오락이나 연예 부문 이외에도 음악, 무용 또는 체육이나 미술 활동을 비롯하여 전기기구 다루기나 수예품 만들기, 요리하기 등 다양한 활동에 참여시켜 발달장애청소년의 장기를 확인해 볼 수 있음
- 포부 프로그램: 가족회의, 가족여행 등을 진행하면서 발달장애청소년의 직업적인 포부를 말하도록 안내하고, 이에 대해 함께 고민해 볼 수 있음
- 현장견학 또는 현장학습: 적성과 관련된 업체를 직접 방문하거나 견학을 신청하여, 발달장애청소년의 적성을 자극하고 흥미와 적성이 일치하는지 알아볼 수 있음

3. 직업세계탐색

- ○ 목적
  - 직업의 의미 및 종류를 알고 다양한 직업세계 전반에 대한 특성을 이해한 다음, 직업의 선택과 준비를 위한 능력을 기르게 함

- ○ 일과 직업의 의미 알기
  - 일을 통한 경제적 수입은 생계와 문화적 혜택을 누리게 함. 장래에 대한 낙관적 전망을 갖고 직업에 대한 사회인으로서의 희망을 갖게 함. 사회적으로는 다른 사람을 위하여 봉사할 수 있는 기회를 준다. 각 개인이 남기는 업적은 바로 사회 발전에 중요한 기여를 함. 사회 계층이나 사회적 지위와 깊은 관계를 가지고 있음

- ○ 우리 가족이 하는 일 알기
  - 아버지, 어머니, 집안의 식구들이 하는 일에 대한 특성을 파악해 보고, 이러한 직업과 집안 일과의 관계를 파악해 볼 수 있음

- ○ 우리 고장 사람들이 하는 일 알기
  - 자녀가 거주하고 있는 지역의 다양한 직업을 파악해 보고, 이러한 직업을 갖기 위해서 어떠한 것들을 수행해야 하는지에 대해 파악해 볼 수 있음

- ○ 장애인의 고용 현실 파악하기
  - 2011년도 장애인실태조사 결과를 활용하여 장애인의 전반적인 고용 현실과 장애 유형별 고용 현황 등을 확인하여, 직업선택의 어려움과 사회 구조적인 현실을 파악해 봄

4. 직업 탐색

- ○ 목적
  - 일과 직업의 세계를 이해하고 자기의 소질과 적성에 맞는 직업 선택의 기회를 가질 수 있도록 지도한다.

- ○ 직업 탐색 방법
  - 개인적으로 책, 방송매체, 인터넷을 통해 탐색
  - 학교에서의 진로교육 시간을 통하여 교육용 비디오 시청하기
  - 진로상담 전문가의 강연이나 상담을 통하여 정보 수집
  - 가족, 이웃, 지역사회의 다양한 직업 탐색과 현장견학

○ 장애유형별 주요 직종 탐색
  - 시각장애: 안마(안마사), 침구(침구사), 한방(한의사), 음향기사, 환경학자, 교사, 치료사, 목사, 가수, 성우, 번역가, 상담원, 작곡가
  - 청각·언어장애: 전기기사, 측량사, 치과의, 서기, 석공, 모포제조, 주물공, 로구로공, 제통공, 벌돌제조공, 도자기공, 기화적, 피혁공, 빵제조공, 기구제조, 가축사육, 조리사, 미용사, 방직공
  - 지체부자유: 전문기술사, 사무직, 컴퓨터 프로그래머, ㄱ됴사, 회계사, 변호사, 사서, 영양사, 방사선사, 치과기공사, 속기사, 디자이너, 생산사무원
  - 정신지체: 신발류제조 종사원, 유리성형원, 타자, 제빵원, 펄퍼제조원, 가죽처리원, 타이어 제조원, 칠기, 미용, 도자기, 염색, 타일공, 미장, 방수공, 온돌공, 도배공, 포장원, 가구제작, 합판제조, 조립원, 보호작업장 등

5. 진로 결정

○ 목적
  - 진로 결정 단계는 진로를 위한 방향을 설정함에 있어 상급학교 진학이나 직업훈련과정 역시 학생이 장래에 궁극적으로 가지고자 하는 직업을 위한 준비단계. 진학과 고용으로의 연결을 지도할 때, 장래의 적합한 직업과 직종에 초점을 두어야 함. 그리고 진로의 방향 설정은 취업 뿐만 아니라 장기적으로 연결할 수 있는 전공선택을 위해서도 직업정성이나 성격 등을 토대로 탐색되어야 함.

○ 진로방향 설정의 과정
  - 자신의 특성 파악하기: 좋아하는 일, 싫어하는 일, 잘하는 일과 못하는 일, 가치있는 일과 가치없는 일, 자신의 인성적 특성
  - 해당직종에 종사하는 사람을 통한 직업정보 수집: 월급, 종사연한, 출·퇴근시간, 승진조건, 복지제도, 일에 대한 만족도, 일에 대한 전망 등
  - 미래의 직업전망 분석
  - 직업정보표에 따라 직업 분성
  - 자아의 특성과 직업정보분석을 토대로 진로방향 설정

○ 진로 방향 설정 요인
  - 개인적 차원: 내재적 요인(연령·성·능력·인성·흥미·학력·신체적 조건), 외재적 요인(부모의 직업 및 학력, 가정의 사회·경제적 지위, 가족구성원, 종교, 교사의 영

향, 가치관
   - 사회경제적인 차원: 산업구조 변화, 인구구조 변화, 산업기술 혁신, 사회적 직업 가치관
   · 교육 체제적인 차원: 학교배경
○ 진로 결정 과정과 요인
   - 나를 탐색하기: 적성, 흥미, 성격, 가치관, 가정환경, 학교성적, 장래희망 등
   - 직업세계의 이해: 직업의 종류 이해, 직업의 변화추세 이해, 직업 정보 이해
   - 상급학교의 이해: 상급학교의 종류 이해, 학과의 특성 이해, 입학 정보
   - 잠정적인 진로 선택
   - 부모, 교사, 상담자의, 조언
   - 최종적인 진로 선택
○ 진로 결정시 고려해야 할 점
   - 일의 내용: 관리직, 생산직, 사무직, 연구직, 교사직
   - 안정성: 정년, 임기, 인사 이동의 주기
   - 보수: 월급, 수당, 일당
   - 후생복지: 의료보험, 교통편이나 중식 제공, 복지시설
   - 근무지역: 도시, 농촌 광산, 해상, 해저, 국외
   - 지위: 정시제, 격일제, 야간근무, 휴가
   - 발전가능성: 과장, 부장, 이사, 사장
   - 사회의 지명도: 교육 및 훈련 기회, 전직 가능성, 승진 가능성
   - 직장의 규모: 대, 중, 소

교육방법

○ 강의형 교육
   - 발달장애청소년의 적성과 흥미 파악의 중요성 이해
   - 발달장애청소년의 진로 선택 과정의 이해

○ 참여형 교육
- 자기이해 관련: 자녀가 잘 하는 것과 잘 못하는 것 알아보기, 자녀와 자녀 친구들과 다른 점 알아보기, 심리측정도구를 활용하여 자녀의 성격 파악하기, 자녀의 흥미분야 파악해보기, 성격과 취미에 맞는 직업 찾기, 신체적 조건을 고려한 직업 알아보기, 체크리스트를 통해 자녀의 적성 탐색해 보기
- 적성 파악 관련: 체크리스트를 활용하여 적성과 직업을 알아보기
○ 실습연계형 교육
- 가정 내에서의 진로지도 계획서 작성하고 평가하기.
- 자녀의 진로 선택을 위하여 가정 내에서의 지도 계획서 작성하기.

■ 유의사항 ■

○ 신체적·정신적 장애를 있는 그대로 이해하고 수용할 수 있도록 지도한 다음 아래와 같은 관점의 긍정적인 자아개념을 심어줄 수 있어야 한다.
- 자기 자신에 대해 괜찮은 존재라고 느끼는 것이며 이를 자아존중감이라고도 한다. 자기 자신을 있는 그대로 보면서 최선을 다하고 자기가 한 일의 결과를 객관적으로 평가하여 책임을 수용하는 사람은 자아존중감이 높은 사람이다.
- 자기에 대한 건강한 이미지를 자기 속에 심고 현실 생활에 임하는 사람들은 인간관계가 좋을 뿐 아니라 업무의 효율성도 높다.
- 긍정적 자아개념은 자신이 쓸모 있는 존재이며 무언가 도움을 줄 수 있는 존재이고 자신의 힘으로 생애를 헤쳐나갈 의지와 능력이 있다는 자신감을 형성하며, 이는 개인의 삶의 태도에 있어서 매우 중요하다.

■ 참고자료 ■

○ 참고문헌
- 김형일 외 (2002). 장애학생 전환과정 지원 자료. 국립특수교육원: 안산
- Flexer, R. W., Bare, R. M., Luft, P., & Simmons, T. J. (2010). Transition Planning for Secondary Students with Disabilities, 3rd Edtition. Prentice Hall. 신현기·김희규·박정식·유애란 등 옮김(2011). 장애 중등학생을 위한 전환계획. 박학사.

Ⅳ-2. 발달장애인 취업준비

과정	공통	영유아기	초등학령기	청소년기	성인기	영역	지식·정보	기술	심리·정서
주제	발달장애인 취업준비								

■ 교육의 필요성 ■

○ 학교 졸업 이후 자녀의 취업에 대비하여 부모의 역할과 의무에 대해 이해할 필요가 있다.

■ 교육내용 ■

1. 부모의 역할과 의무

   ○ 자녀의 장애를 인정하여야 한다.
   - 자녀의 장애를 인정할 때 자녀의 현재수준 능력이 파악될 수 있고 개별화교육계획의 장·단기 목표 수립 가능
   - 장애를 인정할 때 부모와 자녀가 진정 행복할 수 있으며 칭찬이 가능하고, 자녀는 자신감을 갖고 자신의 능력을 발휘하며 발전할 수 있음
   - 장애를 인정하는 긍정적인 사고를 가졌을 때 장애를 극복할 수 있는 원동력이 될 수 있음.

   ○ 과잉보호, 과소평가를 하지 말아야 한다.
   - 과잉보호를 함으로써 자녀는 생리적 욕구의 만족 수준에서 사고의 향상 발전을 기대하기 어려움.
   - 부모 사전에 자녀를 자립시키기 위한 방법 중 가장 큰 저해요소가 과잉보호임
   - 자녀는 거의 모든 것을 부모가 해결해 주기 때문에 스스로 하려고 하지 않고 흥미를 찾지 못하며 의욕을 잃는다. 더 나아가 과잉보호에 익숙해져 부모가 옆에 없으면 불안해하고 아무것도 하지 못할 수 있음.

- 과소평가를 받음으로 자신을 무시한다는 것을 알고 자신감과 의욕을 잃는다. 목소리가 작고 명랑하지 못하며 표정이 어둡고 매사에 움츠리고 소극적이 될 수 있음.
o 가정에서 자녀가 자기결정능력을 획득할 수 있도록 하고 독립의 가능성을 높일 수 있도록 격려하여야 한다.
 - 자기결정력을 향상시키기 위한 방법으로 칭찬, 대화, 질문을 사용. 부모의 눈높이를 자녀에게 맞추어 칭찬하려고 노력하면 칭찬할 것이 발견됨. 대화 또는 자녀의 눈높이에서 대화를 해야 하며 대화를 하게 되면 자녀는 부모가 인정을 한다고 생각하고 자신감이 향상됨. 질문에 대한 답이 돌아오지 않을 때에는 질문이 어렵거나 이해가 안 되었기 때문이어서 자녀가 대답할 수 있는 질문 내용과 정도로 구성하여야 함. 대답을 못하는 것은 자녀의 잘못이 아니라 어렵게 질문을 했기 때문일 수 있음.
 - 자녀의 인격을 무시하지 않고 존중했을 때 자기결정력은 발달할 수 있다. 자녀는 부모가 자신을 인정한다고 생각하며, 자신을 갖고 매사에 대처함으로써 스스로 수행할 수 있는 능력이 향상됨.
 - 자기결정력이 부족할 때 사회의 첫 관문인 면접에서부터 탈락할 수 있음. 최근 서비스 직종에 취업이 늘면서 면접기술이 요구되고 있음. 서비스 직종에서는 실습보다는 면접을 통하여 학생을 채용하기 때문에 면접기술이 필요하며, 면접기술은 평소에 질문을 받고 질문에 대답하는 훈련이 되었을 때 질문에 답하는 능력이 향상됨. 질문에 대답을 못할 경우에는 질문의 수준을 낮추어 자녀가 대답할 수 있도록 해야 하며, 대답을 할 수 있도록 단서를 제공하거나 유도하여 답할 수 있도록 함.
o 자녀들이 가정과 이웃, 지역사회 직장에서 일하도록 격려해야 한다.
 - 부모의 적극적인 지원이 필요한 부분으로 가정에서의 교육이 잘 되었을 경우 자녀는 직업인으로 성공할 수 있는 충분한 기초 마련. 가정에서의 교육이란 가정에서 할 수 있는 일을 자녀에게 맡길 수 있어야 한다는 것으로 자녀가 하는 일을 믿지 못하고 잘못을 질타하기만 한다면 자립에 어려움을 겪을 수 있음. 가정에서 이루어지는 일을 자녀가 할 수 있도록 지원하기 위하여 부모는 한계에 부딪쳤을 때 좌절하지 말고 극복해야 하며, 인내와 기다림으로 자녀가 자신감과 성취감을 갖도록 지도해야 함.
 - 지역사회 직장에서 일하는 것을 불쌍하게 생각하거나, 사회로부터 장애인에 대한

피해의식이 있어 자녀를 사회에 내어 보내지 못하고 데리고 있다면 자녀는 퇴행하여 특수교육의 효과를 무가치하게 만들 수 있음. 따라서 장애인 개인에게는 자립할 수 없고 끝까지 장애인으로 만드는 결과를 가져올 수 있으며 부모 사후에 형제에게 어려움을 안겨 줄 수 있음.

○ 가정에서 직업관련 활동과 독립생활행동을 강화해야 한다.
- 직업관련 활동과 독립생활행동을 강화하기 위해 가정에서 해야 할 일 중의 하나가 대중교통을 스스로 이용할 수 있도록 훈련하는 것임. 특히 특수학교의 경우 등하교를 학교버스로 이동하기 때문에 학교에서의 훈련보다는 가정에서의 훈련 필요. 승용차를 선호하지 말고 지속적으로 버스와 지하철타기를 훈련한다면 직업인이 되기 위한 기반을 마련할 수 있음.
- 독립생활행동을 강화하기 위해서 사회생활 능력을 길러야 함. 은행이용하기, 물건 구입하기, 지역사회 기관 이용하기 등 지역사회를 살아가는데 필요한 기능들을 익히기 위해 가정에서의 교육이 필요하며, 자녀와 항상 같이 동행하여 지도했을 때 효과적임.
- 가정 일을 도와야 함. 이해나 속도, 기능에서 어려움을 겪지만 부모가 혼자하지 말고 자연스러운 상황과 환경에서 자녀와 함께 가정 일을 했을 때 이해가 쉽고 수월하게 익힐 수 있음. 부모가 모든 것을 하려고 하지 말고 자녀에게 맡김으로써 점차 향상되고 책임감을 갖고 수행할 수 있음.

○ 내 자녀가 새로운 일을 배우게 될 때 실패경험을 허락해야 한다.
- 부모도 자신이 새로운 일을 배울 때 실패 경험이 있음을 인식하고 자녀는 장애가 있기 때문에 실패 경험을 더 많이 허락해야 함.
- 자녀가 실패했을 때 야단보다는 격려로 다시 하고자 하는 마음을 낼 수 있도록 해야 함.
- 자녀의 기능이 답답하다고 부모가 대신해 준다면 자녀는 해보려는 의지를 잃고 자신감을 잃음. 느린 속도이지만 자녀가 수행할 때까지 기다림으로 지켜본다면 처음은 실패와 느린 속도, 서툴렀던 것이 점차 익숙해지면서 성공할 수 있음. 특히 자녀교육은 부모 자신과의 싸움이면서 한계에 봉착하지만 기다림으로 지켜주었을 때 자녀는 자신감을 갖고 수행할 수 있음.

○ 진로·직업교육을 위한 지역사회 자원을 계발·장려하여야 한다.
- 지역사회에 있는 청소년 수련관, 도서관, 주민센터에서 실시하는 다양한 행사 및 프로그램에 참여하여 자녀가 할 수 있는 프로그램을 적극적으로 찾아야 함

- 일반인과 통합하도록 지원하며, 취미를 살릴 수 있는 프로그램을 찾아야 함
○ 교육, 일상생활기술, 대인사회기술을 교수하는데 지원하여야 한다.
  - 넓게는 교과부에서의 정책 등을 파악하여 특수교육의 흐름을 알아야 하며, 학교의 교육목표, 교육계획, 교육과정 등을 파악하여 자녀 교육에 도움이 될 수 있어야 함
  - 교사와 파트너쉽을 이루어 교육의 조력자, 협력자로 활동함으로써 교육효과를 최대한 높일 수 있도록 함. 교사와 가정에서의 교육 방법을 의논하고 학교에서의 교육방법을 공유하여 학교와 가정이 일치하는 교육을 했을 때 자녀는 혼란스럽지 않고 수월하게 수행할 수 있음
  - 학교에서 시행하는 사업에 적극 동참하여 지원하고 발전할 수 있도록 가정에서 자녀를 준비시킴. 학교에서 추진하는 연수, 견학 등에 적극 참여함으로써 부모 자신의 지식을 쌓는 것은 물론 자녀를 지원하기 위한 특수교육의 발전 방안, 동향, 흐름 등을 알고 자녀 교육에 적용함으로써 효과적인 교육이 이루어질 수 있음
○ 고등부 졸업 후에 직업 외에 다른 필요한 활동(여가활동, 지역사회 활동)에 대해 알고 있는가?
  - 건강을 위한 운동을 스스로 하기 어렵기 때문에 처음에는 부모가 함께하다가 점차 친구와 하거나 혼자 할 수 있도록 지원
  - 친구들과의 모임을 할 수 있도록 처음에는 여건을 마련해 주고 점차 독립적으로 수행하게 한다. 모임은 졸업 후에도 지속적으로 할 수 있게 함
  - 취미나 흥미를 위한 여가생활을 할 수 있도록 방법을 지도하고 스스로 할 수 있도록 함
○ 고등학교 졸업 후 갈 수 있는 직업훈련기관에 대해 알고 있는가?
  - 직업전문학교, 복지관, 재활시설에 대한 정보를 파악해야 함. 학교를 졸업하고 직업교육을 더 받기 위하여 지역에 위치하는 기관에 방문하여 정보를 파악함
  - 자녀의 능력이 향상될 수 있는 기관을 찾으며, 지원 시기를 놓치지 말고 신청하여 지원을 받을 수 있도록 함
○ 내 자녀가 어떤 직종이 가능한지에 대한 의견 수렴 시 어떤 의견도 받아들일 수 있는 자세가 되어 있어야 한다.
  - 부모의 입장이 아닌 자녀의 입장에서 고려해야 함. 자녀의 적성, 능력을 알고 있어야 하며, 자녀의 의사결정을 존중하여 의견을 수렴해야 함

- 자녀의 강점과 약점을 알고 의견을 제시하고 받아들일 수 있어야 함
○ 직종 선택 시 안전성, 정서적으로 안정된 곳, 인간의 존엄성을 고려하는가?
- 접근성에서의 안전성, 회사의 연혁, 작업조건, 근로조건, 보수, 사업주와 동료의 장애인 인식정도 등을 파악하여 자녀가 즐겁게 근무할 수 있는 곳을 찾아야 함
- 자녀의 적성과 능력을 기준으로 해야 하며, 부모의 눈높이에 맞추지 않도록 함
○ 장애인의 취업에 관한 법 조항을 알고 있어야 한다.
- 장애인 고용촉진 및 직업재활법, 장애인 복지법, 장애인 등에 대한 특수교육법, 장애인 차별금지 및 권리구제 등에 관한 법률 등을 알고 있어야 하며, 해마다 개정되는 내용을 알고 자녀의 권리를 보호할 수 있어야 함. 또한 시대의 변화나 흐름을 알고 자녀 교육에 대처해야 함
- 최근 추진하는 정책이나 방안을 살펴보고 자녀 교육에 적용함

2. 가정에서의 직업교육

○ 직업인식 및 직업탐색
- 가깝게는 가족의 직업을 인식하게 하여 직업이 무엇인지를 알고, 취업을 할 수 있는 동기를 가질 수 있도록 지도
○ 직업평가
- 초, 중, 고등학교 때 받아볼 수 있는 평가를 받아보고(학교, 직업재활시설, 장애인 고용공단 등) 자녀의 직업적 능력 파악
- 가정에서 파악할 수 있는 능력을 살핌. 가정에서 다양한 여건을 마련했을 때 자녀의 소질 등을 파악할 수 있음
○ 가정교육 계획
- 가정에서 할 수 있는 교육계획을 생각해 보고, 년, 월, 주간 계획을 세워 실천했을 때 자녀의 능력은 향상될 수 있음
- 교육은 시간을 제한하고 실시하는 것보다 자연스런 환경에서 실시하는 것이 좋음
- 교사와 협력할 수 있고 교사에게 교육방법을 의논할 수 있으며, 교육하고 있음을 알림장을 통하든지 알리는 것이 학교 교육에 참고가 될 수 있음

○ 직업적응훈련 및 직업훈련 내용

항목	영역	훈련내용
기초 능력학습	언어	신상기록(이름, 부모성함, 주소, 전화번호, 주민등록번호), 생활에 필요한 단어 알기, 직업에 관한 언어 알기
	수	열까지 개수세기, 1~100까지 쓰고 세기, 천 단위 만 단위 읽고 개수세기
	시간	전자시계, 바늘시계 보고 읽기, 일과시간표 익히기, 달력읽기
	돈	동전과 지폐 섞어 세기, 물건 가격 읽기, 물건사기, 용돈관리 하기, 거스름돈 계산하기
지역사회 시설이용	교통	대중교통(버스, 지하철, 택시) 이용하기, 차내 예절 알기, 지하철 노선도 알기
	전화	전화하기, 전화예절 알기, 비상시 전화번호 알기, 휴대전화 사용방법 알기
	물건구매	슈퍼마켓 이용하기, 식당 이용하기, 사고 싶은 물건 계획 세우고 구입해보기
	은행	저축의 개념 알기, 예금하기, 인출하기, 공과금 납부하기, 현금자동인출기 사용하기
일상생활	예절	인사하기, 바른 자세 알기, 대화하기, 화장실 이용하기, 손님 맞아 차 대접하기, 정장 복장하기
	개인위생	이 닦기, 머리감기, 목욕하기, 화장하기, 옷 입기, 손톱과 발톱 깎기, 손수건과 화장지 챙기기
	가사활동	청소하기, 설거지하기, 세탁기 사용하기, 빨래 널고 개기, 정리정돈하기, 화분에 물주기
	요리	조리기구 알기, 간단한 음식 조리하기, 식사예절 알기, 식탁 차리기, 밥 짓기

3. 진로 및 직업교육 운영 현황

○ 지역사회 연계 특수교육대상자 취업·창업교육 지원

- 특수교육대상자 직무전문성 강화를 위한 직업교육 전문기관 위탁교육: 고등학교 과정 특수교육대상자를 위해 접근이 수월한 특성화고, 전문대학 등을 중심으로 직업교육·훈련 프로그램 개발·적용, 특수교육대상자 직업교육 전문기관 위탁교육의 점진적 확대 및 직업교육 프로그램 보급

- 특수교육지원센터 중심의 지역사회 연계 취업·창업교육지원 : 특수교육대상자 취업·창업교육 전문기관이 없거나, 접근이 어려운 지역의 특수교육지원센터를 중심으로 운영, 지역사회 사업체·공공기관 등과 연계한 특수교육대상자 현장실습 지원, 지역차원의 연계체제 구축 및 우수 지역사회 연계 사례 발굴 ·공유

○ 특수학교「학교기업」운영

- 학교기업 업무의 효율적 운영을 위해 학교기업 전담 부장교사 배치, 특수교사 추가 지원, 담당교원과 시·도 교육청이 협의하여 전보유예 조치 등 학교기업 운영

담당 교원의 업무 경감 및 인력지원 방안 수립 및 추진
- 학교 기업의 회계, 영업, 홍보, 취업알선, 연계 사업체 발굴 등 지원·보조업무 수행을 위한 직업교육 지원 인력 배치
- 우수업체·기관과의 협약 체결 및 연계 운영, 생산품에 대한 홍보 및 판로 개척 지원 등 지역 여건을 고려한 운영 다양화 및 활성화 지원
○ 특수교육대상자「통합형 직업교육 거점학교」운영
- 지역특수학급 학생들에 대한 직업교육·훈련 지원 및 컨설팅 등 제공으로 특수교육대상자 직업교육 거점학교로서의 역할 수행
- 거점학교 내 일반교사와 협업하여 전문 직업교육 지원
- 거점학교 전담 부장교사 배치, 특수교사 추가 지원, 담당교원과 시·도교육청이 협의하여 전보유예 조치 등 거점학교 운영 담당 교원의 업무 경감 및 인력 지원 방안 계획 수립 및 추진
○ 전공과 확충 및 운영 내실화
- 지역여건과 수요를 고려한 전공과 설치 확대 및 운영 다양화 추진
- 장애 유형 및 정도에 따른 자립생활훈련 및 직업재활훈련 제공을 위한 전공과 프로그램 운영 다양화
- 일반학교 전공과 배치 특수교육대상자를 위한 개별화교육계획 수립·운영 시 일반교원의 지원 및 참여확대

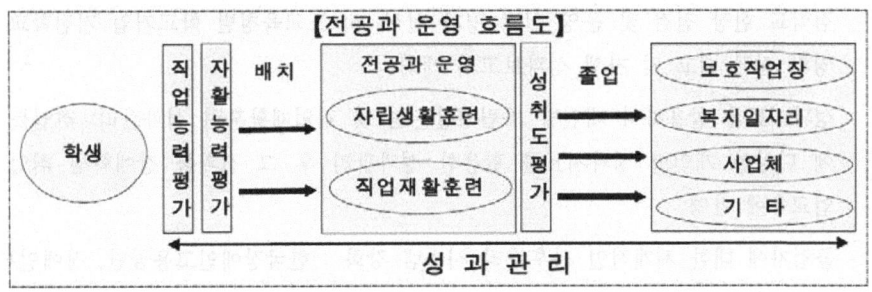

○ 특수교육대상자의 지역 내 일자리 참여 확대를 통한 현장 중심 진로·직업 교육 강화
- 각급 학교 내 장애인 일자리 참여 확대 : 직무 개발 및 맞춤형 교육을 통해 교육기관 내 장애인 고용 창출, 일반학교의 장애인 일자리에 참여하는 경우, 일반교원에 대한 장애이새 교육 실시 및 일반 교원의 역할 확대

- 특수교육-복지연계형 일자리 참여 확대: 시도교육청 자체적으로 특수교육- 복지연계형 일자리에 대한 안내·연수 실시 및 관내 수행기관 등과 긴밀한 협조체제 유지
  ※ 참여 학생에 대한 사전교육은 시·도교육청 계획에 따라 특수교육지원센터 또는 사업수행기관이 추진하며 시·도교육청 또는 학교 자체예산 사용

○ 유연한 교육과정 운영을 통한 진로·직업교육 활성화
  - 고등학교 과정 이상 특수교육대상자의 현장실습, 지원고용 실시 등 직업 교육 활성화를 위해 직업교육과정을 유연성 있게 운영
  - 특수교사와 일반교사 간 협력수업 등 협업체제 구축 강구
  - 현장실습의 활동유형, 인정절차, 인정범위, 인정시간 등을 학칙에 정하여 수업으로 인정

○ 다양한 진로 정보 및 특수교육교원의 직업교육 역량 강화
  - 특수교육교원에 대한 진로·직업교육 연수 및 연구회 운영 등을 통한 직업교육 역량 강화
  - 특수교육대상자 진로·직업 교육 관련 성과지표의 현장 보급 및 활용 확대
  - JOBable 활용 등 진로·직업교육 정보 제공

○ 특수교육대상 학생 진로·직업교육 성과관리 강화
  - 특수학교 학교기업 및 통합형 직업교육 거점학교에 대한 성과관리체계 강화: 관계기관과의 연계 등이 포함된 성과지표를 활용하여 연 1회 이상 학교기업 및 거점학교 현장 점검 및 운영 실적 평가 실시, 시·도교육청별 학교기업 거점학교 운영의 질적 제고 및 자체 성과보고회 개최
  - 성과지표를 활용하여 개인별 자립생활훈련 및 직업재활훈련 성과관리: 취업률 외에 다양한 개인별 성과지표를 활용한 성과관리 후 그 결과를 장애학생 취업·창업교육에 반영
  - 졸업자에 대한 체계적인 사후관리 시스템 강화 : 한국장애인고용공단, 장애인복지관 등과 연계하여 졸업 후 최소 3년까지 사후관리 실시, 취업자에 대한 적응지도, 상담, 취업유지 여부 확인 등 장기적인 고용 안정 관리

교육방법

○ 강의형 교육
 - 가정에서의 진로 및 직업교육의 이해와 실제
 - 발달장애학생의 취업 현황 및 접근 방법
 - 가정에서의 취업훈련 지원
○ 실습 연계형 교육
 - 실제 취업한 발달장애인을 초청하여 간담회를 개최해 볼 수 있다.
 - 직업훈련기관 등을 견학해 볼 수 있다.

참고자료

○ 참고문헌

황윤의 (2012). 진로·직업교육을 위한 부모의 역할. 장애자녀 진로·직업교육 지원 역량 강화 학부모 워크숍 자료집. 아산: 국립특수교육원.

교육과학기술부 (2016). 특수교육운영계획.

○ 참고사이트

국립특수교육원 연수자료: http://www.knise.kr

Ⅳ-3. 청소년기 진학 준비

과정	공통	영유아기	초등학령기	청소년기	성인기	영역	지식·정보	기술	심리·정서
주제	청소년기 진학 준비									

■ 교육의 필요성 ■

○ 학교 졸업을 앞둔 청소년기 자녀의 대학 진학 준비에 대해 이해할 필요가 있다.

■ 교육내용 ■

1. 진학정보 탐색

   ○ 목적
   - 대학진학을 목표로 하는 학생들에게 자신의 흥미·적성·신체적 조건 등을 고려한 올바른 전공학과 선택을 할 수 있도록 정보를 제공하며, 방과 후 학습지도를 통하여 학습능력을 향상시킴

   ○ 학과탐방

   > ① 교과와 관련학과, 대학의 계열과 학과에 대하여 대학졸업 후 진로와 관련하여 정보를 제공하며, 학생전체를 대상으로 혹은 개별적으로 상세하게 설명한다.
   > ② 인터넷 검색방법을 교육하여, 스스로 학과관련 자료를 검색할 수 있게 한다.
   > ③ 매 학년초 진로희망 기초조사를 바탕으로 자신이 희망하는 전공학과를 중심으로 여러 매체를 통하여 관련자료를 수집하게 하고, 정리하여 기록하게 한 후 이를 선과(選科)를 위한 참고자료로 활용한다.

   출처: 김형일 외 (2005). 전환지도 안내 자료. 안산: 국립특수교육원

   ○ 학습지도
   - 특수학교는 일반학교와는 달리 학교의 단위 수업시간에 대학입시와 관련하여 학습지도를 하기는 매우 어려움. 장애로 인한 신체적 기능의 다양성, 개인간 학습

능력의 큰 차이, 무엇보다 대부분의 학생이 직업훈련을 통한 취업에 관심과 목표를 두고 있기 때문임. 따라서 대학진학을 목표로 하는 학생들에게는 학습의욕 및 능력을 향상시켜 줄 수 있는 보충학습 지도 필요

① 진로희망별 학급지도(예, 진학반, 취업준비반 등)
② 과목별로 필요한 교육방송 내용을 녹화하여 방과 후 자율학습시간을 이용 하여 시청
③ 필요한 교과는 담당교사의 도움을 받아 방과후 보충지도
④ 자원봉사자에 의한 학습지도
 - 대학교와 협력하여 학습지도를 위한 대학생 봉사자들을 모집하거나, 관련 복지관을 통해 자원봉사자들을 소개받을 수 있음. 시설과 같이 있는 학교의 경우 관련 부서에 협조를 요청하면 가능.
 - 학습지도 프로그램을 실시하기 전, 자원봉사자에 대한 지도 필수적
 - 방과후 1~2시간 정도를 실시하며, 지도 요일을 정하여 개별지도나 전체지도를 진행
 - 시설에 있는 학생들의 경우 토·일요일을 활용하는 경우 더 효과적인 지도가 될 수 있음
⑤ 일반학교에 통합지도
 - 인근 일반학교의 협력을 구하여 방과후 보충지도 시간에 일부과목에 한하여 통합지도를 계획한다.
 - 프로그램 실시 전 일반학교 학생 및 통합지도 대상 학생들에게 통합지도의 필요성에 대한 사전교육이 필요하다.
 - 주1~2회, 하루 2시간 정도 실시한다.

출처: 김형일 외 (2005). 전환지도 안내 자료. 안산: 국립특수교육원

o 학과탐방 관련 정보

① 학과와 관련된 진로
② 대학 계열·학과와 진로
③ 국립 한국재활복지대학 설치학과
④ 인터넷을 통한 학과관련 정보 검색
 - 한국교육총연합회(www.kfta.or.kr)→자료실→진로/진학정보→대학학과정보
 - 한국직업능력개발원(www.krivet.re.kr)→직업진로정보→학과정보 등
 - 장애인학생들이 선호하는 전공학과 : 문학관련학과, 컴퓨터관련학과, 사회복지관련학과, 특수교육관련학과, 귀금속가공 및 안경광학과 등

출처: 김형일 외 (2005). 전환지도 안내 자료. 안산: 국립특수교육원

○ 기관간 협력사항

> ① 자원봉사자의 도움을 받을 경우 관련기관과 사전협의 후 정식공문으로 협조를 요청한다.
> ② 일반학교에 통합 학습지도 프로그램을 운영할 경우 양교 학교장의 허락 후 사전협의를 통해 제반 문제점을 파악한 다음 계획서 수립을 통한 결재를 득한다.
> ③ 보충학습지도의 경우 희망자에 한해 실시하며 반드시 가정통신문을 통해 부모의 동의를 받는다.

출처: 김형일 외 (2005). 전환지도 안내 자료. 안산: 국립특수교육원

○ 유의 사항

> ① 학과탐방은 1회가 아닌 지속적인 정보를 수집하도록 한다.
> ② 보충지도의 경우 지도교사의 다른 업무에 불편을 주어서는 안되며, 진로를 달리하는 학생들의 교육활동에 지장을 주어서는 안된다.
> ③ 일반학교에 통합지도를 할 경우 학생들간의 관계형성에 항상 관심을 가지고 지도해야 한다.

출처: 김형일 외 (2005). 전환지도 안내 자료. 안산: 국립특수교육원

2. 학과 및 학교 선택 지도

○ 목적
- 대학진학을 목표로 하는 학생은 학과(學科) 및 대학(大學)의 올바른 선택이 자신의 미래를 결정지을 만큼 중요. 따라서 다양한 정보의 제공과 지도가 이루어져 학생 스스로가 자신의 장래 희망과 부합되는 학과와 대학을 선택할 수 있도록 함

○ 학과 및 학교 선택 절차
- 대학·학과 선택(자료: 김형일 외 (2005). 전환지도 안내 자료. 안산: 국립특수교육원)

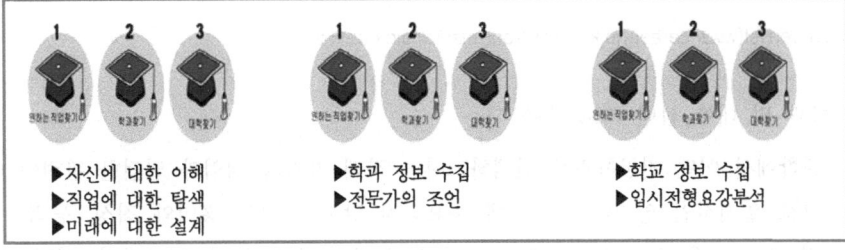

1단계 : 원하는 직업 찾기

　　　　　하고 싶은 일이 있으면 가야할 학과가 보인다.

▶ 자신에 대해 얼마나 아는가? 각종 검사를 통해 자신의 지능, 적성, 흥미, 성격, 가치관, 신체적 조건 등을 알아본다.
▶ 알아야 하고 싶은 마음도 생기는 법. 선택의 폭을 넓히기 위해 자격·훈련·직업정보와 관련 법규를 알아본다.
▶ 리포터가 되자. 자신이 하고 싶은 분야에 종사하는 분을 만나 그 직업세계를 알아본다.
▶ 자신이 좋아하는 분야에는 현재 어떤 직업이 있는지 알아본다.
▶ 직업을 탐색하고 선택할 때는 항상 20~30년 후를 내다보는 자세를 갖는다.

2단계 : 학과 찾기

　　　　　원하는 학과를 결정하면 갈 수 있는 학과가 보인다.

▶ 성적에만 맞춰 선택한 학과는 후회할 가능성이 높다. 합격이 아닌 장래의 진로에 맞춰 학과를 찾는다.
▶ 학과 이름만 보고 가면 실수. 현재 학과의 지명도나 인기도를 벗어나 먼 장래를 보고 학과를 찾는다.
▶ 해당 학과의 교육과정, 교수진, 선배의 취업현황 등에 관한 정보를 충분히 알아본다.
▶ 이보다 더 생생한 정보가 있을까? 현재 해당학과의 재학생으로부터 학과생활에 대한 체험담을 듣는다.
▶ 인생 경험이 풍부한 부모님, 선생님, 상담선생님, 선배님들에게 조언을 구한다.

3단계 : 대학 찾기

　　　　　졸업 후의 평생진로를 생각하면 대학이 보인다.

▶ 4년제 대학, 수도권 대학이 전부는 아니다. 단기적인 대학 재학 기간보다는 장기적인 졸업 후의 진로를 보고 지원 대학을 선정한다.
▶ 큰 대학, 일류대학에 연연하지 말자. 진정한 성공은 자신이 '좋아하는 일'을 하는 것이다.
▶ 대학을 알자. 전국 국·공·사립 4년제 대학과 전문대학 등에 대한 구체적인 자료를 살펴 본다.
▶ '지피지기 백전백승'이다. 각 대학의 입시전형요강을 꼼꼼히 분석해 보면 합격할 가능성이 높은 학교가 보인다.
▶ 해당학교의 위치, 시설, 전통, 사회적 인식, 장학제도 등을 꼼꼼히 살펴보고 선택하면 대학 생활이 보다 즐거울 수 있다.

※ CareerNet(www.career.go.kr/cnet/front/main/main.do 자료인용

○ 학과 및 대학 선택 지도 내용

- 대학에서 어떤 전공학과를 선택하느냐는 장래 자기의 직업과 밀접한 관련이 있으므로 일시적인 인기나 자존심에 동요되지 말고 자신의 흥미와 적성, 능력, 신체적 조건 등을 충분히 파악하고, 전공할 학과에 대한 특성, 교육과정, 취업 및 진로현황 등과 관련된 학과 정보를 충분히 수집하여 현재의 인기학과 보다는 장래의 직업 전망을 고려하여 발전가능성이 많은 학과를 선택해야 함

- 학과 선택 못지 않게 대학을 선택하는 문제 또한 중요. 4년제 대학, 일류대학, 수도권 대학 등에 연연하기보다는 짧게는 대학생활, 장기적으로는 졸업 후 진로를 보고 대학을 선택해야 함. 특히 장애를 가진 학생들은 대학의 시설이나 위치 등 교육환경적인 요소가 대학선택의 가장 큰 문제일 수가 있다. 대학의 기숙사나 편의시설의 설치여부가 다른 어떤 것 보다 진로결정에 우선되기도 하는 것이 현실.

> ① 진로선택에 대한 기초 설문조사 실시(1차 : 고1, 2차 : 고3 각 학년초)
>   - 학생과 학부모를 대상으로 희망 진로를 조사한다.
> ② 자기 자신에 대한 바른 이해지도
>   - 각종 검사와 상담을 통해 자기 자신을 바르게 이해하고 적성과 흥미에 적합한 학과를 선택하도록 돕는다.
> ③ 각종 정보제공
>   - 관련 책자 및 인터넷 사이트 안내한다.
> ④ 학생 스스로 관련 정보를 수집하도록 지도
>   - 직업정보부 등 관련 교사가 학생들에게 인터넷 검색 요령을 교육한다.
>   - 자신의 진로와 관련된 학과, 대학에 대한 자료를 각종 책자 및 인터넷을 통하여 수집하도록 한다.
> ⑤ 본인이 수집한 자료와 각종 심리검사 결과를 토대로 학생 및 부모와 상담을 통하여 학과와 대학 선택

○ 학과 및 대학 선택 관련 정보

① 주요 책자
  - 「대학입학정보(대학, 교육대학, 산업대학)」, 한국대학교육협의회
  - 「전문대학 학생모집안내」, 한국전문대학교육협의회
  - 각종 입시전문지 등

② 관련 인터넷 사이트
  - 진학사(www.jinhak.co.kr) → 진로정보 → 학과가이드
  - 한국직업능력개발원(www.krivet.re.kr) → 직업진로정보 → 학교정보
  - 학교정보 : 중학교, 실업계고등학교, 특수목적고등학교, 2·3년제 대학 및 4년제 대학 등의 주소, 홈페이지, 전화번호, 기숙사, 장학금, 전형방법, 설치 학과 등을 상세히 소개하고 있음
  - 학과정보 : 실업계고등학교, 2·3년제 대학, 4년제 대학 학과들의 교육내용, 장래 진로, 적성 및 능력, 관련 자격증, 취업 현황, 관련 학과, 설치학교 등과 대학원의 교육내용, 교육과정, 설치학과 등을 소개하고 있음
  - 커리어넷(www.careernet.re.kr) 등

③ 장애인 특례입학제도 시행 대학 및 전문대학 참조
   - 2017년도에 장애인 등에 대한 특별전형(특수교육대상자 특별전형 포함)실시 대학은 전문대학 개교와 4년제 대학교 개교로 모두 94개교임
   - 자세한 내역은 한국대학교육협의회 홈페이지(www.kcue.or.kr)에서 대입자료실 장애인 등 대상자 전형 참조

④ 국립한국복지대학교(http：//www.knuw.ac.kr/)
   - 교육부가 장애인을 위한 전문대학으로 설립. 인문사회계열(사회복지과, 수화통역과, 장애유아보육과, 장애인행정과, 장애상담과), 자연과학계열(의료보장구과), 공학계열(컴퓨터정보보안과, 게임콘텐츠과), 예체능계열(장애인레저스포츠과, 모던음악, 유니버설디자인과, 귀금속보석공예과, 광고홍보과, 산업디자인과, 인테리어디자인과)

⑤ 국립한국방송통신대학(www.knou.ac.kr)
   - 모집인원 : 각 과별 모집정원의 1% 이내
   - 모집학과 : 인문과학대학(국어국문학과, 영어영문학과, 중어중문학과, 불어불문학과, 일본학과), 사회과학대학(법학과, 행정학과, 경제학과, 경영학과, 무역학과, 미디어영상학과, 관광학과), 자연과학대학(농학과, 생활과학과, 정보통계학과, 환경보건학과, 간호학과), 교육과학대학(교육학과, 청소년교육과, 유아교육과, 문화교양학과)

⑥ 국가평생교육진흥원 독학학위제(http：//bdes.nile.or.kr)
   - 독학학위제 : 독학에 의한 학위취득에 관한 법률에 의거하여 국가에서 실시하는 학위취득시험에 합격한 독학자에게 학사학위를 수여함으로써 평생교육의 이념을 구현하고 개인의 자아실현과 국가사회의 발전에 이바지하는 것을 목적으로 하는 제도
   - 전공분야 : 국어국문학, 영어영문학, 심리학, 경영학, 법학, 행정학, 유아교육학, 가정학, 컴퓨터과학, 정보통신학, 간호학

○ 기관간 협력사항

① 매 학년 학기 초 가정통신문을 통하여 학생의 진로선택에 가정의 관심과 협조가 중요함을 홍보한다.
② 전체 부모와 교사의 만남 시간을 통하여 전공할 학과의 선택 및 대학의 선택이 대학생활과 장래 직업선택에 중요한 영향을 주게 됨을 인식시키고, 부모 상호간에도 정보교환의 기회가 되게 한다.
③ 학생의 학과와 학교 선택과 관련하여 가정과 서신, E-mail, 전화, 부모와 직접상담 등을 통하여 최선의 선택이 되도록 한다.

○ 국내 발달장애 고등교육 기관의 실제

- 나사렛대학교 재활자립학부

> · 국내 지적장애인을 위한 4년제 정규 대학 프로그램 운영. 경도장애(경도 지적장애, 자폐성장애, 정서장애 및 학습장애 등) 학생들에게 현장 훈련 중심의 고등교육을 통한 재활과 자립을 목표로 운영.
> · 교육과정: 직업 및 재활 중심의 교육과정으로 진로지도, 취업준비, 기술훈련, 커뮤니케이션, 직업생활
> · 교양과목을 통해 비장애 대학생들과 함께 통합교육을 받을 수 있고 동아리 활동 참여 지원
> · 심리검사, 성격검사, 직업평가, 심리평가, 전환계획 수립 등을 통해 현장 훈련(실습) 지원, 지원고용 등 개인별 능력과 욕구에 따른 맞춤형 교육 지원

- 대구대학교 K-PACE(Professional Assistant Center for Education)

> · 대구대학교 내 발달장애인을 위한 교육지원센터
> · 미국 일리노이주 시카고에 위치한 National-Louis 대학의 중복학습장애인을 위한 PACE 프로그램을 도입하여 운영.
> · 발달장애 특성을 고려한 일상생활, 대학식 교육, 지역사회 통합, 문제해결, 진로지도 및 직업현장실습 등을 포함한 종합적인 교육 지원
> · 지원자격: 지적장애 및 자폐성장애인과 그밖의 교육을 필요로 하는 자로 규정
> · 교육목표: 독립적인 성인 양성과 고용시장에서의 경쟁력 향상을 통한 고용 가능성 증대, 일반 교양습득, 올바르고 건전한 성 가치와 형성, 건강한 심신 형성
> · 교육과정 운영: 3년간의 교양교육과정과 전공교육과정이 적용되고, 3년 과정을 이수하고 필요한 학생에게만 1년간의 전공 심화교육 운영.
> · 대학형태의 교육을 위해 주 2일 대학식 맞춤형 교육과 주 3일 교내 다양한 분야에서의 인턴쉽 체험 기회 제공.

교육방법

○ 강의형 교육

 - 장애인의 고등교육 지원 현황

 - 장애인의 진학 지도 요령

○ 실습 연계형 교육

 - 국내 대학 중 발달장애인을 위한 고등교육 또는 평생교육을 제공하는 곳을 견학하여 지식·정보를 획득할 수 있다.

 - 대학에 다니거나 평생교육시설을 이용하는 발달장애인을 초청하여 간담회를 진행해 볼 수 있다.

유의사항

o 신체장애와 지적능력 및 환경적인 요인 등을 고려한 선과, 선교가 되도록 지도 한다.
o 학생, 학부모 어느 한쪽의 일방적인 선택이 되지 않도록 지도한다.
o 성적에 맞추어 흥미와 적성이 무시된 선택이 되지 않도록 유의한다.

참고자료

o 참고도서

박은혜 외 (2011). 장애인 고등교육 정책 연구. 서울: 교육과학기술부.

김형일 외 (2005). 전환지도 안내 자료. 안산: 국립특수교육원

o 참고사이트

국립특수교육원 평생교육 자료실: http://www.knise.kr

한국대학교육협의회 홈페이지(www.kcue.or.kr)

국가평생교육진흥원 독학학위제(http://bdes.nile.or.kr)

국립한국방송통신대학(www.knou.ac.kr)

국립한국복지대학교(http://www.knuw.ac.kr/)

Ⅳ-4. 발달장애인 행동문제 중재

과정	공통	영유아기	초등학령기	**청소년기**	성인기	영역	지식·정보	기술	**심리·정서**
주제	청소년기 발달장애인의 행동문제 중재									

■ 교육의 필요성 ■

○ 발달장애인의 행동문제는 영유아기, 아동기, 청소년기의 전 연령대에 걸쳐서 유사하게 나타나지만, 특별히 청소년기에 새롭게 등장하거나 정도가 심해지는 경우를 본 강의에서 다루고자 한다.

○ 발달장애 학생들은 사회성 기술이 부족하고 또래들에 의해 잘 수용되지 않기 때문에 사회적 고립과 또래들로부터의 거부를 겪을 위험이 있다.

○ 또래로부터 거부를 경험하고 자신들의 힘이 없다고 느끼는 청소년들은 심각하게 공격적인 행동을 할 수 있다.

○ 일반적인 발달장애인의 청소년기에 나타나는 행동문제에 대해 알아보고, 이에 대한 중재방안을 제시할 필요가 있다.

○ 발달장애인이 지역사회에서 함께 어울려 살아가는데 중요한 요소가 되기 때문에 이를 해결하거나 완화시키려는 노력은 매우 중요하다.

■ 교육내용 ■

○ 청소년기에 새롭게 등장하거나 부각되는 행동문제
  - 발달장애 학생들은 사회성 기술이 부족하고 또래들에 의해 잘 수용되지 않기 때문에 사회적 고립과 또래들로부터의 거부를 겪을 위험이 있음
  - 또래로부터 거부를 경험하고 자신들의 힘이 없다고 느끼는 청소년들은 심각하게 공격적인 행동을 할 수 있음
  - 그러므로 발달장애 청소년들의 또래 간 상호작용에 대해 알아야 하고 적절한 중

재를 제공해야 함
- ○ 물질남용
  - 남용되는 화학물질이 모두 마약류가 아니기 때문에 약물중독(drug abuse)라는 용어보다는 물질남용(substance abuse)라는 표현이 더 적합함
  - 발달장애 청소년들은 낮은 인지적 능력으로 인해 물질남용에 쉽게 이용되고 희생될 수 있음
  - 알코올과 담배도 약물사용의 문제에 포함됨. 알코올과 담배는 성인의 경우 쉽게 구할 수 있고, 성인의 경우 사회적으로 적합하다고 수용되기 때문에 접근성이 용이하다는 문제가 있음
  - 이른 나이에 알코올과 담배의 사용은 다른 물질들과 마찬가지로 가족 내 문제, 낮은 사회 경제적 위치, 학교에서 실패, 품행장애 등과 연관해서 나타남
  - 알코올과 담배가 건강에 미치는 악영향 고려하여 아동 및 청소년을 음주와 흡연으로부터 보호하는 것이 바람직함
  - 만성적 물질남용의 주요 특징은 자신도 모르는 사이에 증상이 시작되며 다양한 단계를 거쳐 진전된다는 점
  - 초기에는 동료집단의 압력에 못 이겨 시도하게 되고 이후에 스트레스 해소의 수단, 각성상태 유지, 수면을 돕기 위한 방편 등으로 발전해가는 경향 있음
  - 궁극적으로는 물질이 한 개인의 주요관심사가 되어버림

> **물질 사용 관련 용어**
> - 도취(intoxication): 일정량의 물질이 혈관에 침투되어 일어나는 증상(생리 또는 심리적으로 영향을 미치기에 충분한 정도)
> - 내성(tolerance): 물질에 생리적으로 적응함으로써 동일한 효과를 얻기 위하여 점점 더 많은 양의 물질을 필요로 하는 상태
> - 중독(addiction): 물질을 충동적으로 사용하게 되는 상태로써 물질을 구입하고 사용하는 것이 주요 관심사이며, 이와 관련된 모든 행동의 형태
> - 의존성(dependence): 신체적 혹은 정서적 불편감을 덜기 위해 지속적으로 물질을 필요로 하는 상태
> - 금단증상(withdrawal): 물질남용을 중단하면서 나타날 수 있는 신체 및 정서적 고통 혹은 불편감

- ○ 성관련 문제들과 성교육
  - 발달장애 청소년들은 또래들보다 성적 문제에 영향을 받기 쉬움. 발달장애 청소년들은 성범죄의 피해자가 되기 쉬우므로 전문적인 성교육이 필요함
  - 청소년들의 혼전임신과 성병 발생률이 증가하고 있음

- 발달장애 청소년들이 성 관련 문제들에 대해 많이 알고 있다면 성 관련 문제들이 줄어들 것임. 이러한 정보제공을 위해 가장 적절한 장소가 가정임에도 부모가 가정에서 필요한 정보를 제공하지 않는 경우가 많음
- 성적 인체해부학, 성적 기능, 성병, 피임, 낙태, 자위행위 등이 청소년들에게 필요한 최소한의 정보임
- 성교육 프로그램은 사실적 정보 뿐 아니라 성적 가치와 태도들도 포함하여야 함
- 성행동에 대한 책임감을 가르치면서 자기표현을 격려해야 함
- 성교육의 내용과 방법에 대해 논쟁적인 부분들이 있지만, 학교 및 가정에서 성교육이 이루어져야 함
- 성교육을 통해 지식을 증가시키고, 의사결정과 자존감을 향상시키고, 원하지 않는 임신을 줄일 수 있음

○ 약물남용 방지교육
- 일반학급에 있는 또래들보다 제한적인 환경에 있는 발달장애 학생들이 더 위험요소에 노출됨
- 약물남용을 할 가능성이 많은 학생 특성

> · 정신병리학적 징후
> · 부족한 영양상태
> · 수면장애
> · 사회적 경험에 잘 대처하지 못함
> · 스트레스가 쌓이는 일이 많은 경우
> · 약물의 마술적 힘에 대한 신뢰
> · 도덕적이고 성격적 발달에 있어서 심각한 장애
> · 위험한 행동과 지적인 호기심
> · 약물에 취한 상태에 의존한 학습
> · 우울과 자살 관념화
> · 낮은 자존감

○ 특수교육대상자들을 위한 약물사용 방지 교육과정 개발 전략
- 약물사용에 영향을 미치는 지식, 태도 및 행동에 초점을 맞춤
- 약물사용에 대한 압력 인식, 이러한 압력에 대한 태도적인 예방, 이러한 압력을 극복하기 위한 전략의 연습을 포함하는 이론적 모델에 초점을 맞춤
- 의사소통, 거부, 의사결정과 같은 일반적인 생활기술 형성
- 중재를 위해 가족과 지역사회를 목표로 함
- 고위험 아동을 위해 장기적이고 강도 높은 중재의 필요성 인식

○ 효과적인 약물사용 예방 프로그램 특성
  - 개인 뿐 아니라 환경을 목표로 함
  - 약물사용에 대한 또래의 압력을 거부하는 구체적인 전략을 제공
  - 거부기술을 연습하기 위한 기회를 제공

> **RESIST: 약물사용 예방 프로그램**
> - 유타 주립대학의 Daniel Morgan과 동료들에 의해 개발된 RESIST는 특수교육을 받는 학생들의 알코올, 담배, 기타 다른 약물사용을 예방하기 위한 교육과정
> - RESIST는 효과적인 프로그램이 포함해야하는 전제로 다음을 제시함
> (1) 알코올, 담배, 기타 약물 사용에 대한 압박 인식
> (2) 이러한 압박에 대한 태도적 예방
> (3) 이러한 압박을 극복하기 위한 기술과 전략의 적극적인 실천
>
> **RESIST의 독특한 특성은 다음과 같은 다양한 거부 기술을 가르치고 강조한다는 점**
> - 이유를 말하고 거부해라("먹어보기 싫어" "냄새 맡기 싫어")
> - "사양하겠어"라고 말해라
> - 농담을 사용하라("난 내 뇌세포를 죽이고 싶지 않아")
> - 화제를 바꿔라("지난 밤에 그 경기 봤어?")
> - 상황에서 벗어나라("싫어"라고 말하고 벗어나기)
> - 무시해라
> - 고장난 녹음기가 되어라("사양하겠어...사양하겠어...사양하겠어")
> - 그 시간을 피하라("지금 말고 나중에")
>
> **기본적인 거부기술에 덧붙여서 수업은 각각의 개별적인 약물을 거부하기 위한 정보와 실제에 초점을 맞춤**
> * 수업의 예: "알코올 사용에 대한 압박 거부하기"
> - 전 시간 수업 검토, 알코올과 음주에 관련된 사실 다루기
> - 알코올을 사용하면 안 되는 이유 논하기
> - 음주에 대한 압박이 있는 상황에 대한 역할극 참여
> - 알코올에 관련된 정보에 대한 퀴즈
> - 이번 시간의 숙제 소개, - 부모를 위한 알림장

○ 발달장애 청소년을 위한 집단행동계약
  - 집단행동계약을 적용하는 경우에 집단의 모든 구성원들의 협력이 중요함
  - 만일 집단 구성원 중 한명이라도 약속을 어길 경우 아무도 강화제를 받지 못함
  - 집단 행동계약은 학급에서의 과제수행 행동 및 학교 출석과 같은 행동들에 대해서 성공적으로 적용되어 왔음
  - 이 때 청소년들 스스로 강화제를 결정하게 하는 것이 효과적임

> **청소년을 위해 사용할 수 있는 강화제의 예**
> - 아무것도 안하기(진정한 자유시간)
> - 친구나 유명인에게 편지쓰기
> - 또래교수
> - 음악듣기
> - 취미생활 하기
> - 영화 보기
> - 그림 그리기, 만들기
> - 보조교사 역할하기
> - 야외 수업
> - 현장 학습
> - 간식 먹기
> - 운동하기(참여 및 관람)
> - 게임하기
> - 카메라 사용하기
> - 학교에서 벗어나기
> - 심부름하기
> - 좋아하는 영역에서 시간 보내기
> - 수위아저씨 보조하기
> - TV보기
> - 자판연습과 컴퓨터 게임
> - 스포츠 활동 참여

교육방법

○ 강의형 교육
 - 발달장애아동의 문제행동 중재에 대한 기본적인 이론 및 중재방향에 대한 이해를 할 수 있도록 설명 들음
 - 구체적인 행동중재 절차에 대해 설명 듣고 자녀의 행동문제에 적용하여 이해함
○ 참여형 교육
 - 가정에서의 문제행동 중재방법에 대해 서로 이야기를 나눔
 - 효과적인 문제행동 중재방법에 대해 사례를 공유함

유의사항

○ 문제행동에 대한 중재는 아동 개별적인 상황에 따라 적용 방법과 효과가 다양할 수 있기 때문에 획일적인 중재원칙을 제시하는 것이 아니라, 수강생 가정의 자녀들의 특성에 대한 충분한 토의와 중재 제의가 이루어지도록 함

참고자료

o 참고문헌

김진호, 노진아, 박지연, 방명애, 황복선 역 (2011). 정서행동장애. 시그마프레스

김진화, 박재국, 방명애, 안성우, 유은정, 윤치연, 이효신 역 (2006). 최신 특수교육. 시그마프레스

김진희, 김호연 (2010). 도전적 행동에 해처하는 실제적 아이디어. 학지사

방명애, 이효신 역 (2004). 정서 및 행동장애 이론과 실제. 시그마프레스

이소현, 박은혜 (2011). 특수아동 교육. 학지사

Ⅳ-5. 발달장애인의 지역사회 전환 준비

과정	공통	영유아기	초등학령기	**청소년기**	성인기	영역	지식·정보	**기술**	심리·정서
주제	발달장애인 지역사회 전환 준비							

■ 교육의 필요성 ■

o 학교 졸업 이후 자녀의 지역사회 전환에 대비하여 부모의 역할과 의무에 대해 이해할 필요가 있다.

■ 교육내용 ■

1. 장애인 진로교육으로서의 전환교육(transition)

o 진로교육이란 자신의 진로를 합리적으로 생각하고 선택하여 미래지향적인 자아실현을 위한 준비 과정으로서 일생 동안 삶과 연결된 선택의 과정에서 보다 올바르게 삶을 영위해 나갈 수 있도록 도움을 주는 생애 교육의 일부

o 학생들은 초등학교 이전부터 시작하여 중학교, 고등학교, 그리고 그 이후의 학교나 사회생활을 하는 동안에 계속적으로 자기의 삶의 방향을 인식하고, 정보를 수집하고 결정을 내리며 생활하는 모든 과정이 진로교육과 직접 연결됨

o 그러나 장애학생들은 그들이 가진 장애 특성 때문에 진로지도에 고려해야 할 몇 가지 제한점이 있음

o 따라서, 장애인의 진로교육은 비장애인의 진로교육과는 차별이 있어야 함. 장애학생 개개인의 요구와 필요를 바탕으로 장애 특성을 고려한 진로교육으로서 전환교육이 되어야 함.

> 첫째, 이미 우리나라 직업의 종류가 일만 가지가 넘어 섰지만, 장애학생들이 적응할 수 있는 직업이 다양하지 못하여 진로선택의 제한을 받게 되며, 습득된 직업기술을 전이하는데 제한이 생겨 전직이나 새로운 직종에 대응하는 정도가 약할 수 있음.
> 둘째, 장애학생은 비장애 학생에 비하여 상호의존의 정도가 클 수 있음. 모든 인간은 정도의 차이는 있으나 상호의존적일 수밖에 없을 것이나 장애 학생은 의존해야할 내용과 시간이 많을 가능성이 높다. 상호의존은 직업과 직접적으로 관련된 의존과 간접적으로 관련된 의존으로 나눌 수 있는데, 주로 출퇴근, 의사소통, 직업 생산성 등에서 의존의 정도가 높을 수 있다.
> 넷째, 장애학생은 일반적인 진로발달 단계인 진로의식, 진로탐색, 진로준비, 직업배치가 순차적이고 계열적으로 이루어지지 못하는 경우가 많다. 발달장애의 경우 직업배치 후 진로탐색이나 진로준비가 이루어질 수도 있다.

2. 전환교육의 목적

○ 전환교육의 정의

- 전환교육에 대한 정의는 여러 가지로 진술되어 있으나 전환교육이 처음으로 대두된 미국의 IDEA(Individual with Disabilities Education Act)에서는 전환교육이란 "학교생활에서 사회생활로 이동해 가는 학생들의 활동을 촉진시키기 위한 교육 결과 중심의 모형으로 장애인을 돕기 위해 협력 체제를 구축하여 고안된 체계적인 교육 활동을 말함
- 이효자, 박희찬(1997)은 전환교육을 "개개 학생의 요구와 필요를 바탕으로 학교 졸업 후 도달하게 될 목표 중심의 교육과정으로 고안된 장애 학생을 위한 교육 활동으로서, 그 목적은 장애 학생이 학교를 졸업하면서 지역사회에서 직업훈련, 통합된 취업활동, 주거활동, 지역사회활동, 여가, 계속교육 등이 순조롭게 이루어지도록 하는 교육"이라고 하였음.
- 일반교육에서는 진로교육이라는 용어를 사용하지만 특수교육에서는 장애 특성을 고려한 장애인 진로교육으로 전환교육이라는 용어를 사용하고 있음

○ 전환교육의 목적

- 장애인 개인이 현명하게 진로를 선택하고 이에 적합한 진로계획을 수립하여 준비함으로써 자아실현을 도모하고 사회에 공헌할 수 있는 기틀을 마련해 주기 위한 전환교육의 목적은 다음과 같음.

> 첫째, 자신과 타인이 종사하고 있는 직업이나 삶의 과정에 대한 이해를 넓혀 긍정적인 자아 개념과 원만한 대인관계 조절 기술을 익히고
> 둘째, 자신의 적성과 소질을 발굴하여 종사하게 될 직업의 세계를 탐색하고 필요한 기술을 습득하며, 직업 생활을 영위하기 위하여 가정에서 해야할 일, 사회에서 해야 할 일을 올바르게 익히며
> 셋째, 취업 기회에 대한 잠재적 가능성의 탐색을 통한 합리적인 진로를 선택하게 함으로써 심리적·경제적 안정을 추구할 수 있는 기반을 조성하고 시민으로서 사회 생활을 해 나갈 수 있게 하는 데 있다.

3. 전환교육의 기초 이론

○ 진로 발달 과정

- 진로 발달 과정은 개인에 따라 다르기는 하나 미국을 중심으로 진로 발달 과정은 살펴보면 다음과 같다.

Ginzberg	Super	미국연방교육국	텍사스교육청	Brolin
유추적 단계 구체화 단계 전문화 단계	성장기 탐색기 확립기 유지기 쇠퇴기	진로인식 진로탐색 진로준비 진로전문화	1단계 (출생~3세) 2단계 (3세~12세) 3단계 (12세~16세) 4단계 (16세~21세) 5단계 (21세~)	진로인식 진로탐색 진로준비 진로배치

o 진로 발달 과정별 전환교육 내용
- 진로교육은 각급 학교교육 프로그램 속에서 이루어져야 함. 장애 학생의 전환교육도 역시 진로인식, 진로탐색, 진로선택, 진로준비의 4단계를 거쳐 점진적으로 발전되어 나감. 따라서 학교교육 체제는 이러한 진로 발달 과정을 중시하여 단계별로 적절한 체제를 구체화함으로써 소기의 목적을 달성할 수 있음.
- 초등학교에서는 진로의 인식단계, 중학교는 진로의 탐색단계, 고등학교는 진로의 준비단계, 대학은 진로의 전문화 단계로 구분하고, 각급 학교의 수준에 따라 그 내용을 달리하여 연계적으로 지도해야 함.
- 장애학생의 진로확립에는 여러 요소들이 복합적으로 작용하고 있는데, 전환교육 체제의 주요 요소들을 종합하여 제시하면 다음과 같음

진로발달단계		학교교육 체제 요소	학교 체제 외적 환경 요소
단계	학교급		
진로인식	유·초	o 교육과정	
진로탐색	중	o 교육과정의 조직·운영	
진로선택	고	o 진학 제도 o 학생 선발 체제 o 행·재정적 지원 체제	o 직업 세계 및 노동시장의 변화 o 임금 구조 o 사회 문화 풍토 o 정치, 경제 상황의 변화
진로준비	대	o 교육 계열의 분화 o 교육과정의 조직 o 진급, 이동 체제 o 수업 연한 o 학교 유형	

o 학교급별 전환교육 내용
- 학교에서 진로교육의 목적을 실현하기 위해서는 가르쳐야 할 진로교육 영역과 범위가 결정되어야 함. 진로교육은 전 생애를 통하여 개인의 진로 발달 단계에 따라 구성되어야 하며 단계별로 진로의 내용을 전개하고 지도하여야 함

영 역	초등학교	중학교	고등학교
□ 자아발견	· 자신의 소질 흥미 발견	· 자신의 능력·적성에 대한 이해	· 자신의 직업 적성·주위 여건·역할에 대한 자각
□ 일의 세계 ㅇ 작업의 종류와 내용 ㅇ 직업과 교육	· 사람과 일 · 산업과 직업 · 사회적 분업과 직업 · 일과 직업 수행을 위한 지식·기술 습득의 필요성	· 산업 및 직업 분류 · 현대 사회의 직업 · 직업생활을 위한 준비로서의 교육	· 작업 구조의 변화 · 직업별 직무 및 전망 · 직업별로 요구되는 교육의 정도 및 내용
□ 진로 계획 ㅇ 선택 계획 ㅇ 준비 계획	· 장래의 희망 · 포부 설정 · 장래 희망을 성취하기 위한 방법 구상	· 장래의 잠정적인 작업계획 수립 · 견학 및 작업 준비 계획	· 구체적인 진로 계획과 선택 · 진학 및 직업 준비 계획
□ 일에 대한 가치관 및 태도	· 일의 소중함 · 일의 보람	· 작업의 의의와 필요성 · 바람직한 직업 선정의 조건	· 건전한 직업관 · 직업 및 직장 윤리

ㅇ 개인의 특성과 직업 선택과의 관계
  - 개개인의 직업에 대한 적응 여부는 개인의 생활은 물론 사회적인 인적 자원의 활용과 직결됨. 따라서 효과적이고도 만족한 직업적 적응·발전을 위해서는 개인의 능력, 인성(성격), 신체적 조건, 흥미와 적성, 가치관, 가정 환경과 기대수준 등 많은 요인을 고려하여야 함.
  - 지능과 직업: 직무를 수행하기 위해서 필요로 하는 능력은 각각 다르지만, 지능은 직업 선택에서 우선 고려되어야 할 요소 중 하나임. 지능검사 결과와 실무 능력과의 상관관계는 사무직, 서기직, 전문직 등에서 높게 나타남. 그러나 지능이 높다고 모든 직종에 적합한 것은 아님. 어떤 직종에는 높은 지능이 부적응 원인이 되기도 함. 예컨데 높은 지능을 가진 사람은 단조롭고 고정된 직무에 종사하게 되면 쉽게 싫증을 느끼고 주의가 산만해져서 실수가 잦아지게 되어 결국 전직을 하게 될 수 있음
  - 적성과 직업: 적성은 특정과제, 직무, 작업 영역에서 숙달할 수 있는 능력이나 잠재력을 말함. 기계를 다루는 일에 종사할 인력을 고용하려는 고용주는 피고용인의 기계적 적성을 평가해 보아야 함. 1930년대 중반 이후 심리학자들은 특정한 직업을 위해 요구되는 특정한 요인에 대해 연구하고, 이러한 직업에 상응하는 특성을 가진 사람들을 선발하려고 시도해 왔음. 이러한 특성-요인(trait-factor) 접근법은 아직도 많은 대기업 고용주나 군대, 미국 고용 서비스국(U. S. Employment Service)에서 사용하는 기본적인 방법임. 적성은 표준화된 적성검사에 의해서 알

아낼 수 있는데, 해석에 의해서 높은 점수를 얻은 분야라고 해서 그 직업을 택해야 한다는 것보다 성공의 가능성이 높은 것이라고 해석해야 함
- 성격(혹은 인성)과 직업: 성격(인성 : personality)이란 타인이나 사물에 대하여 비교적 일관성이 있는 반응형태를 말하는 것으로서, 개개인이 종사할 직업과 또 직장 내에서의 적응 정도를 가늠할 수 있는 중요한 요인임. 아무리 능력이 뛰어나다 할지라도 인간관계가 원만하지 못한 성격이라면 효율적으로 일하기 힘들 수 있음
- 흥미와 직업: 직업을 선택할 때 개인의 적성이나 지능, 성격뿐만 아니라 그의 흥미도 고려되어야 함. 그것은 능력과 적성이 알맞드라도 그 일에 아무런 흥미를 느끼지 못한다면 일의 효율성이 낮아지기 때문임
- 신체적 조건과 직업: 직무를 수행할 때 능력, 적성, 흥미와 성격 그리고 중요한 요소로서 신체적 조건을 고려해야 함. 능력과 흥미가 있다 할지라도 건강하지 못하거나 신체적 조건이 적합하지 못하면 수행할 수 없기 때문임
- 기타 요인들과 직업: 위에서 살펴본 바와 같이 지능, 적성, 성격, 흥미, 신체적 조건 이 외에도 직업선택과 직무 수행에 필요한 요인으로는 개인이 갖는 가치관이나 인생관, 학력, 직업에 대한 태도 등이 있음. 가치관은 사람이나 사물에 대해서 가지는 행동 원리나 신념으로 쉽게 변화되지 않는 특성을 지님. 자신이 가치롭지 않게 생각되는 일은 배척하고, 가치있는 일을 선택하게 됨. 따라서 개인의 가치관과 부합되지 않는 직업을 선택했을 경우 그는 불만과 좌절에 빠지게 됨. 또한 학력은 개인이 받은 교육 수준을 의미하는 것으로 어떤 직업, 직무는 다른 직업·직무보다도 높은 학력과 훈련을 요구하는가 하면 대부분의 직업은 보통 수준의 교육으로도 충분함

○ 전환교육 계획 수립을 위한 개별 욕구 진단
- '우리가 학생에 대하여 알아야 하는 것이 무엇인가?'라는 질문을 해결하기 위하여 진로지도와 관련된 영역의 진단이 필요하다. 일반적으로 학업 성취도 검사, 지적 기능 검사, 적응 행동 척도, 적성 검사, 흥미 목록, 인성 척도, 삶의 질 척도, 직업 기술 척도, 자기의 의사 결정 척도, 전환 지식과 기술 목록 등이 있다.

3. 개별화 전환교육 계획 작성 및 지원

○ 전환교육 관련 내용 추출
(1) 일상생활 기능

⑦ 금전관리하기 : 자판기 이용하기, 금전 계산과 정확한 거스름돈 주고받기, 현명한 소비생활 이행하기, 금전의 수입·지출 내역 기록하기, 세금과 공과금을 계산하고 지불하기, 금융기관 이용하기
㈏ 가사 도구의 선택과 관리·유지 : 가정 관리, 기본적인 설비 및 도구 이용, 적절한 주거 환경의 선택, 집안의 시설 설비
㈐ 자기 욕구의 충족과 관리 : 신체적 적응, 영양 및 체중 조절의 지식 이해, 적절한 몸단장 및 위생상태 유지, 적절히 옷 입기, 질병 예방·치료의 지식, 자기 안전의 실천
㈑ 자녀 양육(결혼 책임 인식하기) : 어린이 양육 준비(신체적 보호), 결혼 적응의 준비
㈒ 식료품 구입·요리 : 식료품 구입, 부엌 청소, 음식 저장, 음식 요리, 균형있는 식사 계획, 적절한 식사 습관
㈓ 의복의 구입·관리 : 의복의 구입, 의복의 세탁, 의복의 다림질 및 수선
㈔ 책임있는 시민적 활동 이해 : 시민적 권리와 책임 이해, 법 지식 및 법 준수 능력, 시민으로서의 권리와 책무 이행
㈕ 오락과 여가 선용 : 유용한 지역사회 자원의 이용, 여가 활동을 현명하게 계획하고 선택하기, 오락의 가치 이해, 집단 및 개인 생활에 적극 참여하기, 휴가 계획 세우기
㈖ 지역에서의 이동과 주변 익히기 : 교통 법규의 안전 수칙의 이해, 여러 가지 교통 수단에 대한 지식 및 활용, 지역 사회의 구역 알기

(2) 사회적 기능

㈎ 자아 인식하기 : 신체적 정신적 욕구의 확인, 흥미 및 능력의 파악, 정서의 파악, 신체 이해
㈏ 자신감 획득하기 : 자기 존중감 표현, 자기의 생각을 타인에게 표현, 칭찬하기 및 수용, 비판 및 수용하기, 자신감 증진
㈐ 사회적 책임행동 수행 기능 : 타인의 권리와 재산에 대한 존중, 권위의 인정 및 지시 사항, 공공장소에서의 적절한 행동, 환영받는 성격 특성의 이해, 개인적 역할의 이해
㈑ 좋은 인간관계 기능 유지하기 : 듣고 반응하기, 친밀한 대인관계 형성 방법의 이해, 우정의 형성 및 유지 방법 이해,
㈒ 자립심 배양하기 : 자아실현을 위한 노력, 자아 조직의 이해, 다른 사람에게 미치는 행동의 영향 인식
㈓ 문제 해결 기능 배양하기 : 조력 자원의 활용, 결과에 대한 예견, 대안의 개발 및 평가, 문제의 본질 인식하기, 목표 지향적 행동의 개발, 위급한 상황의 인지 및 대응

(3) 작업 기초 및 수행 기능

> ㈎ 감각 기능을 향상시키기 위한 활동 : 시각 운동의 협응, 촉각 기능의 향상
> ㈏ 근력 기능을 향상시키기 위한 활동 : 근력 증가 훈련, 사물을 이동하는 작업
> ㈐ 작업의 정확성, 지속성을 향상시키기 위한 활동 : 지시 따라 작업을 정확히 수행하기, 지속성을 요하는 작업 수행하기
> ㈑ 조립 기능을 향상시키기 위한 활동 : 기초 조립 기능, 물품 조립 기능
> ㈒ 작업 생활 태도 : 일의 보람, 작업 계획 수립, 작업에 대한 바른 자세

(4) 직업 기능

> ㈎ 가능한 직업을 알고 탐색하기 : 직업 훈련 정보의 원천 확인, 직업을 통해 충족되는 개인적 가치의 확인, 직업을 위해 얻어진 사회적 가치, 직무의 서로 다른 직업 체제의 분류 이해, 지역에서 얻을 수 있는 직업 기회의 발견
> ㈏ 직업 선택과 직업 계획 세우기 : 가능한 직업을 알고 탐색하기, 적절하고 유용한 직무 요구 조건 확인, 직업 적성 확인, 주요한 직업적 흥미 확인
> ㈐ 적절한 작업 습관과 행동을 나타내 보이기 : 지시대로 따르기, 정시에 출근하고 퇴근 인지하기, 감독에 순응하기, 직업 안전을 설명하기, 다른 사람과 함께 일하기, 질적 기준에 맞춰 작업하기, 만족할 속도로 일하기
> ㈑ 적절한 신체적 조작 기능 : 끈기와 인내심 표현, 만족스런 균형과 조정의 표현, 정교한 수지 기능 표현, 감각적 변별 능력
> ㈒ 직장을 찾고 유지하기 : 직업 탐색, 성공적인 진로 선택, 적합한 직종을 선택할 때 유의사항 파악하기, 취업 지원(신청), 취업을 위한 면접, 졸업 후의 직업 적응 유지 방법 알기, 경쟁적 직업 기준의 이해, 고용 변화에 적응하는 방법 알기, 직업관과 직업 윤리

○ 개별화 전환교육 계획 작성·활용

- 기본 방향: 진로 준비 단계로서 초등학교와 중학교에서 개발한 적성, 흥미, 능력 등을 발전시키도록 하면서 직업 세계의 객관적인 정보를 수집, 분석하여 합리적인 의사 결정을 하도록 지도한다.

- 실천 방법

> ㈎ 학교의 역할 : 교과 담당 교사는 전환교육 관점에서 학습 단원을 지도하고, 진로 담당 교사는 전환교육의 내용과 방법, 자료 수집, 분석 및 배포를 통하여 일반 교과 담당 교사를 지원, 협력하고, 진로 상담에서 취업 상담까지 협력한다.
> ㈏ 학부모의 역할 : 긍정적이고 적극적인 태도를 형성할 수 있도록 지도하고, 대화를 통하여 합리적인 의사 결정을 할 수 있도록 도와 준다.
> ㈐ 지역 사회 역할 : 학교를 위하여 노작교육 및 학습의 기회를 제공하고, 전환교육에 필요한 자원 인사를 제공할 수 있어야 하며, 학교의 취업 지도 프로그램에 참여하여 지원하여야 한다.

- 전환교육의 내용

> (가) 전환교육 목표에 적합한 계획 수립
> (나) 자아 개념의 구체화 및 현실적 이해
> (다) 직업에 대한 긍정적, 적극적 태도 견지
> (라) 직업과 사회 구조 간의 심도 있는 이해
> (마) 직장에서 구성원으로서의 행동 이해
> (바) 문제 해결 능력의 신장
> (사) 졸업 후 환경 변화에 대한 대비

○ 전환교육 실천을 위한 학교의 지원과 역할

- 전환교육 실천을 위한 교육과정 및 자료의 개발과 적용을 통하여 전환교육이 강화되어야 한다. 전환교육을 위한 학교의 역할을 제시하면 다음과 같다.
- 학교장, 교감의 지원과 역할

> (1) 학교장은 학교에서 이루어지는 교육 이외에도 지역사회 자원의 활용 가능성을 탐색함으로써 학생의 흥미와 욕구, 적성에 최적한 학습 환경을 조성해 주어야 한다.
> (2) 전환교육이 특수교육 요구 학생에게 실제적으로 실천될 수 있도록 조직을 강화하고 실천에 필요한 시설 환경, 자료 확보, 교과 활동을 통한 지도가 가능하도록 적극적으로 지원하여야 한다.
> (3) 교사의 연수를 강화하고, 모든 교과 안에서 전환교육이 이루어질 수 있도록 지원하여야 한다.
> (4) 지역사회 인사 및 졸업생들의 참여로 전환교육 프로그램 개발과 실천 지원, 연수 강화, 행·재정적 지원을 적극적으로 하여야 한다.

- 통합학급(교과 담당) 교사의 지원과 역할

> (1) 교과 지도에 충실함을 기본으로 하지만, 각 교과와 관련된 직업의 종류를 제시하고 직업의 특성, 직업 선택의 준비 과정, 장래의 전망과 연계시켜 지도하여야 한다.
> (2) 학생들로 하여금 일에 대한 긍정적인 가치관, 직업 태도를 형성할 수 있도록 다양한 전환교육 자료를 활용하여 지도하여야 한다.
> (3) 학생들로 하여금 일에 대한 가치관 형성과 직업 세계에서 일하는 모든 직업인들의 소중함을 인식하고 직업 윤리를 강화시키도록 한다.
> (4) 전환교육 관점에서 각 교과를 통합하여 연계적으로 지도하고, 학생들로 하여금 학문과 일의 세계가 밀접히 관련된다는 것을 인식하게 해 주어야 한다.

- 특수학급 담당 교사의 지원과 역할

> (1) 통합학급 교사와의 관계를 원활히 하고 통합학급 교사에게 관련 프로그램을 제공하여야 한다.
> (2) 학교에서 사회로의 전환을 원만히 잘하기 위하여 전환교육 프로그램을 계획적으로 실시하여야 한다.
> (3) 직업 배치 및 추수지도를 지속적으로 수행할 수 있도록 계획을 세워 추진하여야 한다.

교육방법

○ 강의형 교육
- 가정에서의 전환교육의 이해와 실제
- 발달장애학생의 전환교육의 방향
- 가정에서의 전환준비 지원 실제

○ 실습 연계형 교육
- 전환에 필요한 기능적 생활중심 교육 프로그램을 실습해 보면서, 지도 방법을 익힐 수 있다.
- 전환서비스를 제공하는 기관 등을 견학해 볼 수 있다.

참고자료

○ 참고문헌

조인수 (2007). 전환교육의 이해와 실제. 서울: 교육과학사.

교육과학기술부 (2016). 특수교육운영계획.

○ 참고사이트

국립특수교육원 진로 및 직업교육 자료실: http://www.knise.kr

Ⅳ-6. 청소년기 발달장애인에 대한 가정에서의 성교육 실제

과정	공통	영유아기	초등학령기	**청소년기**	성인기	영역	지식·정보	**기술**	심리·정서
주제	청소년기 발달장애인에 대한 가정에서의 성교육 실제								

■ 교육의 필요성 ■

○ 청소년기 발달장애인을 위한 가정에서의 성교육 지도 방법 및 성폭력 예방에 대해 이해한다.

■ 교육내용 ■

※ 성교육의 필요성 및 구체적 방법에 관해서는 아동기 성교육 지도 자료 참고

1. 청소년기의 성교육 내용

○ 초기

- 주제: 변하는 몸과 마음에 대하여 알기

> · 2차 성징기의 몸의 발육에 대해 지도
> · 생리 변화와 자신에 대해 알게 지도
> · 사춘기 특징을 이해하고 양성 존중과 협조
> · 심리·정서적 발달의 남녀 차이 이해 지도

- 주제: 어른에 가까워지는 몸에 대한 이해

> · 자신의 성적 고민과 불안에 대하여 이해
> · 남녀의 성기 구조와 기능에 대한 이해
> · 양성의 특징과 역할에 대한 이해와 지도

○ 중기
- 주제: 어른에 가까워지는 몸에 대한 이해
  - 자신의 성적 고민과 불안에 대하여 이해
  - 남녀의 성기 구조와 기능에 대한 이해

- 주제: 이성의 친구에 대하여 이해하고 알기
  - 양성의 특징과 역할에 대한 이해와 지도
  - 남녀 교제 이유와 필요성을 설명하며 생각하게 함.
  - 바람직한 남녀 교제와 그렇지 않은 교제

- 주제: 성 비행과 피해, 폭행, 유괴에 대하여 생각하기
  - 교제시 몸가짐과 말, 예의, 전화 등을 지도
  - 성 비행 피해 실태 알림
  - 성 비행 원인
  - 성 충동과 억제 방법 시도
  - 성병에 대하여
  - 성적으로 이용당하는 것은 불행하다는 지도

○ 말기
- 주제: 행복한 삶에 대하여
  - 행복이란
  - 결혼의 의의 설명
  - 행복한 가정생활 지도
  - 자신의 인생의 귀중함에 대하여 설명

- 주제: 가족계획에 대한 지식 습득하기
  - 피임방법 지도
  - 자녀 수를 조절하는 이유
  - 자녀를 두지 않을 권리 알기
  - 임신에 대한 책임
  - 임신 과정 알기(성교, 출산 등)

- 주제: 생리 처리와 성 지식 습득하기
  - 월경에 대한 바른 이해
  - 생리 처리에 대한 실제 지도

- 주제: 부모가 되는 일과 부모의 책임에 대한 이해와 태도

> · 부모가 됨을 바르게 이해
> · 자녀 양육 책임

※ 생애주기에 따른 성교육 지도 내용(일본성교육협회)

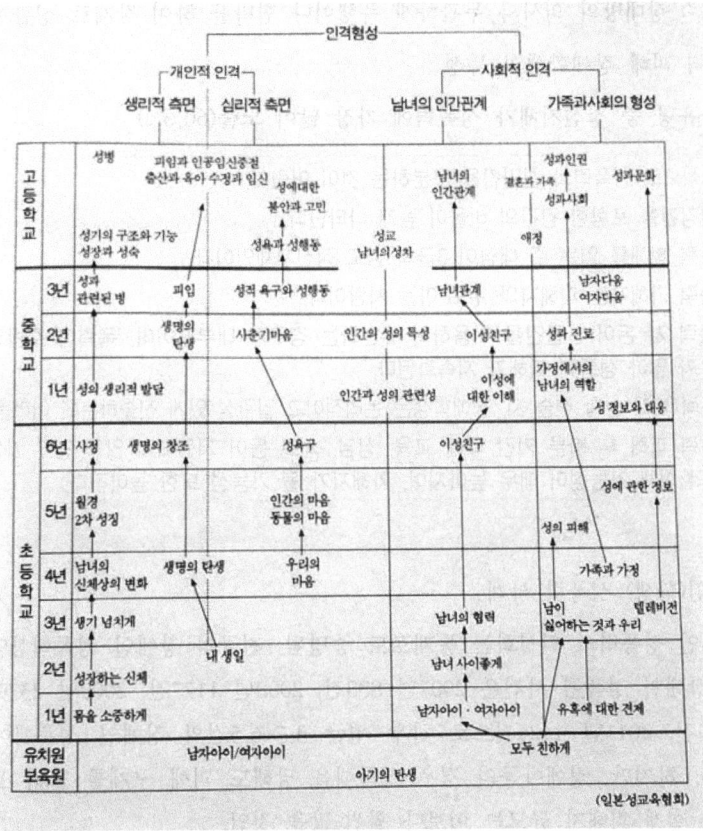

(일본성교육협회)

2. 발달장애인의 성폭력 예방 교육

○ 성폭력의 정의
- 상대방의 동의 없이 강제적으로 성과 관련된 폭력을 행하는 것을 말한다. 상대방이 성 결정 능력이 없는 어린이, 장애인 등을 상대로 하거나 의사표현 능력이 없는 것을 이용하여 행하는 성행위도 포함됨. 따라서 강간 뿐 아니라 추행, 성희롱, 성기노출 등 '성'을 매개로 인간에게 가해지는 모든 신체적, 언어적, 정신적 폭력

을 말함
o 성폭력의 유형(성폭력의 행위에 따른 분류)
 - 성희롱 : 성관련 언어나 행동을 포괄하는 개념으로 신체적 행위, 언어적 행위, 시각적 행위 등
 - 성추행 : 가해자의 성기나 몸을 만지거나 피해자의 성기나 몸을 만지는 일
 - 강간 : 상대방의 의사와 무관하게 폭행이나 협박을 하여 강제로 성관계를 함
o 성폭력 피해 장애학생의 특성
 - 장애유형 중 정신지체가 성폭력에 가장 많이 노출(60.6%)

1. 일반적으로 성폭력과 친밀감을 구분하는 것이 어렵다.
2. 근친강간을 포함한 강간의 비율이 높게 나타난다.
3. 성폭력 피해를 입는 주 대상이 3급의 경도 정신지체인이다.
4. 성폭력 가해자는 피해자와 주로 아는 사람이다.
5. 성폭력 시 돈이나 물건을 이용하여 유인하는 경우가 대부분이며, 폭력이 수반되지 않는 경우가 많아 성폭력 피해가 지속화된다.
6. 성폭력 피해 상황 진술 시, 장애학생은 논리적이고 일관성 있게 진술하는데 어려움이 있다.
7. 성폭력 피해 후 빠른 기간 내에 교육, 상담, 치료 등이 지원되지 않을 경우 제2의 피해, 제3의 피해 가능성이 매우 높아지며, 가해자가 될 가능성 또한 높아진다.

o 장애인(학생) 성폭력 사례
 - 장애인 성폭력의 일상화는 통계로도 증명됨. 전국의 장애인 성폭력상담소에 접수된 장애인 성폭행 사건은 2007년 888건, 2008년 1177건, 2009년 2379건, 2010년 1349건, 2011년 1425건으로 하루 평균 3.7~6.5건의 장애인 성폭행이 발생하고 있음. 하지만, 장애아동의 경우 성폭행을 당해도 피해 구제를 빨리 포기하기 때문에 실제 피해자 규모는 이보다 훨씬 많을 것임.
 사례1) 광주의 청각장애인 특수학교에서 2000년~2004년에 걸쳐 7~22세 학생 최소 9명이 교장과 행정실장, 재활교사 등(가해자 최소 6명) 교직원들에게 상습적으로 성폭행을 당함. 교장 항소심에서 2년6개월, 집행유예 3년 구형으로 실제 징역기간 없이 아무런 법적처벌 받지 않은 채 암으로 사망. 행정실장 항소심 10개월 집행유예로 실제 징역 기간 없음. 평교사 한명만 징역 10개월 구형. 성폭력 가해자는 현재도 인화학교 소속으로 정식출근
 사례2) 2015년 충남 안성의 버스기사 4명(40대~60대 남성)은 자신들의 버스를 타고 통학하는 지적장애 여고생 A양이 고3 학생이었을 때부터 무려 3년 동안 성폭행하면서 아이까지 출산하게 만들었으나 재판부는 1심에서 3명을 집행유예, 1명은 무죄를 선

고함. 2심에서 징역 2년~4년을 선고함)
- 사례3〉 2016년 경계선 지적장애인인 하은이(당시13세)는 5일동안 7명의 남성에게 차례대로 성폭행을 당함. 1심 재판부는 지적 장애를 앓고 있는 피해 아동 하은이가 성관계 후 가해자에게 얻어 먹은 떡볶이나 모텔비 등을 재판부는 성관계에 대한 대가로 보고 1심에서 이를 성매매 사건으로 판단하고, 하은이를 성을 판매한 '대상청소년'으로 구분해서 성폭행의 피해자가 될 수 없다고 판결을 내림. 국민의 공부을 산 이 사건은 서울시복지재단 서울사회복지공익법센터와 하은이 모녀가 함께 항소장을 제출하였고, 1천2백여만원을 배상하라는 원고 일부 승소로 판결됨
- 사례4〉 2016년 지적장애2급인 30대여성 A씨는 2년간 같은 아파트에 사는 이웃들에게 성폭행을 당함. 경찰에 적발 구속된 피의자만 5명에 이름. 이들은 모두 70대 노인으로 A씨가 판단능력이 떨어진다는 것을 악용해 '맛있는 것을 사주겠다'며 접근한 뒤 범행을 저지름

○ 성폭력 예방법
- 예방법은 일상생활에서의 성폭력 상황을 인지하고, 실제상황에서 행동으로 옮겨질 수 있도록 상황에 따른 대처방법을 반복, 지도함이 중요함.
- 장애학생의 성 심리 및 행동 지도

> 장애학생들은 비장애 학생과 같은 신체발달을 함에도 불구하고 자신의 신체변화에 대해 구체적인 지식이 결여되어 있고 성에 대한 관심과 충동을 가짐에도 불구하고 이를 적절히 해결할 수 있는 방법을 알지 못하므로 이에 대한 바른 대처방법을 알게 하며 특히 성충동과 자위행위에 대한 적절한 대처방법을 익히도록 한다.
> 가. 남자(여자) 친구 간에 서로 조심해야 할 행동을 알고 실천한다.
> 나. 이성친구에 대한 성적 욕구를 적절히 조절할 수 있게 한다.
> 다. 사춘기의 몸과 마음의 변화를 알고 그에 따른 적절한 대처방법을 안다.
> 마. 성에 대한 질문을 할 때에는 정확한 성지식을 바탕으로 긍정적인 반응을 보여준다.
> 바. 성교육을 할 경우 단시간 내에 성적 행동이 변화되지 않으므로 장애학생과 연계되어 있는 기관의 교사, 보호자와 성행동에 대해 공유한다.
> 사. 부적절한 성행동 교정 시에는 단호하게 대처하여 옳고 그름에 대한 판단능력을 가질 수 있도록 지도한다.

- 신체 접촉에 대한 지도

> 가. 좋은 접촉, 좋은 느낌과 싫은 접촉, 싫은 느낌을 구별하도록 지도
> 나. 다른 사람과의 관계에서 반갑다고 하는 표현이 지나친 신체 접촉일 경우 성폭력 적인 행동이 될 수 있음을 알도록 한다.
> 다. 타인과의 신체 접촉은 공적인 범위(악수)에서 이루어 져야 한다.
> 라. 상대가 성적 불쾌감을 느끼는 행동은 하지 않도록 지도한다.
> 마. 지도 시 유의점
>   ■ 신체적인 접촉의 정도와 범위에 대한 지도를 철저히 한다.
>   (가족 간의 애정 표현, 친구 간의 애정표현, 선생님이나 이웃 간의 애정표현 등)

- 신변처리 및 공공장소에 대한 지도

가. 공적인 장소에서 자신의 생식기를 만지거나 타인에게 보여서는 안 된다.
나. 화장실 사용 후 옷은 항상 화장실 안에서 입고 나온다.
다. 옷을 벗거나 걷어 올려서 자신의 신체(가슴, 엉덩이, 생식기 등)를 타인에게 보여 주거나 만지라고 해서도 안 된다.
라. 타인의 옷 속에 손을 넣거나 몸을 만지지 않는다.
마. 지도 시 유의점
- 정신지체장애학생은 성폭력적인 의도 없이 이루어지는 행동이 타인에게 성폭력적인 행동이 될 수 있는 일이 종종 있으므로 지속적인 행동 수정이 필요하다.
- 엄마의 가슴이라도 수시로 만지도록 허용을 하면 성장해서도 그와 같은 습관이 성폭행적인 행동으로 이어질 수 있으므로 유의한다.

- 가정에서의 일반적인 지도

아래 내용을 특수교육대상 학생들에게 자주 지속적으로 상기시키도록 한다.
가. 알고 있는 사람이라도 절대 따라가지 않는다.
나. 해가 진 후, 어두울 때는 밖에서 혼자 놀지 않는다.
다. 집에 혼자 있을 때는 그 누구라도 문을 열어주지 않는다.
라. 사람이 다니지 않는 골목길, 한적한 길은 혼자 다니지 않는다.
마. 위험이 닥쳤을 땐 큰소리로 소리 지르고, 뛰어가며 주위의 도움을 청한다.
바. 언제나 도와줄 수 있는 어른과 함께 다닌다.
사. 평소 자기주장을 분명히 하도록 연습시킨다.("싫을 때는 참지 말고 싫어요"라고 말하도록 계속 반복 연습)
아. 성인 영상물이나 성인 사이트와 접하지 않도록 한다.
자. 가족이라도 남매간에는 방을 따로 사용하며 가족 간에도 반드시 노크를 한다.
차. 초등학교 고학년 이상인 경우에는 스스로 씻을 수 있도록 지도하며 지나친 애정표현을 자제하도록 한다.
카. 성폭력에 대항할 수 있는 체력을 키워준다. (태권도, 수영, 운동기구 사용 등)

- 학교(시설)에서의 대책

가. 성폭력 예방 교육을 강화한다.(담임교사, 보건교사, 학부모에 의해 지속적이고 반복적인 교육)
나. 교내 순찰을 강화한다.(교사, 행정실, 학교지킴이)
다. 차후 CCTV를 확충한다.(범죄 예방, 검거에 탁월한 효과가 있음.)
라. 등교 전에 아침마다 상징물(호루라기, 스프레이 등)을 착용하면서 지속적으로 환기시킨다.
마. 경찰과 비상연락체계를 구축한다.

- 성폭력 예방법 사례

Q. 2달 전에 전학 온 중학교 1학년 경도정신지체 남학생으로 여학생에게 호감을 받으려고 노력하는 학생인데, 날이 갈수록 여학생 화장실을 문 밑으로 들여다보고, 여학생 친구의 가슴과 엉덩이 만지고, 남학생의 성기를 만지는 등 이상 행동이 나타나고 있어요.
A. 성적 이상행동의 원인을 부모님과 함께 의논하고 전학 오기 전 학교에서의 행동에 심각한 문제가 있었는지 알아본 후, 행동을 고칠 계획을 세운다. 학교생활에서 호감을 받는 행동을 하였을 때는 많이 칭찬 해주고, 일정 시간 이상행동이 일어나지 않으면 토큰을 주어, 좋아하는 여학생과 짝지어 심부름을 보내기 등의 보상을 사용해 본다.

○ 성교육 방법의 실제
- 정신지체인의 성교육 효과를 극대화하기 위하여 다양한 성교육 방법들을 활용할 수 있으며, 구체적인 방법 및 활용 도구(teaching aids)는 다음과 같다(박용숙, 2006).
- 역할극: 구체적인 활용 연습 없이는 실제행동으로 일반화되는 것이 쉽지 않으므로 실제생활 상황들을 효과적으로 재연해서 자기가 처하지 않았던 상황들을 경험하도록 해주어 느낌과 반응들을 알게 한다.

역할극 상황의 예	장소
- 남자 교사나 자원봉사자, 기사아저씨가 무릎에 앉혀 놓고 가슴이나 엉덩이, 성기 부위를 만지는 상황 - 용변을 보기 위하여 화장실에 들어갈 때 남학생이 따라 들어와 성기 부위를 보거나 만지려는 상황	학교에서
- 등·하교시 버스정류장에서 서 있는 데 모르는 사람이 차에 타도록 권유하고 데려가고자 하는 상황 - 버스나 지하철을 잘못 내려 당황하고 있을 때 집을 찾아 주겠다며 인적이 드문 곳으로 유인하는 상황	공공장소, 버스, 지하철에서
- 집에서 오빠나 삼촌 등(친·인척)이 성인비디오를 같이 보면서 비디오의 경우와 같이 해보자고 하는 상황 - 오빠(동생) 친구들이 집에 놀러 와서 엄마 아빠 놀이를 하자며 성적인 행동을 하고자 하는 상황	집에서
- 동네 슈퍼에 물건을 사러 갔을 때 슈퍼 아저씨가 친절히 대해 주면서 성적인 행동을 요구하는 상황 - 하교시에 아파트 경비아저씨나 동네 아저씨가 '엄마가 급히 ~에 가시면서 나와 함께 있으라고 했다'면서 유인하여 성적(性的)인 행동을 하려는 상황	동네에서
- 인적이 드문 곳에서 놀고 있을 때 잘 아는 동네 어른이 재미있는 놀이를 하자고 유인하여 성적인 행동을 하려는 상황 - 낯선 사람이 맛있는 것이나 갖고 싶은 물건을 사주겠다고 함께 가자고 하는 상황	외진 곳, 인적이 드문 곳에서

- 인형극: 실제적인 상황을 재연하여 다양한 상황을 경험할 수 있도록 해주며 배운 바를 인형을 통하여 조작하여 연습할 수 있는 기회를 부여한다.
- 질문지: 성교육을 하기 전이나 후에 다양한 질문지를 활용함으로써 교육 전과 후의 성에 대한 지식과 태도를 알아보고 교육대상자들 스스로 자신을 평가할 수 있는 기회를 준다.
- 게임: 실제적인 정보를 연습하기 위한 것으로 게임을 통해 교육대상자들이 흥미

를 유발하여 교육 효과를 높이며 다양한 인지수준을 가진 교육대상자들을 수업에 포함시키기에 유리하다.
- 질문·토의하기: 교육대상자들의 참여를 가장 높이는 활동으로, 당황하지 않고 질문할 수 있는 분위기를 조성하여 주어야 하며 모든 질문을 존중하여 솔직하게 대답해 주어야 한다.
- 관련기관 방문: 여러 가지 다양한 주제들을 논의하기 위해 성관련 센터, 동물원, 목욕탕, 병원 등을 방문한다.
- 시·청각 자료들: 슬라이드와 비디오 등의 다양한 시청각자료를 활용하여 교육대상자들이 이해하기 쉽도록 한다.
- 전문가 초빙하기 : 교수자가 부족하다고 생각되는 분야의 전문가들 —건강전문가, 성교육전문가, 성상담전문가를 초빙하여 수업을 진행함으로써 전문성을 보완한다.
- 개인 상담 : 개별적인 상담을 통하여 개개인이 가지는 문제를 해결할 수 있도록 도와주고, 개개인의 특성에 맞는 성교육을 실시하여 바람직한 성행동을 할 수 있도록 지도한다.

  ※ 구체적인 내용은 국립특수교육원 홈페이지(http://www.knise.kr)의 「장애학생을 위한 성교육 프로그램」참고

○ 성폭력 대처법
- 성폭력 대처방법은 성폭력 상황을 구분하고, 성폭력 상황에서 가해자에게 언어적 또는 비언어적으로 거절하는 것, 그 상황을 피하거나 벗어나는 것, 주변 사람에게 도움을 청하는 것, 이 상황을 부모님이나 교사에게 알리거나 전화하는 기술 등을 말하며 구체적인 방법은 다음과 같다.
- 성폭력 의심 징후

```
가. 갑자기 씻기 싫어하거나 옷 갈아입기를 싫어한다.
나. 혼자 있지 않으려고 하고 밖에 나가지 않으려 한다.
다. 소변을 볼 때 아프다고 하거나 밤에 오줌을 싼다.
라. 성기 혹은 항문이 아프다고 하며, 멍이나 물린 자국 등이 있다.
마. 잠을 잘 못자고 악몽을 자주 꾸거나 불을 아예 못 끄게 한다.
바. 손가락 빨기, 엄마 옆을 떠나지 않기, 오줌 싸기 등의 행동을 보인다.
사. 말을 잘 안하고, 신경질, 짜증, 욕설을 자주 한다.
아. 부모가 모르는 장난감이나 과자류를 가지고 있다.
자. 갑작스런 성적 언어 및 성적 행동을 한다.
차. 갑자기 음식을 거부하거나 지나치게 많이 먹는다.
카. 강박적 행동(잦은 양치질, 잦은 손씻기, 잦은 옷 갈아입기 등)을 보인다.
```

- 기본적인 수칙

> 가. 전화 거는 방법을 지도한다.
> 나. 누군가 강제로 데려가려하면 도움을 받을 사람이 있는지, 안전한 곳이 있는지 살펴보고 사람이 많은 곳으로 뛰어가서 큰 소리로 도움을 청한다.
> 다. 낯선 사람이 이름, 사는 곳, 전화번호를 물어보면 절대 알려주지 않는다.
> 라. 적극적으로 대항한다. 예) 물어뜯고, 발로 차고, 할퀸다. 남자의 급소를 힘껏 찬다 등
> 마. 감정표현을 솔직하게 할 수 있도록 가족들의 애정과 격려가 필요하다.
>   1) 성폭력 발생 후에는 성폭력이 피해자 자신의 잘못이 아님을 알려주어야 하며, 부모나 교사 등 친밀감을 가진 사람에게 자신이 겪은 상황을 꼭 알리도록 지도
>   2) 언어적으로 자기표현이 되는 경우에는 누가, 언제, 어디서, 어떻게 했는지를 구체적으로 기술할 수 있도록 지도

- 사후 조치 및 법적 대응

> 가. 몸을 씻지 않은 상태에서 가능한 빨리 병원에 가고 진단서나 다친 부위의 사진을 찍어둔다.
> 나. 피해 당시 옷가지나 다른 증거물을 모아 코팅되지 않은 종이봉투에 보관한다.
> 다. 피해 장소 및 가해자 신체의 일부(지문, 모발, 분뇨, 땀 등) 가해자가 가지고 있던 물건(흉기, 명함, 사진 등)을 가능한 그대로 보존한다.
> 라. 성폭력 전문상담기관에 도움을 요청한다.
> 마. 감정을 가라앉히고 고소여부를 결정한다.
>   1) 장애인 성폭력 친고죄 폐지(「도가니 종합대책발표」)
>   친고죄(親告罪)란 검사가 공소를 제기하는 데 있어서 피해자와 그 밖의 법률에 정한 사람의 고소를 필요로 하는 범죄를 말한다. 최근 영화 '도가니'로 인해 장애인, 13세 미만자의 성폭행범은 피해 당사자가 고소를 하지 않아도 처벌이 가능해진다.
>   2) 장애인에 대한 강간죄의 법정형을 3년에서 5년으로 강화
>   3) 장애인에 대한 성폭력 범죄는 1회만으로 전자발찌 부착 가능
>   4) 성폭력 가해 교사의 경우 교단 접근도 원천 차단
>   5) 장애인 성폭력 사건은 신고만으로 경찰 출동

- 성폭력 대처법 사례

> Q1. 중학교 3학년 경도정신지체 여학생에게 엄마가 택시를 태워주었는데 기사는 문을 잠금장치로 잠근 다음 목적지인 학교로 가지 않고 한적한 곳으로 데리고 가서는 여학생을 끌어안으려고 하였다.
> A1. 학생은 당황하여 온힘을 다해 소리 지르고 때리기도 하여 오히려 아저씨가 놀라 도망가 버렸다.
>
> Q2. 중학교 2학년 경도 정신지체 남학생은 같은 반 여학생을 강당이나, 체육실 등 한적한 곳으로 데리고 가서 입을 맞추고, 몸을 가까이 하려고 합니다.
> A2. 성폭력의 위험이 있으므로 내 몸의 소중함과 내 몸을 지키는 방법을 반복적으로 지도하여 의식적으로도 행동할 수 있게 한다. 이 시기는 이성에 대한 관심이 높은 때이므로, 집단 활동에 참여하는 기회를 늘려 주어 노래방, 연극관람 등을 통해 이를 해소하도록 해 준다.

○ 성폭력에 관하여 도움을 주는 기관
   1. 위기전화　　　　　　　☎ 국번없이 112, 1366, 1388
   2. 한국성폭력상담소　　　☎ 02-338-5801~2
   3. 한국성폭력위기센터　　☎ 02-883-9284 (http://www.rape119.or.kr)

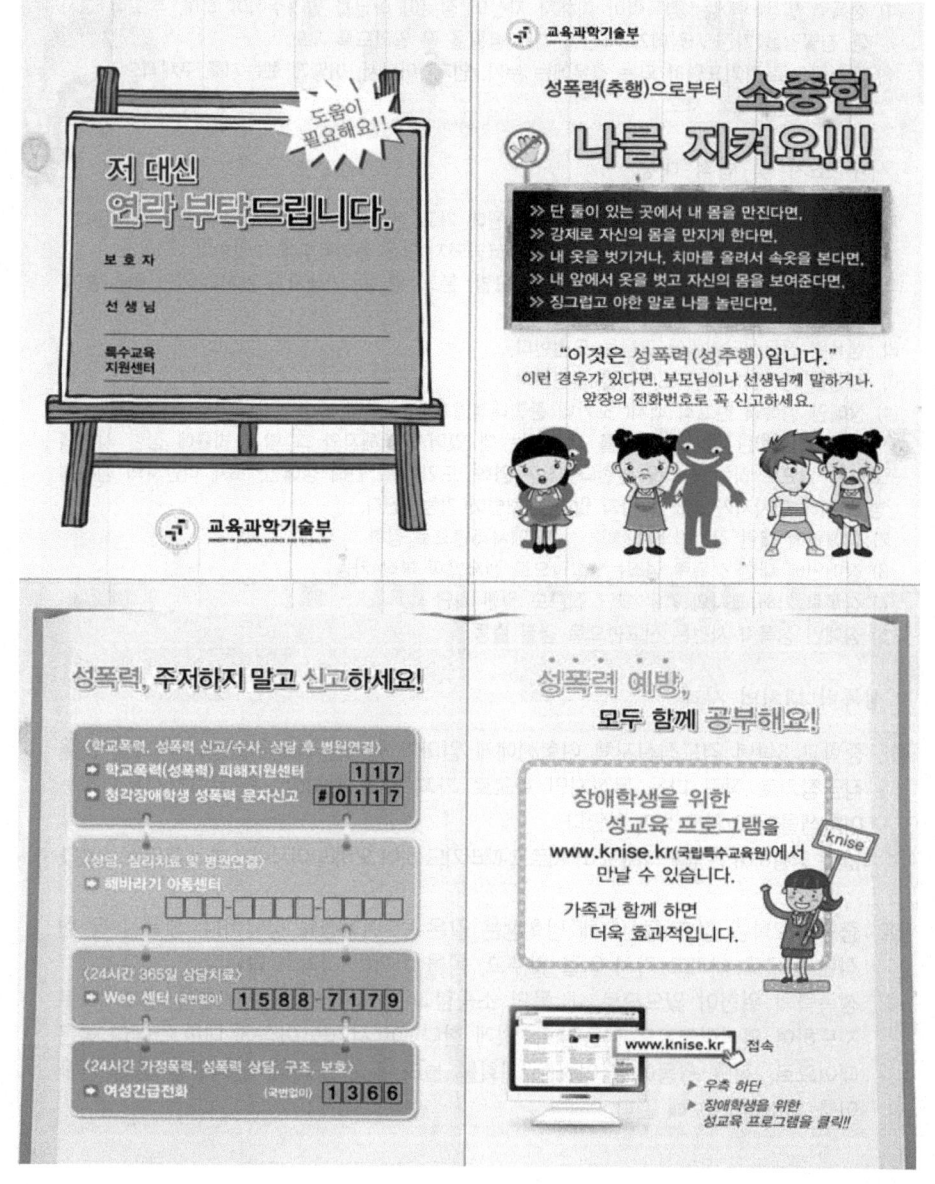

■ 교육방법 ■

○ 강의형 교육
 - 가정에서 할 수 있는 성교육 내용 또는 성폭력 예방 방법 전달
○ 시청각 교육
 - 국립특수교육원의 성교육 프로그램을 자녀와 함께 시청해 보도록 지도

■ 유의사항 ■

○ 잘못된 정보나 정확하지 않은 지식을 제공하지 않도록 노력하고, 장애인의 성에 대해 편견이나 선입견을 가지지 않도록 유의한다.
○ 전문가를 동원하거나 경험이 있는 사람을 교육자로 배치하도록 한다.

■ 참고자료 ■

○ 참고문헌
 김한경, 박용숙 (2005). 발달장애인을 위한 성교육. 서울: 나눔의 집
○ 참고사이트
 국립특수교육원 장애학생 성교육 프로그램: http://www.knise.kr

Ⅳ-7. 발달장애인 자기결정기술 향상

과정	공통	영유아기	초등학령기	**청소년기**	성인기	영역	지식·정보	**기술**	심리·정서
주제	발달장애인 자기결정기술 향상							

■ 교육의 필요성 ■

○ 성인기 생활로의 성공적인 전환은 최근 장애인계의 이슈로 떠오르고 있으나, 발달장애인의 경우 인지적, 행동적 문제나 장애상태에 따른 사회적 관계 형성의 문제, 가정의 지나친 우려 및 발달장애인의 독특한 욕구를 충족시킬 수 있는 시스템의 부재 등으로 인해 어려움을 갖고 있다. 이와 같은 요인들은 향후 발달장애인의 지역사회 전환에 큰 방해요인으로 작용되고 있다.

○ 한편, 이와 같은 자기결정능력의 정도는 장애인보다는 비장애인이, 연령이 높을수록 높게 나타나고 있는데(Wehmeyer & Kelchner, 1995), 장애인의 경우 자기결정능력을 신장하기 위한 기회의 정도에 따라 자기결정능력에 차이가 있음이 확인되고 있다(Wolman, 1994; Abery, McGrew, & Smith, 1995).

○ 성인기를 앞둔 장애청소년의 자기결정력을 증진시키기 위해 학교뿐만 아니라 가정에서도 학부모가 장애자녀에게 표현, 선택 및 문제해결 등의 기회를 제공할 수 있도록 장려하고, 자기주도적 학습 및 일상생활을 수행할 수 있도록 지원할 필요가 있다.

○ 이를 위해 발달장애인의 자기결정에 대한 전반적 이해와 가정에서 발달장애인의 자기결정력을 증진시킬 수 있는 환경 재구성 및 기회 제공 등 다양한 기술을 익힐 수 있는 교육 프로그램 제공이 필요하다.

■ 교육내용 ■

○ 자기결정 개념 이해(자기결정이란 무엇인가?)
  - 자기결정과 자기결정능력의 개념

예) 자기결정에 대한 개념은 우리나라에서는 법률적 용어로 사용되어 오다 자립생활에 대한 관심이 증대되면서 장애인 관련 학문 분야에서도 서구의 자기결정 개념을 원용하여 장애인의 자기결정에 대한 개념적 정의를 시도해 오고 있다. 사전적 의미로 자기결정은 한 사람의 정신이 결정하는 것 또는 하나의 목표를 향한 그 자체의 의지로 정의되기도 하고, 자기결정은 외부의 강요없이 자신의 운명 또는 행동의 과정에 대한 결정, 즉 자유의지로 정의되기도 한다.

- 자기결정의 구성요소

예) 자기결정을 의미하는 행동에는 다음과 같은 네 가지의 필수적인 특징을 갖고 있는데 이를 자기결정의 구성요소로 볼 수 있다. 첫째, 인간은 자율적으로 행동한다(자율성). 둘째, 행동은 자기조절적(자기조정적)이다(자기조절). 셋째, 인간은 심리적으로 역량강화된 방식으로 주도권을 잡고 그 사건에 반응한다(심리적 역량). 넷째, 인간은 자아실현을 위해 행동한다(자아실현). 이와 같은 특징을 고려하여 자기결정이 된 것인지 아닌지를 판단하는데 도움을 줄 수 있다.

※ Wehmeyer, Agran와 Hughes(1998)의 자기결정 기능 모델 또는 이옥인(2008)의 자기결정 구성요소 그림 활용

- 발달장애인의 자기결정능력 증진의 필요성

예) 자기결정은 모든 인간에게 중요한 권리이지만 사회적 약자 특히 발달장애인의 경우 자기결정권이 무시되는 경우가 많음(오혜경, 2005). 많은 문헌에서 발달장애인이 자기결정이 제한되어 있고, 자기결정과 관련한 기술을 학습하거나 교육받을 수 있는 기회가 부족하다고 지적하고 있음(Wehmeyer & Metzler, 1995). 발달장애인은 자기결정 능력 향상을 통해 학업수행능력에 긍정적인 영향을 미치게 되고, 행동 문제를 감소시킬 수 있으며, 진로 및 직업교육에도 성과를 얻을 수 있음. 특히 최근 연구를 통해 확인되고 있는 발달장애인의 자기결정 학습모형은 학습무기력 상태에 있는 경우가 많은 발달장애인에게 학습동기를 부여하고 학습에 대한 흥미를 유도하는 유용한 방법으로 인식되고 있고, 직업교육에서의 자기결정기술훈련은 직업을 선택하고 직업을 유지하는데 유용한 훈련 방법으로 평가되고 있음. 이에 따라 발달장애인의 학습과 노동을 위해 효과적인 자기결정능력 향상을 위한 교육 및 훈련 프로그램이 현장에서 활용될 필요가 있음

- 발달장애인의 자기결정 과정 이해

자기결정의 과정

자기결정	판단	표현	실현	자기결정 저해요인
자기결정을 하지 못한다.	× 판단할 수 없다. 판단할 수 없다 판단할 재료가 없다. 판단의 주체가 아니다.	≠ × 표현할 수 없다.	≠ × 실현하지 않는다.	본인 환경 환경
	○ 판단하고 있다.	≠ × 표현할 수 없다 의사 표현을 주저하고 있다. 의사 표현을 하는 장면 설정이 없다. 의사 표현의 수단이 없다.	≠ × 실현하지 않는다.	환경 환경 환경
	○ 판단하고 있다.	→ × 표현하고 있는 것이 이해되지 않는다. 표현해도 알지 못한다. 의사표현이 통하지 않는다.	≠ × 실현하지 않는다.	환경 환경
	○ 판단하고 있다.	→ ○ 표현하고 이해되고 있다.	≠ × 실현하지 않는다. 표현할 수 없다. 실현하지 않는 것이 좋다. 실현하는 것에 의미가 보이지 않는다. 발길 닿는대로 실현한다.	환경 환경 환경 환경
자기결정을 한다.	○ 판단하고 있다.	→ ○ 표현하고 이해되고 있다.	○ 실현한다.	

- 자기결정을 의미하는 4가지 행동의 이해

> 자기결정을 의미하는 행동에는 다음과 같은 네 가지의 필수적인 특징을 갖고 있는데 이를 자기결정의 구성요소로 볼 수 있다. 첫째, 인간은 자율적으로 행동한다(자율성). 둘째, 행동은 자기조절적(자기조정적)이다(자기조절). 셋째, 인간은 심리적으로 역량강화된 방식으로 주도권을 잡고 그 사건에 반응한다(심리적 역량). 넷째, 인간은 자아실현을 위해 행동한다(자아실현). 이와 같은 특징을 고려하여 자기결정이 된 것인지 아닌지를 판단하는데 도움을 줄 수 있다.
>
> 자율성은 개인의 독립성 획득과 같은 개념으로 볼 수 있는데, 자율성의 욕구가 만족되지 않으면 내적 동기는 증가하지 않고, 타인이 자율성을 지지하는 분위기를 조성할 때 내적 동기가 증가한다. 특히 발달장애인의 경우 이러한 자율성이 상대적으로 부족하다고 보고되고 있다.
>
> 자기조정의 경우 행동하는 방식을 결정하고, 실제 행동을 하며, 행동의 성과를 평가하고, 계획을 수정하는 과정을 말한다. 이는 자신의 환경에 대처하기 위해 주어진 환경과 반응 목록을 점검하는 복합적인 반응체계라고 할 수 있다(Whitman, 1990). 심리적 역량이란 인지(개인적 효능감), 성격(통제소), 동기(성과기대) 등으로 구성되어 있는데, 특히 이것은 자기결정의 주요 요소로 인식되고 있다.
>
> 자아실현은 인간의 삶의 본질적인 목적이기도 하고, 모든 사람이 보편적으로 추구하는 개념이다. 자아실현에는 자신에 대한 종합적이고 합리적인 판단(자기인식), 자신에 대한 지식(자기지식), 자신의 장단점을 아는 것(자기이해)의 하위요소로 구성되어 있다. 이러한 자기지식과 자기이해는 자신의 경험과 환경에 대한 해석을 통해 형성되고, 자신의 행동에 대한 타자의 평가나 강화에 의해 영향을 받는다(이옥인, 2008)

- 자기결정능력 형성 모형

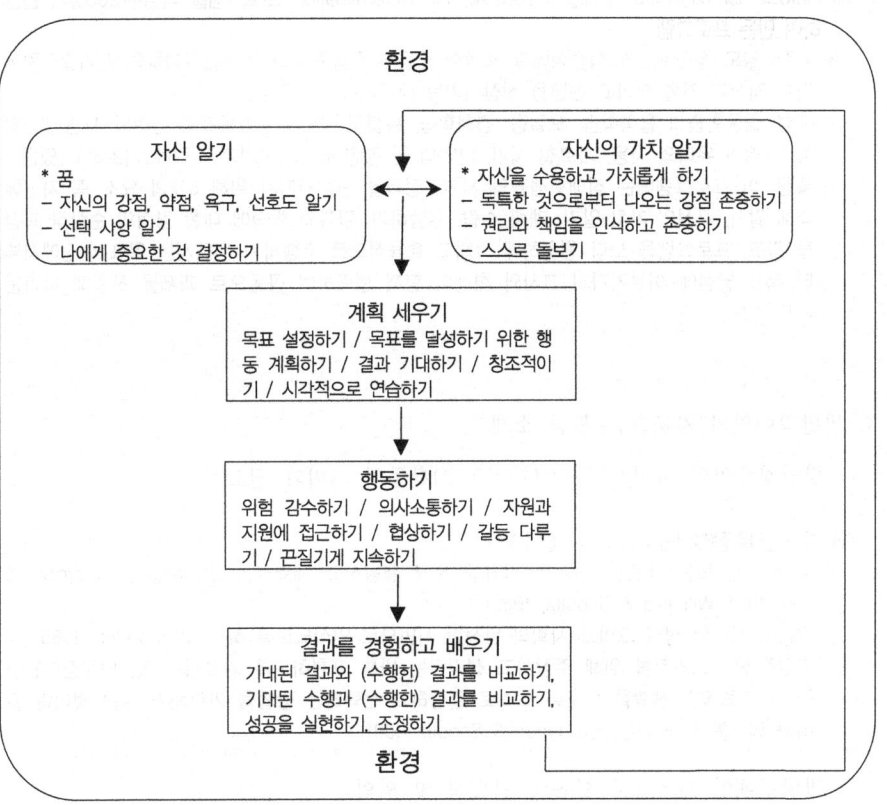

〈그림〉 Field와 Hoffman의 자기결정 모델
자료: Field & Hoffman (1994). Development of a Model for Self-determination. Career Development for Exceptional Children, 17, p. 165

○ 자기결정능력 증진 프로그램 소개
 - '자기결정훈련프로그램'(김정권, 김혜경, 2000; 박성우, 2004)
 - 자기결정학습모형(Wehmeyer, 2004; 이옥인, 2008)
 - 'The ChoiceMaker Self-Determination Transition'(Martin, Marshall, 1995)

예) Field와 Hoffman(1996)이 개발한 Step to Self-Determination 프로그램을 박성우(2005)가 번안하여 만든 프로그램
- 목적: 경도 정신지체와 학습장애를 포함한 중등부 장애학생과 비장애학생들의 자기결정력에 따른 지식과 기술 그리고 신념을 신장시키는 데 그 목적이 있음
- 구성: 공동학습과 협력학습, 모델링, 경험학습, 통합적 교수, 가정/동료의 참여와 지원, 팀 티칭, 적절한 유머의 사용, 가르칠 시기, 타인의 말 경청하기의 10가지 전략에 기초하고 있음
- 특징: 이 프로그램에는 장애학생들의 자기결정력을 신장시키기 위해 5개의 요소 즉 자신에 대해 알기, 자신의 가치 알기, 계획 수립, 실행하기, 결과와 학습에 대한 경험의 순환적 과정을 강조, 프로그램을 보다 원활하게 그리고 효율적으로 수행하기 위해서는 목표 설정에서부터 목표 달성에 이르기까지 교사와 학생이 함께 협력하여 공동으로 과제를 해결해 나가는 자세 필요

○ 발달장애인의 자조그룹 활동 소개

- 발달장애인의 자기권리주장(자기옹호)활동의 의미와 필요성

예) 자기권리주장(Self-Advocacy) 활동이란?
- 자기 자신 또는 비슷한 처지의 사람을 위해 활동하고 대화하는 것(Hallgre, Norsman, & Bier, 1977; Williams & Shoultz, 1982)
- 평등과 자립의 성취 그리고 사회의 완전한 시민으로 인식되도록 하는 것(Rhoades, 1986)
- 발달장애인 스스로를 위해 주장하고 생각하는 바를 표현하도록 가르치는 것. 발달장애인이 좀 더 자립적인 생활을 하도록 스스로 결정하고 선택하는 방법을 가르치기 위한 것이며 권리와 의무를 알게 하는 것(Hayden & Shoultz, 1991)

- 발달장애인 자조그룹 활동의 필요성 및 의의
- 미국의 피플퍼스트 운동 사례
- 발달장애인의 자조그룹 활동 지원 방안

예) 피플퍼스트에서 주로 하는 일들
- 일상적인 회의 진행
- 보다 큰 모임의 참여 및 참여 준비
- Self-Advocate 발굴 및 육성 - Advocate의 아웃리치(Outreach) 활동 (Advisor가 지원하기도 함): 회원의 집 찾아가기, 동료 상담하기, 문서 작성하기, 모임 주선하기, 사무실 소개하기 - 온/오프라인상의 회원 모집 활동
- 지역사회의 일원이 되기 위한 활동 - 우리 모임이 지역사회의 시민사회, 장애인 단체 등에 가입 - 우리 모임의 회원들이 지역사회의 단체나 모임에 가입
- People First Language 보급 사업 - 정신지체아/정신박약아/저능아(X) -> 지적장애를 가진(지닌) 사람(O) - 자폐증을 앓는 사람(X) -> 자폐성장애를 가진(지닌) 사람(O)
- 지역사회의 저명인사(대표자) 만나기 - 편지(이메일)보내기, 전화 접수하기, 공문 접수하기 - 요구사항 작성하기, 요구사항 만들기
- 취미/여가 활동 기획 및 진행 - 선호하는 활동 선정하기 - 활동 운영에 필요한 자원 획득하기 - 활동 운영 계획하기
- 멘토와 멘티 연결

○ 가정에서의 자기결정 기회 증진하기
  - 가정에서 경험할 수 있는 자녀의 자기결정 제약 요소들
  - 가정에서의 자기결정 기회 증진 방안
○ 가정에서 활용할 수 있는 자기결정능력 평가 도구 활용
  - ARC(2000)의 자기결정능력검사
  - AIR의 자기결정능력 검사(가정의 자기결정능력 기회 요소 확인)

교육방법

○ 강의형 교육
  - 자기결정 개념의 이해
  - 자기결정 프로그램의 이해
  - 자기결정 평가도구 활용 방법
○ 참여형 교육
  - 자기권리주장 활동의 이해(미국의 피플퍼스트 운동을 소개하는 Youtube의 동영상 감상 및 토론)
  - 가정에서 경험할 수 있는 자녀의 자기결정 제약 요소들(역할극 또는 상황극. 어머니와 자녀가 서로 역할을 바꾸어 극 진행)
  - 가정에서의 자기결정 기회 증진 방안(자기결정력 증진을 위한 밥상차리기)
○ 실습연계형 교육
  - 가정에서의 자기결정기회 체크리스트 사용
  - 가족 차원의 발달장애자녀 자기결정 증진 계획 수립, 적용, 평가하기

유의사항

○ 발달장애 부모의 양육권과 자녀의 발달권이 충돌되는 개념이 아닌 상생하는 개념임을 이해하도록 지도한다.
○ 중도 이상의 발달장애자녀 부모의 경우 자기결정 프로그램 운영 과정에서 편견이

더 심화되지 않도록 주의한다(자기결정은 경도 발달장애자녀의 경우에만 해당한다는 잘못된 신념이 생길수도 있음).

참고자료

○ 참고문헌

정희섭, 최윤미 (2013). 자기결정- 발달장애인을 위한 자기결정의 이론과 프로그램. 정민사
조인수외 (2010). 발달장애인의 자기결정기술 지원 방략. 학지사.
이숙향 (2011). 발달장애인의 자기결정학습모형. 학지사.

○ 참고사이트

미국의 피플퍼스트 운동 관련 자료: http://www.peoplefirst.org/california
자기결정프로그램 관련 자료: http://www.beachcenter.org

Ⅳ-8. 청소년기 발달장애인의 형제자매에 대한 지원

과정	공통 영유아기 초등학령기 **청소년기** 성인기	영역	지식·정보 기술 **심리·정서**
주제	청소년기 발달장애인의 형제자매에 대한 지원		

■ 교육의 필요성 ■

○ 발달장애인의 형제자매는 영유아기, 혹은 아동기부터 평생에 걸쳐 장애형제와 밀접한 관계를 맺고 서로 영향을 주고받는 중요한 가족구성원이다.

○ 발달장애인의 형제자매들은 가정에서 장애를 지닌 형제로 인해 관심 밖으로 밀려난 상태에서 적응상의 어려움을 겪을 수 있다.

○ 특히 청소년기의 장애아 형제자매들이 경험할 수 있는 정서적 특징과 지원방법에 대해 알며, 적절한 지원을 제공할 수 있어야 한다.

■ 교육내용 ■

1. 청소년기 비장애 형제자매에 대한 이해와 지원

 1) 장애형제에 대한 책임감, 미래에 대한 염려 이해하기

  ○ 형제자매들은 스스로 표현하지 않더라도 장애형제에 대해 책임감을 느낌
  ○ 미래에 장애형제의 거취에 대해서도 염려를 함
  ○ 장애아에 대한 형제자매의 책임은 평생 지속될 수 있음
  ○ 형제자매들은 때가되면 장애 형제와 관련된 논의와 결정에 참여해야 함
  ○ 부모들은 형제자매들에게 이러한 책임을 지우고 싶지 않겠지만, 대부분 성인 형제자매들은 어릴 때부터 부모님과 함께 장애 형제에 대한 의논을 해왔더라면 좋았을 것이라고 이야기 함

2) 형제자매의 독립성 격려하기

- 형제자매의 모든 삶에 장애자녀를 연관짓지 않도록 주의해야 함
- 형제자매가 친구와 놀 때 장애형제를 데리고 놀도록 강요하지 말아야 함
- 집 안에 형제자매가 혼자 있을 장소가 필요함. 문을 잠글 수 있는 독립된 방을 마련해주거나, 물건을 안전하게 보관할 수 있는 수납장을 마련해 주는 것이 좋음

3) 외부활동과 관심사 개발해 주기

- 부모는 아이들에게 독립적인 활동을 해도 된다는 것을 알려주고, 가정 밖에서 관심사를 개발하도록 격려해야 함
- 형제자매들은 장애형제와 분리된 또래와의 활동에서 스스로를 사랑하게 되고 정체성을 확립하게 됨
- 춤, 음악, 운동과 같은 활동을 하면서 아이들은 자존감을 높일 수 있음

4) 다른 사람들의 반응에 대처하기

- 사람들은 종종 장애아를 빤히 쳐다보거나 놀릴 때가 있음. 두려워하거나 동정하듯 쳐다보거나, 노골적으로 호기심을 보이기도 함
- 형제자매들은 다른 사람들의 반응에 대처하는 방법을 배워야 함
- 장애형제의 장애 상태에 대해 객관적인 정보를 알고 이해하고 있어야 하며, 이를 다른 사람에게 쉽게 설명해 줄 수 있어야 함(예: "우리 동생의 뇌는 명령을 제대로 내리지 못해요.""근육을 잘 움직이지 못해요.")
- 다른 사람들의 반응에 대해 "사람들은 나를 이상하다고 생각할거야."라고 생각한다면 자신이 처한 상황에 불편함을 느끼고 자신감을 잃게 됨. "저 아이들은 다른 아이들도 놀릴거야. 다른 아이들도 화나게 할거야. 내게만 그러는 게 아니야." 라고 생각할 수 있다면 어떤 놀림을 받더라도 훨씬 잘 대처하게 됨
- 다른 사람들의 놀림에 대처하는 방법에 대해 대본을 써서 연기하고 서로 이야기 하면서 사고방식을 바꿀 수도 있음

2. 형제자매를 위한 프로그램

1) 형제자매 모임

○ 많은 성인 형제자매들은 자라면서 장애아와 함께 자라는 다른 형제자매와 자주 만나고 싶었다고 이야기를 함

○ 형제자매들이 서로 만난다면 혼자만 어려움을 겪는 것이 아니라는 사실을 알게 될 것임

○ 형제자매 모임을 통해 다양한 정보를 얻고 즐겁게 감정과 경험을 나눌 수 있음

○ 자신의 장애형제에 대해 좀 더 '일반적인' 감정을 느끼고 긍정적으로 바라보게 됨

○ 형제자매 모임에서는 장애형제 때문에 겪는 힘든 일을 솔직하게 이야기 하더라도 다른 사람들이 자신을 나쁜 아이라고 생각할 것이라는 두려움을 느끼지 않음

○ 다른 형제자매들이 어려운 상황을 어떻게 해결해 나가는지에 대해 들으면서 용기를 얻을 수 있음

○ 구체적으로 문제를 해결하는 기술을 배울 수도 있음

2) 캠프 형식의 형제자매지원프로그램

○ 형제자매들의 모임은 당일 한 두시간으로 진행되는 경우도 있지만, 캠프의 형태로 제공되기도 함

〈표〉 형제자매지원프로그램에서 **활용할 수 있는 활동의 예**

활동명	활동목표	진행 방법	준비물
타임캡슐	형제에 대한 감정 표현	- 장애 형제와 관련된 여러 상황에 대한 쪽지를 필름통에 미리 넣어 호일에 싼다. - 호일에 싼 필름통을 상자 안에 넣는다. - 참가자들이 캡슐을 하나씩 꺼내 읽으며 각 상황에 대해 이야기 나눈다. (쪽지 내용: 동생 때문에 정말 당황스러웠을 때는/ 내가 동생을 잘 도와주었을 때는/ 동생 때문에 미칠 것 같았을 때는/ 동생이 나를 감동시켰을 때는…등 등)	필름통, 상자
나의 특별한 꿈은	참가자들 상호간 이해 장애형제의 미래에 대한 생각(염려) 나누기	- 자신의 10년/20년 뒤의 모습을 그림 또는 글로 표현하기 - 형제의 10년/20년 뒤의 모습을 그림 또는 글로 표현하기 - 서로 자신의 그림 또는 글을 발표하기	종이, 필기도구 색연필
원판에 콩주머니 던지기	형제에 대한 감정 표현	- 8등분 정도로 나뉘어진 커다란 원판을 준비한다. - 원판에는 여러 가지 감정의 상황을 적어놓는다(화가 났을 때, 기뻤을 때, 창피했을 때, 자랑스러웠을 때, 당황했을 때,	커다란 원판 콩주머니

활동명	활동목표	진행 방법	준비물
		보람있었을 때, 미칠 것만 같았을 때 등) - 콩주머니를 던져 맞춘 항목에 대해 장애 형제로 인한 자신의 감정을 솔직히 말한다.	
직업 자랑	여러 사람들의 다양성 인정(장애인에 대한 인정)	- 메모지 1장에 한가지 직업을 미리 적기 - 직업 적은 메모지 나누어 주기 - 각자 자신의 직업에 대해 최대의 자긍심을 갖고 갖은 미사여구 동원하여 자랑하기 (직업의 내용은 사회적으로 환영을 받지 못하거나 희귀한 것이면 좋다)	메모지
장애 지니고 그림 그리기	장애 체험	- 발로 그림 그리기/ 입으로 그림 그리기 - 커다란 봉투를 얼굴에 쓰고, 얼굴 그리기	종이/봉투/매직
같은점 다른점	형제간에 같은 점과 다른 점 찾기	- 자신의 사진과 형제의 사진을 함께 붙이기 - 생김새가 닮은 점과 다른 점 쓰기 - 성격이나 특징이 비슷한 점과 다른 점 쓰기 - 친구들에게 발표하기	사진(자신 것, 형제 것) 필기도구

3. 후기 청소년기, 성인기 형제자매에 미치는 영향

1) 직업선택에 미치는 영향

○ 장애아동의 형제자매들은 상당수가 자신의 경험에 영향을 받아 장래에 누군가를 돌보는 일을 하거나, 지역사회에서 혜택을 받지 못하는 소수의 사람들을 도우려 함

○ 다른 사람의 입장에 공감을 잘 하고 특수교육, 작업치료, 사회복지사와 같은 일에 종사함

○ 형제자매들은 어린 시절에 다양한 돌봄 기술을 배우고, 이를 전문적으로 실행하는 직종에서 자연스럽게 일하는 경우가 많음

2) 거주지

○ 형제자매들은 가족을 돌보는 삶과 독립적인 삶 사이에서 갈등함

○ 장애가 있는 형제자매가 지원을 받고 있더라도 형제자매들은 평생 가족에게 지원을 해줄 조직이나 단체를 알선해주어야 한다는 책임감이 있음

3) 배우자 선택

○ 형제자매들은 장애가 있는 형제를 받아들일 수 있는 배우자를 선택해야한다고 생각함

4) 자녀 갖기

- 형제자매들 중에는 장애 아이를 갖게 될지도 몰라서 자녀 갖기를 두려워하는 사람들이 있음
- 유전상담을 받는다고 아이의 장애여부를 확실히 알 수 있는 것은 아니지만, 의사에게 유전상담을 받는 것이 아이를 갖는 결정을 하는 데 도움이 될 수 있음

5) 장래 장애형제의 보호자 역할 고민

- 부모님이 돌아가신 후 장애형제를 돌볼 사람이 자신이라는 점에 대해 고민함
- 어떤 형제자매들은 장애형제에 대한 부담감 때문에 가족으로부터 완전히 떠나버리기도 함

4. 후기 청소년기, 성인기 형제자매를 위한 전략

1) 감정 이해하기

- 장애아의 형제자매들은 부정적인 감정을 표현하기 어려워하고, 완벽해야 한다는 압박감을 가질 수 있음
- 다른 사람을 실망시키는 것에 대한 두려움을 지녔을 수 있음
- 성인이 된 후 어린 시절 힘들었던 경험을 되짚어보고 그 당시 고통스러웠던 감정을 이해하는 시간이 필요함
- 자신의 진실한 감정과 마주하는 일은 괴롭지만, 슬픔과 분노, 죄책감과 같은 감정을 떠올려보면 그 감정을 인식하고 다스리는데 도움이 됨

2) 감정표현하기

- 감정 기록하기
- 치료사와 대화하기
- 장애 형제자매를 둔 다른 사람들과 대화하기
- 이성친구, 배우자와 대화하기
- 부모와 대화하기
- 장애가 없는 형제자매와 대화하기
- 친척, 친구들과 대화하기

3) 미래 설계하기

- 부모님과 미래의 일에 대해 이야기를 나눌 필요 있음
- 가정에서 자신이 하고자 하는 역할이 어떠한 것인지, 장애가 있는 형제를 돌보는 일이나 가사에 어느 정도까지 참여하기를 원하는지 부모님께 알려드려야 함

4) 내 가정 꾸리기

- 장애자녀를 낳을지 몰라 고민이라면 유전상담 서비스를 받아볼 수 있음
- 상담을 통한 정보를 통해 아이를 가질지 결정에 도움 받을 수 있음
- 상담을 받으면서 자신의 생각과 감정을 정리해볼 수 있음

5) 다른 가정의 어린 비장애 형제자매들을 돕기

- 자신이 형제자매로서 겪어야 했던 특별한 상황과 경험이 다른 장애아가 있는 가정의 어린 형제자매들에게 실제적 도움이 될 수 있음

교육방법

- 강의형 교육
  - 장애형제에 대한 책임감, 미래에 대한 염려 이해하기
  - 형제자매의 독립성 격려하기
  - 외부활동과 관심사 개발해 주기
- 참여형 교육
  - 자신의 가정에서 비장애자녀 양육 경험에 대해 서로 이야기 나누기, 장애자녀와 비장애자녀 사이의 갈등이나 비장애자녀 양육의 어려움 이야기 나누기
  - 자녀가 형제자매지원프로그램에 참여한 경험이 있는 경우, 프로그램의 내용과 효과에 대해 이야기 나누기
- 실습연계형 교육
  - '다른 사람들의 반응에 대처하기'에 대해 다른 참여자들과 함께 짝을 지어 연습해 보기

유의사항

- 비장애 형제자매를 위한 지원의 목적이 장애자녀에게 비장애 형제자매가 잘 도와주도록 하게 하는 것이 아니고, 비장애 형제자매의 심리적 적응을 돕고 건강한 자아를 갖도록 하는 것임을 이해하도록 함
- 가정에서 다양한 방법으로 비장애 형제자매를 이해하고 지원하는 것 뿐 아니고, 같은 입장에 있는 또래의 비장애 형제자매들이 만날 수 있는 기회를 제공하도록 노력하도록 함

참고자료

○ 참고문헌

전혜인, 정평강 역 (2009). 장애아의 형제자매. 한울림스페셜

박지연, 김은숙, 김정연, 김주혜, 나수현, 윤선아, 이금진, 이명희, 전혜인 역 (2006). 장애인 가족지원. 학지사

○ 참고논문

전혜인, 박은혜 (1998). 장애아동의 형제를 위한 형제지원프로그램의 효과. 교육과학연구, 27(1), 129-144.

Ⅳ-9. 발달장애청소년 부모의 심리적 특성과 양육스트레스

과정	공통 영유아기 초등학령기 **청소년기** 성인기	영역	지식·정보	기술	**심리·정서**
주제	발달장애청소년 부모의 심리적 특성과 양육스트레스					

■ 교육의 필요성 ■

○ 발달장애청소년은 영유아기와 초등학교 학령기를 거쳐 청소년기에 이른다. 이때 장애청소년도 비장애청소년의 생애주기와 같이 새로운 신체적·정신적 발달과업과 마주하며, 아동기와 달리 새로운 환경과의 상호작용이 양적·질적으로 급격히 증가하게 된다. 그러나 발달장애청소년이 갖는 특성으로 인해 여전히 사회적, 대인관계 능력기술이 부족하기 때문에 장애청소년은 무력해지기 쉽다. 또한 발달장애청소년의 경우 부모와의 독립적인 영역을 형성하기 어렵기 때문에 부모에 대한 의존관계를 그대로 유지하는 경우가 많다(오혜경 외, 2008). 따라서 발달장애청소년을 양육하는 부모도 장애아동이 청소년기에 경험할 수 있는 상황들이 무엇인지 파악하고 있어야 하며, 장애청소년의 특성에 맞도록 부모의 역할도 변화해야 하는 시기에 이른다.

○ 청소년기를 맞은 발달장애아동은 청소년기를 맞이하면서, 자신의 정체성을 찾아가는 시기를 맞이한다. 또한 이시기의 청소년에게는 또래관계가 더욱 중요해지는 시기인 만큼 발달장애청소년도 학교에서 또래와의 관계를 적절히 유지할 수 있는 능력이 요구된다. 따라서 발달장애청소년의 부모도 장애아동의 학교생활에서 적응과 또래와의 관계에서 적절히 대처할 수 있는 방안을 함께 모색할 수 있어야 하고, 장애청소년이 자신의 정체감을 형성할 수 있도록 지원할 수 있어야 할 것이다.

○ 발달장애청소년을 양육하는 부모는 장기적인 측면에서 자녀의 진로에 대해 탐색할 수 있어야 하고, 학교졸업이후 생애계획을 해야 하는 시기를 경험한다. 나아가 발달장애청소년의 직장생활이나 결혼생활이 가능한지 여부도 함께 고민하게 되는 시기이다. 발달장애청소년이 보호작업장이나 경쟁고용을 통해 직장생활을 시작하게 된다면 새로운 사회생활에 적응할 수 있도록 지원해 주는 공식 자원이 지역사회 내에 있는지 파악하여야 하고, 주간보호시설이나 공동생활가정을 이용할 수 있도

록 준비하여야 한다.

교육내용

○ 청소년의 정의
- 청소년에 대한 정의는 학문분야나 법률에 따라 많은 차이를 보인다. 그러나 청소년기 동안 경험하게 되는 심리·사회적 성장에 대해서는 대체로 동의하고 있다. 청소년기는 초기(11-14세), 중기(15-18세), 후기 청소년기(18-21세) 등으로 구분하여 비교할 수 있을 정도록 급변하는 시기임. 초기 청소년은 중학생에 해당되고, 중기 청소년기는 고등학교, 후기 청소년기는 대학생과 거의 일치한다. 1985년 UN에서 공식적으로 청소년은 '15세부터 24세 사이의 집단'으로 규정하고 있으며, 국내에서는 청소년기본법에는 '9세이상 24세 미만의 자', 청소년보호법에서는 '19세 미만'을 청소년으로 규정하고 있어 법의 성격에 따라 청소년의 연령은 상이하게 다루고 있다.

○ 청소년과 발달장애청소년의 특성
- 청소년기에 경험하는 발달특성에서 가장 두드러진 것은 신체발달이다. 청소년기에는 어느 시기보다 성호르몬의 분비가 왕성하며, 신체적인 발달과 생리적인 발달에 영향을 미친다. 청소년기의 급속한 신체발달은 제2차 성징이 나타나기 시작하며, 특히 10세 전후 여학생의 경우 남학생들보다 신체발달이 성숙하다. 또한 성적발달도 청소년기에 급속하게 이루어지기 때문에 청소년기에는 유아기나 아동기에 비해 자신의 신체변화에 대해 자각하기 시작하고 자신의 신체에 관심이 많아진다. 이와 함께 성적욕구의 발달이 시작되며, 성적욕구에 대해 심리적인 불안감, 수치심, 죄책감 등의 정서적 경험을 할 수 있다. Erikson의 심리사회적 발달단계에 의하면 청소년기는 정체감대 역할혼미로 자신의 정체성을 확고하게 형성하는 시기이며, 이에 실패하는 경우 자신의 역할에 대해 혼란을 경험하게 된다.
- 발달장애는 넓게는 지적장애, 뇌성마비, 자폐, 간질 등으로 인해 발달상의 지체로 22세 이전에 발생. 미국에서는 발달장애를 5세 이후에 발생하고 만성적인 장애로 규정하고 있으며, 정신적 혹은 신체적인 손상이 있어 일상생활능력에서 기능적인 한계를 지니는 것으로 정의내리고 있다. 예를 들어, 학교생활에 적응하기 어려운 장애청소년들은 또래관계에서 소외되기 쉽고, 학교폭력이나 성폭력의 피해자가 될 수 있음을 상기할 필요가 있다. 따라서 발달장애인이 청소년기를 경험

하게 될 때 부모와 비장애형제들은 보호자로서 협력하여, 장애청소년의 지적인 능력, 사회적응능력, 자립능력의 측면을 발달시킬 수 있도록 노력해야 할 필요가 있다(오혜경, 심진례. 2003)

○ 발달장애청소년의 교육 현황

- 장애학생의 통합교육 확산으로 특수학급의 수는 계속 늘어나는 추세이며, 2014년 특수교육 대상은 87,278명으로 특수학교는 166개, 일반학교의 특수학급 수는 9,617개로 나타났다. 특수교육대상인원 중 25,827명(29.6%)은 특수학교 및 특수교육지원센터, 일반학교는 61,451명(70.4%)이 배치되어 있음

- 2014년 기준 특수교육대상자*는 총 87,278명으로 장애영아 680명, 유치원 4,219명, 초등학교 33,184명, 중학교 22,159명, 고등학교 22,973명, 전공과 4,063명임

※ 특수교육대상자란 특수교육을 필요로 하는 사람으로 선정된 사람을 말함(장애인 등에 대란 특수교육법 제2조 제3호)

〈표〉 2014년 특수교육 주요 현황

(단위: 명)

구 분	특수학교	일 반 학 교		특수교육 지원센터	계
		특수학급	일반학급		
장애영아	141	-	-	539	680
유치원	837	1,675	1,707	-	4,219
초등학교	6,556	20,586	6,042	-	33,184
중학교	6,358	11,973	3,828	-	22,159
고등학교	7,448	11,454	4,071	-	22,973
전공과	3,948	115	-	-	4,063
계	25,288	45,803	15,648	539	87,278

- 특수교육기관은 2014년 기준 특수교육대상자 교육을 위한 기관으로 특수학교 25,288명, 특수학급 45,803명, 일반학급 15,648명, 특수교육지원센터 539명인 것으로 나타났음

<표> 2014년 특수교육 장애유형별 현황

	배치별	특수학교	일반학교		특수교육지원센터	계
			특수학급	일반학급 (전일제 통합학급)		
	전체	25,288	45,803	15,648	539	87,278
장애유형별	시각장애	1380	333	411	6	2,130
	청각장애	976	808	1,779	18	3,581
	정신지체	15,235	28,452	3,912	68	47,667
	지체장애	3,615	4,251	3,180	163	11,209
	정서·행동장애	217	1,685	703	-	2,605
	자폐성장애	3,531	5,113	678	12	9,334
	의사소통장애	76	931	958	1	1,966
	학습장애	23	2,321	1,018	-	3,362
	건강장애	29	280	1,719	1	2,029
	발달지체	206	1,629	1,290	270	3,395

- 학교(급)별 통합교육 : 통합교육 확산에 따라 일반학교 배치 특수교육대상자의 비율이 2012년 60,080명(70.3%), 2014년 61,451명(70.4%)으로 증가함. 일반학교 배치 특수교육대상자 61,451명중 45,803명은 특수학급에, 15,648명은 일반학급(전일제 통합학급)에 배치됨

<표> 2014년 일반학교 일반학급(전일제 통합학급) 현황

(단위:개, 명)

학교급	학교	학급	학생
계	6,740	14,671	15,648
유치원	1,199	1,543	1,707
초등학교	2,664	5,805	6,042
중학교	1,643	3,578	3,828
고등학교	1,234	3,745	4,071

- 일반학교 일반학급(전일제 통합학급) 현황을 살펴보면, 통합학급이 설치된 학교는 6,740개이며, 학급은 14,671개, 학생은 15,648명인 것으로 나타났다.

○ 발달장애청소년 가족 생애주기에 따른 부모의 역할
  - 장애아동의 연령이 13세에서 21세 사이에 접어들면, 청소년기를 경험. 이때 장애부모는 장애에 대한 감정이 어느 정도 조절이 가능하다. 따라서 장애자녀의 성적 성숙에 대한 문제들이 무엇인지 명확하고, 장애청소년이 동료들과의 관계에서 경험할 수 있는 소외감이나 거부감에 대해 솔직하게 논의하는 시간을 갖는 것이 중요하다. 장애부모는 장애청소년의 직업개발에 대한 구체적인 계획을 수립하고, 여가시간 활용, 사춘기의 신체적·감정적 변화 등에 어떻게 대처할 것인지 준비할 필요가 있다.

〈표〉 발달장애 청소년의 부모역할

단계	부모
청소년기 (13-21세)	· 만성적인 장애에 대한 감정조절 · 성적 성숙에 대한 문제 명확화(성추행이나 성폭력 피해 예방 교육) · 동료 소외감, 거부 이야기하기(학교 폭력, 왕따 문제 예방) · 직업개발에 대한 계획 · 여가시간활동에 대한 배치 · 사춘기의 신체적, 감정적 변화 다루기

* 출처 : 오혜경·백은령. 2008. p. 37.

○ 발달장애청소년의 자기결정 문제
  - 일반적으로 청소년기는 자신의 정체성을 확립해 가는 시기. 또한 청소년은 자기 정체성을 형성하는 과정에서 자신의 권리와 책임에 대해서 학습할 수 있다. 이와 달리 장애청소년은 비장애 청소년에 비해 신체적·인지적·행동적 문제, 사회적 상호관계의 부족, 부모의 과보호, 사회의 무관심 등으로 인해 자기결정의 권리를 침해받기 쉽다. 또한 장애학생들은 비장애학생에 비해 자기결정을 할 기회가 적고, 자기결정에 따른 결과들을 경험할 기회도 줄어들 수 있음에 유의할 필요가 있다(이영미, 2006).
  - 장애청소년은 비장애청소년에 비해 자기결정의 권리에 대해 인식할 수 있도록 지속적인 교육과 훈련이 필요하다. 물론 이러한 교육은 학교에서 뿐만 아니라 가정 내에서도 이루어질 수 있도록 장애부모의 노력이 요구된다.

○ 발달장애학생의 인권 교육의 필요성
  - 발달장애 뿐만 아니라 장애청소년은 스스로 자신의 권리를 알고 지킬 수 있도록 성폭력 예방이나 인권보호에 관한 내용을 숙지할 수 있도록 예방교육을 강화할 필요가 있다. 비장애학생의 성교육시에 장애학생에 대한 성추행 예방교육을 병행

실시하는 등 타인으로부터 발생되는 성폭력 및 성추행에 대처하는 방법을 스스로 인식할 수 있도록 학교와 부모의 역할이 적극적으로 요구된다. 장애청소년에 대한 인권 교육을 통하여 차별금지, 자기결정권, 건의 및 진정할 수 있는 권리 등이 있음을 숙지할 수 있도록 교육할 필요가 있다(교육과학기술부, 2011).

○ 발달장애청소년 부모의 양육부담(이현지·김우호, 2011)
 - 발달장애청소년은 비장애청소년 부모보다 양육 어려움을 더 많이 경험하는 것으로 보고. 특히 발달장애청소년을 양육하는 부모는 자녀의 발달장애로 인한 일상생활 적응의 문제와 청소년 발달단계상의 특성으로 나타나는 스트레스를 이중으로 경험할 수 있다. 특히 비장애청소년의 경우 청소년기에 이르면, 보통 자아정체성을 확립하기 위해 부모로부터 심리적 독립하는 시기이나 장애청소년 부모의 경우 여전히 생활전반에서 장애청소년을 돌봐야 하는 어려움을 경험한다. 장기간에 걸친 부모의 양육부담은 일상의 스트레스와 위기사건을 경험할 때 쉽게 심리적 소진으로 나타날 수 있으며, 자녀의 신체적 발달과 성숙에 따른 욕구는 더욱 다양해지나 장애청소년의 부모 의존은 여전하기 때문에 총체적인 부모의 양육부담은 더욱 커지게 되며, 부모가 경험하는 삶의 질에 부정적 영향을 미칠 수 있다.
 - 발달장애청소년 부모는 청소년의 연령이 증가할수록 삶의 질을 낮게 평가하고 있었으며, 장애수준이 심하고, 양육부담이 높을수록 부모가 인지하는 삶의 질은 낮다. 또한 가족의 의사소통과 가족기능이 긍정적일수록 장애청소년 부모의 삶의 질에 대한 인식은 높게 나타나 발달장애청소년을 양육하는 부모의 삶의 질을 높일 수 있는 방안으로 가족기능을 보다 활성화하고, 가족의 의사소통을 원활하게 유지하는 방안을 모색할 필요가 있다.

○ 장애아동·청소년 부모의 양육부담과 가족지원 욕구
 - 장애아동·청소년 가족을 대상으로 양육부담과 가족지원욕구를 파악한 결과 자폐성장애인 경우 가족의 양육부담이 가장 높은 것으로 나타났다. 특히 부모의 정서적인 측면과 사회적인 측면에서 양육부담이 가장 높았는데 이는 장애아동·청소년의 장애특성상 대인관계나 타인과의 의사소통 문제로 인해 나타나는 결과로 여겨진다.
 - 장애아동·청소년 가족의 가족지원 욕구에서 우선순위가 가장 높게 나타난 내용은 경제적인 측면에서는 장애수당, 의료비, 교육비 지원이었으며, 교육측면에서는 학교 평생교육 프로그램 지원, 장애학생을 위한 방과후 교육의 실시이다. 이와 함께 의료적인 측면에서는 장애아동재활치료사업의 확대실시, 심리사회적 측면에서는 가족지원서비스 제공기관에서 다양한 프로그램을 개발, 돌봄영역에서는 장애

인활동지원사업의 확대, 장애인공동생활가정과 생활시설을 이용할 수 있는 기회의 확대로 나타났다(유영준·이명희·백은령·최복천, 2011)

교육방법

○ 강의형 교육
- 장애청소년을 양육하고 있는 부모에게 나타나는 양육부담의 특징은 비장애청소년에 비해 상대적으로 부모의 양육부담이 감소하지 않는다. 따라서 장애청소년을 양육하고 있는 부모에게 자녀 양육이 지속화 됨으로써 발생할 수 있는 심리·정서적 문제를 예방할 수 있는 지원체계를 마련할 수 있도록 독려할 필요가 있다. 장애청소년 부모를 대상으로 한 강의형 교육에서는 비장애청소년들이 청소년기에 경험할 수 있는 특성들을 알려주고, 장애청소년의 경우 어떠한 점이 차이가 나는지 토의할 수 있다.

○ 참여형 교육
- 장애청소년은 사춘기와 새로운 사회 환경에 적응해야 하는 이중부담을 가짐. 이에 따라 장애부모도 장애청소년의 성장에 따라 일상생활에서 새로운 과업들이 주어진다. 이와 관련하여 장애부모는 장애청소년의 성문제, 차별 및 인권문제, 학교폭력이나 왕따, 장애로 인한 추가비용의 증가 등으로 인한 양육부담을 경험할 수 있고, 이에 대처할 수 있는 방안에 대해 다양하게 논의할 필요가 있다.

○ 실습연계형 교육
- 장애부모들은 장애청소년들이 학교생활을 어떻게 하는지 직접 체험할 수 있는 교육도 유효하다. 특히 진학을 준비 중인 장애부모는 학교선정에 어려움을 경험할 수 있고, 장애청소년이 학교생활에 잘 적응하는데 필요한 지원이 무엇인지 파악하기 어려운 경우도 있다. 이를 위해 부모집단이나 자조집단을 활용하여, 특수교육지원센터나 자녀가 진학하게 될 특수학급, 특수학교 등을 방문하는 프로그램을 개발하여 연계하는 교육도 중요한 의의가 있다.

유의사항

○ 장애청소년을 양육하는 장애부모는 상당기간 장애자녀를 위해 많은 일을 책임져 왔다. 청소년기를 맞이한 장애자녀라도 여전히 부모의 손길이 필요하고, 자녀의 의존은 지속된다. 따라서 장기간 장애자녀의 양육으로 인한 신체적·심리적 소진에 대해 충분히 지지할 필요가 있으며, 새로운 생애주기를 맞이한 장애자녀가 사춘기와 새로운 환경에 적응할 수 있도록 독려할 필요가 있다.

참고자료

○ 참고문헌

교육과학기술부 (2013). 장애인학생의 꿈과 끼를 키우는 행복교육 실현을 위한 제4차 특수교육 발전 5개년 계획('13~'17)

교육과학기술부 (2015). 2016년도 특수교육 운영계획.

오혜경, 백은령 (2008). 지적장애인 가족지원방안 연구보고서. 한국지적장애인복지협회.

유영준, 이명희, 백은령, 최복천 (2011). 장애아동·청소년 가족의 양육부담 및 가족지원욕구에 관한 연구. 특수교육, 10(1), 209-234.

이미영 (2006). 장애청소년의 자기결정력 증진 프로그램의 효과성 연구: 지체장애와 뇌병변장애 청소년를 중심으로. 한국아동복지학, 21, 259-286.

이현지, 김우호 (2011). 장애청소년 부모의 양육부담이 삶의 질에 미치는 영향-가족의사소통과 가족기능의 매개효과를 중심으로-. 재활복지, 15(3), 131-153.

한국장애인고용공단 고용개발원 (2010). 2010 장애인 통계.

○ 참고사이트

보건복지부: http://www.mw.go.k

교육과학기술부: http://www.mest.go.kr/main.do

발달장애인 부모교육 과정 매뉴얼

PART Ⅴ. 성인기

목차

발달장애인 부모교육 과정 매뉴얼

Ⅴ. 성인기 ·· 1

 Ⅴ-1. 발달장애인의 성, 사랑, 결혼 ·· 3

 Ⅴ-2. 발달장애인 자조집단 형성 촉진 ·· 15

 Ⅴ-3. 성인기 발달장애인 교육 ·· 33

 Ⅴ-4. 성인 발달장애인 부모사후 대비 ·· 43

 Ⅴ-5. 발달장애인의 자기권리 옹호 지원 ·· 51

 Ⅴ-6. 성인기 발달장애인 복지지원 ·· 63

 Ⅴ-7. 노령 발달장애인 지원 ·· 73

 Ⅴ-8. 발달장애인의 노화 ·· 81

 Ⅴ-9. 성인기 발달장애인 부모에 대한 심리정서 지원 ························ 87

 Ⅴ-10. 발달장애인을 위한 신탁사업 ·· 95

Ⅴ. 성인기

Ⅴ-1. 발달장애인의 성, 사랑, 결혼

Ⅴ-2. 발달장애인의 자조집단 형성 촉진

Ⅴ-3. 성인기 발달장애인 교육

Ⅴ-4. 성인기 발달장애인 부모사후 대비

Ⅴ-5. 발달장애인의 자기권리 옹호 지원

Ⅴ-6. 성인기 발달장애인 복지지원

Ⅴ-7. 노령 발달장애인 지원

Ⅴ-8. 발달장애인의 노화

Ⅴ-9. 성인기 발달장애인 부모에 대한 심리정서 지원

Ⅴ-10. 발달장애인을 위한 신탁사업

V-1. 발달장애인의 성, 사랑, 결혼

과정	공통	영유아기	초등학령기	청소년기	성인기	영역	지식·정보	기술	심리·정서
주제	발달장애인의 성, 사랑, 결혼									

■ 교육의 필요성 ■

o 발달장애인의 성에 대한 사회적 관심이 점차 증가함에 따라 유엔, 세계보건기구 등과 같은 국제기구들은 발달장애인의 성적 권리에 주목하며 그들이 성을 경험하고 표현할 수 있는 권리를 당연한 것으로 인정하기 시작하였다. 유엔이 발표한 장애인인권협약(The United Nations Convention on the Rights of Persons with Disabilities 2006) 제 23조 "가정과 가족을 위한 존중"에서는 결혼적령기에 있는 모든 장애인은 결혼을 하고 가정을 이룰 수 있는 권리, 자녀의 수와 터울을 자유롭게 선택할 수 있는 권리, 연령에 적합한 출산 및 가족계획 교육에 접근할 수 있는 권리가 있으며, 장애인이 이러한 권리를 행사하는 데 필요한 수단을 제공해야 함을 명시하고 있다. 이와 비슷하게 우리나라의 '발달장애인 지원 및 권리 보장에 관한 법률' 제 7조에서도 발달장애인이 결혼을 하고 가정을 이룰 수 있도록 국가가 장려할 것을 명시하면서 발달장애인의 성적 권리를 법적으로 보장하고자 노력하고 있다.

o 하지만 발달장애인의 성과 사랑에 대한 욕구가 인정되고 이에 대한 권리가 법적으로 보장되었다고 하더라도 그것이 실제로 발달장애인의 자유로운 이성교제, 사랑, 애정표현으로까지 확장되었는지에 대해서는 아직 의문이 든다. 왜냐하면 대부분의 발달장애인은 여전히 성적 표현이나 성적 행동 등과 관련하여 무시와 차별을 경험함을 호소하고 있기 때문이다. 이에 발달장애인의 성과 사랑에 대한 욕구 및 권리가 법적으로 인정되는 차원을 넘어 그들이 비장애인처럼 일상적인 삶속에서 자연스럽게 이성친구를 만나고 사랑할 수 있도록 하기 위해서는 무엇보다 다양한 측면에서의 통합적이고 실제적인 지원이 이루어져야 할 것이다. 그리고 이를 위해서는 먼저 발달장애인의 성, 사랑, 이성교제 등의 모습이 깊이 이해될 필요가 있다.

○ 따라서, 본 교육은 발달장애인의 성, 이성교제의 의미, 부모와 주변인이 지녀야 할 이성교제에 대한 태도 및 지원, 결혼 등을 둘러싼 선택과 권리에 대하여 전반적으로 이해하는 데 일차적 목적을 두고 행해지도록 한다. 또한 발달장애인의 특성을 고려한 성교육의 내용과 방법에 대하여 이해하고, 성적 폭력으로부터 자신을 옹호할 수 있는 성폭력 예방교육 등이 어떠한 방식으로 행해져야 하는지를 살펴보도록 한다. 더불어 발달장애인 성, 이성교제, 결혼 등과 관련된 교육프로그램의 구체적인 사례들을 살펴봄으로써 이들을 지원할 수 있는 방안들을 모색해 보도록 한다.

교육내용

1. 발달장애인의 성에 대한 오해와 선입견 깨기

○ 발달장애인의 성에 대한 오해와 편견은 우리사회에 매우 뿌리 깊게 박혀 있다고 할 수 있는데, 이로 인하여 다른 성인들에게 있어서 자연스러운 생애사적 과업으로 여겨지는 이성교제, 사랑, 성관계, 결혼, 자녀양육 등은 발달장애인의 삶에서 묵시적으로 제외되어 왔음. 발달장애인에게 가해지는 선입견의 특성을 살펴보면 다음과 같음

> **예) 발달장애인의 성에 관한 오해와 편견**
> - 발달장애인은 성적 능력이 없거나 성에 대해 지나치게 동물적인 관심만 있다.
> - 발달장애인은 특히 지적장애인은 지적장애 아이를 낳을 것이다.
> - 발달장애인은 부모로서 역할하지 못할 것이다.
> - 발달장애인은 성 범죄자이거나 변태가 많다.
> - 발달장애인은 동성애가 많다.
> - 발달장애인은 성인이 되어서도 성에 대해서 어린아이와 같다.
> - 발달장애인이 성에 대해 눈뜨게 되면 성폭력을 가할 위험이 있으므로 성적으로 엄격해야 한다.

자료출처: 김한경·박용숙, 2003

2. 이성교제의 의미

○ 발달장애인은 이성교제를 통해 연인과 많은 것을 공유하고 그들의 삶에 변화와 새로운 의미를 느끼는 것으로 나타났다. 즉 발달장애인은 이성교제를 통해 정서적으로 긍정적인 변화와, 사회성 발달, 관계에서의 양보와 배려, 보호와지지, 서로에 대한 충실함의 중요성을 인식하게 된다. 또한 건강한 이성관계가 유지되기 위해 중요한 것이 무엇인지를 발견하기도 하였다. 발달장애인은 이성교제를 통해 삶의 질을 향상시키고 있음을 확인할 수 있었다. (최복천, 김유리, 2014)

3. 발달장애인의 성교육 이해

발달장애인 성교육의 오해와 진실

- 발달장애인을 대상으로 한 성교육이 제대로 이루어지지 않는 이유는 장애특성을 고려한 교재, 교육프로그램, 적절한 교육자의 부재에도 기인하기도 하지만, 발달장애인 성교육에 대한 오해와 편견 때문이기도 함. 발달장애인 성교육을 둘러싼 오해와 진실을 살펴보면 다음과 같음

> 오해 1. 발달장애인에게 성교육을 하면 제공되는 정보에 자극받아 일찍부터 성적인 경험을 하고자 할 것이다.
> → 그러나, 연구에 따르면 성교육을 받은 발달장애인이 더 많은 독립성과 자기충족성을 갖게 된다고 보고한다(전용호, 1995; Kupper, 1992).
>
> 오해 2. 발달장애인이 성교육을 받아 자신의 권리와 지식을 갖게 되면 오히려 성적인 문제를 많이 일으킬 것이다.
> → 많은 연구에서 발달장애인의 성적 행동을 자극하는 요인으로 성적인 것에 대한 무지, 무분별한 호기심, 적절한 성 지식 결핍을 들고 있다. 발달장애인도 비장애인처럼 성적 문제에 대해 실질적인 정보를 갖추면 이익을 얻을 수 있다고 보고한다(Huntley & Benner, 1993)
>
> 오해 3. 발달장애인에게 많은 성정보를 주는 것은 본의아니게 그들을 압도하거나 혼란시킬 것이다.
> → 현재 대중매체를 통해 부적절한 성정보를 얻게 되는 경우가 많다. 그러므로 적절한 성교육은 일찍부터 시작해야 하며, 성교육 전문가들은 발달장애인에게 위험한 것은 너무 많은 정보가 아니라 적은 정보에 있다고 강조한다(김한경·박용숙, 2003).

○ 발달장애인 성교육의 목표

- 발달장애인의 성교육은 장애로 인한 특정문제에만 치중하는 것이 아니라 다른 비장애인을 대상으로 하는 것처럼 '포괄적인 성교육'을 목표로 재정립되어야 함
- 지금까지 발달장애인의 성교육은 그 필요성을 인식하지 못했을 뿐만 아니라 성교육의 목표 또한 문제가 되는 행동을 지도하는 차원에서 벗어나지 못하였음. 발달장애인의 성교육은 발달장애인이 성적으로 만족한 생활을 누리면서 그에 따른 책임감을 이해하도록 도움을 주어야 하고, 자기 책임감을 지닌 성숙한 성인이 되어 지역사회에 적응할 수 있도록 도와주어야 함(NADD, 2008)
- 따라서 발달장애인의 성교육은 "포괄적인 성교육"이라는 목표하에서 성의 생물학적 이해, 인간관계, 성문화와 성윤리의 이해를 통해 성적 권리와 책임감을 키우고, 성폭력과 같은 문제 상황에 잘 대처하도록 돕고, 성윤리 교육을 통해 사회에 보다 적응적인 인간을 키우는 것을 목표로 하여야 함(Kupper, 1992)

예) Kempton (1993)이 제시한 발달장애인의 성교육 목표

- 정확한 정보의 제공
- 자신들의 몸에 대한 배움
- 성적으로 이용당할 위험을 피하는 것
- 사교기술을 배우는 것
- 자기의 능력과 욕구에 비례하는 최상의 성적 표현을 하는 것
- 사교프로그램과 사교기술을 배워 어울리게 하는 것
- 남녀를 막론하고 함께 있음을 즐기게 하는 것
- 책임감을 배우는 것
- 피임을 도와주는 것
- 결혼과 자녀를 낳고, 양육하는 것에 대한 깊은 이해를 갖도록 하는 것
- 죄책감이 없이 성에 관한 자신들의 마음을 이야기 할 수 있도록 하는 것
- 자신의 태도를 분명히 하는 것

○ 발달장애인 성교육 시 갖추어야 할 기본적인 자세

- 교육자 스스로가 성과 인생에 관한 긍정적인 가치관을 가져야 하며, 교육대상자에게 그러한 가치관을 전달해 주도록 노력한다. 그렇게 함으로써 교육대상자들도 결혼, 연애, 인생에 대한 바람직하고 긍정적인 가치관을 형성하게 된다.
- 교육대상자들의 성에 대한 호기심을 인정해 주고, 질문을 해올 경우 언제라도 응답해 줄 수 있는 태도와 준비가 되어 있음을 보여준다. 교육대상자들이 교육자에 대해 신뢰감을 갖고 언제든지 질문을 할 수 있는 분위기를 만들어 주는 것이 중요하다.
- 질문을 받으면 당황하지 말고 즉시 그리고 솔직하게 답을 해준다. 성애 대한 대화를 하기가 곤란한 상황일 경우, 일단 간단하게 답을 해주고 빠른 시간(시일)내에 정확하고 만족스러운 대답을 해 줄 수 있는 기회를 마련한다.
- 신체(성기)부위의 명칭과 기능에 대해서 정확하게 설명해 주도록 노력한다. 질문에 대한 정확한 해답을 모를 경우, 잘 모른다고 솔직하게 얘기하고 조속히 정확한 정보를 알아내서 가르쳐 주도록 노력한다.
- 성에 관한 대화를 자연스럽게 그리고 편안하게 대화를 나눌 수 있는 기회를 마련해준다. 예를 들면 임신부의 몸매, TV의 입 맞추는 장면 등을 이용해서 대화를 이끌어 낸다.
- 같은 내용의 질문을 한번 이상 물어와도 반복해서 자세하게 대답해 준다. 특히 정신지체인은 이해력의 정도가 다르기 때문에 처음에는 이해하지 못했던 내용도 두 번, 세 번 설명을 해주면 이해할 수 있게 될 것이다. 이야기를 다 한 후에 제대로 이해했는지 확인한다.
- 한꺼번에 너무 많은 양의 정보를 주는 것은 금물이다. 질문한 내용에 대해서 충분히 소화할 수 있을 정도로 명확한 대답을 해주는 것이 중요하다.
- 성 문제에 관한 사생활(privacy)을 최대한도로 보장해준다.

(자료출처: 박용숙, 2003)

4. 발달장애인을 위한 성교육 방법

○ 성교육을 행하는데 있어 발달장애인의 특성들을 고려할 필요가 있다. 발달장애인은 다른 비장애인과 똑같은 성적인 요구, 정서, 충동성을 가지지만, 그들이 지니는 인지손상으로 인해 성교육을 받는데 어려움을 가짐. 이로 인한 특별한 어려움은 충동성을 조절하는 능력 부족, 문제해결능력과 의사소통문제, 낮은 사회수용력과 자아개념, 성적 지식의 부족, 가치와 관계의 이해 부족 등으로 나타남. 따라서 발달장애인의 일반적인 특성에 따른 효과적인 교수전달을 위해 다음과 같은 사항을 고려하는 것이 필요함(강문선 외, 2000)

- **과제분석**
  → 하나의 기술을 각 단계들을 구성하는 하위 기술들로 나누어 가르친다.
- **대(多)감각적이고 구체적인 자료들**
  → 해부학 인형, 생리대, 탐폰, 콘돔과 같은 실물자료들, 책, 잡지, 그림, 슬라이드, 영화 등을 포함하는 시청각 자료 활용
- **정보의 반복**
- **기능적인 기술의 연습**
  → 역할놀이, 실제 상황들의 극적인 경험들, 기능적인 과제, 게임, 흥미있는 활동들을 반복해서 기술을 가르친다.

(자료출처: 박용숙, 2003)

○ 또한 발달장애인을 위한 성교육이 효과적이기 위해서는 모든 발달장애인이 참여해서 자신의 성에 대해서 배우도록 '교육방법의 다양성'을 확보해야 함. 예를 들어 짧은 강의, 그룹토의, 강화, 적극적인 참여, 추수지도, 개별화, 역할놀이, 모델링, 시각적인 보조자료, 실물자료, 반복연습 등이 발달장애인의 학습경험을 촉진시킴(엠마우스복지관, 2000). 구체적인 교육방법의 예들을 제시하면 다음과 같음

- 강의식 : 발달장애인에게 가장 효과가 낮은 방법이므로 짧게, 주제에 맞게, 이해하기 쉬운 언어로 제시한다.
- 실물 경험들 : 배운 것을 실제로 행동에 옮겨서 연습한다.
  - (예) 생리대 갈기, 아기 기저귀 갈기 등
- 특별한 프로젝트 : 일정 기간 동안 실제적인 활동을 경험한다.
  - (예1) 인형을 담요에 싸서 1주일 동안 아기 돌보는 연습하기
  - (예2) 자신이 부모라고 생각해서 아기를 위해 구입해야 하는 물품의 목록 만들기
- 역할놀이 : 발달장애인에게 지식은 어떤 실제적인 연습 없이는 행동으로 일반화되지 않는다. 또래경험이 부족한 발달장애인에게 실제 생활상황들을 재연해서 자기가 처하지 않았던 상황들을 경험하도록 해주어 느낌과 반응들을 알게 한다.
  - (예1) 이성 친구에게 데이트 요청할 때
  - (예2) 낯선 사람이 접근했을 때
- 결정을 내리는 상황들 : 역할놀이와 유사한 것으로 주어진 상황에서 무엇을 할 것인지에 대해 결정을 내리기 위하여 집단 토를 한다.
- 질문 토의하기 : 모든 질문들을 존중하여 솔직하게 대답해 주어야 한다.
- 시청각 자료들 : 학생들이 이해하기 쉽게 시각적인 자료들을 개발하여 교사가 지시한 교육적인 과정을 보충하고 완전하게 할 의도로 제작해서 수업을 진행한다.

⇒ 선행연구들은 발달장애인의 경우 그들의 인지능력의 부족으로 실제로 행동으로 연습하지 않고는 그 지식을 유지하고 일반화하기 어려우므로, 이들 교수방법 중 실물자료를 이용한 실제 경험이나 역할놀이, 게임이나 놀이, 특별한 프로젝트와 같은 "활동중심의 교육"이 보다 효과적이라고 제시하고 있음(Walker-Hirsch, 2007)

5. 발달장애인 성교육 프로그램 및 다양한 교수방법 활용 사례들

○ 청소년 후반기/성인 초반기 성교육 프로그램 모델(최종옥·박희찬, 1997)

주 제	지도목적	중점지도 내용	유의점 및 준비물
어른에 가까워지는 몸에 대하여 이해하기	① 남녀의 생식기 구조의 특징을 이해시키며, 서로 다른 특징을 인정하면서 존중하는 태도를 기른다.	(진도가 가능하다면) • 자신의 성적 고민과 불안에 대하여 이해를 시킴 • 남녀의 성기 구조와 기능에 대한 이해 • 양성의 특징과 역할에 대한 이해, 지도	- 남녀가 차이는 있으나 서로가 절대 평등함을 가르쳐야 함 - 여학생에게는 자랑스러움과 남성에게는 여성을 보호하는 마음을 가지게 지도함
이성친구에 대하여 이해하고 알기	① 남녀교제의 의미를 이해시킨다. ② 건전한 남녀 교제에 대하여 알게 한다. ③ 남녀가 귀찮게 구는 태도에 대하여 구체적으로 알기	(진도가 가능하다면) • 남녀가 교제하게 되는 이유와 필요성을 설명하며 생각을 하게 함 • 바람직한 남녀교제와 그렇지 못한 교제에 대하여 지도함	- 이성간에 서로 너무 나타내려고 하지 않도록 지도 - 성충동이 느껴질 때 공공장소에서 이성에게 지나치게 노출하지 않음을 강조함

주 제	지도목적	중점지도 내용	유의점 및 준비물
		• 교제시의 몸가짐, 말, 예의, 전화 등을 지도함	
성비행과 성피해, 폭행, 유괴에 대하여 생각하기	① 성비행이 무엇이며, 성피해, 폭행, 유괴 등의 개념을 설명하여 알게 한다. ②이를 예방하는 방법과 대안을 알게 한다. ③성적 이용물이 되지 않아야 하는 구체적인 이유를 설명한다(반복 설명하여 이해시킴)	(만일 진도가 가능하다면) • 성비행 피해 실태를 알림 • 성비행 원인 • 성충동과 억제방법 지도 • 성병에 대하여 : 가장 빈번히 나타나는 성병에 관해 설명함 • 성 이용됨의 불행 지도	- 성병에 관한 슬라이드 - 성정보를 통한 대화 준비(여자인 경우) - 성폭행을 막는 방안 그림 제시 - 반복하여 예방할 수 있게 하는데 주력
행복한 삶에 대하여 (결혼)	① 결혼이란 무엇인가? ② 부부의 개념을 이해하게 하고 ③ 서로 사랑하고 배려하며 협동하는 삶이 행복한 삶임을 가르쳐준다.	• 행복이란? • 결혼의 의의 설명 • 행복한 가정생활 지도 • 자신의 인생의 귀중함에 대하여 설명함	- 행복한 삶에 대한 Video 보기
가족계획에 대한 지식을 습득하기	① 가족계획의 개념을 이해하게 한다. ② 가족계획의 필요성을 알게 한다. ③ 임신의 원인을 구체적으로 이해시키고 ④ 함부로 임신하면 가족계획에 어려움이 있음을 주지시킨다.	• 피임방법 지도(임신시기 조절) • 자녀 수 조절의 이유 • 자녀를 두지 않을 권리 알기 • 임신에 대한 책임 • 임신기관 알리기(성교, 출산등) (반복 지도)	- 임신, 출산, 양육에 대한 그림이나 사진, 잡지 보기
생리처리와 성지식 습득하기	① 여학생의 경우 생리현상을 이해하고, 잘 처리하기 ② 생리 pad에 대한 이해와 사용방법 지도(구체적으로) ③ 남학생에게도 생리현상 이해 지도	• 월경에 대한 바른 이해 • 생리처리에 대한 실제적 지도 (반복지도)	- 슬라이드 - 그림 - 잡지 - Video
부모가 되는 일과 부모의 책임에 대한 이해와 태도	① 아기 출산과 엄마, 아빠의 관계를 이해하는 것 ② 부모의 책임과 역할 지도	• 부모가 됨의 바른 이해 • 자녀 양육 책임 • 부모가 되지 않을 수 있는 권리 (특히 정신지체의 경우)	- 부모됨의 어려움을 강조, 설명 - 실제적이고 구체적인 설명 요함

o 역할극을 활용한 성폭력 예방 교육 사례

- 최근 지적장애인의 성폭력 피해 사례가 늘고 있어, 사례를 중심으로 성교육을 실시할 필요가 있다. 또한 성교육과 함께 발달장애인이 성폭력피해를 예방할 수 있도록 교육의 목표를 설정하는 것도 필요하다고 본다.

- 지역사회 내 일상생활 속에서 발생할 수 있는 상황을 장소별로 상정하여 상황을 제시하고, 일어날 수 있는 상황에 대한 이해와 이에 대한 대처방안을 역할극을 통하여 습득하도록 함

(예1) 성추행/성폭력 역할극 상황 설정 (박용숙, 2003)

10가지 역할극 상황	장소
1. 남자 교사나 자원봉사자, 기사아저씨가 무릎에 앉혀 놓고 가슴이나 엉덩이, 성기 부위를 만지는 상황 2. 용변을 보기 위하여 화장실에 들어 갈 때 남학생이 따라 들어와 성기부위를 보거나 만지려는 상황	학교에서
3. 버스 정류장에 서 있는데 모르는 사람이 차에 타도록 권유하고 데려가려고 하는 상황 4. 버스나 지하철을 잘못 내려서 당황하고 있을 때 집을 찾아 주겠다며 인적이 드문 곳으로 유인하는 상황	공공장소, 버스, 지하철에서
5. 집에서 오빠나 삼촌 등(친·인척)이 성인 비디오를 같이 보면서 우리도 저렇게 해보자고 하는 상황 6. 오빠(동생) 친구들이 집에 놀러와 엄마 아빠 놀이를 하자며 성적인 행동을 하고자 하는 상황	집에서
7. 동네 슈퍼에 물건을 사러 갔을 때 슈퍼 아저씨가 친절히 대해 주면서 성적인 행동을 요구하는 상황 8. 학교에서 돌아오는 길에 아파트 경비아저씨나 동네 아저씨가 '엄마가 급히 어디에 가시면서 나랑 함께 있으라고 했다'고 하면서 유인하여 성적인 행동을 하려는 상황	동네에서
9. 인적이 별로 없는 곳에서 놀고 있을 때 잘 아는 동네 어른이 재미있는 놀이 하자고 유인하여 성적인 행동을 하는 상황 10. 낯선 사람이 맛있는 것이나 갖고 싶은 물건을 사주겠다고 함께 가자고 하는 상황	외진곳, 인적이 없는 곳에서

(예2) 성폭력 예방기술 습득을 위한 역할극의 예 (박용숙, 2003)

	역할극 3 : 공공장소, 버스, 지하철에서	역할극 8 : 동네에서
상황	등·하교시 버스 정류장에 서 있거나, 지하철을 타려고 지파철역으로 가는 도중 모르는 사람이 차안에 앉아 말을 걸면서 차에 타도록 권유하고 데려가려고 하는 상황	학교에서 돌아오는 길이나 밖에 나왔다가 집에 가는 중에 아파트 경비아저씨나 동네 아저씨가 엄마가 급히 어디에 가시면서 나랑 함께 있으라고 했다고 하면서 유인하여 성적인 행동을 하는 상황

	역할극 3 : 공공장소, 버스, 지하철에서	역할극 8 : 동네에서
역할극	◇ 모르쇠 : (차안에서) 얘, 어디가니? ◆ 지아 : 집에 가요. ◇ 모르쇠 : 니네 집이 어딘데? ◆ 지아 : 00 예요. ◇ 모르쇠 : 마침 잘 됐다. 아저씨(아줌마)도 그 쪽으로 가는 중인데, 어서 타라. ◆ 지아 : ◇ 모르쇠 : 어서 타, 아저씨(아줌마)랑 같이 가면 금방 집에 갈 수 있어. ◆ 지아 : ◇ 모르쇠 : (지아가 망설이거나, 타려고 하지 않을 경우 차에서 내려 지아의 팔목을 끌면서) 괜찮아, 나 나쁜 사람 아니야. ◆ 지아 :	◇ 동아씨 : (막 아파트 현관으로 들어서는 지아를 부르며) 지아야, 지아야, ◆ 지아 : 예. 안녕하세요. ◇ 동아씨 : 엄마 집에 없어. 아까 막 나가셨어. ◆ 지아 : 어디 나가셨어요? ◇ 동아씨 : 글쎄, 아까 엄마가 나가면서 나 보고 지아 좀 봐 달라고 하더라. 밥은 먹었니? 이리 와 봐 (맛있는 과자를 보여주며 유인한다) ◆ 지아 : ◇ 동아씨 : 지아 정말 예쁘게 생겼구나.(다가와서 옆에 앉으며 사적인 부위를 만지려 하거나 껴안거나 바닥에 눕힌다) ◆ 지아 :

교육방법

○ 강의형 교육
 - 발달장애인 성교육의 이해(성교육의 의미, 필요성, 목표 등)
 - 발달장애인 성교육 방법 및 다양한 매체 활용기법
○ 참여형 교육
 - 발달장애인 자녀의 성적 행동, 이성교제, 결혼문제 등과 관련된 의견 나누기
 - 자녀가 성교육 관련 프로그램에 참여한 경우(혹은 부모가 일상적으로 지도해 해 본 경험이 있는 경우), 그 내용과 효과에 대해 이야기 나누기
○ 실습연계형 교육
 - 발달장애인 자녀의 성교육 및 지도 계획 작성해 보기
 - 일상생활에서 자녀의 성폭력 예방 기술 습득을 위한 다양한 교수방법 적용해 보기

유의사항

- 구체적인 사례를 중심으로 교육이 이루어질 수 있도록 함
- 성교육, 성폭력 예방교육 등의 구체적인 효과가 무엇인지 사례중심으로 설명하여 참여자의 이해를 높이도록 함
- 이성교제, 결혼준비, 자녀양육 등과 관련한 주제들은 국내 논의가 부족한 점을 고려하여 해외사례들을 적극적으로 활용하여 이해를 높이도록 함
- 발달장애인의 성교육은 인지능력이 부족할 수 있음으로 그 지식을 유지하는 데 어려움을 겪을 수 있기 때문에 다양한 교육방법을 활용할 필요가 있음. 특히 발달장애인을 위한 연극이나 아동이나 청소년을 대상으로 성교육 프로그램을 활용하고 있는 인형극 등을 발달장애인의 성교육 적극적으로 활용하는 것도 고려할 필요가 있음

참고자료

- 참고문헌

강문선, 손경수, 박경희 (2000). 정신지체 특수학교 초, 중, 고등부 학생들의 성교육프로그램 개발과 적용 효과. 2000년 특별 연구교사 최종연구보고서.

김영숙. 2015. "발달장애인의 성에 대한 부모 및 기관종사자의 인식과 성교육지원요구 연구". 특수교육저널: 이론과 실천. 16(3). 83-108.

김하영·최선경. "발달장애 청소년의 성폭력예방을 위한 성교육프로그램의 효과성 연구-성지식, 성태도 변화를 중심으로". 한국치안행정논집, 12(2), 23-46.

김한경, 박용숙 (2003). 발달장애인을 위한 성교육. 나눔의 집

박용숙 (2003). 성에 대한 올바른 이해와 정신지체인을 위한 성교육. 이화여자대학교 특수교육연구소 (편). 발달장애 청소년 및 성인의 지역사회 참여지원.

이경자. 2010. "지적장애인의 성문제와 성교육적 접근방안에 관한 연구". 한국인간복지실천연구. 4, 177-197.

전용호 (1995). 정신지체인의 성행동과 그 지도대안. 특수교육학회지, 16(1), 119-146.

최복천, 김유리 (2014). 발달장애인의 이성교제 경험 및 의미에 관한 질적 연구, 13(3), 147~172

최중옥, 박희찬 (1997). 정신지체아 부모를 위한 성교육 프로그램 모형. 특수교육학회지, 18(3), 127~151.

엠마우스복지관(2000). 정신지체 연구 제5권(성교육 특집호). 엠마우스 복지관.

Bazzo, G., Nota, L., Sorese, S., Ferrari L., & Minners, P. (2007). Attitudes of social service providers towards the sexuality of individuals sith intellectual disability. Journal of Applied Research in Intellectual Disabilities, 20(2), 110-115.

Healy, E., McGuire, B. E., Evans, D. S., & Carley, S. N.(2009). Sexuality and personal relationships for people sith and intellectual disability. Part II : Service-user perspectives. Journal of Intellectual Disability Research, 53(11), 905-911.

Huntley, C. F., & Benner, S. M. (1993). Reducing barriers to sex education for adults with mental retardation. Mental Retardation, 31(4), 215-220.

Kempton, W. (1993). Sexuality and persons with disabilities that hinder learning: Acomprehensive guide for teachers and professionals. Santa Barbara, CA: James Stanfield Publishing.

Kupper, L. (1992). Sexuality education for children and youth with disabilities. NICHY News Digest, 1(3), 2-24.

NADD (2008). Ethical dilemmans: Sexuality and developmental disability (전현일 역. 윤리적 딜레마 : 성과 발달장애. 장애우권익문제연구소).

Wade, H. A. (2004). Successful intimate relationships among people with disabilities: Their perceptions. Unpublished doctoral dissertation University of California, CA

Walker-Hirsch, L. (ed.) (2007). The facts of life...and more. (신현기, 정진옥 역. 2009. 지적 장애인의 성교육... 그리고 그 너머의 빛. 시그마프레스)

Weiten, W., Lloyd, M, Dunn, D.S., & Hammer, E. Y.(2009). psychology applied to modern life (9th ed). Belmont, MA: Wadsworth.

Wilkenfeld, B. F., & Ballan, M. S. (2011). Educators' attitudes and beliefs towards the sexuality of individuals with sexuality of individuals with developmental disabilities. Sexuality and Disability, 30(4), 407-419.

Ⅴ-2. 발달장애인 자조집단 형성 촉진

과정	공통	영유아기	초등학령기	청소년기	성인기	영역	지식·정보	기술	심리·정서
주제	발달장애인 자조집단 형성 촉진									

■ 교육의 필요성 ■

○ 그 동안 국내에서 장애인의 권리실현을 위해서 자립생활 패러다임 속에서 장애인의 선택과 권리 보장, 자조집단을 통한 권한 강화(empowerment), 사회적 참여 보장 등이 강조되어 왔다. 이러한 맥락에서 장애유형별로 혹은 집단별로 다양한 형태의 자조집단이 구성되어 주도적으로 활동해 오고 있으며, 장애 관련 문제에 대한 진단과 해결책에 있어서도 장애인 당사자의 의견과 목소리에 구리를 기울여야 한다는 것을 공통으로 천명하고 있다.

○ 하지만, 발달장애인의 경우에는 이러한 전반적인 흐름과는 다소 배치되는 양상을 보여 온 것도 사실이다. 장애인 당사자의 선택과 결정이 중요하다고 주장하면서도 발달장애인의 의견에 귀 기울여 하지 않는 것이 우리나라의 현실이며, 발달장애인의 자기주도적인 활동에 초점을 맞추기보다는 타인에 의한 단순 보호와 지원에 그치고 있는 실정이다. 이러한 모습에는 발달장애인은 '논리적으로 사고하거나 판단할 능력이 결여되어 있기 때문에 안 된다'라는 우리사회에 뿌리박혀 있는 부정적 시각과 더불어 발달장애인들이 자기주도적인 활동을 경험하고, 본인들의 목소리를 낼 자조그룹이 형성되어 있지 않기 때문이기도 하다(이미정, 2012).

○ 발달장애인 자조집단은 1968년 스웨덴 지적장애아부모협회 사무국장 니르예에 의해 발달장애 청소년 일상생활 프로그램에서 시작되었으며, 자기옹호와 정상화의 원리 등이 확산되면서 발달장애인 당사자 대회가 개최되고 이를 바탕으로 유럽과 북미를 거쳐 일본, 한국 등으로 확대되고 있다.

○ 이러한 흐름과 「발달장애인 권리보장 및 지원에 관한 법률」의 제정으로 국내에서 발달장애인을 위한 지원정책이 활성화되면서 발달장애인 자조집단은 그 법적 근거를 바탕으로 태동하고 있다. 발달장애인 권리보장 및 지원에 관한 법률 제11조에서 발달장애인은 자신의 권익을 보호하고 사회 참여를 제고하기 위하여 자조단체

를 구성할 수 있으며 국가와 지방자치단체는 예산의 범위에서「장애인복지법」제63조에 따라 자조단체의 활동에 필요한 경비를 지원할 수 있다고 규정하였다.
- ○ 한국의 발달장애인 자조집단은 해외와 마찬가지로 초기에는 독자적인 형태이기 보다는 장애인자립생활센터, 장애인복지관, 장애인 부모회 등의 기관을 중심으로 활성화되고 있다. 하지만, 아직까지도 발달장애인의 자조집단을 어떠한 방식과 원칙 하에서 운영할 것인지, 그 활동의 내용과 목표들이 어떠해야 하는지, 그리고 발달장애인들의 자기결정과 당사자성을 담보·확장시키기 위해 어떠한 지원들이 이루어져야 하는지에 대한 구체적인 논의가 이루어지지는 못한 실정이다.
- ○ 따라서, 본 교육은 자조집단의 필요성과 역할에 대한 전반적인 이해와 더불어 한국적 상황에서 발달장애인 자조그룹의 가능성을 검토하고, 활성화를 위한 지원방안을 살펴보는데 목표를 두도록 한다.

교육내용

1. 발달장애인 자조집단 활동의 필요성 및 의의

- ○ 사회운동으로서의 발달장애인 자조집단
  - 발달장애인 자조집단(또는 자기옹호그룹)은 하나의 사회운동으로, 이는 발달장애인 당사자의 임파워먼트 운동이며, 삶의 선택과 결정을 전문가, 서비스제공기관, 부모로부터 발달장애가 있는 당사자로 옮기려는 운동임

> 예) 미국 일리노이 주 발달장애인 자조집단 '피플퍼스트' 미션(mission)
> - People First는 우리 (발달)장애인들에 의해 만들어진 모임으로, 우리의 삶을 스스로 책임지고 서로 협력함으로써 차별에 맞서고 정의를 위해 함께 일하고자 한다.
> - 우리의 삶에 중요한 영향을 미치는 것들을 스스로 선택하고 결정함으로써 우리 스스로 자립을 달성할 수 있는 방법을 배운다.
> - 우리가 스스로를 대변하는 사람이 될 수 있는 방법은 서로 지지하고 우리의 신념을 외침으로써 내면의 자신감을 획득할 수 있도록 돕는 것이다.
> - 오직 (발달)장애인만이 우리 조직의 이사회 일원과 지역 내 책임자로서 활동할 수 있다. 이는 우리의 자기결정권의 표현이다.
> - 우리는 People First의 목적과 신념을 지지하는 비장애인들을 우리의 조력자로서, 보조역할 직원으로, 그리고 우리의 (투표권이 없는)회원으로 포용한다.

○ 발달장애인 역량강화의 장(場)으로서의 자조집단

- 발달장애인에게 있어 자조집단은 자기와 비슷한 경험을 한 사람들과 마음 터놓고 얘기할 기회, 고립된 사람들끼리 서로 사교할 기회, 다른 동료들로부터 배울 기회를 제공함

- 또한, 자조집단의 참여는 발달장애인에게 자존감 향상과 자기결정권, 자기주장 등이 훈련되는 장이기도 하다. 이러한 자조집단 활동을 통하여 발달장애인들이 배우는 권리들은 크게 ① 자기결정권, ② 자기의사를 표명할 권리, ③ 선택할 권리, ④ 서비스를 받을 권리, ⑤ 소비자로써 선택·통제할 권리, ⑥ 완전한 시민으로 인정받을 권리 등임

- 자조집단에 참여하면서 발달장애인이 경험하는 긍정적 결과의 몇 가지 사례들을 인용하면 다음과 같음

> • 이 운동(자기옹호운동)에 참여한 후로 억압되었던 마음의 굴레를 벗어나 자신감이 훨씬 커졌다.
> • 자기옹호그룹에 오면 기분이 좋다. 여기서 내가 나 스스로 무슨 일을 하고 있구나 여기게 된다.
> • 자기옹호는 우리에게 중요한 생각, 느낌, 권리를 표현하는 능력을 키울 기회를 준다.

자료출처: 미국 일리노이 주 People First

○ 발달장애인 자조집단의 사회적 영향

- 해외의 경우, 특히 영국에서는 정부차원에서 발달장애인 자조집단에 대한 지원을 적극적으로 행하고 있는데, 그 이유는 발달장애인 당사자의 의견과 목소리가 정책적으로 반영되어야 한다는 기본적인 시각이외에 발달장애인 자조집단이 사회전반에 걸쳐 가져오는 긍정적인 효과 때문이기도 함. 발달장애인에 대한 사회적 편견을 해소하는데 있어서 다른 어떤 인식개선사업보다도 발달장애인이 주체가 된 자조집단의 활동이 단순한 보호의 대상, 타인에 의해서만 자신의 권리가 대변될 수 있다는 사회적 고정관념을 깨는데 있어 무엇보다 효과적이라는 점 때문임

2. 해외 발달장애인 자조그룹 활동 사례

○ 해외 발달장애인 자조그룹 소개

- 발달장애인의 자조그룹에 대한 공적인 논의가 이제 막 태동되기 시작한 한국의 경우와 달리 해외에서는 오래전부터 발달장애인의 자조집단이 형성되어 활동해 왔음. 해외 발달장애인 자조그룹의 발전사례들을 몇 가지 제시하면 다음과 같음

예) 스웨덴의 발달장애인 자조그룹 활동 사례
- 1960년 스웨덴 전국 지적발달장애인·아동·청소년·성인협회(FUB)에 소속된 지적장애인들이 부모, 전문가, 시설관계자들이 중심이 되어 행해져 왔던 여가활동, 그룹 활동 등에 당사자의 참여를 강하게 요구하면서 시작됨. 이후 자조그룹의 활동은 FUB의 자기옹호활동의 일환으로 정착.
- 1984년에는 오케 요한슨이라는 발달장애인 당사자가 FUB의 중앙회 이사로 선임
- 공식적 자조그룹인 '크루덴'은 1995년 발달장애인 전국대회에서 FUB로부터 독립된 형태로 활동하기 시작, 독자적인 당사자조직 출범. 발달장애인 당사자를 직원으로 고용하고 데이서비스(day service)를 운영

예) 뉴질랜드 발달장애인 자조그룹 활동 사례
- 지적장애를 뉴질랜드 육성회(IHC)의 지원 아래 1985년 자기옹호활동 본격 시행
- '게이트 웨이트 클럽' 활성화 – 발달장애인 당사자 그룹으로 게임이나 취미, 기타 다양한 활동을 같이하는 모임의 성격. 이는 발달장애인에게 다른 동료장애인을 만날 수 있는 기회를 제공하였을 뿐 아니라 리더양성 교육을 제공
- 현재는 발달장애인 자조그룹이 IHC로부터 분리되어 독립적으로 활동하고 있으며, 전국 각지에 60개 이상이 존재하며 대부분 People First라는 명칭을 사용.
- IHC의 위원회는 발달장애인 당사자가 월급을 지급받는 직원으로 또는 정식자격을 갖춘 위원으로 활동할 수 있도록 지원하고 있음.
- IHC 직원의 교육 및 연수에는 발달장애인이 직접 참여하고 있으며 IHC의 모든 자료는 발달장애인 당사자들이 알기 쉽도록 만들어져 있거나 이를 지원하기 위한 작업에 발달장애인 당사자들이 참여

예) 미국 발달장애인 자조그룹 활동 사례
- 미국 내 발달장애인 자조집단(자기옹호그룹)의 대표적인 사례는 피플퍼스트인데, 피플퍼스트는 생긴지 10년 내에 전국적으로 퍼져나갔으며, 1981년에 오레곤주에서 전국대회를 가짐.
- 1984년에는 일주일간의 국제 컨퍼런스 대회를 가졌고 여기에 미국, 캐나다, 영국, 호주의 180명이 참석.
- 1995년에는 미국 전역에 600개 이상의 지부가 미국 43주에 구성되어 활동하게 됨.
- 피플퍼스트에서 배우고 활동하던 사람들이 지금은 미국의 발달장애 다양한 자기옹호그룹에서 지도적인 역할을 수행하고 있음. 한 예로 1992년 오크라호마의 피플퍼스트에서 "지도력과 그 다음"이라는 프로그램을 만들었는데, 이 훈련프로그램은 35개 이상의 주에 펴져 나가게 됨. 여기서 훈련받은 발달장애인이 지역, 주, 전국적인 단위의 위원회에서 이사, 위원회에서 종사하고 있음.

예) 한국적 발달장애인 자조그룹 활동 사례
- 기관 중심의 지원 아래 소규모 자조집단들이 연대체를 구성하여 대회 중심으로 조직화하는 경향
- 2011년 '서울 송파구 지적장애인당사자대회' 개최
- 2012년 '서울지적장애인당사자대회'
- 2013년, 2014년 '전국 발달장애인자조그룹대회' 개최
- 2014년 '전국 발달장애인 당사자대회' 개최
- 2014년 '모여서 함께 놀자' 개최

○ 발달장애인 자조집단의 주요 역할
 - 대표적인 자조집단으로 '피플퍼스트(People First)'를 들 수 있는데, 피플퍼스트에서는 발달장애인의 사회적 통합을 위하여 캠페인을 전개하기도 하고, 이들도 쉽게 이해할 수 있는 주요한 보고서, 양식, 출판을 할 수 있도록 지원하는 역할을 수행함. 또한 자조집단을 지원하는 전문가 교육을 실시하며, 이용자 주도 방식으로 조직을 이끌 수 있도록 자문을 제공하는 등 다양한 사업을 병행하고 있음

> 예) 미국 피플퍼스트에서 주로 하는 일들
> - 일상적인 회의 진행 및 외부모임 참여
> - 자기옹호자(Advocate)의 발굴 및 양성
>   - 동료상담, 모임 주선하기, 단체 소개하기, 회원 모집 활동
>   - 멘토와 멘티 연결
> - 지역사회의 일원이 되기 위한 활동
>   - 장애인단체의 가입뿐 아니라 지역사회의 다양한 시민단체, 모임 등에 가입하여 활동
> - People First Language 보급 사업
>   - 부정적 장애용어 수정, 장애보다 사람을 먼저 고려하는 것 강조
> - 지역사회의 저명인사(대표자) 만나 요구하기
>   - 편지(이메일)보내기, 전화 접수하기, 공문 접수하기
>   - 요구사항 작성하기, 요구사항 만들기
> - 자기주도적 취미/여가 활동 기획 및 진행

○ 피플퍼스트 자조그룹 훈련 프로그램 내용 및 활동

단계	프로그램명	활동 내용	비고
1	읽기교육 (Easy Read)	• 쉬운 언어로 쓰기/읽기 연습 • 편지나 보고서 작성/읽기 연습 • 컴퓨터로 된 문서 읽기/편집 연습	- 주로 컴퓨터를 활용하여 읽기교육 진행 - 2일정도 교육 실시
2	안전교육 (Hate Crime)	• 범죄로부터 신체를 안전하게 보호하는 방법 • 차별행위에 대한 인지와 대처방법 • 관련 법률과 규칙 공부	- 1일 교육 실시 - 역할극 활용
3	장애이해교육 (Disability Awareness)	• 과거의 장애인의 모습에 대한 역할극 • 박물관 속의 장애인 • 장애에 대한 좋은 인식과 나쁜 인식 구분 • 창조적인 (장애인)서비스 개발 • 장애인권리위원회 이해하기	- 1일 교육 실시

단계	프로그램명	활동 내용	비고
4	자기권리주장 이해교육 (Self-Advocacy Awareness)	• 자기권리주장이란 무엇인가? • 자기권리주장에 대한 우리의 경험 • 자기권리옹호그룹의 설립 • 사무실의 운영과 고용 • 공간확보	- 1일 교육 실시 - 역할극 활용
5	장애평등이해 교육 (Disability Equality Awareness)	• 평등과 차별이란 무엇인가? • 나의 차별에 대한 경험 • 장애인의 평등을 위해 무엇을 할 것인가?	- 1일 교육 실시 - 다양한 교육방법 활용
6	학대에 대한 인식교육 (Abuse Awareness)	• 학대에 대한 이해 • 누가 학대하는 사람인가? • 누군가 학대를 당하고 있다면 어떻게 도움을 줄 것인가?	- 1일 교육 실시
7	회의기술 훈련 및 위원회이해 교육 (Meeting Skills & Committee Training)	• 회의에 대한 규칙 이해 • 회의위원의 역할과 임무에 대한 이해 • 선거와 투표에 대한 이해 • 좋은 회의와 나쁜 회의 이해 • 의제와 시간 • 자신감 갖기	- 5일 교육 실시
8	종사자 고용방법 이해 (Recruitment Training)	• 우리모임에서 고용할 사람에 대한 역할, 임무 이해 • 종사자에 대한 세부 임무 리스트 작성하기 • 입사지원서 만들기 • 면접 계획하기	- 5일 교육 실시
9	자기주도성 교육 (Listen to Me)	• 나의 계획 소개하기 • 나의 계획수립에 도움을 줄 수 있는 사람 확인 • 자신과 미래에 대해 생각하기 • 의사소통 기술 • 건강하고 안전하게 지내기 • 좋은 모임과 나쁜 모임 • 일 계획하기 • 자기주도적 방식으로 계획, 발표, 토의하는 시간	- 10일 교육 실시 (10주 과정) - 다양한 교육방법 활용

자료출처: 전국장애인부모연대, 2011

3. 자조그룹 운영 모델 이해

o 발달장애인 자조집단의 운영은 다양한 방식으로 이루어질 수 있지만 크게 자치적, 분활적, 서비스시스템, 연대형 모델 등으로 나누어 볼 수 있음. 이들 운영모델이 갖는 각각의 장·단점을 살펴보면 다음과 같음

유형	장점	단점
자치적 모델	• 부모, 전문가, 서비스 제공기관으로부터 완전독립 하며 자치적이다. • 다른 기관들과 이해 상반되는 경우를 피할 수 있다. • 지도자의 역할을 배워가며 익힐 수 있다. • 다른 옹호단체와 네트워크를 이루기 쉽다.	• 서비스 제공기관과 너무 연계가 없어서 개선이나 변경을 이루기 어렵다.
분활적 모델	• 부모/전문가 단체와 연계를 유지함으로써 그 단체에 자기 옹호에 대한 교육을 할 기회를 갖고, 또한 서비스 제공기관으로부터 합법적인 기구로 인정받는다. • 자기옹호그룹의 멤버가 스폰서하는 기관에 소비자를 대표해서 이사 역할을 할 수 있다. • 그룹이 다양한 자원을 쉽게 접할 수 있다 • 스폰서 기구는 그룹에게 회의장소, 소액의 기금, 기타 사무실 기재의 사용을 제공할 수 있다.	• 스폰서 기관과 자기옹호그룹 사이에 동의하지 않는 일이 생길 경우, 이해 상충되는 경우가 생길 수 있다. • 자기옹호기구는 궁극적으로 스폰서 기관과의 관계에서 취약하다. • 스폰서 기관에 힘으로 밀리거나 뒷전 신세가 될 위험이 있다.
서비스 시스템 모델	• 그룹이 발달장애인이 일하거나 살고 있는 서비스 제공기관 내에 위치한다. • 멤버를 찾을 필요가 없다. 즉, 그 기관의 모든 장애인이 멤버가 될 수 있다. • 회의장소를 쉽게 마련할 수 있고 별도의 교통편이 필요 없다. • 멤버들이 직접 이용하는 프로그램에 대하여 그들의 권리와 책임을 같이 모여서 얘기할 수 있다.	• 멤버의 생각이 서비스 제공기관에 불리할 경우 이해상충이 발생한다. • 멤버들이 그들이 살고 일하는 곳에 대한 비현실적인 기대를 하게 될 수도 있다. • 그룹의 자기옹호 활동이 서비스 프로그램의 일부로 간주 될 수 있다. 이로 인해 단체의 성장이 어렵게 된다.
연대형 모델	• 크고 다양한 자기 옹호단체에 속함으로 소속 단체들로부터 지원을 받을 수 있다. • 연대에 가입함으로써 그룹의 합법성 인정에 유리하고, 정치적인 힘이 증대되고 기금 확보의 능력이 증대된다.	• 발달장애인들은 다른 장애인들에게 여러 면으로 밀릴 수가 있어서 그들의 자기 옹호의 기회를 잃게 될 수가 있다.

4. 발달장애인 자조그룹 활성화를 위한 지원 방안

o 발달장애인을 위한 정보 제공

- 발달장애인 자조그룹을 지원하기 위해서는 발달장애인에게 맞는 형태와 형식을 갖춘 정보가 제공되어야 함. 왜냐하면, 발달장애인 당사자들이 자조그룹을 만들어 회의를 진행한다고 해도 그들이 알고 싶어 하는 정보가 어렵게 되어 있거나 복잡할 경우 발달장애인은 당사자들의 의사와는 무관하게 지원자에게 의존할 수 밖에 없음

- 영국의 MIND, People First, Change People과 같은 발달장애인 옹호단체는 발달장애인이 자신의 권리를 주장하고, 사회참여 및 서비스에 대한 접근을 높이기 위해서는 관련 정보에 대한 접근성이 보장되어야 한다는 점을 강조함. 무엇보다 발달장애인에게 있어 필요한 정보들은 "이해가능하고, 쉽게 읽힐 수 있는 방식으로 (Easy Read)" 제공되어야 함을 강조하면서, 다음과 같은 실행지침들을 마련하고 있음(최복천, 2012)

> 예) 영국의 Easy Read 지침
> - 복잡한 문서를 이해하기 쉽게 만들기
> - 자신의 욕구에 대한 정보를 얻을 수 있도록 보장하기
> - 정보접근 욕구를 충족하기 위하여 큰 인쇄물과 그림을 활용하기
> - 모든 것을 포함시키기
> - 전문용어를 사용하지 않기

○ 발달장애인 당사자들이 모일 수 있는 기회와 장소 제공
 - 현재 우리나라의 경우 성인기 발달장애인의 경우 (특수)학교를 졸업하고 나면 다른 동료 발달장애인을 만날 기회가 없으며, 장애인복지관 등에서 실시하는 프로그램을 이용하는 발달장애인의 경우에도 동료 발달장애인과 만나 이야기를 나누고 공유할 수 있는 기회가 주어지지 못하고 실정임. 따라서 발달장애인들이 자유롭게 모임을 가질 수 있는 장소와 기회를 제공하여 그들에 의한 자조모임 활동이 이루어지도록 지원해야 함 (※ 예를 들어, 특정한 여가활동을 중심으로 한 클럽 형성, (특수)학교 졸업생을 중심으로 한 동문회 구성, 복지관 내 발달장애인 자조 프로그램 제공 등을 시도)

○ 발달장애인 자조그룹 조력자(지원자)의 역할
※ 참고 : 최복천 외(2013). 발달장애인 자조집단 지원 매뉴얼
 - 조력자는 '돕기 위해 힘쓰는 사람'이라는 단어 뜻대로 회원을 지원하는 사람이다. 조력자는 발달장애인들 같의 모임 구성 및 발전을 위한 매개가 되기 위해 자신이 가진 자원과 능력을 사용해야 한다. 조력자가 되기 위한 구체적인 역할은 아래와 같다.

1) 구성원 임파워먼트하기
 · 구성원에 대한 관심을 유지하고 장점을 찾기
 · 성취를 통해 자긍심과 자존감을 획득하도록 지원하기
 · 개인의 변화를 포착하고 독려하기
2) 정보제공하기
 · 제한된 양의 정보를 단순한 언어로 전달하기

- 그림이나 사진, 몸짓 등을 활용하기
- 다양한 선택이 가능하도록 선택지를 구성하기

> 「정보제공을 통한 자조집단의 변화모색 필요」
>
> 정보제공은 자조집단의 변화를 유도하기 위한 적극적인 의미로 해석될 수 있습니다. 자조집단이 운영의 방향성을 잃거나 정체된 상태에 빠질 때 조력자가 제공하는 새로운 정보는 자조집단의 변화를 도모하기 위한 촉매제가 될 수 있습니다.
>
> "어떤 상태에서 너무 오래되니깐 거기서 벗어나지를 않고 발전이 안된다는 느낌이 들어서. 지금은 본인들의 생각을 모을 수 있는 역량이라던지 그런건 충분히 할 수 있다는 생각이 들어서, 이제는 조금 저희가 약간의 개입을 통해서 정보를 드리고, 이런 부분에 대해서 얘기를 해보면 어떻겠냐라는 소스를 드리고 이런건하죠" (조력자, 여성, 40대 인터뷰)

3) 의사소통지원하기
  - 대답을 듣고자 할 때는 시간적 여유를 갖고 기다리기
  - 요약된 표현이나 축어는 피하기
  - 추상적 단어보다 구체적 단어를 사용하기
  - 말로 표현하는 것 외에 시각적 보조들을 사용하기

4) 자기결정능력 배양하기
  - 선택과 자기결정의 기회를 많이 제공하기
  - 일상에서 자연스럽게 이루어지도록 지원하기
  - 결정에 따른 책임에 대해 설명하기

○ 발달장애인 자조그룹 조력자(지원자)의 자세

- 발달장애인 당사자 자조 집단은 구성원 공동의 관심사를 공유하고, 이를 홍보하고, 해결하기 위해 구성된 모임이다. 따라서 조력자는 발달 장애인 당사자가 스스로 목소리를 낼 수 있도록 지원하고, 당사자가 주체가 될 수 있도록 도와주어야 한다.

1) 이해하기

조력자가 당사자들에게 접근하는 첫 번째 단계는 회원들을 이해하는 것이다. 대부분의 장애인들은 그들의 삶의 경로 속에서 지속적으로 소외받고 억압 받은 경험을 가지고 있다. 이러한 부정적 경험은 당사자들의 행동 방식에 깊은 영향을 미친다. 조력자는 당사자들의 특수한 삶의 경로를 당사자의 관점에서 이해하고자 노력하고, 구성원들의 강점을 독려하면서 그들의 경험 속에서 구축된 장벽을 극복할 수 있도록 도와야 한다. 이해과정은 조력자와 구성원 사이의 신뢰를

수반한다. 조력자가 구성원들과 동일시하고, 그들의 눈을 통해 세계를 바라볼 수 있으며, 그들의 편에 서면서 그들을 이해할 때 조력자와 구성원 사이의 신뢰는 구축될 것이다(Worrell, 1998 :28)

2) 인내와 기다림

발달장애인이 스스로 결정하는 것을 돕기 위해서는 발달장애인 당사자의 결정 과정을 기다리는 인내가 필요하다. 결정과정은 결정의 결과만큼 중요하다. 조력자들은 종종 인내심을 잃어버리는 실수를 하기도 한다. 조력자가 인내심을 잃어버리고, 모임을 주도하고 결정을 내리게 되면, 구성원들은 자신에 대한 부정적 이미지를 강화할 뿐만 아니라, 조력자가 모임을 주도하게 된다.

> "조력자가 기다리지 못하면 당사자가 조력자에 대한 의존성을 키우게 됩니다."
>
> 상반기 평가를 하면서 대표자 모임에 대한 이야기를 나눴거든요. 반성을 좀 많이 했어요. 기다려주지 못했고, "내가 의존성을 키웠구나.'라는 생각들을 했어요. (조력자, 여성, 30대)

3) 경청하기

조력자는 자조집단에서 일어나는 문제 상황, 다음 일정, 참여구성원의 신변상의 변화 등에 관심을 기울여야 한다. 이러한 관심은 자조집단에 헌신하고 애정을 가지고 있다는 하나의 증거가 되며, 자조 집단이 필요할 때 언제든지 조력자가 자조집단을 지원하고 자조집단에 참여하는데 원동력이 된다(California 피플퍼스트, 2013)

4) 평등한 관계 맺기

모든 조력자들이 동의하지는 않겠지만 조력자는 구성원들보다 상대적으로 더 많은 지식, 경험, 자원을 가지고 있으며, 경제적으로 여유가 있을 것이다. 이러한 조건들은 자연스럽게 조력자와 당사자들 사이에 권력 관계를 형성하며 구성원들은 조력자들에게 권위를 부여하게 된다. 따라서 당사자 사이의 관계가 교사와 학생의 관계가 형성될 수 있는 사회적 조건을 인정하되, 당사자의 의견을 존중하고, 스스로를 '낮추면서' 발달장애인을 향한 권위적 관계가 동등한 관계로 전환될 수 있도록 해야 한다.

> **평등한 관계맺기 전략**
>
> ① 자기만의 매뉴얼 만들기
>   조력자와 당사자 관계가 힘의 관계가 되지 않기 위해서는 조력자 스스로 끊임없는 자문과 성찰이 필요함. 성찰을 위한 하나의 방법은 자조집단 과정을 녹취하고 기록하며, 자신만의 조력자 매뉴얼을 만들 필요가 있음. 중요한 일들을 기록하고 자신의 소감을 적는 것만으로도 자기 성찰 과정이 될 수 있음
>
> ② 평등한 호칭 부르기
>   당사자와 평등한 관계를 맺기 위한 전략 중 하나는 평등한 호칭을 사용하는 것입니다. 성인의 경우는 OO씨라고 이름을 부르는 방법과 서로 별명을 부르는 방법이 있습니다. 평등한 호칭은 조력자와 당사자 사이에 주체vs 주체가 되는 관계를 구성함으로써 성인 당사자를 자신과 같은 성인으로서 인정하는 의미를 포함하게 됩니다.

5) 실수할 권리를 보장하기

누구나 그러하듯 스스로 판단하는 과정에서 발달장애인은 실수를 할 수도 있다. 조력자는 발달장애인이 실수를 통해 배우는 과정도 존중할 필요가 있다. 발달장애인은 실수를 통해 성장하며, 그들이 하는 일에 책임감을 가질 수 있다(West Virginia 피플 퍼스트, 2013:35). 다만, 실수가 수반하는 문제나 어려움이 더 크지 않도록 무엇이 옳고 그른 일인지, 현실성 있는 일인지, 성공가능한 일인지, 중요한 일인지 등에 대한 충분한 정보를 조력자는 제공할 필요가 있다.

> " 자조집단은 일상생활 속에서 발달장애인들이 다양한 상황에 노출되도록 함으로써 발달장애인은 안전하게 보호해야 한다는 통념을 넘어서 자신의 일에 대한 책무 의식을 기를 수 있는 매개가 되어집니다."
> - 공식적인 모임 말고, 토요일 날 따로 만나서 그렇게 하는 경우도 있을 수 있잖아요? 인간관계니까. 그것을 자조집단에서 여기서 한정할 수도 없고, 인간관계니까. 그런 관계의 위험도 사실 있는데, 그것에 대한 부모님 입장은 어떨지 모르겠어요. 정말 안전 외에도 그런 위험에 대해서는 어쨌든 그런 과정도 서로 이제 겪으면서 배우는 거로 생각이 들더라고요(부모, 남성 50대)

6) 자기노출

조력자와 구성원들의 관계가 권위적이 될 때 조력자의 개인사는 구성원들에게 공유되지 않을 수 있다. 개인사가 공유되지 않을 때 당사자들과의 친밀도나 신뢰도는 낮아지게 된다. 따라서 조력자들은 자조집단을 구성하고 있는 일원으로

　　　　서 구성원들과 일상의 일들을 공유하여 구성원들과의 친밀도를 높이고, 구성원들과의 관계망에서 배제되지 않으면서 신뢰를 쌓아갈 필요가 있다.
- ○ 발달장애인 자조그룹 활동 선진사례 체험 기회 제공
  - 발달장애인 당사자들의 자조그룹 필요성과 활동을 장려한다고 해도 일정한 한계가 있을 수 있음. 왜냐하면 발달장애인 당사자들이 스스로 무엇을 할 수 있고, 어디까지 할 수 있는지에 대한 현실적인 감이 결여된 상태에서는 자조그룹의 동력이 상실되기 쉬우며, 발달장애인 부모에게도 회의적인 시각을 심어줄 가능성도 있음. 따라서 이들 발달장애인뿐만 아니라 그 가족에게 해외(혹은 활성화된 국내) 선진사례를 경험할 수 있는 기회를 제공하는 것이 필요함

5. 국내 발달장애인 자조그룹 활동 및 지원 사례들

※ 참고: 최복천 외(2013). 발달장애인 자조집단 지원 매뉴얼

- ○ 국내의 발달장애인 자조집단은 아직까지 독자적인 단체라기보다는 대부분 장애인복지관, 자립생활센터, 장애인부모단체 등과 같은 관련 기관에서 파생되거나 이들 기관들의 적극적인 지원 하에 구성된 소규모의 자조집단 혹은 자조모임의 성격을 가지고 있다고 할 수 있다.
- ○ 장애인복지관에 그 뿌리를 두고 행해져온 대표적인 국내 발달장애인 자조단체 활동 사례는 2013년에 서울지역 장애인복지관들이 모여 발달장애인권익지원연대를 구성하고 자조집단 활동을 지원한 것에서 찾아볼 수 있다. 2013년 당시 9개소의 장애인복지관에서 행해진 자조모임은 태동기적 성격을 지니고 있었는데, 그 활동 형태를 살펴보면, 직업재활서비스를 거쳐 취업한 발달장애인들의 친목모임인 경우와 문화 생산 활동(신문, 사진 등)과 권익옹호 교육 등이 주를 이루고 있다.
- ○ 장애인자립생활센터나 부모 단체들의 지원 하에 발달장애인 자조모임들 역시 태동되기 시작하였는데, 그 내용들은 각 기관의 목적이나 참여자들의 성격에 따라 다양한 모습을 보여 왔다. 아래 〈표〉를 보면 2014년 최근의 사례조사에 의해 제시된 바와 같이 일부 자조집단은 자기결정, 자기옹호, 자립생활 기술 향상을 위해 필요한 교육과 훈련 등에 일차적 목적을 두고 행해진 곳도 있는 반면에, 다른 일부 자조집단은 발달장애인 스스로의 결정과 계획 하에 자기주도적인 문화여가활동과 사회활동의 역량을 함양시키는 것에 초점을 두기도 하였다.

<표> 국내 발달장애인 자조집단의 사례

지원기관		자조집단의 성격 및 주요 목적
장애인 자립생활센터 및 장애인 단체	A	• 발달장애인의 사회활동 참여와 주체적인 모임을 지원하기 위해 4~6명으로 구성된 4개 자조모임을 초기에 각각 운영하고, 이후 연합하여 자조단체 결성 • 공간, 조력자, 활동 경비 지원
	B	• 발달장애인 당사자들이 직접 원하는 활동을 결정하고, 월 1회의 정기적인 모임을 진행. 시작당시 회원은 5명이었으나 현재 20명으로 확대됨 • 공간, 조력자, 활동 경비 지원
	C	• 발달장애인 동료 간의 관계 형성 및 문화, 체험 활동 중심의 자립생활 지원을 목적으로 자조모임이 결성. 월 2회의 정기적인 모임과 활동이 이루어짐 • 공간, 조력자, 활동 경비 지원
	D	• 지역에서 기금을 마련하여 자립에 필요한 기술, 직업, 여가·문화를 중심으로 주간활동과 연계하여 자조모임을 구성 • 공간, 조력자, 교육 및 활동 경비 지원
장애인 부모 단체	A	• '사진'이라는 매체를 활용하여 자조모임을 구성. 외부 조력자와 연계하여 출사, 전시회 등을 주제로 자조집단 활동을 이루어나감 • 조력자, 활동 경비 지원
	B	• 외부재단 기금지원으로 자조모임을 시작. 현재 리더 2명이 프로그램을 스스로 계획하여 월6회 정기적인 모임을 운영 • 공간, 조력자, 활동 경비 지원
	C	• 자기결정 훈련 프로그램으로 시작하여 3년 후 자조단체 구성 • 6개월 임기로 리더를 선출하고, 회의를 통해 주제를 선정하고 월 2회 여가문화, 체육, 친목도모, 자기옹호 등의 정기적인 활동과 모임을 진행 • 공간 지원

자료: 최복천외(2014).발달장애인자조집단 사례분석 연구

○ 또 하나 주목할 만한 발달장애인 자조모임의 형태로는 최근 장애인 거주시설을 기반으로 행해지고 있는 활동 사례들인데, 아래 예시처럼 거주시설 내 발달장애인의 '자치회' 형태에 준하는 자조모임을 통하여 권리옹호를 꾀하고자 하거나 비슷한 삶의 경험을 나누고 서로 지지하는 관계망을 형성하려는 활동들이 중심을 이루고 있었다.

<표> 거주 시설 기반의 자조모임 활동 사례

구분	자조모임의 성격 및 주요 목적
집단 A	• 거주시설에서 생활하다 결혼을 통해 자립한 발달장애인 부부의 자조 모임으로, 모임을 통해 서로 정서적 지지와 정보를 교환
집단 B	• 공동생활가정 이용자 대표자들이 모여 자조모임을 구성 • 거주시설 생활개선과 필요한 지원에 대한 목소리를 옹호하고 대변하고자 함

○ 지금까지 몇 가지 사례들을 중심으로 살펴본 바와 같이 최근 결성되고 활동을 하고 있는 국내의 발달장애인 자조집단은 해외의 경험과 유사하게 독자적인 형태로 시작하기 보다는 발달장애인이 활동에 참여하는 관련 복지시설이나 부모 단체 등의 기관 산하의 모임으로 시작되고 발전해 가고 있음을 알 수 있다. 그리고 이들 발달장애인 자조집단은 약간의 차이점이 있지만 '활동 공간', '조력자', '활동 경비' 등을 그들이 소속된 기관으로부터 다양하게 지원받고 있는 것으로 나타났다. 특히, 발달장애인 자조집단이 초기에 결성되고 운영되는데 있어 조력자의 역할과 지원이 무엇보다 필요하다는 인식하에 일부 단체들은 아래 제시된 예와 같이 '발달장애인 자조모임 조력자 양성과정'을 별도로 마련하여 이들 자조단체 활동을 지속적으로 지원하고자 하는 움직임도 일고 있었다.

〈표〉 발달장애인 자조모임 조력자 양성교육의 예시

목차	교육 내용
1강	발달장애인 자립생활지원 및 자조집단 활동현황
2강	발달장애인의 자기결정권과 자립생활
3강	발달장애인의 개인별 특성이해와 관계 맺기
4강	발달장애인과 의사소통하기
5강	발달장애인 자조집단의 이해
6강	발달장애인 조력자의 역할과 자세

자료: 대구사람장애인자립생활센터 내부자료

○ 이런 배경 하에 여러 발달장애인 자조단체 지원기관들이 중심이 되어 전국적인 규모의 발달장애인 자조단체대회를 개최하기도 하였다. 발달장애인 자조단체대회마다 구체적인 진행방식이나 활동내용은 차이점이 있지만, 발달장애인 당사자가 대회의 준비위원회를 구성하고 오랜 기간에 걸쳐 내용과 일정을 스스로 계획하고, 그들이 주체가 되어 대회를 운영하였다는 점에서는 공통적인 모습을 보여주었다. 발달장애인 자조단체대회는 단체 간의 교류, 자조활동 사례 공유, 발달장애인 당사자로서의 권리, 일상, 여가, 직업, 이성 관계 등에 대하여 자신의 생각들을 스스로 표현하고 옹호하는 내용들로 다양하게 이루어져 왔으며, 최근 2015년 발달장애인법의 시행에 맞물려 서울과 대구에서 개최된 발달장애인 자조단체대회의 내용을 정리하여 제시하면 다음과 같다.

<표> 2015년 국내 발달장애인 자조단체 대회

대회명	전국발달장애인 자조단체대회 한국피플퍼스트대회	발달장애인당사자대회	우리는 하나다!!!
지원 기관	• 전국장애인부모연대 • 자립생활센터협의회 • 대구사람장애인자립생활 • 장애인지역공동체센터연대체	• 한사랑발달장애인자립지원센터	• 발달장애인권익지원연대
주요 대회 일정	• 자조단체 대회 준비과정 보고 • 참가 지역별 자기표현 • 일본피플퍼스트 참가기 • 차별과 인권 발표하기 • 만찬 및 동료 만들기 • 초청공연과 댄스파티 • 자신의 권리 알아보기 • 소감나누기	• 피플퍼스트 소개 • 일본피플퍼스트 참가 보고 • 발달장애인 요구 설문조사 보고 • 발달장애인의 경험 • 분과회의(연애, 취업, 직장, 결혼, 자립) • 공연(당사자공연, 초청공연)	• 부스체험(직업 OX퀴즈, 미술, 방송댄스, 수다, 보드게임 등) • 기관별 장기자랑 • 명랑 운동회
진행 방식	1박 2일	1일	1일
참여 인원	340명	350명	230명

자료: 전국발달장애인자조단체대회, 발달장애인당사자대회, 발달장애인권익지원연대 내부자료

<그림> 한국발달장애인 당사자 대회 포스터

교육방법

○ 강의형 교육
  - 발달장애인 자조집단의 이해(필요성, 역할, 의미 등)
  - 해외 발달장애인 자조집단 활동 사례
  - 발달장애인 자조집단 활성화를 위한 지원방안들
○ 체험형 교육
  - 해외 피플퍼스트 운동, 활동 내용들을 소개하는 Youtube 동영상 감상 및 토론
  - 국내 발달장애인 자조집단 멤버 초청하여 이야기 나누기

유의사항

○ 발달장애인 자조집단 활동을 단순히 발달장애인이 참여하는 프로그램으로 오해하지 않도록 주의할 것
○ 발달장애인 자조집단에 대한 논의가 경증 발달장애인에게만 해당되는 것이라는 잘못된 신념을 심어주지 않도록 주의할 것
○ 국·내외 자조집단의 활동사례 및 프로그램 내용 등을 담고 있는 구체적인 사례들을 활용하여 교육을 진행하도록 함

참고자료

○ 참고문헌

발달장애인 권리보장 및 지원에 관한 법률. 법률 제12618호 (2014).

이미정. 2012. 발달장애인의 자조그룹 이해와 쟁점. 2012년 한국장애인복지학회 춘계

이은애. 2009. "지적·자폐성 장애자녀의 평생계획과 자기결정에 관한 연구: 청소년 및 성인 초기 자녀를 중심으로". 동덕여자대학교 석사학위논문. 학술대회 자료집.

성명진. 2015. "발달장애인을 위한 자기결정 프로그램 고찰". 장애인평생교육·복지연구. 1(2), 47-70.

전국장애인부모연대 (2011). 발달장애인 자조운동 어떻게 지원할 것인가?

정희섭·최윤미. 2013. "중도장애학생을 위한 지역의 특수학급 간 공동 교육과정 계획, 운영활성화에 대한 특수교사의 인식조사". 지적장애연구. 14(4), 55-81.

최복천 (2012). 발달장애인 권리옹호를 위한 정책적 지원방안. 발달장애인 지원대책과 권리보장을 위한 토론회 자료집.

최복천 외(2013). 발달장애인 자조집단 지원 매뉴얼. 한국장애인개발원.

최복천 외(2015). 발달장애인법 시행에 따른 신규서비스 실행방안. 보건복지부·한국보건사회연구원

V-3. 성인기 발달장애인 교육

과정	공통 영유아기 초등학령기 청소년기 성인기	영역	지식·정보	기술	심리·정서
주제	성인기 발달장애인 교육				

■ 교육의 필요성 ■

○ 최근 특수교육통계(교육부, 2011~2015)에 따르면, 고등학교와 전공과를 졸업한 특수교육대상자 중 진학 및 취업을 하지 못한 장애성인은 2011년 30.8%, 2012년 31.1%, 2013년 40.9%, 2014년 37.1%, 2015년 43.6%로 매년 계속해서 증가하고 있는 추세이다. 특히 지적장애나 자폐성장애와 같이 비교적 장애 정도가 심각한 발달장애인의 경우 대부분 고등학교 졸업 이후의 성인기에 고용의 획득과 유지를 위한 교육은 물론, 공식적 및 비공식적 교육기외가 매우 제한적인 가운데 통합된 지역사회에서 한 성인으로서 다양한 역할 수행이 요구되는 상황을 직면하게 된다(박승희, 2004).

○ 하지만 발달장애인의 경우 발달장애라는 장애유형의 특성 상 다른 장애유형과 달리 전 생애에 걸친 교육적 서비스가 반드시 필요함에도 불구하고, 주간보호시설이나 장애인복지관 등 발달장애인이 이용할 수 있는 평생교육 관련 기관들의 수용 가능인원은 매우 부족한 실정이다(이미정, 2015).

○ 발달장애인 부모들은 성인기 자녀의 장애유형별, 장애정도별로 다양한 프로그램을 개발하여 제공해주기를 바라고, 이를 위한 전문적인 인력의 배치를 및 중증장애인을 위한 교육과정 운영과 이들에 대한 교육적 대책 마련, 평생교육 프로그램의 지속성 등을 희망하고 있다.(조창빈 외, 2016)

■ 교육내용 ■

1. 발달장애인 평생교육 정의

  ○ '발달장애인의 평생교육'이란 「발달장애인 권리보장 및 지원에 관한 법률」제2조 제

1호에 정한 발달장애인들이 참여하는 학교의 정규교육과정을 제외한 학력보완교육, 성인문자해독교육, 직업능력 향상교육, 인문교양교육, 문화예술교육, 시민참여교육 등을 포함하는 모든 형태의 조직적인 교육활동(「평생교육법」제2조 제1호)을 의미한다.

○ 그러나 발달장애를 가진 국민이 학교의 정규교육과정을 제외한 교육활동, 즉 평생교육활동에 참여하기 위해서는 반드시 고려해야 할 점이 있다. 그것은 발달장애인들에게는 전공과 교육을 포함한 중등교육을 마친 이후 더 이상의 적절한 교육기회가 주어지지 않는다는 점이다. 이에 그동안 학교의 정규교육과정에서 배워왔던 기초생활기술을 점차 잊어버리고 지역사회 적응에도 어려워하며, 자립생활능력 유지에 곤란을 겪는다. 생활기숙, 사회성기술, 지역사회 적응기술 등을 지속적으로 교육할 수 있도록 개인생활, 가정생활, 사회생활을 골간으로 하는 기본 교육과정도 반드시 포함되어야 한다.

○ 2014년(5월20일) 법률(제12618호)로 제정 공포된「발달장애인 권리보장 및 지원에 관한 법률」제26조에서는 발달장애인의 평생교육 지원을 규정하고 있다. 동법의 규정에 따르면 국가 및 지방자치단체는 발달장애인에게 평생교육의 기회가 충분히 부여될 수 있도록 특별자치시·특별자치도·시·군·구별로「평생교육법」에 의한 평생교육기관을 지정하여 발달장애인을 위한 교육 과정을 적절하게 운영하도록 조치하며(제1항), 이를 위해 평생교육기관의 지정 기준과 절차, 발달장애인을 위한 교육과정의 기준, 교육제공인력의 요건 등을 정하도록 하고(제2항), 지정된 평생교육기관에 대해서는 발달장애인을 위한 교육과정의 운영에 필요한 경비의 전부 또는 일부를 지원할 수 있도록(제3항)하고 있다.

■「발달장애인법」제26조(평생교육 지원)
① 국가와지방자치단체는 발달장애인에게「교육기본법」제3조 및 제4조에 따른 평생교육의 기회가 충분히 부여될 수 있도록 특별자치시·특별자치도·시·군·구(자치구를 말한다. 이하 같다)별로「평생교육법」제2조 제2호의 평생교육기관을 지정하여 발달장애인을 위한 교육과정을 적절하게 운영하도록 조치하여야 한다.
② 제1항에 따른 평생교육기관의 지정 기준과 절차, 발달장애인을 위한 교육과정의 기준, 교육제공인력의 요건 등은 교육부장관이 보건복지부장관과 협의하여 운영하도록 조치하여야 한다.

■「발달장애인법」시행령 제12조(발달장애인 평생교육기관 지정 등)
② 제1항에 따라 지정된 평생교육기관이 실시하는 교육과정은 다음 각 호의 기준을 고려하여 구성되어야 한다.
  1. 발달장애인 개인의 특성
  2. 자기결정 및 자립생활 역량의 함양
  3. 의사소통 및 인지적 특성

2. 발달장애인 평생교육 목표

○ 발달장애인을 위한 성인교육프로그램의 목표는 성인기 발달장애인의 지역사회통합을 촉진하고 성인으로서 다양한 역할 수행을 지원하는 교육 프로그램을 제공하는 것으로 축약될 수 있음. 구체적으로 발달장애인의 성인교육의 목표는 발달장애인의 성인기 상호의 주요 영역들인 자기관리 및 가정생활, 지역사회생활, 여가생활, 직업생활 영역들에서 개인적인 수행과 발달을 촉진하고 개인의 삶의 질 향상에 기여하는 것임

3. 발달장애인 평생교육의 내용

○ 발달장애인 평생교육의 내용에는 인생의 발달단계에 걸쳐 요구되는 것들을 성공적으로 대처하는데 중요하다고 믿는 기술이나 성취분야를 포함해야 할 것임(박화문, 김하경, 2003). 출생에서 사망에 이르는 생의 각 해당 단계에서 "성공적"으로 적응하기 위해서 필요로 하는 어떤 종류나 양의 지식이나 기술에는 차이가 있음 (Sitlington, Clark, & Kolstoe, 2000).

○ Sitlington, Clark과 Kolstoe(2000)는 제안한 종합적 전환 서비스 모델에서 인생에서 요구되는 기술과 성취분야로 다음과 같은 9가지 지식과 기술영역 제시
  - ① 의사소통과 학업기술, ② 자기결정기술, ③ 대인관계기술, ④ 통합된 지역사회 참여기술, ⑤ 건강과 신체관리 기술, ⑥ 독립적/상호의존적 일상생활 기술, ⑦ 여가 및 레크리에이션 기술, ⑧ 고용기술, ⑨ 후속교육 및 훈련

○ Beirne-Smith, Ittenbach, Patton(2002)은 학업적 기술, 학업지원기술(예: 공부기술), 사회/개인적 행동, 삶의 기술, 자기결정, 진로 형성, 그리고 직업준비와 같은 중요한 영역에서 지식을 습득하고 기술을 개발하는 것을 전환교육에서 포함해야 된다고 제안하였음.

○ 발달장애인 평생교육과정 구성(안)
발달장애인 평생교육과정은 성인기 발달장애인의 가정 및 지역사회 생활 기술을 내용으로 하는 '기본교육과정'과 「평생교육법」 제2조 제1호에서 정하고 있는 학력보완교육, 성인 문자해득교육, 직업능력 향상 교육, 인문교양교육, 문화예술교육, 시민참여교육 등을 포함한 모든 형태의 조직적인 교육활동을 포함하는 '각과교육과정'으로 구성한다.

<표> 발달장애인 평생교육과정 기본교육과정(안)

구분	과목	교육 내용	세부 내용	시수
기본 교육 과정 (필수)	개인생활	개인위생관리	- 몸의 청결과 유지, 계절과 장소에 맞는 옷 입기, 건강한 식사습관, 규칙적인 시간관리	15
		정리와 정돈	- 침구와 방안 정리, 청소, 세탁물 처리	
		위험에 대한 대처	- 위험상황 분별, 위험상황 예방, 위험상황 대처	
		성 인식	- 성에 대한 인식, 성에 맞는 행동, 이성에 대한 바른 인식	
	가정생활	가족의 이해	- 집의 위치와 주소(전화번호) 알기, 가족의 구성과 성명 알기, 가족의 역할 알기, 가족의 직업이나 사회적 지위 알기	15
		가족 돕기와 요청	- 식사준비 돕기, 심부름하기, 화초·애완동물 돌보기, 분리수거 등	
		전화걸기와 받기	- 가족들에게 연락하기, 걸려온 전화 받기, 핸드폰의 기능 활용하기	
		친지와 가까운 이웃	- 친지와 가까운 이웃의 이해, 친지의 관계와 호칭, 인사예절과 관계, 관혼상제의 이해, 방문과 초대 예절	
		성 역할	- 나의 성에 따른 가족 내 성 역할 이해와 행동	
	지역생활	지역사회의 특성	- 지역명, 도농구분, 특산물이나 명소 등 지역의 특성 이해	15
		주요 장소와 기능	- 주요 기관(학교, 관공서, 역이나 터미널, 공항 등)의 기능을 알고 찾아가기, 지역사회 랜드마크 알고 찾아가기	
		교통수단 사용	- 대중교통수단 이해와 이용하기	
		예절바른 대화	- 예의 바른 인사하기, 감사하기, 사과하기, 질문하기, 대답하기	
		지역사회 이용	- 자주 이용하는 가게, 세탁소, 식당, 미용실, 목욕탕, 병의원, 복지관 등의 위치를 알고 필요할 때 이용하기	
		소득과 지출	- 자신의 소득(용돈 등)을 관리하고 규모 있게 지출하기, 현금지출과 카드지출, 대중교통수단 지출	
		진로와 직업	- 일의 종류, 잘 하는 일과 좋아하는 일, 나에게 맞는 직업	
		성 예절	- 이성에 대한 바른 태도, 바람직한 행동과 바람직하지 않은 행동, 분명한 태도와 도움 요청	

출처: 최복천외(2014) 발달장애인법 시행에 따른 신규서비스 실행방안 연구

<표> 발달장애인 평생교육과정 각과교육과정(안)

구분	과목	교육 내용	프로그램 정의	시수
각과 교육 과정 (선택)	기초 문해 (군)	한글문해	- 발달장애 성인들 중 비문해자가 한글을 읽고 쓸 수 있는 문자해 득능력을 갖도록 체계적으로 지도하는 프로그램	15 이상
		한글생활문해	- 문자를 일상생활 및 직업생활에서 활용할 수 있는 문해활용 능력을 개발하도록 지원하는 프로그램	
	학력 보완 (군)	초등학력보완	- 초등학력의 보완 및 인증 규정에 의해 평생교육시설 및 기관에서 운영하는 소정의 프로그램	
		중등학력보완	- 중·고등학교 학력의 보완 및 인증규정에 으해 평생교육시설 및 기관에서 운영하는 소정의 프로그램	
		고등학력보완	- 전문학사 및 학사 학력의 인증 규정에 의해 평생교육시설 및 기관에서 운영하는 소정의 프로그램	
	직업 능력 향상 (군)	기초직업교육	- 직업생활을 수행하는 데 일반적으로 요구되는 직업의식과 작업태도 및 습관 그리고 직업지식 및 정보 등을 습득하도록 지원하는 프로그램	
		전문직업교육	- 특정한 직업을 갖기 위하여 준비하거나 현직에 있는 근로자들이 직무 수행 상 필요한 능력과 자질을 향상시키기 위하여 지원하는 프로그램	
		자격인증	- 장애인들이 주로 종사할 수 있는 표본 작업기능을 익혀 소정의 자격을 제도적으로 인증 받을 수 있도록 지원하는 프로그램	
	인문 교양 (군)	사회재활	- 발달장애인들이 지역사회의 생활에 일상적으로 참여하여 수준 높은 자립을 달성할 수 있도록 지원하는 일련의 재활교육 프로그램	
		생활소양	- 건강한 삶과 생활을 위한 심리적 안정을 촉진하며, 현대인이 갖추어야 할 다양한 소양을 갖추도록 지원하는 프로그램	
		인문학적 교양	- 현대인으로서 인문학적 교양과 상식을 확장하며 문학·역사·철학과 관련된 체험과 활동을 체계적으로 지원하는 프로그램	
	문화 예술 (군)	여가 스포츠	- 레저스포츠를 포함하여 체력증진과 건강한 생활을 목적으로 여가 시간에 행할 수 있는 자발적인 신체활동을 지원하는 프로그램	
		문화예술향유	- 발달장애인들의 문화·예술 접근 기회를 제공하고, 문화예술을 일상생활에 접목하여 삶의 문화를 보다 풍성하게 향유할 수 있도록 지원하는 프로그램	
		문화예술숙련	- 문화예술 행위와 기능을 숙련시키는 일련의 과정과 문화·예술적 가치가 높은 작품을 완성할 수 있도록 체계적으로 지원하는 프로그램	
	시민 참여 (군)	시민의식	- 장애인의 권리를 찾게 하며, 전반적인 사회문제를 비판할 수 있는 능력을 함양하도록 지원하는 프로그램	
		시민역량	- 현대시민으로서 갖추어야 할 사회적 책무성을 개발하고 공익적 사업을 효과적으로 추진할 수 있는 시민을 발굴·육성하도록 지원하는 프로그램	
		시민활동	- 국가 및 지역사회 발전을 위하여 공익적 차원에서 개인 및 집단의 참여를 촉진하는 프로그램	

자료: 김두영 외(2013). 장애인 평생교육 프로그램 분류체계 개발 기초연구
출처 : 최복천외(2015). 발달장애인법 시행에 따른 신규서비스 실행방안 연구

3. 발달장애인의 평생교육 지원 현황

○ 평생교육과 장애인 평생교육 현황 비교

현재 평생교육법에 의한 평생교육기관 중 장애인이 참여하고 있는 평생교육기관은 232개로 전체의 6.2%에 불과하며, 참여인원은 3,619명으로 0.02%에 지나지 않음. 또한 발달장애인의 참여율은 전체 참여율의 0.01%이다. 이렇게 장애인이 참여하는 평생교육기관과 참여인원이 저조한 수치를 보이는 이유는 대부분의 장애인들이 물리적 접근성이나 장애에 따른 지원, 장애인의 특성을 고려한 교육 프로그램이 상대적으로 우세한 장애인 관련 시설에서 운영하는 프로그램을 주로 이용하기 때문으로 파악된다.

〈표〉 평생교육과 장애인 평생교육 현황 비교

구분	전체	장애인	발달장애인
평생교육기관 수	3,768개(100%)	232개(6.2%)	-
학습자 수	17,618,495명	3,619명(100%)	1,724명(47.6%)
학습자 비율	100%	0.02%	0.01%

출처: 최복천 외(2015), 발달장애인법 시행에 따른 신규서비스 실행방안 연구

○ 장애인 평생교육현황

현재 평생교육에 참여하고 있는 장애인은 자료가 미비하여 밝혀지지 않는 수를 제외하면, 평생교육법에 의한 평생교육기관과 기타법령에 의한 평생교육기관을 합쳐 1,061개 기관에서 120,120명의 장애인이 교육을 받고 있으며 이 가운데 발달장애인은 49,550명(41.3%)이 평생교육에 참여하고 있는 셈이다.

〈표〉 장애인 평생교육 현황

유형	시설 구분	기관 수	참여 장애인 수	발달장애인 수(%)
평생교육법에 의한 평생교육기관	특수학교, 대학, 특수교육지원센터, 장애인 야학, 시·도 평생학습관, 읍·면·동 평생학습센터, 기타	232	3,619	1,724(47.6)
기타법령에 의한 평생교육기관	생활시설, 직업재활시설, 지역사회재활시설, 직업훈련기관	829	115,523	47,826(41.3)
계		1,061	119,142	49,550(41.6)

※ (%) = 장애인에 대한 발달장애인의 비율

○ 고등교육기관에서의 평생교육
  - 지난 2000년 10월 한국재활복지대학의 개교를 앞두고 국회에서 이루어진 정신지체부모회와의 간담회에서 부모들은 정신지체 장애인의 고등교육 기회를 열어줄 것을 요구한 바 있음. 국내에서 공식적으로 발달장애인을 대상으로 모집요강을 내거나 선발하는 대학은 나사렛대학 및 호산나대학 등이 있음.
  - 외국의 경우 몇몇 대학들에서 발달장애인의 교육에 관심을 갖고 성인기에 있는 학생들을 뽑아 가르치고 있는 사례가 있음.
  - 현재 우리나라 발달장애인의 고등교육은 'Higher Education'으로서 보다는 'Post-secondary Education', 즉 '중등 이후의 교육'이라고 하는 종적 전환교육이라고 칭하는 편이 더 나을 것임. 그 이유는 아직 발달장애인을 공식적으로 선발하겠다는 고등교육기관이 거의 없고, 지금까지는 고등학교를 졸업하면 주로 특수학교에 있는 전공과에 입학하거나 장애인복지관에서 운영하는 직업훈련 프로그램에 참여하는 게 일반적이기 때문임.
  - 한편, 발달장애인의 성인교육 프로그램을 대학부설 평생교육원에서 실시하는 곳도 있음. 이화여자대학교 부설 평생교육원에서는 지난 2001년 2학기부터 '발달장애인 지역사회 생활 아카데미'라는 강좌를 개설하여 운영해 오고 있음. 그러나 아직 이화여자대학교 부설 평생교육원을 제외하고는 정규 대학부설 평생교육원에서 발달장애인을 위한 중등교육 이후 교육 프로그램을 운영하는 곳은 없음. 다만, 교육과학기술부의 소외계층(장애인) 평생학습 프로그램 지원 사업 내용을 통해 대학 이외의 기관에서도 발달장애인을 포함한 장애인 성인교육 프로그램이 이루어지고 있음
○ 대학부설 평생교육원의 발달장애인 프로그램 개설 현황
  - 충분한 연구가 이루어진 것은 아니지만, 대학 부설 평생교육원 발달장애인 프로그램의만족도는 매우 높은 것으로 나타나고 있음(박승희, 2004). 그 이유는 다른 평생교육 프로그램과 달리 거의 같은 연령대의 성인기에 있는 학생들과 캠퍼스를 공유하고, 같은 이용시설에 접근할 수 있는 대학 환경 자체가 발달장애인이 생활하는 통합된 형태의 사회라는 데 있음. 이러한 환경은 장애인복지관 등과 같은 닫힌 공간에서 범하기 쉬운 처방적이고, 유일하며, 절대적이고 보편적인 객관주의적 교육과정보다는 사회적으로 구성된 교육과정, 다중적이고, 포섭적이며 주관적인 교육과정, 의사결정의 결과로서의 교육과정을 중시하는 구성주의적 교육과정을 적용함으로써 발달장애인의 교육의 효과를 극대화시킬 수 있는 장점을 가지고 있음

o 대학이라는 열린 공간은 기능생활중심의 생태학적 접근과 총체적 교수-학습 방법을 통해 성인기의 발달장애인들이 사회 구성원으로서 자신의 연령기에 맞는 자기결정력과 적응기술들(skills)을 성공적으로 익힐 좋은 교실이 될 수 있음.
o 국내 지적장애인 고등교육과정의 운영 현황
  - 국내 지적장애인 고등교육과정의 운영현황은 다음과 같음.

번호	과정	프로그램 명	기관 명
1	4년	재활자립학과	나사렛대학교
2	4년	호산나대학(학교)	서울교회
3	4년	서울남부레포츠대학	서울시남부장애인종합복지관
4	3년	경기가온누리대학	경기도장애인종합복지관
5	3년	성모재활레포츠대학	성모자애복지관
6	3년	예루살렘대학	충현복지관
7	2년	특수학교 전공과 교육	국내 특수학교
8	2년	한우리문화대학	한우리 정보문화센터
9	2년	노틀담대학	노틀담복지관
10	15주	발달장애인 지역사회 생활아카데미교육	이화여자대학교 평생교육원
11	2년	직업대학,도예대학,체육대학,재활교육대학	성분도복지관

o 국내 평생교육시설의 평생교육 프로그램 현황
  - 국내 평생교육기관의 평생교육프로그램은 다음 표와 같다.

정도	경도	중도
방향	㈜ 직업재활훈련 (보) 일상생활적응훈련, 사회적응훈련 여가생활, 주거생활, 평생학습	㈜ 일상생활적응훈련·사회적응훈련 (보) 직업재활훈련, 여가생활, 주거생활, 평생학습
학교	특수학교(급)	특수학교(급)
	특수학교 전공과 직업재활훈련	특수학교 전공과 직업재활훈련
	직업·전환교육지원센터 (경기,강원,대전,울산등)	직업·전환교육지원센터 (경기,강원,대전,울산등)
복지관	직업재활프로그램	주·단기보호프로그램
직업훈련시설	보호작업시설	

o 발달장애인의 평생교육 프로그램 이용현황과 요구분석조사 결과
  - 성인기 발달장애인의 평생교육 프로그램 참여 여부에 대한 조사결과를 보면 정보 부족이 가장 많은 비중을 차지하고 있고, 참여기관이나 내용이 제한적이라는 지적이 있음.
  - 발달장애인 평생교육시설의 건립과 발달장애인 교육전문가 양성, 기존 관련 기관들의 협력이 중요하다고 평가되어지고 있음.

교육방법

○ 강의형 교육
　- 발달장애인의 평생교육 지원의 필요성 및 현황
　- 지역사회 차원의 발달장애인 평생교육 지원 환경
○ 실습 연계형 교육
　- 국내 대학 중 발달장애인을 위한 고등교육 또는 평생교육을 제공하는 곳을 견학하여 지식·정보를 획득할 수 있다.
　- 대학에 다니거나 평생교육시설을 이용하는 발달장애인을 초청하여 간담회를 진행해 볼 수 있다.

참고자료

○ 참고문헌

국립특수교육원(2014). 2014 특수교육 실태조사.

김두영 외(2015). 발달장애인평생교육센터 운영에 관한 부모의 요구-서울특별시를 중심으로.

박승희(2004). 대학부설 평생교육원의 발달장애인을 위한 성인교육프로그램의 개관 및 효과. 특수교육학연구, 39(1). 39-75.

백종남(2015). 발달장애인 평생교육에 대한 특수학교 학부모의 요구 분석. 특수교육저널: 이론과 실천. 16(3), 407-427

윤점룡, 양종국, 원성옥, 강병호 (2011). 성인발달장애인의 평생교육 모형 연구. 아산: 국립특수교육원.

이미정(2015). 이유있는 발달장애인 부모들의 피맺힌 절규. 함께걸음 2015년 5월호. 서울:(사)장애우권익문제연구소.

조창빈·김두영. 2016. "발달장애인 평생교육 프로그램 이용 현황 및 요구 분석". 특수교육저널: 이론과 실천. 17(4), 1-24.

최복천 외(2015). 발달장애인법 시행에 따른 신규서비스 실행방안 연구. 보건복지부, 한국보건사회연구원

교육과학기술부 (2015). 2016년 특수교육운영계획.

○ 참고사이트

국립특수교육원 평생교육 자료실: http://www.knise.kr

V-4. 성인 발달장애인 부모사후 대비

과정	공통 영유아기 초등학령기 청소년기 성인기	영역	지식·정보 기술 심리·정서
주제	성인 발달장애인 부모사후 대비		

교육의 필요성

o 발달장애자녀를 둔 가족의 양육부담감은 양육과정 전반에 걸쳐 발생하지만, 부모사후에 그들의 자녀에게 어떤 일이 일어날지, 어떻게 살아갈 수 있을지에 대한 고민이 가장 심각하고도 고통스러운 것으로 보고되고 있다(노충래·고인숙, 2004; 최지선 외, 2009).

o 이에 자신의 부양의무가 소멸된 이후에도 성인기 발달장애자녀가 지역사회에서 가능한 한 독립적인 삶을 이루어갈 수 있도록, 또한 발생할 수 있는 부당한 처우나 인권유린 등에서 보호될 수 있도록 부모가 준비해야 할 다양한 사안들에 대하여 살펴보고 이에 대한 지식과 정보를 제공할 필요가 있다.

교육내용

1. WIAG(When I Am Gone) 증후군과 평생계획의 중요성

o 일생동안 지속적인 보호와 도움을 필요로 하는 대다수의 발달장애자녀를 둔 부모들은 "내가 병이나 죽음으로 인해 자녀와 더 이상 함께 할 수 없을 때 과연 내 자녀는 어떻게 살아야 하나?"라는 문제로 고통받고 있음(Gordon et al., 2000; Smith & Tobin, 1989). Lefley & Hatfield(1999)는 이러한 현상을 "WIAG(When I Am Gone) 증후군"이라고 함

o 발달장애인의 수명이 이전에 비해 길어짐에 따라 부모는 노후에도 장애자녀를 부양해야 하며, 사후에도 자녀가 살아갈 수 있는 준비를 해야 하는 부담을 가지게 됨. 특히, 성인발달장애인에 대한 주거지원, 직업지원 등이 미비하고 재정적인 지원 또한 취약한 우리나라의 경우 발달장애 부모가 갖는 자녀의 장래문제에 대한

불안과 부담은 가중되고 있는 실정임(최지선 외, 2009)
○ 미래에 대한 계획은 나이가 들어감에 따라 모든 사람들이 당면하는 과제이지만, 전 생애에 걸쳐 특별한 지원이 필요한 장애인에게 있어, 특히 발달장애인과 그 가족에게 있어 평생계획은 중요함. 평생계획은 발달장애인의 삶의 질에 심대한 영향을 끼칠 뿐만 아니라 성년 장애자녀를 가진 부모의 양육부담을 경감시키는 중요한 수단과 과정이라는 점이 강조되어 왔음(Freedman, 1997)

> 예)
> - Gordon et al.(1997)은 정신지체자녀의 경우 평생계획이 마련되지 않은 채 위급한 상황에 직면하게 되면 주거장소의 불안정으로 말미암아 신체적, 심리적 불안을 야기하는 위험성이 있고, 사회복지사도 응급조치적인 주거배치를 찾는 것에만 시간을 소요하여 장애자녀의 삶의 질을 떨어뜨리는 결과를 초래한다고 지적
> - Heller(1991)는 미리 주거계획을 하지 않은 경우 장애인은 부적절한 시설에 배치되어질 수 있으며, 심리적인 준비를 할 시간이 충분하지 않기 때문에 급작스러운 '주거이동으로 인한 충격(transfer trauma)'을 겪게 될 수도 있음을 지적

2. 평생계획 이해

○ 평생계획(permanency plan)이란 일차적 보호제공자가 더 이상 장애인을 위해 보호를 제공할 수 없을 때를 대비하여 그들의 특수한 욕구에 맞게 지역사회에서 지속적인 보호를 계획하는 과정임(Lisa, 2000)
○ 일반적으로 평생계획은 세 가지 차원의 사회적 서비스로 구성되어 있다. 즉, "무슨 돈으로 살아갈 것인가"하는 재정적 계획(financial plan), "어디서 살 것인가"하는 주거계획(residential plan), 그리고 후견인 제도와 같은 법적 계획(legal plan)으로 구성됨(Smith & Tobon, 1989)
 - 재정적 계획 : 재정적 계획은 일차적 보호제공자가 더 이상 보호를 제공할 수 없을 때 장애인이 무슨 돈으로 살아갈 것인가 하는 측면으로 여기에는 소득보장과 자산관리 그리고 직업재활이 포함됨

> 장애자녀는 경제활동에 전혀 참여할 수 없거나 매우 제한적으로 참여할 가능성이 높기 때문에 욕구를 충족시킬 만큼의 경제적 수입을 기대하기 어렵다. 반면 장애자녀는 일생동안 자신의 기본적 욕구충족에 필요한 비용 뿐 만 아니라 기타의 비용(예. 보호비용, 사회복지 서비스 이용비용 등)도 타인에게 의존할 가능성이 높다. 따라서 재정계획은 장애자녀를 가진 부모가 질병이나 죽음으로 인해 장애자녀를 더 이상 돌볼 수 없을 때를 대비하여 재산을 장애자녀의 몫으로 저축하거나 상속시켜 관리하는 것, 혹은 보험에 가입해 두는 것 등을 포함하는 활동을 의미한다. 재정계획은 장애자녀가 남은 여생을 살아가면서 필요한 전체비용과 부모의 재정능력(예. 현재 수입 및 미래의 예측 수입, 자산 등)과 함께 국가에서 지원되는 수당, 비용 등이 모두 고려되어야 한다(이동귀, 2002).

- 주거계획 : 평생계획 중 주거계획은 장애자녀가 일차적 보호자로부터 더 이상 보호를 받지 못할 때 어디에서 거처하면서 보호를 받을 것인가의 문제를 의미하며, 이는 다시 원가정과 원외가정(예. 생활시설, 그룹홈, 치료보호시설 등)에 의한 보호로 구분 될 수 있음

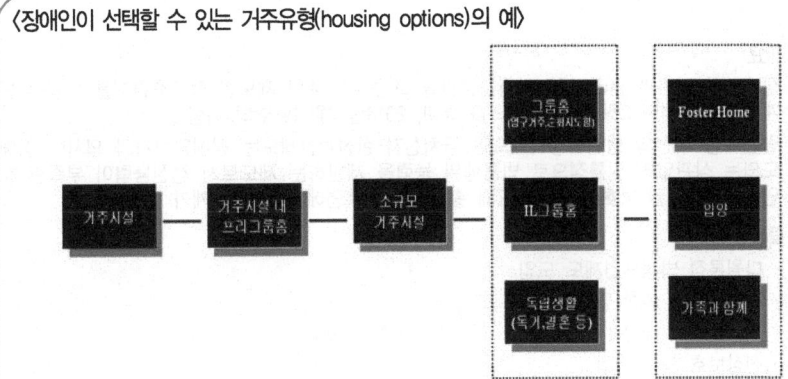

〈장애인이 선택할 수 있는 거주유형(housing options)의 예〉

〈장애유형 및 욕구에 맞는 거주환경 구성 예〉

* 거주장소만 제공(주택임대)
* 거주장소+관리서비스(건물수선, 공과금 관리 등)만 제공(공동주택)
* 거주장소+관리+미약한 개별지원(체험홈)
* 거주장소+관리+식사+미약한 개별지원
* 거주장소+관리+식사+개별지원(그룹홈, 케어홈)
* 거주장소+관리+식사+개별지원+간호지원(요양홈)

출처: 발달장애인정책기획단(2011)

※ 주거계획은 장애자녀의 생활주기, 일상생활능력, 재정능력, 그리고 사회지지체계의 동원가능성 등의 다양한 요인들과 밀접한 관계를 갖고 있다. 즉, 장애자녀가 타인의 도움 없이 어느 정도 독립적으로 생활할 수 있는 능력을 갖추었느냐의 문제와 공식적 비공식적 사회지지체계가 어느 정도 동원가능한가의 문제와 연관을 갖고 있다. 따라서 주거계획은 장애자녀의 이러한 요인들을 고려한 다양한 주거시설이 일련의 연속선상에서 마련되어 있을 때 가능하다.

- 법적 계획 : 장애자녀는 인지능력의 한계로 인해 자신의 이익을 위한 독자적인 의사결정이 어려울 수 있으며, 의사결정을 한다고 하여도 의사결정의 내용과 의미, 영향 등을 이해하는 많은 한계를 갖게 됨. 따라서 부모가 장애자녀를 더 이상 돌볼 수 없을 때 장애자녀의 최선의 이익을 위해 장애자녀의 권리를 대신 행사해 줄 수 있는 후견인을 지명할 필요가 있는데 이는 법률계획 가운데 중요한 부분을 차지함. 법률 계획은 나아가 장애자녀의 주거계획 및 재정계획이 잘 수행

될 수 있도록 부모와 마찬가지로 장애자녀의 법정대리인으로서 재산관리권과 대리권을 가지는 사람, 즉 후견인을 지명하는 것과 이러한 재산의 상속 및 후견인의 지명을 유언으로 남기는 것 등을 포함하고 있음(이동귀, 2002)

○ 성년후견제도의 이해 및 활용방안

예)
○ 개요
- 장애인의 인권과 권리보호, 자기결정권을 보장하기 위한 제도인 성년후견제를 도입한 민법 개정안이 2011년 2월 국회 본회의를 통과, 2013년 7월 1일부터 시행
- 민법개정 이전의 행위무능력제도인 금치산자·한정치산제도는 장애당사자의 의사나 장애정도와는 상관없이 일률적으로 법률행위 능력을 제한하는 제도로서 정신능력이 부족한 장애인에 대한 인권 보호기능과 제도의 활용이라는 측면에서 많은 한계가 있었음

○ 특징
- 다원론적 법정후견제도 도입
- 후견계약에 의한 임의후견제도 도입
- 성년후견제 대상 (정신적 능력 저하된 노인까지 포함)
- 신상보호 의무 강화
- 제3자 후견인 및 복수후견인 도입
- 후견감독인제도 신설
- 청구권자 확대
- 등기에 의한 공시

○ 성년후견제의 주요 내용 이해
- 성년후견 분류
- 성년후견인의 직무제한
- 성년후견인의 선임
- 성년후견인 결격 사유
- 성년후견인의 변경
- 성년후견감독

○ 사례를 통해 살펴본 성년후견제 활용방법
- 인권 유린, 재산 편취 사례 등을 중심으로 성년후견제의 활용방법에 대하여 설명

구분	성년후견인 제도 내용
의의	종래의 금치산제도 및 한정치산제도를 대신하여 본인 스스로 의사결정과 판단이 어려운 성년(지적장애, 자폐아, 정신장애 및 치매 노인 등)이 후견인의 지원을 통해 법률행위, 재산관리, 사회복지서비스의 이용, 신상보호 및 기타 사회생활에 긴요한 사무를 처리할 수 있도록 인권옹호와 자기결정권 존중, 잔존능력의 활용을 기본으로 한 새로운 개념의 성년에 관한 무능력자 보호제도
대상	질병, 장애, 노령, 그 밖의 사유로 인한 정신적 제약으로 사무를 처리할 능력이 지속적으로 결여된 사람
관할	피성년후견인(피성년후견인이 될 사람 포함)의 주소지 관할 가정법원
청구권자	본인, 배우자, 4촌 이내의 친족, 미성년후견(감독)인, 한정후견(감독)인, 특정 후견(감독)인, 임의후견(감독)인, 검사 또는 지방자치단체의 장

○ 유언장 및 유산처리 이해와 관련 서류 작성법

> 예)
> ○ 유언장 작성 방법
> ○ 유산 처리 절차 및 관련 서류 작성법 이해
> ○ 유산 처리 서류외의 보완자료 작성법(자녀 특성, 의료기록, 관계망, 일상생활 능력 등)
>   - 의향서(A letter of intent)는 법적 문서는 아니지만 개별 장애인을 매일 보살피는데 필요한 사항들, 식이, 신체활동, 권리, 의학적 관리 등에 대하여 세세히 남길 수 있음. 또한 목욕, 착탈의, 식사 준비, 의사소통 등의 일상생활 활동 등과 관련하여 해당 장애인을 돕기 위해 보조인이 어떻게 해주는 편이 좋은지에 대하여 문서 혹은 영상물로 기록해두는 것을 권장

3. 재산 관리 및 금융지원

○ 신탁(trust)제도 활용

- 소득보장과 관련된 대부분의 주요급여는 소득과 자산에 근거하므로 일정한도 이상의 소득과 자산이 있는 경우 급여자격을 상실할 수 있음. 정부로부터의 급여자격을 지속시키는 방안으로 장애자녀의 재산을 다른 비장애 자녀에게 맡기는 방법이 있으나, 비장애자녀가 발달장애인에 대한 보호를 소홀히 할 경우 이에 대한 책임을 물을 수 없고, 비장애자녀 가족의 절박한 상황(질병이나 파산등으로 인한 재산손실의 상황)에서도 정신장애 자녀의 재산이 유지되기를 기대하기는 어려움. 이때 발달장애인의 재산을 유지하면서도 정부로부터의 급여자격을 지속시킬 수 있는 유용한 방안으로 신탁을 활용하는 것임(서미경, 2006)

> 예)
> ○ 신탁제도의 주요 내용 이해 및 활용 방안
>   - 신탁의 개념
>   - 신탁의 설정
>   - 신탁의 공시
>   - 신탁위반의 처분행위의 취소
>   - 신탁재산의 독립성 등

○ 보험 및 금융혜택 정보 및 활용

예)

장애인 금융혜택

보험료	소득공제	• 장애인 전용 보험의 경우 추가 공제 가능
연금보험	증여세 면제	• 4천만 원까지 증여세 면제 • 보험료 불입자가 누구이든 상관없음
신탁	증여세 면제	• 5억원 이내 증여세 면제 • 증여세 면제 혜택은 특정 조건 (본문 내)에 부합해야 함
은행 상품	생계형 저축 또는 세금우대저축	• 생계형 저축 - 비과세 혜택 • 세금우대저축 - 세금경감 혜택

교육방법

○ 강의형 교육
- 평생계획에 대한 이론 및 구성요소에 대한 기본적인 이해
- 성년후견제, 신탁제도 등에 대한 법률적 이해
○ 참여형 교육
 - 재산관리, 주거계획 등과 관련된 사안 토의 및 경험 나누기
○ 실습연계형 교육
 - 자녀를 위한 유언장 작성, 의향서 작성하기

유의사항

○ 강의를 진행하는 과정에서 참여자들이 다양한 경험을 서로 공유할 수 있는 소규모 토의를 진행하도록 하며, 일상적인 구체적인 예를 들어 정보와 지식을 제공하도록 할 것

○ 재산관리, 주거계획 등은 각자의 상황과 자녀를 고려하여 작성하는 과제를 수행토

록 하고, 이를 서로 발표하고 토의하는 과정을 거쳐 참여자들이 자신의 계획을 보다 구체적으로 수립할 수 있도록 함

참고자료

○ 참고문헌

고재욱. 2014. "발달장애아동의 의사결정능력과 자기결정권에서 후견인제도 도입고찰". 유아교육·보육복지연구, 18(1), 188-207.

김고은. 2011. "성인 지적장애인을 돌보는 노년기 어머니의 평생계획 수립". 한국사회복지조사연구. 28. 39-63.

대전장애우권익문제연구소 (2011). 성년후견인의 교육 어떻게 할 것인가.

서미경 (2006). 성인정신장애인의 평생계획모형: 뉴질랜드 정신보건서비스를 중심으로. 한국사회복지학, 58(2), 33-56.

이동귀 (2002). 부모 사후를 대비한 장애자녀의 평생 계획. 도서출판 특수교육.

한국지적장애인복지협회 (2010). 장애부모가 알아두면 도움이 되는 법률지식.

한국장애인개발원 (2012). 장애인성년후견제 성공적 정착을 위한 지원체계 논의.

Lisa, R. (2000). Overview on permanency planning. (http://www.aaatc.org/man11htm)

Lefley, H. and Hatfield, A. B. (1999). Helping parental caregivers and mental health consumers cope with parental aging an loss. Psychiatric Services, 50(3), 369-375.

Morgan, P. L. (2009). Parenting an adults with disabilities or special needs. (전미영역, 부모가 알아야 할 장애자녀 평생설계. 부키)

Smith, G. C. & Tobin, S. S. (1989). Permanency planning among older parents of adults with lifelong disabilities. Journal of Gerontological Social Work, 14(3/4), 35-59.

Ⅴ-5. 발달장애인의 자기권리 옹호 지원

과정	공통	영유아기	초등학령기	청소년기	성인기	영역	지식·정보	기술	심리·정서
주제	발달장애인의 자기권리 옹호 지원									

■ 교육의 필요성

○ 타인과 사회와의 상호작용 속에서 자신이 원하는 바를 발견하고, 자기의사를 표현하고, 문제를 해결하며, 자신의 삶과 관련하여 중요한 것이라 여기는 것들을 선택하고, 자신의 이익과 권리를 옹호하는 일련의 행위는 주체적인 삶을 살아가는데 있어서 필수불가결한 요소이다.

○ 하지만, 발달장애인의 경우 이러한 자기결정과 권리옹호를 수행하는데 있어 보다 많은 어려움을 겪는데, 이는 그들이 가진 장애특성에 기인하기도 하지만 그 만큼 그들이 자기결정과 권리옹호에 필요한 기술을 습득하지 못한 경우가 많기 때문이기도 하다.

○ 따라서, 적절한 교육과 훈련기회를 제공하여 발달장애인이 자신의 권리를 이해하고, 주장하고, 옹호할 수 있는 역량을 신장시킬 수 있는 노력이 지속적으로 행해져야 할 것이다.

■ 교육내용

1. 발달장애인의 자기옹호 이해

○ 자기옹호(self advocacy, 권익옹호)에 대한 정의

- 발달장애인과 관련하여 자기옹호에 관한 정의를 살펴보면, Van Reusen(1996)는 자신의 흥미, 욕구, 필요, 권리를 효과적으로 의사소통하고, 전달하고, 협상하고 주장하는 능력이라고 정의하며 자기옹호에는 정보에 근거한 의사소통 능력과 자신의 의사결정에 대한 책임감이 필요하다고 하였으며, NRC(2010)는 자기옹호를 다른 사람이 당신에게 말하는 것 대신에 스스로 자신을 위해 옹호하고 대변하는

활동이라고 정의하였음. 한편 지적장애인 자기옹호 조직인 피플퍼스트(1996)는 자기옹호를 "자신을 위해 발언하고 일어서기, 자신의 권리를 위해 일어서기, 선택하기, 독립적으로 되기, 스스로 책임지기"로 정의하고 있음
- 간단히 말하자면, 발달장애인의 자기옹호(권익옹호)란 발달장애인 개인이나 집단이 자신들의 욕구, 권리, 이익을 위하여 스스로 어떠한 일에 대하여 주장하고, 옹호하고, 대변하는 실천과정이라고 할 수 있음

○ 발달장애인의 자기옹호의 중요성
- '자기옹호'는 발달장애인이 자기결정적이고 독립적인 생활을 꾸려나가기 위해서 중요한 요소로 강조되어 왔음. 발달장애인의 자기옹호는 종종 자기결정과 거의 상호교환적으로 사용되기도 하지만(Field, 1996), 자기옹호는 자기결정 과정이라는 보다 큰 맥락 하에 있는 지식 및 기술의 한 부분임. 자기옹호의 증진은 자기결정 향상을 위한 중요한 요소로, 자신의 선호도에 근거한 목표를 추구하도록 하거나, 자신에 대해 혹은 자신을 위해 제삼자가 (부당하게) 결정하는 것을 막기 위한 기술을 배울 필요가 있는 발달장애인에게 특히 중요함(Wehmeyer et al., 2007)
- 발달장애인, 특히 성인기의 발달장애인에게 자신을 좀 더 옹호할 수 있도록 지도하는 것은 발달장애인에게 자신의 권리와 책임, 자기주장, 효과적인 의사소통, 협상이나 타협, 설득을 지도하거나 유능한 리더나 팀구성원이 되도록 지도하는 것과 밀접한 관련을 가지고 있음(Wehmeyer et al., 2007)

2. 발달장애인의 자기옹호 기술 지도하기

1) 주장하기 지도

○ 자신을 주장한다는 것은 일반적으로 자신의 의견을 진술하거나 변호할 때 담대하게 행동하거나 혹은 자신의 권리를 변호하는 것을 의미함. 주장하기 행동의 내용은 '권리에 대한 표현'과 '자세한 상황에 대한 표현'으로 구성되는데, Rakos(1991)에 따르면 권리에 대한 표현이 모든 주장하기의 핵심임. 주장하기의 내용은 요구, 정서, 혹은 의견 등에 대한 언어화를 의미함. Rakos(1991)는 권리에 대한 표현이 다음과 같은 형태를 가질 수 있다고 제안하였음

- 거부 – "미안하지만, 나는 이번 것에는 별로 흥미가 없어요."
- 행동변화에 관련된 요구 : "나는 당신이 _____을 했으면 좋겠어요."
- 서로 다른 의견에 대한 표현 : "나는 _____에 반대하는데요."

○ Kling(2000)의 주장하기(ASSERT) 과정
 - 발달장애인이 자신의 장애에 대해 스스로 이야기하는 것과 관련된 장애인식과 자기옹호에 초점을 둔 교육프로그램으로, 다음과 같은 단계를 통해 이루어짐

> ① 장애인식하기(Awareness of disability)
> ② 장애에 대해 진술하기(State disability)
> ③ 강점과 제한점 진술하기(State strengths and limitations)
> ④ 문제와 해결책 진단 및 평가하기(Evaluate problem and solution)
> ⑤ 해결책에 대한 역할극하기(Role-play solution)
> ⑥ 실제 환경에서 그것을 시도하기(Try it in the real setting)

2) 주장하기 훈련

○ 주장하기 훈련(assertive training)은 Wolpe(1969)와 Salter(1949)의 연구에 근간을 두고 있으며, 이는 단시간 안에 주장하기 행동을 증진하기 위해 가장 널리 이용되는 중재방법 중 하나가 되어왔음

> Bergman(1984)의 연구에 따르면, 128명의 지적장애인 성인에게 주장하기 훈련을 실시한 결과 참여자들의 주장하기 기술과 내적 통제력이 더욱 강화된 것으로 나타났음.

○ 주장하기 훈련은 유사한 절차들을 통하여 이루어져 왔는데, Roffman(1994)은 기본적인 요소들을 ① 시범, ② 행동시연, ③ 강화, ④ 피드백과 개인지도, ⑤ 긍정적인 자기진술훈련, ⑥ 이완(relaxation)훈련, ⑦ 과제 등으로 요약하였음
○ 주장하기 훈련은 아래 표에 제시된 것과 같이 권리에 대한 표현, 언어적 주장하기, 대화기술 등의 각 기술영역을 이루는 세부적인 기술을 분리하여 집중적으로 이루어질 필요가 있음. 왜냐하면 어떤 발달장애인은 이미 주장하기와 관련된 대부분의 기술 영역들을 수행하고 있을지도 모르기 때문임

〈주장하기 행동을 위해 필요한 기술〉

기술 영역	각각의 분리된 기술
권리에 대한 표현	• 권리를 확인하고 설명하기 • 관련된 책임들을 확인하고 설명하기 • 개인의 권리와 집단의 권리 사이의 갈등을 구별하기 • 개인적 신념과 가치를 확인하고 설명하기 • 주장, 비주장, 공격행동 사이의 차이점을 확인하고 설명하기 • 필요, 요구, 의견, 사실에 대한 진술을 구분하기 • 주장과 관련된 본래의 위험 요소를 이해하기
언어적	• 간단하고 직접적인 방법으로 권리에 대한 진술 표현하기

기술 영역	각각의 분리된 기술
주장하기 기술	• 1인칭으로 권리에 대한 진술 전달하기 • 의견과 신념을 적절하게 의사소통하기 • 적절한 어조를 이용하기 • 억양을 효과적으로 사용하고 적절한 시기를 찾기 • 공격성에 대해 적절히 반응하고 지속적으로 주장하기
비언어적 주장하기 기술	• 신체적 언어를 이용하고 이해하기 • 몸짓과 얼굴표정을 적절히 이용하기 • 눈맞춤을 적절히 하기 • 적절한 태도와 자세를 이용하기
자세한 정황 표현하기	• 다른 사람의 느낌이나 의견, 경험들에 대해 이해한다는 것을 의사소통하기 • 타협, 협상, 설득하기 기술을 이용하기 • 자세한 정황 표현에 맞는 음성 특징 조정하기
대화기술	• 경청하는 기술 연습하기

(자료출처: Wehmeyer et al., 2007)

3) 권리와 책임에 대해 지도하기

○ 권리표현은 주장하기 행동의 핵심이라 할 수 있으며, 주장하기 행동을 지도하기 위한 교수전략은 발달장애인에게 '어떻게' 자기주장적이 될 수 있는지 지도하는 데 초점을 두도록 함. 반면에 권리와 책임에 대한 교육은 옹호하거나 주장하고 싶은 '무엇인가에' 초점을 두고 이루어지도록 함

○ 시민권적 권리(예, 투표방법)에 대한 주장하기 훈련도 중요하지만, 기본적인 인권과 그러한 권리들을 주장할 수 있는 자신감 함양을 위한 훈련에 초점을 두는 것이 주장하기 행동증진을 위해 더욱 중요함(Wehmeyer et al., 2007)

〈발달장애인의 기본적인 인권의 예들〉
• 나는 나의 의견과 감정을 표현할 권리를 가진다.
• 나는 요구를 거절할 권리를 가진다.
• 나는 스스로 결정할 권리를 가진다.
• 나는 나의 재산과 시간으로 무엇을 할지 결정할 권리를 가진다.
• 나는 정보를 요구할 권리를 가진다.
• 나는 나의 신념, 가치, 흥미에 기초하여 선택할 권리를 가진다.
• 나는 존중받고 존엄하게 대우받을 권리를 가진다.
• 나는 내 자신의 요구를 주장할 권리를 가진다.
• 나는 내 의견이 경청되고 진지하게 대우받을 권리를 가진다.
• 나는 원할 때 혼자 있을 수 있는 권리를 가진다.
• 나는 적절한 무상교육을 받을 권리를 가진다.

(출처: Wehmeyer, Agran & Hughes, 1998)

4) 자기결정능력 향상시키기

o 자기결정을 "개인이 자신의 삶에 주요한 결정권자(primary causal agent)로서 행동하고, 외부의 강요나 방해 없이 자유롭게 자신의 삶에 관한 선택과 결정을 하는 것"으로 정의하는데(Wehmeyer, 1992), 발달장애인에게 자기결정은 스스로가 선택하고 표현하며, 행동 할 수 있는 기회를 마련할 수 있는 힘이 되기도 한다. 또한 발달장애인의 자기결정능력이 높을수록 행동 문제가 감소되고, 학업 성취 수준이 높아지며, 취업을 촉진하고 지역사회의 통합을 장려하는 등의 긍정적인 성과를 내고 있다고 보고되고 있는데, 이와 같은 성과를 바탕으로 지난 2000년대 초반부터 우리나라에서도 발달장애인의 자기결정 능력을 향상시키기 위한 다양한 연구가 진행되어 왔다. 자기결정능력을 향상시키는 방법으로는 주로 미국에서 연구되어 한국에 소개된 방법이 대부분인데, 그 종류를 살펴보면 아래 표와 같다.

만든이(연도)	프로그램명	목적	전략(프로그램 구성)
Field외(1996)	Self to self-Determination	정신지체와 학습장애를 포함한 중등부 장애학생과 비장애학생들의 자기결정력에 따른 지식과 기술, 그리고 신념을 신장시킴	공동학습, 협력학습, 모델링, 경험학습, 통합적 교수, 가정/동료의 참여와 지원, 팀 티칭, 적절한 유머의 사용, 가르칠 시기, 타인의 말 경청하기 등 10가지 전략
Halpern외 (1997)	The Next S.T.E.P	자기주도적 전환계획과정에 성공적으로 참여하는데 필요한 기술을 교수	목표수립, 계획 활동, 자기 평가, 자신의 꿈과 희망에 대한 정의로 구성
Powers(1996)	TAKE CHARGE FOR THE FUTURE	학생들의 자기결정력을 향상시키기 위해 부모와 교사 간의 협력체제뿐만 아니라 지역사회 중심의 활동을 특히 강조	자기결정력의 개발을 위한 학생 주도형 프로그램으로서, 미래에 대한 자신의 꿈, 자신의 목표 확인과 성취, 타인과의 동반자적 관계 구축의 세 가지 요소에 기초
Martin외 (1995)	The ChoiceMaker Self-Determination Transition	IEP 모임시 학생들의 리더십을 신장시키는 데 초점	목표 선택하기와 목표 표현하기, 행동하기의 세 가지 주요 영역 구성하고, 자기인식, 자기옹호, 자기효능감 영역 추가하여 구성

o 이러한 다양한 프로그램을 사용하거나, 제시된 프로그램을 응용하여 발달장애인의 자기결정능력을 증진시키는데 활용되고 있는데, 여기서 고려해야 할 것은 프로그램을 지원하기 전과 후의 자기결정능력의 변화를 어떻게 측정할 수 있는가이다. 즉, 자기결정력의 향상 정도를 파악하기 위한 객관적인 측정 도구가 개발되어 있어야만 사전과 사후의 변화 정도를 객관적으로 판단할 수 있기 때문이다.

○ 이에 따라 미국 최고의 발달장애인 자기결정 분야 권위자라고 알려져 있는 Wehmeyer는 1995년도에 Arc(미국 정신지체인연합회)와 함께 자기결정능력검사 도구를 개발하였다. 이 검사 도구는 자율성, 자기규칙, 심리적 역량, 자아실현 등 자기결정능력을 측정하는데 필요한 각 분야에 대한 한 개인의 수준을 검사하도록 고안되어 있다.

○ 이 검사 도구는 지난 2000년 김정권·조인수·문태형·김혜경 등이 710여명의 학생을 대상으로 표준화검사를 실시하였고, 타당한 검사 결과를 획득하여 오늘날 여러 연구에서 이 검사도구가 널리 사용되고 있으며 미국 정신지체협회(Arc)가 간행한 자기결정능력검사도구(The Arc's Self-Determination Scale, 1995)는 다음 표 2과 같이 4가지 영역으로 구성되어 있다.

영역	세부 영역	문항수	배점	문항 형식
1. 자율성	1A. 독립성: 일상생활에서의 개인 관리와 가족 내에서의 역할	6	18점	4지 선다형
	1B. 독립성: 환경과의 상호작용	4	12점	4지 선다형
	1C. 기호, 믿음, 흥미, 능력에 기초한 활동: 여가와 취미 시간	6	18점	4지 선다형
	1D. 기호, 믿음, 흥미, 능력에 기초한 활동: 사회참여와 상호작용	5	15점	4지 선다형
	1E. 기호, 믿음, 흥미, 능력에 기초한 활동: 학교 졸업 후 방향	6	18점	4지 선다형
	1F. 기호, 믿음, 흥미, 능력에 기초한 활동: 자신의 표현	5	15점	4지 선다형
	소계	32	96점	
2. 자기 규칙	2A. 개인간의 인식적 문제 해결	6	12점	기술형
	2B. 목표 설정과 과제 수행	3	9점	기술형
	소계	9	21점	
	3. 심리적역량	16	16점	2지 선다형
	4. 자아실현	15	15점	2지 선다형
	합계	72	148점	

자기결정 능력 검사도구는 별도의 채점기준표를 근거로 채점을 할 수 있고, 이 때 획득한 종합점수를 바탕으로 아래 표-3과 같이 점수 구간별 자기결정능력의 수준을 파악할 수 있다.

자기결정지수	분류	이론적인 정상분포
130 이상	최우수(very superior)	2.2%
120-129	우수 (superior)	6.7%
110-119	평균이상 (high average)	16.1%
90-109	평균 (average)	50.0%
89이하	평균 이하 (low average)	25.0%

○ 소개된 ARC의 자기결정능력 검사도구는 이러한 근거를 마련하기 위해 활용 가능한 도구이며, 추후 발달장애인의 자기결정능력 훈련 프로그램을 투입했을 때 그 성과를 양적으로 측정할 수 있는 준거로 활용될 수 있을 것이다

3. 국내 발달장애인의 자기옹호 훈련 프로그램 사례들

○ 최근 부모회 등 민간단체를 중심으로 발달장애인의 자기결정권 및 자기옹호 향상을 위한 다양한 훈련 프로그램이 시도되고 있는데, 그 내용과 교수 활용 사례들을 제시하면 다음과 같음

- 지적장애인 인권향상 프로그램 "의사소통하기" (한국지적장애인복지협회)

섹션	프로그램 주제	내 용	비고 (활용도구)
1	인권 들여다보기	○ 인간존엄성 - "인권들여다보기" - 인간을 상징할 수 있는 사진, 카드 선택하고 발표할 수 있도록 함 - 인권의 개념은 인간이 완전하게 살아가기 위해서 필요한 것임을 알려줌	〈활동자료〉 1.인간상징판, 2.인권의 꽃 3.우리 신체 권리에 대해 알아보아요 〈교육자료〉 1.인권이란? 2.인간상징판 그림카드 3.인권의 정의
2	다르지만 소중한 나	○ 평등권 - "다르지만 소중한 나" - 자기 모습을 직접 그려보고 자기소개를 함으로써 자기 모습에 대해 인식하며 상대방의 장점과 단점을 말해 서로 다르지만 소중하다는 것을 인식 하도록 함	〈활동자료〉 1.나는 어떤 사람일까요? 2.나는 소중한 사람 3.나를 소개합니다.
3	나는 더 이상 아이가 아니예요	○ 인격권 - "나는 더 이상 아이가 아니예요" - 자기 주변에 가까운 인물을 생각해보고 사람들과의 관계에서 내가 어떻게 불려지는지 혹 그 사람을 어떻게 부르는지에 대해 이야기하고 바른 호칭과 존칭에 대해 알아봄	〈활동자료〉 1.나의 주변인물 찾기 2.호칭예절 3.내 의견 말하기
4	스스로 척척척	○ 자기결정권 - "스스로 척척척" - 자기물건 간수하고, 소유 구별하기 - 생활속에서 자신이 선택할 수 있는 범위를 알고 실제로 주거환경에 대한 선택과 결정을 해보는 활동을 진행하도록 함	〈활동자료〉 1.내가 소중하게 여기는 물건이 있어요 2.우리는 어떻게 해야할까요?
5	지키고 싶은 비밀이 있어요	○ 사생활보호권 - "지키고 싶은 비밀이 있어요" - 공동생활 속에서의 타인에 대한 예절을 알고 익히기 - 자신의 사생활보호권이 침해되었을 때 어떻게 대처하는 것이 좋은 방법인지 알아봄	〈활동자료〉 1.그림보고 이야기 나누어요 2.사생활을 보호하는 방법
6	폭력은 싫어요	○ 생존권 - "폭력은 싫어요" - 생존권이 침해받는 구체적인 상황에 대한 그림을 보고 자신에게도 그러한 경험이 있는지 말해보고 어떻게 대처했으며 효과적인 대처방법을 찾아보도록 함	〈활동자료〉 1.좋은 느낌과 나쁜 느낌 2.이럴때는 이렇게 해요 3.나를 지켜주는 사람들

섹션	프로그램 주제	내 용	비고 (활용도구)
7	나도 일하고 싶어요	○ 노동권, 경제권 - "나도 일하고 싶어요" - 여러 가지 직업에 대해 알고 본인의 장래희망 직업에 대한 결정을 해보는 활동과 직업을 갖기위해 필요한 노력에 대해 이야기 나눔	〈활동자료〉 1.나는 이런 직업을 가지고 싶어요
8	나를 도와줄 수 있는 곳 알기	○ 권리구제 - "나를 도와줄 수 있는 곳 알기" - 위급상황에 대해 이야기해보고 그에 따른 대처방법과 해결기관에 대해 알아봄	〈활동자료〉 1.도움이 필요해요
9	나의 돼지저금통	○ 노동권, 사회권, 경제권 - "나의 돼지저금통" - 자신의 현재 보유금액에 대해 알고 전체적으로 자신의 수입원과 지출범위에 대해 인식시킴 - 적절한 지출범위, 지출의 필요성에 대한 이해와 용돈 기입장을 적어보고 계획성 있는 금전관리에 대해 인식할 수 있도록 함	〈활동자료〉 1.용돈기입장
10	큰소리로 이야기하자	○ 자기주장 펼치기 - "큰소리로 이야기하자" - 자신의 생각을 정리하여 1분간 자신있게 발표하도록 함 - 상대방의 이야기를 올바르게 경청하는 자세를 익히도록 함	〈활동자료〉 1.발표문

(※ 효과 평가 : 자아존중감, 인권지식, 생활 속 인권감수성 테스트의 척도 사용)

- 발달장애인 "자기 권리옹호 활동프로그램" (전국장애인부모연대)

회기	주 제	활동 목표	활동 내용
1	오리엔테이션	○ 참가자와 진행자 라포(rapport)형성 하기	- 개회식 - 등록, 참가자 소개, 부모간담회(1회) - 활동내용 및 일정 안내
2	자존감 향상	○ 자신에 대한 올바른 인식을 통해 긍정적인 자아형성하기	- 즐거운 활동을 위한 규칙정하기 - 자신의 특성 알고 자신감 갖기 - 자신의 장·단점 및 기호알기
3	우리 몸과 인권	○ 우리 몸을 통해 인간의 권리 인식하기	- 인간의 존재 알고 표현하기 - 인권 개념(인권전반)알고 표현하기
4	인격권 (언어적 존중)	○ 개인의 호칭과 존칭에 대해 이해하고 자신의 의견을 바르게 전달하기	- 폭력에 대해 알아보기 - 호칭 제대로 인식하기 - 자신의 의견 바르게 전달하기
5	생존권	○ 자신의 몸을 소중히 여기고, 자신을 위험으로부터 지킬 수 있는 방법 인식하기	- 좋은 느낌과 나쁜 느낌 표현하기 - 도움 요청방법 및 대처기술 알기 - 자신의 의견 전달하기 : 나쁜 느낌이 들 경우 올바른 전달법에 대해 알고 연습하기
6	권리와 차별(1)	○ 동영상을 통한 권리와 차별 인식하기	- 인권 에니메이션 별별 이야기 1의 '낮잠' '동물농장' 감상하고 소감나누기 - 동영상을 통한 권리와 차별 인식하기
7	권리와 차별(2)	○ 자신의 차별 경험을 통한 권리와 차별 인식하기	- 자기 권리침해 경험 나누기 - 차별 대응방법 모색하기 - 권리 찾는 역할극 감상하고 소감나누기
8	자기 주장하기	○ 의사소통 과정에서의 문제해결하기	- 상황극을 통한 대인관계에서 발생하는 문제

회기	주제	활동 목표	활동 내용
			해결하기 - 나의 의사 직·간접적 전달하기 - 상대방 의견 올바르게 경청하기
9	나의 권리	○ 세계인권선언에 대해 이해하고, 나의 권리 알아보기	- 인권이해하기 - 인권포스터 작성해보기 - 나의 권리 생각해보기 - 세계인권선언 이해하기
10	마무리	○ 전체 활동에 대한 평가	- 전체 활동에 대하나 소감나누기 - 전체 활동 엿보기 및 자료 전시하기 - 부모간담회(2회) - 평가서, 수료식(수료증 전달), 폐회식

(※ 부모간담회, 만족도 평가 등 실시)

○ 다양한 교수 기법 활용
- 발달장애인을 위한 자기옹호교육이 효과적이기 위해서는 발달장애인이 참여해서 자신의 권리이해와 옹호기술을 배우도록 교수기법을 다양하게 활용하도록 함. 예를 들어 짧은 강의, 그룹토의, 적극적인 참여, 역할놀이, 모델링, 시각적인 보조자료, 반복연습 등이 발달장애인의 교육경험을 촉진시킴

[상황극 / 역할극 활용 사례] - 반말, 욕설, 구타와 부당처우의 상황-
○ 등장인물 : 당사자, 사장, 동료1, 동료2
○ 준비물 : 라면박스 3개
○ 역할극 대본
당사자, 동료1, 동료2 : (3명이 나란히 서서 짐을 나르는 일을 하고 있다.)
당사자 : (짐을 나르다가 놓쳐서 떨어 뜨린다.) 아이구, 어쩌지?
동료1 : 아저씨(또는 아줌마)! 그런 것도 잘 못해요? 이거 어떻게 해요? 다 부셔졌나요!
동료2 : 에이그 또 일 저질렀네.. 난 몰라.
사장 : (인상을 쓰며 달려온다.) 누구야? 누가 또 사고 쳤어?
사장 : (당사자를 손가락질 한다.) 또 너지? 넌 제대로 하는 게 머야? 이거 어쩔 거야?
당사자 : 죄송해요.
사장 : (당사자 머리를 때린다) 죄송하다면 다야? 너 바보야? 너 이거 니가 부셔놨으니까 이번 달 월급에서 부신 것만큼 빼고 줄 거야!

○ 고민하기
- 사장은 직원에게 무조건 반말해도 될까요?
- 나에게 바보라고 하면 느낌이 어떨까요? 나를 어떻게 불러주는 것이 좋을까요?
- 나를 함부로 때릴 때는 어떻게 하는 것이 좋을까요?
- 내가 일하는 대가로 받는 월급을 함부로 깎을 수 있을까요? 함부로 깎으면 어떻게 해야 할까요?
- 내가 위험한 상황에 있을 때 동료들은 어떻게 하고 있었나요? 동료들이 어떻게 해주었으면 더 좋았을까요?

(자료출처: 전국장애인부모연대, 2009)

[의사소통 및 주장하기 전략으로의 '나 전달법' 훈련]

- 나 전달법이란(I-Messgage) -
1. 친구의 말이나 행동 등에 대한 생각이나 감정을 전달할 나를 주어로 해서 전달한다.
2. 친구의 문제가 되는 행동과 상황을 구체적으로 말한다.
3. 친구의 행동이 나에게 미치는 영향을 구체적으로 말한다.
4. 친구의 말이나 행동으로 인해 야기된 자신의 감정을 인정하고 이를 솔직하게 말한다.
5. 내 마음을 전달한 후에는 친구의 말을 경청한다.

♣ 나 전달법을 연습해 봅시다.

네가 _____ 하니
내가 _____ 하다.

(자료출처: 전국장애인부모연대, 2009)

교육방법

○ 강의형 교육
  - 발달장애인의 자기옹호 이해(개념 및 중요성 등)
  - 발달장애인의 자기옹호기술 지도하기(과정 및 주요 요소)

○ 참여형 교육
  - 발달장애인 자녀의 인권침해 경험(친구, 이웃, 학교 등)에 대해 서로 이야기 나누기
  - 발달장애인 자녀의 자기주장, 자기옹호와 관련하여 어떤 어려움이 있는지, 어떤 방법으로 지도하고 있는지에 대하여 서로의 경험 나누기
  - 자녀가 자기옹호 관련 프로그램에 참여한 경우(혹은 부모가 일상적으로 자기옹호기술을 지도해 해 본 경험이 있는 경우), 그 내용과 효과에 대해 이야기 나누기

○ 실습연계형 교육
  - 발달장애인 자녀의 자기표현, 자기주장, 자기옹호 등과 관련된 교육 프로그램 및 훈련 계획 작성해 보기
  - 일상생활에서 자녀의 자기옹호기술 향상을 도울 수 있는 구체적인 방법을 고민하고, 다양한 교수활용기법을 적용해 보기

유의사항

○ 발달장애인의 자기(권리)옹호 교육 방법
  - '무엇'을 옹호하고, '어떻게' 옹호할 것인가에 초점을 맞추어야 함
  - 자기옹호를 가르치기 위해서는 먼저 발달장애인 개인의 권리지식과 옹호기술 수준을 평가하여 개인별 계획을 세우는 것이 필요하다는 점을 인식 (예. Minnesota 자기옹호기술 질문지 같은 측정도구를 적극 활용할 것)
  - 자기옹호교육이 효과적이기 위해서는 발달장애인이 적극적으로 참여하고, 이해하기 쉽고, 일상생활에서 실천할 수 있는 방법을 다양한 교수기법을 활용하여 지도할 필요가 있음을 강조할 것

참고자료

○ 참고문헌

가온들찬빛 (2008). 권리와 책임을 다하는 나.

강희설. 2010. "사회복지사의 지적장애인 자기 옹호 지원과정". 성공회대학교 박사학위논문.

전국장애인부모연대 (2009). 발달장애인의 권리옹호 및 리더양성을 위한 Advocacy School 운영 보고서.

한국지적장애인복지협회 (2008). 지적장애인 인권향상 프로그램 : 의사소통하기 운영 사례집.

Kling (2000). ASSERT yourself: Helping students of all ages develop self-advocacy skills. Teaching Exceptional Children, 32, 66-70.

Rakos, R. F. (1991). Assertive behaviour: Theory, research and training. London: Routledge.

Roffman, A. (1994). Social skills training. In C. A. Michaels (Ed.) Transition strategies for persons with learning disabilities(pp. 185-211). San Diego: Singular Publications.

Wehmeyer, M. L., Agran, M., & Hughes, C. (2000). A national survey of determination to students with disabilities: Basic skills for successful transition. Baltimore: Brookes.

Wehmeyer, M. L., Agran, M., Hughes, C., Martin, J. E., Mithaug, D. E., & Palmer, S. B. (2007). Promoting self-determination in students with developmental disabilities (이숙향 역. 2010. 발달장애 학생의 자기결정 증진 전략. 학지사).

Ⅴ-6. 성인기 발달장애인 복지지원

과정	공통	영유아기	초등학령기	청소년기	성인기	영역	지식·정보	기술	심리·정서
주제	성인기 발달장애인 복지지원								

■ 교육의 필요성 ■

○ 국내의 경우 지금까지 발달장애인의 특성을 고려한 특화된 복지지원정책이 이루어지지 못하고 있는 실정이다. 예를 들어, 보장구 및 이동편의지원 등과 같은 서비스는 신체·감각장애인의 특성을 고려하여 제공되고 있는 반면에, 발달장애인의 일상적 삶에 있어 중요한 의사소통지원 혹은 대안적 의사소통기구 등과 같은 서비스지원은 고려되고 있지 않다.

○ 또한 발달장애인에게 필요한 재활치료 및 교육서비스는 성인기에게도 지속적으로 필요함에도 불구하고 아동기에만 한정되어 있는 실정이어서 발달장애인과 그 가족의 욕구를 충족시키기에는 미흡한 실정이다. 더구나 현재 제공되고 있는 활동지원서비스의 내용은 신체장애인 중심으로 이루어져 있어 성인 발달장애인의 독립생활을 지원하는데 한계를 보이고 있다.

○ 따라서 본 교육은 성인기 발달장애인과 가족이 활용 가능한 복지지원시책에 대한 전반적인 이해를 돕는 한편, 발달장애인(가족)의 욕구에 조응하기 위해서 향후 어떠한 시책이 마련되어야 할 것인지에 대한 문제의식을 가질 수 있도록 하는데 목적이 있다.

■ 교육내용 ■

1. 경제적 지원

  ○ 직접급여 : 연금 및 수당
  - 발달장애인은 성인기에도 계속하여 의료, (재활)치료 및 교육, 돌봄서비스 등을 필요로 하며, 이로 인하여 발생하는 추가비용은 타 장애유형에 비하여 높은 수준

임. 이에 대한 경제적 지원으로 현재 장애인연금과 경증장애수당이 있지만, 낮은 급여수준과 자격제한(소득과 장애등급)으로 인하여 장애로 인한 추가비용을 상쇄할 수 있는 기제로 작동하고 있지 못한 실정임. 또한 발달장애의 특성을 고려하지 않고 소득수준만으로 차등지급하고 있는 현재의 연금 및 수당제도의 문제점이 계속적으로 지적되어 왔음(백은령 외, 2010). 직접급여의 형태를 띄고 있는 장애인연금과 장애수당의 지원 내용을 살펴보면 다음과 같음

사업명	지원대상	지원내용	비고
장애인연금 (1~3급)	◦ 만 18세 이상 등록한 중증장애인 - 중증장애인: 1급, 2급, 3급 중복장애 - 3급 중복장애: 주장애가 3급이며 다른 유형의 장애가 하나 이상 있는 사람 ◦ 본인과 배우자의 소득인정액이 선정기준액 이하인 자 - 소득인정액= 월소득평가액 + 재산의 소득 환산액 - 2016년도 선정기준액 　단독가구: 100만원 　부부가구: 160만원	(지원 내용) (월, 단위:원) | 구분		계	기초	부가
---	---	---	---	---
기초	18~64세	284,010	204,010	80,000
	65세 이상	284,010	-	284,010
차상위	18~64세	274,010	204,010	70,000
	65세 이상	70,000	-	70,000
차상위 초과	18~64세	224,010	204,010	20,000
	65세 이상	40,000	-	40,000	 ＊ 개인의 상황에 따라 연금액은 차이가 있을 수 있음	시·군·구에 신청
장애수당	◦ 장애수당 - 만 18세 이상 등록 장애인 중 3-6급의 장애등급을 가진 자로 국민기초생활보장수급자 및 차상위계층 (기준 중위소득50%이하)	◦ 경증 장애수당 - 기초(생계, 의료, 주거, 교육) 및 차상위: 1인당 월 4만원 - 보장시설 수급자(생계, 의료) :: 1인당 월 2만원	시·군·구에 신청

주: 2016년 기준, 보건복지부(http://www.mw.go.kr)참조

◦ 감면·할인제도

- 이외에 간접적인 경제적 지원책으로 다양한 형태의 감면제도가 시행되고 있는데, 그 지원내용을 제시하면 아래와 같음. 그러나 이러한 지원제도는 성인 발달장애인에게 특화된 것은 아니고 전 연령, 장애인 전반에 걸쳐 이루어지는 지원의 성격을 지니고 있음

서비스 종류	현황	서비스 전달			비고
		지원기관	신청기관	제공기관	
세금 및 보험료 감면 (소득세, 상속세, 증여세, 승용자동차에 대한 특별 소비세 등)	○ 현행 지원 내용 - 보건복지부: 건강보험 지역 가입자의 보험료 경감 - 기타 중앙행정기관 시행사업: 승용자동차에 대한 개별소비세 면제, 차량구입 시 도시철도채권 구입의무 면제, 소득세 공제, 장애인 의료비 공제 / 상속세 상속 공제 / 장애인 특수교육비 소득공제 / 증여세 면제 / 장애인 보장구 부가가치세 영세율 적용 / 장애인용 수입 물품 관세 감면 - 지방자치단체 시행사업: 장애인용차량에 대한 등록세·취득세·자동차세 면제 / 차량 구입 시 지역개발공채 구입면제	보건복지부 기타 중앙행정기관 지방자치단체	지자체 (관할 동사무소) 해당 사업 기관	지자체 (관할 동사무소) 해당 사업 기관	장애정도에 따라 차등 지원
요금할인 (철도, 도시철도, 고속도로 통행료, 항공, 여객운임, 등)	○ 현행 지원 내용 - 지방자치단체 시행사업: 고궁, 능원, 국·공립박물관 및 미술관, 국·공립 공원, 국·공립 공연장, 공공체육시설 요금 감면, 공영주차장 주차요금 감면 - 민간기관 시행사업: 철도, 도시철도 요금감면, 유선전화요금 할인 / 이동통신 요금 할인, 시·청각 장애인 TV 수신료 면제, 항공요금 할인 / 연안여객선 여객운임 할인, 초고속 인터넷 요금 할인, 고속도로 통행료 할인, 전기요금 할인 / 도시가스 요금 할인	지방자치단체 민간기관	지자체 (관할 동사무소) 해당 사업 기관	지자체 (관할 동사무소) 해당 사업 기관	장애정도에 따라 차등 지원

2. 돌봄·일상생활지원

○ 성인발달장애인을 대상으로 한 돌봄 및 일상생활지원은 현재 제공되고 있는 활동지원서비스와 주간보호서비스가 대표적임. 하지만, 활동지원서비스는 1급 장애인에게만 제공되고 있어 많은 발달장애인이 서비스의 사각지대에 머물러 있는 실정임. 또한 활동지원서비스는 신체장애인 중심으로 이루어져 있어 의사소통조력, 일상생활훈련과 같이 발달장애인의 특성을 고려한 서비스는 제공되고 있지 못함

○ 주간보호서비스는 성인발달장애인에게 일상생활훈련, 여가활동 등의 기회를 제공하는 한편 그 가족에게 휴식지원을 한다는 점에서 중요한 의미를 가지고 있지만, 현재 시설부족과 발달장애인 대비 적정 인력 부족 등으로 인하여 대다수의 성인발달장애인, 특히 중증발달장애인의 경우 서비스 이용에서 소외되고 있는 실정임

사업명	지원대상	지원내용	비고
활동지원	○ 만 6세~만 64세의 장애인복지법상 등록 1급~3급 장애인 중 활동지원 인정 조사표에 의한 방문조사 결과 220점 이상인 자	○ 기본급여: 등급별 월43만원(4등급)에서 월 106.3만원까지 제공(시간당 단가 9천원) ○ 추가급여: 독거여부, 출산여부, 학교 또는 직장을 다니는 경우, 시설에서 퇴소하여 자립을 준비하는 경우 등 생활환경에 따라 월9.1~2,464천원 추가급여 제공	지자체 국민연금공단 각 지사에 신청

사업명	지원대상	지원내용	비고
단기보호 및 주간보호시설 운영	○ 등록장애인	○ 재가장애인 낮 동안 보호 현재 장애인을 위한 주간보호시설은 625개소, 단기보호시설은 141개소 등이 설치 및 운영 중에 있음(2015년12월 현재) 하지만 시설이 부족하여 대기자 수가 급증하고 있고, 예산 및 인력 부족으로 서비스 만족도가 높지 않음	해당지역 주간보호시설 등 내방 이용

3. 의료지원

○ 성인발달장애인의 경우 지속적인 치료 및 재활서비스 제공이 필요하며, 많은 경우 전문적인 의료처치 및 약물복용이 동반되기도 함. 이와 관련하여 지원되는 내용은 다음과 같음. 다만, 앞서 언급한 바와 같이 발달장애인의 경우에 필요한 대안적 의사소통기구와 같은 편의지원 등은 현재 고려되지 않는 실정임

사업명	지원대상	지원내용	비고
장애인 의료비 지원	○ 의료급여법에 의한 의료급여 2종 수급권자인 등록장애인 ○ 건강보험의 차상위 본인부담 경감 대상자인 등록장애인 (만성질환 및 18세미만 장애인)	○ 의료기관 이용 시 발생하는 급여항목본인부담금의 일부 또는 전액지원(비급여 제외) - 1차 의료기관 외래진료 본인부담금 750월 일괄지원 - 2차, 3차 의료기관 진료 : 의료(요양)급여수가 적용. 본인부담 진료비 15%(차상위14%, 암환자 5%, 입원 10% 등) 전액을 지원하되 본인부담금 식대 20%는 지원하지 않음	의료급여증과 장애인등록증을 제시
장애인 등록진단비 지원(수급자 지원)	○ 국민기초생활보장법상의 생계급여 또는 의료급여 수급자로서 신규등록 장애인 및 재판정 시기가 도래한 장애인	- 진단서 발급 비용 지원 - 지적장애 및 자폐성장애 : 4만원 - 기타 일반장애 : 1만 5천원 ※ 장애판정을 위한 검사비용은 본인부담	시·도 및 시·군·구에서 의료기관에 직접지급
장애인 검사비 지원	○ 기존 등록장애인 중 장애인연금, 활동지원 및 중증장애아동수당 신청 등으로 재진단을 받아야 하는 기초생활수급자 및 차상위계층인 자 ○ 행정청 직권으로 재진단을 받는 자	- 생계급여, 의료급여수급자 - 소요비용이 5만원 이상 초과금액 중 최대 10만원 범위 내에서 지원 - 주거급여, 교육급여 수급자 또는 차상위계층 - 소요비용이 10만원 이상 초과금액 중 최대 10만원 범위 내에서 지원 - 직권 재진단 대상 - 소요비용과 관계없이 10만원 이하의 범위내에서 지원	읍·면·동에 신청

4. 문화·여가활동지원

○ 성인발달장애인의 지역사회 통합을 촉진하기 위해서는 적절한 문화 및 여가활동기회가 적극적으로 제공되어야 할 것임. 현재 복지관, 민간단체 등을 통하여 제공되

고 있는 문화·여가 활동 프로그램 이외에 정부차원에서 지원되는 서비스로는 문화, 여행, 스포츠관람바우처 등이 있음. 하지만 이들 서비스는 소득기준(기초수급자 및 차상위계층)에 제한을 두고 있는 실정임

사업명	지원대상	지원내용	비고
장애인 문화여가 지원	○ 기초생활수급자 및 차상위자	○ 문화누리카드(통합문화이용권) - 개인카드 : 연간 5만원 지원 - 문화 예술프로그램 관련 가맹점에서 영화·공연·전시 등 관람 및 도서·음반 등 구입 및 여행, 스포츠관람 가능	
	1-3급 모든 등록장애인(단 시각장애인은 1-6급 모두 해당), 장기요양등급이 1-2등급에 해당되는 사람(노인장기요양보험법 기준)	○ 책나래 서비스 - 지원내용 : 희망 도서자료 대출 및 반납을 자택에서 이용할 수 있도록 지원(우체국 택배 이용) - 이용범위: 관외 대출가능한 모든 도서관 자료(거주지 공공도서관)	

5. 주거지원

○ 성인장애인에 대한 주거지원시책으로는 크게 공동주택 분양알선, 주택개조비지원, 거주시설 지원 등이 있음. 특히 원가정을 떠난 성인발달장애인들이 거주할 수 있는 시설로는 단기보호시설, 그룹홈과 같은 공동생활가정, 생활시설이 있는데, 발달장애인의 다양한 특성과 욕구를 충족할 수 있도록 주거시설유형의 다양화(예를 들어, 요양형 그룹홈, 위탁가정 등)가 필요함(발달장애인지원정책기획단, 2011)

사업명	지원대상	지원내용	비고
공동주택 특별 분양 알선	○ 무주택세대구성원인 장애인(지적장애 또는 정신 및 제3급 이상의 뇌병변 장애인의 경우 그 배우자 포함)	○ 청약저축에 상관없이 전용면적 85제곱미터 이하의 공공분양 및 공공임대주택 분양 알선	시·도에 문의 및 읍·면·동에 신청
농어촌 재가장애인 주택개조비 지원	○ 농어촌 거주 기초생활보장수급자 및 차상위계층 중 등록장애인으로 자가 소유자 및 임대주택 거주자	○ 가구당 지원 기준단가를 380만원으로 하되 예산의 범위 내에서 소요비용을 가감할 수 있음	
장애인 거주시설 운영	○ 등록장애인 1) 무료이용 대상자 - 등록장애인으로서「국민기초생활보장법」에 따른 수급권자 - 수급권자가 아닌 경우라도 등록장애인으로 부양의무자(국민기초생활보장법에 의한 부양의무자를 말한다.)가 없거나 부양의무자가 있어도 부양능력이 없거나 부양을 받을 수 없는 자	○ 일반가정에서 생활하기 어려운 장애인에게 일정기간 거주·요양·지원 등의 서비스를 제공	

사업명	지원대상	지원내용	비고
	2) 실비이용 대상자 - 소득조건에 관계없이 등록장애인		
실비장애인 거주시설 입소 이용료 지원	○ 아래의 소득조건을 만족하여 실비 장애인생활시설에 입소한 장애인 ○ 소득조건 - 기준중위소득*이하인자 • 보건복지부 고시「2016년 기준 중위소득 및 생계·의료급여 산정기준과 최종 보장수준」의 기준 중위소득	○ 실비장애인거주시설로 지정되어 있는 시설 입소시 입소비용 최대입소료 64만8천원 중 매월 28만6천원지원	시·군·구에서 해당시설에 지원

※ 2016년도 기준중위 소득

구분	1인가구	2인가구	3인가구	4인가구	5인가구	6인가구	7인가구
기준중위 소득	1,624,831	2,766,603	3,579,019	4,391,434	5,203,849	6,016,265	6,868,680

- 8인 가구 이상 가구의 기준 중위소득은 1인 증가시 마다 812,415원씩 증가(8인가구 7,641,095원)

6. 양육지원

○ 국내에서 장애인의 임신, 출산, 양육 등과 관련된 지원책은 전반적으로 미비한 실정인데, 현재 이와 관련하여 제공되는 지원책으로는 장애인당사자 자녀에 대한 교육비지원과 일부 지자체 차원에서 제공되고 있는 여성장애인가사도우미 사업이 유일하다고 할 수 있음. 구체적인 지원대상과 내용을 제시하면 다음과 같음

사업명	지원대상	지원내용	비고
장애인 자녀 교육비 지원 (1~3급)	○ 소득인정액 최저생계비 130% 이하인 가구의 1~3급 - 초·중·고등학생 장애인 본인 및 1~3급 장애인의 초·중·고등학생 자녀	○ 고등학생의 입학금 및 수업료 전액(2016년 기준) ○ 고등학생의 교과서대 131,300원 (연1회) ○ 초·중학생의 부교재비 39,200원 (연1회) ○ 중학생, 고등학생의 학용품비 53,300원 (1학기 26,650원, 2학기 26,650원으로 연2회)	읍·면·동 신청
여성장애인 가사도우미 파견	○ 저소득 가정의 등록 여성장애인	○ 여성장애인의 임신·출산·육아 및 가사활동 지원을 위한 - 가사도우미 파견 - 산후조리, 자녀양육, 가사활동 지원	해당지역 시·도립 장애인복지관에 신청

7. 일자리 지원

- 성인장애인의 독립적인 생활을 구성하는 가장 중요한 요소 중의 하나는 경제활동을 통한 사회참여라고 할 수 있음. 하지만 성인 발달장애인, 특히 자폐성장애인의 실업률은 전체 성인인구보다 7배, 다른 장애인에 비해서도 4배 이상 높을 정도로 경제적 활동 참여율이 매우 저조한 실정임(보건복지부, 2011). 그럼에도 불구하고 현재까지 국내에서 발달장애인의 특성을 고려한 적극적인 고용정책이나 일자리창출 시책은 마련되고 있지 못한 실정임

- 성인기 장애인직업재활서비스와 일자리 등은 장애인복지관 등 민간서비스로 활성화되어 있는 실정이며, 일반사업체, 공공일자리, 보호고용 등에 따라 서비스 내용의 차이가 있음.

- 현재 국내에서 장애인의 일자리지원과 관련하여 행해지고 있는 시책으로는 장애인고용서비스와 장애인일자리지원사업이 대표적인데, 그 지원내용을 살펴보면 다음과 같음

사업명	지원대상	지원내용	비고
장애인 고용서비스	○ 등록 장애인	○ 장애인 취업지원서비스 제공 - 장애인 직업 상담과 직업능력평가를 통한 집중 취업 알선 - 취업지원프로그램 등 구직역량 강화 지원 - 장애인 직업훈련 실시 및 훈련비 지원 - 보조공학기기 및 근로 지원인 서비스 지원 ○ 의무고용사업주(상시 50인 이상)에 대한 장애인 의무고용 이행지원 강화* * 정부·공공기관 : 3%, 민간기업: 2.7% → 2.3% ('10~'11), 2.5%('11~'12), 2.7%('13~'14) - 의무고용률 미준수 사업주에게 장애인고용부담금 부과(상시 100인 이상 사업체) - 장애인 의무고용률을 초과 고용한 사업주에게 장애인고용 장려금 지급	고용노동부 (한국장애인고용공단) 1588-1599 ※자세한 사항은 홈페이지 www.kead.or.kr에서 안내
장애인 생산품 판매시설 운영지원	○ 장애인 직업재활시설 등에서 물품을 생산하는 장애인	○ 장애인들이 생산한 물품의 판로 확보 ○ 장애인 취업 확대 및 소득 보장 - 설치지역 : 시·도당 1개소(17개지역)	인근 장애인 생산품 판매시설에 의뢰 문의: 한국장애인직업재활시설협회 ☎02-921-5053
장애인 자립 자금 대여	○ 성년(만19세 이상) 등록 장애인 - 소득기준 : 가구의 소득인정액이 기준 중위소득 50% 초과	○ 대여목적: 생업자금, 생업용 자동차 구입비, 출퇴근용 자동차 구입비, 취업에 필요한 지도 및 기술훈련비 등 ※ 생활가계자금, 주택전세자금, 학자금 등의 용도로 융자 불가 ○ 대여한도 - 무보증대출 : 가구당 1,200만원이내 단, 자동차 구입자금의 경우 특수설비 부착 시 1,500만원이내 ※ 요건: 재산세 2만원 이상 또는 연간소득 600만원 이상	읍·면·동에 신청

사업명	지원대상	지원내용				비고
	100% 이하 금융기관의 여신 규정상 결격 사유가 없는 자	- 보증대출 : 가구당 2,천만원 이내 ※ 요건: 재산세 2만원 이상 또는 연간소득 800만원 이상 - 담보대출 : 5천만원 이하 ○ 대여이자 : 3%(고정금리) ○ 상환방법 : 5년 거치, 5년 분할 상환				
장애인 일자리 지원	○ 만 18세 이상 등록 장애인 및 미취업 시각 장애인 안마사	○ 급여 및 주요내용				시·군·구 (읍·면·동)및 위탁기관에서 공개모집
		구분	내용	근로시간	급여	
		장애인 복지 일자리	공공기관, 복지관 등에 배치되어 공공형(주차단속, 환경도우미, 보육도우미 등) 업무를 수행하는 일자리	월56시간	월보수 338천원 /월15천원	
		일반형 일자리	자치단체, 행정기관 등 공공기관에 배치되어 행정조조, 복지서비스 업무를 수행하는 일자리	주5일 40시간	월보수 1,261천원/ 월 사업주 보험료 135천원	
		시각 장애인 안마사 파견	일정시설 여건을 갖춘 노인복지관, 경로당 등에 배치되어 안마 서비스를 제공하는 일자리	주5일 25시간	월보수 1,030천원/ 월 운영비113천원	
		발달 장애인 요양 보호사 보조	요양보호사가 배치된 노인복지시설 및 노인 전문병원 등에 배치되어 노인용양호사가 수행하는 업무를 보조하는 일자리	주5일 25시간	월보수 790천원/ 월운영비 110천원	
중증장애인 직업재활 지원사업 수행기관 운영지원	○ 만 15세 이상 등록 장애인	○ 장애인고용서비스 제공(전국 수행기관 177개소) - 중증장애인 중심의 직업재활서비스와 고용 강화를 위해 직업재활센터(장애인복지관), 장애인단체, 직업재활시설 등을 통하여 직업상담, 평가, 재활계획수립, 직업적응훈련, 지원고용, 취업알선 및 취업 후 지원에 이르기까지 직업재활서비스 제공				사업수행 기관 (장애인복지관, 단체, 직업재활 시설)내방, 전화 등으로 이용신청
		유형	개소수	서비스 주 기능		
		직업재활센터	34	직업상담·평가, 적응훈련, 지원고용, 취업알선 및 취업 후 지원 등 종합적인 직업재활서비스 제공		
		직업평가센터	6	장애유형별 특성에 따른 전문 직업상담 및 직업평가		
		장애인단체	32	직업상담·평가, 취업알선 및 취업 후 지원		
		직업재활시설	75	직업상담·평가, 적응훈련		
		직업능력개발	21	시각장애인안마훈련, 바리스타 등		
		○ 중증장애인의 일자리 개발 및 확대를 위한 특화사업 ■ 중증장애인 창업형 일자리 지원사업 " I got everything" - 중증장애인의 자립기반 마련과 사회참여 기회 확대를 위해 공공기관 및 지역사회 내 카페, 매점 설치를 지원				

사업명	지원대상	지원내용	비고
		■ 장애청소년 직업재활지원사업 - 교육기관(특수학교 및 일반학교의 특수학급)과 직업재활 서비스기관 간의 체계적 연계를 바탕으로 공적 서비스가 없는 성인기를 대비하여 직업재활 서비스 연계 시스템 구축 및 장애청소년에 대한 직업교육 및 취업알선 등 안정적인 직업재활서비스 제공으로 청소년의 지역으로의 전환이 가능 ■ 직무지원인 지원사업 - 취업 후 초기에 직장적응에 어려움을 겪고 있는 중증장애인에게 직무지원인을 사업체에 배치하여 직무적응을 지원하여 장기적이고 안정적 직업생활 지원 ■ 지원고용 확대사업 - 중증장애인 취업에 최적화된 지원고용서비스의 실시기관 확대 및 성과제고를 위해 일반수행기관 이외 장애인복지관, 장애인단체, 직업재활시설, 사회복귀시설로 확대	
장애인 직업능력 개발 지원	5개 직업능력 개발원, 1개 맞춤훈련센터, 공공훈련기관(폴리텍), 민간 훈련기관, 개별적훈련 기관에서훈련 받은 장애인	○ 목적: 직업을 희망하는 장애인에게 다양한 직업능력 개발 및 직업재활 서비스를 제공함으로써 장애인의 직업능력개발 향상 ○ 지원내용: 훈련수당 지급 - 훈련준비금 : 1회 4만원 - 가계보조수당 : 월7만원 - 가족수당 : 부양가족 1인당 월3만원(최대3인) - 훈련참여수당 : 월 5만원 - 교통비 : 월 5만원 - 식비 : 월 6만원 - 자격취득수당(민간훈련기관에 한함) : 1회 5만원 - 개별적 직업능력개발지원을 통해 국가자격·면허 취득 등에 필요한 훈련 수강료 100만원 한도 내 지원 ※ 훈련비는 직종별 훈련비용기준단가 등에 따라 지원, 가계보조수당을 지급받은 자는 훈련참여수당 지급대상 제외	한국장애인고용 공단 문의

○ 이외에 '중증장애인지원고용' 제도가 있는데, 이는 취업이 어려운 중증장애인에게 직무지도원의 도움을 받아 현장 사업체에서 3주~7주간 현장훈련을 거쳐 취업으로 연계하는 취업 전 지원프로그램으로 그 지원내용을 제시하면 다음과 같음

○ 대   상 : 15세 이상 중증장애인
○ 지원방식 : 사전 훈련(6일 이내) 후 현장 훈련(기본 3주 최대 7주 연장) 실시, 훈련사업체에 직무지도원을 배치하여 직무 및 직장적응을 위해 장애인 지원
○ 지원금액

구분	지급대상 및 요건	지급기준액
훈련준비금	- 사전훈련포함 6일이상 출석한자 (1회) - 지급시기 : 훈련실시 6일 이후	1회 40,000원
일비 숙박비	- 사전훈련 및 현장훈련대상자 전원 - 지급시기 : 훈련종료 후(단, 훈련연장자는 2주 단위로 지급가능)	1일 17,000원 1박 10,000원

○ 지원처 : 한국장애인고용공단(☎1588-1519/www.kead.or.kr) 및 중증장애인지원고용 위탁기관
○ 지원절차 : 대상자(사업체)발굴, 구인·구직상담, 직업평가 → 대상자(사업체)선정, 직무배치 → 지원고용(3~7주) → 취업협의

교육방법

○ 강의+토론형 교육
 - 성인장애인을 대상으로 현재 실행되고 있는 시책 및 지원내용에 대한 강의진행
 - 발달장애인의 관점에서 개선되어야 할 부분에 대한 토론 진행

유의사항

○ 복지지원서비스에 대한 단순한 정보제공에 그치지 말고, 피교육자가 현행 발달장애인복지지원제도에 대한 문제점을 인식하고 비판적인 시각을 가질 수 있도록 노력함
○ 국내 발달장애인 복지지원제도의 문제점과 개선방향을 구체적으로 인식할 수 있도록 가능한 한 해외의 선진사례와 대비하여 설명하도록 함

참고자료

○ 참고문헌
발달장애인 지원정책 기획단 (2011). 발달장애인 지원방안.
백은령, 김기룡, 유영준, 이명희, 최복천 (2010). 장애인가족지원. 양서원.
보건복지부 (2016). 장애인복지사업안내.

○ 참고 사이트
보건복지부: http://www.mw.go.kr

Ⅴ-7. 노령 발달장애인 지원

과정	공통	영유아기	초등학령기	청소년기	성인기	영역	지식·정보	기술	심리·정서
주제	노령 발달장애인 지원							

■ 교육의 필요성

○ 노령기에 접어든 발달장애인에 대한 현황이나 실태조사가 거의 찾아보기 힘든 상황이다. 우리나라 보건복지부는 지적장애와 자폐성장애를 발달장애인으로 규정하고 있으며, 전체 장애인 중 8%를 차지하고 있는 것으로 나타났음. 또한 2013년 말 보건복지부 등록 장애인 현황에 따르면, 50세 이상 발달장애인은 90%이상이 지적장애인이며, 전체 발달장애인의 16.4%를 차지하고 있다.

○ 인구고령화와 함께 발달장애인의 노년기의 삶에 대한 관심도 높아지고 있다. 자녀가 중년 내지는 노년기에 이르게 되면 부모는 후기노년기에 이르러 돌봄 기능이 급격히 약화되거나 사망에 이르게 된다.

○ 부모의 돌봄기능이 약화되더라도 자녀의 생활패턴이나 삶의 질이 유지되기 위해서는 건강지원, 일상생활 및 지역사회 생활지원, 주거지원, 경제적 지원 등 다양한 지원체계 구축이 필요하다. 노인기에 이르러 지원체계가 원활하게 작동하기 위해서는 자녀의 생애초반기부터 준비될 필요가 있다. 부모의 체계적인 준비를 할수 있도록 돕기 위해서는 노령발달장애인에게 필요한 다양한 지원내용에 대한 정보를 제공할 필요가 있다.

■ 교육내용

1. 건강 및 안전 지원

○ 노화에 따른 다양한 건강상의 문제가 나타나게 됨. 체력 감소, 청력 및 시력의 저하, 감각기관의 변화, 골근육계의 변화, 심혈관계 질환 등 만성적인 질병 등이 발생하게 되는데 이와 같은 건강상의 문제가 악화되는 것을 방지하기 위해서는 체

계적인 관리가 필요함
- ○ 이를 위해서는 지속적인 건강검진, 운동과 영양관리, 만성질환 관리, 치아 관리 등이 정기적으로 이루어져야 하지만 발달장애의 특성상 자녀 스스로가 이를 수행하기란 쉽지 않음. 따라서 적절한 사전적 준비를 통해 부모 사후에라도 돌봄 제공자나 대리인이 적절한 건강지원을 할 수 있는 구조를 만들어둘 필요가 있음(자녀의 평생계획-life plan-에 포함)
- ○ 이와 관련해서 가장 문제가 되는 것이 재정적인 문제가 될 수 있는데 자녀의 미래에 발생할 수 있는 모든 재정적 문제를 부모가 사적으로 준비할 수도 있겠지만 현실적으로 쉽지 않기 때문에 국가가 시행하고 있는 제도에 대한 검토를 통해 노인이나 장애인에 대한 정부의 지원 기준상 내 자녀가 받을 수 있는 지원이나 활용 가능한 제도는 어떤 것이 있는지를 일단 점검하고 이외에 사적으로 준비해야 할 부분은 무엇인지를 계획할 필요가 있음.
- ○ 제도에 대한 이해를 갖는 것은 기존제도가 발달장애 관점에서 미비한 부분은 무엇인지를 검토하고 논의할 수 있는 기회를 제공해 준다는 점에서도 의의가 있으며 이러한 작업을 통해 지속적으로 제도개선을 해나간다면 자녀들이 살아가기에 더 편한 미래에 한발 더 다가서는 것이기 때문임
- ○ 정부의 건강관련 제도에 대한 검토 이후에 이루어져야 할 작업은 개인의 선택에 따른 위험 대비 수단인 사(적)보험에 대한 이해를 갖는 것임. 장애인의 경우 보험가입 상의 차별을 받아온 것이 현실이나 장애인 및 부모단체 등의 꾸준한 노력으로 최근 장애인도 가입 가능한 상품이 출시되고 있으므로 이에 대한 정보도 제공할 수 있도록 교육내용을 구성

> • 의료보장제도: 국민건강보험제도(노인장기요양보험제도), 의료급여제도
> • 국민건강보험: 의의, 특성, 급여유형
> • 노인장기요양보험제도의 급여종류
>   재가급여(방문요양, 방문목욕, 방문간호, 주·야간보호, 단기보호, 복지용구
>   시설급여: 노인의료복지시설(노인전문병원 제외) 입소
>   특별현금급여: 가족요양비, 특례요양비, 요양병원 간병비

출처: 국민건강보험공단홈페이지

- ○ 국민건강보험의 급여종류

급여종류		수급권자
현물급여	요양급여	가입자 및 피부양자
	건강검진	가입자 및 피부양자
현금급여	요양비	가입자 및 피부양자
	본인부담액보상금	가입자 및 피부양자
	장애인보장구급여비	장애인복지법에 의해 등록한 장애인인 가입자 및 피부양자

○ 주요 노인건강지원정책

노인건강지원정책	소관 부처(부서)
- 노인 다빈도 질환 관리체계 구축	보건복지부
- 노인 불소도포 스케일링	구강가족건강과
- 노인 운동사업 활성화	보건복지부
- 노인실명예방관리 사업	노인정책과
- 노인운동문화 확산 및 전문인력 확충	문화체육관광부
- 노인의치보철사업	구강가족건강과
- 노인학대예방 인프라 구축 및 교육홍보 강화	보건복지부
- 예방적 서비스 공급역량 강화	보건복지부
- 치매검진사업	노인정책과
- 치매치료관리비지원사업	노인정책과
- 한국실명예방재단	한국실명예방재단

○ 사보험 예시

 - 장애인전용보험(암보장형)

 - 발달장애인 의료실비보험

 - 장애인자녀 우대보험

 - 대한곰두리보장보험

 - 우체국 무배당 어깨동무 보험

○ 건강뿐만 아니라 안전도 매우 중요한 문제인데 노령기로 갈수록 일상적인 보호기능이 취약해질 수 있으므로 자녀가 단체 생활에 적응할 수 있을지, 단체 생활에서 쉽게 피해를 입는지? 다른 사람이 특정 행동을 할 때 그것이 위험 신호라는 사실을 자녀가 이해하는지? 자녀에서 추가적으로 필요한 보호책이 있는지 등에 대해 검토하고 적절한 조치를 강구할 필요가 있음(페기 루 모건, 2010)

○ 장애인활동보조사업의 대상이 만 6세에서 만 64세로 되어 있어 지원 대상에서 제외되는 노령발달장애인의 경우 장기요양보험에 따른 복지서비스를 이용할 수 있다. 노령기에 접어들기 전 발달장애인의 평생계획에 노령 발달장애인을 위한 주거계획, 재정계획, 법적계획, 종합준비계획 등 평생계획을 세분화시켜 준비할 필요가 있다.

2. 일상생활 및 지역사회생활 지원

○ 자녀의 일상적인 생활을 지원하고 사회적으로 고립되지 않도록 하기 위해서는 다양한 지원이 필요한데 이와 관련된 서비스로는 여가활동, 주간보호, 재가 서비스, 사례관리 서비스 등이 해당됨.

○ 최근 해외에서는 장애인들이 적극적이고 그들의 지역공동체에 참여하는 시민으로 살아갈 수 있도록 도와주기 위해 'supported living'의 개념을 사용하고 있는데 이는 장애인이 자신의 집에서 생활하도록 (소유주 혹은 임대인으로서)하면서 지역공동체 안에서의 참여가 가능하도록 (예를 들어 직업, 동아리 참여, 관계연계를 통해) 지원하는 것을 의미.

○ 'Supported Living' 원칙들

세부영역	원칙들
거주영역	- 주거공간과 지원(서비스)제공의 분리 - 거주인 대신 자가소유인 혹은 임차인 - 선택과 통제권의 확대(full choice and controll)
지원영역	- 지원의 개별화 - 개별적인 미래계획(Person-centered Planning) - "circles of support" 서비스 계획 - 사회적 관계의 유지와 확대 - 보호와 안전
지역사회발전 및 도움체계의 변화	- inclusive 지역사회의 변화를 위한 로비(다리역할) - 도움체계의 변화(예: 바우처 제도, 활동보조서비스) - 지역사회 내에서의 성인교육, 여가활동 연계 - 개별예산의 도입 - 중증중복장애인의 배제금지

○ 여가활동

 - 발달장애인도 다른 사람들처럼 오락이나 문화생활, 스포츠 등 여가활동이 필요함. 그동안은 장애인복지관, 장애인부모 단체 등을 중심으로 장애인 여가활동 프로그램들이 운영되어 왔지만 최근에는 문화, 스포츠 단체 등에서도 장애인을 위한 다양한 프로그램을 운영하고 있음

 - 또한 이러한 기관들은 자체 사업뿐만 아니라 사회복지공동모금회, 기업복지재단 등의 지원을 통해 관련 프로그램을 운영하기도 하는데 이와 관련된 정보들은 장애인 관련 포털사이트를 통해 얻을 수 있는데 도움이 될 수 있는 사이트는 다음과 같음

> ◦ 장애인 정보 포털사이트
> 도움나라(http://www.itall.or.kr)
> 복지로(http://www.bokjiro.go.kr/user/disperson/disPersonMain.do)
> 에이블뉴스(http://www.ablenews.co.kr/Site/SiteIndex.aspx)
> 장애인복지포털 투위2we(http://wishwith.net/news_list.jsp?g_cd=0&cg_id=3&c_id=29)

○ 주간보호(day care)
- 주간동안 가족이 보호할 수 없는 경우 식사 및 간식, 여가생활, 교육 및 상담, 기능회복훈련, 목욕 등 필요한 서비스를 제공하는 서비스로 국내에서는 정부지원으로 운영되는 주간보호센터와 개인이나 단체들이 운영하는 경우가 있음
- 외국의 경우 day care, day service라는 명칭으로 운영되고 있는데 미국 성인주간서비스(adult day services)센터들의 협회인 National Adult Day Services Association(NADSA)에 따르면 성인주간보호서비스 센터를 지역사회에 기초한 집단 셋팅에서 성인을 위한 전문적이고 온정적인 서비스의 조정된 프로그램을 제공하는 곳이라고 정의하고 있음(http://www.nadsa.org)

> ○ NADSA의 정의
> ■ 주간보호서비스는 개별적인 보호계획을 통해 기능적으로나 인지적으로 손상된 성인의 욕구를 충족하도록 설계된 지역 사회 기반의 집단프로그램이다.
> ■ 이 구조화되고 포괄적인 프로그램은 24시간보다는 적은 주간의 특정시간동안 보호된 셋팅에서 다양한 건강, 사회적 그리고 다른 관련된 지지서비스를 제공한다.
> ■ 주간보호서비스는 신체적, 정신적으로 손상된 성인 서비스를 제공하도록 고안되었고 수퍼비전을 요구할 수 있고 사회적 기회, 개인적 보호 혹은 다른 일상생활 활동 원조를 증진시킬 수 있다.

- 영국의 경우는 전통적인 주간센터 중심의 서비스에서 지역사회에서의 교육과 여가활동을 활용하여 취약한 성인들과 보호자를 위한 개발 기회를 갖도록 하는 형태로 전환됨(http://www.esstsussex.gov.uk). 용어에 있어서도 day centre보다는 day services나 day activities, day opportunities를 사용. day services는 지적장애인을 위한 서비스 중 가장 중요한 서비스로서 기초는 day centre이다가 점차 occupation centre, adult training centres(ATCs), social education centres(SECs), 자원과 활동센터 등과 같이 다양한 형태로 나타나고 있으며 서비스 대상은 지적장애인과 그들의 보호자임(Mencap. 2002).

○ 재가 서비스
- 장애인의 가정을 방문하여 일상생활에 필요한 다양한 지원을 제공하는 서비스를 의미하는데 국내에서도 장애인복지관이나 사회복지관, 재가복지봉사센터 등을 통해 도시락, 밑반찬배달, 가사지원, 정서지원, 후원·결연지원 등의 서비스를 제공함. 가정봉사원을 파견하여 이러한 지원을 담당하게 할 수도 있지만 수급자격이 된다는 활동보조인을 통해 이러한 욕구를 충족할 수도 있음.

○ 사례관리서비스
- 사례관리서비스란 생애주기의 변화에 따라 다양한 욕구를 갖게 되는 발달장애인

의 복합적인 욕구를 지속적으로 점검·사정하면서 다양한 제도, 기관 및 지역사회의 공식적인 서비스뿐만 아니라 가족, 친지, 동료, 이웃 등의 비공식적 자원을 동원, 연계하여 발달장애인이 욕구를 충족시켜주는 서비스를 의미

- 이를 위해서는 사례관리자와 발달장애인간의 긴밀한 관계, 친밀감과 신뢰를 바탕으로 보호의 지속성을 유지해야 하며 다양한 자원에 대한 지속적인 관리 또한 매우 중요. 특히 노령발달장애인의 경우, 사적보호체계가 취약해진 경우가 많기 때문에 누군가가 지속적으로 책임성을 가지고 다양한 지원들을 조정, 관리해야 하는데 이때 유용한 서비스임

3. 주거지원(거주서비스)

o 노령발달장애인의 주거지원을 위한 대안은 다양. 국내의 경우는 장애유형별거주시설과 장애인공동생활가정(그룹홈) 정도로 단순화 되어 있지만 자녀의 장애정도와 자립생활능력에 따라 다양한 대안을 모색해볼 수 있는데 이를 위해서는 다양한 주거형태에 대해 고려해볼 필요가 있음

o 거주시설
- 생활시설이라고도 부르는데 장애인의 의식주뿐만 아니라 노화로 인한 신체기능의 저하와 일상생활에서 직면하게 되는 다양한 의료적인 욕구까지 충족시켜 줄수 있는 시설 서비스로 통상 재활원, 요양원 등으로 불리는데 국내에서는 장애인복지법 개정에 따라 거주시설이라는 용어를 사용

o 공동생활가정
- 일반적으로 그룹홈이라고 부르는데 정상화이념에 따라 이상적인 지역사회내 거주서비스로 간주되어 왔으나 상주하거나 비상주하는 직원에 의해 장애인의 자기결정이나 선택이 제한된다는 점에서 여전히 시설이라는 비판을 받기도 함
- 현재까지 국내에서는 지역사회 거주의 대안적 모델로 간주되고 있음. 2011년까지는 장애인지역사회재활시설에 포함되어 있다가 장애인복지법 개정에 따라 장애인거주시설에 편입된 시설유형. 국내에서 공동생활가정을 도입했던 초기에는 훈련형으로 간주했으나 장애인의 사회통합과 자립생활이 강조되면서 거주기능을 강화하는 쪽으로 정책방향을 선회하고 있다. 그룹홈, 체험홈, 자립홈 등의 용어를 함께 사용

o 기숙사 형태의 거주프로그램
- 아파트 형태의 건물이 몇동 있고 각 동마다 감독자가 있는 방식. 이때 감독자가

하는 일은 거주 장애인들의 약물복용, 자기관리, 청결 및 위생관리 등을 점검하는 정도. 자녀의 독립생활이 가능할 것으로 판단이 되지만 불안한 경우 이러한 형태의 거주프로그램이 유용할 수 있음.

○ 일터와 결합된 주거지
- 자녀가 혼자서 생활하기는 어렵지만 일을 하고 싶어한다면 장애인보호작업장 등에 부설된 주거지를 이용하는 것도 방법임.

○ 개인실이나 개인주택이 보장되는 복지마을
- 독립된 개인실이나 주택이 보장되어 사적인 생활은 보장이 되면서 식사, 세탁, 건강관리, 청소 등의 일상생활지원이 이루어지는 공동주거생활을 의미.

○ 준독립거주
- 자녀가 혼자 혹은 룸메이트와 함께 생활할 수 있겠다는 확신이 든다면 이에 알맞은 주거형태를 고려해보는 것도 방법. 자신의 집이나 정부의 임대주택 등에서 활동보조인이나 가족 등 정해진 사람이나 기관의 정기적인 방문을 통해 장애인이 안전하게 잘 생활하는지를 점검하고 장보기나 병원 약속 등에 동행하는 형태. 국내에서는 자립홈이라는 명칭으로 운영되기도 함.

○ 가족 소유의 집
- 가족 소유의 집을 신탁한 후 자녀가 임대료를 적게 내고 살도록 하는 방식으로 이 경우 다른 서비스 수급권에 영향을 미치는지를 잘 따져보아야 함.

4. 경제적 지원

○ 노령발달장애인이 가족의 보호없이 독립적으로 생활한다는 것은 매우 복잡한 일임. 특히 경제적 문제에 있어서는 더욱 그런데 거주시설이나 준독립 거주시설에 입소한다면 시설거주에 필요한 비용을 부담할 수 있어야 할 것이며 자신의 집에서 독립적인 생활을 한다하더라도 생활비, 서비스 이용료, 치료와 재활에 필요한 비용 등을 부담해야 하는 문제가 남음

○ 경제적 문제를 해결하기 위해서는 개인적으로 필요로한 자금을 조달하는 방법과 정부지원금을 활용하는 방법을 고려해볼 수 있음. 개인적으로는 부모, 조부모 혹은 다른 가족들에 의한 재산 상속과 신탁, 장애자녀의 저축이 해당되며 정부지원의 경우는 국민기초생활보장제도상의 생계급여, 장애인연금, 장애수당, 기초노령연금 등이 있음. 제도에 대한 전반적인 이해를 통해 본인과 자녀의 사회, 경제적 상태와 비교해서 정부 지원의 대상자가 될 수 있을지에 대한 검토가 필요함.

교육방법

○ 강의+토론형 교육
  - 국내외 노령발달장애인 지원에 대한 개관적인 이해에 초점을 둘 것
  - 발달장애인의 관점에서 개선되어야 할 부분에 대한 토론을 진행할 것

유의사항

○ 자녀도 나이가 들어간다는 것을 부인하거나 회피할 것이 아니라 자녀를 위한 전환계획 수립과 부모 사후에 대한 대비를 하기 위해서는 다양한 지원제도에 대한 이해가 선행되어야 함을 강조할 것

참고자료

○ 참고문헌

민경명. 2016. "성인 발달장애인 평생계획에 관한 연구-보호자의 인식을 중심으로-". 울산대학교 석사학위논문.

발달장애인 지원정책 기획단 (2011). 발달장애인 지원방안.

오혜경, 백은령 (2007). 지적장애인가족지원방안에 관한 연구보고서. 한국지적장애인복지협회.

이동귀 (2000). 부모사후를 대비한 장애자녀의 평생계획, 특수교육.

이동귀 (2004). 정신지체 노인의 특성과 지원방안. 특수교육

페기 루 모건 (2010). 부모가 알아야 할 장애자녀 평생설계, 부·키

Mary Beirne-Smith et al. (2002). 정신지체. 시그마프레스.

보건복지부 (2012). 장애인복지사업안내.

○ 참고사이트

도움나라: http://www.itall.or.kr
복지로: http://www.bokjiro.go.kr
에이블뉴스: http://www.ablenews.co.kr
장애인복지포털투위2we: http://wishwith.net
전국장애인부모연대: http://www.bumo.or.kr

V-8. 발달장애인의 노화

과정	공통	영유아기	초등학령기	청소년기	성인기	영역	지식·정보	기술	심리·정서
주제	발달장애인의 노화							

■ 교육의 필요성 ■

o 인구 고령화와 함께 발달장애인의 노화에 대한 관심도 확대되고 있음. 과거에는 발달장애인의 수명이 일반인에 비해 짧았으나 현재는 비장애인과 비슷한 정도의 수명을 유지하는 것으로 알려짐. 다운증후군이나 복합장애, 심각한 인지장애를 가지고 있더라도 발달장애노인의 평균수명과 의학적 상태가 일반인구와 비슷하다는 보고가 있다(Toby & Sarkis, 2008). 그러나 노화의 시작과 진행 면에서는 유전적, 환경적, 생활방식 때문에 비장애인과 차이가 있는 것으로 알려져 있음. 예를 들어 다운증후군의 경우 노화와 관련되어 건강상태나 기능변화가 보다 일찍 나타나기 때문에 조기 지원이 제공되어야 한다.

o 발달장애인은 미혼 상태이거나 지원받을 수 있는 배우자나 자녀가 없는 경우가 대부분으로 많은 발달장애인 부모들이 노쇠할 때까지 자녀의 주 돌봄자의 역할을 담당해야 한다. 부모는 노화와 발달장애라는 두 가지 복합적인 문제에 직면하게 되므로 발달장애인의 노화에 대한 이해를 가지고 있어야 한다.

o 자녀의 노화 과정에 대한 이해가 선행되어야 만이 돌봄 제공자로서의 역할을 적절하게 수행할 수 있으며 자녀를 위한 전환 및 미래계획을 수립하고 실행하는 것을 돕기 위해서 교육 프로그램 제공이 필요하다. 또한 부모가 발달장애인의 노화와 향후의 전환계획에 대해 자녀에게 어떻게 정보를 주고 교육을 해야 할지에 대한 지원도 포함되어야 한다.

교육내용

1. 발달장애인의 노화

○ 노화란 나이를 먹으면서 정신적, 신체적 기능이 약화되는 현상을 의미한다. 발달장애인의 노화는 일반인구와 몇 가지 점에서 차이가 있음. 비교적 조기에 시작되며, 발달장애인이 노화에 대한 인식이 부족할 수 있고 의사소통 상의 문제 때문에 다른 사람들이 이해할 수 있도록 노화와 관련된 경험을 표현하기 어려울 수 있음. 또한 특정 발달장애의 유전적 측면이 노화과정에 영향을 미칠 수도 있음

(http://www.opadd.on.ca/)

> 다운증후군의 경우 20대 초반에 청력 손실, 신체활동능력 제한이 나타날 수 있으며 40대 중반에 알츠하이머 증상이 나타날 수 있음. 프라더 윌리 증후군의 경우, 당뇨병의 위험이 높아 내부 장기의 쇠약으로 이어질 수 있음.

2. 발달장애인 노화의 특성

○ 발달장애 유형에 따라 다소 차이가 있긴 하나 신체적, 정신적, 인지적, 심리사회적 측면에서 변화가 나타남. 특히 신체변화에 따른 건강상의 문제가 나타나는데 체력의 감소, 청력의 감퇴, 시력 저하 등의 감각기관의 변화, 뼈가 약해지는 골근육계의 변화, 심혈관계 질환 등 만성적인 질병의 위험과 의료 문제 등이 일반적으로 나타남

○ 일반 노인에게서 나타나는 치매도 발병할 수 있는데 지적장애인이 알츠하이머에 걸릴 위험은 일반인구와 비슷하지만 다운증후군의 경우는 이보다 좀 더 높아서 50세에서 70세 사이의 성인 중 알츠하이머 유병률이 40%에서 45%사이인 것으로 추정됨(Toby & Sarkis, 2008)

> 자녀 노화의 시작과 진행을 파악하기 위해서는 부모가 발달장애인 노화에 대한 기본적인 이해를 가지고 있을 필요가 있으며 자녀의 노화과정에서 나타날 신체 및 정신건강상의 문제, 이로 인한 돌봄 부담의 증가 등을 미리 예상하고 대안을 모색하는데 도움이 될 수 있는 내용으로 구성.

3. 발달장애인의 노화 관련 이슈

- ○ 발달장애인의 노화에 따라 장애인과 가족이 겪게 되는 어려움이나 집중적인 지원을 필요로 하는 이슈는 몇 가지로 축약할 수 있는데 신체 및 정신건강, 지역사회 참여, 가족지원, 장래계획 등임

- ○ 신체 및 정신건강
  - 발달장애성인은 증후군이나 장애와 관련된 생물학적 요인, 적절한 건강관리 부족, 라이프스타일과 환경적 이슈 때문에 만성적 건강문제에 노출될 위험이 큼. 특히 비만은 지적장애인과 다운증후군 성인에서 공통적으로 나타나는 문제이며 이와 더불어 심혈관계 질환이 대표적인 신체적 문제임
  - 또한 노화과정에서 신체적, 인지적, 기능적 감소를 경험하게 되고 위축된 사회적 지원체계로 인해 우울증에 노출되기 쉬움. 따라서 건강증진개입, 운동과 영양프로그램, 건강행위교육, 위생교육, 건강검진 등이 필요함. 부모교육 시 발달장애인의 건강문제의 중요성에 대한 인식을 갖게끔 하는 것이 중요함

> 발달장애인 건강관련 교육
> - The Healthy Lifestyles Curriculum(Drum et. al., 2004)
> - The Exercise and Nutrition Health Education Curriculum for Adults with Developmental Disabilities, and Women be Health(Heller et.al., 2004)
> - 장애인 비만관리 프로그램 매뉴얼 및 사례집(한국장애인고용촉진공단, 2007)
> - 12주간 복합운동이 비만 지적장애 청소년의 신체조성, 혈중지질 및 염증반응에 미치는 영향 (조경호, 2010)

- ○ 가정 내 안전
  - 노화와 함께 면역력과 운동기능이 감소하기 때문에 감염, 안전사고에 주의해야 함. 자녀가 중도 및 최중도의 복합장애를 갖고 있을 경우 이 부분은 매우 중요하다. 감염을 막기 위해서는 손 씻기, 위생장갑 착용, 세척과 살균소독, 예방주사 등이, 가정 내 안전을 위해서는 낙상예방, 신발, 낙상 요인 제거 등을 교육내용에 포함할 것

- ○ 지역사회 참여
  - 노인기에는 지역사회참여의 기회가 점차 감소. 사회적인 활동을 통해 지역사회에 참여하는 것은 성공적인 노화와 밀접한 관계가 있지만 발달장애인의 여가활동이나 사회적 관계가 제한적이기 쉬움

- 따라서 부모교육 시 사회적 관계의 중요성을 강조하고 구체적인 지역사회참여방법으로서 자원봉사활동, 주간보호센터 및 서비스 참여, 신체활동프로그램 참여 등을 통해 지역사회참여 기회를 확대하도록 지원하는 것이 중요하다는 것을 강조하도록 할 것

o 부모의 노화
- 고령의 부모가 자녀를 돌보게 됨으로써 부모의 건강악화와 우울증과 같은 정신건강 문제가 발생할 뿐만 아니라 자녀를 끝까지 돌볼 수 없을 것이라는 죄책감, 자녀에 대한 보호부담과 미래에 대한 막연한 두려움에서 오는 자녀에 대한 방임 및 학대문제 등에 대해서도 강조할 것

> 부모교육 관계자는 고령의 부모가 자녀를 돌보며 느끼게 되는 다양한 어려움에 대한 공감과 함께 지지적인 자세를 취하는 것이 중요하다. 이때 부모들에게 몇 가지를 강조할 필요가 있다.
> - 자신을 돌보기. 이것이 이기적인 것이 아님을 강조할 필요가 있다.
> - 다른 사람의 도움을 구하기. 본인의 인내와 체력에 한계가 있음을 인정해야 한다.
> - 돌보는 사람이 아닌 나 자신만의 삶을 유지하라
> - 화를 내거나 우울해지거나 어려움을 표현할 권리가 있다.

o 부모와의 사별
- 평균수명의 연장으로 발달장애인과 부모로 구성된 두세대 노인가구가 증가하고 있다. 부모가 더 이상 보호를 제공하기 어려울 때 형제가 보호자의 역할을 담당하기도 하지만 형제의 지원은 제한적일 수밖에 없음
- 따라서 발달장애 자녀 부모에게 있어서 딜레마는 자신의 노화와 자녀의 노화에 동시에 대응해야 한다는 것임. 이러한 어려움 해결에 도움이 될 수 있는 것이 평생계획과 전환계획을 수립하는 것임

예) 평생계획(life Planing)과 전환계획(transition planning)이란?
○ **평생계획**
  일차적인 보호자가 발달장애인을 더 이상 보호할 수 없을 때를 대비하여 준비하는 계획을 의미함(김호연·강창욱·고등영, 2011). 장애자녀, 가족들, 전문가와 함께 자녀의 인생에 대한 포괄적인 계획을 수립하는데 주거, 교육, 고용, 사회활동, 종교, 의료보호,
  행동관리(behavior management), 자녀의 임종절차, 대리인(옹호자/후견인), 피신탁자, 기타 사항들에 대한 계획 등을 포함한다.
예) 성민복지관에서 발달장애인 평생계획을 운영하고 있음

○ **전환계획**
  평생계획을 교체하는 것은 아니지만 노화과정에서도 삶의 질을 유지할 수 있도록 지원하기 위한 목적을 가지고 있으며 평생계획의 맥락 내에서 이루어진다.
  – 노년의 삶의 질 유지
  – 노화과정의 지원욕구변화에 대한 계획
  – 가족의 지원제공방법 변화
  – 식사배달서비스, 노인주간프로그램과 같은 노인주간지원을 포함
  – 보다 적절한 지원이 제공될 수 있는 새로운 거주세팅으로의 이동을 위한 준비 포함
  – 발달장애인이 반드시 참여(http://www.opadd.on.ca/)

교육방법

○ 강의형 교육
  - 발달장애인의 노화에 대한 이해
  - 발달장애인 노화의 특성
  - 발달장애인의 노화관련 이슈

○ 참여형 교육
  - 발달장애인의 노화관련 이슈와 대안에 대한 토론
  - 자녀를 위한 평생계획과 전환계획 수립하기 및 토론

유의사항

○ 자녀도 나이가 들어간다는 것을 부인하거나 회피할 것이 아니라 자녀를 위한 전환계획 수립과 부모 사후에 대한 대비를 하기 위해서는 발달장애인의 노화에 대

한 이해가 선행되어야 함을 강조할 것
- ○ 노화과정에서 동반되는 건강상의 문제 발생을 예방하고 가능한 지연시키는 것이 중요함을 강조
- ○ 노화가 상대적으로 조기에 심하게 일어나는 장애자녀를 둔 부모의 입장을 세심하게 배려하도록 주의(예, 다운증후군, 프라더 윌리 증후군 등)
- ○ 고령의 부모를 대상으로 교육을 함에 있어서 몇 가지에 주의 할 것
  - 부모가 해온 노력과 수고를 인정할 것
  - 경청
  - 전문용어의 사용을 자제
  - 정서적인 지원
  - 고령의 부모의 욕구를 헤아릴 것(이동귀, 2004 토대로 재구성)

참고자료

- ○ 참고문헌

이동귀 (2004). 정신지체 노인의 특성과 지원방안. 특수교육

충현복지관 (2000). 부모 사후 우리아이 장래 어떻게 준비할 것인가?.

Alan et. al. (2012). Bridging the Aging and Developmental Disabilities Service Networks: Challenges and Best Practices.

OPADD (2005). Aging with a developmental disability: Transition Guide for Caregiver

Washington State Department of Social and Health Service. Family Caregiver Handbook: A guide for family and other unpaid caregivers who care for an adult or senior with disabilities.

- ○ 참고사이트

캐나다 온타리오의 노화와 발달장애 파트너쉽: http://www.opadd.on.ca/

V-9. 성인기 발달장애인 부모에 대한 심리정서 지원

과정	공통	영유아기	초등학령기	청소년기	성인기	영역	지식·정보	기술	심리·정서
주제	성인기 발달장애인 부모에 대한 심리정서 지원									

■ 교육의 필요성 ■

○ 성인기 발달장애 자녀를 돌보는 부모들은 누적되어 온 자녀 양육 부담과 돌봄 기간 연장으로 인해 우울감과 스트레스 등을 경험하게 된다. 부모의 부담감과 스트레스는 보호역할을 수행하는 기간이 길어질수록 그 수준이 급격히 증가하는 것으로 알려져 있다(Heller et al., 1997).

○ 특히 자폐성 장애부모가 느끼는 스트레스는 다른 유형의 부모와 비교했을 때 상대적으로 정도가 심하다는 보고가 있다(정현주, 2009; Schieve, et al., 2007).

○ 자녀 양육과 돌봄을 위해 장기간 외부와 단절된 삶을 살게 될 경우 자녀가 성인이 되고 독립적인 생활이 어느 정도 가능해지더라도 스스로 사회관계를 형성하기란 쉽지 않기 때문에(김은혜·석민현·윤정혜, 2010) 성인기 발달장애 자녀를 둔 가족의 사회적 지지망이 취약한 경우가 많은데 이처럼 빈약한 사회적 지지망은 스트레스와 소진 발생의 원인이 되기도 한다.

○ 2012년 한국보건사회연구원의 장애인 실태조사결과 지적장애인의 93.8%가 부모사후 준비를 하지 못한 것으로 조사되었다. 성인기 발달장애인 부모는 자신의 노년기 적응과 장애자녀의 노후 준비 등 다양한 발달과업을 수행해야 하는 심리적 부담감과 불안을 느끼게 된다(박신영, 2014)

○ 본 교육과정은 성인기 발달장애자녀를 돌보고 있는 부모의 양육 부담과 스트레스를 경감시키기 위한 심리·정서적 지원목적의 부모교육을 기획하는데 도움을 주고자 한다.

교육내용

o 성인기 발달장애인 부모의 심리·정서적 특성

소진
성인자녀를 돌보는 것은 성장기의 자녀를 돌보는 것과 차이가 있다. 자녀들의 나이가 들어갈수록 신체적, 경제적, 정서적 의존성이 높아지게 되는 반면 부모 또한 연로해져 가기 때문에 이전과 같은 돌봄을 제공하기가 경제적, 신체적, 심리적으로 점차 어려워지게 된다. 자녀가 성인기로 접어드는 시점은 부모가 사회·경제적으로 은퇴하는 시기이기도 해서 자녀의 다양한 욕구를 감당하는 과정에서 소진을 경험하게 된다.

우울감
장애자녀를 돌보는 장기적인 긴장의 결과로 비장애 자녀 부모보다 더 높은 우울감을 경험하게 된다. 많은 국외 연구들이 지적장애와 자폐증 자녀 어머니들의 우울증 비율이 비장애 자녀 어머니에 비해 높다는 보고를 하고 있다. 국내 연구에서도 유사한 보고가 되고 있는데 장애자녀를 둔 부모들은 자녀를 항시 보호해야 하는 심리적 부담과 부모자녀 상호간의 욕구충족 및 여가선용 등이 부족해 만성적인 우울감을 느끼는 것으로 보고되고 있다(최해경, 2010).

돌봄 스트레스
스트레스란 환경적 사건이 유기체의 존재와 안녕을 위협하는 과정이며 개인, 가족, 가정 등의 체계가 개인에게 내재된 어떤 적응의 요구에 미치지 못해 나타나는 것으로서 긴장감을 생산하는 강하면서도 불쾌한 정서적 힘이나 압력이자 적응과정을 위협하는 어떤 조건이나 상태를 의미한다(이한우, 2002). 발달장애 자녀를 둔 가족은 사회생활상의 제약과 고립과 같은 사회적 부담, 신체적 피로와 건강상의 악화와 같은 신체적 부담, 재정적 지출 및 소모와 같은 경제적 부담과 이에 수반하는 심리적 부담감 등으로 인해 지속적으로 스트레스 상황에 놓이게 된다(최선경, 2008; 이연주, 2010).

자폐성 장애자녀 부모의 스트레스 요인
- 돌봄 노동의 상황이 지속될 것에 대한 두려움
- 자폐성 장애 자녀의 행동에 대한 가족구성원 및 사회구성원의 거부
- 빈약한 사회적지지

가족 탄력성
장애자녀를 양육하는 부모들이 소진, 우울, 돌봄 스트레스와 같은 부정적 정서 경험을 하기도 하지만 어려움에도 불구하고 적절한 수준의 성취와 성공적인 적응을 해나간다는 관점의 개념으로 가족이 어려움에 직면할 때 활성화되고 형성되는 것으로 도전과 어려움에 긍정적으로 접근하는 가족의 능력과 과정을 의미함.

o 성인기 발달장애인 부모에 대한 심리·정서적 특성 관련 요인

- 성인기 발달장애인 부모들의 소진, 우울감, 돌봄 스트레스 등에는 장애자녀, 부모와 가족, 사회적지지 등 다양한 요인들이 영향을 미치는 것으로 보고되고 있음

(이연주, 2010)
- 장애자녀: 연령, 장애유형, 성격특성, 의존 정도 등
- 부모: 신체적, 정신적 건강상태, 인생관과 신념체계, 성격특성(낙관주의, 내외 통제성), 대처행동(능력), 사회경제적 수준, 교육수준, 과거경험, 직업유무 등
- 가족: 가족의 응집력, 통합성, 융통성, 의사소통, 협력정도, 감정표현 수준 등
- 사회적 지지: 가족친지의 지지, 이웃·친구·지인의 지지, 제도적 지지

○ 성인기 발달장애인 부모에 대한 심리·정서적 지원

- 심리·정서적 지원 프로그램

예) 심리·정서 지원 예시
부모 대상의 개별 및 집단 상담 및 심리치료, 인지행동치료
가족치료 및 상담, 위기상담 가족 멘토링 등

예) 자존감 향상 및 양육스트레스 감소를 위한 부모역할프로그램(박순옥·신현균, 2009)
1회기: 프로그램 소개와 참가자 소개
2회기: 장애자녀와의 관계와 어머니 역할 인식
3회기: 스트레스 및 대처방식 이해
4회기: 자신의 현재 상태 인식 및 가족관계 특성 파악
5회기: 자존감 향상시키기
6회기: 의사소통 기술 향상시키기
7회기: 생각과 느낌 표현하기 및 문제 해결능력 향상 시키기
8회기: 프로그램 평가 및 종결

예) 장애자녀를 둔 어머니의 스트레스 완화를 위한 집단프로그램(김경희, 1996)
1회기: 불안감소 및 친밀감 형성
2회기: 스트레스 관리기법 습득 및 자신에게 적용
3회기: 스트레스 관리기법 습득 및 자신에게 적용
4회기: 스트레스 관리기법 반복훈련 및 내재화, 자신의 신념에 대해 정확히 알고 이해하기
5회기: 스트레스 관리기법 반복훈련 및 내재화, 부정적 사고에서 긍정적 사고로의 전환
6회기: 스트레스 관리기법 반복훈련 및 내재화, 자신의 의사소통유형을 알고 적절한 의사소통 기술에 대해 학습
7회기: 스트레스 관리기법 반복훈련 및 내재화, 건전한 자기주장법 학습 및 훈련
8회기: 종결에 따른 모임 정리, 프로그램 평가·

- 지지집단 및 자조집단

예) 심리교육적 지지집단 프로그램(OnKen,S.J., 1997, 양숙미, 2000 재인용)
- 개입대상: 발달장애인가족
- 개입목표: 가족의 능력고취(발달단계별 욕구 충족, 자원동원 능력 증진)
- 개입내용: 정보공유, 표적문제 확인, 자신의 능력고취 계획 수립
- 개입방법 및 횟수: 가족면담 및 토의, 3회

예) 지적장애 성인자녀의 부모를 위한 역량강화 집단프로그램(양숙미, 2000)
- 1회기: 프로그램기대 명확화, 참여 동기 부여
- 2회기: 초기관계형성, 문제의 유사성·연대감 형성, 스트레스와 대처 이해, 부정적 정서에 대한 인식된 통제능력 고취, 프로그램 특성 이해
- 3회기: 부모의 욕구 명확화, 장애자녀의 경제적 독립 욕구 충족 관련 서비스 이해
- 4회기: 장애자녀의 경제적 독립 욕구충족 관련 서비스 이해
- 5회기: 장애자녀의 심리사회적 자립생활욕구 충족관련 서비스 이해, 가정 외의 환경에서 장애자녀의 자립생활 특성 이해
- 6회기: 장애자녀의 심리사회적 자립생활 욕구충족 관련 정보획득
- 7회기: 가족 내의 심리사회적 갈등 해결 관련 정보획득 및 방법 이해
- 8회기: 부모의 자기 효능감 향상, 가정 외의 환경에서 장애자녀의 특성 이해, 집단적 차원의 능력고취의 필요성 이해
- 9회기: 장애자녀의 경제적 독립관련 부정적 정서 해소, 가정외의 환경에서 장애자녀의 특성 이해
- 10회기: 집단 모임 평가, 성취경험 공유, 자기 효능감 향상, 미래 대처행동 방안 모색

예) 자조집단 프로그램(차현미, 2003).
ㅇ 개입 내용
- 부정적 정서 관리: 돌봄 제공자의 우울, 좌절, 스트레스 등
- 자녀를 돌보는데 필요한 지식 함양: 장애인의 문제행동, 심리 이해 등
ㅇ 개입방법과 기법
- 교육적 방법: 장애행동 이해 및 올바른 돌봄에 대한 지식전달 등
- 심리치료적 훈련기법: 스트레스 대처 등
- 정보의 공유: 돌봄제공자의 욕구에 부응하는 정보의 전달, 참여자들의 자조집단을 통한 정보 공유
- 정서적지지 기법 활용

예) 자조집단 프로그램 적용 예

구분	Tomasulo의 자조집단 프로그램	Toseland의 집단프로그램	차현미의 자조집단프로그램
개입대상	성인지적장애 장애인 돌봄 제공자	알츠하이머배우자 및 돌봄제공자	중도지체장애인 가족 돌봄제공자
특성	대처방법 습득	상호지지	임파워먼트 관점
목표	- 피로 증후군 퇴치, 긴장 이완, 소진 예방	- 심리적 지지를 통한 효능감 증진 - 케어, 위생관리 등의 정보 제공	- 정보공유 - 지지망 구축 - 대처능력 향상 - 정보 공유
횟수	10회	8회	11회
개입내용	- 자유토론(준비단계) - 문제해결 방법의 모색 - 심신 이완훈련(근육이완, 심리치료 등) - 발표 및 토의(정보 및 경험 공유) - 평가	- 보호경험에 대한 정서적지지(칭찬, 박수 등) - 케어기술, 요령에 대한 교육 - 정보 제공(위행, 2차 장애 예방 등)	- 정보공유(케어요령, 합병증 예방지식 습득) - 상호지지(정서적 지지감 증진, 효능감 증진, 부정적 정서 완화) - 대처방법 습득(신체적 부담에 대한 개별진단, 통증완화 교육, 신체적 스트레스 완화, 긍정적 사고 훈련, 스트레스 대처 증진, 자기주장 훈련,) - 정보공유(지역사회연계프로그램, 사회적 지지감 증진, 지역사회에 대한 긍정적 인식 증진 등)
운영	10회/월 2회/1시간-1시간 30분	8주간/주1회/2시간	11회

교육방법

○ 강의형 교육

- 성인기 발달장애인 부모의 심리·정서적 특성 이해

- 성인기 발달장애인 부모의 돌봄 욕구 이해

- 돌봄 스트레스에 대처할 수 있는 사회적 자원 및 활용에 대한 정보제공

> ○ 자립생활(Independent Living)을 위한 지역사회 중심서비스 정보(Community Based Service) 주거서비스, 도우미, 소득보장(고용지원, 연금지원), 후견인 제도 등
> ○ 개인 역량강화프로그램(사례관리, 평생교육, 자립생활교육 등)
> ○ 자녀평생설계 수립 및 강화: 장·단기목표 수립, 유언장과 유산처리, 변호인 혹은 옹호인 지정 등

○ 참여형 교육
  - 돌봄 스트레스 측정, 효과적인 스트레스 관리 방법 연습
  - 돌봄 스트레스에 대처할 수 있는 사회적 자원 및 활용을 위한 토의
○ 실습연계형 교육
  - 자녀평생계획 수립 실습
  - 성인기 자녀의 발달욕구에 부합되는 다양한 사회적 자원(주거서비스, 직업서비스 등 방문)

유의사항

○ 성인기 발달장애인 부모들이 경험하는 심리·정서적 문제가 개인만의 노력으로 해결될 수 있는 문제가 아니며 사회와 함께 해결해야 하는 사회적인 문제임을 강조할 것
○ 부모들의 공동 대처노력의 중요성을 강조한다. 이를 위해 자조모임과 지지집단에 적극적으로 참여할 것을 강조할 것
○ 부모들의 강점을 강화하고 임파워먼트 될 수 있도록 지원할 것

참고자료

○ 참고문헌

김경희 (1996). 간질 자녀를 둔 어머니의 스트레스 완화를 위한 집단 프로그램의 효과성에 관한 연구, 이화여자대학교 대학원 석사학위 논문.

김은혜, 석민현, 윤정혜 (2010). 성인장애자녀를 돌보는 저소득 노인부모의 보건복지 욕구, 한국노년학, 30(4): 1213-1223.

박순옥, 신현균 (2009). 심리건강 향상에 초점을 둔 부모역할프로그램이 중도·중복 장애아동 어머니의 자존감과 양육스트레스 및 양육태도에 미치는 효과, 심리학회지:여성, 14(3): 329-345.

박신영. 2014. "성인발달장애인을 돌보는 노부모의 죽음불안 영향요인: 자아통합감, 가족응집력, 사회적지지 중심으로.". 성균관대학교 석사학위논문.

양숙미 (2000). 역량강화집단프로그램이 정신지체 성인자녀의 부모에게 미치는 효과, 한국사회복지학회 2000년도 추계학술대회자료집.

이연주 (2010). "성인자폐성장애인을 돌보는 부모의 돌봄 스트레스에 영향을 미치는 요인에 관한 연구", 중앙대학교 대학원 석사학위논문.

이한우 (2002). 발달장애아동 가족지원 특성과 부모의 양육스트레스 연구, 대구대학교 대학원 박사학위논문.

정현주 (2009). 자폐성 장애아동의 가족스트레스와 사회적응과의 관계-가족탄력성과 사회적 지지의 조절효과 분석. 동신대학교 대학원 박사학위논문.

차현미 (2003). 임파워먼트 관점에서의 중도지체장애인 가족보호제공자 자조집단 프로그램 연구, 이화여자대학교 대학원 박사학위논문.

최선경 (2008). 성인기 지적장애인의 부모가 경험하는 신체적, 심리적 부양부담에 대한 사회복지사들의 인식, 사회과학연구, 24(1): 89-112.

최해경 (2010). 성인 발달장애인을 돌보는 부모의 보호부담과 사회적 지지가 우울에 미치는 영향, 사회과학연구, 21(2): 243-263.

Heller, T.,Hsieh, K. & Rowitz, L (1997). Maternal and Paternal Caregiving of persons with mental retardation across life span. Journal of Family Psychotherapy, 8(2), 37-54.

Schieve, L.A., & Blumberg, S.J., Rice, C., Visser, S.N., & Bolye, C. (2007). The Relationship Between Autism and Parenting Stress. Pediatrics. 119: 114-121.

V-10. 발달장애인을 위한 신탁사업

과정	공통 영유아기 초등학령기 청소년기 성인기	영역	지식·정보	기술	심리·정서
주제	발달장애인을 위한 신탁사업					

■ 교육의 필요성 ■

○ 한국에서 발달장애인 자녀를 둔 많은 부모님들은 자신이 더 이상 자녀를 위한 지원활동을 하지 못하거나 어려워지는 시기를 대비한 많은 걱정과 고민을 가지고 있다. 발달장애인이 시설에 입소하지 않고 지역사회에서 자립하여 안전하게 생활하기 위해서는 우선 재정적인 기반이 마련되어야 할 것이고, 이렇게 마련된 재원이 발달장애인의 개별적인 욕구와 필요에 맞게 적절히 사용될 수 있어야 할 것이다.

○ 발달장애인이 스스로 그 재산을 안전하게 관리하지 못하고 갈취 당하거나 발달장애인이 일정한 재산을 가지고 있으나 이를 욕구에 맞게 사용하지 못하는 사례를 우리는 주위에서 빈번히 접할 수 있다. 이러한 현실은 단지 발달장애인의 부족한 의사결정 능력만이 원인이 아니라 현행 법적, 제도적 환경 하에서 초래되는 위험과 적절한 대안의 부재에서 그 원인을 찾을 수 있다.

○ 본 교육과정에서는 발달장애인들을 이러한 위험에 처하게 하는 법적, 제도적 환경에 대하여 살펴보고, 최근 도입되어 시행중인 후견제도가 가지는 한계를 통해 발달장애인을 위한 신탁의 필요성과 그 효용에 대해서 알아보고자 한다.

■ 교육내용 ■

1. 발달장애인이 직면한 법적·제도적 위험들

○ 국민기초생활보장법은 생계급여 수급권자는 부양의무자가 없거나, 부양의무자가 있어도 부양능력이 없거나 부양을 받을 수 없는 사람으로서 그 소득인정액이 생계급여 선정기준이하인 경우에만 생계급여를 받을 수 있다(8조). 국민기초생활보장법상 부양의무자는 수급권자의 1촌의 직계혈족 및 그 배우자(2조)로 정하고 있다.

○ 이러한 기준에 따르면 발달장애인이 근로를 하면서 일정액의 소득이 있는 경우 또는 부모님에게 상당한 재산을 증여, 상속을 받아 본인 명의의 재산이 있는 경우에는 수급권자의 지위를 얻지 못하거나 탈락할 수 있다. 이러한 이유에서 발달장애인 자녀를 둔 부모님들은 발달장애인 자녀에게 미래계획을 위한 재산을 남겨주는 것에 주저하게 된다. 나아가 형제, 자매 등 가까운 친족들이나 주변인들이 발달장애인의 재산을 갈취하는 것에 대한 정당화 근거를 제공하기도 한다.

○ 형법은 친족 간의 재산범죄에 대하여 형을 면제하거나 고소가 있어야 공소를 제기할 수 있는 친족상도례(형법 제328조, 제344조 등)를 인정하고 있다. 따라서 친족 간의 재산범죄가 발생하는 경우 민사상의 손해배상 등을 통한 피해구제만이 가능한 현실이다.

○ 그러나 민사적 구제는 재산범죄의 가해자가 충분한 자력을 가지고 있어야 비로소 구제가 가능할 것이므로 충분한 피해구제가 어려울 수도 있다. 또한 발달장애인이 자신의 재산적 손해를 인식하고 적절한 민사소송상의 구제를 요청한다는 것도 어려운 일이며 상당한 시간이 소요된다는 점에서 실효성 있는 피해구제에 어려움이 존재한다. 물론 가까운 친족 간의 일에 국가가 개입하여 무거운 형벌을 부과하는 것이 적합하지 않다는 친족상도례의 제도적 의의는 충분히 수긍할 수 있으나 발달장애인에게는 가까운 친족에 의한 재산범죄에 노출시킬 수 있는 위험이 될 수 있는 것이다.

2. 후견제도가 가지는 한계

○ 지난 2013. 7. 1.부터 우리나라에서도 성년 후견제도가 본격적으로 시행되어 발달장애인과 같이 정상적인 사무처리 능력이 없거나 부족한 사람들도 후견을 통하여 일상생활상의 사무 처리, 재산관리, 신상보호 등을 할 수 있게 되었다. 그러나 후견제도는 기본적으로 의사결정에 대한 조력, 지원제도이므로 발달장애인의 경우 재산관리 사무 등 일상생활에서 발달장애인에게 필요한 폭넓은 지원활동까지 기대하는 것은 현실적으로 어렵다.

○ 후견제도의 경우 후견인의 선임 및 변경, 권한의 부여 및 변경 등 제반절차에 가정법원이 개입하게 되나 그 과정에서 발달장애인의 의사가 충분히 반영되지 못할 수 있다. 또한 가정법원이나 후견감독인에 의해 과연 후견인에 대한 실효성 있는 감독이 가능할 것인가에 대한 염려도 있다. 이외에도 성년후견과 한정후견의 경우 발달장애인의 자기결정권에 대한 제약이 많고 공무원 결격사유, 선거권 제한, 자격취득 제한 등 발달장애인의 권리에 대한 많은 제약이 발생하며 그러한 제약이

지속적이라는 문제점도 가지고 있다. 따라서 이러한 후견제도의 한계로 후견제도와는 별개로 발달장애인의 자기결정권을 보장하고 지속적인 일상생활 사무의 원활하게 지원할 수 있는 대안의 도입이 필요한 것이다.

3. 발달장애인을 위한 신탁의 필요성

○ 지금까지 발달장애인 자녀를 둔 부모님들이 자녀의 장래를 대비하기 위해 발달장애인 자녀의 형제, 자매 또는 가까운 친족에게 일정한 재산을 맡기고 이를 발달장애인을 위해 사용하도록 부탁하거나 종교단체가 운영하는 시설에 발달장애인을 입소시키고 종교단체에 재산을 기부 하는 방법 등을 사용하여 왔다. 그러나 형제, 자매 등 가까운 친족에게 재산을 맡기는 경우 부모 사후에 이 재산들이 발달장애인을 위해 사용될 수 있으리라는 보장을 할 수 없다. 또한 종교단체 등에 기부하는 경우 그 재산이 발달장애인을 위해 직접적으로 사용되지는 못한다는 단점을 가지고 있다.

○ 금융기관들은 현재 지적장애나 발달장애 자녀를 둔 부모가 생전 또는 사후에 자녀에게 장기적·안정적으로 생활자금을 마련해주고 싶을 경우 이용할 수 있도록 특별부양신탁을 운용하고 있다. 하지만 특별부양신탁 역시 발달장애인들이 직면한 위험을 해결하는 데에는 한계가 있다. 특별부양신탁은 금융기관에서 원금을 운영하여 발생한 수익금만을 지급하는 방식으로 운영되고 있으며, 이용 시 수수료, 관리비용이 많이 발생한다는 점에서 일반 중산층의 발달장애인 부모들은 이를 이용하는 것이 쉽지 않은 현실이다.

○ 무엇보다 특별부양신탁은 발달장애인에게 일정액의 수익금을 지급하고 나면 그 금전이 발달장애인에게 필요한 물품과 서비스 구입 및 제공에 적절히 사용되는지에 대한 지원은 염두에 두고 있지 않다는 점에서 가장 큰 문제점을 가진다. 따라서 기존의 특별부양신탁은 충분한 대안이 될 수는 없을 것이며 실제로도 도입된 지 10여년이 경과하였지만 이용실적은 미미한 수준이다.

○ 이처럼 발달장애인들이 직면한 현실과 위험 그리고 이를 해결할 수 있는 대안의 부재라는 상황 속에서 신탁을 통한 재산관리 시스템은 발달장애인의 재산을 안전하게 보호하고 발달장애인의 재산이 자신을 위해 안전하게 적절하게 이용될 수 있게 하는 유용한 방법이 될 수 있다.

4. 발달장애인을 위한 신탁서비스 체계

○ 발달장애인 신탁은 위탁자와 수탁자간의 신탁계약에 기반을 둔 것으로 신탁재산의 소유자인 부모님 또는 발달장애인과 위탁자와의 신탁계약의 체결이 필요하다. 만약 발달장애인이 위탁자가 되는 경우에는 발달장애인이 신탁계약을 이해하지 못할 수 있으므로 이 경우 특정후견 또는 발달장애인의 의사능력에 따라 임의후견을 통해 후견인을 선임하는 것이 필요할 수 있다.

○ 신탁계약에서는 통상 발달장애인을 위해 일상생활업무를 지원 할 지원자가 정해진다. 다만 필요에 따라서는 위탁자가 원하는 경우 수탁자에게 지원자를 지정할 수 있는 권한을 부여할 수도 있다. 이렇게 지원자가 신탁계약에 의해서 정해지면 수탁자는 지원자가 신탁계약에서 정한 지원활동을 충실히 이행하였는지를 점검하여 지원자에게 신탁재산을 지급하게 된다.

○ 위탁자가 수탁자에게 맡겨진 신탁재산은 위탁자 또는 수탁자가 파산하더라도 신탁법상 위탁자 또는 수탁자의 집행재산이 되지 못하므로 이들의 채무를 변제하는 용도로 사용될 수 없다. 따라서 발달장애인을 위해 맡겨진 신탁재산은 위탁자 또는 는 수탁자의 경제적 사정과는 별개로 안전하게 보호될 수 있다.

○ 발달장애인을 위한 신탁재산은 주거비, 의료비, 여가활동비 등 발달장애인의 일상생활의 다양한 목적으로 사용될 수 있으며, 수탁자는 지원자에 대한 집행 및 감독을 통해 위탁자가 맡긴 신탁재산을 안전하게 보호하고 이를 신탁계약에서 정한 목적에 따라 발달장애인을 위해 사용될 수 있도록 하는 것이다.

5. 발달장애인을 위한 신탁의 유형

○ 현재 발달장애인을 위한 신탁사업은 신탁의 필요성과 이용양상에 따라 ①부모가 관리하는 신탁, ②돌볼 가족이 없는 발달장애인을 위한 신탁, ③시설에서 생활하는 발달장애인을 위한 신탁으로 유형화 할 수 있다.

○ 부모가 관리하는 신탁

- 발달장애인을 위한 신탁은 부모님으로부터 조력을 받을 수 없는 시기에 발달장애인의 지역사회 자립을 지원할 수 있는 효과적인 수단이 될 수 있다. 다만 장년의 부모님들의 경우 발달장애인 자녀를 위해 직접적인 지원을 하고 있는 상황에서는 그 효용이 크지 않을 수도 있다. 하지만 발달장애인 자녀에 대한 충분한 이해를 가지고 있고 자녀의 권익을 위한 세심한 배려를 할 수 있는 부모님이 참여하여 전문가와 함께 한다면 자녀를 위한 최적의 개인별 지원계획을 수립할 수 있고

이에 대한 준비를 부모님께서 실질적으로 할 수 있는 시기이므로 장래 자녀의 삶의 대한 준비를 위해서는 최적의 시기라고 할 수 있다.

- 반면 노년의 부모님들의 경우 보다 적극적으로 발달장애인 신탁을 이용할 필요가 있다. 이미 노년의 부모님들의 경우 자녀들을 직접 돌보기 어려운 상황이며 이로 인해 장애인거주시설에 맡겨두고 있는 경우도 많이 있다. 발달장애인 자녀를 위해 일부 재산을 남겨두더라도 당사자가 이를 직접 사용하는 것은 기대하기 어려우므로 실질적으로 시설종사자, 형제·자매, 친족, 후견인 등이 이를 관리하게 될 것이나 이러한 방법은 여전히 위험성이 존재한다. 이러한 경우 발달장애인 신탁을 통해 발달장애인 자녀를 위해 사용할 재산을 장애인신탁전문기관에 맡긴다면 발달장애인의 재산이 안전하게 보호되고 사용되어질 수 있을 것이다.

> 사례 A양은 30세, 여성, 자폐성장애 1급 장애인으로 부모님의 보살핌 아래 안전한 환경에서 충분한 지원을 받으며 생활하고 있다. 낮에는 주간단기보호시설에서 거주하며 체육, 인지활동, 도예 등의 프로그램을 이용하고 있다. 활동보조인의 도움을 받아 대중교통을 이용하고 월 5만원 정도의 용돈을 사용하고 있다. A양은 현재 장애인 연금과 부모님의 지원으로 이러한 활동에 소요되는 비용을 충당하고 있다. 부모님은 신탁을 통해 이러한 활동에 소요되는 경비를 지출하고 여행목적으로 매월 일정금액을 적립하여 사용하기를 원하고 있다.
>
> 신탁계약의 내용
> A양은 현재 부모님이 지원자로서 일상생활에서 충분한 경제적, 인적 지원을 받고 있다. 따라서 신탁계약은 부모님이 위탁자, 지원자가 되어 시설이용료와 활동보조인 비용의 지출 및 매월 소액의 용돈을 지급하는 데에 신탁을 활용하고 있다. 수탁자는 위 신탁계약에 따라 정해진 기일에 일정액을 위탁자가 지정한 은행계좌로 금전을 입금하여 A양이 시설 및 프로그램을 이용할 수 있도록 하고 있다. 또한 매월 일정 금액을 적립하여 여행 등 여가활동에 사용할 수 있는 재원을 준비하고 있으며 향후 위탁자가 적절한 여가활동을 계획하고 지출을 하면 이에 대한 증빙자료 등을 확인하여 신탁계약에서 목적한 용도에 적합한지를 판단하여 지급하도록 할 계획이다. 이렇게 신탁계약을 통해 일정용도로 적립된 재산은 장래에 필요가 발생하면 지원자의 역할을 하고 있는 부모님이 지급을 청구하여 사용할 수 있다. 이 사례처럼 현재 부모님들이 위탁자가 되어 장애자녀를 수탁자로 한 발달장애인 신탁은 여행, 레크레이션, 교육 등의 특정목적을 위해서 설계되고 있다.

○ 돌볼 가족이 없는 발달장애인을 위한 신탁
- 지역사회에서 돌봄을 제공할 수 있는 부모 또는 가족이 없는 발달장애인이 재산을 가지고 있는 경우 이들이 재산 갈취 등의 재산적 피해에 노출될 수 있는 가

능성은 매우 높다. 따라서 이러한 위험에 노출되어 재산적인 피해를 입기 전에 신속하게 이를 보호할 필요성이 있다.

사례 부모나 친척이 전혀 없는 지적장애 E씨는 어린시절부터 30여년간 한 가정에서 가사도우미로 일하면서 생활하였다. 그 기간 동안 E씨는 약간의 용돈이외에는 별도의 급여를 받지는 못하였다. 이후 E씨는 집에서 주변의 도움으로 도망쳐 나왔고 지역사회의 장애인복지관과 연계되어 도움을 받으면서 지역사회에서 생활하던 중 E씨에게 본인명의의 상당한 금융자산과 원룸이 있다는 사실이 밝혀졌다. E씨는 현재 고시원에서 생활하고 있어 개선된 주거환경이 필요한 상황이다. E씨는 그 동안 필요한 교육을 전혀 받지 못해 글을 알지 못하며 금전에 대한 개념도 미약한 상태로 가까운 지인이 사실상 통장관리를 해주고 있어 보다 안전한 관리방법이 필요한 상황이다. E씨는 일상생활능력 및 신체적 활동능력이 우수하고 타인과의 원활한 의사소통이 가능하며 현재 직업 활동을 통해 매월 일정한 근로소득을 얻어 생활하고 있어 지역사회 내에서의 안전망이 잘 구축된다면 자립생활을 충분히 할 수 있을 것으로 생각된다.

신탁계약의 내용
E씨와의 계약은 완결되지는 않았으나 현재 다음과 같은 내용으로 신탁계약을 설계할 예정이다. E씨는 현재 직업 활동을 통해 매월 60만원 정도의 소득을 얻고 있는 상황이며 특별한 건강상의 문제는 없는 상황이다. 현재 고시원에 거주하고 하고 있어 본인이 자기소유의 아파트에서 안정적으로 정주하여 생활하기를 원하고 있다. 당사자는 오랜 가사도우미 생활을 통해 의식주와 관련된 일상생활상의 업무들은 독립적으로 처리할 수 있다. 다만 글을 배우고 사회생활기술 등을 습득하기 위해서는 아직 일정기간의 교육이 필요한 상황이다. 따라서 본인의 직장과 지역 복지관과의 접근이 용이한 지역에 적절한 아파트를 물색하고 있다. 현재 가지고 있는 금융자산을 이용하여 작은 아파트를 구입할 예정이고 나머지 자산은 금융기간의 적금 등을 통해 안전히 보관하는 것에 사용할 예정이다. 또한 당사자 본인 명의의 원룸을 향후 월세로 전환하여 임대소득을 얻는 방안도 고민하고 있다. 재정계획전문가의 자문을 통해 국민연금가입, 주택연금 등을 활용하여 노후생활을 위한 자금을 확보하는 방안도 계획 중이다. 현재 당사자의 통장을 가까운 지인이 관리하고 있는 상황으로 글을 모르고 금전에 대한 개념이 부족하여 본인이 전혀 금전관리를 할 수 없는 상황이다. 따라서 일단 현금성 자산을 신탁에 맡기고 추후 아파트를 취득하는 경우 이를 위한 비용으로 지출할 수 있도록 설계할 예정이다. 또한 이렇게 취득한 아파트 역시 발달장애인 신탁을 통해 보관하도록 할 것이다. 이렇게 보관된 신탁재산은 추후 발달장애인이 여타의 이유로 채무를 부담하게 되더라도 발달장애인의 채권자로부터 안전하게 보호될 수 있으며 안정적인 주거를 확보할 수 있다. 또한 노후에는 수탁자가 이를 처분, 환가하여 매월 일정액의 배분금을 지급할하거나 주택연금 등의 형태로 전환하여 안정적인 경제적 자립기반을 마련할 수도 있다.

○ 시설에서 생활하는 발달장애인을 위한 신탁
  - 거주시설에서 생활하는 발달장애인의 경우 해당 시설에서 실질적인 재산관리를 하는 경우가 많다. 하지만 최근에는 일부 시설에서 이러한 발달장애인의 재산에 대한 횡령 등의 사례가 알려지고 있다. 이러한 피해를 예방하기 위해서는 시설에서 발달장애인의 재산을 관리하는 법적근거를 명확히 하는 것 역시 필요하다. 따라서 장애인거주시설에서 신탁계약에 근거하여 발달장애인의 재산을 관리하는 것은 발달장애인의 안전한 재산관리를 위해서는 법적근거를 확립하고 실질적인 관리자의 권한과 의무를 명확히 함으로써 발달장애인의 재산을 안전하게 보호함과 동시에 시설종사자들의 책임의 범위와 한계도 분명히 할 수 있는 장점이 있을 것이다.

> 사례 지적장애를 가지고 있는 K양은 어릴 적 의붓아버지에게 폭행을 당한 경험이 있으며 이후 어머니와 떨어져 장애인거주시설에서 생활하고 있다. 시설의 종사자들은 K양이 다시 집으로 돌아가 생활하게 되는 것에 대해서 많은 걱정을 가지고 있는 상황이며 가급적 본인이 자립하여 생활할 수 있는 여건이 조성되도록 지원하고 있다. K양은 현재 인근 고등학교에서 행정 보조일을 하며 매월 일정한 수입을 얻고 1천만원 정도의 저축도 하였다. 하지만 과거 K양의 부모들은 K양이 저축한 돈을 가져간 바가 있다.
>
> 신탁계약의 내용
>   처음 상담을 위해 거주시설에서 만난 K양은 지역사회의 안전망이 충분히 구축된다면 자립생활이 충분히 가능할 것으로 판단되었다. 하지만 가장 좋은 지원자가 되어야할 K양의 부모들이 K의 재산을 가져가는 상황이었다. 시설종사자들 역시 이러한 상태가 반복되어서는 안 된다는 인식이 있었지만 그들의 역할, 지위로는 한계를 가지고 있는 상황이였다. 특히 K양이 어렵게 모으는 재산이 향후 지역사회자립을 위한 목적으로 사용될 수 있도록 지켜주어야 한다는 생각을 가지고 있었다. 따라서 신탁계약을 통해 부모를 포함한 제3자로부터 재산을 안전히 보호하고 향후 자립을 위한 주거가 필요할 때 사용할 수 있도록 신탁목적을 설정하였다. 향후 K양의 부모, 친인척 또는 제3자가 신탁계약상의 목적이외에 사용하기 위해 지급을 요청하는 경우 수탁자는 지급을 거절하여야 한다. 만약 처음 신탁계약에서 설정한 목적 이외에 다른 긴요한 필요가 발생한 경우 수탁자는 신탁관리위원회의 결의를 통해서만 신탁계약 목적 외로 사용할 수 있다. 따라서 이러한 목적 외 사용을 위해서는 수익자 또는 지원자는 신탁관리위원회에 객관적으로 충분한 소명을 할 수 있어야 할 것이다.

6. 장기적 전망으로서 특별수요신탁

- 발달장애인 신탁사업은 장기적으로는 발달장애인의 인간다운 삶을 위한 물적 기반인 특별수요신탁(Special Needs Trusts)제도가 도입될 수 있는 인적, 물적 환경 형성에 목표를 두고 있다. 특별수요신탁은 장애인이 자기 재산을 신탁의 형태로 보유하더라도 자산조사에 기초한 공공부조에서 수급권자의 지위를 유지할 수 있게 한다.
- 특별수요신탁은 발달장애인에게 공적재원과 사적재원을 모두 사용할 수 있게 하여 발달장애인들이 가지는 특별한 수요를 충족시킴으로서 공적 부조가 제공하는 수준의 삶의 질을 넘어 향상 시킬 수 있는 방법이다. 발달장애인 신탁은 발달장애인의 안전한 자립생활모델을 구축하는 한편 특별수요신탁의 도입기초가 되어 발달장애인들의 삶의 질을 향상시키는 것에 일조할 수 있을 것이다.

교육방법

- 강의형 교육
  - 성인기 발달장애인의 지역사회 자립을 위한 제정계획
  - 발달장애인 재산의 안전한 보호와 사용
  - 발달장애인의 경제적 자립기반이 될 수 있는 특별수요신탁의 토대

유의사항

- 자녀가 성인기에 들어서기 이전부터 부모의 적극적인 참여와 노력으로 부모의 돌봄이 약해지는 시기를 대비하는 것이 필요하다는 점을 강조하여야 함. 특히, 노년의 부모님들의 경우 자녀를 위한 안전한 재산관리 방안에 대한 고민이 시급한 과제임을 인식시키는 것이 중요.
- 지역사회에서 생활하는 발달장애인의 경우 적절한 지원자와 안전망이 없다면 언제든지 재산적 피해에 노출될 수 있다는 점을 인식하고 사전적으로 피해를 예방하는 측면에서 발달장애인을 위한 신탁을 사용하는 것이 바람직함.
- 발달장애인을 위한 신탁이 활성화되면 향후 발달장애인의 경제적 자립기반이 될

수 있는 특별수요신탁으로 발전할 수 있으며 이러한 제도적 발전은 보다 많은 발달장애인에게 수혜를 제공할 수 있다는 점을 알리는 것이 필요함.

참고자료

○ 참고문헌

제철웅, 최윤영, 중증발달장애인 보호를 위한 특별수요신탁제도의 도입 필요성, 비교사법 21권 3호(통권 66호), 1139-1184 참조

제철웅, 발달장애인 신탁의 필요성과 활용방안, 법학논총 제32집 제4호 (2015년 12월) pp.425-454

발달장애인 부모교육 과정 매뉴얼

초판 인쇄 2017년 08월 08일
초판 발행 2017년 08월 16일
저　자 보건복지부
발행인 김갑용
발행처 진한엠앤비
주소 서울시 서대문구 독립문로 14길 66 205호
　　　(냉천동 260, 동부센트레빌아파트상가동)
전화 02) 364 - 8491(대) / 팩스 02) 319 - 3537
홈페이지주소 http://www.jinhanbook.co.kr
등록번호 제25100-2016-000019호 (등록일자 : 1993년 05월 25일)
ⓒ2017 jinhan M&B INC, Printed in Korea

ISBN　979-11-290-0156-6　(93330)　　　[정가 48,000원]

☞ 이 책에 담긴 내용의 무단 전재 및 복제 행위를 금합니다.
☞ 잘못 만들어진 책자는 구입처에서 교환해드립니다.
☞ 본 도서는 [공공데이터 제공 및 이용 활성화에 관한 법률]을 근거로
　 출판되었습니다.